JAHRBUCH FÜR FRÄNKISCHE LANDESFORSCHUNG

HERAUSGEGEBEN
VOM
ZENTRALINSTITUT FÜR REGIONALFORSCHUNG
AN DER UNIVERSITÄT ERLANGEN-NÜRNBERG
– SEKTION FRANKEN –
63

KOMMISSIONSVERLAG
DEGENER & CO., INH. MANFRED DREISS, NEUSTADT (AISCH)
2003

Gedruckt
mit Unterstützung
des Bayerischen Staatsministeriums für Wissenschaft,
Forschung und Kunst
und
des Bezirkstages von Mittelfranken

ISSN 0446 - 3943

ISBN 3-7686-9305-8

Schriftleitung: Werner K. Blessing, Dieter J. Weiß, Wolfgang Wüst
Redaktionelle Mitarbeit: Irene Ramorobi

Für die Beiträge sind die Verfasser verantwortlich.

Satz: Dr. Anton Thanner, Weihungszell
Druck: VDS – Verlagsdruckerei Schmidt, Neustadt an der Aisch

INHALT

Berichte über Arbeiten zur fränkischen Landesforschung an der Universität Erlangen-Nürnberg VI

Abhandlungen

Astrid S c h m i d t - H ä n d e l , Der Stellenwert Nürnbergs im Erfurter Waidexport des Spätmittelalters 1

Helmut D e m a t t i o , Genossenschaft, Herrschaft und Gerichtsbarkeit – Kommunikationsformen und Staatlichkeit in der frühen Neuzeit in Franken am Beispiel eines Dorfes im Haßgau 25

Erich S c h n e i d e r , Das ‚Bild‘ Balthasar Neumanns im Urteil zeitgenössischer Quellen und in der Kunstgeschichtsschreibung 51

Hans-Otto K e u n e c k e , Der Ansbacher Universitätsplan von 1726 und der Weg des Stiftungskapitals nach Erlangen 105

Anne v o n K a m p , Adeliger Lebensunterhalt und adelige Lebensweise: Die Geschichte des Gutes Ahorn in der ersten Hälfte des 19. Jahrhunderts 127

Margret P f i n g s t e n , Die Mariensäule zu Wiesentheid 143

Werner B ä t z i n g , Die Bevölkerungsentwicklung in den Regierungsbezirken Ober-, Mittel- und Unterfranken im Zeitraum 1840–1999. 2. Teil: Analyse auf der Ebene der Gemeinden 171

Armin L e b e r z a m m e r , Wer wählte rechts? Reichstagswahlen in Nürnberg 1919–1933 225

Steven M. Z a h l a u s , Rascher Wiederaufstieg, Krise und Konsolidierung, beschleunigter Wandel – Umrisse der wirtschaftlich-industriellen Entwicklung Erlangens und Nürnbergs nach dem Zweiten Weltkrieg 253

Projektbericht: Die dörfliche Welt im Umbruch am Beispiel von Kunreuth

Einführung 295
Karin W e b e r , Kunreuth und sein Naturraum 297
Andreas Otto W e b e r , Reichsritterschaftliche Dorfentwicklung in der Frühen Neuzeit am Beispiel von Kunreuth 301

Hermann U l m , Kunreuth in der Mitte des 19. Jahrhunderts und heute. Wandel der landwirtschaftlichen Betriebe und ihrer sozioökonomischen Bedeutung für den Ort 324
Werner B ä t z i n g , Der Strukturwandel des Dorfes Kunreuth 1840 bis 2002 und die Frage seiner zukünftigen Entwicklung 340
Hermann U l m , Die Siedlungsentwicklung Kunreuths seit 1945 353

Miszelle zur Namenforschung

Joachim A n d r a s c h k e , Stellungnahme 363

Mitarbeiter des Bandes 63:

Andraschke, Joachim, M.A., Bamberg

Bätzing, Werner, Dr. phil. nat., Univ.-Prof., Erlangen

Demattio, Helmut, Dr. phil., Wiss. Mitarbeiter, München

von Kamp, Anne, M.A., Erlangen

Keunecke, Hans-Otto, Dr. phil., Direktor der Universitätsbibliothek Erlangen-
Nürnberg

Leberzammer, Armin, M.A., Nürnberg

Pfingsten, Margret, M.A., Dormitz bei Erlangen

Schmidt-Händel, Astrid, Dr. phil., Goslar

Schneider, Erich, Dr. phil., Leiter der Städtischen Sammlungen Schweinfurt,
Schweinfurt

Ulm, Hermann, Studienrat, Kunreuth

Weber, Andreas Otto, Dr. phil., Wiss. Assistent, Erlangen und Kunreuth

Weber, Karin, Dr. rer. nat., Kunreuth

Zahlaus, Steven M., M.A., Nürnberg

V

Berichte über Arbeiten zur fränkischen Landesforschung
an der Universität Erlangen-Nürnberg

Allgemeines und Landesgeschichte

Folgende Vorträge wurden seit dem Wintersemester 2002/2003 am Zentralinstitut für Regionalforschung, Sektion Franken, und am Institut für Geschichte gehalten:

18. Dezember 2002, Dr. Stefan Breit, München: Verbrechen und Strafe. Strafgerichtsbarkeit der Herrschaft Hohenaschau am Chiemsee.
15. Januar 2003, Dr. Sabine Ullmann, Augsburg: Die kaiserlichen Kommissionen des Reichshofrats im 16. Jahrhunderts aus landesgeschichtlicher Perspektive – ein Werkstattbericht.
28. Januar 2003, Prof. Dr. Frank Göttmann, Paderborn: Der Bodenseeraum im 18. Jahrhundert – eine integrierte agrarisch-gewerbliche Wirtschaftsregion.
06. Mai 2003, Prof. Dr. Reinhard Stauber, Innsbruck/München: Verortete Geschichte. Traditionen und Perspektiven der Erforschung ‚kleiner Räume'.

Folgende Habilitation befindet sich in Arbeit:

Weber, Andreas Otto Dr.: Die Außenpolitik der fränkischen Hochstifte im ausgehenden Mittelalter und beginnender Neuzeit. (Prof. Wüst)

Folgende Dissertationen befinden sich in Arbeit:

Barth, Rüdiger: Historischer Atlas von Bayern: Landkreis Kulmbach. (Prof. Schmid)
Bergmann, Detlev: Die mittelalterliche Herrschaftsentwicklung im Raum Coburg. (Prof. Wendehorst)
Berthold-Hilpert, Monika: Zwischen Assimilation und jüdischer Tradition: die Familie Ortenau aus Fürth (18.–20. Jahrhundert) (Prof. Blessing)
Biernoth, Alexander: Die Integration der Juden im Königreich Bayern. Eine Fallstudie zur jüdischen Gemeinde in Ansbach. (Prof. Wüst)
Fensel, Rainer: Kraftshof – Haus und Sozialgeschichte eines Nürnbergischen Dorfes. Arbeitsbericht, Ergebnisse, Perspektiven. (Prof. Wüst)
Gaßner, Birgit: Kriegserfahrung – Deutsche Soldaten in Rußland während des Zweiten Weltkriegs. (Prof. Blessing)
Dr. Gebauer, Uwe: Studentische Gesellschaften an der Universität Erlangen zwischen Befreiungskriegen und Reichsgründung. (Prof. Blessing)
Harada, Akiko: Wandel des bürgerlichen „Gemeinschafts"-Bewusstseins. Die Beziehungen zwischen Bürgerschaft und Kirche in Nürnberg (15./16. Jahrhundert). (Prof. Wüst)
Heßdörfer, Simon: Die ‚neue Ostpolitik' der Regierung Brandt im Spiegel der Süddeutschen Zeitung. (Prof. Blessing)

H o f f m a n n , Ingeborg: Herrschaftsentwicklung im Raum Rehau. (Prof. Wendehorst)

H ü b n e r , Christoph: Die deutschnationalen Katholiken in der Weimarer Zeit. (Prof.
Blessing)

K a m e c k e , Holger: Kultur in der westdeutschen Provinz 1945–1990: Wunsiedel,
Marktredwitz und Selb. (Prof. Blessing)

v o n K a m p , Anne: Coburger Adel (von Erffa) im ‚langen 19. Jahrhundert' (Prof.
Blessing)

K a s t l e r , Martin: Die Integration der Heimatvertriebenen in den fränkischen Diöze-
sen. (Prof .Weiß)

K e s s l e r , Manfred: Schritte zur dynastischen Territoriumsbildung in der Fränkischen Ritterschaft und das Bemühen um kommunale Selbstverwaltung am Beispiel
des Rittermannslehens Neuendettelsau. (Prof. Wüst)

K r ö n e r , Alfred: Johann Paul Anselm Feuerbach und Ludwig Feuerbach – Reprä-
sentanten des Bürgertums im 19. Jahrhundert. (Prof. Blessing)

K ü h n , Hermann, Prof. Dr.: Casimir Christoph Schmi(e)del (1718–1792). Ein Arzt
und Naturforscher der Markgrafenzeit. Leben und Werk eines Erlanger Professors.
(Prof. Wüst)

Dr. M a y e r , Alexander: Fürth 1911–1933. (Prof. Blessing)

M e t z n e r , Helmut: Fränkischer Liberalismus im 19. Jahrhundert. (Prof. Blessing)

R a m o r o b i , Irene: Siedlungen der Deutschen Reichsbahngesellschaft 1919/20–
1933. (Prof. Blessing)

S c h a r f , Heike: Der Hopfenhandel in Nürnberg zwischen 1800 und 1938 unter besonderer Berücksichtigung der jüdischen Firmen. (Prof. Blessing)

S c h ü m a n n , Nicola, M.A.: Der fränkische Kreistag als kommunikative Schnittstel-
le zwischen Reich, Territorium und Öffentlichkeit (1648–1740). (Prof. Wüst)

S c h u h , Ulla: Zur Entstehung, Legislationspraxis und Implementation der Brandenburg-Ansbachischen Policeynormen vom 17. bis zum 18. Jahrhundert. (Prof. Wüst)

T h o b e n (Molketeller), Claudia: Prostitution und öffentliche Ordnung vom Vormärz
bis zum ‚Dritten Reich'. Nürnberg als Beispiel. (Prof. Blessing)

T r e b e s , Norbert: Die freie Arbeiterbewegung im ländlichen Raum vor dem Ersten
Weltkrieg: Der Bezirk Teuschnitz (Frankenwald) als Beispiel. (Prof. Blessing)

U n g e r , Wolfram: Studien zur Typologie einer Städtelandschaft. Franken im Spätmittelalter. (Prof. Wüst)

W a h l , Monika: Historische Museen in Westdeutschland 1945–1987. (Prof. Blessing)

W e i n e r , Jörg: Ökonomie und Politik zwischen Tradition und Fortschritt in der fränkischen Ritterschaft (1750–1848/49). (Prof. Wüst)

Z a h l a u s , Steven: Die Wahrnehmung des ‚Wirtschaftswunders' in der Bundesrepublik (unter besonderer Berücksichtigung Frankens). (Prof. Blessing)

Folgende Dissertationen wurden abgeschlossen:

H o r l i n g , Thomas: Historischer Atlas von Bayern: Landkreis Ochsenfurt. (Prof.
Schmid)

S p ä l t e r , Otto: Die Entstehung und allmähliche Entwicklung des Schriftwesens sowie personaler und organisatorischer Herrschaftsstruktur in der Burggrafschaft Nürnberg von 1235 bis 1332. Frühe Etappe auf dem Weg zum fürstlichen Landesregiment der Zollern in Franken. (Prof. Wüst)

Folgende Zulassungs-/Magisterarbeiten wurden abgeschlossen:

G e i l i n g , Michaela: Fürstliche Baumeister in Ansbach – Bautätigkeit und Architektur vom Ende des Dreißigjährigen Krieges bis zum Ausklang der Markgrafenzeit. (Prof. Wüst)

R o e d e r , Iris: „Geist und Macht in der jungen BRD – Die politischen Aktivitäten von Günter Grass in den Jahren 1961–1969 im Spiegel der Presse". (Prof. Blessing)

S c h u h , Ulla: Nicht nach des reichs gemeiner polliceÿ ordtnung: sondern nach Gelegenhheit ŏnnd ŏnderthanen notturfft: Zur Entstehung, Legislationspraxis und Implementation der brandenburg-ansbachischen Policeynormen. (Prof. Wüst)

Mittelalterliche Geschichte

Folgende Zulassungsarbeit wurde abgeschlossen:

D e n n i n g e r , David: Ägyptendarstellungen in deutschen Pilgerreiseberichten 1467–1498 (Untersuchungen verschiedener Nürnberger Reisender)

Klaus H e r b e r s

Geographie

Folgende Dissertationen befinden sich in Arbeit:

B a u e r , Itta: Postmoderne Lebensrealitäten und veränderte Geographien von Kindern und Jugendlichen – eine Herausforderung für die Geographie und die Geographiedidaktik. (Prof. Kreutzmann)

U l m , Hermann: Kunreuth – Strukturwandel eines fränkischen Dorfes im Einflussbereich des Verdichtungsraumes Nürnberg-Fürth-Erlangen. (Prof. Bätzing)

Folgende Dissertationen wurden abgeschlossen:

E r m a n n , Ulrich: Gütertransporte und regionale Wirtschaftskreisläufe – empirische Analysen des Nahrungsmittelsektors in der Region Nürnberg. (Prof. Bätzing)

Folgende Zulassungsarbeiten wurde abgeschlossen:
F a b e r , Jürgen: Innovation und Netzwerke. Eine Untersuchung der mittelfränkischen Automatisierungsbranche. (Prof. Kopp)

Schnell, Tanja: Regionalvermarktung von Lebensmitteln am Beispiel der Stadt Altdorf bei Nürnberg: Potentiale, Hemmnisse und Probleme. (Prof. Bätzing)

Germanistik

Folgende Dissertationen befinden sich in Arbeit:

Amtmann, Tabea: Die geistlichen Meisterlieder des Hans Sachs. (Prof. Kugler)

Arzberger, Steffen: Wortgeographie der Mundarten Mittelfrankens – Karten und Kommentare. (Prof. Munske)

Bischoff, Johannes: Historisches Ortsnamenbuch von Bayern: Erlangen. (Prof. Munske)

George, Dieter: Historisches Ortsnamenbuch von Bayern: Lichtenfels. (Prof. Munske)

Grasser, Birgit: Die Livius-Rezeption in den Meisterliedern von Hans Sachs. (Prof. Kugler)

Heyse, Thurid: Morphologie der Substantive in den Mundarten Mittelfrankens. (Prof. Munske)

Lobenwein, Willi: Sigmund von Birkens Dichterkrönungen. (Prof. Verweyen)

Mang, Alexander: Untersuchungen zur Varianz in den Mundarten des Nürnberger Raumes. (Prof. Munske)

Meißner, Norbert: Historisches Ortsnamenbuch von Bayern: Bamberg. (Prof. Munske)

Müller, Johannes: Historisches Ortsnamenbuch von Bayern. Neustadt/Aisch. (Prof. Munske)

Reith, Antonius: Historisches Ortsnamenbuch von Bayern: Eichstätt. (Prof. Munske)

Rigoll, Stefanie: Wortgeographie im Untersuchungsgebiet des Sprachatlas von Mittelfranken – Karten und Kommentare. (Prof. Munske)

Rudisch, Claudia: Phonologie der Konsonanten in den Mundarten Mittelfrankens – Karten und Kommentare. (Prof. Munske)

Folgende Dissertationen wurden abgeschlossen:

Dörfler, Hans-Diether: Die Straßennamen der Stadt Erlangen. Struktur, Pragmatik und historische Entwicklung. (Prof. Munske)

Reichel, Sibylle: Richtungs- und Lageadverbien im Untersuchungsgebiet des Bayerischen Sprachatlas. (Prof. Munske)

Thomas, Barbara: Adjektivderivation im Nürnberger Frühneuhochdeutsch um 1500. Eine historisch-synchrone Analyse anhand von Texten Albrecht Dürers, Veit Dietrichs und Heinrich Deichslers. (Prof. Munske)

Folgende Magister-/Zulassungsarbeiten wurden abgeschlossen:

George, Dieter: Die Namen der Gemeindehauptorte des Altlandkreises Lichtenfels in Oberfranken. (Prof. Munske)

Schmitt, Michaela: Die mundartlichen Entsprechungen mittelhochdeutscher Gutturale im Untersuchungsgebiet des Sprachatlas von Mittelfranken. (Prof. Munske)

Kunstgeschichte

Folgende Dissertationen befinden sich in Arbeit:

Berninger, Ulrike: Der Maler und Kunsthandwerker Friedrich Wilhelm Wanderer (1840–1910). Zu Kunst und Kunstpolitik im Nürnberg der Wilhelminischen Zeit. (Prof. Möseneder)

Colditz-Heusl, Silke: Der Nürnberger Architektur- und Historienmaler Paul Ritter. (Prof. Möseneder)

Keller, Bettina: Barocke Sakristeien in Süddeutschland und ihre Ikonologie. (Prof. Möseneder)

Landherr, Regina: August von Kreling. Studien zu Leben und Werk. (Prof. Möseneder)

Meier, Andrea: Carl Alexander von Heideloff (1789–1865). (Prof. Möseneder)

Nagler, Oliver: Studien zu Jost Amman. (Prof. Möseneder)

Folgende Dissertation wurde abgeschlossen:

Schwarz, Stefanie: Die Restaurierung der Veste Coburg in neugotischem Stil (1838–1864). Zur architektonischen Repräsentation der Herzöge Ernst I. und II. von Sachsen-Coburg und Gotha. (Priv.Doz. Dr. Appuhn-Radtke)

Folgende Magisterarbeiten wurden abgeschlossen:

Dyballa, Katrin: Georg Pencz: Die fünf Sinne. (Prof. Möseneder)

Nagler, Justine: Hans Sebald Beham: Die Taten des Hercules. (Prof. Möseneder)

Henrichfreise, Margret: Der spätgotische Hochaltar in der Pfarrkirche St. Andreas in Kalchreuth. (Prof. Stein-Kecks)

Landes- und Volkskunde
(Erziehungswissenschaftliche Fakultät)

Folgende Zulassungsarbeiten wurden abgeschlossen:

Atzei, Christiane: Der Friedhof als Handlungsort der Lebenden. Über den Umgang und das Verhalten von Menschen auf Friedhöfen.

Geisselbrecht, Stefanie: Puppenhäuser früher und heute. Zur Historie und Bedeutung für Kinder und Erwachsene im 20. Jahrhundert.

Geissendörfer, Ilka: Vom Pfefferminzanbau zum Teedorf: Vestenbergsgreuth, Reg.-Bez. Mittelfranken.

Janik, Michaela: „Nürnberg, Ahaa!" Die Nürnberger Faschingszüge von 1945 bis 2001.

Manger, Hans-Martin: Dauercamping – Verhaltensstudien im Ballungsraum Nürnberg-Fürth-Erlangen.

Schäfer, Florian: Angler. Historische Entwicklung, Aktivitäten, Selbstperspektive und Darstellung in der Öffentlichkeit.

Schülein, Pamela: Internationale Gemeindepartnerschaften: Entwicklungen – gelebter Alltag, gezeigt am Beispiel der kleinen mittelfränkischen Landgemeinden Emskirchen, Oberreichenbach und Aurachtal.

Wagner, Martina: Bausünden. Eine Dokumentation zur Veränderung fränkischer Dörfer im Landkreis Weißenburg-Gunzenhausen.

Hartmut Heller

Wirtschafts- und Sozialgeographie (Nürnberg)

Folgende Dissertation befindet sich in Arbeit:

Bühler, Matthias: Der Wandel im Handel als raumrelevanter Prozess am Beispiel der Nürnberger Altstadt.

Folgende Diplomarbeit wurde abgeschlossen:

Dimler, Doris: Der Business-Park Nürbanum.

Rasso Ruppert

Astrid S c h m i d t - H ä n d e l

Der Stellenwert Nürnbergs im Erfurter Waidexport des Spätmittelalters

Die Bedeutung, die der Handelsstadt Nürnberg im internationalen Warenaustausch des Spätmittelalters und der Frühen Neuzeit zukommt, ist unbestritten. Neben den weitreichenden Geschäftsbeziehungen, die Nürnberger Kaufleute zu Handelspartnern in ganz Europa pflegten, bot aber auch die in der Stadt selbst beheimatete gewerbliche Produktion, wobei vor allem die umfangreiche Metallindustrie und die Textilveredelungsbranche hervorzuheben sind, den Produzenten und Händlern anderer Städte Absatzmöglichkeiten für ihre Zulieferprodukte. Ein Handelszweig, der davon profitierte, war der Vertrieb des Blaufärbemittels Waid. Auch wenn etliche europäische Regionen, wie beispielsweise in Deutschland die Gegend um Jülich oder in Italien die Lombardei und die Toskana, die richtige Bodenbeschaffenheit für die Kultivierung der Färbepflanze aufwiesen, konnte sich keines dieser Gebiete mit der Produktion des Thüringer Beckens sowohl im Hinblick auf die Menge als auch auf die anhaltend hohe Qualität messen.

Für die Zubereitung des Waidpulvers wurden die Blätter der Pflanze genutzt. Sie wurden zunächst im welken Zustand gemahlen und zu handtellergroßen Waidballen (dem Halbfabrikat) geformt. Nach ihrer Aushärtung wurde dieser ‚grüne Waid‘ oder ‚Ballenwaid‘ von den Waidbauern zum Verkauf auf den Waidmarkt gebracht. Die Weiterbearbeitung erfolgte in der Stadt, wo Waidhändler auf den Dachböden ihrer Häuser aus den erworbenen Ballen schließlich mit Hilfe eines Gärungsprozesses das gebrauchsfertige Farbpulver herstellen ließen.[1] Für den Export wurde das Waidpulver in Tannenholzfässer verpackt und mit dem Zeichen des jeweiligen Waidhändlers sowie dem Stadtwappen versehen.[2] Am Zielort der Handelsreise hatten die Kaufleute, die nur in der Anfangszeit die Waidwagen überwiegend selbst begleiteten, später jedoch meist von Fuhrleuten oder Knechten abgelöst wurden, den Waid nach einer Qualitätsprüfung eine festgesetzte Zeit im städtischen Waidhaus zum Verkauf anzubieten, also die sogenannte Niederlagspflicht zu erfüllen;[3] war kein solches Gebäude vorhanden, wurden die Häuser einheimischer Händler dafür genutzt. Hier konnten schließlich die Färber oder Tuchmacher den Waid erwerben.

In erster Linie waren die Abnehmer von Farbstoff natürlich Handwerker der Gebiete, in denen die Tuchproduktion in größerem Umfang angesiedelt war. Flandern und Brabant sind hier zu nennen, die im Spätmittelalter allerdings noch von Holland und England übertroffen wurden. In Deutschland sind neben Sachsen und Schlesien die oberdeutschen Landschaften um Ulm und Augsburg hervorzuheben, die sich in der Leinen- und Barchentherstellung einen besonderen Ruf erarbeitet haben.

---

[1] Zur Waidproduktion und zum Waidverkauf siehe: Daniel Gottfried Schreber, Historische, physische und öconomische Beschreibung des Waidtes, Halle 1752; Heinrich Crolach, Isatis Herba, De Cultura Herbae Isatidis, Gotha 1555, abgedruckt in: D.G. Schreber, Beschreibung des Waidtes, S. 59–90.

[2] Herbert Ernst, Die wirtschaftliche Entwicklung der Stadt Erfurt bis zur Reichsgründung, Diss. Frankfurt 1926, S. 6.

[3] Hierzu auch: Otto Gönnenwein, Das Stapel- und Niederlagsrecht, Weimar 1939.

Die zunehmende Verbreitung des Verlagssystems, die sich vor allem in der Metall- und der Textilindustrie durchsetzte, ermöglichte aber nicht nur eine Produktion in großem Maßstab, sondern auch die räumliche Trennung einzelner Arbeitsschritte wie Tuchherstellung und Färberei. Die Färbeindustrie war also nicht notwendigerweise nur in Textilherstellungsgebieten beheimatet, was auch am Beispiel der Stadt Nürnberg zu sehen ist.[4] Es scheint offensichtlich zu sein, daß die Nürnberger Färber den Waid aus dem für sie verkehrsgünstig gelegenen Erfurt bezogen. Dies ist allerdings nur eine naheliegende Annahme, bei der es gilt, durch den Nachweis einzelner Geschäfte zu bestätigen, daß der in Nürnberg eingeführte Waid auch tatsächlich aus Thüringen stammte.

Eine gute Verkehrsverbindung zwischen Erfurt und Nürnberg bestand ohne Zweifel. Von Bedeutung war vor allem die ‚Nürnberger Geleitsstraße‘, die Erfurt über die Städte Ilmenau, Eisfeld, Coburg, Bamberg, Forchheim und Erlangen mit Nürnberg verband. Von hier konnten dann mit Regensburg, Augsburg oder Nördlingen weitere Ziele erreicht werden, wobei durch die Stadt Nürnberg auch Absatzmöglichkeiten nach Venedig und damit über Italien in den Orient eröffnet wurden. Abweichende Angaben über den Verlauf der ‚Nürnberger Geleitsstraße‘ sowie die Erwähnung verschiedener Nebenstrecken sind wohl auf die Schwierigkeiten zurückzuführen, die sich den Reisenden bei der Überwindung des Thüringer Waldes und des Frankenwaldes boten. In bergigen Gebieten wurden je nach Witterung meist Höhenwege den teilweise sumpfigen Talniederungen vorgezogen, jedoch nicht alle Wege waren für jeden Zweck und Transport gleichermaßen geeignet, so daß sich eine Vielzahl von Nebenzweigen entwickeln konnte, die im Laufe der Zeit abhängig vom Straßenzustand unterschiedlich stark benutzt wurden.[5] Der Straßenverlauf, wie er für 1515 angenommen werden kann, wurde in einer von Luise Gerbing als „Wegweiser der Kreuzstraßen" bezeichneten Regelung festgehalten.[6] Dabei wurden den Nürnberger Händlern und Fuhrleuten auf ihrem Weg in den Norden genaue Strecken und die für die Durchfahrt durch Erfurt zu nutzenden Stadttore vorgegeben. Die Schilderungen sind leider nicht besonders ausführlich, doch die Bemerkung „… müssen … auf den Heubach, Gräfinau oder auf die Langewiesen …"[7] zeigt beispielsweise zwei Alternativstrecken

---

[4] Zur Nürnberger Textil- und Färbeindustrie: Arno Kunze, Zur Geschichte des Nürnberger Textil- und Färbereigewerbes vom Spätmittelalter bis zu Beginn der Neuzeit, in: Beiträge zur Wirtschaftsgeschichte Nürnbergs 2, hg. v. Stadtarchiv Nürnberg, Nürnberg 1967, S. 669–700; Hermann Aubin, Formen und Verbreitung des Verlagswesens in der Altnürnberger Wirtschaft, in: Beiträge zur Wirtschaftsgeschichte Nürnbergs 2, hg. v. Stadtarchiv Nürnberg, Nürnberg 1967, S. 620–668; Franz Michael Reß, Die Nürnberger ‚Briefbücher‘ als Quelle zur Geschichte des Handwerks, der eisen- und metallverarbeitenden Gewerbe sowie der Sozial- und Wirtschaftsgeschichte, in: Beiträge zur Wirtschaftsgeschichte Nürnbergs 2, hg. v. Stadtarchiv Nürnberg, Nürnberg 1967, S. 800–830; Hironobu Sakuma, Die Nürnberger Tuchmacher, Weber, Färber und Bereiter vom 14. bis 17. Jahrhundert (Nürnberger Werkstücke zur Stadt- und Landesgeschichte 51), Nürnberg 1993.

[5] Siehe auch Norbert Ohler, Reisen im Mittelalter, München [2]1988.

[6] Da im Stadtarchiv Erfurt kein der Quellenangabe von Luise Gerbing entsprechendes Aktenstück und keine Urkunde mit dieser Signatur ausfindig gemacht werden konnte, bzw. dies inzwischen eventuell verloren gegangen ist, muß hier auf die Angaben von Luise Gerbing zurückgegriffen werden: Luise Gerbing, Erfurter Handel und Handelsstraßen, in: Mitteilungen des Vereins für Geschichte und Altertumskunde von Erfurt 21, 1900, S. 97–148, S. 109.

[7] Gerbing, Erfurter Handel (wie Anm. 6).

auf dem Weg nach Erfurt. Gesichert ist, daß die Strecke über Gräfinau stark befahren wurde.[8]

Waidgeschäfte zwischen Erfurter und Nürnberger Kaufleuten

Durch die herausragende Rolle der Färberei in der Stadt Nürnberg, herrschte eine starke Nachfrage nach dem Farbstoff, der bereits im ältesten Nürnberger Zolltarif bei der Einfuhr vom Zoll befreit war.[9] Dafür, daß dieser Bedarf mit Waid aus Erfurt gedeckt wurde, sprechen in der Tat zahlreiche Hinweise, die sich in den Aufzeichnungen beider Städte finden. Besonders gegen Ende des 15. Jahrhunderts kann man dank der zunehmenden Zahl der überlieferten Quellen intensive Geschäftsbeziehungen zwischen Erfurter und Nürnberger Bürgern nachweisen. Bei der Mehrzahl dieser Geschäfte steht auch tatsächlich der Verkauf von Waid durch die Erfurter Händler an Nürnberger Abnehmer im Mittelpunkt. Gut dokumentiert sind diese Transaktionen in Korrespondenzbüchern, in denen Kopien des ausgehenden Schriftverkehrs der jeweiligen Stadträte abgelegt wurden. Diese Aufzeichnungen machen es zudem möglich, einzelne Personen zu identifizieren, die sich im Waidexport beziehungsweise -import engagierten. Aufgrund ihres Umfanges und ihrer Überlieferungszustandes bilden insbesondere die Briefbücher des Nürnberger Rates dafür eine hervorragende Quelle.[10] Um kein falsches Licht auf die Handelsbeziehungen zwischen Erfurt und Nürnberg zu werfen, muß man allerdings einschränkend darauf hinweisen, daß sich in der Korrespondenz der Räte nur die Geschäfte niedergeschlagen haben, bei denen es zu einem Konflikt gekommen ist, in dem der jeweilige Rat der Stadt die Interessen seiner Bürger zu wahren versuchte. Die weitaus größere Zahl der reibungslos abgewickelten Kontrakte bleibt unerwähnt, weshalb man also keinesfalls von den folgenden ‚Problemfällen' auf schlechte Wirtschaftsbeziehungen zwischen beiden Städten schließen darf.

Ein derartiges Waidgeschäft samt eines Streites der beteiligen Kaufleute spiegelt beispielsweise ein Brief des Nürnberger Rates vom 2. Januar 1448 wider, der an die Stadt Erfurt adressiert ist.[11] Deren Bürger, die Familie Ziegler – von der einzelne Personen nicht näher benannt werden – und Johannes Krawshar, der hier als Diener der Ziegler bezeichnet wird, warfen dem Nürnberger Hans Reyff vor, ihnen Geld zu schulden. Die Art der Ware, für die hier Bezahlung verlangt wurde, ist zwar nicht ver-

---

[8] Claus Nordmann, Nürnberger Großhändler im spätmittelalterlichen Lübeck, Nürnberg 1933, S. 135.

[9] Johannes Müller, Die Handelspolitik Nürnbergs im Spätmittelalter, in: Jahrbücher für Nationalökonomie und Statistik III 38, 1909, S. 597–628, S. 604.

[10] Die Nürnberger Briefbücher sind zwischen 1405 und 1738 fast lückenlos überliefert und umfassen 358 Bände. Zu den Nürnberger Briefbüchern als Quelle siehe auch: Reß, Nürnberger Briefbücher (wie Anm. 4). Auch aus Erfurt sind derartige Korrespondenzbücher des Rates erhalten. Die „Libri communium" und die „Libri dominorum" sind von 1472–1666 bzw. 1427–1683 relativ geschlossen überliefert, wobei die einzelnen Bände jeweils mehrere Jahrgänge abdecken. Zwischen 1472 und 1546 sind von den „Libri communium" 15 Bände erhalten. Die „Libri dominorum" weisen zwischen 1455 und 1475 sowie 1500 und 1512 größere Lücken auf und umfassen für den Zeitraum von 1427 bis 1565 11 Bände.

[11] Staatsarchiv Nürnberg (künftig: StAN), Briefbücher, Rep. 61a, Nr. 18, fol. 420r.

merkt, ein weiterer Brief selben Datums an einen gewissen Dietrich Pardis[12] legt allerdings den Schluß nahe, daß es sich dabei um Waid gehandelt haben muß.[13] In diesem zweiten Schreiben wird auf die Behauptung von Dietrich Pardis und dessen Diener Johannes Krawshar eingegangen, daß Hans Reyff dem Pardis Geld für Waid schuldete und Reyff diesen Anspruch auch im Beisein zweier Nürnberger Räte anerkannt hatte. Die Stellungnahme des Nürnberger Rates weist jedoch darauf hin, daß sich die Beteiligten nicht an ein derartiges Bekenntnis erinnern konnten und Reyff die Schuld abstritt.[14] Klärung sollte eine Verhandlung vor dem Nürnberger Reichsgericht bringen.

Auffällig ist jedenfalls, daß Johannes Krawshar in beiden Fällen als Diener fungierte. Auch in dem Schreiben an die Familie Ziegler ist von den Nürnberger Ratsherren die Rede, die das Bekenntnis des Reyff bezeugen sollten, sich aber an eine derartige Angelegenheit nicht erinnern konnten. Hier scheint es sich also um ein gemeinsames Geschäft zu handeln, bei dem Reyff zugleich von Pardis und der Familie Ziegler Waren erworben hatte. Im Fall von Pardis ist eindeutig von Waid die Rede, wobei die Tatsache, daß die Familie Ziegler im Waidgeschäft tätig war und diese Schuldforderungen sachlich, durch die vermeintliche Zeugenaussage der beiden Nürnberger Räte, und zeitlich verknüpft sind, nahelegt, daß es sich auch bei der Familie Ziegler um Waid handelte.

Im weiteren Schriftwechsel erging neben dem Vorschlag, die Angelegenheit in Nürnberg vor dem Reichsgericht zu klären, das Angebot, die jeweilige Position – auf der einen Seite die von Hans Reyff, auf der anderen die des Dietrich Pardis und der Ziegler – mit je vier Zeugen vor dem Pfarrer von St. Sebald in Nürnberg als Obmann zu beeiden.[15] Während sich zu dem Vorwurf von Pardis in den Aufzeichnungen keine weiteren Niederschriften finden, verfaßte Konrad Ziegler, bezeichnet als ,des alten Zieglers Sohn', ein erneutes Schreiben an Nürnberg, auf das am 16. Juli 1448 in etwas harscherem Ton von Seiten Nürnbergs nochmals geantwortet wurde.[16] Der Stadt Erfurt wurde vorgeworfen, den Nürnberger Bürger Reyff in Erfurt durch ,bös Gericht' zu belästigen, woraufhin erneut der Appell erging, den Streit im Beisein von jeweils vier Zeugen vor dem Reichsgericht in Nürnberg zu verhandeln. Hinweise zum weiteren Verlauf der Angelegenheit finden sich dann nicht mehr.

---

[12] Der Wohnort von Dietrich Pardis bleibt in diesem Briefwechsel unklar, da er in verschiedenen Schriftstücken sowohl als Untertan des Grafen Heinrich von Schwarzburg als auch als Erfurter Bürger bezeichnet wird (StAN, Briefbücher, Rep. 61a, Nr. 18, fol. 420v, 421r, 437v u. 438r). Möglicherweise befand sich Pardis gerade im Begriff nach Erfurt zu ziehen, denn die Formulierung „... und als Ir in demselben brief meldt wie Dietrich Pardis langerzeyt ewr bürger nicht gewesen und noch nicht sey ..." (StAN, Briefbücher, Rep. 61a, Nr. 18, fol. 465r) könnte auch auf eine vorangegangene und erneut beabsichtigte Bürgerschaft hinweisen. Die Familie Pardis war zudem eine in Erfurt angesehene Patrizierfamilie. Dietrich Pardis selbst betrieb bereits 1446 und 1447 als Erfurter Bürger mit seinen Brüdern Gottschalk und Heinrich Pardis sowie dem Geschäftspartner Johannes Kaufmann eine Handelsgesellschaft und war auch in Görlitz in Waidgeschäften tätig (Gustav Köhler (Hg.), Codex diplomaticus Lusatiae Superioris 4, Görlitz 1856, S. 405; siehe auch: Stadtarchiv Görlitz (künftig: StadtA Görlitz), Libri actorum, Jg. 1446, fol. 16a sowie Jg. 1447, fol. 45b und fol. 65a.)
[13] StAN, Briefbücher, Rep. 61a, Nr. 18, fol. 421r.
[14] StAN, Briefbücher, Rep. 61a, Nr. 18, fol. 420v.
[15] StAN, Briefbücher, Rep. 61a, Nr. 18, fol. 420r u. 437v.
[16] StAN, Briefbücher, Rep. 61a, Nr. 19, fol. 91v.

Seifrid und Otto Ziegler, ebenfalls Mitglieder der Familie, waren sieben Jahre später erneut gezwungen, in einer Auseinandersetzung um Waid gegen einen Nürnberger Bürger vorzugehen, wie ein Schreiben des Nürnberger Rates vom 25. Juli 1455 zeigt.[17] Seifrid und Otto, die Brüder des bereits erwähnten Konrad Ziegler,[18] warfen Ulrich Freydung vor, ihnen Geld für Waid schuldig zu sein. Da Freydung dies allerdings abstritt, wurde den beiden Erfurtern eine Klärung vor dem Nürnberger Reichsgericht vorgeschlagen, zu dem sie ihren bevollmächtigten Anwalt schicken sollten. Eine weitere Forderung ist einem Brief des Nürnberger Rates an Erfurt vom 2. Mai 1457 zu entnehmen.[19] Es läßt sich nicht sagen, ob es sich noch um dieselbe Angelegenheit handelte, möglicherweise war es auch im Rahmen neuer Waidgeschäfte abermals zu Konflikten gekommen. Aufgrund von Ansprüchen, die Seifrid und Otto Ziegler sowie Johannes Krawshar an Ulrich Freydung stellten, wurde hier ein weiteres Mal eine Austragung vor dem Nürnberger Rat oder dem Nürnberger Reichsgericht angeboten. Der Zusammenhang mit einer Auseinandersetzung die in einem bereits am 23. Februar 1457 verfaßten Schreiben Nürnbergs an Erfurt erwähnt wird, ist naheliegend, läßt sich aber nicht eindeutig herstellen.[20] Hier sträubte sich Ulrich Freydung eine Klage des Erfurters Balthasar Ziegler anzuerkennen, der ihn vor das geistliche Gericht des Erfurter Schottenklosters geladen hatte. Freydung wüßte nicht, daß er in irgendeiner geschäftlichen Angelegenheit mit Balthasar Ziegler, der als Student in Erfurt bezeichnet wird,[21] zu tun gehabt hätte und bat um Klärung. Lediglich für eine noch im Raum stehenden Forderung des Johannes Krawshar aus einem Waidgeschäft von vor zwölf Jahren, bei dem er von Krawshar mit dem Verkauf von Waid beauftragt worden war, war Freydung bereit, eine erneute Rechnung zu erstellen, um mögliche Differenzen zu begleichen. Auf welches Geschäft sich die Klage des Balthasar Ziegler bezieht, bleibt unklar. Da es sich aber bei ihm um den Neffen von Seifrid und Otto Ziegler, den Sohn ihres Bruders Rudolf handelte, ist es durchaus wahrscheinlich, daß der spätere Jurist hier für seine Familie tätig geworden war.

Neben der Dokumentation einzelner Waidgeschäfte und der Identifizierung einiger ihrer Handelspartner verdanken wir der Familie Ziegler auch einen Einblick in die praktische Umsetzung der Nürnberger Waidordnung, die den einheimischen Bürgern ein Vorkaufsrecht einräumte. Der Rat der Stadt Erfurt wurde in Sachen seiner Bürger und Ratsfreunde, ‚der Ziegler‘, vom Nürnberger Rat am 29. September 1449 angeschrieben.[22] Es wurde mitgeteilt, daß der Rat von Nürnberg dem Diener der Familie Ziegler untersagt hatte, etlichen Waid, den diese in Nürnberg lagerte, zu verkaufen, da er ihn an ‚Fremde‘, also Nichtbürger veräußern wollte. Die zunächst erteilte Erlaubnis zum Verkauf an Fremde war an die Bedingung geknüpft, daß der Waid für den

[17] StAN, Briefbücher, Rep. 61a, Nr. 26, fol. 181r.

[18] Wilhelm Biereye, Das Erfurter Patriziergeschlecht der Ziegler (Erfurter Genealogischer Abend. Wissenschaftliche Abhandlungen 3), Erfurt 1930.

[19] StAN, Briefbücher, Rep. 61a, Nr. 27, fol. 100r.

[20] StAN, Briefbücher, Rep. 61a, Nr. 26, fol. 56r.

[21] Im Jahr 1455 war nachweislich ein Balthasar Ziegler an der Erfurter Universität immatrikuliert. Wann er allerdings sein Studium beendet hat, ist nicht ersichtlich. Johann Christian Hermann Weissenborn (Hg.), Acten der Erfurter Universität (1392–1636) (Geschichtsquellen der Provinz Sachsen und angrenzender Gebiete 8, 1–3), 3 Bde., Halle 1881–99, Bd. 1, S. 251, Z. 22.

[22] StAN, Briefbücher, Rep. 61a, Nr. 20, fol. 313r.

Fall, daß kein Nürnberger Bürger bereit war, ihn zu erwerben, was auch durch eine Befragung bestätigt worden war, nicht an Feinde der Stadt abgegeben werden durfte. Bei den potentiellen Käufern handelte es sich jedoch um Personen aus Eichstätt, mit dem Nürnberg 1449/50 in eine kriegerische Auseinandersetzung verwickelt war.[23] Als Konsequenz bat Nürnberg nun den Erfurter Rat, auf die Familie Ziegler einzuwirken, da es doch sicherlich nicht im Interesse seiner Erfurter Freunde war, daß Feinde der Stadt Nürnberg unterstützt würden. Deutlich wird, daß es den auswärtigen Händlern, wie der Familie Ziegler, geboten war, ihre Ware zunächst an Bürger der Stadt zu verkaufen und erst, wenn sich hier kein Käufer finden sollte, andere fremde Personen als Abnehmer in Erwägung zu ziehen, was allerdings nicht den Interessen der Stadt zuwiderlaufen durfte.

Die Geschäftsbeziehungen zwischen Erfurt und Nürnberg hatten in der Tat einen solchen Umfang, daß es sich für die Erfurter Händler beziehungsweise Handelsfamilien rentierte, in Nürnberg eine Vertretung durch einen Faktor zu unterhalten, wie er hier in der Person des Johannes Krawshar in Erscheinung tritt. Die Bezeichnung ‚Diener' steht dabei für ‚Handelsdiener' oder ‚Faktor' und beschreibt einen ständigen Vertreter eines Händlers oder einer Handelsgesellschaft in einer anderen Stadt, in deren Auftrag er dort Geschäfte führte.[24]

Verflechtung von Absatz und Einkauf durch die Erfurter Händler in Nürnberg

Sicherlich dominierte der Waidabsatz den Handel der Erfurter Kaufleute in Nürnberg. Erfurter Händler nutzten ihre Geschäftskontakte aber zugleich für den Einkauf. Dies belegen insbesondere die Außenstände, die Nürnberger Gläubiger bei Erfurter Schuldnern einforderten. Leider wird aus den Quellen die Art der gehandelten Waren meist nicht ersichtlich, da sich die Briefe des Nürnberger, aber auch des Erfurter Rates lediglich auf die Übermittlung der Ansprüche beschränkten. Detailliertere Angaben wären nur dem vom Gläubiger jeweils extra beigelegten Schreiben zu entnehmen, das in keinem dieser Fälle in die Kopialbücher des Rates aufgenommen und somit überliefert wurde.

Eine derartige Schuldforderung stellte der Nürnberger Bürger Conrad Bamberger 1434 an die Erfurter Conrad Kaufmann, Conrad Sorer und Hans Schollen. Welche Art von Geschäft diesem Schriftwechsel vorausging, wird nicht erwähnt; ebensowenig läßt sich feststellen, ob es sich bei den genannten Erfurter Bürgern möglicherweise um eine Gesellschaft handelte. In diesem Schriftstück wird ein Beauftragter des Conrad Bamberger angekündigt, der vor Ort in Erfurt die säumigen Zahlungen in Empfang nehmen sollte, wobei auch von einer beim Landgericht des Burggraftums Nürnberg bereits erfolgten Klage des Nürnbergers gegen die Erfurter die Rede ist.[25]

In einem weiteren Fall wurde in einer derartigen Auseinandersetzung ebenfalls am Landgericht des Burggraftums zu Nürnberg Klage erhoben. Von Seiten Nürnbergs er-

---

[23] Siehe auch: Richard Kölbel, Der Erste Markgrafenkrieg 1449–1453, in: Mitteilungen des Vereins für Geschichte der Stadt Nürnberg 65, 1978, S. 91–123.

[24] Lexikon des Mittelalters, München 1980–99: Stichwort „Faktor".

[25] StAN, Briefbücher, Rep. 61a, Nr. 11, fol. 43r u. 113v.

6

ging am 21. Mai 1436 allerdings das Angebot, die Klage fallenzulassen, wenn der Rat der Stadt Erfurt sich der Sache annähme und dafür sorgte, daß die Gläubiger Markward Ofenhawser und Franz Ortloff oder ihre Beauftragten ihr Geld von den Erfurtern Donat Deltsch, dessen Eidem Conrad Sund und Hans Wolper erhielten.[26]

Daß der Erfurter Donat Deltsch auch zu weiteren Nürnbergern rege Geschäftskontakte unterhielt, zeigt eine in anderer Richtung erfolgte Klage gegen den Nürnberger Bürger Andres Volkmeir den Jüngeren.[27] Der Rat der Stadt forderte Deltsch auf, sein Recht vor dem Rat oder dem Reichsgericht zu Nürnberg einzuklagen, da Andres Volkmeir als Nürnberger Bürger nicht vor ein auswärtiges Gericht zitiert werden durfte. Auf dieses Schreiben vom 24. Juni 1432 folgte am 3. Oktober 1432 ein weiterer Brief des Nürnberger Rates an Erfurt in eben dieser Angelegenheit, dem eine Antwort aus Erfurt vorangegangen sein muß, die den Besuch von Donat Deltsch bis Michaelis (29. September) desselben Jahres ankündigte.[28] Deltsch hatte diesen Termin jedoch offensichtlich nicht wahrgenommen, da der Rat von Nürnberg sich in dem Brief vom 3. Oktober in Erfurt nach den Gründen für dessen Fernbleiben erkundigte. Dies hatte insbesondere Verärgerung hervorgerufen, als Andres Volkmeir der Jüngere extra von einem auswärtigen Geschäftstermin nach Nürnberg zurückgekehrt war und erhebliche Kosten dafür in Kauf genommen hatte. Eine Fortsetzung findet die Auseinandersetzung mit einem weiteren Schreiben des Nürnberger Rates am 28. November 1432.[29] Deltsch muß wiederum auf den Brief reagiert haben, da dieses Schriftstück sich auf seine Aussage bezieht, er hätte nicht gewußt, daß sich Andres Volkmeir zu diesem Zeitpunkt tatsächlich in Nürnberg aufgehalten hatte. Dieser Äußerung begegnete der Nürnberger Rat mit dem Hinweis, daß eine ausdrückliche Unterrichtung über die Anwesenheit Volkmeirs am fraglichen Termin nicht nötig gewesen wäre, zudem aber sogar der Ratsgeselle Hans Teufel mit dem Eidam des Donat Deltsch, Hans Smydt, in dieser Angelegenheit gesprochen hätte. Teufel hätte Smydt die Anwesenheit des Volkmeir mitgeteilt, woraufhin dieser das Kommen des Deltsch zugesagt hätte. Im Bemühen um eine Einigung, setzte der Nürnberger Stadtrat bis Walpurgis (1. Mai) eine neue Frist fest, da es Volkmeir aus geschäftlichen Gründen nicht möglich gewesen war, kurzfristig erneut nach Nürnberg zurückzukehren. Die Angelegenheit war damit wohl immer noch nicht bereinigt, da es ganze fünf Jahre später wieder zu einem Schriftwechsel zwischen den Stadträten von Nürnberg und Erfurt, Donat Deltsch und Andres Volkmeir den Jüngeren betreffend, kam.[30] Die aus Nürnberg überlieferte Stellungnahme des Volkmeir setzt eine Forderung voraus, die aus dieser fünf Jahre zurückliegende Klage resultierte. Der Nürnberger Rat wies im Namen Volkmeirs nun jeglichen Anspruch aus dem Grund zurück, daß dieser damals zum einen von Gerichten behelligt worden war, die nicht für ihn zuständig gewesen waren, und zum anderen er bereitwillig in Nürnberg auf Deltsch gewartet hatte, dieser aber nicht erschienen war. Da Deltsch bis dahin kein Urteil in Nürnberg angestrebt hatte, sah er die Klage als erledigt an. Nach diesem Schreiben findet sich kein Hinweis mehr auf eine wei-

---

[26] StAN, Briefbücher, Rep. 61a, Nr. 12, fol. 199v.
[27] StAN, Briefbücher, Rep. 61a, Nr. 10, fol. 4v.
[28] StAN, Briefbücher, Rep. 61a, Nr. 10, fol. 51v.
[29] StAN, Briefbücher, Rep. 61a, Nr. 10, fol. 91v.
[30] StAN, Briefbücher, Rep. 61a, Nr. 12, fol. 367v.

tere Fortführung der Auseinandersetzung. Wie der Fall allerdings zu Ende gegangen ist, mit einer Klage in Nürnberg, die dem Deltsch nochmals als rechtliche Lösung angeboten wurde, oder dem Verzicht des Deltsch auf weitere Verfolgung, läßt sich nicht sagen.

Auch der Erfurter Bürger Hans Wolper, der seinerseits in einem obengenannten Fall die Rolle des Beklagten einnahm, strengte 1434 als Gläubiger eine Klage gegen Andres Volkmeir den Jüngeren an, was erneut verdeutlicht, daß Erfurter Bürger sowohl als Verkäufer, als auch als Käufer in Nürnberg auftraten.[31]

Die hier angeführten Beispiele, bei denen es zu einer Klage oder zumindest zu einem Briefwechsel der Räte gekommen ist, stehen allerdings nur für eine Vielzahl von Abwicklungen, bei denen keinerlei Meinungsverschiedenheiten aufgetreten sind und die demzufolge keine Spur in den Quellen hinterlassen haben. Diese Schuldenforderungen, die von beiden Seiten ausgingen und in denen Erfurter und Nürnberger Bürger sowohl als Gläubiger als auch als Schuldner zu finden sind, zeigen aber bereits, wie lebhaft der Handel zwischen beiden Städten war. Dieser beschränkte sich nicht nur auf den Erfurter Waidexport nach Nürnberg, sondern umfaßte auch den Einkauf der Erfurter Kaufleute in Nürnberg.

Einer der wenigen Hinweise auf die Handelsgüter, die Erfurter Bürger in Nürnberg bezogen haben, findet sich in den Aufzeichnungen des Nürnbergers Wilhelm Scheuenpflug. In einer Abrechnung seiner Scheuenpflugschen Wechselbank des Jahres 1426 wird der Verkauf von vier Sack Pfeffer, bezahlbar bis Februar 1427, an Heintz Hüller, Diener des Peter Amelung[32] von Erfurt, vermerkt.[33] Dieser Vertrag wurde auch erfüllt, wie eine spätere Eintragung nachweist.[34]

Auch der Rat nutzte die bestehenden Handelsverbindungen nach Nürnberg, um eigenen Verpflichtungen nachzukommen, wie verschiedene Schreiben des Erfurter Rates an Dietrich Fensterer aus Langensalza zeigen. Zwischen 1510 und 1530 belegen mehrere Briefe, daß der Rat von Erfurt den Waidhändler Fensterer beauftragte, Geld, in der Regel mit Hilfe von Wechseln,[35] nach Nürnberg zu bringen. 1510 bat der Rat

---

[31] StAN, Briefbücher, Rep. 61a, Nr. 11, fol. 51v.

[32] Katherina Amelung, eine Tochter des Peter Amelung, führte eine eigene Handelsgesellschaft (die Teilhaber siehe: Codex diplomaticus Lusatiae Superioris 4 (wie Anm. 12), S. 329) die Außenstände in Görlitz einforderte (StadtA Görlitz, Libri actorum, 1446, fol. 6r). Katherina Amelungs Schwester Elisabeth hat durch ihren Mann Rudolf in die Familie Ziegler eingeheiratet. Er ist der Sohn des Cousins der erwähnten Waidhändler Seifrid, Otto, Konrad und Rudolf Ziegler (siehe auch: Biereye, Erfurter Patriziergeschlecht (wie Anm. 18) und Wilhelm Biereye, Die Erfurter Geschlechter derer von Tennstedt und Ludolf (Erfurter Genealogischer Abend, Wissenschaftliche Abhandlungen 7), Erfurt 1933.

[33] Wolfgang v. Stromer, Oberdeutsche Hochfinanz 1350–1450 (Vierteljahrschrift für Sozial- und Wirtschaftsgeschichte, Beihefte 55–57), Teil 2, Wiesbaden 1970, S. 370.

[34] v. Stromer, Oberdeutsche Hochfinanz (wie Anm. 33), S. 371.

[35] Diese bargeldlose Zahlungsabwicklung, war bereits sehr gebräuchlich, um die Gefahr von Verlusten, beispielsweise durch Überfälle, bei einem derartigen 'Geldtransport' auszuschließen. Zum Finanzwesen, insbesondere dem Wechselbrief als Kreditinstrument und Werkzeug bargeldloser Zahlung siehe auch: Michael North (Hg.), Kredit im spätmittelalterlichen und frühneuzeitlichen Europa (Quellen und Darstellungen zur hansischen Geschichte NF 37), Köln / Wien 1991; Ders. (Hg.), Von Aktie bis Zoll – Ein historisches Lexikon des Geldes, München 1995; Ders., Das Geld und seine Geschichte: vom Mittelalter bis zur Gegenwart, München 1994; Peter Spufford, Money and ist Use in Medieval Europe, Cambridge 1988; Markus J. Wenninger, Geldkreditgeschäfte im mittelalterlichen Erfurt, in: Erfurt – Geschichte und Gegenwart, hg. v. Ulman Weiß, Weimar 1995, S. 439–458.

Fensterer für die Stadt Erfurt eine Zahlung in Höhe von 300 Gulden vorzunehmen.[36] Möglicherweise handelte es sich dabei um eine Kredittilgung der Stadt Erfurt, die zur Zeit der Erfurter Revolution von 1509 hoch verschuldet war, bei der Stadt Nürnberg oder einiger ihrer Bürger. In einem weiteren Fall von 1518 wurde Fensterer zunächst gebeten, Geld in Nürnberg auszulegen und es sich dann in Erfurt aus der Kämmerei wieder erstatten zu lassen. Ein Schreiben vom 8. Oktober erklärte diese Geldübergabe in Nürnberg jedoch für nicht mehr nötig, da der Erfurter Ratsfreund und Kämmerer Heinrich Daniel am 4. Oktober Waid nach Nürnberg geschickt hatte und dabei das Geld nach Nürnberg gebracht worden war.[37] Die Ankündigung wurde allerdings bereits wieder mit einer erneuten Bitte, für den Rat in Nürnberg 700 Gulden auszulegen, verbunden, wobei er das Geld bis Martini in Erfurt wiedererhalten sollte. Auch 1519 und 1530 wurde Fensterer gebeten, Geld nach Nürnberg zu bringen und dort im einen Fall Jacob Seybot[38] zu übergeben,[39] und im anderen Fall Geld in Nürnberg auszulegen und eine Schuld von 600 Gulden bei Cristoff Tetzel und Georg Holtzschuher zu tilgen.[40]

Der Erfurter Rat bediente sich also in diesen Fällen eines Waidhändlers, wenn es auch hier zumindest während der Revolution und in der folgenden Zeit kein Erfurter war, um seinen Zahlungsverpflichtungen in Nürnberg nachzukommen. Weshalb der Erfurter Rat einen Waidhändler aus Langensalza mit dieser Angelegenheit betraute, läßt sich nicht feststellen. Da allerdings für das 14. Jahrhundert auch eine Erfurter Patrizierfamilie namens Fensterer belegt ist, könnte Dietrich Fensterer ein Erfurter Waidhändler sein, der in den Erfurter Revolutionswirren von 1509 die Stadt verlassen und sich in Langensalza niedergelassen hat.[41] Die Anweisungen, die mittels eines Wechsels vorgenommen werden sollten, zeigen, daß Fensterer mit der Praxis der bargeldlosen Zahlungsübermittlung durch Wechselbriefe vertraut war und zudem über ein genügend umfangreiches Kapital oder entsprechende Außenstände in Nürnberg verfügte, um diese doch sehr hohen Leistungen zu erfüllen.

Verwandtschaftliche Beziehungen zwischen Erfurter und Nürnberger Bürgern

Neben den reinen Geschäftsbeziehungen erleichterten auch verwandtschaftliche Bande die Handelstätigkeit in anderen Städten. Häufig kamen solche Bindungen durch Heiraten zustande, oder Familienmitglieder ließen sich als Händler in einer anderen Stadt nieder. So konnten ganze Netzwerke von Beziehungen zwischen einzel-

---

[36] Stadtarchiv Erfurt (künftig: StadtA Erfurt), Libri communium, 1–1 / XXI 1b 1b, Bd. 4, fol. 150v.

[37] StadtA Erfurt, Libri communium, 1–1 / XXI 1b 1b, Bd. 8, fol. 226r.

[38] Wahrscheinlich handelt es sich bei Jacob Seybot um einen Nürnberger Händler, der Waid einführte. Von 1476 bis 1505 wird regelmäßig ein Jacob Sewbat oder Jocob Sewbotter als Abgabenleistender in den Nürnberger Waidhausrechnungen erwähnt. StA Nürnberg, Rep. 54ª I, Nr. 38, 46, 441, 483, 590, 594, 628, 663, 712, 745, 791, 840 und 865.

[39] StadtA Erfurt, Libri communium, 1–1 / XXI 1b 1b, Bd. 5, fol. 45r.

[40] StadtA Erfurt, Libri communium, 1–1 / XXI 1b 1b, Bd. 9, fol. 74.

[41] Johann Michael Weinrich, Kurtz gefasste und gruendliche Nachricht von den vornehmsten Begebenheiten der uhralten und beruehmten Haupt Stadt Erffurt in Thueringen: Worinnen zugleich das Recht des durchlauchtigsten Chur-Hauses Sachsens, An dieselbe aus tuechtigen Uhrkunden dargethan und behauptet wird, Frankfurt/Leipzig 1713, S. 219 f.

nen Handelsstädten entstehen. Auch Erfurter Bürger waren derart mit Nürnberger Familien verbunden.

Ein gutes Beispiel hierfür sind die Nürnberger Familie Volckmer und die Erfurter Familie von der Sachsen. Ein Eintrag im Gerichtsbuch des Nürnberger Stadtgerichtes von 1496 belegt die Aushändigung von zweimal 25 rheinischen Gulden an den Erfurter Erhard von der Sachsen durch den Nürnberger Stephan Volckmer, die den beiden Kindern des Erhard, nämlich Jacob und Barbara von der Sachsen, überlassen werden sollten.[42] Volckmer handelte im Auftrag seiner verstorbenen Mutter Walpurga, der Witwe des Stephan Volckmer senior. Sie war zugleich die Schwiegermutter des Erhard von der Sachsen, der auf seinen Reisen bei seinem Geschäftsfreund Stephan Volckmer in Nürnberg seine Frau, die 1482 verstorbenen Tochter der Walpurga, Barbara, kennenlernte.[43] Deren Kinder und folglich Enkel der Walpurga Volckmer, Jacob und Barbara von der Sachsen, erhielten mit dem Geld vermutlich ihren Anteil am Nachlaß der Großmutter. Da es im Rahmen der Kaufmannsausbildung üblich war, eine Lehrzeit im In- oder Ausland bei befreundeten oder verwandten Geschäftspartnern der Familie zu absolvieren,[44] hielt sich Jacob zuvor bereits eine Zeit lang im Hause seiner Großeltern in Nürnberg auf. Hier wurde er mit dem Geschäftsleben vertraut gemacht, ehe er nach seiner Rückkehr in Erfurt den Handel seines Vaters übernahm.[45]

Eine weitere, allerdings zum Zeitpunkt des Schriftverkehrs etwas angespannte familiäre Verbindung zwischen Erfurt und Nürnberg wird durch einen Briefwechsel von 1476 belegt. Aus dem Schreiben des Nürnberger Rates an Erfurt geht hervor, daß die Erfurter Bürgerin Else Merckel sich auf einen Vertrag ihres verstorbenen Mannes Thomas Merckel berief, dessen Inhalt jedoch nicht näher ausgeführt wurde. Der in dieser Angelegenheit Angesprochene war dessen Bruder, der Nürnberger Bürger Martin Merckel. Dieser ließ dem Erfurter Rat antworten, daß er weder von einem mündlichen noch einem schriftlichen Vertrag Kenntnis hätte, so daß die Sache zu einem Fall für eine Verhandlung vor dem Nürnberger Rat oder dem Reichsgericht zu werden drohte, wie der Nürnberger Rat es der Else Merckel auch vorschlug.[46]

In den Briefbüchern des Jahres 1452 wird der Erfurter Thomas Merckel bereits gemeinsam mit seinem Mitbürger Sixtus Froler als Schuldner des Kerstan Rüß erwähnt. Der Herkunftsort des Rüß wird in dem Schreiben des Nürnberger Rates an Erfurt nicht genannt, ist in diesem Zusammenhang allerdings auch nicht von Bedeutung. Interessant ist jedoch, daß hier eine weitere Verwandtschaftsbeziehung in Erscheinung tritt, da der Nürnberger Bürger Simon Froler mit dieser Forderung ebenfalls in heftiger Weise von Rüß angegangen wurde. Bei ihm handelte es sich um den Bruder des

---

[42] Stadtarchiv Nürnberg, Stadtgericht, B 14 / 1, Bd. 13, fol. 108r.

[43] Wilhelm Biereye, Die von der Sachsen, in: Erfurter Genealogischer Abend, Wissenschaftliche Abhandlungen 1, 1928, S. 75–96, Klassische Zeit, Linie II, Nr. 32.

[44] Siehe auch: Erich Maschke, Das Berufsbewußtsein des mittelalterlichen Fernkaufmanns, in: Die Stadt des Mittelalters, hg. v. Carl Haase, 3 Bde., Darmstadt 1973, Bd. 3, S. 177–216, S. 212 f.

[45] Biereye, von der Sachsen (wie Anm. 43), S. 78.

[46] StAN, Briefbücher, Rep. 61a, Nr. 35, fol. 22v, 49v und 84v.

Erfurters Sixtus Froler, der selbst aber in diesem Fall mit der Angelegenheit nichts zu tun hatte.[47]

Die Händler Simon Froler in Nürnberg und Sixtus Froler in Erfurt standen dennoch durchaus in geschäftlicher Verbindung, wie der Abwicklung eines Wechselgeschäftes durch ihre Firmen zu entnehmen ist. Ein Darlehen, das die Stadt Bamberg bei dem Erfurter Waidhändler Kellner[48] in Höhe von 300 Mark Silber aufgenommen hatte, wurde 1456 getilgt, indem die Stadt Bamberg zunächst bei dem Nürnberger Simon Froler einen Wechsel bestellte. Der Beauftragte der Stadt Bamberg, Heinz Plum, reiste darauf nach Nürnberg, um einen Teil der Schuldsumme, auf die der Wechselbrief ausgestellt werden sollte, bei Simon Froler einzuzahlen. Arnold Hiltprand, der ebenfalls als Bevollmächtigter der Stadt handelte, brachte schließlich die Restsumme und den Wechselbrief nach Erfurt und vollendete das Geschäft.[49]

Die verwandtschaftliche Verbindung zwischen Sixtus und Simon Froler führte schließlich zu einem umfangreichen Erbstreit zwischen dem Erfurter und dem Nürnberger Zweig der Familie, der hier nur kurz Erwähnung finden soll, da Ekkehard Westermann den Erbstreitigkeiten und Zusammenhängen bereits eine ausführliche Darstellung gewidmet hat.[50] Sixtus Froler aus Erfurt verstarb am 17. März 1472, woraufhin die Nürnberger Verwandtschaft seines ebenfalls bereits verschiedenen Bruders Simon Froler Ansprüche gegen die Witwe des Sixtus, Barbara Froler, geltend machte, worunter unter anderem „… 3000 gulden us dem weit- und 7000 uß dem silber- und kupperhandel …"[51] fielen. Barbara Froler verlangte wiederum von den Nürnbergern die Rückzahlung von Schulden und fälligen Zinsen. Sie wies deren Forderungen mit der Begründung zurück, daß sie beide, obwohl sie und Sixtus Froler zwar in Nürnberg getraut wurden, jahrelang in Erfurt nach dessen Recht lebten und sie dies auch nach dem Tode ihres Mannes befolgte. Dieses sah jedoch die verwitwete Person als Alleinerben an. Erst nach mehreren erfolglosen Vermittlungsversuchen konnte der Streit in einem Vertrag, der dem Stadtgericht Nürnberg vorgelegt wurde, beigelegt werden.[52]

Neben reinen Geschäftspartnerschaften finden sich also zahlreiche Beziehungen zwischen Erfurter und Nürnberger Bürgern, die sowohl auf einer geschäftlichen als auch einer verwandtschaftlichen Grundlage basierten. Dabei handelte es sich, wie es auch bei den Familien Froler, Merckel und von der Sachsen/Volckmer der Fall war, in

[47] StAN, Briefbücher, Rep. 61a, Nr. 22, fol. 200r.

[48] Leider wird der Vorname nicht genannt, so daß nicht festzustellen ist, um welches Mitglied der Familie es sich handelt. Siehe auch: Wilhelm Biereye, Die Familie Kellner, in: Mitteilungen des Vereins für die Geschichte und Altertumskunde von Erfurt 26, 1905, S. 83–103.

[49] Caroline Göldel, Neuaufgefundene Quellenzeugnisse für den Gebrauch von Wechselbriefen im überregionalen Zahlungsverkehr des Spätmittelalters, in: Scripta Mercaturae 22, 1988, S. 6 ff.

[50] Ekkehard Westermann, Zu den verwandtschaftlichen und geschäftlichen Beziehungen der Praun, Froler und Mulich von Nürnberg, Erfurt und Lübeck in der zweiten Hälfte des 15. Jahrhunderts, in: Hochfinanz, Wirtschaftsräume, Innovationen – Festschrift für Wolfgang von Stromer, hg. v. Ulrich Bestmann / Fritz Irsigler / J. Schneider, Bd. 1, Trier 1987, S. 521–540. Neben den von Westermann genannten Quellen vervollständigen der Briefwechsel zwischen dem Erfurter und dem Nürnberger Rat sowie die Eintragungen in das Gerichtbuch des Nürnberger Stadtgerichts die langandauernden Bemühungen um eine Lösung des Erbstreites: StadtA Erfurt, Libri communium, 1–1 / XXI 1b 1b, Bd. 1, fol. 5v, 9r, 12r, 45r, 129v, 188r, 202v, 212r, 282r und Bd. 2, fol. 62r; StA Nürnberg, Briefbücher, Rep. 61a, Nr. 34b, fol. 16r, 102r und Nr. 35, fol. 89v, 180v; Stadtarchiv Nürnberg (künftig: StadtA Nürnberg), Stadtgericht, B 14 / 1, Bd. 3, fol. 40v, 42r und 43r.

[51] Westermann, Beziehungen der Praun, Froler und Mulich (wie Anm. 50), S. 523.

[52] StadtA Nürnberg, Stadtgericht, B 14 / 1, Bd. 3, fol. 40v.

der Regel nicht um Niederlassungen einer Firma in einer anderen Stadt, sondern um Firmen, die unter der Leitung verschiedener, allerdings verwandtschaftlich verbundener Personen standen.

Die Nürnberger Handelspartner

Nachdem in den bisher angeführten Beispielen bereits einige Nürnberger Waidkäufer und Geschäftspartner der Erfurter Kaufleute in Erscheinung getreten sind, stellt sich die Frage, in welche soziale Schicht diese Personen einzuordnen sind. Bei einer Abgleichung der Namen, die in den Kopialbüchern oder auch in den Abgabenlisten des Nürnberger Waidhauses aufgeführt werden, mit der umfangreichen Literatur, die zum Nürnberger Patriziat, den Mittelschichten und Handwerkern der Stadt erschienen ist, fällt auf, daß kaum jemand dem Patriziat zuzurechnen ist.[53] Es gibt natürlich Ausnahmen, wie Stephan Volckmer der Jüngere, der mit der Erfurter Familie von der Sachsen verschwägert war, genauso wie Paulus Volckamer oder Hans Tucher, die beide in den Verzeichnissen des Waidhauses genannt werden.[54] Die Mehrzahl der Geschäftspartner der Erfurter Waidhändler läßt sich aber dieser Gesellschaftsschicht nicht zuordnen. Die Nürnberger Waidkäufer gehören allerdings auch nicht Färbern oder Tuchmachern an, was anhand von Sakumas Personenverzeichnis auszuschließen ist.[55]

Bei den Waidkäufern handelt es sich um eine von Michael Toch als „oberste nicht-patrizische" bezeichnete Schicht. Die zu diesen „Ehrbaren" zählenden Personen ha-

---

[53] Siehe hierzu u. a. Stromer, Oberdeutsche Hochfinanz (wie Anm. 33); Ders., Reichtum und Ratswürde – die wirtschaftliche Führungsschicht der Reichsstadt Nürnberg 1368–164, in: Führungskräfte in der Wirtschaft in Mittelalter und Neuzeit 1350–1850, hg. v. Herbert Helbig, Limburg/Lahn 1973, S. 1–50; Gerhard Hirschmann, Das Nürnberger Patriziat, in: Aus sieben Jahrhunderten Nürnberger Stadtgeschichte, Festgabe zum 70. Geburtstag von Gerhard Hirschmann, hg. v. Kuno Ulshöfer (Nürnberger Forschungen 25), Nürnberg 1988; Peter Fleischmann (Bearb.), Das Reichssteuerregister von 1497 der Reichsstadt Nürnberg (und der Reichspflege Weißenburg) (Quellen und Forschungen zur fränkischen Familiengeschichte 4), Nürnberg 1993; Helmut Frhr. Haller von Hallerstein, Größe und Quellen des Vermögens von hundert Nürnberger Bürgern um 1500, in: Beiträge zur Wirtschaftsgeschichte Nürnbergs, hg. v. Stadtarchiv Nürnberg, 2 Bde., Nürnberg 1976, Bd. 1, S. 117–176; Werner Schultheiß, Geld- und Finanzgeschäfte Nürnberger Bürger vom 13.–17. Jahrhundert, in: Beiträge zur Wirtschaftsgeschichte Nürnbergs, hg. v. Stadtarchiv Nürnberg, 2 Bde., Nürnberg 1976, Bd. 1, S. 49–116; Brigitte Berthold, Charakter und Entwicklung des Patriziats in mittelalterlichen deutschen Städten, in: Jahrbuch für Geschichte des Feudalismus 6, Berlin 1982, S. 195–241; Carl-Hans Hauptmeyer, Probleme des Patriziats oberdeutscher Städte vom 14. bis zum 16. Jahrhundert, in: Zeitschrift für bayerische Landesgeschichte 40, 1977, S. 39–58; Michael Toch, Die Nürnberger Mittelschichten im 15. Jahrhundert, Nürnberg 1978; Sakuma, Nürnberger Tuchmacher (wie Anm. 4). Allgemein zur sozialen Schichtung innerhalb der Stadt v. a.: Erich Maschke / Jürgen Sydow (Hgg.), Städtische Mittelschichten, (Veröffentlichungen der Kommission für Geschichtliche Landeskunde in Baden-Württemberg, Reihe B 69), Stuttgart 1972; Erich Maschke, Städte und Menschen – Beiträge zur Geschichte der Stadt, der Wirtschaft und Gesellschaft 1959–1977, (Vierteljahrschrift für Sozial- und Wirtschaftsgeschichte, Beiheft 68), Wiesbaden 1980.

[54] Hans Tucher legt 1491/92 einmalig 19 Waidladungen auf dem Nürnberger Waidhaus nieder, deren Gebühren er auch sofort begleicht (StA Nürnberg, Rep. 54ᵃ I, Nr. 441); Paulus Volckamer deponiert 1500/1501 15 ½ Wagenladungen im Waidhaus, davon werden 4 ½ bezahlt (StA Nürnberg, Rep. 54ᵃ I, Nr. 7121), 1501/02 kommen nochmals 6 ½ Waidladungen hinzu (StA Nürnberg, Rep. 54ᵃ I, Nr. 745) und 1502/03 werden schließlich nur noch die Gebühren für alle 17 ½ gelagerten Waidladungen beglichen (StA Nürnberg, Rep. 54ᵃ I, Nr. 791).

[55] Sakuma, Nürnberger Tuchmacher (wie Anm. 4).

ben sich innerhalb der Mittelschicht eine Reihe von Privilegien gesichert, wobei sie durchaus auch beachtliche Vermögen anhäuften.[56] Diese erwarben sie vor allem in ihrer Eigenschaft als Fernhändler, wie Gerhard Hirschmann erläutert: „Neben den Patriziern waren es auch gerade diese … ‚ehrbaren Familien‘, welche seit dem 14. und bis ins 16. Jahrhundert hinein eine intensive, erfolgreiche wirtschaftliche Tätigkeit entfalteten und damit dazu beitrugen, die Blüte Nürnbergs in der Epoche des Anfangs der Neuzeit herbeizuführen. Diese Wirksamkeit erstreckte sich … auf den Groß- und Fernhandel, der meist in Form des Gesellschaftshandels ausgeübt wurde.“[57] Ende des 15. Jahrhunderts zählten nach Toch 625 Nichtpatrizier, die ein Vermögen von mehr als 1000 fl besaßen, zu diesem Personenkreis. Von diesen hat er wiederum 533 ihren Berufen nach identifiziert, wobei er 239 tatsächlich in den Bereich der „Kaufleute, Finanziers, nichthandwerkliche Verleger und Großgewerbetreibende“[58] einordnen konnte.

Weiterreichende Handelskontakte

Da die Waidverkäufe von Erfurter Seite aus in der Regel in Nürnberg endeten, lassen sich nur vereinzelte Geschäftsbeziehungen zu weiteren süddeutschen Städten nachweisen. Eine Schuldforderung in Höhe von 20 rheinischen Gulden, die in den Jahren 1473 bis 1475 vor dem Mainzischen weltlichen Gericht in Erfurt verhandelt wurde, richtete sich gegen den Erfurter Bürger Jakob Milwitz.[59] Der Nürnberger Gläubiger Heinrich Wolff wurde vor Gericht von dem Bevollmächtigten Jakob Plum vertreten. Milwitz behauptete nun, dem Kläger, der als Faktor der Gesellschaft des Augsburger Bürgers Heinrich Mulner tätig war, einen Wechsel in Höhe von 50 rheinischen Gulden, zahlbar in Frankfurt, übergeben zu haben, konnte aber den Beweis dafür nicht erbringen. Die darauf folgende erneute Klage erhöhte sich bereits auf 77 rheinische Gulden. Die Behauptung von Jakob Milwitz, daß ihm in der Angelegenheit von der Augsburger Gesellschaft Zahlungsaufschub gewährt worden war, den er über seinen Knecht in Nürnberg bei Heinrich Wolff erwirkt hatte, wurde vom Kläger bestritten. Ein weiterer Gerichtstermin wurde von Milwitz versäumt, da er sich – angeblich mit der Erlaubnis des Schultheiß, was dieser allerdings ebenfalls bestritt – zu der Zeit auf seinem Lehen aufhielt, um dort angefallene Probleme zu lösen. Die Sache wurde schließlich für den Kläger entschieden. Auch hier wird trotz der Beteiligung einer Augsburger Handelsgesellschaft die starke Konzentration des Erfurter Handels auf Nürnberg deutlich. Ansprechpartner bei Streitigkeiten im Rahmen der Geschäfte ist der Nürnberger Faktor. Es ist auch anzunehmen, daß die Transaktionen über ihn abgewickelt wurden, also am Handelsplatz Nürnberg, und nicht direkt oder über Kontakte auf der Frankfurter Messe, die lediglich der Zahlungsabwicklung diente.[60]

---

[56] Toch, Nürnberger Mittelschichten (wie Anm. 53), bes. S. 109 ff. u. S. 150 f.

[57] Hirschmann, Nürnberger Patriziat (wie Anm. 53), S. 127.

[58] Toch, Nürnberger Mittelschichten (wie Anm. 53), S. 131.

[59] StadtA Erfurt, 0–1 / XIX, Nr. 23.

[60] Zur Frankfurter Messe als Zahlungsort siehe Michael Rothmann, Die Frankfurter Messen im Mittelalter, (Frankfurter Historische Abhandlungen 40), Stuttgart 1998, bes. Kap. 4 „Bezahlen mit geschlossenem Beutel“ – Der Zahlungs- und Kreditverkehr.

Ein weiterführender Waidverkauf über Nürnberg hinaus nach Nördlingen ist anhand der Erfurter Kopialbücher für Erfurter Kaufleute selbst nicht nachzuweisen. Die im süddeutschen Raum angesiedelte Textilindustrie bezog den Farbstoff in erster Linie über Zwischenhändler aus Nürnberg. Neben einzelnen Bürgern aus Leipzig, Hof, Würzburg, Kronach und Feuchtwangen waren zum größten Teil Nürnberger als Waidhändler auf der Pfingstmesse vertreten, wie den Messestandsregistern zu entnehmen ist.[61] Häufig in Nördlingen zu finden war beispielsweise auch der bereits erwähnte Gewandhändler Simon Froler aus Nürnberg, der schon 1448 zu den Besuchern der Nördlinger Messe zählte.[62] Man kann jedoch annehmen, daß er vor allem mit Tuchen handelte, die möglicherweise auch in Nürnberg gefärbt worden waren. Seine Beziehungen zu Erfurt legen jedoch nahe, daß er bei Bedarf zudem den Farbstoff weiterexportierte.

Bei den in der Literatur erwähnten ‚Waydgarnern‘, die zum Teil auch aus Thüringen stammten und häufig mit ‚Waidhändlern‘ gleichgesetzt werden,[63] dürfte es sich aber in der Regel um die Verkäufer von mit Waid gefärbtem Garn gehandelt haben, das ein weit verbreitetes und auch im Nürnberger Im- und Export beliebtes Handelsgut war.[64] Für die Tatsache es sich bei den ‚Waydgarnern‘ um Verkäufer blauen Garns und nicht um ‚Waidgärtner‘ = ‚Waidhändler‘ handelte, spricht ebenfalls eine Abrechnung der Wechselbank des Nürnbergers Wilhelm Scheuenpflug, die mitteilt, daß Scheuenpflug 1426 von „… Conrad Smyd, Donats knecht von Ertfurt, 214 lb plaus garns …“ erwarb.[65] Es mag natürlich sein, daß durch diese Kaufleute, die das Waidgarn vertrieben, auch Waid auf der Messe verkauft wurde; dieser Absatz scheint sich jedoch in Grenzen gehalten zu haben, da sonst im Messestandsregister nicht das Garn, sondern der Farbstoff den Verkäufer entsprechend seines Warensortimentes charakterisiert hätte.

---

[61] Hektor Ammann, Die Nördlinger Messe im Mittelalter, in: Aus Verfassungs- und Landesgeschichte, Festschrift für Th. Mayer, hg. v. Heinrich Bütten / Otto Fenger / Bruno Meyer, Lindau / Konstanz 1955, Bd. 2, S. 283–315, S. 307 f.

[62] Simon Froler ist einer der Nürnberger Händler in der Auswertung des Messestandbüchleins und der Pfandbücher des Stadtarchivs Nördlingen von Heinrich Steinmeyer, Die Entstehung und Entwicklung der Nördlinger Pfingstmesse im Spätmittelalter, Diss. München, Gedr. Nördlingen 1960, S. 188. Auch Endres erwähnt Simon Froler als jährlichen Gast auf der Nördlinger Messe: Rudolf Endres, Die Nürnberg-Nördlinger Wirtschaftsbeziehungen im Mittelalter bis zur Schlacht von Nördlingen, (Schriften des Instituts für fränkische Landesforschung an der Universität Erlangen-Nürnberg 11), Neustadt/Aisch 1963, S. 171.

[63] Werner Mägdefrau, Zum Waid- und Tuchhandel thüringischer Städte im späten Mittelalter, in: Jahrbuch für Wirtschaftsgeschichte 1973, 2, S. 131–148, S. 139; Ammann, Nördlinger Messe (wie Anm. 61), S. 307; Endres, Nürnberg-Nördlinger Wirtschaftsbeziehungen (wie Anm. 62), S. 171.

[64] Sakuma, Nürnberger Tuchmacher (wie Anm. 4), S. 95 ff. Auch Görlitzer Krämer handelten mit diesem Waidgarn, das zu den Erfurter Exportartikeln zählte (E. Schulze, Ein Krämerbuch aus dem Ende des 15. Jahrhunderts, in: Neues Lausitzisches Magazin 73, 1897, S. 190). Desgleichen ist die Einfuhr solchen Garns aus Köln überliefert (Bruno Kuske (Hg.), Quellen zur Geschichte des Kölner Handels und Verkehrs im Mittelalter, 4. Bde., Bonn 1917, Bd. 1, Nr. 459, S. 156). Zudem räumt Steinmeyer ein, daß in Nördlingen mit Waid gefärbtes Garn gehandelt wurde (H. Steinmeyer, Nördlinger Pfingstmesse (wie Anm. 62), S. 142) und Mägdefrau weist ausdrücklich auf den Handel mit gefärbten Garnen Erfurter Herkunft hin (Mägdefrau, Waid- und Tuchhandel (wie Anm. 63), S. 147).

[65] v. Stromer, Oberdeutsche Hochfinanz (wie Anm. 33), S. 373. Bei dem Erfurter Händler Donat handelt es sich möglicherweise um Donat Deltsch, der sechs Jahre später mit dem Nürnberger Andres Volkmeir dem Jüngeren in Geschäftsverbindung stand.

Waidausfuhr aus Erfurt und Waideinfuhr in Nürnberg

Aus den bisher erwähnten Geschäftskontakten lassen sich allerdings noch keine genauen Erkenntnisse über den Umfang des Waidhandels zwischen Erfurt und Nürnberg gewinnen, so daß es hilfreich ist, Abgabenlisten wie Zoll- oder Geleitsverzeichnisse ergänzend heranzuziehen. Für die Erfurter Waidausfuhr kann man auf die relativ gut und in großer Zahl überlieferten Bücher der sächsisch-ernestinischen Geleitsmänner zurückgreifen,[66] die heute zum größten Teil im Thüringischen Hauptstaatsarchiv in Weimar aufbewahrt werden. Insbesondere zu Beginn des 16. Jahrhunderts erfreut die größer werdende Menge detaillierter Verzeichnisse der Geleitseinnahmen etlicher wichtiger Geleitsstationen.[67]

Der Begriff ‚Geleit‘ weist noch auf den anfänglich bewaffneten Begleitschutz für Reisende und Kaufleute auf den Straßen hin, für den diese Gebühr erhoben wurde. Aus diesem sogenannten ‚lebenden Geleit‘ entwickelte sich im Laufe der Zeit das ‚tote Geleit‘. Dabei erhielt der Geleitsnehmer gegen Zahlung des Geleitsgeldes lediglich einen ‚Geleitsbrief‘, der die Entrichtung der Kosten bestätigte. Der Geleitsbrief ersetzte den bemannten Geleitsschutz und übernahm gleichsam die Funktionen einer ‚Versicherung‘. Bei dem Geleitsgeber handelte es sich, wie bereits zu den Zeiten als er den bewaffneten Schutz auf seinen Straßen stellte, in der Regel um den Landesherren der jeweiligen Region.[68] Im Spätmittelalter hatte sich aus dem ursprünglichen Geleitsschutz bereits ein ausgeklügeltes Abgabensystem entwickelt, das ähnlich eines Zolles bis auf wenige Ausnahmen fast alle Reisenden betraf, wobei den Kaufleuten und Fuhrleuten von Handelswaren durch den Geleits- und Straßenzwang auch die Nutzung ganz bestimmter Straßen bei der Durchfahrt durch einen Landstrich vorgeschrieben war. Die Höhe der Gebühr, die an den Geleitsstationen entlang dieser Straßen zu entrichten war, war bei den Warentransporten abhängig von der Art des Transportmittels, beispielsweise wurden einachsiger Karren oder zweiachsiger Wagen unterschieden, und insbesondere von der Art des geladenen Handelsgutes. Festgeschrieben waren diese Bestimmungen und die Höhe der jeweiligen Leistungen in der ‚Geleitsordnung‘, also der Gebührenordnung der entsprechenden Geleitsstation.

---

[66] In dem Erfurt umgebenden Gebiet unterstanden die Geleitsmänner den Herzögen von Sachsen als Landesherren, wobei dieser Titel seit 1423, nach dem Aussterben der Askanier, in den Händen der Wettiner lag. Bei der Teilung des Landes durch Kurfürst Ernst 1485 behielt er selbst den größten Teil Thüringens sowie das Herzogtum Sachsen mit der Kurwürde, die Markgrafschaft Meißen ging an seinen Bruder Albrecht von Sachsen, wodurch die Grundlage für die ernestinische und die albertinische Linie gelegt wurde. Erfurt selbst war, obwohl es dem Erzbischof von Mainz unterstand, ebenfalls der Sitz eines sächsischen Geleitsmannes.

[67] Allein die Registrande Cc, die nur Geleitsangelegenheiten, Akten, die Straßen betreffend, und Geleitsrechnungen beinhaltet, umfaßt bereits 26 lfd. Meter. Hinzu kommen noch eine große Zahl unter der Registrande Bb (Rechnungen, 118 lfd.m.) verzeichneter Geleitsrechnungen.

[68] Zum Geleit: Alfred Haferlach, Das Geleitswesen der deutschen Städte im Mittelalter, in: Hansische Geschichtsblätter 20, 1914, S. 1–172; Ludolf Fiesel, Zur Entstehungsgeschichte des Zollgeleits, in: Vierteljahrschrift für Sozial- und Wirtschaftsgeschichte 15, 1919/20, S. 466–506; Luise Gerbing, Beiträge zum Thüringer Geleitswesen im 16. und 17. Jahrhundert, in: Mitteilungen der Geographischen Gesellschaft (für Thüringen) zu Jena 13, 1894, S. 50–62; Johannes Müller, Geleitswesen und Güterverkehr zwischen Nürnberg und Frankfurt am Main im 15. Jahrhundert, in: Vierteljahrschrift für Sozial- und Wirtschaftsgeschichte 5, 1907, S. 173–196 u. 361–400; Rudolf Endres, Ein Verzeichnis der Geleitsstraßen der Burggrafen von Nürnberg, in: Jahrbücher für fränkische Landesforschung 23, 1963, S. 107–139.

Innerhalb dieses Systems sind aber auch Ausnahmen zu berücksichtigen, die in Form von Geleitsbefreiungen oder Geleitsermäßigungen erfolgten. In den Genuß dieser Erleichterungen kamen in der Regel Städte, zu denen freundschaftliche Beziehungen und gute Handelskontakte bestanden. Dies war in Erfurt beispielsweise der Fall gegenüber der Stadt Nürnberg, deren Bürger bei dem Handel mit Nürnberger Gütern nach Erfurt – wobei der Transit und weitere Verkauf über Erfurt hinaus jedoch ausgenommen war – nur den halben Geleitsatz für ihre Waren zu zahlen hatten.[69] Auch für die eigenen Bürger und die im Land angebauten oder produzierten Waren galten diese Befreiungen. Die Güter allerdings, die für den Export in andere Gegenden bestimmt waren, wurden wiederum geleitpflichtig, wie auch die Geleitsordnung der Stadt Erfurt verdeutlicht: „Item, alles, das im Landt zu Döringen gewachssen ist, es sey Wait, Wayn, Gersten, Haber, Hopffen, gibt kein gleit zu Erffurt, es wer dann, das es aus dem Lande hinweggefürt würde, in die Stedte do es leitbar ist".[70]

Der Erfurter Waidexport nach Nürnberg fällt also unter diese Regelung und müßte sich demnach in den Aufzeichnungen der Geleitsmänner widerspiegeln. Näheren Aufschluß über den Umfang des Warenverkehrs auf der Nürnberger Geleitsstraße könnten die Verzeichnisse der Geleitsstation Coburg geben, das, dem sächsischen Gebiet zugehörend, ebenfalls dessen Geleitsmännern unterstand. Bei diesen Geleitsrechnungen gibt es allerdings Mängel zu beklagen, da sie recht nachlässig geführt wurden. So findet man häufig nur summarische Angaben, oder es fehlen einzelne Informationen. Ausführliche Einträge bilden in den Coburger Geleitsverzeichnissen die Ausnahme. Die Abrechnung des Jahres 1516/17[71] nennt zwar beispielsweise die Fuhrleute mit Herkunftsort und Anzahl der Wagen. Das Wichtigste jedoch, die Beschreibung um welche Art von Ware es sich handelte, bleibt der Geleitsmann hier ebenso schuldig wie in der darauffolgenden Halbjahresrechnung von 1517.[72] Auch in den Geleitsbüchern späterer Jahrgänge ist einem in dieser Hinsicht kein Erfolg beschieden.[73] Lediglich eine Halbjahresrechnung von 1509/10[74] bietet mit ihren Angaben einen Ansatz für eine Untersuchung: es werden Datum, Abgabe, Fuhrmann sowie Ware und Fahrtrichtung genannt.

Die Einträge beginnen am Montag nach Oswaldi 1509 (6. August) und enden am Montag nach Sonntag Oculi 1510 (4. März). Insgesamt werden in diesem Zeitraum jedoch lediglich 25 Waidwagen bearbeitet. Zwar wird keine Transportrichtung erwähnt, doch dürften die Wagen aller Wahrscheinlichkeit nach in Richtung Nürnberg gefahren sein.

[69] Gerbing, Erfurter Handel (wie Anm. 6), S. 116.

[70] Stadtarchiv Erfurt 2/210–6, Fol. 2. Hierbei handelt es sich um eine ausführliche Abschrift der Geleitsordnung von 1441, die um 1550 entstanden ist. Die Erfurter Geleitsordnung ist ebenfalls überliefert im Thüringischen Hauptstaatsarchiv Weimar (künftig: StA Weimar), Reg. Cc 721 und abgedruckt nach einer Abschrift von 1533 bei: Herbert Helbig (Hg.), Quellen zur älteren Wirtschaftsgeschichte Mitteldeutschlands, 5 Bde., Weimar 1952/1953, 2. Teil, Nr. 174, S. 145.

[71] StA Weimar, Reg. Cc 1073.

[72] StA Weimar, Reg. Cc 1074.

[73] StA Weimar, Reg. Cc 1076 (1527), Reg. Cc 1077 (1527–28), Reg. Cc 1078 (1529/1530), Reg. Cc 1082 (1547).

[74] StA Weimar, Reg. Cc 1070.

Dieses Geleitsbuch weist also einen recht geringen Waiddurchgang auf, obwohl es sich um eine Geleitsstation handelt, die den Nord-Süd-Warenverkehr, gerade auch zwischen Erfurt und Nürnberg, reflektieren müßte. Es werden auch keine wöchentlichen Summen niedergeschrieben, so daß man den Verlauf der gesamten Warentransporte über das Halbjahr nicht nachvollziehen kann; ebenso verschweigt der Geleitsmann die Höhe der gesamten Geleitseinnahmen, wodurch auch keine Bezugspunkte für Vergleiche gegeben sind.

Im Hinblick auf die recht geringen Durchfuhrzahlen der Geleitsstation Coburg ist anzunehmen, daß der nach Nürnberg verkaufte Waid, der hier von Interesse ist, bereits in Erfurt, als Ausgangspunkt und Zahlungsort am Beginn der Reise, oder einer der nächstgelegenen Stationen vergeleitet wurde. Bei den Erfurter Geleitsrechnungen muß man jedoch ebenfalls gewisse Abstriche machen. Die Aufzeichnungen, die aus Erfurt selbst überliefert sind, weisen erst recht spät ausführlichere Niederschriften auf. So werden bis in das erste Viertel des 16. Jahrhunderts hinein die Verzeichnisse der Geleitseinnahmen lediglich summarisch geführt. Ab 1517 liegen detailliertere Listen vor, die aber nur die jeweiligen Wocheneinnahmen nennen und zudem immer wieder Lücken aufweisen. Fündig wird man in der Mitte der zwanziger Jahre mit den Geleitsrechnungen von 1523 und 1525/26, die ausführliche auswertbare Angaben enthalten.

Repräsentative Zahlen bezüglich der Waidausfuhr können aus den wenigen erhaltenen Erfurter Abrechnungen nur mit Einschränkungen gewonnen werden. Von Interesse ist jedoch auch der Vergleich, welche Anlaufpunkte entsprechend den Geleitsrechnungen von hier aus vorrangig angefahren wurden und in welchem mengenmäßigen Verhältnis diese Ziele zueinander standen.

Die Geleitsrechnung von 1523[75] deckt bedauerlicherweise nur ein halbes Jahr von Ostern (5. April) bis Allerheiligen (1. November) ab, wobei entgegen den einführenden Angaben des Geleitsmannes die Eintragungen tatsächlich erst eine Woche später am 7. November enden. In diesem Zeitraum nahm der Geleitsmann die außergewöhnlich hohe Summe von 1318 Gulden 8 Groschen 4 Pfennigen und 1 Heller ein, was die Bedeutung Erfurts als Handelsstadt erahnen läßt. Von April bis November wurden in der Rechnung 105 Waidwagen und 26 Kübel Waid erfaßt. Waidkarren werden nicht erwähnt. Eingetragen in das Geleitsbuch wurde jeweils der Name des Fuhrmannes, der teilweise durch den Herkunftsort ergänzt wurde. Weiterhin wurden die Art der Ware, deren Menge, die Höhe der Abgabe und die Reiserichtung, das heißt der nächste anzufahrende Ort, notiert. Als Fahrtrichtungen werden in der Abrechnung Buttelstedt, Eisenach, Gräfinau, Tambach und Tannrode genannt. Die mit Abstand umfangreichsten Lieferungen gingen mit 56 Waidwagen nach Gräfinau, also Richtung Süden, und mit 48 Waidwagen und 9 Kübeln nach Buttelstedt, also nach Osten. Die anderen Transportrichtungen bleiben unerheblich.

Mit dem zweiten aus diesem Zeitraum überlieferten Geleitsverzeichnis von 1525/26[76] ist wiederum nur eine Halbjahresabrechnung vorhanden. Sie bezieht sich dazu noch auf das Winterhalbjahr zwischen dem 1. November 1525 (Allerheiligen) und dem 1. April 1526 (Ostern). Dennoch spiegelt sie eine lebhafte Handelstätigkeit

---

[75] StA Weimar, Reg. Cc 732.
[76] StA Weimar, Reg. Cc 733.

wider, was die Geleitseinnahmen von insgesamt 673 Gulden und 10 Groschen – immer noch ein für ein Winterhalbjahr hoher Betrag – ebenso wie die Zahl von 121 verzeichneten Waidwagen bestätigen. Dazu kommen weitere 37 Kübel und neun Fässer Waid. Die Abrechnung zeichnet sich durch die Genauigkeit der einzelnen Einträge aus, und man kann ihr alle üblichen Daten entnehmen: Fuhrmannsname, meist auch mit Herkunftsangaben, Art und Umfang der Ware, Höhe der Abgabe sowie der nächste Zielort.

Auch wenn dieses Geleitsbuch lediglich fünf Monate umfaßt, ist die Zahl der aufgelisteten Wagen, die ja hier die größte Mengeneinheit darstellen, für das Winterhalbjahr beachtlich. In dieser Geleitsrechnung finden sich noch einige weitere Fahrtrichtungen zu den in der letzten Abrechnung angegebenen. Die größte Anzahl von 77 Waidwagen, acht Waidkübeln und sechs Fässern richtet sich allerdings wiederum nach Süden, nach Gräfinau; weitere 28 Wagen und vier Kübel werden Richtung Buttelstedt im Osten transportiert.

Aus den beiden Halbjahresrechnungen der Erfurter Geleitsstation läßt sich leider kein Bild des Handelsumfanges über einen längeren Zeitraum gewinnen, hervorzuheben ist jedoch die Tatsache, daß unter den Transportrichtungen Gräfinau im Süden und Buttelstedt im Osten klar dominieren, nördlich und westlich von Erfurt gelegene Ziele aber kaum genannt werden. Hier wird also ein recht umfangreicher Waidexport dokumentiert, der sich vor allem Richtung Süden und Osten wandte.

Deutlich wird dies bei einem Vergleich mit den Zahlen der Geleitsstationen Eisenach und Eilenburg, die relativ kontinuierlich und gut überliefert sind.[77] Beide Stationen liegen an der ‚Hohen Straße‘, einer Haupthandelsstraße, die den Verkehr zwischen den slawischen Gebieten im Osten und den mittelrheinischen Gebieten im Westen ermöglichte. In Eisenach, das circa 50 Kilometer von Erfurt entfernt liegt, mußten diejenigen Kaufleute Geleit zahlen, die in den Westen, also vor allem in Richtung der Frankfurter Messe unterwegs waren. Von ebensolcher Bedeutung war die Geleitsstation Eilenburg etwa 120 Kilometer nordöstlich von Erfurt, in der die Namen aller Fuhrleute verzeichnet wurden, die mit Waren in den Osten, also insbesondere in das oberlausitzische Tuchherstellungsgebiet um Görlitz reisten.

In den Zeitraum, aus dem die Rechnungen der Geleitsstation Erfurt überliefert sind, fällt für Eisenach die Halbjahresrechnung des Winterhalbjahres 1521/1522.[78] Die Gesamtzahl der Lieferungen in dieser Zeitspanne umfaßt 46 Karren und 31 Wagen. Die daran anschließende Halbjahresrechnung von Walpurgis bis Michaelis 1522[79] führt 27 Waidkarren und 50 Wagen auf. Die letzte erhaltene Geleitsrechnung aus Eisenach, die in den Zeitraum vor 1550 fällt, ist die Halbjahresrechnung von Ostern (27. März) bis Martini (11. November) 1524[80], in der wiederum 189 Waidkarren und 58 Waidwagen notiert werden.

---

[77] Aus Geleitsstationen, die an den von Erfurt nach Norden an die Küste führenden Handelsstraßen lagen, sind leider erst ab Mitte des 16. Jahrhunderts vereinzelte summarische Aufzeichnungen erhalten, so daß über den Handel in dieser Richtung anhand der Geleitsverzeichnisse keine Aussage gemacht werden kann.

[78] StA Weimar, Reg. Bb 1241. Als Abrechnungsdaten gib der Geleitsmann Michaelis (29. September) 1521 bis Walpurgis (1. Mai) 1522 an. Tatsächlich schließen die Aufzeichnungen allerdings bereits am Sonntag Quasimodogeniti, also dem 27. April.

[79] StA Weimar, Reg. Bb 1242.

[80] StA Weimar, Reg. Bb 1243.

Die Zahlen scheinen zwar vergleichbar mit dem in den Erfurter Rechnungen erfaßten Lieferumfang nach Nürnberg; anhand der Fahrtrichtung, bei der auch der zuvor angefahrene Geleitsort angegeben wird, kann man allerdings feststellen, daß die überwiegende Zahl dieser Transporte nicht aus Erfurt selbst, sondern aus dem Erfurter Umland kam, in dem die weiteren Waidstädte Arnstadt, Gotha, Langensalza und Tennstedt lagen. Deren Export erreichte in diesem Fall aber gerade einmal gemeinsam den Umfang der Erfurter Ausfuhren. Der Handel der Erfurter Kaufleute selbst richtete sich also eher nach Süden als nach Westen.

Von großer Bedeutung für die Erfurter Waidhändler war allerdings auch das östliche Absatzgebiet um die Stadt Görlitz. Die Zahlen der Geleitsstation Eilenburg, die gut überliefert sind, machen dies besonders deutlich. In der Geleitsabrechnung, die den Zeitraum von Walpurgis 1524 bis Walpurgis 1525 abdeckt,[81] werden insgesamt 344 Waidwagen erfaßt, die, aus Richtung Leipzig kommend und in Richtung Oschatz weiterfahrend, die Station passierten. Nicht ganz so hohe Durchfuhrzahlen verzeichnet das Abrechnungsjahr 1525/26;[82] lediglich 119 Waidwagen werden, ebenfalls nach Osten fahrend, registriert.

Insgesamt wurde der größte Teil des in Erfurt produzierten Waids also nach Osten verkauft, an zweiter Stelle rangierte als Abnehmer aber bereits die Stadt Nürnberg mit ihrer Färbeindustrie. Wenn man mögliche Befreiungen, Umgehungen und insbesondere bereits bezahlte Abgaben an Geleitsstationen, aus denen keine Aufzeichnungen erhalten sind, berücksichtigt, die aber in den zur Verfügung stehenden Listen dann nicht mehr erwähnt werden, kann man davon ausgehen, daß die tatsächliche Zahl der transportierten Waidmenge noch um einiges höher gelegen hat.

Dafür sprechen auch die Angaben Horst Jechts, der für die Mitte des 15. Jahrhunderts von einer durchschnittlichen Waideinfuhr von 211 Wagen in Nürnberg und für das Jahr 1470 von einer Einfuhr von 560 Wagenladungen Waid in Görlitz ausgeht, wobei letzteres wohl nicht die Regel war.[83]

Klarheit über die tatsächliche Höhe der Einfuhr in Nürnberg, bringen die überlieferten Abrechnungen des Waidhauses. In den Jahren 1377/78 wurde dieses Gebäude von der Stadt Nürnberg errichtet, in dem der gesamte, von Nichtbürgern eingeführte Waid abgeladen und gegen eine Gebühr bis zum Verkauf aufbewahrt werden mußte.[84] Auch eine Großzahl von Nürnberger Bürgern nutzte das Waidhaus für die Lagerung ihres erworbenen Waids. Es war den einheimischen Händlern zwar gestattet, die Ware in ihrem eigenen Haus zu deponieren, dies dürfte aber eher die Ausnahme gewesen

---

[81] StA Weimar, Reg. Cc 676.

[82] StA Weimar, Reg. Cc 679.

[83] Horst Jecht, Beiträge zur Geschichte des ostdeutschen Waidhandels und Tuchmachergewerbes, in: Neues Lausitzisches Magazin 99, 1923 und 100, 1924, Teil 1, S. 23.

[84] Werner Schultheiß, Satzungsbücher und Satzungen der Reichsstadt Nürnberg aus dem 14. Jahrhundert, 1. Lfg. Nürnberg 1965, 2. Lfg. Nürnberg 1978, S. 278 Nr. 69a–c; August Jegel, Alt-Nürnberger Handwerksrecht und seine Beziehungen zu anderen, Nürnberg 1965, S 377 ff. Zum Nürnberger Waidhaus siehe auch: Paul Sander, Die Reichsstädtische Haushaltung Nürnbergs dargestellt aufgrund ihres Zustandes von 1431– 1440, Leipzig 1902, S. 242; Endres, Nürnberg-Nördlinger Wirtschaftsbeziehungen (wie Anm. 62), S. 170 f.; Rudolf Endres, Die wirtschaftlichen Beziehungen zwischen Erfurt und Nürnberg im Mittelalter, in: Erfurt – Geschichte und Gegenwart, hg. v. Ulman Weiß, Weimar 1995, S. 471–481, S. 478; Sakuma, Nürnberger Tuchmacher (wie Anm. 4), S. 99.

sein und nur bei kleineren Einfuhrmengen praktiziert worden sein. Man kann davon ausgehen, daß der größte Teil der ankommenden Waidwagen im Waidhaus erfaßt wurde. Aus diesem Waidhaus sind ab dem Ende des 15. Jahrhunderts zahlreiche Abrechnungen des Waidmeisters, dem die Aufsicht über die gelagerte Ware und die Abführung der Gebühren oblag, erhalten. In diesen Unterlagen werden die eingenommenen Abgaben und die Zahl der deponierten Waidwagen[85] in unterschiedlicher Ausführlichkeit genannt; zum Teil sind die einzelnen Besitzer der Wagenladungen, deren Anzahl und die dafür bereits bezahlten Gebühren verzeichnet, wobei die Händler durchaus auch Teilbeträge schuldig geblieben sind, die dann erst im folgenden Jahr oder auch noch später beglichen wurden.

Die Abrechnungen liegen ab dem letzten Viertel des 15. Jahrhunderts relativ geschlossen vor und nähern sich damit zeitlich auch an die bereits erwähnten Geleitsaufzeichnungen an. Zwischen 1482 und 1505 fehlen nur einzelne Jahrgänge. In diesen Aufzeichnungen wird auch die Anzahl der im konkreten Jahr neu angelieferten Waidwagen vermerkt.[86] Spätere Jahrgänge lassen leider nur Schätzungen auf der Basis der Abgabesummen zu, da hier lediglich die Gesamteinnahmen verzeichnet werden, wobei nicht unterschieden wird, ob es sich um ,alte Schulden' oder Gebühren für neue Lieferungen handelt.[87] Für den Zeitraum zwischen 1486 und 1505 läßt sich eine jährlich Waideinfuhr von durchschnittlich 369 Wagenladungen feststellen. Errechnet man aus den Verzeichnissen von 1505 bis 1526 die Anzahl der Waidwagen aus den Gesamteinnahmen des Waidhauses, kann man, bei einer Gebühr von einem Gulden je Wagen und einem halben Gulden je Karren pro Jahr, von einer Einfuhr von jährlich etwa 261 Waidwagen ausgehen. Dabei schwanken die Werte zwischen ca. 175 ½ und ca. 403 ½ bezahlten Waidwagen, was aber eben nicht mit der tatsächlichen Zahl der in diesem Jahr neu eingeführten Wagenladungen übereinstimmt. Es zeigt sich allerdings deutlich, daß die Stadt Nürnberg in dieser Zeit zu den Hauptabnehmern für Thüringer Waid zählte und ein sehr großer Teil des in Erfurt produzierten Farbstoffes hierher exportiert wurde. Dafür, daß es sich fast ausschließlich um Erfurter Waid gehandelt haben dürfte, wie auch die intensiven Geschäftsbeziehungen beider Städte bereits zeigten, spricht zudem, daß zu Beginn des 16. Jahrhunderts die Nürnberger Händler in diesem Bereich dann auch durchaus selbst tätig geworden sind. Entgegen dem Verbot der Erfurter Waidordnung[88] wurden Versuche unternommen, Waid direkt aus Thüringen von den Bauern zu beziehen.[89]

---

[85] In den Abrechnungen ist jeweils von neu hinzugekommenen oder bezahlten „Wagen" die Rede, wobei es sich um Wagenladungen Waid handelte.

[86] StA Nürnberg, Stadtrechnungsbelege 1453–1808 Rep. 54ᵃ I, Nr. 151, 163, 196, 240, 268, 308, 345, 375, 408, 441, 483, 509, 560b, 590, 594, 628, 663, 687, 712. Es fehlen lediglich die beiden Jahrgänge 1496/97 und 1502/03.

[87] Siehe auch Sakuma, Nürnberger Tuchmacher (wie Anm. 4), S. 109.

[88] Die Erfurter Waidordnung von 1351 untersagte es den Händlern, den Waid direkt von den Bauern auf dem Dorf zu beziehen. Diese hatten den Ballenwaid zum Verkauf zum Markt nach Erfurt zu bringen, wo er geprüft und schließlich veräußert wurde. Die Verordnungen zum Waidhandel sind abgedruckt bei: Paul Zschiesche, Der Erfurter Waidbau und Waidhandel – Ein culturgeschichtliches Bild aus der Vergangenheit, in: Mitteilungen des Vereins für Geschichte u. Altertumskunde von Erfurt 18, 1896, S. 19–70, S. 51 ff.

[89] Zu den Bestrebungen der Nürnberger Händler zu Beginn des 16. Jahrhunderts in Thüringen Fuß zu fassen, siehe Jecht, Ostdeutscher Waidhandel (wie Anm. 83).

Durch die Abrechnungen des Nürnberger Waidhauses wird zwar die Anlieferung von Waid in Nürnberg gut erfaßt, da die Verzeichnisse jedoch nur in wenigen Einzelfällen einen Herkunftsort der Kaufleute nennen, die hier Waid niederlegten, ist unklar, ob es sich bei den restlichen Personen noch um Erfurter Waidhändler oder bereits ihre Nürnberger Käufer gehandelt hat. Die Annahme Hironobu Sakumas, daß die aufgelisteten Händler, bei denen kein ergänzender Eintrag den Herkunftsort näher bestimmt, ausschließlich Nürnberger waren, muß hier in Zweifel gezogen werden.[90] In der Waidhausrechnung von 1476/77 werden zwar tatsächlich zwei Personen zusätzlich zu ihrem Namen als aus Langensalza, zwei als aus Tennstedt, einer als aus Weimar und einer als aus Erfurt kommend gekennzeichnet, die Sakuma als auswärtige Händler identifiziert.[91] In derselben Rechnung findet sich aber auch der Händler Volckmar Rab ohne Ortsbezeichnung, der 27 Wagen Waid neu niederlegt und für neun Wagen noch schuldiges Waidgeld bezahlt. Betrachtet man ergänzend dazu die Erfurter *Libri communium*, so stößt man auf einen Briefwechsel von 1475 mit dem Rat der Stadt Görlitz, in dem ein Waidgeschäft geschildert wird, an dem der Erfurter Bürger und Ratsherr Volckmar Rabe als Verkäufer beteiligt war.[92] Da kaum anzunehmen ist, daß in Erfurt und Nürnberg in aufeinanderfolgenden Jahren zwei Personen mit einem gleichlautenden Namen mit Waid handelten, kann man davon ausgehen, daß der in Nürnberg genannte Volckmar Rab mit dem Erfurter Waidhändler identisch ist. Gleiches gilt für Hans Tenstetter, bei dem ebenfalls kein Herkunftsort angegeben wird und der laut derselben Rechnung 29 Waidwagen neu in das Waidhaus bringt sowie die noch ausstehenden Gebühren für 14 Wagen bezahlt. Auch ihn findet man 1475 als Händler in Görlitz, wo er von einem einheimischen Bürger Außenstände für Waid einfordert.[93] Zudem handelt es sich bei der Familie Tennstedt um eine einflußreiche Erfurter Patrizierfamilie, von der zahlreiche Mitglieder im Waidhandel tätig waren.[94]

Auch die Nürnberger Briefbücher belegen mit einem recht frühen Zeugnis die Niederlegung von Waid auf dem Nürnberger Waidhaus durch einen Erfurter Bürger. 1412 wurde auf eine Anfrage aus Erfurt, die wohl vom Bruder des verstorbenen Hans von Goßerstete angeregt worden war, aus Nürnberg mitgeteilt, daß der Nachlaß hier nichts außer etwas Waid auf dem Waidhaus umfaßte, der jedoch gerne von dazu berechtigten Personen übernommen werden könnte.[95]

Man darf die Rolle der Erfurter in den Waidhausverzeichnissen allerdings auch nicht überbewerten, da hier durchaus eine große Zahl von Nürnbergern, wie beispielsweise Heinz Scherl, ihre Waren deponierte. Sein Nachlaß beziehungsweise seine Schulden führten 1500 zu einem regen Briefwechsel zwischen beiden Städten. Es finden sich gleich drei Briefe aus Nürnberg an die Stadt Erfurt, in denen auf die Forderungen von verschiedenen Erfurter Bürgern an Heinz Scherl eingegangen wird, die ihre Ursache in säumigen Zahlungen für im Waidhaus niedergelegte Waidlieferungen haben dürften. Das früheste Schriftstück vom 31. Juli 1500 bezog sich zunächst auf

[90] Sakuma, Nürnberger Tuchmacher (wie Anm. 4), S. 84.

[91] StAN, Rep. 54ª I, Nr. 38. Es handelt sich um „Jorg Ponpius Salcz", „Jorg Ermer Salcz", „Fryderich Sweb tenstett", „Hans Fluck von tenstett", „Dytrich Hock von Wemar" und „Heinrich Koch Erttfurtt".

[92] StadtA Erfurt, Libri communium, 1–1 / XXI 1b 1b, Bd. 1, fol. 214v.

[93] StadtA Görlitz, Libri actorum, 1470–78, fol. 116b.

[94] Biereye, Die Erfurter Geschlechter (wie Anm. 32).

[95] StAN, Briefbücher, Rep. 61a, Nr. 3, fol. 263r.

die Geldschuld des Scherl bei dem Erfurter Ratsmitglied Volgman Rebel.[96] Scherl war zu diesem Zeitpunkt bereits verstorben, so daß Rebel seinen Anspruch an die Erben richtete. Von deren Seite wurde das Erbe und damit die Haftung für die Schulden jedoch abgelehnt. Da sich bis dahin auch noch etliche weitere Nürnberger und auswärtige Händler beim Rat gemeldet hatten, die von Scherl noch Geld zu empfangen hatten, setzte der Rat für den Freitag den 4. September eine Anhörung vor dem Nürnberger Stadtgericht an. Sämtliche Gläubiger des Scherl wurden aufgefordert vor dem Gericht ihre Ansprüche darzulegen. An den Erfurter Rat war die Bitte gerichtet, diese in Nürnberg durch einen Aushang bekannt gemachte Aufforderung auch Volgman Rebel mitzuteilen, damit dieser selbst oder durch eine bevollmächtigte Person in Nürnberg sein Anliegen vorbringen konnte. Ein Brief gleichen Inhalts erging auch am 2. August an die Stadt Erfurt, der sich auf die unbezahlten Schulden des Scherl bei dem Erfurter Ratsmitglied Hans Erentzberger bezog.[97] Es wurde, mit Verweis auf die Antwort an Volgman Rebel, nochmals der Sachverhalt samt der Weigerung der Erben, den Nachlaß anzunehmen und die Forderungen zu begleichen, geschildert und wiederum auf die Verhandlung dieser Sache vor dem Stadtgericht am 4. September hingewiesen. Trotz dieses Schriftverkehrs schienen aber nicht alle Erfurter Gläubiger rechtzeitig darüber informiert worden zu sein, wie ein Schreiben des Nürnberger Rates von eben diesem 4. September 1500 an die Erfurterin Emela Tennstedt vermuten läßt.[98] Von ihr wurde es wohl versäumt, ihre Ansprüche rechtzeitig anzumelden, da der Rat auf die mehrfachen Ankündigungen hinwies, sich aber dennoch aufgrund der Freundschaft und des guten Verhältnisses zu Erfurt kulant zeigte und einen Boten, der in dieser Sache aus Erfurt gekommen war, mit den anderen Gläubigern am besagte Termin vorgeladen hatte, obwohl dieser nicht mit einer Vollmacht ausgestattet war. Emela Tennstedt sollte dann an einem weiteren ‚Rechttag‘ persönlich oder durch einen bevollmächtigten Anwalt ihr Recht wahrnehmen. Ob die Erfurter zu ihrem Geld gekommen sind, ist fraglich. Hätte der Nachlaß ausgereicht, um allen Zahlungen nachzukommen, mit der Chance vielleicht noch etwas übrigzubehalten, hätten die rechtmäßigen Erben das Erbe wohl nicht abgelehnt. Die Abwicklung der Angelegenheit zog sich noch über einen längeren Zeitraum hin, da bis Anfang 1502 Heinz Scherl im Abgabenverzeichnis des Nürnberger Waidhauses weiterhin als Eigentümer von Waid eingetragen ist. Im Jahr 1500 ließ er eine Ladung von 15 Waidwagen im Waidhaus anliefern, die in der Abrechnung von 1501 als schuldig geblieben aufgeführt sind.[99] Auch 1501, als Heinz Scherl bereits verstorben war, wurden drei Wagen neu niedergelegt, die Gebühren für die schuldigen 15 Wagen jedoch bezahlt, die wahrscheinlich inzwischen verkauft worden waren.[100] Möglicherweise geschah dies durch einen Nachlaßverwalter im Rahmen der Schuldenabwicklung im Auftrag des Rates. Die Abrechnung von 1502

[96] StAN, Briefbücher, Rep. 61a, Nr. 47, fol. 23v.

[97] StAN, Briefbücher, Rep. 61a, Nr. 47, fol. 25r.

[98] StAN, Briefbücher, Rep. 61a, Nr. 47, fol. 58v. Bei Emela Tennstedt handelte es sich möglicherweise um die Witwe des 1493 verstorbenen Hans Tennstedt, wobei durchaus denkbar ist, daß Emela Tennstedt nach dem Tod ihres Mannes seine Geschäfte weiterführte und somit 1500 dessen Ansprüche gegen Hans Scherl in Nürnberg vertrat. Hans Tennstedt war zugleich der Neffe der bereits erwähnten Katherina Amelung und ihres Ehemannes Simon Tennstedt (Biereye, Die Erfurter Geschlechter (wie Anm. 32)).

[99] StAN, Rep. 54ª I, Nr. 712.

[100] StAN, Rep. 54ª I, Nr. 745.

weist schließlich nur noch die Gebühren für die zuletzt geschuldeten drei Waidwagen als bezahlt aus.[101] Der Name Heinz Scherl verschwindet damit aus den Waidhausrechnungen.

Unter den Eigentümern des Waids auf dem Nürnberger Waidhaus haben sich also sowohl Erfurter als auch Nürnberger Bürger befunden. Die in den Waidhausverzeichnissen genannten Personen lassen sich nur unter Zuhilfenahme weiterer Quellen als Nürnberger oder Erfurter Kaufleute identifizieren.

Der Stellenwert Nürnbergs im Erfurter Handel

Selbstverständlich engagierten sich, entsprechend der Größe der Stadt Erfurt, ihre Händler im Rahmen eines normalen Fernhandels auch in anderen, zum Teil weit entfernten Regionen. Aufgrund der zahlreichen verwandtschaftlichen und geschäftlichen Kontakte und der hohen Waideinfuhrzahlen erweist sich Nürnberg jedoch als Handelsort ersten Ranges für Erfurter Kaufleute. Der Umfang dieses Handels spiegelt sich auch deutlich in den Aufzeichnungen des Nürnberger Waidhauses wider, die zeigen, daß die Waideinfuhr in Nürnberg der in Görlitz nur wenig nachstand. Über Nürnberg hinausführend geht die Anzahl der Belege, die einen Handel der Erfurter Bürger nach Oberdeutschland nachweisen könnten, merklich zurück. Es ist anzunehmen, daß der Erfurter Waidhandel größeren Ausmaßes in Nürnberg endete und der weitere Vertrieb des Farbstoffes, sofern er hier nicht verarbeitet wurde, von Nürnberger Zwischenhändlern übernommen wurde, wofür insbesondere die Anwesenheit der Nürnberger Waidverkäufer auf der Nördlinger Pfingstmesse spricht.

Ergänzend kann hinzugefügt werden, daß nicht nur der von Erfurt ausgehende Waidabsatz eine starke Orientierung nach Süden aufwies. Auch die Erfurter Waidhändler selbst legten einen ,patrizierähnlichen' Lebensstil an den Tag, der vielleicht in den intensiven Handelskontakten, vielleicht aber auch – ungeachtet dessen, daß die Handelskontakte kaum zu den Nürnberger Patriziern, sondern vielmehr zu den Kaufleuten der ,oberen Mittelschicht' unterhalten wurden – in der ,Vorbildfunktion' der Nürnberger Patrizier begründet lag. Die meisten identifizierbaren Waidhändler sind der Oberschicht Erfurts zuzuordnen und entstammen einer Anzahl von Patrizierfamilien, die über Jahre hinweg die politische Führung innehatten und die Geschicke der Stadt bestimmten. Zahlreiche Ratsmitgliedschaften einzelner Waidhändler sind nachweisbar. Untereinander waren die zum Teil aus dem Landadel stammenden Erfurter Familien vielfach verschwägert und bildeten eine relativ geschlossene Gruppe. Durch den Handel erlangten sie einen gewissen Wohlstand, der es ihnen ermöglichte, Immobilien und Land zu erwerben oder als Kreditgeber tätig zu werden. Die Investition in Bergwerksanteile und ein großes Engagement im Saigerhandel verband Erfurt zudem mit Nürnberg.

---

[101] StAN, Rep. 54a I, Nr. 791.

Helmut Demattio

Genossenschaft, Herrschaft und Gerichtsbarkeit
Kommunikationsformen und Staatlichkeit in der frühen Neuzeit in Franken am Beispiel eines Dorfes im Haßgau

Im Alten Reich wurde der Tatbestand des Ehebruchs, bis dann im ausgehenden 18. Jahrhundert naturrechtliche Vorstellungen bei der Gesetzgebung Eingang fanden, als schwerwiegende Straftat angesehen, wurde aber von Territorium zu Territorium in sehr unterschiedlicher Weise geahndet. In Sachsen wurde Ehebruch in der frühen Neuzeit gar mit dem Tod bestraft.[1] Im Herzogtum Bayern zählte man Ehebruch seit dem 16. Jahrhundert zu den schweren Straftatbeständen, die der Gerichtskompetenz der Landrichter beziehungsweise des Landesherrn zugerechnet wurden. In der Landesfreiheitserklärung von 1508 und in den Viztumshändelkatalogen ist er allerdings nicht aufgeführt.[2] In Franken stand um die Wende vom 16. zum 17. Jahrhundert die Frage, ob der Ehebruch als schwere Straftat zu gelten habe und damit unter die Zentgerichtsbarkeit falle, wiederholt zur Debatte.

Vor dem Reichskammergericht, neben dem Reichshofrat einem der beiden höchsten Reichsgerichte, wurde zu Anfang des 17. Jahrhunderts eine Auseinandersetzung geführt, die die Frage nach der gerichtlichen Zuständigkeit im Fall eines Ehebruchs, der sich in Aidhausen zugetragen hatte, klären sollte. Das im Haßgau südlich der Haßberge gelegene Aidhausen gehörte zur Zent Wettringen, die wohl schon im Hochmittelalter in den Einflußbereich des Würzburger Bischofs geraten war. Die im Verlauf des Prozesses vor dem Reichskammergericht vorgebrachten Zeugenvernehmungen und die als Beweismittel vorgelegten Abschriften aus Urkunden sowie Amts- und Protokollbüchern gewähren in besonderer Weise Einblick in die Handhabung der Gerichtsbarkeit, aber auch in die rechtlichen und herrschaftlichen Verhältnisse im Dorf Aidhausen; sie bieten reiches Quellenmaterial, das für den Haßgau sonst kaum erhalten ist.[3] Gerade die Zeugenbefragungen und die Schreiben des Amtmanns von Rotten-

---

[1] Vgl. Rolf Lieberwirth, Ehebruch, in: Adelbert Erler/Ekkehard Kaufmann (Hg.), Handwörterbuch zur deutschen Rechtsgeschichte, 5 Bde., Berlin 1971–1996 (künftig HRG), hier Bd. 1, Sp. 836–839 und Reinhard Heydenreuter, Kriminalgeschichte Bayerns. Von den Anfängen bis ins 20. Jahrhundert, Regensburg 2003, S. 97–105. Auf die Bedeutung und die Geschichte des Begriffs ist an anderer Stelle näher einzugehen. Zunächst ist auf die aus dem kanonischen Recht kommende und in der Constitutio Carolina Criminalis (Peinliche Gerichtsordnung Karls V. [künftig Carolina]) angewandte Rechtsauffassung des Ehebruchs zugrunde gelegt, wonach der von einem Mann begangene Ehebruch dem von einer Frau begangenen gleichzuhalten ist.

[2] Heydenreuter, Kriminalgeschichte (wie Anm. 1), S. 97. Doch blieb auch in Bayern die Zuständigkeit für Ehebruch zwischen dem Landesherrn und den Besitzern der Hofmarken strittig, wie eine Auseinandersetzung zwischen dem Verwalter des Pfleggerichts Pfaffenhofen und dem Hofmarksrichter von Scheyern wegen der von letzterem verweigerten Auslieferung eines des Ehebruchs Überführten vom Jahr 1656 zeigt (BayHStA Klosterliteralien Fasz. 655 Nr. 1 [Hofkammer]).

[3] Bayerisches Hauptstaatsarchiv München (künftig BayHStA), Reichskammergericht Nr. 13143/I und II. An dieser Stelle ist auf ein einen truchsessischen Untertan in Aidhausen betreffendes Berufungsverfahren am Brückengericht in Würzburg von 1644 (Staatsarchiv Würzburg, künftig StAWü, Gebrechenamt II FG 1085) zu verweisen, in dem man sich nicht nur auf das Amtsbuch von 1593 beruft, sondern auch Zentfälle der Zent Wettringen aufführt (freundlicher Hinweis von Frau Dr. Heeg-Engelhart vom Staatsarchiv Würzburg). Hinzuweisen ist auch auf die im wesentlichen von Manfred Hörner bearbeiteten bis zum Buchstaben G (Anfangsbuchstaben der Kläger) fortgeschrittenen Inventarbände zu den im Bayerischen Hauptstaatsarchiv verwahrten,

stein an die fürstbischöfliche Kanzlei in Würzburg geben Einblick auch in ganz private Bereiche des menschlichen Zusammenlebens und lassen Menschen zu Wort und Gestalt kommen, um deren Existenz man sonst nicht weiß. Die darin Ausdruck gewinnende Subjektivität und Zeitbezogenheit können auch Anfragen an die heutigen Lebensformen stellen.

Ehebruch und Leichtfertigkeitsdelikte sollen, wie Reinhard Heydenreuter meint, die „Leitdelikte" in der frühen Neuzeit gewesen sein.[4] Tatsächlich waren gerichtliche Auseinandersetzungen um diese Delikte nicht selten und betrafen vielfach eben auch die Klärung der gerichtlichen Zuständigkeit in Ehebruchsfällen und deren juristische Bewertung, was für das Selbstverständnis der frühneuzeitlichen Staaten und Territorien von nicht zu vernachlässigender Bedeutung ist.

Es darf nicht vergessen werden, daß selbst über Jahrhunderte Bestand habende Einrichtungen wie die der Zentgerichte in Franken einer kontinuierlichen Entwicklung unterworfen waren, auch wenn man sich in bezug auf die Zentgerichtsbarkeit noch im 17. und 18. Jahrhundert auf die hochmittelalterlichen Rechtsverhältnisse berief. Schon in der „Güldenen Freiheit" von 1168 wurden dem Würzburger Bischof Herold von Kaiser Friedrich Barbarossa für sein Bistum und Herzogtum der Besitz von Zenten und das Recht auf die Einsetzung von als Zentgrafen bezeichneten Richtern bestätigt („… ne aliquis in prefato episcopatu et ducatu vel comitiis in eis sitis aliquas centurias faciat vel centgravios constituat nisi concessione episcopi ducis Wirzeburgensi").[5] Wahrscheinlich geht auf die Rechtsverleihung von 1168, so jedenfalls die spätmittelalterliche und frühneuzeitliche Sichtweise, die Tradition zurück, nach der der Bischof von Würzburg als Herzog zu Franken die Zentgrafen der würzburgischen Zenten mit dem Blutbann belehnte.[6] Im übrigen war Bischof Hermann I. von Würzburg 1232 in

---

Bayern betreffenden Reichskammergerichtsprozeßakten (Generaldirektion der Staatlichen Archive Bayerns [Hg.], Bayerisches Hauptstaatsarchiv. Reichskammergericht [Bayerische Archivinventare, 50/1–50/9], München 1994–2003).

[4] Heydenreuter, Kriminalgeschichte (wie Anm. 1), S. 103.

[5] Monumenta Germaniae Historica, Diplomata regum et imperatorum Germaniae. Die Urkunden der deutschen Könige und Kaiser X/3: Die Urkunden Friedrichs I. 1168–1180, bearb. v. Heinrich Appelt, Hannover 1985, Nr. 546; Monumenta Boica, Bd. 29a, München 1831, Nr. 515 (S. 385–389). Interessanterweise folgt auf die Textpassage mit der Bestätigung der Zenten unmittelbar die Übertragung des Berges der kurz zuvor von Kaiser Friedrich Barbarossa zerstörten circa 15 km östlich von Wettringen gelegenen Burg Bramberg. Daraus kann mit einiger Wahrscheinlichkeit geschlossen werden, daß das Gebiet um Wettringen und die Zent Wettringen schon 1168 im Einflußgebiet des Bischofs von Würzburg lag. Zur Geschichte der Zentgerichtsbarkeit vgl. Hermann Knapp, Die Zenten des Hochstifts Würzburg. Ein Beitrag zur Geschichte des süddeutschen Gerichtswesens und Strafrechts I, 2 Bde., Berlin 1907; Meinrad Schaab, Zenten an Rhein, Main, Neckar und Tauber um 1550 (Historischer Atlas von Baden-Württemberg, hg. v. d. Kommission für geschichtliche Landeskunde in Baden-Württemberg), Stuttgart 1979 (Beiwort z. Karte IX, 2 zur Verbreitung, Entstehung und Entwicklung der Zenten und zu deren Rechtsumfang); Gerhard Theuerkauf, Zent/Zentgericht, HRG 5 (wie Anm. 1), Sp. 1663–1665 und Dietmar Willoweit, Gericht und Obrigkeit im Hochstift Würzburg, in: Peter Kolb/Ernst-Günter Krenig (Hg.), Unterfränkische Geschichte 3. Vom Beginn des konfessionellen Zeitalters bis zum Ende des Dreißigjährigen Krieges, Würzburg 1995, S. 219–249, hier S. 234 ff.

[6] StAWü Standbücher 884 (Knapp, Zenten I, 1 [wie Anm. 5], S. 31 f. und 38). In der Zentreformation Bischof Gottfrieds von 1447 und in den Amtsbüchern Bischof Julius Echters wird im Zusammenhang mit der genannten Tradition auf die Güldene Freiheit und deren immer wieder erfolgten Bestätigungen verwiesen. Hinzuweisen ist auch auf zwei Abbildungen des Zentgrafenbuchs, die die Blutbannleihe der Bischöfe Mel-

Cividale auch unter den Fürsten anwesend, als diesen von Kaiser Friedrich II. unter anderem das Recht auf die Einsetzung der Zentgrafen in ihren jeweiligen Herrschaftsbereichen bestätigt wurde.[7] Die Frage der gebietsmäßigen Zuständigkeit des Würzburger Bischofs als Herzog zu Franken konnte allerdings nie endgültig geklärt werden; es blieb offen, ob sich das Herzogtum auf die Diözese oder nur auf das Hochstift bezog, was zu vielen Konflikten der Bischöfe von Würzburg mit den umliegenden Fürstentümern und Herrschaften Anlaß gab.

Schon seit dem frühen 14. Jh. war im allgemeinen die Zuständigkeit der genossenschaftlichen meist mit zwölf Schöffen besetzten Zentgerichte auf die mit der Todesstrafe geahndeten sogenannten drei oder vier „hohen Fälle" oder „hohen Rügen", die bis zum Ende des Alten Reiches ein charakteristisches Merkmal der Zentgerichtsbarkeit blieben, eingeschränkt. Ein weiteres Merkmal der Zentgerichtsbarkeit bestand in den grundsätzlich fixen territorialen Grenzen der Zentsprengel, die sich netzförmig und flächendeckend über das Land erstreckten. Im Jahr 1308 ließ sich beispielsweise das Kloster Langheim von Bischof Wulfing von Bamberg bestätigen, daß seine Hintersassen („homines et colones") von der gerichtlichen Zuständigkeit der bambergischen Zenten, in denen sie saßen, befreit sein sollten außer bei den Tatbeständen Totschlag, Notzucht, Diebstahl und zum Tode führender Körperverletzung („nisi in homicidiis, notnunft et furtis manifestis et wulneribus letalis").[8] 1329 erreichte dann das Kloster Langheim von Kaiser Ludwig dem Bayern eine urkundliche Privilegierung, die die Klosterleute aus der Gerichtskompetenz mehrerer nach ihren Gerichtssitzen genannten würzburgischer und bambergischer Zenten bis auf die die Blutgerichtsbarkeit berührenden vier Fälle („quatuor … casibus exceptis iudicium sanguinis tangendibus") ausnahm.[9] Ausdrücklich genannt sind darin auch die der Zent Wettringen benachbarten würzburgischen Zenten Baunach, Seßlach, Ebern und Medlitz. Die „vier Fälle" sind nicht mehr einzeln aufgeführt, woraus zu schließen ist, daß die Zuständigkeit beziehungsweise Beschränkung der Zentgerichte zu Beginn des 14. Jahrhunderts längst Allgemeingut war. Diese Einschränkung der Zentgerichtsbarkeit, die auch als Trennung zwischen der Hoch- oder Blutgerichtsbarkeit und der Niedergerichtsbarkeit zu verstehen ist, wobei erstere den Fürsten und Landesherren vorbehalten war, ist bereits in der Güldenen Freiheit Kaiser Friedrich Barbarossas angedeutet, in der Bischof Herold und seinen Nachfolgern die gesamte Jurisdiktion, explizit bei Raub und Brand sowie bei Blutstrafen, („omnem iurisdictionem … de rapinis et incendiis, de allodiis et beneficiis, de hominibus et de vindicta sanguinis") zugestanden wurde.

Für das beginnende 14. Jahrhundert ist im übrigen noch eine enge institutionelle Verwandtschaft zwischen den gerichtlichen Strukturen Frankens und denen Altbayerns festzustellen. So besteht bezeichnenderweise eine der wichtigsten Bestimmungen der Ottonischen Handfeste von 1311 und ebenso des Hofmarkenprivilegs für die ober-

---

chior Zobel von Giebelstadt und Friedrich von Wirsberg an würzburgische Zentgrafen zeigen (StAWü Standbücher 884, fol. 1 und 2; Abbildung in: Knapp, Zenten I, 1 [wie Anm. 5]).

[7] Im Statutum in favorem principum (Monumenta Germaniae Historica, Constitutiones et acta publica imperatorum et regum, II: 1198–1272, bearb. v. Ludwig Weiland, Hannover 1896, Nr. 171).

[8] StABa Bamberger Urkunden 1426.

[9] Staatsarchiv Bamberg (künftig StABa) Bamberger Urkunden (ehemals BayHStA Kaiser-Ludwig-Selekt Nr. 377).

bayerischen Klöster von 1330 darin, daß eine Trennung der Gerichtsbarkeit festge-schrieben ist.[10] In der Ottonischen Handfeste wurde den geistlichen und weltlichen „Lantherren" die Gerichtsbarkeit über ihre Hintersassen bis auf die „gerichte, die zu dem tode ziehent: teuf, todsleg, notnunft, strassraub", zugesichert. Diese Verbrechen, auf die also die Todesstrafe stand, waren vor den Landrichtern – Landrichter wurden vom bayerischen Herzog eingesetzt und führten die Aufsicht über die territorial abge-grenzten Sprengel der Land- oder Pfleggerichte – zu verhandeln. Dabei wirkten be-sonders in Niederbayern noch bis in die frühe Neuzeit vielfach Beisitzer und Urteils-sprecher mit.[11] In Oberbayern müssen schon in der ersten Hälfte des 14. Jahrhunderts die Landrichter weitgehend allein, also ohne die Mitwirkung eines Schöffenkollegi-ums, Recht gesprochen haben. Nach dem Oberbayerischen Landrecht von 1346 oblag es einem Landrichter im Beisein eines geschworenen Gerichtsschreibers nach ge-schriebenem Recht, „nach dem puoch", das Urteil zu finden.[12]

Die Zentgerichte in Franken sind als genossenschaftliche Einrichtungen zu betrach-ten. Sie haben aber auch einen ausgeprägten herrschaftlichen Charakter. Dies kommt vor allem darin zum Ausdruck, daß die Zentrichter in der Regel aus dem Niederadel stammten und daß diese, wie für das Hochstift Würzburg erwähnt, vom Würzburger Bischof mit dem Blutbann belehnt werden mußten. Nicht nur die Gerichtsverwandten der Zenten waren in der Regel zum Erscheinen zu den Gerichtssitzungen verpflichtet, auch hatte fast jedes Dorf einen Schöffen zu entsenden. Sie repräsentierten also eine jeweilige Landschaft, die durch besondere Kennzeichen nach außen hin abgegrenzt war. Erst durch die straffe Einfügung der Zenten in die sich ausbildenden Territorien und ihre institutionelle Verfestigung und Vereinheitlichung wurden sie, ähnlich den kirchlichen Organisationsformen, vielfach zu einem Instrument der Herrschaftswah-rung, wobei die ursprünglich zweifellos vorhanden gewesene Freiwilligkeit an Bedeu-tung verlor. Doch behielten sie, besonders auf dem Land, den Charakter genossen-schaftlicher, säkularer Gremien und Kommunikationsforen.[13] Besonders die Formel,

[10] Karl-Ludwig Ay (Bearb.), Dokumente zur Geschichte von Staat und Gesellschaft in Bayern I/2: Altbay-ern von 1180 bis 1550, München 1976, Nr. 404. Diese „dem Hochgericht vorbehaltene Blutgerichtsbarkeit" ist in der Ottonischen Handfeste, wie Alois Schmid betont, „zum ersten Mal in einem grundlegenden Rechtsdo-kument fixiert" (Alois Schmid, Die Ottonische Handfeste von 1311 – ein Landesgrundgesetz des Herzogtums Bayern, in: Karl Borchardt/Enno Bünz (Hg.), Forschungen zur bayerischen und fränkischen Geschichte. Peter Herde zum 65. Geburtstag [Quellen und Forschungen zur Geschichte des Bistums und Hochstifts Würzburg 52], Würzburg 1998, S. 195–219, hier S. 205). Im Hofmarkenprivileg (Ay, Dokumente Nr. 163) wurde den oberbayerischen Klöstern die Gerichtsbarkeit über alle Gerichtsfälle außer „vmb die drey sache, die ze tot zi-chent, daz ist tiuf, notnvnft vnd totslege", eingeräumt.

[11] Heydenreuter, Kriminalgeschichte (wie Anm. 1), S. 185 ff. Die bei Malefizprozessen in mehreren nieder-bayerischen Städten und Märkten wie in Erding bis ins 17. Jahrhundert übliche Beteiligung stimmberechtigter Beisitzer wurde offenbar als ein überkommenes Relikt angesehen.

[12] Das für das oberbayerische Teilherzogtum 1346 erlassene Oberbayerische Landrecht (Ay, Dokumente [wie Anm. 11], Nr. 516) war für die Durchsetzung einer einheitlichen Rechtssprechung von großer Bedeutung.

[13] Allerdings ist für viele Zenten, so gerade auch für die Zent Wettringen, ein frappierender räumlicher Zu-sammenhang mit den kirchlichen Sprengeln festzustellen, so daß bei vielen mainfränkischen Zenten durchaus von säkularen Gegenstücken zu den Urpfarreien gesprochen werden kann. Diese Übereinstimmung in den alt-besiedelten Gebieten legt eine möglicherweise schon im 8. Jahrhundert getroffene Sprengeleinteilung der Zen-ten nahe. Auch ist im allgemeinen keine leibrechtliche Bindung der Zentpflichtigen festzustellen. Vgl. Herbert Kößler, Hofheim (Historischer Atlas von Bayern [künftig HAB], Teil Franken I/13), München 1964, S. 38;

mit der die Gerichtssitzungen eröffnet wurden, und die Aufzählung der Personen, in deren Namen dies geschah, läßt das Wesen der fränkischen Zentgerichte als den Gerichtssprengel repräsentierende herrschaftliche und gleichzeitig genossenschaftliche Einrichtungen deutlich werden. So erklärte beispielsweise der Richter des Zentgerichts Wettringen zur Zeit Fürstbischof Julius Echters Ende des 16. Jahrhundert die Gerichtssitzung mit folgenden Worten für eröffnet: „So hege ich diß gericht von wegen des … fürsten undtt herrn Juliusen … wegen eines … domcapitulls … wegen eines ambttmans zum Rottenstein … auch eines vogts wegen … als von eines zenttgraven wegen … auch von der schopffen wegen … auch von des landttvolckes wegen … auch von clegern undtt antworter wegen".[14] Nicht zuletzt liegt die Bedeutung der Zentgerichte darin begründet, daß die Schöffen Leib und Leben berührende Urteile über Mitgenossen und Nachbarn zu fällen hatten, wobei das Geständnis des Delinquenten, die sogenannte Urgicht, eine wichtige Rolle spielte. Der Zentrichter, der dem Gericht vorsaß und den Gerichtsstab in Händen hielt, bestätigte lediglich den Urteilsspruch der Schöffen.

Bei der Zent Wettringen dürfte es sich um eine alte Zent handeln, zumal sie in etwa mit der Ausdehnung der urspünglichen Pfarrei Wettringen identisch ist und weil wohl auch für sie die Bestimmung des Statutum in favorem principum von 1232 Gültigkeit gehabt haben dürfte, wonach der Ort des Zentgerichts nur im Ausnahmefall verlegt werden konnte.[15] Sie hatte wie viele Zenten des Hochstifts Würzburg eine angestammte eigene Ordnung mit teilweise archaisch anmutenden Bestimmungen.[16] Spätestens seit der Zeit um 1500 verlor sie aber nicht nur durch obrigkeitliche Verordnungen, sondern auch durch das damals im gesamten Reich zu beobachtende Bedürfnis nach Vereinheitlichung mehr und mehr ihre Eigenständigkeit.[17] In der Zeit Bischof Julius Echters (1573–1617), in der sich das Hochstift Würzburg zu einem in Ansätzen verfaßten Territorialstaat ausbildete, mußten sich die Zentgerichte bei ihrem Vorgehen schon vielfach an Anweisungen der würzburgischen Zentralbehörden halten.[18] Eine ähnliche Entwicklung ist für das Hochstift Bamberg festzustellen, wo seit etwa dem Ende des 16. Jahrhunderts das Verfahren vor den Zentgerichten im wesentlichen durch die Anweisungen des Malefizamtes in Bamberg bestimmt wurde.[19]

Alexander Tittmann, Haßfurt. Der ehemalige Landkreis (HAB, Teil Franken I/33), München 2003, S. 291 f., und Schaab, Zenten (wie Anm. 5), S. 5 und 8.

[14] StAWü Salbücher 140, fol. 40v.

[15] MGH Const. II 171, S. 211–213.

[16] StAWü Salbücher 140, fol. 33–47, besonders fol. 40–44; Knapp, Zenten I, 2 (wie Anm. 5), S. 1214–1226. Vgl. auch Historischer Verein Wettringen (Hg.), Wettringen. Fränkisches Dorf mit großer Geschichte, Wettringen 1994, S. 44–68.

[17] Dafür bezeichnend ist die Entstehungsgeschichte der Bamberger Halsgerichtsordnung von 1507 und die darauf zurückgehende Carolina (Heydenreuter, Kriminalgeschichte, S. 56–64), ebenso die in der Zeit Bischof Julius Echters festgeschriebene Ordnung der Zent Wettringen, die mit eingeholten Rechtsbescheiden durchsetzt ist.

[18] Dies wird auch an der später nicht mehr aktualisierten Verfahrensordnung ersichtlich. Der Verfahrensablauf ist dem Briefverkehr im Zusammenhang mit dem 1588 in Aidhausen vorgefallenen Mord zu entnehmen.

[19] Vgl. Wilhelm Neukam, Territorium und Staat der Bischöfe von Bamberg und seine Außenbehörden, in: 89. Bericht des Historischen Vereins für die Pflege der Geschichte des ehemaligen Fürstbistums Bamberg, 1949, S. 1–35, hier S. 20 f.

Bischof Julius Echter war bemüht, durchgreifende und einheitliche Verwaltungsformen im Hochstift Würzburg durchzusetzen. Bezeichnend dafür ist, daß er nach seiner Erhebung nicht nur bei sämtlichen würzburgischen Untertanen die Erbhuldigung
einholen, sondern auch sogenannte Erbhuldigungslisten anlegen ließ, in denen auch
die Namen der Hintersassen und Untertanen anderer Herrschaftsträger, wie in Aidhausen geschehen, verzeichnet wurden.[20] Im Laufe seiner Amtszeit wurden dann von
sämtlichen Ämtern und Amtsorten des Hochstifts Würzburg Beschreibungen angelegt, in denen die würzburgischen Rechte und Besitzungen der einzelnen Orte nach einem umfangreichen und einheitlichen Fragenkatalog beschrieben sind.[21]

Das „officium" Rottenstein, das nach der auf der am Rande der Haßberge oberhalb
des Dorfs Friesenhausen gelegenen Burg Rottenstein benannt war, betraf vor allem
den in diesem Amt organisierten grundherrschaftlichen Besitz des Hochstifts Würzburg.[22] Dieses Amt war 1354 durch den Würzburger Bischof Albrecht II. vom
Schwiegersohn Graf Heinrichs und Juttas von Henneberg, Eberhard von Württemberg, zusammen mit Königshofen und der halben Burg Wildberg erworben worden.[23]
Die zugehörigen Besitzungen befanden sich als lockeres Gebilde vor allem in den
Dörfern um Wettringen, Bundorf und Hofheim;[24] neben den Wäldern in den Haßbergen von der Manauer Senke bis zum Breitenberg handelte es sich vor allem um zu Lehen ausgegebene Gehöfte und Anwesen in einem landwirtschaftlich verhältnismäßig
ertragreichen Gebiet, in dem auch der Weinbau um 1600 noch eine große Rolle spielte. Nur teilweise lagen sie innerhalb des Sprengels der 1354 ebenfalls in die engere
würzburgische Verfügungsgewalt gekommenen Zent Wettringen. Fast überall waren
sie von Lehen und Besitzungen des ritterschaftlichen Adels, besonders der Truchseß
von Wetzhausen, durchsetzt.

Die Truchseß von Wetzhausen konnten sich nicht nur in ihrem namengebenden
Stammsitz behaupten, sondern in mehreren Orten rund um die Haßberge eine breite
Besitzgrundlage schaffen, darüber hinaus bekamen sie auch den Wald als von Würz-
burg belehnte „Erbförster über den Haßberg" in ihre Gewalt.[25] Das Amt Rottenstein,

---

[20] Für Aidhausen ließ Julius Echter nach dem 1574 erstellten Erbhuldigungsregister die Untertanen der
Truchseß zwar nicht die Erbhuldigung leisten, aber namentlich aufnehmen (StAWü Standbücher 920). Dies
spricht dafür, daß er sich für das Dorf als ganzes zuständig fühlte.

[21] Für das Amt Rottenstein: StAWü Würzburger Salbücher 139, 139a (1593) und das weitgehend gleichlau-
tende Salbuch 140 (1595).

[22] Zu Rottenstein vgl. Herbert Kößler, HAB Hofheim (wie Anm. 13), S. 48f. Die am über die Haßberge
verlaufenden „Rennweg" gelegene Burg Rottenstein, ist zwar erst 1292 erstmals bezeugt (Monumenta Boica
38, Nr. 40), weist aber eine relativ alte Anlageform auf (Georg Lill/Felix Mader, Bearb., Bezirksamt Hofheim.
Die Kunstdenkmäler des Königreichs Bayern: Die Kunstdenkmäler von Unterfranken & Aschaffenburg V,
München 1912, S. 84 f.). 1292 bestätigte Bischof Manegold von Würzburg Graf Berthold VII. von Henneberg,
dem Sohn des 1290 verstorbenen Grafen Hermann I., die als „castrum" bezeichnete Burg Rottenstein neben
der Stadt Königshofen, Stadt und Burg Kitzingen und einer Burg Steinach als würzburgisches Lehen.

[23] Monumenta Boica 42, München 1874, Nr. 48, S. 113–115. In der formelhaften Aufzählung der zugehörigen Rechte und Besitzungen sind unter anderem „herrscheften, lehenscheften, manscheften, vogteyen, zenten,
gerihten" genannt.

[24] StAWü Salbücher 139, 139a und 140 (1593/1595); vgl. auch Kößler, HAB Hofheim (wie Anm. 13),
S. 48–54.

[25] Vgl. dazu Helmut Demattio, Die Forstwirtschaft in den Haßbergen im Hinblick auf ihre verfassungs- und
motivgeschichtlichen Hintergründe, in: JfL 62, 2002, S. 179–201.

das wahrscheinlich schon seit 1354 mit der Zent Wettringen verbunden war, wurde 1436 für längere Zeit „in amtmannsweise" an die Truchseß zusammen mit den Zentgrafenämtern der Zenten Wettringen und Königshofen verpfändet.[26]

Die im hennebergischen Urbar erstmals für die Zeit um 1340 bezeugte Zent Wettringen war als „neunde cente" in den Herrschaftsaufbau der Grafen von Henneberg eingefügt.[27] Sie umfaßte damals auch noch den namengebende Stammsitz der Truchseß von Wetzhausen sowie Hofheim, Stadtlauringen und eine Reihe von nördlich der Haßberge gelegenen Orten. Letztere werden aber als zu den Zenten Königsberg (Hofheim) und Königshofen (Stöckach, Neuses, Kimmelsbach und Bundorf) gehörig bezeichnet. Die im Altsiedelland des Haßgaus gelegenen Orte Wettringen, Fuchsstadt, Altenmünster, Birnfeld, Kleinsteinach, Kerbfeld, Reichmannshausen, Sulzdorf, Happertshausen, Humprechtshausen, Aidhausen, Oberlauringen, Nassach und die Wüstungen Ellertshausen, Arlsbach und Neuses, die auch in späteren Zentbeschreibungen wie der aus der Zeit Julius Echters genannt werden, bildeten einen zusammenhängenden Sprengel.[28]

Die echterische Grenzbeschreibung der Zent Wettringen läßt die typische Beschaffenheit der Zenten als territorial geschlossene aneinander stoßende Sprengel erkennen. Als Grenzlinien und -punkte sind Bachläufe wie der Oberlauf der Baunach in den Haßbergen, oder der Buchbach bei Kleinsteinach, Berge wie der „Oedberg" (heute: Ortberg) bei Ebertshausen, der „Pfaffensteig" (heute: Pfaffenhöhe), die Altenburg bei Stadtlauringen und der Dürrnberg bei Oberlauringen, einzelne Bäume wie die „Haderbirckhen" (heute: Waldung Hasenbirke) zwischen Kreuzthal und Ottenhausen, die dort verlaufende von Schweinfurt kommende „hohe Straße", Waldungen wie das Kammerholz bei Wetzhausen, das Geheeg bei Happertshausen und das dortige Jung-Holz oder einzelne Baulichkeiten wie die Kreisenmühle und Bildstöcke wie das „Steinerne Kreuz" im Bauholz zwischen Sulzdorf und Wettringen genannt. Die Örtlichkeiten „Haderbirkhen" und „Streithgrund" (heute: Stirn-Grund zwischen Stadtlauringen und Oberlauringen) weisen auf umstrittene Abschnitte der um 1600 und auch später nicht „versteinten" Zentgrenze hin. Da sie sich an Geländemarken orientierte und nur stellenweise mit den Gemarkungsgrenzen der Dörfer zusammenfiel, scheint sie vor diesen festgelegt worden zu sein. Dabei ist anzumerken, daß Zentgrenzen von den Gerichtsgemeinden bis ins 17. Jahrhundert immer wieder begangen und so im Bewußtsein gehalten wurden.[29]

---

[26] BayHStA Reichskammergericht 13143/II (Quadrangel 19). Die Verpfändung an die Truchseß wurde offenbar 1498 wieder eingelöst.

[27] Johann Adolph von Schultes, Coburgische Landesgeschichte des Mittel-Alters mit einem Urkundenbuche, Coburg 1814, Nr. 65, S. 45–73. Das unter Graf Heinrich VIII. von Henneberg, dem Sohn Graf Bertholds VII. und Ehemann Juttas, angelegte Urbarium ist heute verschollen.

[28] BayHStA Reichskammergericht 13143/II (Quadrangel 19); StAWü Salbücher 140, fol. 33–47; Knapp, Zenten I, 2 (wie Anm. 5), S. 1214–1226. Die Reihenfolge der Aufzählung entspricht der in den Quellen üblichen. Die möglicherweise erst nach 1340 ausgebauten Orte Mailes, Rottenstein und Kreuzthal sind im hennebergischen Urbar nicht aufgeführt.

[29] Wie für die an die bambergische Zent Zeil angrenzende Zent Haßfurt oder die an das Hochstift Fulda angrenzende Zent Bischofsheim ist auch für die Zenten Kronach und Teuschnitz nachzuweisen, daß die Grenzen noch in der zweiten Hälfte des 16. Jahrhunderts amtlich abgegangen und besichtigt wurden. Stellenweise waren sie mit Grenzsteinen versehen, aber offenbar nur dort, wo sie an fremdherrische Zenten und Amtsbezirke angrenzten und wo es zu Streitigkeiten gekommen war (Knapp, Zenten I, 1 [wie Anm. 5], S. 518f. und 191 ff.;

Wetzhausen, das in späteren Beschreibungen der Zent Wettringen nicht mehr aufgeführt wird, konnten die 1346 erstmals genannten und damals noch in hennebergischen Diensten stehenden Truchsessen geschlossen in ihren Besitz bekommen und als ein eigenes Halsgericht behaupten.[30]

Wie schon aus dem hennebergischen Urbar zu ersehen ist, in dem ja vor allem die herrschaftlichen Interessen und Einkünfte formuliert sind, hatten die meisten Gemeinden der Zent Wettringen Schöffen zu stellen, die unter dem Vorsitz des Zentgrafen das Gericht als Kollegium geschworener gleichberechtigter Urteilsprecher besetzten. Sie hatten die Rügen vor Gericht einzubringen und das Urteil zu finden.[31] Manche Gemeinden der Zent Wettringen, besonders diejenigen, die keinen Schöffen stellten, mußten bestimmte Abgaben leisten. Schon um 1340 dürfte, ähnlich wie in den erwähnten würzburgischen und bambergischen Zenten, der Zuständigkeitsbereich auch der hennebergischen Zenten, zumindest für bestimmte Orte, auf die drei „hohen Ruge“, nämlich auf die Tatbestände Notzucht, Totschlag und Diebstahl („Notnunft, Mort und Duebe“), beschränkt gewesen sein, ohne daß dies ausdrücklich festgehalten war.[32] Noch 1615 war im Bewußtsein der Menschen die Vorstellung lebendig, daß die Zentgerichtsbarkeit früher eine größere Rolle gespielt und mehr Gerichtsfälle umfaßt habe, wie ein in Aidhausen ansässiger über 70jähriger Mann unter Berufung auf seinen Vater in der noch eingehend vorzuführenden Zeugenbefragung zu Protokoll gab.[33]

Die Geldstrafen, die sogenannten Zentbußen, die am Zentgericht Wettringen verhängt wurden, durften 40 Pfund Pfennige nicht übersteigen. Diese standen zu je einem Drittel dem Würzburger Bischof, dem würzburgischen Amtmann und dem Zentgrafen zu. Die Schöffen wurden nur dann an den Strafgeldern beteiligt, wenn gegen ein ergangenes Urteil verstoßen worden war.[34]

Zu erwähnen ist auch, daß seit der Zeit Julius Echters das Stadt- und Brückengericht in Würzburg als Appellationsinstanz der hochstiftischen Zentgerichte fungierte.[35] Allerdings konnte sich im Hochstift Würzburg bei weitem nicht die Verfaßtheit ausbilden, die für Ober- und Niederbayern kennzeichnend war. Während sich in Fran-

---

StAWü Risse und Pläne I/591; Tittmann, HAB Haßfurt [wie Anm. 13], 285; Grenzbeschreibung der Hauptmannschaft Kronach von 1565: StABa B 26a Nr. 13/1, fol. 22v–25; Karte des Amtes Teuschnitz von Peter Zweidler von 1599: StABa A 240 Tafel 1786; Hans Vollet, Weltbild und Kartographie im Hochstift Bamberg [Die Plassenburg 35], Kulmbach 1988, Abb. 62). Vgl. dagegen Karl Dinklage, Beiträge zur mittelalterlichen Geschichte der Zentgerichte in Franken, in: Mainfränkisches Jahrbuch 4, 1952, S. 33–90, hier S. 56 f. Dinklage betont die ungeklärten und ungeordneten Verhältnisse des Zentgerichtswesens im Hochstift Würzburg und meint, daß die Zentgrenzen noch Mitte des 14. Jahrhunderts nicht festgelegt gewesen seien.

[30] Kößler, HAB Hofheim (wie Anm. 13), S. 76 f.

[31] Nach den Zentbeschreibungen aus dem 16. Jahrhundert hatten Wettringen, Kerbfeld, Humprechtshausen, Fuchsstadt, Reichmannshausen, Aidhausen, Ellertshausen, Altenmünster, Sulzdorf, Oberlauringen, Birnfeld, und Happertshausen je einen Schöffen zu stellen.

[32] Schultes, Coburgische Landesgeschichte (wie Anm. 31), S. 45. Die Einschränkung auf die drei hohen Rügen ist für die Zent Lauter bezeugt, aber auch für die Zent Wetzhausen und Nassach in der Zent Wettringen finden sich Formulierungen wie: „... suln drigerleige sache ruge, daz an den hals get“.

[33] BayHStA Reichskammergericht 13143/I (Quadrangel 17).

[34] Knapp, Zenten I, 2 (wie Anm. 5), S. 1218 f.

[35] Knapp, Zenten I, 2 (wie Anm. 5), S. 1220 und S. 1241 f. Vgl. auch Willoweit, Gericht und Obrigkeit (wie Anm. 5), S. 224 f.

ken neben den Bischöfen viele Herrschaftsträger behaupten konnten und sich infolgedessen in unterschiedlicher Ausprägung mehrere Rechtsebenen miteinander verschränkten, regelte im zentralgelenkten, auf den Herzog zugeschnittenen Altbayern vor allem die „Erklärung der Landesfreiheit" von 1508 und der „60. Freibrief" von 1557 die gerichtlichen Zuständigkeiten bis zum Ende des 18. Jahrhunderts in einheitlicher Form.[36] In Malefizprozessen in Bayern, die seit 1616 durch die Bayerische Malefizprozeßordnung einheitlich geregelt waren, waren es der Hofrat oder die jeweiligen Regierungen, die die Urteile überprüften und den Befehl zur Hinrichtung gaben.[37]

1610 nahm am Reichskammergericht in Speyer ein mehrjähriger Rechtsstreit zwischen Hans Eitel Truchseß von Wetzhausen und Fürstbischof Julius Echter seinen Anfang, nachdem der würzburgische Amtmann zu Rottenstein mehrere Untertanen der Truchseß von Wetzhausen in Aidhausen gefangengenommen und diese erst nach Zahlung eines verhältnismäßig hohen Strafgeldes wieder freigelassen hatte.[38]

Der truchsessische Schultheiß in Aidhausen, Hans Gehring, hatte Anfang des Jahres 1610 zusammen mit den truchsessischen Untertanen Kilian Ott, Barthel Veit und Hans Schmück, den ebenfalls truchsessischen Untertanen Jakob Gnad, der einen sogenannten Frei- oder Gülthof in Aidhausen als truchsessisches Lehen in Besitz hatte, nach Wetzhausen geführt. Dieser hatte sich dort vor Hans Eitel Truchseß von Wetzhausen als seinem Junker, der die Herrschaft über Grund und Boden und die sogenannte Vogtei innehatte, zu verantworten. Hans Eitel sprach Jakob Gnad seine truchsessischen Güter ab und hielt ihn einige Tage gefangen. Der Mann einer Magd, die bis zu ihrer Eheschließung im Dienst Gnads gestanden hatte, hatte sich an den Truchseß gewandt und den ehemaligen Dienstherrn seiner Frau angezeigt. Es hatte sich nämlich nach nur wenigen Wochen ehelichen Zusammenlebens herausgestellt, daß die Frau bereits hochschwanger war. Kurz nach der Freilassung Jakob Gnads ließ der als Zentgraf fungierende würzburgische Keller Hans Kraus die truchsessichen Untertanen, die Gnad begleitet hatten, zusammen mit dem Schultheißen Hans Gehring festnehmen und im Wirtshaus des benachbarten Wettringen gefangensetzen. Erst nachdem die truchsessischen Untertanen eine Summe von je 20 Reichstalern Strafgeld und ein Atzungsgeld für die etwa 20tägige Gefangenschaft von 17 Gulden 9 Batzen bezahlt und darüber hinaus eidlich versichert hatten, in dergleichen Fällen künftig Täter und Tatverdächtige nicht dem Zentgericht in Wettringen zu entziehen, wurden sie freigelassen.

Der würzburgische Keller zu Rottenstein, der auch als Zentgraf und Richter der Zent Wettringen fungierte, scheint vor der Gefangennahme der truchsessischen Untertanen in der Sache Jakob Gnads mit Würzburg Kontakt aufgenommen zu haben. Je-

---

[36] Franz von Krenner, Baierische Landtagshandlungen in den Jahren 1429 bis 1513, 18 Bde., München 1803–1805, 17. Bd., S. 72–122 und Gustav von Lerchenfeld, Die altbaierischen landständischen Freibriefe mit den Landesfreiheitserklärungen, mit einer Einleitung von Ludwig Rockinger, München 1853, S. 157–163. Der Schriftverkehr der bayerischen Zentralbehörden mit den Außenbehörden und den Hofmarksinhabern belegt, daß die einzelnen Bestimmungen der Landesfreiheit und des 60. Freiheitsbriefs oft peinlich genau eingehalten wurden. Die Freiheitsbriefe erschienen seit 1514 wiederholt im Druck, wobei ihnen immer die Ottonische Handfeste vorangestellt wurde. Vgl. dazu Schmid, Handfeste (wie Anm. 10), S. 211.

[37] Heydenreuter, Kriminalgeschichte (wie Anm. 1), S. 183 f.

[38] BayHStA, Reichskammergericht Nr. 13143/I (Quadrangel 5 und 6).

denfalls muß er die Angelegenheit als Ehebruchssache angesehen haben, die nach seiner Auffassung zur Verhandlung vor das Zentgericht in Wettringen zu bringen war. Dabei ist zu bedenken, daß die Amtleute in der frühen Neuzeit, die Vertreter der Obrigkeit vor Ort, oft eigenmächtig vorgingen. Auch dürfen im Hinblick auf die Verbindung des Kellers zu Rottenstein mit der Würzburger Kanzlei die damaligen Kommunikationsmöglichkeiten, die vor allem durch gelegentliche Botengänge gewährleistet wurden, nicht außer Acht gelassen werden.

Als sich Hans Eitel Truchseß von Wetzhausen zu Beginn des Jahres 1610 über seinen in Speyer ansässigen Prokurator Dr. Sigismund Haffner gegen Bischof Julius Echter als verantwortlichen Reichsstand und Dienstherrn des Rottensteiner Amtmanns an das Reichskammergericht wandte, klagte er auf die sogenannte Pfändungskonstitution. Er forderte nicht nur die Restituierung der von seinen Untertanen abgeforderten Gelder, sondern behauptete vor allem das Recht, Ehebruchs- und Unzuchtsfälle seiner Untertanen selbst aburteilen und mit Strafgeldern belegen zu dürfen. In dem am 3. Februar 1610 vom Reichskammergericht ausgebrachten Mandat – das inhibitorische Mandat eines sogenannten Mandatsprozesses beruhte auf den Angaben der klagenden Partei, es erging im Namen des Kaisers und wurde von einem eigens beauftragten Kammergerichtsboten, der auf dem archivierten Exemplar die Überbringung protokollierte, zugestellt – wird zunächst auf die „gemeinen beschrieben Rechten des heiligen Reichs Ordnung und Abschied" und insbesondere auf die „Constitution von Pfänden und Gefangenen" verwiesen. Weiter heißt es darin, daß nach dem Herkommen in Aidhausen „Ehebruch vom Vogtherrn gestrafft, … ann der Zennth aber niemalen gerügt" worden sei. Besonders wird die standesrechtliche Stellung Hans Eitels, der „als ein freyer vom Adel lanndtz zue franckenn dem h. Römischen Reich sowoll allß die and. immediate subiect" sei, betont und eigens der Abschied der Visitation des Reichskammergerichts von 1600 angeführt.[39] Danach hatte Hans Eitel das Recht, sich als unmittelbar dem Kaiser unterstehende Person an das Reichskammergericht zu wenden, auf die 1548 festgeschriebene und 1570 erneuerte Pfändungskonstitution zu klagen und die Wiedergutmachung der als eigenmächtige Pfändung und damit als Landfriedensbruch angesehenen Vorgehensweise des würzburgischen Amtmanns zu verlangen.[40] Die Ahndung des Landfriedensbruchs, vor allem des zwischen reichsunmittelbaren Personen begangenen, war ja nun die wichtigste Aufgabe des mit der Verkündigung des „Ewigen Landfriedens" 1495 gegründeten Reichskammergerichts. Allerdings stellte bereits das Mandat dem Beklagten die Möglichkeit in Aussicht, gegen die darin erhobenen Forderungen am Reichskammergericht einzukommen und sich innerhalb einer bestimmten Frist zu rechtfertigen.

Hans Eitel Truchseß von Wetzhausen, einer der Söhne des 1577 verstorbenen Veit Ulrich, der in Wetzhausen seinen Sitz gehabt hatte, richtete sich 1605 nach dem Tod seiner Mutter auf der bei Hofheim gelegenen Bettenburg häuslich ein. Die Betten-

---

[39] BayHStA Reichskammergericht 13143/I (Quadrangel 1). Zum reichskammergerichtlichen Mandatsprozeß vgl.: Manfred Hinz, Mandatsprozeß, HRG III (wie Anm. 1), Sp. 232–240; Wolfgang Sellert, Prozeß des Reichskammergerichts, HRG 4 (wie Anm. 1), Sp. 29–36.

[40] Auf die Pfändungskonstitution, neben dem Augsburger Religionsfrieden von 1555 und dem Westfälischen Frieden eines der wenigen auch für das Reichskammergericht maßgebenden Gesetze des Alten Reiches, wurde am Reichskammergericht vielfach geklagt.

burg, die die Truchseß als sächsisch-bambergisches Sohn- und Tochterlehen schon seit der Mitte des 14. Jahrhunderts besaßen, war zusammen mit der zu ihr gehörenden Herrschaft nach dem Tod von Wolf Truchseß von Wetzhausen († 1557) an weibliche Angehörige des Geschlechts – zunächst an dessen Witwe Rosina († 1601) und dann an deren Tochter Anna († 1604), die Mutter Hans Eitels – gegeben worden.[41]

Interessanterweise wird Hans Eitel als „Freier vom Adel" bezeichnet, ohne seine Mitgliedschaft im Kanton Baunach der fränkischen Reichsritterschaft zu erwähnen, über die er die Reichsunmittelbarkeit innehatte. Die Formierung der in sechs Kantone gegliederten fränkischen Reichsritterschaft hatte wie die der Reichsritterschaft in Schwaben und am Rheinstrom viele Vorstufen und steht ebenfalls im Zusammenhang mit der Reichsreform und der Verkündigung des Ewigen Landfriedens. Sie ist gewissermaßen als Antwort der Ritteradeligen auf die Einigung der Reichsstände von 1495 und vor allem auf die Forderung auf eine allgemeine Reichssteuer, wie sie in der Erhebung des „Gemeinen Pfennigs" und in dessen Neuauflage von 1542 sowie in der „Türkenhilf" Ausdruck fand, zu sehen.[42] Über die Steuererhebung fürchteten die Ritteradeligen von den Fürsten vereinnahmt zu werden, in deren Lehensverbände sie eingebunden waren und in der Regel auch blieben. Sie konnten sich behaupten, indem sie sich unter Anlehnung an den Kaiser, an den sie direkt die Steuern abführten und von dem sie als genossenschaftliche Einungen privilegiert wurden, in Kantonen zusammenschlossen. Schon in der Kammergerichtsordnung von 1521 wurden die rechtlichen Voraussetzungen für Klagen der Ritterschaft gegen die Fürsten geschaffen.[43] 1555 wurden sie in den Augsburger Religionsfrieden einbezogen und wurde ihnen die Kirchenhoheit über ihre Patronatspfarreien zugesichert. Weitgehende Rechte, die ihre Stellung gegenüber den Fürsten stärkten und weiter institutionalisierten, wurden ihr dann 1609 von Kaiser Rudolf II. bestätigt.[44] Auch die Truchseß, die viele Lehen des Bischofs von Würzburg innehatten, versuchten sich in dieser Zeit vermehrt aus dem vielfach verschränkten Herrschaftsgefüge zu lösen und, wie allein die vielen seit dem späten 16. Jahrhunderts gegen Würzburg geführten Reichskammergerichtsprozesse zeigen, neben dem Bischof als gleichberechtigter Partner aufzutreten. Auch untereinander wandten sich die Ritteradeligen an das Reichskammergericht, soweit sie Konflikte nicht innerhalb der Kantone regeln konnten.

Bischof Julius Echter, der in viele vor dem Reichskammergericht geführte Prozesse verwickelt war, beauftragte in der Angelegenheit des Zentgerichts Wettringen den für ihn auch in ähnlich gelagerten Fällen vielfach tätigen Antonius Streitt als Prokurator.[45]

---

[41] Johann Gottfried Biedermann, Geschlechts-Register der reichsfrey unmittelbaren Ritterschafft Landes zu Francken löblichen Orts Baunach, Bayreuth 1747, Tafel 163, 181 und 185; vgl. auch Demattio, Haßberge (wie Anm. 30), S. 187.

[42] Vgl. Klaus Rupprecht, Ritterschaftliche Herrschaftswahrung in Franken. Die Geschichte der Guttenberg im Spätmittelalter und zu Beginn der Frühen Neuzeit (Veröfflichungen der Gesellschaft für fränkische Geschichte IX/42), Neustadt a. d. Aisch 1994, S. 407–410 und Erwin Riedenauer, Entwicklung und Rolle des ritterschaftlichen Adels, in: Unterfränkische Geschichte 3 (wie Anm. 5), S. 81–130, hier S. 83–89.

[43] Robert Fellner, Die fränkische Ritterschaft von 1495–1524 (Historische Studien 50), Berlin 1905, S. 202–208.

[44] HHStAWien Reichsregister Rudolf II. Bd. 32, fol. 200–222.

[45] BayHStA Reichskammergericht 13143/I (Quadrangel 3). Antonius Streitt war an vielen Prozessen Julius Echters gegen das Hochstift Bamberg, den Markgrafen von Ansbach, den Herzog von Sachsen-Coburg, der Reichsstadt Schweinfurt und verschiedene Ritteradelige als würzburgischer Prokurator beteiligt. In einem

Mit diesem stand Bischof Julius Echter im Verlauf des Prozesses zweifellos in engem Kontakt. Julius Echter hatte sicherlich auch nähere Informationen einholen lassen, die zusammen mit den in seiner Kanzlei archivierten Dokumenten, eingegangen Briefen und Abschriften der ausgelaufenen Briefe, die Argumentationslinie bestimmten und als Beweismittel herangezogen wurden. In den gegen das Mandat des Reichskammergerichts gerichteten Exzeptionalartikeln verweist Antonius Streitt auf den Reichsabschied von 1594 und betont, daß dem Bischof als Zentherrn die Aburteilung von Ehebruchsfällen zustehe und nicht dem Truchseß als Vogteiherrn. Diesem wird das Recht abgesprochen, auf die Pfändungskonstitution klagen zu können, da die betroffen Untertanen nicht reichsunmittelbar seien.[46] Auch nach der Carolina sei der Ehebruch ein Malefizdelikt, das als solches vor das Zentgericht gehöre. Die truchsessischen Untertanen, die Jakob Gnad nach Wetzhausen gebracht hätten, seien zentbarliche Untertanen des Würzburger Bischofs, die pflichtvergessen gehandelt hätten. Sie seien zurecht gefangen gesetzt worden, zumal sie über würzburgischen Grund und Boden gezogen seien.

Die in einzelne Artikel untergliederten Rechtspositionen der Streitparteien wurden in schriftlicher Form nach einer bestimmten, der Prozeßordnung gemäßen Terminfolge von den Prokuratoren eingebracht, wobei im Regelfall die strittigen Punkte durch vorgelegte Beweismittel im Laufe der Verhandlungen immer mehr eingegrenzt wurden, ein Prozeß sich aber auch ohne Ergebnis über Jahrzehnte hinziehen konnte. Bevor in diesem Sinn der Prozeß um die Gerichtskompetenz im Aidhauser Ehebruchsfall in Gang kommen konnte, erfolgte bereits am 1. April 1611 ein sogenanntes Paritorialurteil, mit dem die Forderung des Mandats bestätigt wurde. Der Prozeß war damit aber noch lange nicht zu Ungunsten der beklagten Partei, die dem Paritorialurteil etwa ein Jahr später tatsächlich Folge leistete, entschieden.[47]

Erst nach 1611 kamen die Verhältnisse in Aidhausen selbst durch das Einbringen der eigentlichen Klageartikel, zu deren Untermauerung Urkunden- und Aktenabschriften vorgelegt und Zeugenaussagen eingeholt wurden, zur Verhandlung. Gerade im rechtlich uneinheitlichen Franken, wo man sich nicht auf allgemein übliche Rechtsgewohnheiten berufen konnte, hatten die Prozeßparteien das jeweils übliche Recht und Herkommen für die Urteilsfindung dem Reichskammergericht selbst vorzulegen. Dabei spielten neben den Advokaten besonders die Prokuratoren nicht nur für die eigentliche Verhandlung eine wichtige Rolle, sondern trugen auch über die Herrschafts- und Reichskreisgrenzen hinaus zur begrifflichen Klärung und Vereinheitlichung bei: Sie umrissen in den Prozeßschriften die strittigen Rechtspositionen und prägten Begriffe, die sie auch bei anderen Prozessen verwandten. Darüber hinaus formulierten sie die bei den Zeugenvernehmungen gestellten Fragen, die nicht nur für die Mandanten, sondern auch für die betroffen Leute vor Ort für die Klärung der

---

Großteil der Prozesse ging es um die Zentgerichtsbarkeit und deren Abgrenzung zur Vogtei, wobei auch Wettringen benachbarte Zentgerichte wie Maßbach, Haßfurt und Münnerstadt betroffen waren (BayHStA Reichskammergericht 13130, 14160, 14172, 14173, 14175, 14180, 14203, 14298, 14221, 14314, 14317, 14331, 611, 613, 635).

[46] BayHStA Reichskammergericht 13143/I (Quadrangel 4 und 7).

[47] Nach den Quittungen vom 4. und 14. Juni 1612 mußten nicht nur die Straf- und Atzungsgelder ersetzt, sondern auch die Ausgaben für die Ausbringung des Mandats und die Kosten für die Advokaten und den Prokurator von insgesamt 254 fl. erstattet werden (Quadrangel 5 und 6).

rechtlichen Verhältnisse oft von großer Bedeutung waren. Sigismund Haffner war beispielsweise in vielen Prozessen um die Zuständigkeit und Legitimität der Zentgerichte
für die Fuchs von Bimbach als Prokurator tätig, aber auch für schwäbische Reichs-
städte, wie für Ulm und Nördlingen, in Fragen um gerichtliche Zuständigkeiten.[48] Antonius Streitt vertrat das Hochstift Würzburg in vielen Prozessen vor dem Reichskammergericht.[49]

In der in 24 Punkte untergliederten eigentlichen Klageschrift gegen Bischof Julius
Echter vom Anfang des Jahres 1614 wird im wesentlichen herausgestellt, daß zum einen nach dem Herkommen in der Zent Wettringen die Zentgerichtsbarkeit auf „Mord,
Diebstahl, Notzucht und fließende Wunden" begrenzt sei und die Bestrafung von Ehe-
bruchs- und Unzuchtsfällen dem Vogteiherrn zustehe, zum andern der Zentgraf und
seine Bediensteten in Aidhausen nicht in die zentfreien Häuser, wie Jakob Gnad eines
besaß, einfallen dürften.[50] Dabei wird betont, daß dieser nicht als Gefangener, sondern
freiwillig, mit dem truchsessischen Schultheiß nach Wetzhausen gegangen sei; die
übrigen drei truchsessischen Untertanen hätten ihn nur als Fürsprecher begleitet. Ausdrücklich heißt es, daß seit über einhundert Jahren die Zuständigkeit des Zentgerichts
Wettringen gemäß der 1447 erlassenen Zentreformation des Würzburger Bischofs
Gottfried auf die genannten Fälle limitiert sei.[51] Bischof Julius Echter, der auf das
Hochstiftsarchiv zurückgreifen konnte und in ähnliche Gerichtsverfahren verwickelt
war, hatte sich auf das geschriebene Recht der für das gesamte Reich approbierten Carolina, die wahrscheinlich den Gerichtsverwandten und Schöffen der Zent Wettringen
um 1600 nicht einmal bekannt war, berufen. An dieser Stelle ist darauf hinzuweisen,
daß auch in Altbayern die Carolina nur teilweise Anwendung fand.[52]

In der Perspektive der Truchseß, die zweifellos bessere Kenntnisse von den Verhältnissen vor Ort besaßen, war dagegen das Herkommen ausschlaggebend. Wenige
Tage nach der Einbringung der Klageschrift stellten sie den Antrag, baldmöglichst
eine kaiserliche Kommission zur Bekräftigung ihrer Klagepunkte einzusetzen, „...
damit [sie]... durch Absterben etlicher alter und erlebter Zeugen ... an vorhabenter
Beweißung keinen Abgang oder Nachteil erleiden mögen ...".[53] Nachdem auch von
seiten Bischof Julius Echters eine Vorstellung eingebracht worden war, wurden für

---

[48] Landesarchivdirektion Baden-Württemberg (Hg.)/Alexander Bernotte und Reinhard J. Weber (Bearb.),
Akten des Reichskammergerichts im Hauptstaatsarchiv Stuttgart (Veröffentlichungen der staatlichen Archiv-
verwaltung Baden-Württemberg 46/–46/5), Stuttgart 1993/2001; BayHStA Reichskammergericht 5451, 5453,
5446, 749, 5452, 5454, 5447/1, 12938.

[49] S. Anm. 44.

[50] BayHStA Reichskammergericht 13143/I (Quadrangel 10: Responsiones ad praetensos articulos causa-
les).

[51] Zur Zentreformation von 1447 Knapp, Zenten I, 1 (wie Anm. 5), S. 35–38, vgl. derselbe, Die Würzburger Zentgerichts-Reformation 1447 (Quellen zur Geschichte des Strafrechts ausserhalb des Carolinakreises),
Mannheim o. J. In der Zentreformation wird die Einschränkung der Gerichtsfälle auf die genannten vier Fälle
einschließlich „stain und rain", also der Verletzungen der Feld- und Flurgrenzen, für alle würzburgischen Zenten festgeschrieben, allerdings ohne das Herkommen in den einzelnen Zenten zu verbieten. Ausführlich ist der
Umfang der Zentfreiheit beschrieben, der im übrigen den Auffassungen der klägerischen Partei nahekommt.
Darin heißt es auch, daß der Bischof von Würzburg gemäß der Güldenen Freiheit den Blutbann an die Zentgrafen leihe.

[52] Heydenreuter, Kriminalgeschichte (wie Anm. 1), S. 186.

[53] BayHStA Reichskammergericht 13143/I (Quadrangel 11).

beide Prozeßparteien kaiserliche Kommissionen berufen, die die vorgeschlagenen Zeugen zu den sich auf die strittigen Punkte beziehenden und auch von der jeweiligen Gegenseite miteingebrachten Fragen vernahmen und die Aussagen in sogenannten Kommissionsrotuli festhielten. Die beiden 1615 nach genau festgelegten Vorgaben erstellten Rotuli wurden verschnürt und versiegelt und als Beweismittel am Reichskammergericht verwahrt.[54] Während der würzburgische Rotulus neben dem umfangreichen Fragenkatalog und den Aussagen von 18 Zeugen die kaiserlichen Privilegierungen und Rechtsbestätigungen des Hochstifts Würzburg und des Herzogtums Franken mit der Güldenen Freiheit von 1168 beginnend, Zentprotokolle und wichtige Verträge und Dokumente sowie mit der würzburgischen Hofkanzlei geführte Korrespondenzen zu einzelnen Zentgerichtsfällen zur Zent Wettringen enthält, gibt der truchsessische Rotulus nur die Zeugenaussagen mit den zugehörigen Fragen wieder. Zweifellos maß man damals, wie dies aus den Kommissionsrotuli ersichtlich wird, den Zeugenaussagen – die standesrechtliche Herkunft der Zeugen spielte eigentlich keine Rolle – die wichtigste Bedeutung bei. Sie scheinen viel öfter als die notariell beglaubigten Urkundenabschriften bei den Urteilsfindungen im Reichskammergericht den Ausschlag gegeben zu haben. Da die Zeugen vereidigt wurden und angehalten waren, alles, was sie wußten, ohne Einschränkung preiszugeben, kommen mitunter ganz intime Dinge zur Sprache. Allerdings wurden nur Männer als Zeugen befragt, wie überhaupt die gerichtlichen und gemeindlichen Gremien und Ämter ausschließlich von Männern besetzt waren. Dabei stand nicht nur die Frage nach der gerichtlichen Zugehörigkeit des Ehebruchs zur Debatte. Vielmehr ging es um eine von der Ritterschaft ausgehende grundsätzliche Abgrenzung der gegenseitigen Interessen, die auch die jeweiligen Untertanen erfaßt hatte.

Ohne daß es zu einem eigentlichen Endurteil gekommen ist, auch die Kommissionsrotuli scheinen nicht vorgelegt und eröffnet worden zu sein, zog sich der Prozeß vor dem Reichskammergericht noch einige Jahre hin. Auf würzburgischer Seite reichte man bis zum endgültigen Prozeßende 1624 noch eine Reihe kaiserlicher und päpstlicher Urkunden von Kaiser Otto III. bis Rudolf II. nach, mit denen die Jurisdiktionsrechte des Hochstifts Würzburg bestätigt worden waren.[55]

Neben der gerichtlichen Zuständigkeit der Gemeinden und der Zenten hatte sich um 1600 in Franken längst die Vogtei etabliert.[56] Die von der alten Schutzvogtei zu

---

[54] Bay HStA Reichskammergericht 13143/I und II (Quadrangel 17 [truchsessischer Rotulus], 18 und 19 [würzburgischer Rotulus]). Den Zeugenbefragungen des Reichskammergerichts ist bis zur Mitte des 17. Jahrhunderts eine vergleichsweise hohe Unparteilichkeit zuzuschreiben, da bis dahin beide Streitparteien auf das Verfahren Einfluß hatten. Die Zeugen, die aufgrund ihrer Kenntnisse von den Prozeßbeteiligten vorgeschlagen wurden, wurden grundsätzlich gleichbehandelt und eigens für die Befragung aus der eidlichen Verpflichtung gegenüber ihren Grund- und Vogteiherren entlassen. Vgl. auch Alexander Schunka, Soziales Wissen und dörfliche Welt. Herrschaft, Jagd und Naturwahrnehmung in Zeugenaussagen des Reichskammergerichts aus Nordschwaben (16.–17. Jahrhundert) (Münchner Studien zur neueren und neuesten Geschichte 21), München 2000; Ralf-Peter Fuchs, Protokolle von Zeugenverhören zur Wahrnehmung von Zeit und Lebensalter in der Frühen Neuzeit. Prozeßakten als Quelle, in: Anette Baumann u. a. (Hg.), Neue Aufsätze zur Erforschung zur Höchsten Gerichtsbarkeit im Alten Reich (Quellen und Forschungen zur Höchsten Gerichtsbarkeit im Alten Reich 37), Weimar 2001, S. 141–164.

[55] BayHStA Reichskammergericht 13143/I (Quadrangel 25).

[56] Vgl. Hanns Hubert Hoffmann, Adelige Herrschaft und souveräner Staat (Studien zur bayerischen Verfassungs- und Sozialgeschichte 2), München 1962, S. 48–51.

unterscheidende Vogtei umfaßte neben dem wichtigen Verbots- und Gebotsrecht die Gerichtsbarkeit, die nicht in die Kompetenz der Zentgerichte fiel und auch nicht der geistlichen Gerichtsbarkeit unterstand. Bedeutende Grundherren wie Angehörige des Ritteradels und die Klöster waren in Franken neben den Bischöfen in den Besitz der Vogtei gelangt. Auf Bestrebungen ersterer ging auch die Abgrenzung der niederen Gerichtsbarkeit von der Zentgerichtsbarkeit zurück. Als wichtiger Bestandteil der Vogtei galten die Besteuerungsrechte. So waren die von den Bauern und Hausbesitzern in Aidhausen erhobene „Türcken Anlag" und „Reichsschatzung" den jeweiligen Vogteiherren zu reichen.[57] Für die befragten truchsessischen Untertanen in Aidhausen stand es jedenfalls außer Zweifel, daß die als Ganerben bezeichneten Vogteiherren, über ihre „Untertanen zu gebieten und zu verbieten" hatten.[58] – Ganerben waren der Würzburger Bischof und die vier ritteradeligen Familien, der Truchseß zu Wetzhausen und zu Bundorf, der Marschall von Ostheim und der Zobel von Giebelstadt. – Andere Vorrechte über Aidhausen und dessen zugehörige Gemarkung übten die bischöflichen Beamten wie das Jagdrecht gemeinsam mit den Truchseß aus. Das Zehntrecht stand dagegen zu zwei Dritteln dem Bischof und zu einem Drittel dem Wettringer Pfarrer zu.[59]

Hans Eitel Truchseß von Wetzhausen und seine Vettern, vor allem aber die benachbarten Fuchs von Bimbach hatten seit dem Regierungsantritt Julius Echters diesen mit einer Flut von Klagen vor dem Reichskammergericht überzogen.[60] In vielen Fällen, so in bezug auf Herrschafts- und Hoheitsrechte in Aidhausen und Goßmannsdorf und auf die Holzungsrechte in den Haßbergen, beantragte man vorsorglich kaiserliche Kommissionen, die Zeugenaussagen als Beweismittel, über Jahrhunderte versiegelt im Archiv des Reichskammergerichts aufbewahrt, „ad perpetuam rei memoriam" für zukünftige Auseinandersetzungen sichern sollten.[61]

In dem relativ großen unregelmäßig angelegten Dorf Aidhausen waren die Truchseß von Wetzhausen die bedeutendsten Grund- und Vogteiherren. Sie unterteilten sich in die nach Wetzhausen beziehungsweise nach der Bettenburg und nach Bundorf nennenden Zweige und besaßen gemeinsam in Aidhausen über 40 Anwesen. Der Bischof von Würzburg hatte mit drei Höfen und 18 Sölden sowie mit den von den Truchseß zu Brennhausen übernommenen Anwesen ebenfalls einen Großteil Aidhausens inne. Ihm unterstanden auch die dortigen fünf Güter der Münnerstädter Deutschordenskommende sowie die zwei Güter des 1582 aufgelösten und zur Ausstattung der Würzburger Universität umgewidmeten Klosters Mariaburghausen.[62] Die „Heiligengüter" der Aid-

---

[57] StAWü Salbücher 140, fol. 86v.

[58] BayHStA Reichskammergericht 13143/I (Quadrangel 17).

[59] StAWü Salbücher 140, fol. 80v und 91v.

[60] Bayerische Archivinventare 50/9 (wie Anm. 3), S. 348–396: BayHStA Reichskammergericht 5421, 5465, 5422, 5466 (Zentgerichtsbarkeit und Jurisdiktionsrechte in Birkach), 5424, 5425 (Jurisdiktionsrechte in Gemeinfeld), 5427, 5426 (Zentgerichtsbarkeit in Albersdorf), 5429, 5433, 5435, 5436 (Jurisdiktionsrechte und Konfessionszugehörigkeit in Hofheim), 5439, 5442, 5443, 14294/1 (Zentgerichtsbarkeit und Jurisdiktionsrechte in Burgpreppach), 5454 (Zentgerichtsbarkeit in Bischwind).

[61] BayHStA Reichskammergericht 14927, 17492, 13143/1, 13143/2, 13130/1. Vgl. Demattio, Haßberge (wie Anm. 30), S. 186 f.

[62] Für die grundherrschaftliche Aufteilung Aidhausens ist neben den Angaben der Prozeßakten das Erbhuldigungsregister des Amtes Rottenstein von 1574 heranzuziehen (StAWü Standbücher 920). Zentrale Verzeichnisse scheint es offenbar noch unter den Vorgängern Julius Echters nicht gegeben zu haben. Unter Bischof Ru-

hauser Pfarrkirche und die zwei Hintersassen der Pfarrei Wettringen wurden der Erb-huldigungsverpflichtung und der Vogtei nach zu den Gütern des Hochstifts Würzburg gezählt. Daneben stand den Marschall von Ostheim und den Zobel von Giebelstadt, die in Friesenhausen ihre Ansitze hatten, eine Reihe von Anwesen und Freihöfen zu.

Die bäuerlichen Bestündner der Güter hatten gegenüber ihren jeweiligen Vogteiher-ren die Erbhuldigung zu leisten. Nach der commissio ad perpetuam rei memoriam von 1629 zu den Rechts- und Besitzverhältnissen in Aidhausen und Happertshausen wissen die Hintersassen und Untertanen der adeligen Grund- und Vogteiherren aber von keiner dem Würzburger Bischof zu leistenden Landeshuldigung.[63] Nach dem Erbhuldigungsregister Bischof Julius Echters von 1574 waren sie von der Erbhuldi-gung, der vogteilichen Obrigkeit, der Fron und Schatzung gegenüber den würzburgi-schen Behörden ausdrücklich befreit. Das Hochstift hatte das Recht auf die Berufung des Aidhauser Pfarrers. Die Familie des Juden Samuel war unter dem Truchseß zu Bundorf in Aidhausen ansässig und eine weitere jüdische Familie unter dem Deut-schen Orden. Im übrigen war in Aidhausen wie überhaupt im Amt Rottenstein Ende des 16. Jahrhunderts die Leibeigenschaft unbekannt.[64]

Befragt nach der Zuständigkeit des Zentgerichts Wettringen und der Vogteiherren in Aidhausen konnten die insgesamt zwölf von den Truchseß benannten und zu einem Großteil vogteiherrschaftlich auch ihnen unterstehenden Zeugen ein nicht ganz ein-helliges Bild vermitteln. Aber es wird aus den Aussagen ersichtlich, daß die Zentre-formation Bischof Gottfrieds für Aidhausen Gültigkeit hatte.[65] Der truchsessische Untertan Hans Schmück, der Jakob Gnad begleitet hatte und der als mehrmaliger Aid-hauser Zentschöffe gut Bescheid wußte, gibt zu Protokoll, daß von seiten der Gemein-de Aidhausen an der Zent Wettringen die Mord, Diebstahl, Notzucht, fließende Wun-den, Rein und Stein betreffenden Rügen anzubringen seien und damit auch die in der Zentreformation festgeschriebenen Tatbestände der schweren Körperverletzung und der Grenzverletzung. Gleiches stellen auch der ostheimische Schultheiß Jörg Brunner und der truchsessische Schultheiß und Wirt zu Aidhausen, Hans Gehring, fest. Der truchsessische Vogt in Bundorf, Carl Gantzhorn, spricht dagegen nur von den „Fäl-len" Mord und Diebstahl, die vor dem Zentgericht verhandelt würden, andere seien ihm nicht bekannt, verweist aber auf das Gerichtsbuch. Auch der Vogt der Marschälle von Ostheim in Bundorf, Wolfgang Kraus, kennt nur drei „hohe Rügen".

Übereinstimmend sind sie der Meinung, daß Ehebruch ein schlimmes Vergehen sei, zeigen aber im Hinblick auf das Herkommen eine große Unsicherheit. Einige meinen sogar, es sei am besten, Ehebruch, wie dies im Sächsischen gehandhabt würde, mit dem Schwert zu ahnden. Sie können zwar nicht mit Sicherheit sagen, in wessen Zu-ständigkeit die Ahndung von Ehebruch fällt, stellen aber fest, daß vor dem Zentge-richt Wettringen keine Ehebruchsfälle verhandelt worden seien. Carl Gantzhorn er-klärt, daß die Bestrafung des Ehebruchs unterschiedlich gehandhabt werde, eben „wie die Cent jedes Ohrts herbracht habe".

---

dolf von Scherenberg waren die Aidhauser Gemeindegenossen 1491 vor die Amtleute zu Wildberg und Rot-tenstein geladen worden, um anzugeben, welche Rechte und Besitzungen das Hochstift Würzburg in Aidhau-sen innehatte (StAWü Miszell 1330).

[63] BayHStA Reichskammergericht 13143/1.

[64] StAWü Salbücher 140, fol. 96.

[65] BayHStA Reichskammergericht 13143/I (Quadrangel 17).

Die ebenfalls zur Kompetenz des Zentgerichts Wettringen befragten Zeugen, die auf Vorschlag der würzburgischen Seite berufen und die wie die truchsessischen Zeugen für die Befragung von ihren feudalen Verpflichtungen entbunden wurden, bestätigen mehrheitlich die Feststellung, daß das Zentgericht Wettringen nicht über Ehebruchsfälle zu befinden habe.[66] Wie der würzburgische Untertan Claus Baurschubert von Aidhausen geben die meisten der insgesamt 18 Zeugen an, daß Mord, Diebstahl, Notzucht, fließende Wunden, Stein und Rein und damit die in der Zentreformation Bischof Gottfrieds zusammengefaßten Delikte vor der Zent Wettringen gerügt würden. Sie liefern damit keinen Beitrag für die Argumentationslinie der würzburgischen Seite, die sich ja darauf berief, daß Ehebruch ein Zentgerichtsfall sei. Überhaupt spielt das Argument, daß der Ehebruch nach der Carolina ein Malefizdelikt sei, in den Zeugenbefragungen keine Rolle. Allgemein bekannt war die auf die Zentreformation Bischof Gottfrieds zurückgehende stabreimartige Aufzählung der am Zentgericht zu rügenden Fälle, die Carolina wurde dagegen nicht einmal erwähnt. Im übrigen findet auch das sechste Gebot des Dekalogs keine Erwähnung.

An der Art der Fragestellung im würzburgischen Kommissionsrotulus wird das Selbstverständnis des Hochstifts erkennbar. So wird weder die für die adeligen Grundherren wichtige Vogtei („zu gebieten und zu verbieten") noch die Zentfreiheit einzelner Häuser erwähnt, wodurch der Eindruck vermittelt wird, als stünde die Zent Wettringen als alle Bewohner betreffende Gerichtsinstanz mit all ihren anhängenden Rechten in der alleinigen Verfügungsgewalt des Hochstifts. Von würzburgischer Seite wurden auch Verzeichnisse zum Zentgericht Wettringen vorgelegt, die aus dem Rottensteiner Band der bereits erwähnten Beschreibungen der würzburgischen Ämter stammen müssen.[67] Zurückgehalten hat man dabei allerdings die Passagen, in denen der genaue Rechtsumfang der Zent Wettringen festgehalten ist. Darin findet sich nämlich nichts, was darauf hindeutet, daß in der Zent Wettringen Ehebruch jemals unter die Zentgerichtsbarkeit gefallen wäre. Vielmehr entsprechen die Ausführungen des Salbuchs bis in die Formulierungen hinein gerade hinsichtlich der Zentfälle und der geschichtlichen Entwicklung des Zentgerichts Wettringen weitgehend den Rechtspositionen der Truchseß. Wenn man in diesem Zusammenhang nicht von bewußter Täuschung sprechen will, dann ist mindestens festzuhalten, daß Bischof Julius Echter bestrebt war, seine rechtlichen Kompetenzen über Gebühr auszudehnen.

Vor allem drei Ehebruchsfälle waren in der Erinnerung der Zeugen präsent. So der Fall des Hans Eheling von 1582 und der des Thomas Ziegler von 1588, die beide truchsessische Untertanen in Aidhausen waren. Hans Eheling habe mit seiner „Stiefschnurre Unzucht getrieben" und sei eine „verbotene Heirat" eingegangen. Deswegen sei er von seinem Vogteiherrn, Dietz Truchseß, nach Bundorf beordert worden, wohin er mit bewaffneter Begleitung geführt worden sei. Er sei mit einer Turmstrafe belegt worden und habe nach Leistung der Urfehde wegziehen müssen. Thomas Ziegler hatte seine Magd Margaretha Geiling, die von ihm ein Kind erwartete, erschlagen und war 1590 in Wettringen mit dem Schwert hingerichtet worden. Freilich vermochten die Zeugen nicht so recht zwischen den Tatbeständen des Ehebruchs und des Mords – aufgrund des letzteren war Ziegler von seiten des Zentgerichts gefänglich eingezogen

---

[66] BayHStA Reichskammergericht 13143/I (Quadrangel 18).
[67] StAWü Salbücher 140, fol. 33–40.

und verurteilt worden – zu unterscheiden. Ein dritter Ehebruchsfall – die Frau Thomas Geilings hatte sich mit dem Knecht eingelassen – sei vertuscht worden und ungestraft geblieben.

Besonders der truchsessische Schultheiß Hans Gehring, der in Aidhausen auch ein Wirtshaus betrieb, weiß von vielen Einzelheiten zu berichten. Im Zusammenhang mit der Schilderung der Umstände seiner Gefangennahme führt er aus, daß sich Hans Eitel zunächst nicht darüber im klaren gewesen sei, wie der Ehebruchsfall Jakob Gnads zu bestrafen sei. Er habe sich deswegen bei ihm nach früheren Fällen erkundigt. Zuvor sei er vom Ehemann der geschwängerten Magd Jakob Gnads, Balthasar Wittig, der neun Wochen nach der Heirat der Sache auf die Spur gekommen sei, angegangen worden. Hans Gehring war auch eine ganze Reihe von Ehebruchsfällen in der näheren Umgebung bekannt. Diese seien unterschiedlich bestraft worden, zum Teil mit dem Entzug der Lehen, zum Teil mit empfindlichen Geldstrafen oder sogar mit Landesverweisung.[68] In der Stadt Hofheim dagegen würde bei Ehebruchsfällen die öffentliche Kirchenbuße verhängt. Hans Gehring weist auch darauf hin, daß er bei seiner Gefangennahme durch den Rottensteiner Amtskeller die Unrechtmäßigkeit dieser Vorgehensweise angeprangert und mit einer Klage am Reichskammergericht gedroht habe.

Übereinstimmend sind die truchsessischen und würzburgischen Zeugen der Ansicht, daß das Zentgericht Wettringen zwar für das gesamte Dorf Aidhausen zuständig sei, der Zentgraf und die Zentschöffen oder der Zentbüttel aber nicht in die zentfreien Häuser einfallen dürften. Bei einigen Zeugen kommt deutlich zum Ausdruck, daß sie unter Zentfreiheit nicht nur die Befreiung vor dem Zugriff verstanden, sondern daß für sie, ganz im Sinn der damaligen Entwicklung, Zentfreiheit die Befreiung von der Zentgerichtsbarkeit überhaupt bedeutete. Insgesamt gab es in Aidhausen neben der ebenfalls zentfreien östlich des Dorfes gelegenen Froschmühle 18 zentfreie Häuser, die bis auf sechs würzburgische den adeligen Ganerben unterstanden. Der Müller der Froschmühle, der bundorfische Schultheiß Hans Kell, führt dazu aus, daß Dietz Truchseß von Wetzhausen offiziell wegen des Rottensteiner Kellers protestiert habe, der nach einem Unglücksfall in der Mühle dort eingedrungen sei, um ein Leibzeichen, also ein Beweismittel, von dem Toten zu nehmen. Hans Kell sei wie die übrigen Müller der Zent Wettringen zur Mithilfe bei der Aufrichtung des Hochgerichts vom Zentgrafen gefragt worden, habe sich aber unter Vorschützung der Zentfreiheit der Froschmühle der Teilnahme entziehen können.[69] Die Besitzer zentfreier Häuser hätten sich nicht als Zentschöffen zu verpflichten und müßten auch nicht wie die Besitzer zentbarer Güter dem Landsknecht des Amtes Rottenstein jährlich einen Laib Brot geben. Die Besitzer der zentfreien Häuser würden sich nach der Aussage Hans Schmücks nicht an Aufgeboten des Zentgrafen wie etwa zur Festnahme eines Verdächtigen beteiligen, wozu die übrigen Dorfgenossen verpflichtet seien. Im übrigen würden die zentfreien Häuser in Aidhausen höhere Preise erzielen als die zentbaren.

---

[68] Im Kurfürstentum Bayern scheinen die Einnahmen aus den bei Ehebruch erhobenen Strafgeldern in der zweiten Hälfte des 17. Jahrhunderts nicht unbedeutend gewesen zu sein. Sie müssen in einen eigenen Fonds geflossen sein. Altbayerische Klöster konnten etwa bei Bauvorhaben von den „Ehebruchstrafen" profitieren (BayHStA Hofkammer/Aufsicht über die Klöster Indersdorf 17, Landshut, Seligenthal 15).

[69] BayHStA Reichskammergericht 13143/I (Quadrangel 17).

Vor allem die Schöffen repräsentierten die Gemeinden in den Zentgerichten. Der Aidhauser Zentschöffe wurde, wie dies vor allem Hans Kell zu Protokoll gibt, vom würzburgischen Schultheißen zusammen mit den Bauern- oder Dorfmeistern jährlich neu an der Zent vorgeschlagen. Diese müßten sich eidlich für den Kandidaten, der auch ein truchsessischer Untertan sein konnte, verbürgen.[70] Zu den Terminen der zwölfmal jährlich abgehaltenen Sitzungen des Zentgerichts Wettringen hatte er zusammen mit den drei Bauern- oder Dorfmeistern zu erscheinen. Zur Hegung und zum Schutz der gelegentlich einberufenen peinlichen Gerichtstage oder bei militärischer Bedrohung könnte darüber hinaus wie in anderen würzburgischen Zenten ein Großteil der Zentverwandten angefordert werden.[71]

Über die Handhabung der Obrigkeit auf den „gemein Wegen und Stegen" sind sich die Zeugen im unklaren, meinen aber, daß sie am ehesten von der Zent wahrgenommen würde. Überhaupt scheint die Zuständigkeit des Zentgerichts gerade in Abgrenzung zu den Befugnissen der Vogteiherren vielfach ungeklärt gewesen zu sein. Nach dem würzburgischen Amtsbuch von 1595 beanspruchte das Hochstift Würzburg „das oberst gebott zu dorff, veldt, gemaindt undt gaßen" und gestand den adeligen Ganerben die Vogtei nur auf deren Lehen und Hintersassengüter zu.[72] In diesem Zusammenhang ist vor allem auf die Aussage Hans Kells hinzuweisen, der ausführt, daß bei „Schlägerei uff der Gaßen" sich keiner der fünf Aidhauser Schultheißen darum kehrte, solange kein Blut flösse.[73] Raufhändel seien nur dann vom Aidhauser Schöffen an der Zent Wettringen zu rügen, wenn einer der beteiligten „blutrünstig" würde. Peter Kell erwähnt eine wenige Jahre zuvor vorgefallene Massenschlägerei bei einer Tanzveranstaltung in Aidhausen, bei der etliche der Beteiligten ernstlich verwundet worden seien. Der würzburgische Schultheiß habe eingegriffen und den Täter und Anstifter festgesetzt, bis sich dieser gegenüber der Zent wegen der Buße verbürgt habe. Wenn „Gerichtsgeschrei" wie „Nachbario", „Mordio" oder „Zetterio" zu hören sei, müßte dies an der Zent in Wettringen vorgebracht werden.

Aus den Zeugenaussagen geht weiter hervor, daß Schuldsachen nicht unter die Zentgerichtsbarkeit fielen. Schuldsachen der truchsessischen Untertanen in Aidhausen würden vor ihren Junkern verhandelt. Wie Peter Kell angibt, seien Klagen gegen truchsessische Untertanen wegen Schulden, die an der Zent vorgebracht worden seien, von den Truchseß mit Erfolg abgefordert worden. Auch Schmähungen („Injurien") würden nicht vor die Zent gebracht. Diese würden in der Regel gütlich geregelt. Doch scheint dies früher, als die adeligen Grundherren noch nicht die seit der Mitte des 16. Jahrhunderts allenthalben festzustellende Bedeutung erlangt hatten, nicht der Fall gewesen zu sein. So berichtet Klaus Junghans aus Aidhausen von seinem Vater, der gesagt habe, daß die Junker die Schuld- und Schmachsachen, mit denen man sich früher an die Zent gewandt habe, mehr und mehr selbst in die Hände nähmen. Wolfgang Kraus weiß von Schmähsachen der bundorfischen Untertanen in Aidhausen zu berichten, die Dietz Truchseß mit Turmhaft abgestraft habe.

---

[70] Auch in der commissio ad perpetuam rei memoriam zur Gemeindeherrschaft in Aidhausen und Happertshausen von 1629 wird dies ersichtlich (BayHStA Reichskammergericht 13143/1).

[71] Knapp, Zenten I, 2 (wie Anm. 5), S. 1215 und 1217.

[72] StAWü Salbücher 140, fol. 81v.

[73] BayHStA Reichskammergericht 13143/I (Quadrangel 17).

Der Gemeinde gehörten in Aidhausen, unabhängig von ihrer grund- und vogtei-herrschaftlichen Zugehörigkeit, alle häuslich angesessenen Männer an. Sie bildete wohl seit dem Spätmittelalter in dem herrschaftlich zersplitterten Dorf, in dem sich nie ein Fronhof befunden hatte, eine Korporation mit eigenen Rechten und Gerichts-kompetenzen.[74] Während die Bauern- und Dorfmeister von den Gemeindegenossen bestimmt wurden, übten die Schultheißen als obrigkeitliche Funktionsträger und als Vertreter der jeweiligen grundherrschaftlichen Gruppen eine Doppelfunktion aus.[75] Vor allem über die Schultheißen der fünf Vogteiherren, der Ganerben, wirkten diese in die Gemeinde hinein und übten damit gemeinsam die Dorf- und Gemeindeherrschaft aus. Die fünf Schultheißen würden gemeinsam „Ratschlüsse" fassen, doch würde der würzburgische Schultheiß die Beschlüsse der Gemeinde verkünden.[76] Wie aus der Zeugenbefragung von 1629 hervorgeht, hatten sich gegenüber der Gemeinde Baumeis-ter, Dorfmeister, Steinsetzer, Viertelmeister, Schmied, Hirten und Flurknechte zu ver-pflichten.[77] Auch neue Gemeindemitglieder hätten sich gegenüber der Gemeinde zu verpflichten, was der würzburgische Schultheiß im Namen der Gemeinde vornehme. Der würzburgische Schultheiß hegte das Dorfgericht im Namen des Bischofs von Würzburg und der adeligen Ganerben. Nach dem Salbuch Bischof Julius Echters wur-den in Aidhausen jährlich ein „Petersgericht" [am Peterstag ad cathedram] und zwei Schutt- oder Dorfmahle abgehalten, auf denen die „gemainen Dorffsachen" verhan-delt wurden.[78] An diesen Gerichten sitze, wie aus den Aussagen der truchsessischen Zeugen weiter zu ersehen ist, die ganze Gemeinde, wobei der würzburgische Schult-heiß als Richter fungiere. Wenn jemand „Hausgenossen kompt mir zu hülff" oder ähn-liches riefe, hätten die Dorfgenossen einzugreifen. Solche Fälle würden von der Ge-meinde geschlichtet.

Aus den im würzburgischen Kommissionsrotulus abschriftlich erhaltenen, Aidhau-sen betreffenden, die Jahre 1562 bis 1614 abdeckenden Einträgen im Protokollbuch des Zentgerichts Wettringen geht hervor, daß vor der Zent zum größten Teil Dieb-stahlsdelikte gerügt wurden.[79] Nur gelegentlich finden sich Einträge, die Körperver-letzungen oder gar die Auffindung von Mordopfern betreffen. Ein solcher Eintrag wurde unter dem 15. Juli 1588 gemacht, nachdem Margaretha Geiling im Graben des Urlesbaches südlich von Aidhausen aufgefunden und nach Wettringen gebracht wor-den war. Die Tote wurde vom Zentgrafen und einigen Schöffen besichtigt und zum Opfer eines Mordes erklärt. Ihr Schädel war mit solcher Wucht zertrümmert worden, daß das Gehirn ausgetreten war.

---

[74] Vgl. Johannes Merz, Hofverband und Dorfgemeinde im mittelalterlichen Franken, in: Konrad Acker-mann/Alois Schmid/Wilhelm Volkert (Hg.), Bayern vom Stamm zum Staat (Schriftenreihe zur bayerischen Landesgeschichte 140; Festschrift für Andreas Kraus zum 80. Geburtstag) 2 Bde., München 2002, 1. Bd., S. 345–360, hier S. 358.

[75] Dies wird vor allem aus den Zeugenaussagen aus der commissio ad perpetuam rei memoriam von 1629 ersichtlich (BayHStA Reichskammergericht 13143/1). Zur Dorf- und Gemeindeherrschaft vgl. Hoffmann, adelige Herrschaft (wie Anm. 55), S. 52f.

[76] BayHStA Reichskammergericht 13143/I (Quadrangel 17).

[77] BayHStA Reichskammergericht 13143/1.

[78] StAWü Salbücher 140, fol. 98.

[79] BayHStA Reichskammergericht 13143/II (Quadrangel 19).

Vielfach wurden Diebstahlsvorwürfe, die vor allem Gebrauchsgegenstände des täglichen Lebens wie Werkzeuge, Tuch und Kleidung und Viktualien betrafen, erhoben und vom Aidhauser Schöffen in der Zent vorgebracht, konnten aber oft nicht nachgewiesen werden. So sind nur wenige durch das Zentgericht Wettringen vollzogene Verurteilungen und Hinrichtungen von Dieben, wie dies für das ausgehende 16. Jahrhundert beispielsweise für die Zent Kronach nachweisbar ist, festzustellen.[80]

Besonders die zum Mord an Margaretha Geiling ein- und auslaufenden Schreiben der bischöflichen Kanzlei in Würzburg und die zur Tat gemachten Aussagen geben Einblick in Vorstellungsweisen der Zeit. Diese sind von religiös unterfütterten Wahnvorstellungen beeinflußt, wobei auch der allgemein verbreitete Antisemitismus nicht zu unterschätzen ist. In einem Bittschreiben an den Bischof von Würzburg betonen die Angehörigen und Freunde Thomas Zieglers, daß dieser „auß menschlicher Schwachheit und Anreitzung [des] Feindts deß menschlichen Geschlechts" sich an seiner Magd vergriffen habe, und äußern Verständnis für seine Tat. Sie sind über den Tathergang offensichtlich von ihm selbst genauestens in Kenntnis gesetzt worden. Thomas Ziegler habe, als er kurz vor der Bluttat mit der Magd durch den Wald am Urleßbach gegangen sei, „die begangene Sünd und Schand betrachtet und beherzigt" und habe ihr „als dießer Uhrsach dieser Schand … einen Schlag und übelgeraten Streich gegeben".[81] Im übrigen sei es die Frau des Juden Samuel gewesen, die ihn zu der Bluttat angestiftet habe, nachdem sie gegen Bezahlung zunächst versucht habe, die Leibesfrucht mittels eines Trankes abzutreiben, und dies unwirksam geblieben sei. Thomas Ziegler, der nach der Rückkehr von einem zweijährigen Aufenthalt bei Annaberg im Erzgebirge von seiten des Zentgerichts Wettringen gefänglich eingezogen worden war, gestand freimütig die Umstände seines ehebrecherischen Verhaltens und der Ermordung seiner von ihm geschwängerten Magd ein. Er nannte auch die beteiligten Personen, ohne daß er der Folter unterzogen wurde. Margarethe Geiling habe drei Jahre bei ihm als Magd gedient. Während der Schwangerschaft seiner Frau habe er mit seiner Magd „gehauset", bis diese schwanger geworden sei. Er verriet vor allem die Frau des Juden Samuel von Aidhausen, die er gebeten habe, „ihr [der Magd] einen Tranck zu machen, welcher Tranckh ihr das Kind abtreibenn möcht". Sie habe ihn darauf aufmerksam gemacht, daß sein Junker Dietz Truchseß von Wetzhausen, wenn dieser von der Schwangerschaft seiner Magd erführe, „hart straffen" würde. Sie habe für den dann aber doch nicht wirksamen Trank 40 Taler gefordert. „[Sie] hab zuvorn mehr Mägten dergestalt geholfen".

Allerdings verhalf ihm sein Geständnis nicht zu einer Milderung der Strafe. Wie Bischof Julius Echter in einem Schreiben an den Keller und Zentgrafen Georg Appel

---

[80] Zu einem der wenigen Fälle führt Hans Schmück lapidar aus, daß um 1609 eine des Diebstahls verdächtige Person in Aidhausen gefaßt und in Wettringen mit dem Strang hingerichtet worden sei. Das „Malefitz- Urgicht- und Urfehd-Buch" des Stadtarchivs Kronach (G 12) beinhaltet fortlaufende Eintragungen verschiedener Hände von 1579 bis 1612 zu den vor dem Kronacher Zentgericht verhandelten Diebstahls-, Tötungs- und Unzuchtsdelikten. Da darin offenbar sämtliche Gerichtsfälle mit der der Zent Wettringen vergleichbaren Zent Kronach dokumentiert sind, ist es ist als ein einzigartiges Zeugnis des damaligen Rechtsverständnisses wie auch der Abweichungen von den Verhaltensnormen zu verstehen. Bei den verhandelten und durch Zeugenaussagen und Geständnissen („Urgichten") dokumentierten Fällen handelt es sich zum größten Teil um Diebstahlsdelikte, die zumeist durch Erhängen geahndet wurden. Zur Zent Kronach vgl.: Helmut Demattio, Kronach. Der Altlandkreis (HAB, Franken I/32), München 1998, S. 126–132.

[81] BayHStA Reichskammergericht 13143/II (Quadrangel 19).

vom 26. Juli 1590 auftrug, sollte dieser auf den ersten Montag des Monats August 1590 „an unßerer Zent Wettringen einen peinlichen Rechtstag ernennen … auch unseren Pfarrherrn zu Wettringen zu ihme vor die Gefengnus gehen zur Puß und Beicht vermahnen, mit dem heilig hochwürdig Sacrament des Altars alten catholischen Brauch nach versehen und sonsten trösten laßen, damit er auß Forcht und Schrekkhen deß Todes nicht in Kleinmütigkeit oder Verzweifflung falle …“.[82] Wegen seiner „zweifachen Mordthat" sollte der erst vierundzwanzigjährige Thomas Ziegler hingerichtet werden, wobei sein ehebrecherisches Verhalten in den zwischen Georg Appel und der würzburgischen Kanzlei hin- und hergehenden Schreiben eine wichtige Rolle spielte, „anderen zu ainem Exempel und Abscheue". Bemerkenswert ist die Einfühlsamkeit in die menschliche Not Thomas Zieglers; dennoch ist die nach dem alten Glauben vollzogene seelsorgerliche Betreuung als ein hoheitlicher Akt zu verstehen. Die in Wettringen vorgenommene Hinrichtung war als exemplarische Strafe an die Öffentlichkeit gerichtet und prägte sich tatsächlich tief ins Bewußtsein der Menschen ein.

Auch für den Juden Samuel und dessen Frau Bölta, die vom eigentlichen Gemeindeleben in Aidhausen ausgeschlossen waren und unter dem Schutz der Truchseß zu Bundorf standen, hatte die Tat Thomas Zieglers schwerwiegende Folgen. Nachdem sie schon 1590 aus Aidhausen geflohen waren, wurde ihr Besitz inventarisiert und es wurde ihnen verboten zurückzukehren. Noch am 11. Mai 1592 schreibt die Frau an Bischof Julius Echter, daß sie 53 Jahre in Aidhausen gewohnt habe.[83] Sie sei von den Frauen „in Kindsnöthen" oder, wenn ein Kind krank gewesen sei, gerufen worden; ihr Mann sei in Handelsangelegenheiten von den Adeligen „sehr gebraucht worden". Thomas Zieglers „reiche und stattliche Freundschafft" habe ihn angewiesen, „er soll es [den Mord] uff die Juden legen, damit er etwann desto eher mocht davon kommen …". In diesem Zusammenhang ist darauf hinzuweisen, daß Bischof Julius Echter bestrebt war, die Juden aus dem Hochstift Würzburg zu vertreiben. Schon 1559 hatte Kaiser Ferdinand seinem Vorgänger das Recht zugesichert, die Juden aus dem Hochstift ausweisen zu dürfen.[84]

Jakob Gnad, der von Hans Eitel Truchseß von Wetzhausen seines ansehnlichen Hofs in Aidhausen enthoben worden war, wurde nicht weiter belangt.[85] Doch hatte er sich an den würzburgischen Keller von Stadtlauringen gewandt und fürchtete offenbar, daß man ihn vor das Zentgericht zitieren könnte. Schon wenige Wochen nach den Vorfällen begab er sich in das Amt Heldburg, wo er sich in Leitenhausen als sächsisch-coburgischer Untertan verpflichtete. Von der auf Begehren des Würzburger Bischofs eingesetzten kaiserlichen Kommission wurde er als Zeuge befragt. Unumwunden gibt er zu, sich des Ehebruchs mit seiner Magd schuldig gemacht zu haben und erwähnt dabei, daß er als Besitzer eines zentfreien Bestandshofs des Truchseß von Wetzhausen nicht habe auf der Zent Wettringen erscheinen und auch keine mit der

---

[82] BayHStA Reichskammergericht 13143/II (Quadrangel 19).

[83] BayHStA Reichskammergericht 13143/II (Quadrangel 19).

[84] Margit Ksoll/Manfred Hörner (Bearb.), Reichskammergericht Bd. 7 (wie Anm. 3), Nr. 2443/S. 326.

[85] Jakob Gnad wurde von der kaiserlichen Kommission, die auf Begehren der würzburgischen Seite eingesetzt worden war, im heldburgischen Leitenhausen als Zeuge vernommen (BayHStA Reichskammergericht 13143/II [Quadrangel 18]).

Zent zusammenhängenden Abgaben und Dienste habe leisten müssen. Er sei sich auf seinem Hof „wol sicher gewesen … der Bestrafung halber".

Leichtfertigkeitsdelikte bis hin zum Ehebruch dürften vor allem durch die sozialen Bindungen und Abhängigkeiten bedingt gewesen sein. Besonders die in den Haushalt eingebundenen Dienstmägde waren dem Zugriff ihrer Dienstherren ausgesetzt, was wohl sicherlich öfters vorkam, ohne daß es bekannt wurde oder geahndet wurde. Dennoch waren Ehebruchsfälle, wie dies aus den Zeugenbefragungen ersichtlich wird, in der kleinen Welt der dörflichen Gesellschaft, in der jeder jeden kannte, nicht an der Tagesordnung.

Aus den Zeugenaussagen geht andeutungsweise hervor, wie eine Ehe in Aidhausen um 1600 zustande kam und welchen Stellenwert sie hatte. Die Initiative für eine Eheschließung ging danach in der Regel vom Mann beziehungsweise von dessen Familie aus, wobei die Ehepartnerin in der Regel aus einer bekannten und ähnlich situierten Familie gekommen sein dürfte. Eheschließungen wurden in der bäuerlich geprägten Gesellschaft wohl meist erst in schon etwas reiferem Alter vorgenommen. Während die Männer auf eine freiwerdende Hofstelle zu warten hatten, verdingten sich die jungen Frauen als Mägde. Der bei seiner Eheschließung erst etwa 21jährige Thomas Ziegler, der in diesem Alter in Aidhausen schon einen eigenen Hof besaß, dürfte eher eine Ausnahme gewesen sein. Der Mann, der im Normalfall „häuslich angesessen" sein mußte, nahm die Frau in seinen Haushalt auf. Er vertrat das Hauswesen, das meist als häuslicher Mittelpunkt eines mehr oder weniger großen landwirtschaftlichen Betriebs das Überleben garantierte und als kleinste Einheit in den Salbüchern geführt wurde, mit Frau, Kindern, Mägden und Knechten nach außen und nahm seine Rechte und Pflichten in der Gemeinde und in der Zent wahr. Er war auch dem Grundherrn und dem mit diesem meist identischen Vogteiherrn verantwortlich. Mit der Eheschließung wurde die innerste Gemeinschaft des Hauswesens geschaffen und eine geschlechtliche Beziehung von Mann und Frau begründet, deren Mißachtung die Existenz gefährdete und den strafwürdigen Tatbestand des Ehebruchs erfüllte. Doch scheint, wie die nicht zu verkennende Unsicherheit der Zeugen nahelegt, die Vorstellung, daß der Übergriff eines Hausherren auf seine Dienstmagd als vollwertiger Ehebruch zu gelten habe, um 1600 noch nicht Allgemeingut gewesen zu sein.[86] Vielmehr scheint sie auf eine Vorgabe von obrigkeitlicher Seite zurückzugehen, der ja vor allem an der Aufrechterhaltung der öffentlichen Ordnung und der regelmäßigen Leistung der Abgaben gelegen war.

Die Dorfgemeinde Aidhausens war eine durch eine eidliche Verpflichtung der Dorfgenossen befestigte Gemeinschaft gleichberechtigter Mitglieder, die nicht zuletzt wegen der Bewirtschaftung der stark parzellierten Flur ähnlichen Lebensbedingungen unterworfen und aufeinander angewiesen waren.[87] Sie wurde durch ein Bedürfnis nach gegenseitiger Hilfe und nach der internen Regelung von Streitigkeiten zu-

---

[86] Diese Entwicklung lag durchaus im Zug der Zeit, unterschied doch noch die bambergische Halsgerichtsordnung anders als die auf sie zurückgehende Carolina zwischen einem von einem Mann und einem von einer Frau begangenen Ehebruch (Lieberwirth, Ehebruch, HRG I (wie Anm. 1), Sp. 838).

[87] Für Aidhausen ist eine sehr umfangreiche Dorfordnung von 1662 erhalten (Aidhausen Gemeindearchiv). Darin wird auf eine im Jahr 1595 aufgestellte Ordnung verwiesen.

sammengehalten, wodurch gleichzeitig Ansprüche Außenstehender abgewehrt wurden. Die Dorfgemeinde war auch ein Kommunikationsforum, in der die überkommenen Umgangs- und Verwaltungsformen gepflegt und wichtige Ereignisse und Vorfälle erinnert wurden.

Die Grund- und Vogteiherren verlangten für die Nutzung von Grund und Boden regelmäßige Abgaben und behaupteten, wie auch im Fall Aidhausens, wohl allein schon mithilfe ihrer militärischen und wirtschaftlichen Macht Weisungs- und Gerichtsrechte über ihre Hintersassen und Untertanen, wobei sie als Garanten für die Aufrechterhaltung der öffentlichen Ordnung auftraten. So wurde die genossenschaftliche Eigenrechtlichkeit der Gemeinde überlagert und durchdrungen von grund- und vogtei- und auch zentherrschaftlichen Ansprüchen. Diese Form der Herrschaftsausübung bedurfte aber der gegenseitigen Anerkennung. Besonders deutlich wird dies bei der beim Herrschaftsantritt eingeholten Erbhuldigung, auf die im gemischtherrschaftlichen Franken, wie im übrigen viele von kaiserlichen Kommissionen durchgeführte Zeugebefragungen beweisen, besonders Wert gelegt wurde und die Anfangs des 17. Jahrhunderts geradezu als Kennzeichen der Landeshoheit galt.[88] Die Zent Wettringen, zu der die zugehörigen Dörfer verpflichtet waren,[89] behielten zwar den Charakter genossenschaftlicher Gerichte, doch kamen auch hier mehr und mehr herrschaftliche Elemente zum Tragen. Darüber hinaus wurde die flächendeckende Zentgerichtsbarkeit durch die Gewährung von Zentfreiheit für einzelne Gehöfte und Gebietsteile vielfach durchlöchert.

Die in den Kantonen Odenwald, Gebirg, Rhön und Werra, Steigerwald, Altmühl und Baunach organisierten Adeligen der fränkischen Reichsritterschaft konnten sich trotz ihrer lehensrechtlichen Bindungen weitgehend aus der Herrschaft der Fürsten lösen. Sie waren bestrebt nicht nur über die Beschränkung der weitgehend in der Verfügungsgewalt der Fürstbischöfe verbliebenen Zentgerichtsbarkeit und über die Vogtei, sondern auch über andere Herrschaft- und Hoheitsrechte eine landeshoheitliche Stellung zu erreichen. Nicht in gleicher Weise konnten sie sich gegenüber den zollerischen Markgrafen behaupten, die die auch als Fraisch bezeichnete Zentherrschaft fest in der Hand behielten. In Bayern blieb dagegen der Adel in das 1623 zum Kurfürstentum erhobene Herzogtum integriert; hier hatte Herzog Maximilian durch das vom Kaiser erlangte Privilegium de non appellando illimitatum die Zuständigkeit des Reichskammergerichts freilich auszuhebeln verstanden.

Nicht von der Hand zu weisen ist, daß infolge der Strafmaßnahmen nach den Unruhen vom Frühjahr 1525 auch in Aidhausen und in den umliegenden Orten die selbstbewußten Gemeindegenossen mehr und mehr zu eigentlichen Untertanen wurden.

---

[88] Dies geht anschaulich aus dem bereits erwähnten Erhuldigungsregister Bischof Julius Echters hervor (StAWü Standbücher 920) und auch aus einem Reichskammergerichtsprozeß der Truchsessen von Wetzhausen gegen den würzburgischen Vogt von Gemeinfeld um die vogteiliche Obrigkeit in Goßmannsdorf von 1605–1612 und einer zu Goßmannsdorf erstellten commissio ad perpetuam rei memoriam von 1624 (BayHStA Reichskammergericht 13130 und 13130/1). Vgl. Erwin Riedenauer, Erbhuldigung. Studien zu einem fränkischem Verfassungsproblem mit besonderer Berücksichtigung des Hochstifts Würzburg, in: Ackermann u. a. (Hg.), Bayern 1 (wie Anm. 72), S. 249–271, hier S. 251 f.

[89] Für die Zent Wettringen ist zwar keine Zenthuldigung der Zentuntertanen bezeugt, doch mußten sich die Schöffen, die wie im Falle Aidhausens von den Schultheißen und Dorfmeistern bestimmt wurden, stellvertretend für das jeweilige Dorf eidlich verpflichten (StAWü Salbücher 140, fol. 34v; Knapp, Zenten I, 2 [wie Anm. 5], S.1215).

Diese hatten sich sowohl gegen die bischöflichen Amtleute als auch gegen den Ritteradel gewandt, deren Ansitze wie die Burg Rottenstein in Flammen aufgingen. Noch 1528 hatten sich die Gemeinden des Amtes Rottenstein gegenüber Bischof Konrad III. von Würzburg wegen der „bäuerischen Empörung" zu reversieren.[90] Gerade Peter Blickle, der die These vom „kommunalistischen" Eigenleben der Gemeinden entwickelt hat, sieht in den Ergebnissen des Bauernkriegs einen epochalen Einschnitt, durch den vor allem in Franken nicht nur die Gewichte zugunsten der territorialstaatlichen Obrigkeit verschoben, sondern auch das identitätsstiftende Eigenleben der Gemeinden weitgehend abgewürgt wurde.[91]

In Dörfern mit mehreren Grund- und Vogteiherren konnten deren Interessen schnell in Konflikt geraten. In Aidhausen, wo man offenbar bewährte Verfahrensregeln entwickelt hatte, scheinen die gegensätzlichen Ansprüche einerseits des Hochstifts Würzburg und andererseits der adeligen Ganerben, die zur Augsburgischen Konfession übergegangen und mit ihren Patronatspfarreien aus dem Verband der Diözese Würzburg ausgeschieden waren, erst im Zuge der Rekatholisierung zu Tage getreten zu sein.

1629 ließen die adeligen Ganerben, nämlich die Söhne des Truchsessen Hans Eitel zusammen mit den Truchseß zu Bundorf und zu Wetzhausen, den Marschalk von Ostheim und den Zobel zu Friesenhausen, für Aidhausen und Happertshausen eine von einer kaiserlichen Kommission vorgenommene großangelegte Zeugenbefragung durchführen. Sie gingen davon aus, daß sie damit vorsorglich in allen nur erdenklichen Streitpunkten, die sich in bezug auf die Gemeindeverwaltung, Dorf- und Gerichtsherrschaft und auf die Steuer- und Verordnungshoheit ergeben könnten, ihre Ansprüche gegenüber dem Bischof als Ganerben festschreiben könnten.[92] In den Zeugenaussagen erscheint die Gemeinde Aidhausen als eine von den Ganerben abhängige Einrichtung; als sichtbarer Ausdruck ihrer Ansprüche hatten die Ganerben selbst an den gemeindeeigenen Gebäuden, nämlich am Rathaus, an der Gemeindeschmiede und am Schulhaus, ihre Wappen anbringen lassen.[93] Die Zeugen geben an, daß Untertanen der adeligen Ganerben in Aidhausen bei ihrer jeweiligen Herrschaft verklagt werden; dem Bischof von Würzburg hatten sie keine „Erb- oder Landeshuldigung" zu leisten. Ehebruch wird als Straftat bezeichnet; er wird von der jeweiligen Herrschaft bestraft, wie im Fall Hans Ehelings und Jakob Gnads geschehen. Die Zentgerichtsbarkeit ist nach der Aussage der Zeugen klar von der Gerichtsbarkeit der Vogteiherren und den Dorfmahlen abgegrenzt und auf die auch im Aidhauser Reichskammergerichtsprozeß festgestellten Fälle eingeschränkt. Besonders aber hinsichtlich der Konfessionszugehörigkeit der Aidhauser Gemeindegenossen, die großteils zum neuen Glauben übergegangen waren, kam es zu Konflikten zwischen dem Hochstift und den adeligen Ganerben. Aus der commissio ad perpetuam rei memoriam von 1629 ist zu ersehen, daß

---

[90] BayHStA Reichskammergericht 13143/II (Quadrangel 19 Nr. 8). Vgl. Georg Lill/Felix Mader, Hofheim Kunstdenkmäler (wie Anm. 22), Bettenburg (S. 13), Rottenstein (S. 84) und Wetzhausen (S. 113).

[91] Peter Blickle, Kommunalismus. Skizzen einer gesellschaftlichen Organisationsform, Bd. 1 Oberdeutschland, München 2000, besonderers S. 145 ff.

[92] BayHStA Reichskammergericht 13143/1

[93] Das Rathaus befand sich als einzelstehendes Gebäude im nördlichen Teil des Dorfes. Anstelle des im Jahr 1576 errichteten Gebäudes wurde nach 1882 die Kirche der evangelischen Pfarrgemeinde erbaut (freundliche Auskunft von Herrn Arnold Blosl).

die Untertanen der adeligen Ganerben mindestens seit der Mitte des 16. Jahrhunderts lutherischer Konfession waren, aber nach 1600 wie die würzburgischen Untertanen im Zuge der von Bischof Julius Echter eingeleiteten Gegenreformation der Rekatholisierung unterworfen wurden. Die truchsessischen Untertanen geben an, daß sie „von Jugend auf lutherischer Religion" gewesen seien. Sie „verachteten die catholische Religion" nicht, wie viele zu Protokoll geben. Doch wollten sie nicht katholisch werden, wie es ihnen mehrmals, erstmals 1614, „zugemutet" worden sei.[94] Einer der befragten truchsessischen Untertanen von Aidhausen führt an, daß er nicht lesen und schreiben und deswegen kein Urteil abgeben könne.

Offenbart sich nicht gerade in dieser Äußerung die Problematik der damaligen Zeit in besonderer Weise und erklärt, warum das mündlich tradierte Herkommen und mit ihm die Formen der damaligen Staatlichkeit den schriftlich fixierten Rechtsansprüchen der Herrschaftsträger unterlegen sein mußten? Genossenschaft, Herrschaft und Gerichtsbarkeit, die letztlich aus der Mündlichkeit kommende Kommunikationsformen sind, waren gerade auf dem Land noch bis in die beginnende Neuzeit durch das im Bewußtsein der Menschen verankerte Herkommen geregelt. Dieses war, wie die Zeugenaussagen in eindrucksvoller Weise belegen, in oft sehr unterschiedlicher Weise erinnert und zweifellos, entsprechend den Machtverhältnissen vor Ort, immer wieder verändert worden. Im Raum des Hochstifts Würzburg wurden vor allem unter Julius Echter Konventionen nicht nur zunehmend schriftlich fixiert, sondern auch durch die Ansprüche der Herrschaftsträger in deren Sinne beeinflußt und zentralen Vorgaben unterworfen. Dabei verlor der Einzelne mit seiner Wahrnehmung mehr und mehr die Rolle als Träger des Herkommens und des Rechts. Auch die reichskammergerichtlichen Zeugenbefragungen, die nur bis Mitte des 17. Jahrhunderts von kaiserlichen Kommissionen eingeholt wurden, büßten an Bedeutung ein.

Es hat sich im Hinblick auf eine Veranschaulichung dieser Entwicklungen als lohnenswert erwiesen, dem Reichskammergerichtsprozeß nachzugehen, durch den eigentlich nur die Frage geklärt werden sollte, welches Gericht einen Ehebruch abzustrafen habe – gerade weil dieser Prozeß menschliche Beziehungen und Bindungen zur Sprache bringt, berührt er elementare Grundlagen der Staatlichkeit –, lohnenswert auch deswegen, weil das Reichskammergericht für die Ausbildung von Rechtskategorien nicht nur für das Hochstift Würzburg sondern reichsweit eine wichtige Vermittlerrolle spielte.

---

[94] BayHStA Reichskammergericht 13143/1. Drei Mal seien laut dem Zeugen Peter Kell die truchsessischen Untertanen in Aidhausen und im benachbarten Happertshausen bis 1629 aufgefordert worden, zur katholischen Konfession zurückzukehren (BayHStA Reichskammergericht 13143/1/I).

Erich S c h n e i d e r

Das ‚Bild' Balthasar Neumanns
im Urteil zeitgenössischer Quellen
und in der Kunstgeschichtsschreibung

> Was ihr den Geist der Zeiten heißt,
> Das ist im Grund der Herren eigner Geist,
> In dem die Zeiten sich bespiegeln
> (Goethe, Faust I)

1. Vor 250 Jahren starb am 19. August 1753 „früh zwischen 7 und 8 Uhr […] Balthasar Neumann, des fränckischen Craises Artillerie-Obristen, und hochfürstlich Wirtzburgischen Obrist- Kriegs- und Staats-Baumeistern nach Christ- heldenmüthigst ausgestandener langwüriger Leibsschwachheit (:so von einer schirrosen erhärtung an dem untern Magenschlund entstanden:)“.[1] Mit diesen Worten zeigte dessen Witwe Eva Maria Neumann wenige Tage später dem Abt von Kloster Neresheim den Tod des großen Baumeisters an. Neumanns Macht und Einfluss auf das Würzburger Bauwesen waren bis zuletzt ungebrochen. Obgleich bereits schwer erkrankt, lief bis in die letzten Lebenswochen ohne sein Placet praktisch nichts. Noch am 5. Juli 1753 musste die fürstbischöfliche Hofkammer wegen dringend benötigter Abrechnungen eines neu erbauten Viehstalls im Schlossgarten von Werneck abwartend zur Kenntnis nehmen, dass „Hr. Obrister sich erkläret, daß, sobald er wieder gesundt undt völlig restituiret, solch richtig zu machen, und zu veranlassen nicht ohnermanglen werde.“[2] Obwohl am 22. August 1753 in der Marienkapelle auf dem Marktplatz begraben, findet sich in den Sterbematrikeln der Würzburger Domfarrei der ehrende Eintrag „D[ominus] Balthasar Neumann Tribunis Pyrobol[istarum] et Architectus Cel[sissi]m[i] 68 ann[orum] – Eccl[esia] B[eatae] M[ariae] V[irginis] in foro“.[3]

Die nachfolgenden Seiten versuchen, ein aus schriftlichen Äußerungen und Veröffentlichungen herausdestilliertes Bild Balthasar Neumanns zu zeichnen.[4] Sie entstan-

---

[1] Hier zitiert nach Hanswernfried Muth, Die Pläne zur Abteikirche Neresheim, in: Pro Neresheim, Sonderausgabe „900 Jahre Benediktinerabtei Neresheim 1095 – 1995“, Neresheim 1995, S. 102.

[2] Staatsarchiv Würzburg (künftig StaWü abgekürzt), Würzburger Hofkammerprotokolle, 1753, fol. 330 recto.

[3] Domfarrei Würzburg, Sterbematrikel VII, S. 84. Hier zitiert nach Max H. von Freeden, Balthasar Neumanns Tod und Begräbnis, in: Die Mainlande. Geschichte und Gegenwart 2, 1951, Anm. 2; Zur Frage des Sterbedatums von Balthasar Neumann gab es im August 2003 anlässlich der Vorstellung eines Jubiläums-Bocksbeutels (!) durch die Staatliche Hofkellerei in Würzburg kurzfristig etwas Aufregung in den lokalen Medien. Unter Hinweis auf den zitierten Eintrag in den Sterbematrikeln der Würzburger Domfarrei wurde wieder einmal der 18. August 1753 als „eindeutig“ ins Gespräch gebracht (vgl. Main Post, 19. August 2003, S. B 8). Abgesehen davon, dass Hanswernfried Muth bereits wenige Tage später dieses Datum wieder korrigierte (Main Post, 23. August 2003, S. B 6) handelt es sich hier um eine seit den dreißiger Jahren immer wieder einmal kolportierte Nachricht, die zuletzt Max Hermann von Freeden in dem oben zitierten Aufsatz mit ausführlicher Begründung richtig gestellt hat.

[4] Verf. dankt Frau Andrea Brandl M.A. für Kritik und ergänzende Beiträge sowie Frau stud. phil. Britta Schneider für die Mühe des Korrekturlesens. Herrn Herbert Hertel, Stadtarchiv und Stadtbibliothek Schweinfurt, sei einmal mehr für seine geduldige Unterstützung bei der Literaturbeschaffung gedankt.

den ursprünglich als Nebenfrucht der Auseinandersetzung des Autors mit der Kunstgeschichte von Schloss Werneck[5] und haben nicht die Absicht, einen allgemeinen Kommentar zur Neumann-Literatur zu bieten. Beginnend mit dem Blick der Zeitgenossen auf den Baumeister und dessen gelegentlich durchaus selbstbewusster Eigeninszenierung verfolgt die Darstellung am Beispiel ausgewählter Texte und Zitate aus rund drei Jahrhunderten vielmehr Leben und Nachleben Neumanns im Lichte der öffentlichen Wahrnehmung. Bezeichnend dabei ist, um ein Ergebnis der Untersuchung vorwegzunehmen, dass das jeweils gezeichnete Lebensbild zu allen Zeiten dem jeweils herrschenden Grundtenor der Epoche folgt.

Die Würzburger Residenz, nach den Worten Georg Dehios „der vollkommenste Profanbau" des 18. Jahrhunderts,[6] das „Zwillingsschloss" zu Werneck,[7] Schlösser wie Bruchsal,[8] Brühl,[9] Karlsruhe[10] oder Schönbornslust[11] in Koblenz-Kesselheim und Gotteshäuser wie Vierzehnheiligen,[12] Neresheim[13] oder die Mainzer Jesuitenkirche,[14] um nur einige wenige ausgewählte Beispiele zu nennen, markieren das Oeuvre dieses „Vollenders" der barocken Baukunst.[15] Sein Ruhm als Baumeister glänzt bis in die Gegenwart: Einige der von der UNESCO in Deutschland zum Weltkulturerbe gezählten exklusiven Ensembles in Bamberg, Brühl und Würzburg sind direkt oder indirekt mit Neumann verbunden. Ein Architektur-Preis trägt ebenso seinen Namen wie eine ganze Reihe von Schulen.[16] Eine Balthasar-Neumann-Gesellschaft hat sich vorgenommen, „allseitig zum Nutzen der Entfaltung und Vertiefung freundschaftlicher Beziehungen zwischen der Tschechischen Republik und Deutschland zu wirken".[17] Im Jahr 1978 wurde zur Erinnerung an den 225. Todestag Neumanns eine Gedenkmünze mit einem Blick in das Gewölbe von Vierzehnheiligen aufgelegt und der letzte Fünfzigmarkschein vor Einführung des Euro zierte das Portrait des Baumeisters. (Abb. 1) Im Zusammenhang mit einer Umfrage der Zeitschrift „Häuser" vom Herbst 2002, bei der die Leser aus einer Vorschlagsliste von 395 bedeutenden Gebäuden in der Bundes-

---

[5] Erich Schneider, Die ehemalige Sommerresidenz der Würzburger Fürstbischöfe in Werneck, Neustadt an der Aisch 2003.

[6] Georg Dehio, Geschichte der deutschen Kunst, des Textes dritter Band, Berlin und Leipzig 1931[2], S. 371.

[7] Schneider, Werneck (wie Anm. 5).

[8] Jörg Gamer, Pfarrkirche St. Peter, in: Ausstellungskatalog „Balthasar Neumann in Baden-Württemberg", Stuttgart 1975, S. 9–30.

[9] Wilfried Hansmann, Das Treppenhaus und das Große Neue Appartement des Brühler Schlosses, Studien zur Gestaltung der Hauptraumfolge, Düsseldorf 1972.

[10] Ausstellungskatalog „Neumann" (wie Anm. 8), S. 61–73.

[11] Hans Reuther, Die Zeichnungen aus dem Nachlaß Balthasar Neumanns. Der Bestand in der Kunstbibliothek Berlin, Berlin 1979, S. 71 f.

[12] Bernhard Schütz, Balthasar Neumann, Freiburg 1986, S. 143–165.

[13] Noch immer unverzichtbar Günther Neumann, Neresheim, München-Pasing 1947. Siehe außerdem Erich Hubala, Balthasar Neumann (1687–1753). Der Barockbaumeister aus Eger, Ausstellungskatalog Wendlingen a. N. 1987, S. 84–88.

[14] Bernhard Schütz, Balthasar Neumanns Jesuitenkirche in Mainz und die Pläne für die Jesuitenkirche in Würzburg, in: Mainzer Zeitschrift 73/74, 1978/79, S. 49–60.

[15] Hubala, Neumann (wie Anm. 13), S. 19.

[16] www.unesco-welterbe.de/d-liste.htm. Im Juni 2002 wurden als fünfte Träger des Balthasar-Neumann-Preises gegen eine Konkurrenz von 67 Bauten aus ganz Europa die Architekten Brückner & Brückner für den von ihnen gebauten Kulturspeicher in Würzburg ausgezeichnet. Vgl. Deutsche Bauzeitung, 6/2002.

[17] www.egerlaender.de.

Abb. 1. Balthasar Neumann auf dem letzten 50-Mark-Schein der Bundesrepublik Deutschland vor Einführung des Euro im Jahr 2002. Foto: Deutsche Bundesbank Frankfurt.

republik Deutschland auswählen konnten, findet sich Balthasar Neumanns Würzburger Residenz immerhin an dritter Stelle in der Kategorie der Burgen, Schlösser und Residenzen.[18] Sogar ein 1971 entdeckter Asteroid trägt den Namen des großen Baumeisters.[19]

Dieser öffentlichen Wertschätzung breitester Kreise steht entgegen, daß Politik[20] und Fachwelt derzeit kaum Notiz von Neumann zu nehmen scheinen: Anders als 1978 findet kein wissenschaftliches Symposium statt und anders als 1987 aus Anlass des 300. Geburtstages gibt es im Jahr 2003 keine Ausstellungen, die sich mit Balthasar Neumann auseinandersetzen,[21] ebenso wird eine wissenschaftliche Vortragsreihe, wie

[18] Ch. Tröster, Deutschlands beste Bauten, in: Häuser 6/02, 18. 11. 2002, S. 22–27. Verf. dankt Herrn Dipl.-Ing. (FH) Helmut Irblich, Schweinfurt, für den Hinweis auf diese Umfrage der Zeitschrift „Häuser“. Vgl. auch „Die Welt“ vom 19. 11. 2002.

[19] Lutz D. Schmadel, Dictionary of Minor Planet Names, Berlin, Heidelberg New York 2003⁵, Nr. (6251) 4277 T–1. Verf. dankt Herrn Dr. Lutz D. Schmadel, Astronomisches Recheninstitut der Universität Heidelberg, sehr herzlich für ergänzende Informationen.

[20] Olaf Przybilla, Bocksbeutel zum Todestag, in: Süddeutsche Zeitung, 18. 8. 2003; Christine Jeske, Standpunkt. Kein Geld, kein Personal, in: Main Post, 19. 8. 2003, S. B 8; N.N., Ein Trauersalut wie vor 250 Jahren. Zu Neumanns Todestag Kritik an mangelndem Jubiläumsinteresse der Stadt Würzburg – Lediglich eine Kranzniederlegung – Sammlerstück „Balthasar Neumann-Wein“ vorgestellt, in: Kitzinger Zeitung, 20. 8. 2003, S. 16.

[21] Walter Jürgen Hofmann, Das Balthasar-Neumann-Kolloquium vom 2.–4.11.1978 in Würzburg, in: Kunstchronik 32, 1979, S. 322–328; Hubala, Neumann (wie Anm. 13), 1987; Hanswernfried Muth, Aus Balthasar Neumanns Baubüro. Pläne der Sammlung Eckert zu Bauten des großen Barockarchitekten, Würzburg,

etwa die von 1987 an der Universität Würzburg,[22] vermisst. Andererseits darf natürlich ein großes, von der Deutschen Forschungsgemeinschaft gefördertes Projekt unter der Leitung des Würzburger Ordinarius für Kunstgeschichte, Stefan Kummer, nicht unerwähnt bleiben, das sich den noch immer ungelösten Rätseln von Bau und Ausstattung der Residenz in der Domstadt widmet.[23]

Auch scheint Neumann und dessen Werk gegenwärtig zum beliebigen Experimentierfeld der Denkmalpflege zu mutieren: In „modernistischem Eifer" opferte die Diözese Würzburg im Jahr 1999 mindestens mit Duldung des Bayerischen Landesamtes für Denkmalpflege ein Erdgeschossfenster im 1747 errichteten Würzburger Hof Marmelstein, um dafür eine lammellenartige Metallgitterkunstruktion als akzentuierende Rahmung des Einganges in das Domschatzmuseum anzubringen. Der Aufschrei Würzburger Kunsthistoriker verhallte ohne Ergebnis. Abgesehen von einigem Hin und Her in der Regionalpresse war „der revolutionäre Türschlitz" und „der schick verblechte Nebeneingang" z. B. dem Feuilleton der Frankfurter Allgemeine Zeitung gerade mal eine glossierende Betrachtung wert.[24] Eher wie Pflichtübungen muten auch solche Jubiläumsbeiträge wie etwa in der Bayerischen Staatszeitung, der Süddeutschen Zeitung oder der Zeitschrift „Schlösser Baden-Württemberg" an.[25]

2. Diese Ambivalenz der Beurteilung durch die jeweiligen Zeitgenossen zieht sich wie ein roter Faden durch Leben und Nachleben Balthasar Neumanns. Bereits zu Beginn seiner künstlerischen Laufbahn wurde er von den „Baudirigierungsgöttern" der Familie Schönborn sorgfältig beobachtet. Dem Chef des Hauses, Lothar Franz, fiel der Baumeister anlässlich einer ersten persönlichen Begegnung im Herbst 1719 in Pommersfelden sofort auf. In einem Brief an den Neffen und Würzburger Fürstbischof Johann Philipp Franz von Schönborn vom 17. Oktober 1719 lobt er Neumann, weil er „alles wohl begriffen und von solcher guten eigenschaft zu sein scheint, dass er sich durchgehends gern weisen lasset, sogestalten, dass, wo dieser mensch nur auf zwei jahr in Italien und Frankreich zu gehen das glück haben sollte, von dessen guter application sich zu E. Lbd. und Dero hochstift diensten viel erspießliches zu verspre-

Mainfränkisches Museum, 1987; Gottfried Mälzer, Balthasar Neumann und sein Kreis, Würzburg, Universitätsbibliothek, 1987. Vgl. hierzu Johannes Erichsen, Hommage à Balthasar Neumann, in: Kunstchronik, 1988, S. 349–377; Bemerkenswert in diesem Zusammenhang ist ferner die „Ausstellung Balthasar Neumann, Zeichnungen und Modelle", die für die Zeit vom 17. Juli bis 26. September 1992 im „Museum für Moderne Kunst" in München angezeigt worden ist.

[22] Thomas Korth und Joachim Poeschke, Balthasar Neumann. Kunstgeschichtliche Beiträge zum Jubiläumsjahr 1987, München 1987.

[23] N.N., Rätsel um die Residenz in Würzburg, in: Blick, 1/2000, S. 80 f.

[24] Meinolf Siemer, Ein städtebauliches Meisterwerk Balthasar Neumanns wurde verschandelt, in: Kunstchronik 53, 2000, S. 297–299 – Kristina Maidt-Zinke, Türschlitz. Wie man in Würzburg Balthasar Neumann verbaut, in: Frankfurter Allgemeine Zeitung 265, 13. 11. 1999, S. 47.

[25] Angelika Irgens-Defregger, Der Herr der Räume verbannte die rechten Winkel. Vor 250 Jahren starb der Barockbaumeister Balthasar Neumann, in: Unser Bayern. Heimatbeilage der Bayerischen Staatszeitung Juli 2003, S. 97–101; Christoph Wiedemann, Vor 250 Jahren starb Balthasar Neumann. Der große fränkische Barockkünstler schuf unvergleichliche Schlösser und Kirchen – goss aber auch Kanonen, in: Süddeutsche Zeitung 18. 8. 2003; Michael Wenger, Zum 250. Todestag des Barockbaumeisters Balthasar Neumann (1687 – 1753). Ein Genie des 18. Jahrhunderts, in: Schlösser Baden-Württemberg 1, 2003, S. 16–20.

chen und die auf selbigen gehende kösten verwendung nicht übel angeleget sein dörf-
te, zu dem ende denselben in Dero hohe gnaden protection bestens recommendire".[26]

Lothar Franz hielt auf Neumann in Bausachen offenbar größere Stücke als auf den
eben angesprochenen Neffen selbst, den Würzburger Fürstbischof Johann Philipp
Franz. Dies geht mit jener Offenheit, die im familieninternen Briefverkehr gerne gepflegt wurde, aus einem Brief vom 6. Februar 1720 an den Wiener Neffen und
Reichsvizekanzler Friedrich Carl von Schönborn hervor: „Zu wünschen wäre, dass
der h. bauherr [= Johann Philipp Franz von Schönborn] ein wenig mehrerer ideam
von der baukunst hette, den masstab besser verstünde undt nicht allzusehr auff seine
gedanken versessen wäre, indem er einmahl keinen grundtriss verstehet undt sich
doch nicht gerne will widersprechen lassen […] underdessen wird er seinen ingenieur Neumann schwehrlich hinunder schicken, indeme er ihme viele schlechte con-
cepten reisen undt zu papier bringen mueß, allso dass ich glaube, dieser guethe
mensch werde noch blindt darüber werden. Diesem guethen menschen aber wohl zu
gönnen wäre, dass sein herr ihn noch hienausschicken undt ihn was solides lernen lie-
se".[27]

In der Tat hatte Neumann damals an größerer „Auslandserfahrung" nur die Teilnahme am Türkenfeldzug in Ungarn und Aufenthalte in Wien sowie in Oberitalien im
Stab des Fürsten Löwenstein in den beiden Jahren 1717 und 1718 nachzuweisen.[28]
1723 sollte es im Zusammenhang mit der Erbauung der Würzburger Residenz endlich
zu einer Studienreise nach Frankreich gehen. „Hinunder" im Sinne Lothar Franz’,
nach Wien also in die kaiserliche Hauptstadt mit den prägenden Bauwerken eines Fischer von Erlach oder eines Lucas von Hildebrandt, sollte Neumann erst wieder nach
der Wahl Friedrich Carls im September und Oktober 1729 gelangen.

Meiner Meinung nach hat gerade diese frühe Beurteilung Neumanns durch den
„Oheim" in Mainz sein Bild in der Kunstgeschichtsschreibung bis in die Gegenwart
stark geprägt: Neumann ist ein „guether mensch" von unermüdlicher Arbeitskraft, der
freilich den richtigen Bauherrn braucht und von den führenden Baumeistern seiner
Zeit erst noch „was solides lernen" muss. Besser ließe sich die Entstehung des „kollektivistischen Problem" der frühen zwanziger Jahre des letzten Jahrhunderts in der
Sprache des 18. Jahrhunderts nicht umschreiben. Darauf wird weiter unten ausführlicher einzugehen sein.

Den ausgesprochen lockeren und bisweilen sogar herablassenden Ton in der Korrespondenz zwischen den Bauherren des Hauses Schönborn bekam natürlich auch
Balthasar Neumann zu spüren. Der Wiesentheider Graf Rudolf Franz Erwein schrieb
am 18. Februar 1721 über einen Besuch des Baumeisters bei ihm in Frankfurt an den
Würzburger Fürstbischof Johann Philipp Franz über die dabei vorgelegten Pläne zur

---

[26] Max Hermann von Freeden (Bearb.), Quellen zur Geschichte des Barocks in Franken unter dem Einfluß
des Hauses Schönborn, I. Teil, zweiter Halbband, Würzburg 1955, Nr. 627. In die gleiche Kerbe hieb auffälli-
gerweise Friedrich Carl von Schönborn in einem Schreiben an seinen Würzburger Bruder vom selben Tag:
„[…] und es schön wäre, wann E. f. gn. ahn diesen Mann, welcher eine guthe docilität und willen hat, nicht etwas wendeten." (ebd. Nr. 628).

[27] Freeden, Quellen (wie Anm. 26), Nr. 704.

[28] Siehe zum Itinerar Neumanns Freeden / Trenschel, Daten, in: Muth, Baubüro (wie Anm. 21), SS. 33, 34
und 42. Vgl. außerdem Max Hermann von Freeden, Balthasar Neumann in Italien. Neue archivalische Beiträge zur Frühzeit des Künstlers, in: Mainfränkisches Jahrbuch für Geschichte und Kunst 1, 1949, S. 204–208.

Residenz und zum Fortifikationswesen in Würzburg: „Der Neumann ist letzt alhiehr bei mir gewesen und seinen krahm sowohl im civil als militar bauwesen ausgeleget, wobei nichts zu erinnern gewesen [...]".[29] Die flappsige Formulierung „krahm", darf jedoch gewiss nicht darüber hinwegtäuschen, daß dergleichen Pläne und Plankonferenzen gerade von den Schönborns besonders ernst genommen wurden.[30]

Mitte 1722 zog Neumann in einem Brief an die Ratsherren seiner Vaterstadt Eger selbst eine Bilanz seiner damaligen Position am Würzburger Hof: Der Fürstbischof hat ihm nicht nur die „Besorgung der neu erbauenden Residenz vndt aller dero landgebäu nebst der fortification in Würzburg vndt könig/Hoff nebst auch dero privatgebäude vndt, Gott sey danck, noch mehreres vertrauen beigeleget [...]".[31] Stets gefördert vom Haus Schönborn stieg Neumanns Stern zu Beginn der zwanziger Jahr schier unaufhaltsam. Lothar Franz bezeichnete ihn am 11. April 1723 in einem Brief an Friedrich Carl als „guethen kerl"[32]. Mit Schreiben vom 26. Januar 1725 versicherte der Mainzer Kurfürst Neumann gar, daß er ihm „bestandig wohl gewogen verbleiben" werde.[33] Sichtbarer Ausdruck solcher vielfach geäußerten Wertschätzung des Hauses Schönborn war auch ein Hochzeitsgeschenk aus Wiesentheid anlässlich der Vermählung des Baumeisters mit Eva Maria Engelberta Schild am 25. Juni 1725 in Würzburg.[34]

Um diese „Gewogenheit" seines Landes- und Dienstherrn mußte der Schönborn-Protegé Neumann nach dem Tode des Fürstbischofs Johann Philipp Franz und der am 2. Oktober 1724 von einer Schönbornfeindlichen Stimmung geprägten Wahl des Christoph Franz von Hutten zum neuen Fürstbischof von Würzburg durchaus fürchten. Ungeachtet seiner am 6. Dezember 1724 erfolgten Beförderung zum hochfürstlichwürzburgischen Artillerie- und Ingenieurmajor, ließ der einflußreiche Kammerrat Gerhardt, keine Gelegenheit aus, „Neumann zu verdächtigen, daß er dienstlichen oder geldlichen Verpflichtungen nicht nachkomme." Erst das persönliche Eingreifen Huttens verhinderte schlimmere Folgen.[35]

Ungebrochene Wertschätzung auch unter dem neuen Herrn spiegelt sich noch in manch anderer Begebenheit: 1725 renovierte Neumann für sich als Wohnhaus den wohl aus der Zeit Antonio Petrinis stammenden Hof Oberfrankfurt in der Würzburger Franziskanergasse 2.[36] Dafür suchte er 1727 um Abgabenbefreiung nach. Sie wurde ihm ausdrücklich „in ansehung da Er ansonsten dem publico viele Diensten leiste[...]" gewährt.[37]

Zeugnisse zu Neumanns Selbsteinschätzung und Arbeitsweise sind trotz der zahlreichen erhaltenen Berichte und Briefe von seiner Hand ausgesprochen selten. Haupt-

---

[29] Freeden, Quellen (wie Anm. 26), Nr. 851.

[30] Siehe dazu anschaulich Peter Hirschfeld, Mäzene. Die Rolle des Auftraggebers in der Kunst, o. O. 1968, S. 189 ff. und Erich Hubala, Die Grafen von Schönborn als Bauherrn, in: Kat. d. Ausst. „Die Grafen von Schönborn. Kirchenfürsten, Sammler, Mäzene", Nürnberg 1989, S. 24 ff.

[31] Nach Max Hermann v. Freeden, Balthasar Neumann als Stadtbaumeister, Berlin 1937, S. 25.

[32] Freeden, Quellen (wie Anm. 26), Nr. 1054.

[33] Freeden, Quellen (wie Anm. 26), Nr. 1075.

[34] Hier nach Freeden, Stadtbaumeister (wie Anm. 31), S. 21.

[35] Freeden, Stadtbaumeister (wie Anm. 31), S. 21.

[36] Reuther, Neumann. Der mainfränkische Barockbaumeister, München 1983, S. 234.

[37] Hier zitiert nach Freeden, Stadtbaumeister (wie Anm. 31), S. 19.

sächliche Eigenschaften, die der Baumeister dabei für sich reklamierte, sind ausgleichendes Wesen und Organisationstalent. 1731 nahm er beispielsweise für sich in Anspruch, „das confuse weesen etwann in eine ruhige ordnung zu bringen"[38]. 1737 wiederholte er diese Formulierung in einem späteren Bericht nahezu wörtlich: „Ahnsonsten gehet noch alles ruhig zu, dan ich leide die confusion nicht"[39].

Ungeachtet des Respekts vor einer absolutistischen Gesellschaftsordnung und der hiervon diktierten Hierarchie konnte Neumann gelegentlich durchaus selbstbewußt und die eigene Position geschickt herausarbeitend auftreten. In einer rhetorischen Meisterleistung bestätigte er zum Beispiel am 25. Juli 1734 seinem durch den Fürstbischof favorisierten Widersacher Lucas von Hildebrandt und dessen von ihm redigierten Plänen zu Werneck[40], dass er, Neumann, „nun ahn der Eintheilung keinen [Anstand] finde, vndt alles dass sich schicke, waß schon in denen fontamentern biß den terraß boden aufgemauert ist"[41]. Auf elegante Weise hat Neumann den Spieß umgedreht und sich selbst zum entscheidenden Redakteur der Wiener Kritik an seiner Werneck-Planung aufgeworfen. Neumann verstand auch dieses Schloß künftig unwidersprochen als sein Werk: In einer Pergamenturkunde vom 6. Februar 1743 im Knauf des Marienturmes der Würzburger Festung wird ausdrücklich Neumann genannt, der „Werneck ganz neu von Fundament erbaut" hat[42]. Wiederholt und verstärkt hat der Baumeister diesen Anspruch im Herbst 1745 anläßlich der Weihe der Schlosskirche. In der Unterschrift zu der damals entstandenen „Scenograffia" heißt es wörtlich: „Das ganze Gebau hergestellet und gezeichnet von Balthasar Neumann Seiner Hochfürstliche Gnaden Ingenieur Architect und Obristen der Artillerie eines Hochlöblichen Fränckischen Creyses"[43].

Genauso reklamierte Balthasar Neumann bereits 1727 die künstlerische und geistige Autorschaft an der Würzburger Residenz für sich. Sichtbar wird dies an dem von Markus Friedrich Kleinert gemalten Porträt des Baumeisters.[44] (Abb. 2) Der weist mit der linken Hand auf einen im Hintergrund sich erhebenden Pavillon der Würzburger Residenz. Meines Erachtens ist es undenkbar, dass sich ein bloßer „Bauleiter" in dieser Pose vor diesem Bauwerk unwidersprochen hätte darstellen können. Hier inszenierte sich Balthasar Neumann als „Inventor" der Würzburger Residenz. In seiner rechten Hand hält er eine Planrolle, in der er als „Obrist Wacht Meister der Artillerie, Ingenieur und Architect" signierte. Alleine die Trennung in die Berufsfelder des Offiziers, des Ingenieurs und des Architekten legt nahe, daß sich der Soldat Neumann des Unterschiedes zwischen den technischen und architektonischen, den handwerklichen und künstlerischen Fragen des Bauens bewußt war: Neumanns Anspruch war auch in

---

[38] Karl Lohmeyer, Die Briefe Balthasar Neumanns an Friedrich Karl von Schönborn […] und Dokumente aus den ersten Baujahren der Würzburger Residenz, Saarbrücken u. a. 1921, S. 23.

[39] Lohmeyer, Briefe (wie Anm. 38), S. 83.

[40] Zu Werneck siehe Schneider, Werneck (wie Anm. 5).

[41] StaWü, Bausachen, 355/II, fol. 50.

[42] Hier zitiert nach Clemens Schenk, Die Kirchenbaukunst Balthasar Neumanns. Mit einleitenden Betrachtungen über den gesamten Kirchenbau des süddeutschen Barocks und Rokokos, Würzburg 1923, S. 3.

[43] Ehem. Würzburg, Mainfränkisches Museum, SE CII +.

[44] Schneider, Werneck (wie Anm. 5), B 16.

Abb. 2. Markus Friedrich Kleinert: Balthasar Neumann, 1727. Mainfränkisches Museum Würzburg. Foto: Museum.

dieser Hinsicht „total“. Richard Sedlmaier, der das Portrait in Schloss Werneck entdeckt und publiziert hat, ging auf solche Aspekte jedoch mit keinem Wort ein.[45]

Neumann hat also, wie man sich ausdrückt, „genau gewußt, was er wollte“. Bereits in einer sehr frühen Phase seiner Ausbildung zum Baumeister schuf er sich 1713 als signifikantes Zeichen des von ihm angestrebten Berufes jenes bekannte „Instrumentum Architecturae“. Ungeachtet der Tatsache, dass dieser Proportionalzirkel „gleichzeitig Zeugnis ab[legt] von Balthasar Neumanns hervorragenden handwerklichen Fähigkeiten, wie auch von seiner Beherrschung der mathematischen und architekturtheoretischen Kenntnisse“,[46] ist er zugleich geradezu eine Demonstration der von ihm als abgeschlossen betrachteten „Lehrzeit“ als Baumeister. Stolz signiert er das im Mainfränkischen Museum Würzburg erhaltene Exemplar mit „Inv: et Fe: Bal: Neümann, 1713.“ Ein zweites, leider verschollenes Exemplar eines solchen „neuen messingnen proportional zirckl“ kann er am 6. Oktober 1713 für 7 fl. 30 kr. seiner Vaterstadt Eger verkaufen. Soweit mir bekannt, war dies das erste Geld, das Neumann in seinem neuen Beruf als Baumeister verdient hat.

Ein völlig anderes – und meines Wissens bisher noch kaum gewürdigtes – frühes Bild von der Planungsgeschichte der Würzburger Residenz zeichnete der Reisende Karl Ludwig Freiherr von Pöllnitz (1692–1775) in seinem Brief an den Grafen Sulkowsky vom 22. September 1729: Fürstbischof Johann Philipp Franz von Schönborn „hat in den fünf Jahren seiner Regierung mehr für die Verschönerung der Stadt [Würzburg] gethan, als zehn seiner Vorgänger; er ließ einen Theil derselben neu befestigen und nahm die Errichtung eines herrlichen Palastes in Angriff. Bevor er den Grundstein zu diesem Prachtbau legte – einem der größten, vollkommensten und regelmäßigsten, die wir in Deutschland kennen – erholte er sich den Rath der geschicktesten Architekten und ließ die berühmtesten Bildhauer eigens aus Italien kommen. Als großer Gönner und Kenner der freien Künste (insbesondere der Architektur) wählte er aus allen Zeichnungen, die ihm vorgelegt wurden, die schönsten Theile aus und setzte aus diesen sodann selbst den Bauplan zusammen, nach welchem er hat arbeiten lassen [...]“.[47]

Dieser nach allem, was wir über diesen Fürstbischof wissen, eher überraschende Panegyricus enthält kein Wort über Neumann und bringt andererseits eine überraschende Variante kollektivistischen Planens: Der baukundige Fürstbischof wird in der Rolle eines Apelles inszeniert, der aus den Plänen der „geschicktesten Architekten“ die „schönsten Teile“ auswählt und daraus den „Bauplan zusammen[setzt]“. Als in der Zeit des Absolutismus lebender Adeliger mochte sich Freiherr von Pöllnitz jedoch leichter den Bauherrn als den eigentlichen „Inventor“ vorstellen, als die „herren virtuosi, curiosi et sumptuosi“, wie Lothar Franz von Schönborn die Gruppe der Baumeister und Künstler einmal genannt hat.[48]

---

[45] Richard Sedlmaier, Ein neues Bildnis Balthasar Neumanns, in: Frankenland 8, 1921, S. 48–52.

[46] Siehe dazu Frauke van der Wall, Der Proportionalzirkel Balthasar Neumanns, in: Muth, Baubüro (wie Anm. 21), Nr. 6, mit Angabe weiterer Literatur.

[47] B. F. v.: Würzburg zu Anfang des vorigen Jahrhunderts, in: Archiv des historischen Vereins von Unterfranken und Aschaffenburg 37, 1895, S. 264.

[48] Hugo Hantsch und Andreas Scherf, Quellen zur Geschichte des Barocks in Franken unter dem Einfluss des Hauses Schönborn, I. Teil, erster Halbband, Augsburg 1931, S. 263.

Außerhalb von Würzburg war Neumanns Ansehen als Baumeister an Main und Rhein bereits zu Beginn der dreißiger Jahre gewaltig. Anschaulich wird dies durch ein Schreiben des kurtrierischen Geheimen Sekretärs Weydert im Auftrag des Erzbischofs und Kurfürsten von Trier, Franz Georg von Schönborn vom 2. November 1733: „Hochedelgebohrener, HochgeEhrtister Herr Obrist Lieutenant! Ihro Churfürstl. Gnaden haben alles für recht erhalten, was Ew. HochEdelgeb. unterm 29ten elapsi ahn höchst dieselbe erlassen haben […] inzwischen arbeithet man ferner forth so viel als möglich, weilen aber der beste Fuhrmann dabey abgehet, auch annoch vieles auszuführen ist undt Ihro Churfürstl. Gnaden dabey gantz hilf- und trostlohß nit ohne große Angst undt Cummer seyndt, als vermag allem diesem niemand anderst die handt zu biethen vndt darinnen behilflich seyn als Mhgst. Obrist Lieutnant, weshalben aus besonderem gnädigsten Befehl abereins umb alles in der Welt dieselbe Ersuchen solle, gestalten dero ahnhero Reyß doch ehistens vndt so viel als denenselben nuhr immer möglich zu beschleunigen".[49]

Eine lebendiges Bild von Neumanns eigener, nicht durch mangelndes Selbstbewusstsein getrübter Einschätzung seiner Fähigkeiten vermittelt sein Bericht von einer Baukonferenz in Brühl am 26. Juni 1741: An der kurfürstlichen Tafel dort waren „die herrn gesanden alß frankreichs, sachsen, vndt Bayerns gegenwerdig geweßen, welche alle trey von Civil vndt fortifications bauweßen wissend, vndt noch extra Ingenierers bey sich gehabt, welche allerley rath seiner Churfürstl. Durchleicht mit gegeben […] aber wie ich gesehen, dass es nur verbalia sein, mich gleich expliciret, dass ich meine ohnmaßgebliche meinung in Modell vnterthänigst vorstellen wolte, […] vndt sogleich dass fertige modell in loco vorgebracht vndt bin auf bessere gedancken gefallen vndt gemacht mithin per totum gnädigst so wohl von seiner Churfürstl. Durchleicht, alß ahnweßenden herrn abgesanden vndt ministern approbiret, mit hin ich keinen deren gedancken gefolget undt was besseres gemacht"[50] habe.

Auch von anderer Seite erhielt Neumann zunehmend Beifall und Bestätigung. Sichtbares Zeichen seiner gesteigerten Prominenz war etwa, daß der Nürnberger „Math. Architect. Pict. & Sculpt. Cultore" Johann Jacob Schübler (1689–1741) „Dem HochEdelgebohrnen Herrn / Hrn. Balthasar Neumann / Hochfürstl. Bambergisch= und Würtzburgischen / Ober-Ingenieur und Architecto, ingleichen bey der Art= / tillerie, wie auch derer hohen Fürsten und Stände des Hochlöbl. / Fränckischen Creises bestallten Obrist-Lieutenant, / Meinem Hochgeehrtesten Herrn" (Abb. 3) den ersten Band seiner 1731 erschienenen Schrift über das Zimmermannshandwerk widmete, zu der Neumann „dreyerley Muster von künstlichen Dach=wercken" beigesteuert hatte.[51] Auch im 1736 veröffentlichten zweiten Band lassen sich deutliche Spuren einer intensiven Beschäftigung Schüblers mit Neumanns Werk nachweisen.[52]

---

[49] Karl Lohmeyer, Balthasar Neumann und Kurtrier, in: Zeitschrift für Heimatkunde von Koblenz I, 2, 1920, S. 17.

[50] Lohmeyer, Briefe (wie Anm. 38), S. 123f.

[51] Hans Reuther, Johann Jacob Schübler und Balthasar Neumann, in: Mainfränkisches Jahrbuch für Geschichte und Kunst, 7, 1955, S. 345–352.

[52] Franzl Ludwig, Baukonstruktiv-historische Untersuchungen der bedeutendsten barocken Dachtragwerke und Raumdeckenkonstruktionen von Schloß Werneck bei Schweinfurt, ungedr. Diplomarbeit TU Berlin 1978, S. 114 f.; Schneider, Werneck (wie Anm. 5), B 33.

Dem
Hoch Edelgebohrnen Herrn

Hrn. Balthasar Neumann,

Hochfürstl. Bambergisch- und Würtzburgischen
Ober-Ingenieur und Architecto; ingleichen bey der Ar-
tillerie, wie auch derer hohen Fürsten und Stände des Hochlöbl.
Fränckischen Creises bestallten Obrist-Lieutenant,

Meinem Hochgeehrtesten Herrn.

*Abb. 3. Johann Jacob Schübler: Widmung des 1731 erschienenen ersten Bandes sei-
ner Schrift über das Zimmermannshandwerk an Balthasar Neumann. Repro: Verfasser.*

Neumanns Wertschätzung in der architektonischen Traktat-Literatur dürfte in Zusammenhang mit einem für das Jahr 1731 überlieferten, gleichwohl archivalisch bislang nur undeutlich faßbaren Lehrauftrag für Militär- und Zivilbaukunst an der Universität Würzburg stehen.[53] Christian Bönicke gibt dazu in seinem 1788 erschienenen
„Grundriß einer Geschichte von der Universität zu Wirzburg" einigen Aufschluss:
Fürstbischof Friedrich Carl von Schönborn sorgte für „die Aufstellung eines öffentlichen Lehrers der Civil- und Kriegsbaukunst, dessen Kollegien unentgeltlich offen
stehen, wo zu dem Lehramte jederzeit ein erfahrner Officier vom hiesigen Artillerie-
korps befördert und vom Universitätsfonde besoldet wird. Zu dieser für jedermann,
der Besatzung von Wirzburg aber besonders interessanten Verfügung gab […] Balthasar Neumann die Veranlassung. Wißbegierigen Lehrlingen ertheilte er in dieser Kunst
Privatunterricht, dem bey Zeiten einheimische und ausländische und preußische, mit
andern Standspersonen, die ohne Absicht auf Kriegsdienste nach nützlichen Kenntnis-
sen trachteten, beywohnten. Die sichtbaren Vortheile dieses Instituts bewogen Fürst
Friedrich Karln eine Privatanstalt zur öffentlichen zu erheben, ihr durch Stiftung eines
eigenen Lehrstuhles Dauer und Festigkeit zu geben."[54]

[53] Freeden / Trenschel, Daten, in: Muth, Baubüro (wie Anm. 21), S. 46.
[54] Christian Bönicke, Grundriß einer Geschichte von der Universität Würzburg, 2. Teil, Würzburg 1788,
S. 106 f.

61

Über den „Professor" Neumann wissen wir im Grunde genommen kaum mehr, als die wenigen, zudem panegyrisch gefärbten Zeilen Bönickes überliefern. Als vorgesetzter Offizier war Neumann nicht immer einfach. Sicherlich einseitig gefärbt und doch nicht weniger interessant im Hinblick auf das Bild Neumanns liest sich das Lamento des Joseph Raphael Tatz[55] vom 17. Juli 1734. Darin beklagte sich der Neumann direkt unterstellte, gleichwohl von diesem wenig geschätzte Ingenieurleutnant über die Art seiner Behandlung durch seinen Vorgesetzten: „Ich wolte über alle schwere und große betrückhung hinaus gehen, wan nur h. obristlieut. angewißen würde, das er mich nit so praeterire, dann er befihlget auf denen öffentlichen fortificationswerkhern vor so villen 100 leithen denen commendirern und meistern die arbeith und expliciret ihnen seine gedankhen wie ers haben will, mich aber lasset er zur prostitution auf der seithen zuruckh stehen, alß gehörte ich nicht darzu. Er gibt dem bauschreiber riß zu machen, weliches doch mir zu kommet, dem h. Müller weisset er ebenmäßig mit aller leithseeligkeit an, er lasset ihn bey seinen weeßen, ich aber werde gehalten als wehre ich zu schwach, oder verstünde das werkh nicht".[56]

Trotz des Lehrauftrages an der Universität sah sich Neumann als Praktiker und war darauf durchaus stolz. Tatz war für ihn einer der „[…] junge[n] leithe, die nur riss Copiren vndt produzieren, muß ich nehmen alß Studioßen, man kann aber nichts außrichten[…]".[57] In einer von Keller bekannt gemachten, undatierten Äußerung schrieb der Baumeister dazu ergänzend: „Ich habe Gott lob die Vortheil, das wass andere allein mit lehr schreiben und teorie mit so langer Zeit verliehrung oder nichts profidiren, ich in praxi darthun werdte".[58]

Im Laufe der Jahre mochte sich angesichts einer solchen Überlegenheit in Theorie und Praxis bei dem Baumeister aber durchaus so etwas wie Überheblichkeit im Verkehr mit seiner Umgebung einschleichen. Mehr und mehr behandelte Neumann das Bauwesen quasi diktatorisch und fühlte sich alleine dem Fürstbischof selbst verantwortlich. In einem Schreiben vom 5. Juni 1737 begründeten die Neumann vorgesetzten Hofkammerräte Reibelt und Riedel das vom Fürstbischof angemahnte unterbliebene Einberufen der Hofbaukommission in Würzburg damit, daß „Obrist Lieutenant Neumann auf öffteres Anerinneren sich jedes mahlen darmit aufgehalten, wie derselbe Euer Hochfürstliche Gnaden den unterthänigsten Vortrag gethan, daß zu der Sachen beschleunigung und geschwinderer Entschliessung dem Bauwesen beförderlicher wäre, die proponenda in Consilio Camerali vorstellig zu machen, worzu auch Euer Hochfürstliche Gnaden dero Gnädigste Bewilligung gegeben hätten, mit dem weiteren Zusatz, dass selber hiervon repondiren wolten".[59]

Auch als Offizier war Neumann in jenen Jahren nicht frei von Kritik. Mit starker Unterstützung Friedrich Carl von Schönborns betrieb er seine Beförderung zum Obersten der fränkischen Kreisartillerie. Der hohenlohische Gesandte beim fränkischen

[55] Erich Schneider, „so muss der unruhige Lieutnant Taz allzeit Ungelegenheit machen." – Balthasar Neumann und Joseph Raphael Tatz, in: Mainfränkisches Jahrbuch für Geschichte und Kunst 54, 2002, S. 83–98.

[56] StaWü, Bausachen, 355/II, fol. 46.

[57] StaWü, Bausachen, 355/3, fol. 190 recto.

[58] Philipp Joseph Keller, Johann Balthasar Neumann. Artillerie- und Ingenieur-Obrist, Fürstlich Bambergischer und Würzburgischer Oberarchitekt und Baudirektor. Eine Studie zur Kunstgeschichte des 18. Jahrhunderts, Würzburg 1896, S. 12.

[59] StaWü, Bausachen 355/III, fol. 80.

Kreistag berichtete 1741 vor dem Hintergrund eines drohenden Krieges zwischen Preußen und Österreich nach Weikersheim über die zunächst zurückhaltende Stellungnahme des Kreistagskollegiums, weil „[…] der Herr Obrist Lieutenant Neumann dem Creyß noch keine Stunde im Feld gedienet, und doch schon über 10000 Reichsthaler an Gage und Portionen aus der Cassa gezogen hat." Mit Unterstützung des Fürstbischofs, der dieser Beförderung allen möglichen „Trieb" angedeien lassen wollte,[60] avancierte Neumann Ende Juli 1741 doch zum Oberst.[61]

Solche unterschwellig-kritischen Töne werden verstärkt durch einen Halbsatz in der Chronik des Würzburger Domvikars Geisler vom November 1742. Der mehr und mehr gegen Neumann aufsässige Ingenierleutnant Tatz hatte damals „Ein pasquill gemacht gehabt wegen den Bauwesens, worin er hauptseglich den H. Obrist Neümann angegriffen. Er ist dimittirt worden. Sein pasquil, welches sehr Einföltig gemacht war, war die pure warheit, jederman hat Ihn bedauert"[62]

Im Hinblick auf Neumanns starke Stellung am Würzburger Hof indirekt ausgesprochen aufschlußreich ist der wenig später ausgesprochene Streit um die künstlerische Autorschaft an der Würzburger Residenz. Lucas von Hildebrandt beklagte sich nämlich am 10. Juli 1743 von Wien aus bei Friedrich Carl von Schönborn: „Es hat sich dieser Tägen ein Mahler Von Würtzburg bey mir angemeldet, umb eine arbeith zu haben, mir auch Von dem Residenzbau viell guetes gesprochen, unter anderem die Einfahrt über die massen gelobt, das alles nach verwunderung und Contento aber vorkommen thuet, ich habe ihm die Rieß darvon gezeügt, ob Sie so exequirt seynd worden, so hat er sich verwundert und gesagt ja. Es wüste aber droben Von mir kein mensch nichts darvon, und dass sowohl dieser, alß alle anderen Rieß darvon in Truckh ausgehen wirden in Nahmen des Obrist Lieutenants Neümann, welche der Kupferstecher Fischer stechen thuet; Er hat mir auch ein klein Calender gezeügt mit der völligen Residenz in Prospekt mit dem obigen Nahmen darunter. Kann also gahr schön dieser vers darauf alludiret werden: Et hos versiculos feci, tulit alter honores. Mihr thuet sehr wehe, dass sich ein anderer mit meinen Kleydern anlegen solle, dahero bitte Euer Hochfürstl: Gnad: unterthänigst, das mir in diesem Werck kein solches grosses unrecht geschehe, dann mir von wegen der gehabten grossen Mühe und arbeith aufrecht die Ehr gebühret […]".[63]

Friedrich Carl antwortete darauf am 28. Juli 1743: „Was mir übrigens derselbe wegen Meiner Residenz bau zu Würtzburg meldet, und das die risse in Druck ausgegangen, weis ich kein worth davon, das aber die H: Augsburger hier und dorthen etwas stehlen und sich zu nutzen machen, dafür kan weder ich noch sonst iemand; indessen dem H. v. Hildebrand niemand in abred stellen wird, dass Er bey diesem nicht leicht in der gantzen welth erfindlichen schönen Residenz bau […] allen Vorzug und Ehr habe womit ich in altem Vertrauen Verbleibe".[64]

[60] Weikersheim, Fürstl. Hohenlohisches Archiv, B. III. Vgl. Max Hermann von Freeden, Balthasar Neumanns Gesuche an den fränkischen Kreistag, in: Festschrift Karl Lohmeyer, Saarbrücken 1954.

[61] Freeden / Trenschel, Daten, in: Muth, Baubüro (wie Anm. 21), S. 64.

[62] StaWü, Ms. f. 205, pag. 207 (neue Zählung: fol. 100 recto). Verf. dankt Frau Dr. Verena Friedrich, Würzburg, für unterstützende Recherche in diesem Punkt.

[63] Wien, Schönborn-Buchheim'sches Familienarchiv, Fasc. 304, Nr. 125.

[64] Wien, Schönborn-Buchheim'sches Familienarchiv, Fasc. 304, Nr. 126.

Gerade vor dem Hintergrund dieser „diplomatischen", ja ausweichenden Antwort des Fürstbischofs an seinen Wiener Freund und Vertrauten „Jean Luca" wird ein ähnlicher Vorgang erst ins rechte Licht gerückt. Neumann hat es nämlich einige Wochen später auf sehr geschickte Weise verstanden, seine führende Rolle beim Bau der Würzburger Residenz gebührend und in einer von Friedrich Carl öffentlich approbierten Weise herauszuarbeiten. Wenn es denn aus Neumanns Sicht ein „kollektivistisches Problem" gab, dann betraf das alleine die Zusammenarbeit zwischen dem Bauherrn Friedrich Carl von Schönborn und dem Baumeister Neumann.

In der von Neumann unterschriebenen „Dedicatio" der von ihm herausgebrachten Festschrift „Die Lieb zur Zierd Des Hauß GOTTES [...]" aus Anlass der Weihe der Hofkirche der Würzburger Residenz am 15. September 1743 finden sich die bezeichnenden Sätze: „Diese nun so prächtig als künstlich vor Augen schwebende residenz- und Hof-Kirch gleichwie sie ist eine alleinige erfindung Dero tiefest-einsehenden erfahrnus in der berümdesten baw-kunst des heiligthums, eine viele Jahren her beschäftigte ausführung Dero von einem Gottseeligsten Fürsten-Geistes abstammenden gedanckhen und ein jetzt ausführlich geheiligtes werckh Dero gesalbten bischöflichen händen." Neumann löste den schwelenden Streit scheinbar und sprach die künstlerische Autorschaft an der Würzburger Residenz in typisch absolutistisch-barocker Übertreibung zunächst dem Bauherrn selbst zu. Dagegen konnte, ja durfte auch Lucas von Hildebrandt keine Einwände haben.

Unmittelbar im Anschluß an die eben zitierten Zeilen aber setzte Neumann nach: „Also erlaube, Gnädigster Fürst und Herr, mir deinem mindesten diener, deme von der legung des ersten steins bis zur endlichen Vollstreckung des gantzen Hochfürst[lichen] pallastes der werckhzeug dieses großen Fürstenbaues zu seyn, die höchste gnad vorzüglich angediehen ist, diese von mir ausgezeichnete lebhafte vorstellung samt feyerlichen einweihungsbeschreibung hiermit jenen gnädigsten händen widerzuzustellen, von deren fingerzeig das Hauptwerckh ausgegangen ist [...]". Auch die Tatsache, daß Neumann den Bau der Würzburger Residenz seit der Grundsteinlegung begleitet hatte, war ebenfalls unstrittig. Da kein Name eines weiteren Baumeisters fällt, wird andererseits zwischen den Zeilen mehr als deutlich, daß Neumann für sich die Autorschaft an der Würzburger Residenz beanspruchte[65]. Friedrich Carl von Schönborn wußte die Leistung seines geschätzten Baumeisters zu honorieren und wies die Hofkammer an, Neumann anläßlich der Einweihung der Hofkirche eine Jahrespacht seiner Glashütte Fabrikschleichach zu erlassen.[66]

Vor dem Hintergrund der larmoryanten Wendungen Hildebrandts und der ausweichenden Antwort Friedrich Carls gewinnt ein weiterer Vorgang in jenen Wochen neue Bedeutung: der Würzburger Historiograph Ignaz Gropp OSB[67] wollte 1744 dem zweiten Band seiner Fränkisch=Würzburgischen Geschichte zwei Stiche mit Ansich-

---

[65] Michael Renner, Fürstbischof Friedrich Carl Graf von Schönborn und die Entstehungsgeschichte der Gedichte für das Richtfest der Residenz in Würzburg 1744, in: Mainfränkisches Jahrbuch für Geschichte und Kunst 17, 1965, S. 52.

[66] Stadtarchiv Würzburg, Nachlass Ziegler. Hier zitiert nach Max Hermann von Freeden, Balthasar Neumann. Leben und Werk. Gedächtnisschau zum 200. Todestage, Würzburg 1953, Nr. D 5.

[67] Siehe neuerdings Alois Schmid, P. Ignaz Gropp (1695–1758), in: Erich Schneider (Hg.), Fränkische Lebensbilder 19, 2002, S. 89–105.

ten der Residenz und der Schönbornkapelle beigeben. Insbesondere den Entwurf für den Stich zur Residenz fand Balthasar Neumann derartig „hergeschmiret", daß er am 19. Januar 1744 in einem heftigen Verriss dem Fürstbischof nahe legte, daß „solche schmirkupfer" „gegen die Ehr für Wirtzburg vndt der herrlichen Residentz" anzusehen seien. Mit Erfolg, denn anders als im Falle Hildebrandts erschien Gropps Geschichte ohne Kupferstiche.[68]

Auch im Zimmermannsspruch aus Anlaß der Vollendung des Dachwerks der Würzburger Residenz Ende 1744 findet sich alleine der Name Neumanns. Erneut sind vor dem Hintergrund des Hildebrandt'schen Lamentos vom Vorjahr die vom Fürstbischof eigenhändig an den Druckfahnen angebrachten Korrekturen aufschlußreich. In der zur Approbation durch den Fürstbischof vorgelegten Erstfassung des Textes heißt es: „Das gantze Werck an sich thut seinen Meister loben, / Und wer mag dieser seyn? ein Neu=berühmter Mann, / Der Künstler und Werck-Leuth sorgfältigst gewiesen an / Nach grosser Fürsten-Sinn, die Selbst mit eingesehen, / Wie diese Residentz in allem mögt bestehen, / Nach ihrem Grund und Riß, nach Theilung Maaß und Zoll, / Wie es die Bau=Kunst lehrt, das Ordnung stehen soll, / Dem kame ferner zu ein Obrist, heist Neumann, / Der kunstvoll hat vollstreckt, was er gewiesen an […]".

Friedrich Carls Korrekturen heben seine eigene Leistung als Bauherr heraus und mindern dafür Neumanns Stellung beim Bau der Residenz. Dennoch wird im Zusammenhang mit der Erbauung der Residenz alleine Neumann genannt, keinem anderen Baumeister und Architekten widerfuhr diese Ehre: „Doch braucht all dieses nicht von mehrer Zeugnuß proben, / denn That und ganze Werck thun ihren Meister loben, / doch wunder nicht zu viel mein wehrter wanders-Mann, / denn Künstler und werckleuth hat hier gewiesen an / Ein grosser Fürsten-Sinn, der selbst mit eingesehen, / Wie all gemachlichkeit, nebst zierd und kunst bestehen, / Nach ihrem grund und riss, nach Theilung Maas und zoll, / Wie die erfahrnus lehrt, das ordnung stehen soll, / dem kame ferner zu, ein Obrist, haischt Neumann, / der jedermann belehret, was jeder recht will, / auch solches thuen kan […]".[69]

Diese offizielle Beurteilung der Leistung Neumanns scheint sich bei den Zeitgenossen allgemein durchgesetzt zu haben. Im seinem Todesjahr 1753 erschien in Paris Germain Boffrands „Oeuvres d'Architecture […]". Boffrand, der 1724 persönlich in Würzburg war und deshalb die Verhältnisse vor Ort aus eigener Erfahrung kannte, spricht darin Neumann als Entwurfsverfasser des Planes zum Bau der Würzburger Residenz an: „Le projet général […] été formé en premier lieu par S. A. Mgr. l'Evêque et par M. Neumann, habil Architecte".[70]

Selbst wenn also, wie im Falle des Würzburger Domvikars Geisler nachweisbar, hinter vorgehaltener Hand gelegentliche Kritik an Neumann und seiner Amtsführung geübt wurde, war seine Stellung unter Friedrich Carl unangreifbar geworden. Bald nach der Wahl von Anselm Franz von Ingelheim zum Fürstbischof wurde Neumann jedoch im Herbst 1746 als Oberbaudirektor des militärischen, kirchlichen und zivilen

---

[68] Heinrich Endres, Balthasar Neumann und der fränkische Geschichtsschreiber Ignatius Gropp, in: Die Frankenwarte, 1934, Nr. 29.

[69] Trenschel, Kat. Nr. 82, in: Muth, Baubüro (wie Anm. 21).

[70] Boffrand, Oeuvres, 1753 (zitiert nach Dehio, Geschichte (wie Anm. 6), S. 362).

Bauwesens in den beiden Hochstiften Würzburg und Bamberg entlassen.[71] Die Beweggründe und näheren Umstände dieser Entlassung harren noch einer genaueren Untersuchung. Möglicherweise spiegelt sich darin doch ein Sieg der unter Friedrich Carl mundtot gemachten Neumann-Opposition am Würzburger Hof wider? Von Freeden spricht davon, daß „üble Neider ihn bei Hofe in ein Verfahren wegen schuldhafter Fehler am Bau des Mainwehres verwickeln wollten". Gleichwohl konnte sich Neumann „glänzend rechtfertigen und konnte es sich erlauben nach der Reparatur im lehren Teil des Wehres noch einen Ball abzuhalten, bevor am nächsten Tage des Wasser eingelassen wurde."[72] So sehr ihm also in Würzburg der Wind entgegen blies, von einem eigentlichen „Karriere-Knick" kann man in den Jahren 1746–1749 nicht sprechen, dafür war Neumann außerhalb viel zu sehr gefragt. Stellvertretend sei nur an den Auftrag Kaiserin Maria Theresias zur Ausarbeitung von Plänen für das Treppenhaus und die Schloßkapelle der Hofburg in Wien in den Jahren 1746–1747 erinnert.[73] Selbst wenn ihm diese Pläne „nur" eine goldene Tabatière als Dank der Kaiserin einbrachte,[74] dürfte dieser allerhöchste Gunstbeweis Neumann persönlich unangreifbar gemacht haben.[75]

Deshalb war es kein Wunder, daß Balthasar Neumann unmittelbar nach diesem „Intermezzo Ingelheim" durch den nachfolgenden Fürstbischof Carl Philipp von Greiffenclau am 18. Juli 1749 im Hochstift Würzburg in seine alten Ämter wieder eingesetzt wurde.[76] Dabei war er sich seiner großen Arbeitskraft und seiner enormen Leistungsfähigkeit stets sehr wohl bewußt. Dies geht insbesondere aus seinem Gesuch vom 12. Juli 1749 hervor, in welchem er den Antrag stellte, wieder sein altes Gehalt beziehen zu können, das ihm von Fürstbischof Ingelheim „gantz ohn verschuldeter dingen […] verringert" worden war, „ohnerachtet er dreier Officieren dienstleistungen jederzeit hätte zu versehen gehabt". Die fürstbischöfliche Begründung für die Wiedereinsetzung in Amt und Gehalt hob jedoch bezeichnenderweise nicht auf Neumanns Arbeitskraft oder gar auf dessen künstlerische Leistung ab, sondern vermerkte lakonisch-pragmatisch „Es hätte Obrist Neumann auf des hochstifts Kosten gelernt, dahero auch ratsam, dass er ferner gebrauchet und das vorige gehalt widerum zugeleget werde".[77]

Vier Jahre später zog der bereits erwähnte Domvikar Geisler in seiner Chronik anlässlich von Neumanns Tod am 19. August 1753 eine erste Bilanz von dessen Lebensleistung: „Er war fränckischer Crays Artillerie Obrister, Würzburgischer Obrister, Kriegs- und Staatsbaumeister. Ein Mann wegen vieler seiner ganz besonderen Eigenschaften würdig eines längeren Lebens. Er war geliebt von grosen Chur und Fürsten wegen seiner Kunst und grosen Erfahrnis in der Architectur, wie er denn auch hir in Wurzburg die residenz, das fürstliche Schloss zu Werneck, viele und schöne Hauser in der statt, schöne und grosse Kirchen auf dem Land Erbauet. Geliebt und geehret Von

---

[71] Siehe dazu u. Reuther, Neumann (wie Anm. 36), S. 20 f.

[72] Max Hermann von Freeden, Balthasar Neumann, Leben und Werk, München und Berlin 1963², S. 56.

[73] Reuther, Neumann (wie Anm. 36), S. 221.

[74] Max Hermann von Freeden, Ein unbekannter Brief Balthasar Neumanns an Kaiser Franz Stephan, in: Mainfränkisches Jahrbuch für Geschichte und Kunst 10, 1958.

[75] Freeden, Kat. Neumann (wie Anm. 66), Nr. D 7.

[76] Freeden / Trenschel, Daten, in: Muth, Baubüro (wie Anm. 21), S. 78.

[77] StaWü, Würzburger Hofkammerprotokolle 1749, fol. 524.

Jedermann wegen seiner leütseligen umbgang und christlichen lebenswandel. Sein leutseliges Wesen machte ihm jederman günstig. Seinen Nahmen werden verewigen die in Trier ausgeführten Gebäude, im Speyerischen lobt man selbigen, die Frankfurter Brücken, das zu Ellwangen ausgeführte Seminarium, ich geschweige andere in Bayern und Schwaben ausgeführte Closter- und Kirchengebau.“[78]

Die außerordentliche Wertschätzung des teuren Verstorbenen bringt auch das Kondolenzschreiben des Abtes von Kloster Neresheim[79] an Neumanns Witwe vom 15. September 1753 zum Ausdruck: Aurelius Braisch ließ „christcatholischem Gebrauch“ folgend nicht nur drei Messen für den „abgestorbenen Hauptbau Directorem“ seines Gotteshauses lesen, sondern bezeichnete Neumann gar „nach Gott [als] die Haubtsäule Meines auß dem Fundament so wuchtig angefangenen Kirchengebau“.[80] Sogar von weniger prominenten Zeitgenossen wurde die Todesnachricht beachtet. Johann Peter Rothaupt, Pfarrer von Ingolstadt bei Giebelstadt, dessen am 1. Mai 1753 vollendeter Kirchenbau „der Kunst erfahrener Herr Obrist Neumann an[ge]leitet“[81] hatte, notierte sich das Hinscheiden des Baumeisters in seinen Bauakten.[82]

Ungeachtet des Ansehens, das der Baukünstlers Neumann trug, senkten die Zeitgenossen, dieser Gedanke drängt sich zumindest auf, den fränkischen Kreisobristen in der Würzburger Marienkapelle zu Grabe: „Ein ganzes Bataillon führte ein H. Obrister v. Kolb, die Artilleristen gingen vor und nach dem Trauerwagen, welchen vier in schwarz Loi [= Tuch] verhüllte Pferd zogen, als dan folgten 2 Stück [= Geschütze auf Lafetten]; bey der Einsenckung gabe die Bataillon vor der Capellen auf dem Marck Feuer, als dann wurden auf dem Schloß [Festung Marienberg] 3 Stuck losgeschossen und dieses wurde 3 mahl wiederholt; der ganze Leichen Conduct ware recht schön, alle Gassen und Häuser waren mit Menschen angefüllt, welche diesen Verstorbenen sahen und betrauerten.“[83]

Bezeichnenderweise hat auch Giambattista Tiepolo in seinem im Sommer 1753 vollendeten Deckenbild über dem Treppenhaus der Würzburger Residenz Balthasar Neumann in einer silberbetressten, pflaumenblauen Livree, auf einer Kanone ruhend, dargestellt und nicht als Baumeister. (Abb. 4) Neumanns Attribut ist die Kanone und nicht der Reiß-Zirkel oder die Zeichenrolle wie noch auf Kleinerts Porträt von 1727. Obwohl an herausragender Stelle zu Füßen der Europa platziert, umgeben von Personifikationen etwa der Malerei, der Musik oder der Bildhauerei, steht deshalb die hochragende Giebelarchitektur im Hintergrund für die Baukunst und nicht Balthasar Neumann.[84] Tiepolos Würzburger Hommage à Neumann fehlt in seinem New Yorker

---

[78] StaWü, Ms. F. 205, fol. 135 recto (neue Zählung). Vgl. auch Freeden, Neumanns Tod (wie Anm. 3).

[79] Muth, Neresheim (wie Anm. 1), S. 66–111.

[80] Cornelius Will, Briefe und Aktenstücke über die Erbauung der Stiftskirche zu Neresheim durch Balthasar Neumann, Artillerie= und Ingenieur=Obrist des fränk. Kreises, f. Bambergischer u. Würzburgischer Baudirector, in: Archiv des historischen Vereins von Unterfranken und Aschaffenburg 43, 1901, S. 21 f.

[81] N. N., Zum Kirchenbau in Ingolstadt im Gau, in: Die Frankenwarte, 1928, Nr. 2.

[82] H. H., Balthasar Neumanns letzte Ruhestädte, in: Die Frankenwarte, 1928, Nr. 13.

[83] StaWü, Ms. F. 205, fol. 135 recto. Hier zitiert nach Freeden, Neumanns Tod (wie Anm. 3).

[84] Max Hermann von Freeden / Carl Lamb, Das Meisterwerk des Giovanni Battista Tiepolo. Die Fresken der Würzburger Residenz, München 1956, S. 94f.; Frank Büttner / Wolf-Christian von der Mülbe, Giovanni Battista Tiepolo. Die Fresken in der Residenz zu Würzburg, Würzburg 1980, S. 121; Zur Frage der Uniformierung Neumanns siehe Arno Störkel, Der Mann mit dem Pferd und Neumann auf dem Kanonenrohr. Eine Stu-

Abb. 4. Giambattista Tiepolo: Balthasar Neumann im Europa-Fresko der Würzburger Residenz, 1753. Foto: Verfasser.

„project von der Hauptstiege" von 1752.[85] Dies legt den meines Wissens bisher noch nicht untersuchten Gedanken nahe, ob Tiepolo Neumann nicht doch erst sehr spät unter dem Eindruck von dessen Tod am 19. August 1753 in sein Treppenhausfresko eingefügt hat?

3. Der Nachruhm des Würzburger Baumeisters überdauerte zunächst die folgenden Jahrzehnte. Noch 1788 war Balthasar Neumann für Christian Bönicke „von der ersten Klasse und einer der verdientesten Männer in unserem Fürstenthume." Seine Tätigkeit als „eines öffentlichen Lehrers der Civil- und Kriegsbaukunst" auf einem von Fürstbischof Friedrich Carl von Schönborn gestifteten Lehrstuhl waren diesem Autor „Verbindlichkeit genug, Neumanns berühmten Namen, wenn er auch nicht bei uns der Schoepfer eines richtigern Geschmackes in der baukunst [...] gewesen wäre, auch in

die zur Identifikation zweier Personen in Tiepolos Würzburger Treppenhaus, in: Mainfränkisches Jahrbuch für Geschichte und Kunst 49, 1997, S. 141–156.

[85] Peter Oluf Krückmann (Hg.), Der Himmel auf Erden. Tiepolo in Würzburg, München / New York 1996, I, S. 98 f. sowie Kat. Nrn. 47–49.

den Jahrbüchern unserer Universität aufzubewahren". Als Hauptwerke nennt er „die würzburgischen Residenzen in der Hauptstadt und zu Werneck, die Residenzen zu Bruchsal und Schönborns Lust bey Koblenz"[86].

Trotzdem geriet mit der allgemeinen Ablehnung der Kunst des 18. Jahrhunderts in der breiteren Öffentlichkeit Neumanns Name zunehmend in Vergessenheit. 1789 machte ein anonym gebliebener „deutscher Künstler" auf seiner Reise nach Rom in Münsterschwarzach Station. Er lobt zwar die Kirche als „groß, geräumig und helle", deren „Bauart gleich den großen Styl" verrät. Gleichwohl weiß er den Namen ihres Erbauers im Gegensatz zu dem Maler der Fresken Johann Evangelist Holzer nicht mehr zu nennen.[87] Der offizielle „Würzburgische Hof= und Staats=Kalender für das Jahr 1795" enthält u.a. ein beschreibendes Verzeichnis der „Merkwürdigkeiten der Hochfürstlichen Residenzstadt Würzburg". Darin wurde den Zeitgenossen „die hochfürstliche Residenz […] wegen ihrer architektonischen Pracht sowohl von der Seite auf dem Platz, als von der Rückseite in dem Garten [als] sehenswerth" angepriesen. Im weiteren Fortgang des Textes lobte der unbekannte Verfasser zwar „die vortrefflichen Deckengemälde von Tiepolo", einen Hinweis auf Neumann sucht man jedoch erneut vergebens.

Auf den ersten Blick nur überraschen deshalb jene Elogen, die der Würzburger Legationsrat Carl Gottfried Scharold in seinem Reiseführer von 1805 angesichts der Würzburger Residenz auf die „großen Gedanken des Erbauers, des Fürsten Schönborn" darbot.[88] Scharold zufolge gelang es „Neumann den noch größern Gedanken, der Baukunst ein bleibendes und glänzendes Monument zu errichten" zu verwirklichen: „Ein ganz eigener erhabenes Styl, und ein eben so glücklich ersonnener als kunstreich ausgeführter Plan sind diejenigen seltenen Eigenschaften, die der Würzburger Residenz so viel Würde und Großheit geben. Man sieht sie von außen, und man staunt und bewundert […]". Scharold war zu seiner Zeit eine anerkannte Autorität auf dem Gebiet der Altertumskunde und im Jahr 1831 Mitbegründer des „Historischen Vereins für den Untermainkreis". Für das „Archiv" dieses Historischen Vereins hat er 74 Beiträge verfaßt. Sein Urteil über Neumann entsprang somit einem ungewöhnlichen historischen Bewusstsein, das nicht verallgemeinert werden kann.

Sogar innerhalb der Neumannschen Nachkommenschaft war bereits im frühen 19. Jahrhundert kaum noch gesichertes Wissen über den großen Ahnen vorhanden. 1822 empfahl Geheimrat Foersch aus Würzburg seinem Vetter Kelleri, Landrichter in Münnerstadt: „[…] will man ferner ausführlichere Biographische Notizen sowohl von unserem Großvater als seines Sohnes des jüngst verlebten Obristen Neumann unseres Onkles haben, so kann man sich an den Herrn Legationsrath Scharold, welcher an einem Biographischen Lexicon von allen fränkischen Künstlern arbeitet, und solchen in Druck herausgibt, wenden, wo man alles vollständig haben kann."[89]

---

[86] Bönicke, Grundriß (wie Anm. 54), S. 106–109.

[87] N.N., Malerische Reise eines deutschen Künstlers nach Rom, Wien 1789, S. 11.

[88] Carl Gottfried Scharold, Würzburg und die umliegende Gegend für Fremde und Einheimische kurz beschrieben, Würzburg 1805, S. 182f.; Siehe außerdem das Nachwort von Bernhard Schemmel in dem von Palm & Enke im Jahr 1980 besorgten Nachdruck.

[89] Max Hermann von Freeden, Balthasar Neumanns Lehrjahre. Das Bruchstück einer Lebensbeschreibung aus Familienbesitz im Vergleich mit Quellen und Überlieferung, in: Archiv des Historischen Vereins von Mainfranken 71, 1937/38, S. 3; In neuerer Zeit wird der Wert dieser Quelle immer häufiger in Zweifel gezo-

Hinter dem „Biographischen Lexicon" verbergen sich Scharolds im Stadium einer Stoffsammlung steckengebliebenen „Materialien zur Fränkisch-Würzburgischen Kunstgeschichte",[90] die allerdings im Falle Balthasar Neumanns außer zwei Original-briefen keine Nachrichten bieten. Selbst in Johann Barthel von Siebolds ab 1807 er-schienener Sammlung „Würzburg's Gelehrte, Künstler und Sammlungen" sucht man Neumanns Namen vergeblich.[91] Und doch war der Baumeister damals in Würzburg nicht völlig vergessen. Der Theologe und Universitätsprofessor Franz Oberthür veröf-fentlichte 1809 eine „Bildergallerie von fränkischen Landsleuten" und wollte damit „dem Verdienste meiner Landsleute ein würdiges und passendes Denckmal errichten. Unter den in seinem Besitz befindlichen Gemälden erscheint „ein Kniestück mit bei-den Händen, schön gemalt", das „von Neumann, Balthasar, Obrister der Artillerie beim fränkischen Kreise, der Baumeister der Residenz und vieler anderer prächtiger Gebäude in Franken, und andern deutschen Landen […]" darstellt.[92]

Obwohl Neumanns Lebensleistung zu Beginn des 19. Jahrhunderts bei einigen Kennern der fränkischen Kunstgeschichte somit durchaus noch präsent war, scheint er im Bewußtsein einer breiteren Öffentlichkeit weitgehend vergessen gewesen zu sein. Nach einem Besuch des Schlosses schrieb der in Würzburg Jurisprudenz studierende August Graf von Platen am 26. September 1818 in sein Tagebuch: „Die Gegend ist nicht sehr reizend; auch bei Werneck kaum. Es war die Sommerresidenz des Großher-zogs. Das Schloß ist ziemlich im alten Stil, die Gärten sehr angenehm, doch meist im französischen Geschmack"[93].

Wenn Neumann in dieser Zeit überhaupt einmal in Zusammenhang mit Beschrei-bungen seiner Bauwerke namentlich erwähnt wurde, dann geschah dies mit negati-vem Unterton. Beispielhaft dafür steht jene Anekdote, die der königliche Hofgärtner Jakob May 1830 in seine Geschichte des Schlosses Werneck einfügte: „Eine weit schönere Lage würde dasselbe ohnstreitig auf jener Anhöhe, die sich in dem Schloß-garten gegen Süden zu erhebt, erhalten haben. Man erzählt sich, der Fürst habe dieses, als der neue Bau nächst vollendet gewesen, wahrgenommen, und solches dem Archi-tekten Ingenieur Neumann mit Verdruß und Leidwesen bemerkt"[94]. Diese Anekdote wurde von Scharold in einer 1836 erfolgten Neuauflage seines Würzburg-Führers wiederholt und zugleich verstärkt: „Man muß sich verwundern, daß dieser Fürst oder

---

gen. Siehe dazu neuerdings Wolfgang Bühling, Balthasar Neumann als Soldat. Zur Biographie des Meisters des rheinisch-fränkischen Barock. Zum Gedenken des 250. Todestages am 19. August 2003, in: Frankenland, Heft 4, August 2003, S. 255–285.

[90] Universitätsbibliothek Würzburg M. ch. f. 636.

[91] Johann Barthel von Siebold, Würzburg's Gelehrte, Künstler und Sammlungen. Ein Versuch und Beytrag zur vaterländischen Künstler= und Gelehrtengeschichte, in: Fränkische Chronik 1807, Folge XXVI und öfter.

[92] Oberthür's Bildergallerie von fränkischen Landsleuten, in: Fränkische Chronik, 1809, 18, Sp. 281 und 27, Sp. 425. Nachdem die angegebenen Maße von 3,1 x 2 Fuß (ca. 90 x 58 cm) mit keinem der bekannten Porträts Neumanns in Verbindung zu bringen sind, handelt es sich hier wahrscheinlich um ein verschollenes, gleichwohl bisher unberücksichtigtes Porträt des Baumeisters. Vgl. Max Hermann von Freeden, Balthasar-Neumann-Bildnisse, in: Altfränkische Bilder 1987, unpaginiert.

[93] G. v. Laubmann und L. v. Scheffler (Hg.), Die Tagebücher des Grafen August von Platen, Stuttgart 1900, S. 111.

[94] Jakob May, Beschreibung und Geschichte der königlichen Schlösser und Lustgärten von Würzburg, Aschaffenburg, Veitshöchheim, Werneck und Bad Brückenau im Unter=Main=Kreise des Königreichs Bay-ern, Würzburg 1830, S. 67–69.

sein berühmter Baumeister B. Neumann nicht eine schönere Südlage auf der dortigen Anhöhe gewählt hat, denn das Schloß steht in feuchter Ebene".[95]

Immerhin bezeichnete Scharold Balthasar Neumann als „berühmten Baumeister", selbst wenn diese Bezeichnung im Zusammenhang mit seiner Kritik eher herablassend klingt. Im populären Schrifttum des 19. Jahrhunderts dauerte es dem Zeitgeist folgend denn auch noch längere Zeit, bis die Architektur des Barock – und damit Neumann – wieder positiv gewürdigt wurden. In einem 1846 erschienenen Werk über die „alterthümlichen, geschichtlichen, artistischen und malerischen Schönheiten" des Königreichs Bayern kritisierte der Autor an Neumanns Wallfahrtskirche in Vierzehnheiligen, daß sie „besonders im Innern […] in den Verzierungen aller Art im ärgsten Geschmack der damaligen Zeit überladen" sei. Ferner wurde an dieser Kirche getadelt, „daß sie beinahe einem Saale gleiche und in ihr von dem durch die doppelten übereinander angebrachten Fenster einfallenden Lichte eine profane Helle herrsche"[96].

In einer Zeit, in der, wie Alfred Wendehorst in seinem Beitrag über „Frankens Barockkultur im Urteil des 19. Jahrhunderts" von 1967 hat zeigen können, das deutsche Mittelalter mit „gottgeheiligten Räumen" voller „ehrwürdige[m], magische[m] Halbdunkel", in denen jeglicher „unnöthiger Flitter" fehlt, als Ideal galt, konnte es gar nicht zu einem anderen Urteil kommen[97]. Auch Ludwig von Braunfels stieß 1847 in seinen vielgelesenen „Mainufern" ins gleiche Horn, als er über Neumanns Wallfahrtskirche Vierzehnheiligen den Stab brach: Sie sei „in jenem massenhaften, mit zwecklosen Zierrathen überladenen Styl gebaut, der in der Zopfperiode als die höchste Vollendung des guten Geschmackes galt".[98]

Ansätze zu einer vorurteilsfreien, positiveren Bewertung der Leistung Balthasar Neumanns finden sich erstmals in dem von G. K. Nagler bearbeiteten „Neuen allgemeinen Künstler-Lexicon" von 1841. Dort wurde Neumann im 10. Band als „berühmter Architekt" apostrophiert, der „die classischen Werke älterer und neuerer Baukunst" studiert und „die edle Einfachheit und die Schönheit derselben" erkannt hat. Neumann war für Nagler gar einer der Wegbereiter der klassizistischen Architektur, „allein seine Zeit hing noch sehr an dem Herkömmlichen, an der gewöhnlichen Verschnörkelung und Verdrehung, daß er es noch nicht wagen konnte, die Fesseln ganz zu zerbrechen, in welchen die wahre Schönheit der Architektur lag. Allein in Neumann's Werken offenbart sich dennoch ein reinerer Geschmack, ein heller Sinn für Grossartigkeit der architektonischen Form, und wo er Zierden anbrachte, sind dieselben geschmackvoll und wohlgefällig, ohne Ueberladung. Als Restaurator der Baukunst in Deutschland ist Neumann freilich nicht anzusehen, es verflossen noch etliche Decennien, bis man zur besseren Einsicht gelangte. Man muß ihn aber als denjenigen einflussreichen Archi-

---

[95] Carl Gottfried Scharold, Würzburg und seine Umgebungen. Ein Wegweiser und Erinnerungsbuch, Würzburg 1836, S. 383.

[96] N. N., Das Königreich Bayern in seinen alterthümlichen, geschichtlichen, artistischen und malerischen Schönheiten II (1846), S. 160.

[97] Alfred Wendehorst, Frankens Barockkultur im Urteil des 19. Jahrhunderts, in: Jahrbuch für fränkische Landesforschung 27, 1967, S. 383–398.

[98] Ludwig Braunfels, Die Mainufer und ihre nächsten Umgebungen, 1847, S. 90.

tekten nennen, dem es vor allem daran lag, einem besseren Geschmacke in der deutschen Bauweise Eingang zu verschaffen".[99]

Solche vorsichtig tastenden positiven Ansätze einer Revision des Neumann-Bildes waren jedoch Mitte des 19. Jahrhunderts noch die Ausnahme. Selbst in der kunstgeschichtlichen Fachliteratur der folgenden Jahre fand Neumann oft nur knappe Erwähnung. 1851 wurde der Baumeister im „Deutschen Kunstblatt" in einem Beitrag zwischen Anton Clemens Lünenschloß und Giambattista Tiepolo in wenigen Zeilen mit ausgesprochen distanzierten Wendungen genannt. Abgesehen von knappen Lebensdaten eines „der ausgezeichnetsten Baumeister seiner Zeit", war die Würzburger Residenz, „offenbar das bedeutendste Bauwerk jener Zeit in dem italienisch-französischen Styl", die neben wenigen anderen Werken in der Mitte des 19. Jahrhunderts bemerkenswert gewesen zu sein schien.[100]

Noch 1861 wurden Neumann in der von Wilhelm Lübke bearbeiteten vierten Auflage von Franz Kuglers „Handbuch der Kunstgeschichte" gerade einmal zwei Zeilen gewidmet, in welchen immerhin „die stattliche fürstbischöfl. Residenz zu Würzburg" gelobt wurde.[101] Unter Voranstellung des Schiller-Zitates „Die Kunst, o Mensch, hast du allein", gedachte Pleickard Stumpf im Jahr 1865 Balthasar Neumanns als eines „Denkwürdige[n] Bayern", der zwar „nicht bei uns geboren wurde, dennoch den weitaus größten Theil seines Lebens bei uns zugebracht hat, und in unserer Erde ruht". Die Frage nach der künstlerischen und der stilistischen Einordnung des Baumeisters schnitt Stumpf nicht an, verwies aber darauf, daß König Ludwig „Neumanns's Büste in die Ruhmeshalle[102] mit auf[nahm]". (Abb. 5) Genauso wie die Würzburger Residenz reihte Stumpf Schloss Werneck vorbehaltlos unter die Bauwerke Neumanns ein, die „nach seinen Plänen ausgeführt und theilweise geleitet" wurden.[103]

Welch krauses Bild von der Baukunst des Barock nach der Mitte des 19. Jahrhunderts noch verbreitet war, belegt ein kurzes Zitat von 1866 zu Werneck: „Plan und Ausführung war dem trefflichen Architekten, Obristen Neumann, dem Erbauer des Würzburger Schlosses, übertragen und von demselben 1748 in jenem wirkungsvollen Style der italienischen Spätrenaissance und ihres Ueberganges in die sog. Zopfperiode vollendet, in welchem Neumann Meister war[104]. Auch Constant von Wurzbach anerkannte 1869 in seinem Lexikon Balthasar Neumann nicht als als den eigentlichen „Restaurator der Baukunst in Deutschland". Nahezu wörtlich zitierte Wurzbach dabei

[99] Georg Kaspar Nagler, Neues allgemeines Künstler-Lexicon oder Nachrichten von dem Leben und den Werken der Maler, Bildhauer, Baumeister, Kupferstecher, Formschneider, Lithographen, Zeichner, Medailleure, Elfenbeinarbeiter, etc., 10, München 1841, S. 204 f.

[100] N. N,: Johann Balthasar Neumann, in: Deutsches Kunstblatt, Jg. 1851, S. 415.

[101] Franz Kugler, Handbuch der Kunstgeschichte, II, Stuttgart 1861, S. 272.

[102] Diese bis heute in der Münchner Ruhmeshalle aufgestellte Büste Balthasar Neumanns schuf im Jahr 1842 der Bildhauer Fidelius Schönlaub (1805–1883). Vgl. Manfred F. Fischer, Ruhmeshalle und Bavaria. Amtlicher Führer, München 1997, S. 61.

[103] Pleickard Stumpf, Bayern. Ein geographisch-statistisch-historisches Handbuch des Königreiches, zweiter Theil, München 1853, S. 909.

[104] Anselm Andreas Cammerer, Das Königreich Bayern in seiner gegenwärtigen Gestalt, Kempten 1838, S. 224.

Abb. 5. Johann Fidelius Schönlaub: Balthasar Neumann, 1842. München, Ruhmes-
halle, Mittelwand / Nr. 37. Foto: Bayerische Verwaltung der staatlichen Schlösser,
Gärten und Seen.

die von Nagler 1841 gefundenen Formulierungen, ohne zu einem eigenen, weitergehenden Urteil zu vorzustoßen.[105]

Vor dem Hintergrund einer lückenhaften Überlieferung, sowie gewiß noch ohne vertiefte Kenntnis und Kritik der Quellen, begann sich doch gegen Ende des 19. Jahrhunderts ein verstärktes Interesse an der Kunst des Barock zu regen. 1887 gelangte Richard Dohme in seiner groß angelegten „Geschichte der Deutschen Baukunst" zu einer erstaunlich weitsichtigen Einschätzung der Bedeutung Balthasar Neumanns. Ausgehend vom Rokokostuck und der Dekoration der Würzburger Residenz beklagte er zunächst das „Überschätzen dieser Seite des Bauwerkes". Er führte dann weiter aus: „Ihr Architekt, Johann Balthasar Neumann aber ist nicht so bedeutend als Dekorateur denn als Architekt; als solcher freilich einer der größten und fruchtbarsten Künstler des 18. Jahrhunderts. Sein im Jahr 1720 entstandener Entwurf zum Residenzschloß in Würzburg ist eine so ausgezeichnete Leistung, daß die beiden Pariser Künstler Robert de Cotte und Germain Boffrand […] sich später die Autorschaft des Ganzen beilegten." Die Erkenntnisse von Fritz Hirsch hinsichtlich von Neumanns Fähigkeiten als Dekorateur werden dabei ebenso vorweggenommen, wie das Kollektivismusproblem bereits anklingt. Daß zugleich mit de Cotte und Boffrand zwei Franzosen indirekt des Ideenraubes verdächtigt wurden, dürfte wenige Jahre nach dem Krieg von 1870/71 kaum verwundern.[106]

Cornelius Gurlitt urteilte ebenfalls noch sehr aus der ausschließlichen und unmittelbaren Anschauung der Denkmäler heraus. Er gelangte dabei zu einer eher passiven Beurteilung Neumanns als Künstler: „Eine merkwürdige Mischung aller der in Franken wirkenden Kunstanschauungen, das Erzeugniß der hier unter dem Einfluß brandenburgisch, protestantischer und süddeutsch-katholischer Fürsten sich vollziehender Vermählung der Gegensätze ist der Architekt Johann Balthasar Neumann". Immerhin apostrophierte Gurlitt Neumann als „den vielleicht größten Baukünstler seiner Zeit".[107]

Der Würzburger Stephan Wehnert schloß sich 1901 „mit Freuden" diesem Urteil Gurlitts an. In einem kurzen Beitrag für die Antiquitäten-Zeitung unter der Überschrift „Balthasar Neumann, ein Meister der Architektur" diskutierte der Autor zugleich die Frage, warum man „in vielen Kunstgeschichten, namentlich in den ältern […] vergeblich nach dem Namen Balthasar Neumann" sucht. Als Ursache konstatierte Wehnert, „daß die Kritik, die jene Zeit beurteilte, in welcher dieser Künstler lebte, mit ganz falschen Anschauungen neben den wirklichen Fehlern auch das gute und hervorragende vernichtend von sich warf. Tempora mutantur nos mutamur in illis! Heute sind wir uns klar und zum Bekennen wieder reif genug, dass jene Zeit und ihre Kunst, die man kurzweg oft zu verdammen beliebte, in sehr hoher Blüte stand".[108]

---

[105] Constant von Wurzbach, Biographisches Lexikon des Kaiserthums Oesterreich, Zwanzigster Theil, Wien 1869, S. 265 f.

[106] Richard Dohme, Geschichte der Deutschen Baukunst", Berlin 1887, S. 389.

[107] Cornelius Gurlitt, Geschichte des Barockstiles und des Rococo in Deutschland, Stuttgart 1889, S. 338 ff. und S. 352.

[108] Stephan Wehnert, Balthasar Neumann, ein Meister der Architektur, in: Antiquitäten-Zeitung 21, 1901, S. 162 f.

4. Mit der Absicht, „einem wirklich grossen und genialen Künstler jener Periode [des 17. und 18. Jahrhunderts] den gebührenden Platz in der deutschen Kunstgeschichte zu verschaffen", verfasste Joseph Keller 1896 die erste Monographie über Balthasar Neumann.[109] Mit diesem Buch – obwohl selbst noch weit entfernt von einem wirklich kritischen Ansatz – setzte die moderne kunstgeschichtliche Auseinandersetzung mit Balthasar Neumann ein. Leider überzeichnete Keller die Bedeutung seines „Helden" ins Geniale: So soll Neumann „seine Entwürfe bis ins kleinste Detail, ja bis zum Schlüssel herab selbst aus[gearbeitet haben …]. Er war nicht bloß Architekt, sondern auch Maler, Bildhauer, Dekorateur und Stuckateur in einer Person." Obwohl der Autor hiermit eine über lange Jahre nachwirkende falsche Fährte gelegt hatte, beruht der Wert dieser sogenannten „Studie" insbesondere darin, daß Keller ein erstes, durchaus nicht nur aus der lokalgeschichtlichen Überlieferung, sondern aus den archivalischen Quellen gewonnenes Oeuvre-Verzeichnis lieferte. Es liegt auf der Hand, daß eine solche Liste bienenfleißiger Sammeltätigkeit im Laufe der kunstgeschichtlichen Forschung manche Korrektur erfahren musste. Hinsichtlich des Verhältnisses Lucas von Hildebrandt und Balthasar Neumann psychologisierte Keller jedoch nur verallgemeinernd und oberflächlich: „[…] auf der einen Seite ein alternder, jedem neuen und aussergewöhnlichen Gedanken abholder Theoretiker, auf der anderen Seite ein in der ersten Manneskraft stehender, bis zur Verwegenheit kühner, mit den neuesten Hilfsmitteln bekannter und sie verwendender Praktiker".

Mit Keller setzte eine weitere Auseinandersetzung mit Neumann insbesondere in der lokalen Literatur ein. Noch im gleichen Jahr 1896 würdigte Theodor Henner den Baumeister 1896 in den für damalige Verhältnisse aufwändig illustrierten „Altfränkischen Bildern".[110] Gleichwohl merkt man gerade diesem Text bei aller panegyrischen Überzeichnung durchaus eine gewisse Distanziertheit gegenüber der Baukunst des Barock und des Rokoko an: „Ausgehend von den großartigen Bauten des Barockstiles, wie er sie besonders in Wien schauen konnte, wußte er auf solidester technischer Grundlage und mit feinstem Schönheitssinn jene im Ganzen noch strengeren Formen mit der neuen, von Frankreich ausgehenden, vorwiegend dekorativen, als Rococo bezeichneten Richtung zu verschmelzen".

Jacob Wille, der als einer der ersten Wissenschaftler die schriftlichen Zeugnisse von Neumann systematisch ediert und ausgewertet hat, charakterisierte den Baumeister 1899 mit den Worten: „Praxis geht ihm über Theorie, That über Worte […] Aus seinen Briefen spricht der Mann der reichen Erfahrung und der That mit nüchterner Klarheit und starkem Willen".[111] Den meisten der nachfolgenden Autoren fehlte jedoch häufig genug die fachliche Basis für ein eigenes Urteil. Vor solchem dürftigen Hintergrund wucherten die Mutmaßungen über Neumann bald ins Kraut. Im Rahmen einer Skizze über das „Künstlerdreigestirn" Auwera, Neumann und Tiepolo schrieb ein unbekannter Autor im Jahr 1903: „Fürstbischof Johann Philipp Franz von Schönborn in Würzburg erkannte seine Genialität, ließ ihn noch ausbilden und er wurde so-

---

[109] Keller, Neumann (wie Anm. 58), SS. VI, 29, 66 und 94 ff.

[110] Theodor Henner, Porträt des Architekten Balthasar Neumann, in: Altfränkische Bilder, Würzburg 1896, S. 6 f.

[111] Jacob Wille, Briefwechsel Balthasar Neumanns mit Kardinal Schönborn (1728–1730) nebst einer Denkschrift von 1749, in: Zeitschrift für die Geschichte des Oberrheins XIV, 1899, S. 465 f.

zusagen in Folge seiner großen Kenntnisse im Hause Schönborn Familienarchitekt. Was er namentlich in dieser Eigenschaft schuf, kann den Leistungen der berühmtesten Baumeister an die Seite gestellt werden."[112] Trotz mancher Anstrengungen war Neumann noch längere Jahre nur einem kleinen Kreis von Fachleuten näher bekannt. Davon zeugt unter der bezeichnenden Überschrift „Balthasar Neumann. Ein hundert Jahre lang Vergessener" anschaulich die kurze Skizze eines Anonymus in der Zeitschrift „Alt-Bamberg" von 1904/05: „Wenn man es vor wenigen Wochen noch auf eine Probe hätte ankommen lassen und Umfrage halten wollen: Wer war Balthasar Neumann?, da würde – wir wagen dreist es zu behaupten – die Zahl derer, die Bescheid gewußt, nicht über wenige Dutzend hinausgekommen sein."[113]

Georg Dehio hat wesentlich zu einer Verbreiterung des Wissens über Balthasar Neumann beigetragen. Der Kunsthistoriker schrieb 1905 im ersten Band „Mitteldeutschland" des von ihm begründeten „Handbuches der Deutschen Kunstdenkmäler" über Neumann: „Der Stil seines Werks ist wesentlich ein persönlicher auf Grund der internationalen Barocküberlieferung." Im Falle der Würzburger Residenz hob er hervor: „Die Einzelformen sind durch Reinheit der Zeichnung und besonders durch richtig gewählten Grad des Reliefs ausgezeichnet. Einigermaßen manieriert der reicher behandelte Mittelgiebel." Lediglich „in der inneren Einteilung, doch wesentlich nur in dieser, hat Neumann verschiedenen Ratgebern, namentlich de Cotte und Boffrand, nachgeben müssen." Interessanterweise erscheint weder der Name Welschs noch Hildebrandts im Zusammenhang mit Neumann.[114]

Die von Otto Weigmann 1906 vorgelegte Biographie Balthasar Neumanns zeichnet sich durch bemerkenswerte Kenntnis der schriftlichen Quellen zu den Bauwerken aus. Sie erschien allerdings erst in einem Nachtrag (!) zur „Allgemeinen deutschen Biographie". Weigmann formulierte sorgfältig abwägend. Dennoch ist sein Resumée von den Idealen des herrschenden preußischen Zeitgeistes durchwirkt: „Vom Glockengießergesellen hatte sich N. mit eiserner Energie [...] zum fürstlichen ‚Premier=Architekt und Baudirector‘ emporgearbeitet. Daß er sich in dieser Stellung mehr als ein Menschenalter behaupten konnte, verdankte er ebensosehr seinen hervorragenden künstlerischen Fähigkeiten, wie seinen trefflichen Charaktereigenschaften. Gewissenhafte Pflichterfüllung, strengste Rechtlichkeit, peinliche Genauigkeit und eine goldene Ehrlichkeit zeichneten die Amtsführung des Mannes aus [...]".[115]

Einem unkritisch-idealisierenden Genie-Gedanken huldigte 1906 sogar noch Karl Wild. Dieser zeichnete im Zusammenhang mit seiner kenntnisreichen, aus den Archivalien gewonnen Arbeit über „Staat und Wirtschaft in den Bistümern Würzburg und Bamberg" ein knappes Bild aller möglicher Eigenschaften Neumanns, nur nicht die eines Baumeisters: „Neumann besaß eigene industrielle Fertigkeit; er war ein ausgezeichneter Stück= und Glockengießer, ein phantasievoller Pyrotechniker und Dekorateur. Man weiß nicht, ob man die Vielseitigkeit seines Könnens oder die Vollkommen-

[112] N. N.: Ein Künstlerdreigestirn, in: Alt-Fränkische Chronik in Wort und Bild 3, 1903, S. 12 f.
[113] N. N.: Balthasar Neumann. Ein hundert Jahre lang Vergessener, in: Alt-Bamberg 7, 1904/05, S. 333–352.
[114] Georg Dehio, Mitteldeutschland (Handbuch der Deutschen Kunstdenkmäler I), Berlin 1905 (Nachdruck München 1991), SS. 316 und 334–336.
[115] Otto Weigmann, Neumann, Balthasar, in: Allgemeine deutsche Biographie 52, 1906, S. 679.

heit im einzelnen mehr bewundern soll. Er war für seine Zeit der technische Genius Frankens, und sein Herr wußte wohl, welche schätzenswerte Kraft er an ihm besaß. Freilich nahm er alle großen Leistungen Neumanns als einen Ausfluß seiner Herrschergewalt für sich in Anspruch; er war immer der Gebietende und jener der Diener“.[116]

Fritz Hirsch gebührt das Verdienst der ersten nach sachlich-kritischen Gesichtspunkten ausgerichteten Monographie über Balthasar Neumann. Unter der Grundannahme, dass „Skizzen an sich den wertvollsten Schlüssel zur Analyse des geistigen Vorganges jedes künstlerischen Schaffens darstellen“, legte er 1912 eine Studie zum sogenannten Skizzenbuch Balthasar Neumanns vor.[117] Im Untertitel nannte er seine Arbeit einen „Beitrag zur Charakteristik des Meisters und zur Philosophie der Baukunst“. Im Grunde wollte Hirsch zwischen „Kunst“ und „Können“ unterscheiden: „Die sorgfältige Ausführung, in welcher das Kunstwerk ins Leben tritt, ist wichtig genug; wichtiger aber erscheint die der Ausführung vorausgehende Intention, und diese wird uns eben vollkommen überliefert nur durch die Skizze.“ Hirsch versuchte herauszuarbeiten, dass Neumann die wenigsten, und dann eher die vom rein künstlerischen Standpunkt schwachen Architekturentwürfe eigenhändig gezeichnet habe. Überall dort, wo z. B. auch in Fragen der Ausstattung besondere künstlerische Leistungen gefordert waren, standen entsprechende Begabungen wie Byß oder Bossi an der Seite Neumanns. Hirsch interpretierte Neumanns Rolle als die eines „Paten“ (selbst wenn er dieses doppeldeutig zu verstehende Wort nicht ausdrücklich gebrauchte), der „mit geschickter, aber derber Hand die vielbewunderten Werke der Kunst und Technik aus der Taufe heben durfte“. Unberührt davon bleibt Neumanns überragende Leistung als Organisator und Ingenieur. Als Konsequenz seiner Schlüsse sah sich Hirsch „in die unangenehme Lage versetzt, aus der Ruhmeskrone des Meisters eine Zacke auszubrechen“.

Nicht ohne national-pathetischen Unterton und ausgesprochen geschmeidig, insgesamt jedoch die Fahne Neumanns trotz der durch Hirsch 1912 vom Zaun gebrochenen heftigen wissenschaftlichen Diskussion hochhaltend, erweist sich Wilhelm Pinder in den verschiedenen Ausgaben seines „Deutschen Barock“.[118] Balthasar Neumann bedeutete Pinder gleichsam die Zusammenfassung der „östlichen und westlichen Barockschulen“. Dieser hat „eine ganze Reihe von Landschaften“ beherrscht und ist doch „immer er selbst, ein schmiegsamer und starker Geist, ein wirkliches Genie der Baukunst.“ Weiter unten heißt es auf Hirsch anspielend: „Durch die im Gang befindliche, sehr erfreuliche Erforschung des westdeutschen Barockes wird Neumanns Größe nicht das Mindeste genommen. Es ist selbstverständlich, daß sein Name lange ein Sammelname gewesen ist, und es ist nur gut, daß ihm jetzt Schöpfungen entzogen werden, die seiner nicht würdig sind.“

---

[116] Karl Wild, Staat und Wirtschaft in den Bistümern Würzburg und Bamberg. Eine Untersuchung über die organisatorische Tätigkeit des Bischofs Friedrich Carl von Schönborn 1729–1746, Heidelberg 1906, S. 184.

[117] Fritz Hirsch, Das sogenannte Skizzenbuch Balthasar Neumanns, in: Zeitschrift für Geschichte der Architektur, Beiheft 8, Heidelberg 1912, bes. S. 47 ff.

[118] Wilhelm Pinder, Deutscher Barock, Düsseldorf & Leipzig 1912, S. XXII ff. (Königstein im Taunus & Leipzig 1924, SS. 26 f., 125 und Tafel 100 sowie 1943, SS. 24 f., 111 und Tafel 89, S. XXII ff.).

In späteren Ausgaben reagierte Pinder nur marginal auf die fortschreitende wissenschaftliche Diskussion zu Neumann: „Im Profanbau zeigt Neumann die gleiche lebendige Sicherheit, alles Große zum Besitze zu verarbeiten. Zwar dürfen wir ihn heute nicht mehr als alleinigen Schöpfer des Würzburger Schloßbaues ansehen. Ein ganzer höfischer Kreis hat mitgewirkt, und manches ist geradezu ein Werk des Lucas von Hildebrandt. Die große bindende Kraft aber, die das Ganze schließlich gemacht hat, bleibt Neumann, und mit seinem Namen wird diese vornehmste Leistung des deutschen Schloßbaus wohl doch immer verbunden sein. Zuletzt war er den großen Wienern nicht innerlich so fremd, daß er nicht einigend und harmonisch steigernd hätte wirken können [...]". Dieses Urteil Pinders über Neumann hatte Bestand und erfuhr deshalb in späteren Auflagen, etwa der von 1943, keinerlei Änderung.

Zu einer resümierenden Darstellung von Methoden und Zielen der – welche Überraschung – „gegenwärtige[n] Ueberschätzung des Barock" geriet Hans Tietzes ungemein geistreiche Besprechung von Karl Lohmeyers 1914 erschienener Monographie über Johannes Seiz.[119] Tietze zufolge ist seinerzeit „die ältere Tradition [der Erforschung des deutschen Barock ...] an vielen Orten ins Wanken geraten und neue sichere Grundlagen sind noch nicht gefunden; das einzige positive Resultat ist vorderhand, dass wir herzlich wenig über diese große, so wenig zurückliegende Periode wissen." Fast bedauernd klingt es, wenn Tietze fortfährt: „Berühmte Namen erblassen – die Feder, die F. Hirsch neuerdings dem großen Balthasar Neumann mit höflicher Verbeugung ausgerupft hat, war doch eine recht glänzende [...]". Indem Tietze Lohmeyers Buch dafür lobte, „daß es den Begriff des kollektiven Schaffens, das für den Barock so überaus charakteristisch ist, in reichlicher Weise illustriert und vertieft", zeigte er anschaulich in der sprachlichen Zuspitzung auf das von ihm geprägte Wort des „künstlerischen Kommunismus" die Wurzeln dieser Sicht der Kunstgeschichte in den geistigen Strömungen des 20. Jahrhunderts auf.

Ein erstes Fazit der über Neumann seit 1896 erschienenen Schriften zog 1916 Victor Kurt Habicht: „Der Künstler wird uns als eine Persönlichkeit faßbar, die in ihrer Frühperiode eigentlich nur im Festungsbau heimisch geworden ist, die den mathematisch geschulten Techniker auch später nie verleugnet und die der Veranlagung entsprechend ihr Bestes und Eigenstes nur in Raumschöpfungen gegeben hat."[120] Mehr als deutlich kündigt sich jene Einschätzung an, wie sie 1923 Richard Sedlmaier und Rudolf Pfister in ihrem Buch über die Würzburger Residenz manifest werden ließen.

Von besonderem Interesse in unserem Zusammenhang erscheint außerdem der Grundtenor von Habichts Anliegen. Seiner Meinung nach „hieße es Tatsachen leugnen", wenn man die „Voreingenommenheit" gegenüber der „Kunst des Barock in Deutschland nicht zuletzt auf den angeblich ausländischen Charakter derselben zurückführen wollte [...] Das wertvollste Ergebnis der jüngsten Forschungen auf diesem Gebiete beruht nun aber gerade in der Aufhellung der Tatsache, daß die Kunst der Barockzeit, vor allem die Architektur in Deutschland auch durchaus ihre eigenen Wege gegangen ist." Im speziellen Falle versuchte Habicht zu belegen, daß der künstleri-

---

[119] Hans Tietze, Besprechung zu Karl Lohmeyer, Johannes Seiz, Heidelberg 1914, in: Kunstgeschichtliche Anzeigen. Beiblatt der Mitteilungen des Instituts für Österreichische Geschichtsforschung, 1913, S. 138–141.
[120] Victor Curt Habicht, Die Herkunft der Kenntnisse Balthasar Neumanns auf dem Gebiete der „Civilbaukunst", in: Monatshefte für Kunstwissenschaft IX, 1916, S. 46–61.

sche Werdegang Neumanns, einem der „bedeutenderen Künstler […] geradezu von einem fortgesetzten Ringen mit den ausländischen Vorbildern" gekennzeichnet ist. „Bei näherem Zusehen ergibt sich eine auffallende Parallele zur Gotik". Am Ende seiner, „die Herkunft der Kenntnisse Balthasar Neumanns auf dem Gebiete der ‚Civilbaukunst'" untersuchenden Schrift, gelangte Habicht zu dem Ergebnis, daß der vom Festungsbau zur Zivilbaukunst überschwenkende Architekt „sein Werden – in übrigens typisch deutscher Weise – den gerade zur rechten Zeit erscheinenden theoretischen Schriften" verdankte.

Vor dem Hintergrund dieser Diskussion erörterte Georg Eckert 1917 in seiner Würzburger Dissertation über die Residenzpläne eingangs die Frage der „künstlerischen Entwicklung" des Baumeisters: „Neumann war bereits ein Fertiger, als er nach Würzburg kam, wenn auch noch nicht gereift. […] Es war ein glückliches Zusammentreffen, daß die Schönborns gerade damals zur Regierung kamen; Neumann musste um 1719 bereits Bedeutendes geleistet haben, und Johann Philipp Franz von Schönborn erkannte sofort in ihm das Genie […]". Lucas von Hildebrandt attestierte Eckert „ein lebhaftes Temperament und eine sprudelnde Phantasie." Neumann dagegen war für ihn „mehr der denkende Kopf, dem eine anschauliche Klarheit der künstlerischen Empfindung angeboren war".[121]

Zu ganz anderen, für Neumann weniger schmeichelhaften Ergebnissen gelangte dagegen Richard Sedlmaier anlässlich seiner Rezension von Eckerts Dissertation: „Seit 1730 Friedrich Carl Hildebrandts Mitwirkung herbeiführt, scheint Neumann ganz deutlich aus der Stellung des selbständigen schöpferischen Künstlers verdrängt […] Neumann ist für Friedrich Carl der Sachwalter in Würzburg, der Ausführende, der Organisator von unentbehrlichen Fähigkeiten, nicht der verehrungswürdige schöpferische Künstler. Neumann unterliegt Hildebrandt überall, wo es sich nicht um das Bautechnische, sondern um das Organisch=Künstlerische, Formenschöpferische handelt".[122] Das, was als „Kollektivismus-Streit" in die Neumann-Literatur eingegangen ist, war damit öffentlich zum Ausbruch gekommen.

Auch Karl Lohmeyer, seinerzeit einer der besten Kenner des Werkes von Balthasar Neumann, griff bald in diesem Tenor die Diskussion ein, wußte dabei jedoch zu nuancieren. Im Februar 1920 untersuchte er Neumanns Beziehungen zu Kurtrier und folgerte: „[…] es muß als Tatsache übernommen werden, daß in den Bauten der rheinischen Lande uns viel reiner das eigentliche Wesen des Künstlers [Neumann] entgegenblickt als eben in den Würzburger Werken der Residenz und der Schönborn-Kapelle, bei denen sich die Kunst zweier großer Meister einer älteren Generation, die von Joh. Lukas von Hildebrandt aus Wien und von Maximilian von Welsch aus Mainz, mit der seinen mischt, und so etwas prunkenderes und formvollenderes entstehen musste, als in seinen ureigensten Bauten. – Auch selbst bei Werneck war noch der Einfluß Hildebrandts nicht gebrochen. – Aber im Kurtrierischen galt nur er allein, und niemand hatte in seine Pläne hineinzureden".[123]

Karl Lohmeyer und Richard Sedlmaier waren unter den ersten, die klar ausgesprochen haben, daß Balthasar Neumann „nicht mehr so rückhaltlos wie bisher als der

[121] Georg Eckert, Balthasar Neumann und die Würzburger Residenzpläne, Straßburg 1917, SS. 23 und 149.

[122] Richard Sedlmaier, Rezension von Eckert (wie Anm. 121), in: Frankenland 6/7, 1919/20, S. 229.

[123] Lohmeyer, Kurtrier (wie Anm. 49), S. 17 ff.

Architekt dieser in kollektivistischer Arbeit sich erhebenden rheinisch-fränkischen Hauptresidenz gelten" könne.[124]

Parallel zu Lohmeyer arbeiteten Richard Sedlmaier und Rudolf Pfister wohl bereits seit 1916 an ihrer erst 1923 im Druck erschienenen Monographie zur Würzburger Residenz. Sie publizierten darin eine bis dahin nicht gekannte Fülle archivalischen Materials und Architekturzeichnungen. Vieles davon verdankten sie den Exzerpten des Würzburg-Kenners G. H. Lockner. Ein wesentlicher Aspekt dieser gerade deswegen heute noch unentbehrlichen Leistung des voluminösen Werkes berührt jedoch die Frage nach der Stellung Balthasar Neumanns bei Planung und Errichtung des Residenzbaues. Nachdem sich das Erscheinen dieses Buches mit all seinen Detailnachweisen zeitbedingt verzögern sollte, griffen Richard Sedlmaier und Rudolf Pfister durch Einzelbeiträge mehrfach in die Diskussion ein. Ein erster, vom 8. Dezember 1920 datierter Beitrag wurde am 8. Januar 1921 im „Zentralblatt der Bauverwaltung" veröffentlicht. Apodiktisch und vernichtend zugleich heißt es am Schluß über Neumann: „Dieser als Architekt bisher maßlos überschätzte Festungsbaumeister und Ingenieur wird als planender Künstler aus der Residenzbaugeschichte vollkommen auszuscheiden haben, und er wird nach kritischer Prüfung seiner Urheberschaft an der Unzahl der übrigen ihm zugeschriebenen Werke in der deutschen Barockbaugeschichte einen ganz anderen Platz einnehmen müssen, als das bisher auf Grund der aus Irrtümern zusammengesetzten Monographie Kellers der Fall war. Dies gedenken wir in Kürze ausführlich nachzuweisen".[125] Kaum eine Woche später erschien am 14. Januar 1921 in der Zeitschrift „Kunstchronik und Kunstmarkt" ein weiterer Artikel der beiden Wissenschaftler gleichen Inhalts.[126]

Kurz darauf unterstrichen die beiden Autoren am 4. Februar 1921 in der gleichen Zeitschrift ihre Kritik an der Beurteilung Neumanns durch die Kunstgeschichte erneut: „Neumann ist nicht der geistige Schöpfer der Würzburger Residenz. Neumann ist auch kein künstlerisch=schöpferisches ‚Genie der Baukunst' […] gewesen. Neumann war ein genialer Konstrukteur, ein glänzender Organisator, ein Baubeamter von riesiger […] Arbeitskraft". Weiter heißt es: „Die Würzburger Residenz ist der machtvollste Ausdruck der Epoche der Vereinigung der großen internationalen Strömungen. Ihr Ableger Werneck, das unzweifelhafte und beste Werk Neumann's, bringt sein System der Verarbeitung fremder (hier vorwiegend wienerischer) Einflüsse am klarsten zur Anschauung; aber gerade die Wernecker Schloßkapelle ist räumlich (mit ihren schachtförmigen ‚Resträumen') das eindeutigste Zeugnis dafür, wie Neumann das innerlichste künstlerische Problem der Epoche, den Ausgleich des kurvigen Innenraumes mit dem rechteckigen Außenmantel so gar nicht organisch, sondern nur verstandesmäßig, d. i. künstlerisch überhaupt nicht zu bewältigen vermag. Die elementare Glut deutschen Barockschaffens hat er nie gefühlt".[127]

[124] Karl Lohmeyer, Johann Lukas von Hildebrandt und das Mannheimer Schloß, in: Mannheimer Geschichtsblätter XXI, 1920, Heft 11/12, Sp. 126 ff.

[125] Rudolf Pfister und Richard Sedlmaier, Balthasar Neumanns Bild in der deutschen Baugeschichte, in: Zentralblatt der Bauverwaltung, 8. 1. 1921, S. 18.

[126] Rudolf Pfister und Richard Sedlmaier, Balthasar Neumanns Anteil an der Würzburger Residenz, in: Kunstchronik und Kunstmarkt 16, 14. 1. 1921, S. 312 f.

[127] Richard Sedlmaier und Rudolf Pfister,: Balthasar Neumann's Stellung im deutschen Barock, in: Kunstchronik und Kunstmarkt 19, 4. 2. 1921, S. 361–366.

Walter Boll griff derartige Gedanken auf und hob insbesondere darauf ab, daß Neumann zur Zeit der grundlegenden Planungen der Würzburger Residenz um 1720 noch kaum nennenswerte eigene Leistungen vorzuweisen hatte. Boll kam zu dem Ergebnis: „Von Neumann hören wir bei all den Konferenzen kaum ein Wort. Der in der Architektur noch wenig erfahrene Ingenieurleutnant bleibt neben so berühmten Architekten wie Welsch und Hildebrandt unbeachtet und wird wohl hauptsächlich beim Zeichnen der Risse und Überbringen der Bauberichte" mitgewirkt haben. Abschließend wiederholte Boll das Verdikt, daß Neumann „als geistiger Schöpfer der Residenzplanung [...] auszuscheiden" hat.[128]

Insbesondere der sich persönlich angegriffen fühlende Georg Eckert reagierte unmittelbar und mehrfach auf die von Sedlmaier und Pfister Anfang 1921 im Vorgriff auf deren Residenz-Monographie veröffentlichten Hauptergebnisse. Am 13. April 1921 meldete sich Eckert auf der ersten Seite der Münchner Neuesten Nachrichten zu Wort. Er schlug dabei ausgerechnet im Herzen von Altbayern einen bemerkenswert frankophilen Ton an, gelangte dabei jedoch über emotional gefärbte und kryptisch formulierte Argumente kaum hinaus: „Viele Stimmen aus dem Rheinlande [Lohmeyer?] gaben ihrer Entrüstung Ausdruck, daß gerade von Würzburg aus, einer der Hauptwirkungsstätten Neumanns, seine künstlerische Entthronung versucht werde; aber so sagen sie, wenn Würzburg seinen Neumann nicht mehr will, dann nehmen wir ihn für uns in Anspruch; denn wir wissen, was er uns war und was er in den Rheinlanden geleistet hat. Wir Würzburger sind aber doch mit Ausnahme von wenigen keineswegs gesinnt uns den Glauben an die Künstlerschaft Neumanns rauben zu lassen".[129]

In einem späteren Beitrag reklamierte Eckert für Neumann weiterhin eine entscheidende Position bei Planung und Ausführung der Bauwerke. Er stellte den Baumeister dazu als den Sammelpunkt und das Gefäß hin, „in dem alle die verschiedenen Strömungen zusammenflossen, sich vermischten und so ihre letzte Gestalt erhielten". Außerdem attestierte er Neumann eine „starke, von einer ungeheuren Sachlichkeit getragene Künstlerpersönlichkeit [...], die alle an dem Bau mitwirkenden Künstlernaturen in ihren geheimen Bann zu bringen wußte".[130]

Im gleichen Jahr untersuchte Eckert im Repertorium für Kunstwissenschaft insbesondere jene Argumente, die die Demontage Neumanns begründeten. Archivzitat gegen Archivzitat abwägend und bewertend, kam er allerdings nicht recht weiter, zumal die beiden Veröffentlichungen von Lohmeyer zu den Briefen und Sedlmaier / Pfister über die Würzburger Residenz damals noch nicht erschienen waren.[131] Sich selbst zitierend, aber ohne neue Argumente zu bringen, bekräftigte Eckert 1921 in der Kunstchronik seine Kritik an den Ergebnissen von Sedlmaier und Pfister und wiederholte einmal mehr, daß „der Versuch als verfehlt bezeichnet werden [muss], Neumann [...]

---

[128] Walter Boll, Balthasar Neumann und die Vorgeschichte des Würzburger Residenzbaues, in: Frankenland 8, 1921, S. 29.

[129] Georg Eckert, Die Lösung der Balthasar=Neumann=Frage, in: Münchner Neueste Nachrichten 156, 13. 4. 1921, S. 1.

[130] Georg Eckert, Balthasar Neumann und die Würzburger Residenz, in: Repertorium für Kunstwissenschaft XLIII, 1921, S. 108.

[131] Eckert, Neumann (wie Anm. 130), S. 99 ff.

als künstlerischen Schöpfer der Würzburger Residenz vollständig auszuschalten“.[132] In diesem für das Neumann-Bild hektischen Jahr 1921 bot schließlich eine Ausstellung von „annähernd 150 Originalzeichnungen und Stichen und einigen Modellen“ in dem seinerzeit neu eröffneten Residenzmuseum in Würzburg nicht nur der Fachwelt eine gute Gelegenheit, sich mit dem „in letzter Zeit viel umstrittenen Architekten“ Neumann auseinanderzusetzen.[133]

Mit engagierter Stimme meldete sich am 3. März 1921 Hans Karlinger auf der Titelseite der Münchner Neuesten Nachrichten zu den Fragen „um Balthasar Neumanns Künstlertum“ zu Wort. Obwohl er akzeptierte, daß das von Keller 1896 gezeichnete, genialisierende Neumann-Bild „auf die Dauer einer mehr nüchternen Anschauung Platz machen musste“, sorgte er sich jedoch zunächst darum, daß „die kritische Skala ins Gegenteil umzuschlagen“ scheint. Karlinger warf dann einen naheliegenden, aber bis dato unberücksichtigten Gedanken in die Diskussion. Er wandte sich insbesondere dagegen, daß Sedlmaier und Pfister in einer Vorankündigung ihres Residenzwerkes vom 4. Februar 1921 Neumann als „künstlerisch=schöpferisches Genie der Baukunst“ abgelehnt hatten. Als einer der wenigen Fachleute der zwanziger Jahre erkannte er den „geschichtswidrigen“ und vom Zeitgeist bestimmten Tenor dieses Gelehrten-Streites um den Baumeister: „Hätte Neumann im 19. Jahrhundert gelebt, so wäre die von Sedlmaier-Pfister ihm zugedachte Rolle eines genialen Konstrukteurs, „der das Durchschnittsmaß der Zeit weit Ueberragendes leistet“, anstatt eines „formschöpferischen Künstlers“ denkbar. Innerhalb des 18. Jahrhunderts scheint mir aber solche Zertrennung durchaus geschichtswidrig“.[134]

Aus der Sorge heraus, in seiner nuancierenden Beurteilung Neumanns missverstanden worden zu sein, griff Karl Lohmeyer im März 1921 erneut ein und resümierte noch einmal den Planungsverlauf der Würzburger Residenz aus seiner Sicht. Er unterstrich dabei zwar seinen kollektivistischen Grundansatz, suchte jedoch einen vermittelnden Weg zwischen den verschiedenen Positionen: „Im Wettstreit der ersten Architekten der Welt ist er [i.e. Neumann] beim Würzburger Residenzbauwesen selbst groß geworden, als ein Schüler in erster Linie M. von Welschs und Hildebrandts, nicht ohne dass er von Westen her den erkaltenden Einfluß des Klassizismus bereits in sich aufnahm [...] Diese beim Würzburger Bauwesen durchgemachte, wahrhaft glänzende Schule hat ihn dann befähigt, von etwa 1730 ab, als der alternde Welsch nacheinander vom Schauplatz abtrat, die erste Autorität sowohl im Zivil= wie im Festungsbauwesen in Rheinland und Franken zu werden, die er einmal ist und bleibt; sie hat ihn auch befähigt, alle seine Paläste und Kirchenhallen in jenen Landen emporsteigen zu lassen, von Vierzehnheiligen zu Neresheim, von Werneck angefangen bis zu seinem restlosen Hauptwerk Schönbornslust am Rhein“.[135]

---

[132] Georg Eckert, Balthasar Neumann und die Würzburger Residenz, in: Kunstchronik und Kunstmarkt N.F. 33, 1921/22, S. 69.

[133] Georg Eckert, Das Würzburger Residenzmuseum und die Balthasar-Neumann-Ausstellung, in: Zentralblatt der Bauverwaltung, 13. 8. 1921, S. 401 ff.

[134] Hans Karlinger, Um Balthasar Neumanns Künstlertum, in: Münchner Neueste Nachrichten 74, 3. 3. 1921, S. 1.

[135] Karl Lohmeyer, Aus den ersten Baujahren der Würzburger Residenz, in: Die Brücke, Monatszeitschrift zum Heidelberger Tageblatt 1921, Nr. 3, S. 20–22.

1921 erschienen endlich Karl Lohmeyers „Briefe Balthasar Neumanns an Friedrich Karl von Schönborn". Die darin enthaltene Fülle von authentischen schriftlichen Äußerungen des Baumeisters zeichnete trotz der Tatsache, daß die große Zahl der ebenfalls im Bestand „Bausachen" des Würzburger Staatsarchives überlieferten „Antwort-Briefe" Friedrich Carls an Neumann nur in Ausnahmefällen im Anmerkungsapparat Erwähnung fanden, ein differenziertes und zugleich unentschiedenes Bild des weitgesteckten Arbeitsfeldes des Baumeisters. Lohmeyer bekräftigte bereits in den ersten Sätzen seiner Einleitung erneut, daß Neumann „nicht mehr schlechthin wie bisher als der Architekt der Würzburger Residenz im landläufigen Sinne gelten" kann. Ausgesprochen bemerkenswert ist jedoch, daß der Autor dann in einem seiner letzten Sätze an versteckter Stelle zugleich dazu aufrief, „mit der abschließenden Würdigung unseres Meisters zu warten", bis ein von ihm gemeinsam mit Walter Boll geplanter „2. Band mit Briefen und Dokumenten aus dem Zeitalter B. Neumanns" erschienen ist.[136] Dazu kam es jedoch nie.

Die teilweise ausgesprochen persönlich geführte Diskussion um die Einordnung Balthasar Neumanns und seines Werkes schlug Wellen weit über das engere Fach der Kunstgeschichte hinaus. Am 20. Juli 1921 gab Hermann Graf in der „Deutschen Bauzeitung" einen subjektiv gefärbten Überblick über den Stand der damaligen Erkenntnis. Alleine auf das schriftliche Quellenmaterial fixiert, resümierte Graf schließlich ablehnend: „Die Briefe und Zeichnungen Neumanns von seiner Pariser Studienreise enttäuschen jeden, der den überragenden Baukünstler sucht. Auch als ‚Stuckhmajor' bis 1729 und als ‚Oberst' danach war er nichts Anderes als bauleitender Verwaltungsbeamter, was auch aus der späteren ‚Baukorrespondenz' mit Friedrich Carl klar hervorgeht".[137]

Einen ganz wesentlichen Aspekt der Neumann-Diskussion – die augenscheinlich unüberbrückbare Auseinandersetzung von archivalischer Überlieferung und Kennerschaft – sprach V. Würth 1921 gelegentlich eines Beitrages über Neumanns künstlerische Urheberschaft an der Kirche von Hofheim im Ried an: Die Urkunden, die „selbst dem Spürsinn und (geradezu sprichwörtlichen) Finderglück Lohmeyer's entgangen waren", haben „der feinen stilanalytischen Witterung Dehio's gegen Lohmeyer und Dammann recht gegeben".[138]

Ein ausgesprochener Kenner war gewiß Max Hauttmann, der Balthasar Neumann in seiner 1921 erschienenen „Geschichte der kirchlichen Baukunst […]" breiten Raum verschaffte. Vorsichtig formulierend wußte er Neumann in jenen unter den Schönborn-Fürsten in der Baukunst Frankens eingezogenen „Internationalismus" einzuordnen, „in dem die beiden Brennpunkte mitteleuropäischer Kunst, Wien und Paris, sich berühren". Neumann attestierte Hauttmann ein starkes „Bildungselement, das den Grundzug seines Wesens und seines Schaffens ausmacht". Dieses „verlangt nach Anregungen von allen Seiten und weiß die verschiedenartigsten Einflüsse in sich aufzunehmen. Unter ihnen kommt dem, was ihm Franken an heimischer Bautradition zu

[136] Lohmeyer, Briefe (wie Anm. 38), S. III und S. 245.

[137] Hermann Graf, Die Bedeutung Balthasar Neumanns in der Baugeschichte des süddeutschen Barock, in: Deutsche Bauzeitung 55, Nr. 57, 20. 7. 1921 S. 253 f.

[138] V. Würth, Zu Balthasar Neumann, in: Kunstchronik und Kunstmarkt 47, 19. 8. 1921, S. 843.

übergeben hatte, der bescheidenste Platz zu.“[139] Diesen „übernationalen“ und weit über die eigene Zeit hinaus strahlenden Charakter der Baukunst Neumanns sprach Hauttmann in seinem Fazit anläßlich der Besprechung von Neresheim erneut an: „Selten ist es dem Schaffen eines Lebens gewährt sich zu krönen mit einem Werk, in das gewissermaßen die Gesamtleistung dieses Lebens eingeht, zu dem alle Linien hindrängen. In Neresheim erscheint so das Kirchenbauwerk Balthasar Neumanns zusammengefaßt […] Ausgegangen vom französischen Akademismus der Boffrand und Cotte, der bis zu Neresheim nachwirkt, hat sich Neumann, Deutsches in den verschiedensten Formen, nicht zuletzt auch in mittelalterlicher Fassung in sich aufnehmend, mit Vierzehnheiligen am weitesten von der Klassik entfernt, um nun wieder in die erste Richtung umzubiegen. Aber das ist nicht mehr französisch=italienischer Klassizismus, wenn in Neresheim die trotz der armseligen Ausführung in Holz unerhört großartigen Säulenpaare sich zu schließen streben und aus dem Raumgewoge die Erscheinung eines Rundtempels auftaucht – nicht geschmäcklerischer Eklektizismus und akademische Regelrichtigkeit, nicht starres Nacheifern eines archäologischen Vorbilds: Im Höhepunkt der Symphonie ein Ton ähnlich dem, der am Eingang mit St. Michael erklungen ist, ein lebendiger Hauch antiken Geistes. Im gleichen Augenblick hat deutsches Denken mit Winckelmann die Antike neu erschaut. – Rott und Wies gehören als nationale Lösungen der abendländischen Geschichte an. Neresheim ist übernational, es trägt wahrhaft weltbürgerlichen Charakter“.[140]

Vor allem in diesen letzten Sätzen modifizierte Hauttmann den Altmeister der deutschen Kunstgeschichte, Georg Dehio, auf bemerkenswerte und den nationalen Aspekt des Zeitgeistes berührende Weise. Dehio hatte nämlich bereits 1908 in der ersten Auflage des Bandes III, „Süddeutschland“, des von ihm begründeten „Handbuches der deutschen Kunstdenkmäler“ am Beispiel von Neresheim zunächst den europäischen Aspekt der Baukunst Neumanns angesprochen und war dann fortgefahren: „Der Vater des Barock, Michelangelo, hat in Neumann einen kongenialen Enkel gefunden, ebenso in der Größe der Konzeption wie in der Nichtachtung der gewohnten Harmoniegesetze“.[141] Bei Hauttmann wurde aus Dehios vergleichsweise bescheidenem „europäischem Aspekt“ ein „weltbürgerlicher Charakter“. Andererseits ersetzte er den Hinweis auf Michelangelo und Rom durch St. Michael in München. Eindeutig handelte es sich bei Hauttmann um das Bemühen, die Baukunst eines Balthasar Neumann trotz aller „Weltbürgerlichkeit“ in eine aus deutschen Wurzeln genährte Entwicklung einzuordnen, die vom Mittelalter über die von Winkelmann mit „deutschem Denken“ neu erschaute Antike bis eben zu Neumann reicht.

Zur Versachlichung der ungewöhnlich heftig und breit ausgetragenen, weit das Fach Kunstgeschichte sprengende Diskussion trug 1922 die Habilitationsschrift „Spätbarock“ von Hans Rose bei. Der Autor arbeitete darin die europäische und zugleich die ganze Epoche des Spätbarock übergreifende Dimension kollektiven respektive kollektivistischen Planens heraus. Rose verknüpfte damit die (rhetorische) Frage

---

[139] Max Hauttmann, Geschichte der kirchlichen Baukunst in Bayern, Schwaben und Franken 1550–1780, München u. a. 1921, S. 193 f.

[140] Hauttmann, Geschichte (wie Anm. 139), S. 214.

[141] Georg Dehio, Handbuch der deutschen Kunstdenkmäler. Im Auftrag des Tages für die Denkmalpflege, III, Süddeutschland, Berlin 1908, S. 316. Ebenso 2. Auflage, Berlin 1920, S. 341.

nach dem Künstlertum Balthasar Neumanns: Nur ein „dem Persönlichen abgewandtes Zeitalter konnte der Nachwelt die Frage hinterlassen, ob das Meisterwerk der Epoche, die Würzburger Residenz, überhaupt von einem Künstler oder von einem militärischen Verwaltungsbeamten herrührt, eine Frage, die mit großem Aufwand an Beweismaterial neuerdings wieder diskutiert wird. Ich halte den Streit um das Künstlertum Balthasar Neumanns für müßig, insofern wir ihn nicht auf die Wertproblematik des Zeitalters überhaupt ausdehnen und unsere Anschauung von den künstlerischen Methoden des Spätbarock berichtigen nach den Verhältnissen, wie sie bei einem solchen Schloßbau vorgelegen haben. Abgesehen davon, daß der individuelle Gehalt dieser Denkmäler gering ist und schon ein geschmackvoller Eklektiker zu bemerkenswerten Kunstleistungen aufsteigen konnte; ferner, daß es hier nicht auf originelle Erfindung ankommt, sondern auf die Energie, mit der zahllose Vorbilder zusammengetragen und zu einem Ganzen verschmolzen werden, waren diese Standardbauten fast alle Kollektivprodukte. Läßt man Neumann als Künstler fallen, dann müßte man bis zu Perrault und Levau, d. h. bis zu den Begründern des Stils, allen Baumeistern das Prädikat ‚Künstler‘ abstreiten".[142]

Im Falle der Würzburger Residenz wurden die vertiefenden, die „Absetzung" Neumanns begründenden Quellenbelege erst in der 1923 endlich erschienenen Monographie zur Würzburger Residenz nachgereicht. Dies ist aus heutiger Sicht ausgesprochen bedauerlich, denn fatalerweise hatte sich die Diskussion längst verselbständigt. Richard Sedlmaier und Rudolf Pfister kamen in ihrem großen Buch leider nicht ohne polemisierende Untertöne aus. Einleitend hoben sie zum Beispiel hervor, daß Neumann „seinen Ruf als künstlerischer Schöpfer der Residenz […] einmal mehr der örtlich-mündlichen Überlieferung, dann der Würzburger Lokalliteratur, die es – wie kaum eine andere – mit der Wahrheit nicht genau zu nehmen pflegt, und nicht zuletzt der Neumann-Biographie Kellers […] " verdankt haben soll. Als Ergebnis ihrer eigenen, vornehmlich aus der Sichtung der Archivalien destillierten Einschätzung wiederholten die beiden Autoren ihre Überzeugung, „daß man Neumann für den Residenzplan aus der Reihe der künstlerisch-schöpferisch wirkenden Kräfte fast vollkommen streichen muss". Ausdrücklich anerkannten sie aber, „daß gerade bei einer solchen Vielheit von planenden und ausführenden Köpfen und Händen die Bauleitung und die Bewältigung des Technischen […] eine überragende geistig-organisatorische Leistung darstellt […]"[143]. 1925 zeichnete Rudolf Pfister noch einmal sein zurückhaltendes Neumann-Bild in groben, „holzschnitthaften" Zügen, allerdings erneut nicht ganz frei von Unsachlichkeiten. Für Pfister blieb Neumanns ein „genialer Techniker und glänzender Organisator". Wenn er allerdings als „das Wesentlichste" von Neumanns künstlerischer Einstellung behauptete, „daß Neumann von Haus aus ein fanatischer Klassizist und ein geborener Akademiker war", dann dienen solche Pointierungen gewiss nicht mehr der wissenschaftlich gebotenen Sachlichkeit und der Autor diskreditierte sich damit unnötig.[144]

---

[142] Hans Rose, Spätbarock, München 1922, S. 132 f.

[143] Richard Sedlmaier und Rudolf Pfister, Die fürstbischöfliche Residenz zu Würzburg, München 1923, S. 55–63.

[144] Rudolf Pfister, Historische Architektenbilder II, in: Baukunst 1, 1925, S. 135–137.

Vermutlich unter dem Eindruck von Roses Schrift nahm Walter Boll 1924 in seiner sorgfältigen Rezension von Sedlmaier und Pfisters Monographie im Gegensatz zu früheren eigenen Beurteilungen eine überraschend vorsichtig abwägende Position ein: „Gewiß, Neumann kann nicht als geistiger Schöpfer des Residenzbaues bezeichnet werden, aber es geht nicht an, ihn aus den Mitarbeitern zu streichen und ihm jede selbständige Idee abzusprechen". Weiter heißt es: „Mit einer entscheidenden Mitarbeit Neumanns ist trotz der Vormachtstellung Hildebrandts stets zu rechnen". Boll zeigte dann unter anderem am Beispiel der Hofkirche auf, daß weder aus dem erhaltenen Planmaterial, noch aus den Briefstellen „Endgültiges für die Autorschaft der Hofkirche" entnommen werden kann. Schließlich stellte er die Frage in den Raum, warum „überall dort, wo Neumann tätig war, trotz der verschiedenen ausführenden Künstler in der Gesamtauffassung stets der gleiche Geist zu erkennen ist, eben das, was man den Neumannstil nennt?"[145]

Bruno Grimschitz wollte die Leistung Balthasar Neumanns wesentlich höher einschätzen, als seine Kritiker. In einer Besprechung des Residenz-Werkes von Sedlmaier und Pfister sowie Walter Bolls 1925 erschienener Arbeit über die Würzburger Schönbornkapelle setzte sich Grimschitz mit dem kollektivistischen Problem ebenfalls auseinander. Bei grundsätzlicher Anerkennung der wissenschaftlichen Leistung der genannten Autoren kritisierte Grimschitz gleichwohl, daß es in beiden Fällen nicht gelungen ist, über die „Negation Neumanns" hinaus zu einer Klärung der Baumeisterfrage zu gelangen. In einer Reihe von Einzelanalysen der Grundrisse, der Raumgrundlagen oder auch der Raumauffassung versuchte er Neumanns Leistung insbesondere gegenüber Hildebrandt, aber auch gegenüber Welsch und den Franzosen abzugrenzen und zu quantifizieren. Er kam dabei zu dem Schluß, „doch in Balthasar Neumann die treibende Kraft in der Raumentwicklung über die altertümlichen Vorstufen hinaus zu erblicken". Dennoch ließ erst das gegenseitige Überbieten der baukünstlerischen Lösungen des anderen den Residenzbau zur „Gipfelung der deutschen Barockarchitektur" werden.[146]

Zu den Verteidigern von Neumanns Künstlerschaft gehörte insbesondere Georg Dehio, der im neunten Buch seiner „Geschichte der deutschen Kunst" die Kritiker engagiert zurückwies und zugleich nach einer neuen Bewertung des Quellenmaterials verlangte: „Diese Behauptung beruht auf einer falschen Deutung des ‚Kollektivismus'. Die in großer Fülle beigebrachten Briefe und Akten enthalten nicht die ganze Wahrheit. In der Natur dieser Quellen liegt es, daß der ortsanwesende, mit den Bauherren täglich verkehrende Oberleiter des Baus nicht zum Worte kommt. Wäre der Bau so entstanden, wie die genannten Urkundenforscher es darstellen, so wäre er eine Mosaikarbeit, ein Pandämonium der verschiedenartigsten Geister. Kann man das glauben? Erkennt man nicht, dass über dem Ganzen eine beherrschende Persönlichkeit gewaltet hat, die sich zwar der Aufnahme fremder Gedanken nicht weigerte – es auch gar nicht konnte –, doch immer es verstand, sie so zu schmeidigen und zu bie-

---

[145] Walter Boll, Rezension von Sedlmaier/Pfister, Residenz (wie Anm. 143), in: Beiträge zur deutschen Kunst 1, 1924, S. 306–312.

[146] Bruno Grimschitz, Das kollektivistische Problem der Würzburger Residenz und der Schönbornkapelle am Würzburger Dom, in: Belvedere VII, Wien 1925, S. 13–22.

gen, dass das Gesetz des Ganzen ungebrochen blieb? Wer das konnte, war mehr als ein künstlerisch indifferenter ‚Organisator'".[147]

Obwohl Fritz Hirsch im Jahr 1912 mit seinem Beitrag über „Das sog. Skizzenbuch Balthasar Neumanns" den entscheidenden Anstoß zu einer Neubewertung des Baumeisters gegeben hat, griff er in den entbrannten Streit erst sehr spät wieder persönlich ein. Dazu veröffentlichte er 1928 in der „Zeitschrift für Geschichte der Architektur" eine Rezension des Residenz-Werkes von Sedlmaier und Pfister. Kategorisch erklärte er zu Beginn: „Die Frage der Autorschaft wenigstens, die einen so breiten Raum einnimmt, ist noch keineswegs restlos geklärt." Weiter unten beurteilte Hirsch Neumann metaphorisch als den „allumfassende[n] Geist […], der über den Wassern schwebt". Als Grund für seine Kritik an diesem Punkt der Arbeit über die Residenz nannte Hirsch u. a. die seinerzeit noch immer fehlende Monographie zu Maximilian von Welsch: „Solange wir uns von der Tätigkeit Welschs keine positiv fundierte Vorstellung machen können, muß jedem Versuch, auf Kosten Welschs den Ruhm eines anderen, also hier des Balthasar Neumann zu schmälern, mit der allergrößten Vorsicht begegnet werden".[148]

5. Neben den Schriftquellen waren die ebenfalls in dichter Zahl überlieferten Planzeichnungen und Risse aus dem Umfeld Balthasar Neumanns seit Fritz Hirsch in der Diskussion nicht mehr so recht berücksichtigt worden. Der Würzburger Kunsthistoriker Fritz Knapp[149] erkannte sehr früh die Bedeutung der Entdeckung und des Erwerbs einer großen Zahl von Originalrissen zu Neumanns Bauwerken durch die Kunstbibliothek Berlin. Noch vor Herrmann publizierte er 1927 eine Miszelle unter der programmatischen Überschrift „Balthasar Neumann redivivus". Er hoffte, daß die Berliner Blätter auch die Zweifler überzeugen, „dass dieser Balthasar Neumann der Größte der Großen ist".[150]

Wenig später warnte Fritz Knapp in der „Zeitschrift für Denkmalpflege" 1927/28 konsequent vor einer rein positivistischen Überbewertung der schriftlichen Quellen.[151] Kräftig polemisierend und doch nicht ohne Witz setzte er sich mit dem „kollektivistischen" Problem auseinander. Er leitete seinen Aufsatz mit den Sätzen ein: „Man kann die großen Geister als große Nummern nehmen und nun darangehen und feststellen, in welcher Addition von kleinen Zahlen sie entstanden sind. Der eine setzt etwa 9 aus 9 x 1 oder auch mit Halben und Vierteln zusammen, der andere sagt 2 + 3 + 4 , der dritte 4 + 5 = 9. Auch Balthasar Neumann ist vielen nur eine Addition und seine Kunst gilt als in kompilatorischem Verfahren entstanden. Das möchte ich anderen überlassen, das Zerkleinern liegt mir nicht […]". Knapps Text enthält einen interessanten, bisher von der Fachliteratur kaum gewürdigten konstruktiven Ansatz. Neumann ist für ihn *der* Exponent einer Baukunst des Rokoko, deren Wesen „in der Über-

---

[147] Dehio, Geschichte (wie Anm. 6), S. 365 f., 372 f. und 374.

[148] H.[irsch, Fritz]: Rezension zu Sedlmaier / Pfister, Residenz, 1923, in: Zeitschrift für Geschichte der Architektur VIII, 1928, S. 77 ff.

[149] Max Hermann von Freeden, Prof. Fritz Knapp zum Gedächtnis, in: Würzburg heute 45, 1988, S. 175 f.

[150] Fritz Knapp, Balthasar Neumann redivivus. Die wiedergefundenen Entwürfe des Meisters in Berlin, in: Antiquitäten-Rundschau 20, 1927, S. 206.

[151] Fritz Knapp, Balthasar Neumann. Der große Raumgestalter und Schöpfer des deutschen Rokoko, in: Zeitschrift für Denkmalpflege 2, 1927/28, S. 165–170.

windung des Barocks und seiner Materialität durch eine außerordentliche Durch-
geistigung, die entfernt der gleicht, die die Gotik so groß gemacht hat" liegt. Bedauerlicherweise leidet sein Beitrag unter „impressionistischen" Formulierungen, nach
denen beispielsweise der Kirchenraum von Vierzehnheiligen „in nie ruhenden musi-
kalisch-klingenden Linien-Licht-Raum-Symphonien" erstrahlt.

Die Entdeckung von 96 Originalrissen zu Bauwerken Balthasar Neumanns, die,
aus dessen Nachlaß stammend, in die Kunstbibliothek Berlin gelangten, trug wesentlich zu einem neuen Aufschwung in der Bewertung seiner Leistung als Künstler bei.
Wolfgang Herrmann zeigte diese Erwerbung 1928 zunächst in den „Berichten aus den
preußischen Kunstsammlungen" an. Am Beispiel der Risse zur Würzburger Residenz
kam Herrmann dabei zu folgendem Ergebnis: „Dieses Verhältnis zwischen Neumann
und Hildebrandt – Neumann, der für die glückliche Gestaltung des Gesamtbaues ver-
antwortliche schöpferische Bauleiter, und Hildebrandt, der mehr bei einzelnen Teilen
und den dekorativen Zutaten miberatschlagende und mitentwerfende auswärtige Architekt –, dieses Verhältnis wiederholt sich anscheinend auch in Werneck".[152]

Wenig später publizierte Herrmann die Berliner Risse mit ausführlicheren Kommentaren. Er hob insbesondere darauf ab, daß Neumann von Beginn an nach einem
Grundkonzept geplant und gebaut haben musste, in das er die verschiedensten Anregungen und Einflüsse einzuarbeiten verstand: „Neumann, der als einziger Architekt
von Anfang an beim Bau bleibt, lenkt gewissermaßen alle noch so weit gehenden Vorschläge auf den Bau selbst wieder zurück, versucht sie mit dem Gegebenen in Ein-
klang zu bringen. […] Vor allem aber ist der besondere Charakter der Würzburger Residenz, die weder aus den Werken Welschs, noch der Franzosen, noch Hildebrandts
hergeleitet werden kann, ihm zu verdanken, diese feste tektonisch klare Sprache, die
nicht einem französischen Klassizismus und auch nicht einer östlichen Schmuckfreu-
de verfällt. Die Einheitlichkeit der Würzburger Residenz ist Neumanns Verdienst".[153]

Die vormals einseitige Überbetonung der schriftlichen Quellen zur Kunst des Baumeisters wurde jedoch nicht nur durch die seit den Berliner Erwerbungen wieder stärker ins Blickfeld gerückten Risse und Architekturzeichnungen konterkariert, sondern
auch durch eine erneute Hinwendung und kritische Neubewertung der Denkmäler
selbst. Beispielhaft mag dafür zunächst Fritz Knapp und seine 1928 erstmals erschie-
nene, bis heute in ihrem Ansatz nicht überholte kunstgeschichtliche Heimatkunde
„Mainfranken" stehen. Neumann selbst verglich Knapp „mit der Genialität eines großen Feldherrn", der es verstanden hat, „aus der ganzen Welt seine Helfershelfer zu-
sammenzubringen. Er hat jedem Geist freien Spielraum gelassen und viele Talente zu
voller Entfaltung gebracht." Balthasar Neumann ist für Fritz Knapp „der größte Meister Deutschlands, der Gestalter dessen, was wir deutsches Rokoko heißen. Dabei
bleibt er immer Architekt".[154]

---

[152] Wolfgang Herrmann, Neu gefundene Bauentwürfe aus dem Besitz Balthasar Neumanns, in: Berliner
Museen, Berichte aus den preußischen Kunstsammlungen XXII, 1928, S. 15–17.

[153] Wolfgang Herrmann, Neue Entwürfe zur Würzburger Residenz, in: Jahrbuch der preußischen Kunstsammlungen 49, III. Heft, Berlin 1928, S. 111–134.

[154] Fritz Knapp, Mainfranken. Eine kunstgeschichtliche Heimatkunde, Würzburg 1928, S. 121 f. und
S. 179 f. sowie 1937, S. 124 f. und S. 182 f.

Trotz einer auf den ersten Blick unkritisch-verklärenden Einstellung zu Balthasar Neumann und seinem Oeuvre enthalten die Formulierungen von Fritz Knapp aus Anlaß des „Tages für Denkmalpflege und Heimatschutz" 1928 weitere bemerkenswerte, stark impressionistisch gestimmte Formulierungen: „Auch das […] Material zu Schloß Werneck wäre einer genaueren Betrachtung wert. Es würde glänzend das Wachsen der großen künstlerischen Form erweisen und wie bei ihm, dem vollendeten Architekten, die große Raumform entstand, die jene magische Verknüpfung von Außenraum, Freilichtatmosphäre und Innenraum, Interieurstimmung bedeutet. Vielleicht kommt man […] dazu, dieses Raumgenie zu bewundern, wie es den Bau in die Landschaft stellt, ihn mit Straßenzufahrt und Gartenanlage verknüpft, wie er die schwingenden Linien der Landschaft im Baukörper zusammenfügt und konzentriert, als Meister der Raumkomposition".[155]

Der heftig ausgetragene, letztlich aber mit einem unausgesprochenen „Waffenstillstand"[156] ergebnislos ausgesetzte Anteilstreit um die geistige Autorschaft der Würzburger Residenz hinterließ im Grunde in Kunstliteratur und Öffentlichkeit nur Verwirrung. Anschaulich zeigt sich das insbesondere in notgedrungen verkürzend formulierenden Lexikonartikeln wie jenem in Wasmuths Lexikon der Baukunst von 1931: „Der Umfang seiner Bautätigkeit ist vielfach umstritten. Als seine Hauptwerke gelten das Schloß zu Würzburg und das zu Werneck […] Er soll an rd. 70 Kirchen beteiligt gewesen sein […]".[157] Ebenfalls ausgesprochen zurückhaltend formulierte 1931 Joseph Maria Ritz im zweiten Band seiner „Bayerischen Kunstgeschichte".[158] Neumann wird darin metaphorisch ver(un)klärend als „ein Großer unter den Großen, die um den Bau gesorgt haben" umschrieben, „*vielleicht* allerdings der Wichtigste". Weiter unten heißt es verunsichert: „Wie sollten wir Spätgeborene den Kampf der Meinungen heute völlig austragen können? Immerhin hat die Forschung der letzten Jahre eine erfreuliche Klärung der Residenzbaugeschichte gebracht, so daß wir heute, trotz mancherlei ungelöster Fragen, den Anteil der einzelnen großen Meister *wohl im wesentlichen* recht sehen werden." (kursive Hervorhebungen durch den Verfasser). Obwohl das Pendel der Beurteilung Neumanns zunehmend in Richtung einer völligen Rehabilitierung ausschlug, heißt es 1935 im „Lexikon für Theologie und Kirche" distanziert: „Nach allgemeinem gegenwärtigem Urteil war N. nicht bloß Organisator u. Konstrukteur, sondern eine künstlerisch schöpferische Kraft. Festzustellen sind Wiener u. Pariser Einflüsse".[159]

Wesentlich pointierter äußerte sich 1931 E. v. Cranach-Sichart in seinem Resümée über Neumann im 25. Band des „Thieme-Becker": „Sein tatsächliches Lebenswerk, s. gewaltiger Einfluß auf s. Zeit u. Umgebung […] lassen ihn aber auch nach der Revision des Kellerschen Urteils als eine der größten Erscheinungen des süddeutschen Barocks bestehen. Hirsch […] schaltete ihn als Innendekorateur aus (Skizzenbuch), Sedlmaier-Pfister wollen ihn nur mehr als genialen Organisator u. Konstrukteur, nicht

[155] Fritz Knapp, Werke Balthasar Neumanns, in: Tag für Denkmalpflege und Heimatschutz Würzburg und Nürnberg 1928, Berlin 1929, S. 48.

[156] Erich Hubala, Genie, Kollektiv und Meisterschaft – Zur Autorenfrage der Würzburger Residenzarchitektur, in: Festschrift für Martin Gosebruch, München 1984, S. 161.

[157] Wasmuths Lexikon der Baukunst, III, Berlin 1931, S. 677.

[158] Josef Maria Ritz, Bayerische Kunstgeschichte II, Franken, München 1931, S. 167.

[159] R. Hoffmann, Neumann, in: Lexikon für Theologie und Kirche 7, 1935, Sp. 511 f.

mehr als Künstler gelten lassen, die gegenteilige Ansicht vertreten mit Recht Grimschitz, Höver, Herrmann, Dehio und andere.".[160]

Sogar Karl Lohmeyer schwenkte 1931 unter dem Eindruck der Berliner Risse in seinem wichtigen Buch „Die Baumeister des rheinisch-fränkischen Barocks" endgültig in das Neumann-Lager über. Mit Hinweis auf die 1928 von Wolfgang Hermann publizierten Pläne leistete Lohmeyer damals regelrecht Abbitte: „Und sie […] geben ein wahrhaft erschütterndes Zeugnis gerade von der künstlerisch-architektonischen und neuerdings auch abgeleugneten Größe Balthasar Neumanns, in alledem, was den wahren Architekten ausmacht, der über allen kleinlichen Fragen von Dekoration steht und stehen muss. Und diese Risse, bei denen es keine Rolle spielt, ob sie von seiner Hand oder nach seinen Angaben auf seinem Baubureau gezeichnet sind – eine müßige Frage, die neben der unarchitektonischen Überschätzung der Dekoration und allzuvielem Hervorheben des technischen, was sich nun einmal in in der Barockzeit nicht von dem künstlerischen trennen läßt, schon viel Durcheinander ohnedies in die Köpfe der Forscher gebracht hat, – sind alle durch eine große Einheitlichkeit und Freiheit, allen voran im Raumempfinden, ausgezeichnet, die sich hierin weit auch über Entwürfe selbst Welschs und Hildebrandts erheben".[161]

6. Die Zeit war somit eigentlich reif geworden für neue „kreative" Ansätze im Umgang mit Balthasar Neumann. Bald mischten sich jedoch immer häufiger nationale Untertöne in das von der Kunstgeschichte gezeichnete Neumann-Bild. Eine völlig neuen Gedanken warf zum Beispiel Albert Erich Brinckmann 1932 mit seinem gedruckten Vortrag „Von Guarino Guarini bis Balthasar Neumann" in die Diskussion.[162] Am Beispiel der Hofkirche der Würzburger Residenz zeigte Brinckmann die über die Dientzenhofer eingebrachten böhmischen, und damit letztlich guarinesken Wurzeln der Architektur Neumanns auf: „Es schmälert nicht die Geni2liät eines Balthasar Neumann, wenn er aus der temperierten Haltung einer Hildebrandtschen Wiener Schulung erst durch Dientzenhofer fortgelockt nun doch kühn diese Wendung zum längst beheimateten böhmisch-fränkischen Barock macht." Jedoch auch dieses Neumann-Bild ist trotz zahlreicher ausgezeichneter Einzelbeobachtungen dem Geist der Zeit folgend nationalistisch durchwirkt. Am Ende wurde Brinckmann pathetisch: „Die nationale Konstante deutscher Kunst hat mit unbesiegbarer Kraft alles Überkommene, Übernommene ins Eigene gewandelt!"

Den Sinn des bisher üblichen Händescheidens zwischen Hildebrandt und Neumann, stellte Bruno Grimschitz in seiner erstmals 1932 erschienenen Hildebrandt-Monographie in Frage. Er kam dabei zu ganz anderen Ergebnissen, bei denen er jedoch, ähnlich wie schon 1925, eine irgendwie geartetete, einzelne persönliche künstlerische Leistung nicht anerkennen wollte. Im Falle Wernecks heißt es beispielsweise: „Hildebrandts Anteil an Schloß Werneck ist nicht an einzelnen Bauteilen faßbar […] Der ganze Schloßbau ist einheitlich durchgestaltet. In der Straffheit seiner Gesamtgliederung kann an keiner Stelle der Einbruch einer individuell sich von dem stilisti-

160 Eberhard v. Cranach-Sichart, Neumann, Balthasar, in: Thieme, Ulrich und Becker, Felix (Hg.): Allgemeines Lexikon der bildenden Künstler von der Antike bis zur Gegenwart 25, Leipzig 1931, S. 411–416.
161 Karl Lohmeyer, Die Baumeister des rheinisch-fränkischen Barocks, Wien und Augsburg 1931, S. 197.
162 Albert Erich Brinckmann, Von Guarino Guarini bis Balthasar Neumann, Berlin 1932, SS. 13 und 17.

schen Grundcharakter klarer abhebenden künstlerischen Kraft festgestellt werden […] Der persönliche Anteil Hildebrandts, vom Beginn der Planung an nicht so überragend wie an der Residenz zu Würzburg, durchdrang in Werneck ganz allgemein die Planungen Neumanns. Hildebrandt stellte nicht mehr seine Schöpfung der Neumanns entgegen, sondern orientierte mit dem Bauherrn die Entwürfe des das Schloß am Bauort errichtenden Architekten. So ist Hildebrandts schöpferische Mitarbeit ganz eingegangen in Neumanns architektonisches Schaffen".[163] Dagobert Frey verstärkte 1934 in seiner Rezension von Grimschitz' Hildebrandt-Monographie diesen Gedanken: „Die Frage des Anteils Hildebrandts und Balthasar Neumanns an der Würzburger Schloßkapelle" diskutierend, schreibt er: „Der Entwicklungsgang stellt sich als wiederholter Wechsel von Neuentwürfen Neumanns und Abänderungsvorschlägen Hildebrandts dar".[164]

Noch deutlich von dem nur wenige Jahre zurückliegenden Kollektivismus-Streit beeinflußt und doch fast schon wieder provokant ins Genialische überzeichnet klingen die einleitenden Worte von Adolf Feulner in seiner Biographie Neumanns in der Reihe „Die großen Deutschen": „Balthasar Neumann war der größte deutsche Architekt des achtzehnten Jahrhunderts. Die führende Stellung war schon zu seinen Lebzeiten unbestritten. […] Als durch die archivalischen Funde die Frage der Gemeinschaftsarbeit erkannt wurde und die verschlungene Tätigkeit bedeutender Architekten am Würzburger Schloß aufgelöst werden mußte, ist der Pegel seines Ruhmes vorübergehend wieder gefallen. Es konnte sogar die Meinung auftauchen, daß Neumann nur ein genialer Organisator und Konstrukteur gewesen sei. Erst die Funde der letzten Jahre haben seine überragende Bedeutung wieder geklärt. Jetzt übersehen wir seine künstlerische Entwicklung, wir wissen, dass er gelernt und gerungen hat, bis er die letzten Möglichkeiten seiner Zeit erschöpft hat. Wenn wir die Zahl der künstlerischen Höchstleistungen und die Vielseitigkeit seines Wirkens als Maßstab nehmen, dürfen wir ihn sogar den größten Architekten des achtzehnten Jahrhunderts nennen." Die letzten Sätze in Feulners Text verraten gleichwohl, dass es ihm erneut nicht alleine um eine sachlich-kritische Würdigung der Lebensleistung des Würzburger Baumeisters ging: „Neumanns Werk ist der wichtigste Markstein in dieser Periode der Selbsterneuerung des deutschen Geistes, die später in der klassischen deutschen Dichtung zum Abschluß gekommen ist."[165]

Unter der Überschrift „Das Werden der Kunst Balthasar Neumanns […]" strich Karl Lohmeyer 1936/37 dessen synkretistische Fähigkeiten heraus: Die Würzburger Residenz ist „die eigentliche hohe Schule für den Meister geworden, dort hat er es verstanden, all die vielen Einflüsse von Osten und Westen, vom Süden her und woher immer es sein mag, so zusammenzuziehen, zu klären und zu vereinigen, daß es das unerreichte Kunstwerk wurde, als das es heute vor uns steht. Und die Einwände, die wohl neuerdings gegen ihn gemacht worden sind, dass er mehr nur ein Ingenieur und großer Bauorganisator als ein eigentlicher Künstler gewesen wäre, wird allein dadurch ja völlig widerlegt, dass keiner der Mitarbeiter, sei es nun Hildebrandt, Welsch oder Boffrand, bei einem Bau, an dem sie allein beteiligt waren, je etwas einigerma-

---

[163] Bruno Grimschitz, Johann Lucas von Hildebrandt, Wien 1932, S. 133 f.

[164] Dagobert Frey, Rezension zu Grimschitz, Hildebrandt (wie Anm. 163), in: Wiener Jahrbuch für Kunstgeschichte 9, 1934, S. 160.

[165] Adolf Feulner, Johann Balthasar Neumann, in: Die großen Deutschen 2, 1935, S. 67 ff.

ßen nur Ebenbürtiges an Raumschöpfung und Baumasse zusammengebracht haben".[166]

Nahezu wörtlich wiederholte Karl Lohmeyer diese Sätze 1937 in der Zeitschrift „Forschungen und Fortschritte", dem „Nachrichtenblatt der Deutschen Wissenschaft und Technik": „Im Bau von Würzburg hat er es verstanden, all die vielen Einflüsse so zu klären, daß jener Bau das unerreichte Kunstwerk wurde, als das er heute vor uns steht." Verdächtig nach einer Verbeugung vor dem nationalsozialistischen Zeitgeist klingt es freilich, wenn Lohmeyer im Anschluss an eine kurze Charakterisierung des Lukas von Hildebrandt feststellte: „Von diesem Wiener Beispiel gestärkt, begann sich bei den rheinisch-fränkischen Fürsten bald die Erkenntnis durchzusetzen, daß sie ausländischer Baukünstler nicht mehr bedurften."[167]

Der 250. Geburtstag Neumanns im Jahr 1937 ließ endgültig alle kritischen Stimmen über seinen Genius zurücktreten. Karl Lohmeyer verwies in einem Lebensbild rückblickend auf „eine Zeit, in der man Balthasar Neumann auch gegen die verteidigen musste, die rücksichtslos an dem Purpurmantel seines Ruhmes zu zerren begannen […] Erstaunlicherweise aber war es gerade Würzburg, woher diese Neumann ungünstige Einstellung ihren Ursprung genommen hatte." Gemeinsam mit dem „im Gegensatz zu anderen Forschern schon erfreulich gemäßigteren" Walter Boll und dem Würzburger Architekten Eckert erreichte man, dass 1937 Balthasar Neumann „größer denn je" geworden war, „und jeder neue Planfund von ihm oder von den andern beteiligten Meistern bestätigt die Richtigkeit seiner wahren Bedeutung".[168]

Clemens Schenk, seinerzeit Direktor des Fränkischen Luitpoldmuseums in Würzburg, stellte 1936 im Rahmen des 354. Stiftungsfestes der Würzburger Universität „Neue Forschungen über Balthasar Neumann" vor. Der Vortrag erschien im Mai 1936 über mehrere Folgen hinweg in der „Mainfränkischen Zeitung". Schenk bemühte sich ebenfalls, das ehedem ramponierte Bild Neumanns wieder zu verbessern: „Wer das Gesamtbild der Schöpfungen überschauend betrachtet, der vermag bei ehrlichem Wollen, so ihm die künstlerische-architektonische Beurteilungsfähigkeit nicht abgeht, sich des Eindrucks unmöglich zu erwehren, daß jene an allen Bauwerken Neumanns wiederkehrenden Gestaltungen ausschließlich neumannisch und von allen anderen zeitgenössischen Gestaltungen scharf sich unterscheidend geprägt sind; der vermag sich des Eindrucks nicht zu erwehren, daß es ein Unding wäre, Neumann die Originalität zu Gunsten eines anderen absprechen zu wollen." Nachdem Schenk sich zur Problematik der Abgrenzung von Hildebrandt und Neumann geäußert hat, stellte er abschließend die Frage nach dem „Verhältnis Neumanns zu den ersten führenden Architekten des Westens? Was der gleichfalls um eine Generation zurückstehende Welsch bedeutet, darauf habe ich vorausgehend schon hingewiesen. Was die Herren Franzosen aber in ihren überkonventionell, formalen Gestaltungsideen brachten, war gewiß keine Verbesserung […]".[169]

---

[166] Karl Lohmeyer, Das Werden der Kunst Balthasar Neumanns in rheinisch-fränkischen Landen, in: Die Westmark 4, 1936/37, S. 324–328.

[167] Karl Lohmeyer, Balthasar Neumann und seine Wegbereiter in rheinisch-fränkischen Landen, in: Forschungen und Fortschritte 13, 1937, S. 110.

[168] Karl Lohmeyer, Balthasar Neumann, in: Mannheimer Geschichtsblätter, 1937, S. 32 f.

[169] Clemens Schenk, Der Baukünstler der Residenz. Neue Forschungen über Balthasar Neumann, in: Mainfränkische Zeitung, 1936, Nrn. 132 bis 139 und 140.

1937 las Clemens Schenk im Rahmen eines längeren Beitrages über Balthasar Neumann in der Zeitschrift „Das Bayerland" noch einmal all denen, die in den Jahren zuvor „jeden Strahlenkranz um Neumann vernichtet wissen wollte[n]" kräftig die Leviten. Obwohl er in Sachfragen pointiert aber richtig argumentierte, obwohl er die einseitige Überbewertung der schriftlichen Quellen zu Recht angriff, bleibt ein schaler Beigeschmack bei der Lektüre seines Textes. Der verdiente Clemens Schenk kam auch in diesem Beitrag nicht ohne nationalistische Floskeln aus: „In diesem Zusammenhang lesen wir dann zu unserer Überraschung [...] : ‚Es gilt, mit dem Mut Fritz Hirschs, der das Idealgemälde Kellers [...] zuerst wirklich zu reinigen begonnen hat, die Konsequenzen endlich ganz zu ziehen und die Tradition zu zerbrechen.' – Mit Hirsch also die Tradition zerbrechen! Deutlicher ging's wahrlich nicht mehr!"[170]

Ebenfalls vom Ungeist der Zeit durchwirkt ist Schenks Gedenkartikel über Balthasar Neumann in der Samstagsausgabe des 30. Januar 1937 im „Würzburger General=Anzeiger". Am Ende des ganzseitigen Beitrages resümierte er: „Empor zu ehrlich konstruktivem und handwerklich geschultem Denken, worin einzig die letzte und höchste baukünstlerische Qualität stets sich ausspricht; den vier massiven Raumwänden die gleichfalls massive gewölbte Decke zu geben – das ist letzte architektonische Konsequenz –, das war der Grundsatz dieses wahrhaft architektonisch denkenden und soldatisch streng empfindenden großen Baukünstlers." Man kann sich des Eindrucks nicht erwehren, daß Schenk Architekturen eines Albert Speer und nicht eines Balthasar Neumann beim Schreiben dieser Sätze vor Augen hatte.[171]

Geradezu barock-panegyrische, die Genialität des Baumeisters in Elativen preisende Formulierungen fand Fritz Knapp in dem nahezu ausschließlich Balthasar Neumann gewidmeten Jahrgang 1937 der „Altfränkischen Bilder": Neumann steht „als ein die Zeit beherrschender künstlerischer Imperator da. Dank der hohen Gönnerschaft der Herren von Schönborn macht er Würzburg zur ersten Metropole der Kunst Europas, indem seine Werkstatt alle künstlerischen Energien in sich vereint, ausschlaggebend und bestimmend in allem architektonischen Schaffen. Er ist der Vollender all dessen, was die künstlerische Kultur des Abendlandes in jahrtausendelanger Entwicklung für die Architektur erstrebt hatte, und zugleich der prägnanteste Vertreter der umfassenden Genialität dieser hochkultivierten Zeit und ihrer einzigartig universellen Kultur. In der Kunst, die allein zum Widerhall derartigen Wesens fähig ist, in der Architektur, gewinnt er die letzte große Form [...]. Kleinliche Anfechtungen, die an seiner Größe Zweifel laut werden ließen, sind erbärmlich untergetaucht. Man würdigt ihn heute in zahlreichen wissenschaftlichen Arbeiten als den größten deutschen Architekten nicht nur seiner Zeit, sondern auch aller Zeiten."[172] Man ist polemisierend versucht zu fragen, ob Knapp Neumann als „den größten deutschen Architekten [...] aller Zeiten" Adolf Hitler als den „größten Feldherrn aller Zeiten" an die Seite zu stellen gedachte?

---

[170] Clemens Schenk, Balthasar Neumann, in: Das Bayerland. Illustrierte Halbmonatszeitschrift für Bayerns Land und Volk 48, 1937, S. 225–288, bes. S. 256 ff.

[171] Clemens Schenk, Balthasar Neumann. Zum 250. Geburtstag 1687–1937. Der 20. Januar als Gedenktag, in: Würzburger General=Anzeiger, 30. 1. 1937, S. 15.

[172] Fritz Knapp, Balthasar Neumann – zum 250 Geburtstag (1687–1937), in: Altfränkische Bilder 43, 1937, unpaginiert.

Zwar erkennbar ebenfalls solchem Geniedenken verhaftet, gleichwohl aber sachlich und zugleich kreativ argumentierend, begegnete dagegen Richard Zürcher 1938
Balthasar Neumann: „Umfassender noch in der Verschiedenheit seiner Schöpfungen
und reicher noch im Aufnehmen und Verarbeiten fremder Anregungen als J. M. Fischer erscheint das Werk B. Neumanns. Der Charakter hoher Qualität, verbunden mit
einer weltbürgerlich gesinnten, universal veranlagten Künstlerpersönlichkeit bildet
die Grundlage für die in der Kunstgeschichte Neumann zukommende Stellung. Das
Werk Neumanns bedeutet die letzte zusammenfassende Gestaltung von Problemen,
welche nicht nur die deutsche, sondern die neuere europäische Baukunst überhaupt in
einer langen, zusammenhängenden Entwicklung aufgeworfen hatte.“ Vor dem Hintergrund der Analyse von Neresheim kam Zürcher zu dem Schluß: „Nicht zur Gotik zurück, sondern mitten im Strom einer alle Länder Europas erfüllenden geistigen Entwicklung wendet sich der Raum von Neresheim der Klassik zu. Noch geschieht diese
Wende nicht in engem, nachahmerischem Eklektizismus, sondern immer noch auf der
Grundlage einer durch Neumann aufs höchste sublimierten, die Errungenschaften der
nationalen Entwicklungen zusammenfassenden barocken Architektur“.[173]

Als feinsinnig formulierender Kunsthistoriker erwies sich Werner Hager in seinem
1942 erschienenen Buch über „Die Bauten des deutschen Barocks“. Ohne die unterschiedlichen Schrift- und Bildquellen erneut zu diskutieren, akzeptierte dieser Autor
Neumann „als den Meister des Baus“ und attestierte ihm bei der Würzburger Residenz das Verdienst, „aus dem Vielen das Eine gemacht zu haben.“ Für Hager war die
Residenz nicht nur „technisch“ sein Werk, sondern „auch in entscheidenden Zügen
seines Geistes Kind [...]“ In subjektiv-impressionistischen Beobachtungen, wie „dem
Meister bedeutet die Außenseite eines Bauwerks die ruhende Schale eines innerlich
bewegten: sein Geist ist mit höherer Spannung auf den Innenraum gerichtet“, erkannte Hager Neumann als den wirklichen „Meister“ des Residenzbaues. Schloß Werneck
war für Hager die konsequente Fortentwicklung von Würzburg und Pommersfelden
„in höherer Beherrschung“ insbesondere der Gartenfronten. „Hier erst ist der Meister
in der Behandlung des Belvedere-Gedankens ganz er selbst, das Gefüge ist bei aller
liebenswürdigen Gelassenheit der Haltung weit fester und kubisch bestimmter als
dort, energischer in den Gegensätzen und sicher in der tragenden Erde verwurzelt“.[174]

7. Die letzten beiden Texte stehen als Beispiele dafür, wie zahlreiche deutsche
Kunsthistoriker während des Zweiten Weltkrieges eine subjektive und damit letztlich
unangreifbare impressionistisch-ästhetizierende Sprache kultivierten und auf diese
Weise dem sonst üblichen national-pathetischen Jargon zu umgehen versuchten. So
gesehen fand das Ende des Zweiten Weltkrieges und das Ende der bewußten oder un-
bewußten nationalsozialistischen Indoktrination in der kunstgeschichtlichen Literatur
zu Balthasar Neumann nicht eigentlich am 8. Mai 1945 statt. Entweder hatte man sich
längst davon gelöst oder es sollte noch Jahre dauern, bis man trotz aller äußerlichen
Anpassung an Demokratie und Grundgesetz die letzten braunen Schatten abstreifen
konnte.

---

[173] Richard Zürcher, Der Anteil der Nachbarländer an der Entwicklung der deutschen Baukunst im Zeitalter
des Spätbarocks, Basel 1938, S. 57 ff.
[174] Werner Hager, Die Bauten des deutschen Barocks (1690 – 1770), Jena 1942, SS. 119 f. und 124.

In einer für die Zeit unmittelbar nach dem Zweiten Weltkrieg geradezu kennzeichnenden Mischung aus naiv-subjektivem Urteil und der Suche nach gültigen Werten formte 1947 Herman Flesche ein Bild Balthasar Neumanns vor dem Hintergrund des noch immer schwelenden Kollektivismusstreites: „Es fällt schwer, die Geduld Neumanns zu begreifen gegenüber den neuen Einwänden, Änderungen und Kompromissen, und noch schwerer zu ergründen, wie es ihm gelang, diese bisher angedeuteten Eingriffe in seine Planung so mit seinen eigenen Absichten zu verschmelzen, daß doch schließlich ein Ganzes, ein Eigenes übrigblieb. Aber er bewahrte, wie oft die Künstler europäischer Kultur jener Zeit, eine Art kindlicher Naivität und Einfachheit, die ihn fast unempfindlich machte. Seine stetige Fröhlichkeit, die nur selten von einer rasch vorübergehenden Melancholie verdrängt wurde, und seine Arbeitslust halfen ihm, solche Einreden leicht zu nehmen, um so mehr, als ihm seine Erfindungskraft stets half, solche Behinderung nicht als neue Bürde zu empfinden, sondern als Flügel, die ihn zu neuer Lösung trugen".[175]

Angesichts der durch Bomben zerstörten Ruinenstadt Würzburg spürte Josef Dünninger im Jahr 1950 „Tradition und Gegenwart" im Werk Neumanns nach. Die Kollektivismus-These vom Beginn der zwanziger Jahre mit Formulierungen wie „Ineinanderschaffen" noch einmal vorsichtig aufgreifend, suchte Dünninger nach Argumenten dafür, dass in Neumanns Werk eine Größe der Raumgestaltung wieder erreicht wird, „die den bedeutendsten Leistungen der Gotik ebenbürtig und […] auch wesensverwandt ist".[176] Geradezu typisch für den Versuch einer ideologiefreien Neubestimmung des Standortes von Balthasar Neumann nach 1945 ist ein Aufsatz von Elmar Lang im Jahr 1950 „Zu Balthasar Neumanns rheinischen Bauten". Der Autor sieht in seinem Werk Ansätze für „ein neues Baudenken, für das Neumann nur den Anfang finden konnte. Seiner Zeit eilt er damit voraus, denn die Folgerungen dieses Denkens wurden erst in der Baukunst gezogen, die wir als ‚Klassizismus' gemeinhin als ein Charakteristikum des beginnenden 19. Jahrhunderts ansehen".[177]

Das Jahr 1953 bedeutete mit dem 200. Todesjahr Neumanns das erste große Jubiläum des Baumeisters nach dem Ende des Zweiten Weltkrieges. Max H. von Freeden inszenierte in der noch von den Bombeneinschlägen des 16. März 1945 gezeichneten Würzburger Residenz die, ausweislich ihres schmalen Kataloges hinsichtlich der Materialpräsenz bisher unerreichte, Gedächtnisschau „Balthasar Neumann – Leben und Werk".[178] Vorbereitet insbesondere durch die Forschungen und Publikationen von Freedens[179] wurde am 19. August 1953 über Neumanns Grabstätte in der Marienkapelle am Markt durch den damaligen Würzburger Oberbürgermeister Dr. Stadelmeyer eine von Theodor Jacobi gestaltete Gedenktafel enthüllt. An Neumanns einstigem Wohnhaus in der Franziskanergasse und an einem seiner Häuserblocks in der Theater-

---

[175] Herman Flesche, Balthasar Neumann, in: Fünf deutsche Baumeister, Braunschweig 1947, S. 57.

[176] Josef Dünninger, Balthasar Neumann. Tradition und Gegenwart, in: Zwiebelturm 5, 1950, S. 161–165, bes. S. 162.

[177] Elmar Lang, Zu Balthasar Neumanns rheinischen Bauten, in: Jahrbuch der Rheinisch-Westfälischen Technischen Hochschule Aachen 3, 1950, S. 42 ff., bes. S. 56.

[178] Freeden, Kat. „Neumann" (wie Anm. 66).

[179] Max Hermann von Freeden, Balthasar Neumanns Begräbnis in der Marienkapelle. Die Wiederauffindung seiner letzten Ruhestätte, in: Würzburger Generalanzeiger vom 7. 12. 1937; Freeden, Neumanns Tod (wie Anm. 3).

straße brachte man jeweils ein von Josef Amberg geschaffenes Portrait-Medaillon in Bronze an. Schließlich wurde die Straße nächst der Würzburger Residenz in „Balthasar-Neumann-Promenade" benannt, nachdem es seit der Jahrhundertwende lediglich im Stadtteil Grombühl eine „Neumann-Straße" gegeben hatte;[180] Neumann befand sich auf der Höhe seines Nachruhms.

Der junge Ingenieur Hans Reuther, ein weiterer intimer Kenner von Neumanns Baukunst, zeichnete in der Dezember-Ausgabe der Zeitschrift „Baumeister" von 1953 in der ihm eigenen Art ein sachlich-nüchternes und inhaltlich fundiertes Lebensbild. In einem „Nachwort der Schriftleitung" – ungewöhnlich genug – werden dann jedoch von einem namentlich nicht genannten Autor noch einmal alle längst überwunden geglaubten Diskussionspunkte der zwanziger Jahre resümiert, ohne daß dies jedoch einen Niederschlag in der Kunstgeschichtsschreibung gefunden hätte. Da ist erneut die Rede von Neumanns „Bedeutung als Organisator technisch-künstlerischer Arbeit großen Stils, als Leiter eines großen Büros […]". Ferner wird daran erinnert, daß „die einzigen wirklich authentischen Skizzen von seiner Hand […] einen völlig dilettantischen Duktus" zeigen und nicht versäumt, auf die „kollektivistischen Arbeitsmethoden des 18. Jahrhunderts" zu verweisen.[181]

John Coolidge, Direktor des Fogg Art Museum, kommentierte „The Neumann Bicentennial" in einem kurzen Beitrag für das „Journal of the Society of Architectural Historians". Obwohl Coolidge Neumann einleitend als „the Tiepolo if not the Bach of architecture" würdigte, mußte er feststellen, daß sich die internationale Kunstliteratur abgesehen von wenigen kurzen Beiträgen in Enzyklopädien oder Lexika nicht mit Neumann auseinandergesetzt hat.[182] In der Tat nahm insbesondere die lokale und die regionale Literatur den 200. Todestag zum Anlaß für zahlreiche Gedenkaufsätze. Im Juni 1953 veröffentlichte Peter Schneider in den „Briefen des Frankenbundes" eine knappe Würdigung unter der Überschrift „Balthasar Neumann – im Steigerwald".[183] Bemerkenswert daran ist erstens der ausgesprochen regionale Ansatz, der sich nicht nur in der Überschrift sondern auch in Formulierungen wie „Einem Randgebiet der fränkischen Welt entstammte er: mit dem Herzen Frankens wuchs er in eigentümlicher Weise zusammen" äußerte. Zweitens wurde Neumann vornehmlich hinsichtlich seiner Ingenieurleistungen wie beispielsweise beim Betrieb der Glashütte in Fabrikschleichach beurteilt. Der „Techniker" Neumann stand auf einmal im Mittelpunkt. Drittens wurde Richard Sedlmaier und sein gemeinsam mit Rudolf Pfister verfaßtes Werk über die Würzburger Residenz wieder ausdrücklich zitiert und nicht mehr nur pauschal verdammt. Trotzdem klang in der Wortwahl noch gelegentlich das vor 1945 genutzte Vokabular durch, wenn beispielsweise von einem in Fabrikschleichach gescheiterten Oberglasmacher Anton Heurteux, als einem „Franzosenstämmling" die Rede ist. Gemeinsamer Nenner ist die unsicher tastende Suche nach einer neuen „Plattform" der wissenschaftlichen Auseinandersetzung mit dem Baumeister.

[180] Freeden, Bildnisse (wie Anm. 92).

[181] Hans Reuther, Vor 200 Jahren starb Balthasar Neumann (1687–1753), in: Baumeister. Zeitschrift für Baukultur und Bautechnik 50, Heft 12, Dezember 1953, S. 789–795, bes. S. 795.

[182] John Coolidge, The Neumann bicentennial, in: Journal of the Society of Architectural Historians XII, 1953, Nr. 4, S. 12–14, S. 12 ff.

[183] Peter Schneider, Balthasar Neumann im Steigerwald, in: Briefe des Frankenbundes, N. F. 5, Juni 1953, S. 1–5.

Erich Bachmann unternahm es 1953 – ältere Gedanken der Vorkriegszeit etwa von Max Hauttmann oder später von Josef Dünninger aufgreifend – zwischen der Baukunst Balthasar Neumanns und des Mittelalters „eine Verwandtschaft im Wesen" herauszuarbeiten. In unserem Zusammenhang bemerkenswert ist die Tatsache, daß Bachmann auf die handwerklich-technischen Grundlagen des Baumeisters abhebt: „B. Neumann war alles andere als ein Phantast […] Er war ein Praktiker von nahezu unerreichter handwerklicher und konstruktiver Erfahrung und sein architektonischer Verstand war klar bis zur Nüchternheit".[184]

Obwohl ebenfalls in Jubiläumsstimmung und Neumann als „die Krönung des späten Barocks" feiernd, erwies sich der unbekannte Autor „F. M." (Fritz Mertens ?) in der Juni-Beilage „Fränkische Heimat" zum „Volksblatt" von 1953 als vom neuen demokratischen Verständnis der noch jungen Bundesrepublik Deutschland durchdrungen. Sein Beitrag ist mit der bezeichnenden Formulierung „Erfüllt vom Grundgesetz aller Baukunst" überschrieben. Aus dem Neumann-Portrait des Markus Friedrich Kleinert von 1727 schaut uns außerdem ein „Bürger" an, „ein Bürger jener Epoche, die dem Adel Europas eine letzte Sternstunde gewährte." Neumann wurde zum Vorbild des neuen Bundesbürgers stilisiert.[185]

1953 wollte Alexander Freiherr von Reitzenstein in seinem Franken-Buch aus der Sicht des Kenners noch einmal eine Entscheidung der Frage Hildebrandt, Welsch oder Neumann herbeiführen. Zugleich deutete er die längst überwunden geglaubte Einschätzung Neumanns als „Bauleiter" wieder an; diesmal freilich erhielt dieses Wort einen neuen, einen übergreifenden Klang. Reitzenstein knüpfte seine Beurteilung, einen Gedanken Georg Dehios von 1905 aufgreifend, im Falle der Würzburger Residenz an die „starke, eigentlichen Sinnes plastische, fast möchte man sagen […] pralle Körperlichkeit der Wandungen [… die] schwerlich einem anderen gegeben werden [kann] als dem Bauleiter, Balthasar Neumann, der den Bau vom Anfang bis ans Ende begleiten durfte […]".[186]

In der unter anderem von Theodor Heuss herausgegebenen Sammlung von Biographien der „Großen Deutschen" wiederholte Max H. von Freeden die bereits 1953 in seiner Monographie vorgetragene Beurteilung Neumanns „als einer der größten Baumeister". Seine vergleichsweise sachliche Darstellung kippte allerdings am Ende anlässlich der Besprechung der Beneditkinerabteikirche Neresheim ins Panegyrische um. Eigenartig und befremdlich trotz aller einschränkenden Formulierungen im Sinne demokratisch legitimierter „political correctness" nach 1945 klingt freilich für heutige Ohren das abschließende Zitat: „Wenn je, so mag hier, von Balthasar Neumann und seinem letzten, größten Werk ein Schillerwort gelten, das noch ganz im weltbürgerlichen Sinne verstanden sein will, also nicht auf Macht, sondern auf Harmonie abzielt und dabei von einem ‚Imperialismus der Seele' träumt: ‚Jedes Volk hat seinen Tag in der Geschichte, der Tag des Deutschen aber ist die Ernte der ganzen Zeit'".[187]

[184] Erich Bachmann, Balthasar Neumann und das Mittelalter, in: Stifter-Jahrbuch III, 1953, S. 134–149.

[185] F. M.: Erfüllt vom Grundgesetz aller Baukunst. Das Werk des großen Architekten Balthasar Neumann. Die Krönung des späten Barocks, in: Fränkische Heimat, Beilage zum Volksblatt 9, Juni 1953, S. 33–36.

[186] Alexander Freiherr von Reitzenstein, Franken, München 1953, S. 78 f.

[187] Freeden, Neumann (wie Anm. 34), S. 78 f.

Ähnlich hochgestimmte und zugleich eigenartig rückwärts gewandt klingende Formulierungen sind dem 1942 erstmals erschienenen und 1956 erneut aufgelegten
„Blauen Buch" mit dem Titel „Deutsches Rokoko" von Hans Werner Hegemann zu
entnehmen, der 1937 in Marburg über „Die Altarbaukunst Balthasar Neumanns" pro-
moviert hatte. Am Beispiel der Würzburger Residenz wurde vom Autor Neumanns
Leistung in der „Zusammenführung aller Ideen und Vorschläge […] und ihre nahtlose
Einschmelzung in das eigene geniale Bauprogramm" gewürdigt, „der damit eines der
größten architektonischen Meisterwerke, die Deutschland besitzt, schuf". In der Abteikirche Neresheim verband sich für Hegemann „höchste Mathematik" mit „trium-
phierender Raumidee. Eine unvergleichliche Synthese aus Logik und Phantasie, eines
der monumentalsten Selbstbekenntnisse deutscher Seele in der Sprache der Baukunst".[188]

Wesentlich sachlicher resümierte dagegen Georg Piltz in seinem 1958 in Dresden
erschienenen Buch „Franken – Kunst einer Landschaft" die Leistung Balthasar Neumanns am Beispiel der Würzburger Residenz: „Selbst wenn man den Anteil der
Welsch, Hildebrandt, de Cotte und Boffrand höher bewertete, als man es auf Grund
der erhalten gebliebenen Zeichnungen und Risse zu tun brauchte, – die für Neumann
typische glänzende Synthese von Kunst und Technik belegt, welch entscheidende Bedeutung der zusammenfassenden und leitenden Tätigkeit des würzburgischen Baudi-
rektors zukommt".[189]

Gelegentlich seiner Rezension von Grimschitz' 1959 erschienener Neuauflage der
Hildebrandt-Monographie skizzierte Erich Hubala neue Ansätze. Anstelle der bisher
nur einseitig diskutierten Frage der „Einflussnahme" Hildebrandts auf die fränkische
Architektur der Schönborn-Zeit schlug er vor, nach Beziehungen der gestaltenden
Kräfte untereinander zu suchen: „Es scheint dem Referenten, daß gerade die Tätigkeit
des Wiener Baumeisters für die fränkischen Schönborn-Projekte einen geeigneten An-
satzpunkt dazu birgt. Es geht dabei nicht nur um die Frage der Abgrenzung von Hildebrandts Anteil, oder umgekehrt um die Abgrenzung des Anteils, den Maximilian
von Welsch an der Orangerie von Göllersdorf hatte. Vielmehr zeichnen sich hier Beziehungen ab, die alle anteilnehmenden Baumeister gebildet haben, um einmal anstelle des mit Recht verpönten Wortes ‚Einfluß' das sachlich richtigere zu verwenden".[190]

Im Gegensatz dazu hob gelegentlich seiner Charakterisierung der Wallfahrtskirche Vierzehnheiligen Hubalas Vorgänger als Ordinarius in Würzburg, Kurt Gerstenberg 1961 die Bedeutung Hildebrandts als Vermittler oberitalienischer Barockkunst
für das Werk Neumanns hervor: „Wissen um das Werk Guarinis ist in Neumanns
Schöpfung zu spüren. Kein anderer als Lucas von Hildebrandt kann es ihm zugeführt
haben […]".[191]

Trotz der im strengen Sinne falschen landsmannschaftlichen Zuordnung Balthasar
Neumanns sprach Eberhard Hempel 1965 eine wichtige Fragestellung an, die wesentlich zum richtigen Verständnis der künstlerischen Autorschaft Wernecks und der Stel-

---

[188] Hans Werner Hegemann, Deutsches Rokoko, Königstein im Taunus 1956, S. 79 f.
[189] Georg Piltz, Franken, Kunst einer Landschaft, Dresden 1958, S. 62.
[190] Erich Hubala, Rezension zu: Grimschitz, Hildebrandt, 1959, in: Christliche Kunstblätter 98, 1960,
S. 24.
[191] Kurt Gerstenberg und E.-M. Wagner, Baukunst des Barock in Europa, Frankfurt 1961, S. XII.

lung Balthasar Neumanns ist: „Franconia, with its alert and receptive people, became the leader in making the Baroque a specifically German style […] it was Balthasar Neumann who, during the brilliant third decade of the eighteenth century, in a series of superb buildings, put Franconia in the rank of German art […]". Hempel verstand außerdem die Errichtung von Schloss Werneck als Fortsetzung einer verstärkten Zusammenarbeit von Neumann und Hildebrandt: „There, however, it was Neumann's Franconian Baroque that predominated." Als Begründung führte er an, daß in Werneck „the extensive group of buildings with projecting pavilions and curving roofs is more vigorously articulated than is the Würzburg Residenz, where the front had been kept flat in the French manner".[192]

Das Mitte der sechziger Jahre ausgeprägte Interesse der englischsprachigen Literatur an Themen der Barockarchitektur und damit an Balthasar Neumann fand 1967 seinen Niederschlag auch in einem kurzen biographischen Artikel in der angesehenen Encyclopaedia Britannica. Darin heißt es unter anderem „Neumann had a astonishing combination of talents. He designed palaces, housing, public buildings, bridges, a water system, fireworks and more than 100 churches. Neumann's church of Vierzehnheiligen (1743–71), decorated in pink, gold and white is a triumph in rococo styling […] ". Für die damalige Zeit eher überraschend zeichnete der impressionistisch gestimmte Beitrag ein Bild eines Genies, jedoch weniger des Künstlers, sondern des Organisations-Genies.[193] Im Rahmen seiner Arbeit über „Mäzene" kleidete denn auch Peter Hirschfeld 1968 vor dem Hintergrund der Briefe Balthasar Neumanns seine Beurteilung in die kryptische Formulierung „Sein Genie blieb äußerlich in einer mehr hausbackenen Verkleidung".[194]

Henry-Russel Hitchcock setzte sich insbesondere mit der Frage der Entwicklung der Architektur des Rokoko in Süddeutschland auseinander und verglich Johann Michael Fischer und Balthasar Neumann miteinander, dessen Reputation er „equal to Fischer's, if not ahead of his" eingeordnet wissen wollte. Im speziellen Fall der Schlosskirche von Werneck entdeckte er Züge daran, die in den Barock und in die Renaissance zurückweisen: „However, at Werneck, in the chapel there […] Neumann achieved […] a more truly Rococo spatial effect in the scalloped oval of a plan very like those towards which Bavarian architects had been working in their many churches since the twenties. Relevant, also, are the curved shapes of the entablature blocks, Baroque though these remain in their vigour […]. Then, though the doric columns that support the gallery are of a positively High Renaissance directness of structural expression, there is the typically Rococo handling of the decoration on the jambs and intradoses of the openings behind them".[195]

Werner Hager ging 1968 nicht ausdrücklich auf die Frage der künstlerischen Abgrenzung Hildebrandts und Neumanns ein. Am Beispiel der Würzburger Residenz resümierte er lediglich lapidar und durchaus nichtssagend: „So lösen sich die Einflüs-

---

[192] Eberhard Hempel, Baroque Art and Architecture in central Europe, Harmondsworth 1965, SS. 147, 157 und Abb. 97 f.

[193] Encyclopaedia Britannica 16, 1967, S. 287 f.

[194] Hirschfeld, Mäzene (wie Anm. 30), S. 193.

[195] Henry-Russel Hitchcock, Rococo Architecture in Southern Germany, London 1968, S. 208 und S. 213 f.

se ab, bis zum Ende aber bleibt das Ganze in Neumanns Hand".[196] Hans Reuther versuchte 1968, die Architektur der Wernecker Schlosskapelle in den Kontext der europäischen Architektur einzuordnen. Er kam dabei zu dem Schluß, daß „das Wölbsystem hier formal nicht zu den typischen Neumanns gerechnet werden kann." Dennoch akzeptierte Reuther Raumform und Wölbbildung in Werneck als Neumanns eigene Leistung. Die Dekoration geht für ihn jedoch auf Lucas von Hildebrandt zurück. Überraschend sein Resümée: Genauso wie in der Hofkirche der Würzburger Residenz haben allerdings in Werneck „Hildebrandtsche Dekorationselemente die Raumform und Wölbbildung Neumanns betont".[197]

Am Beispiel der Würzburger Residenz setzte sich Erich Hubala mit dem Begriff „Kollektivplanung" auseinander, die seiner Meinung aber noch nicht ausgereicht hätte, „um dem Schloßbau die technische, bauliche und künstlerische Statur zu garantieren, die einzig in Deutschland dasteht, wäre der Bau nicht in allen Phasen in den Händen von B. Neumann gelegen. Er, der Schritt für Schritt mit dieser gewaltigen Aufgabe gewachsen ist, hat das Verdienst, aus dem Kollektiven das Persönliche, aus der Synthese österreichischer und französischer Baugedanken ein Ganzes gewonnen zu haben".[198]

In ähnlicher Weise charakterisierte Liselotte Andersen am Beispiel der Würzburger Residenz ab 1729 das Verhältnis zwischen Hildebrandt und Neumann: „Zwei gegensätzliche Charaktere, aber auch zwei gegensätzliche Auffassungen von Architektur prallten aufeinander. Für Hildebrandt, den sensiblen Augenmenschen, setzt sich ein Bau aus optischen Schauseiten zusammen; Neumann will in der Architektur den klar gegliederten gebauten Körper sichtbar machen. Hildebrandt verdanken wir zum Beispiel die prachtvollen gebrochenen Giebel des Schlosses, Neumann aber die Geschlossenheit des ganzen Werkes, das trotz aller fremden Einflüsse der repräsentative Bau des fränkischen Barock ist".[199]

Harald Kellers Verhältnis zur Baukunst Balthasar Neumanns war eher distanziert. Dies äußerte sich mehrfach in dem von ihm herausgegebenen 10. Band in der „Propyläen Kunstgeschichte" zur Kunst des 18. Jahrhunderts, der bezeichnenderweise Rudolf von Heckel, einem von 1913 bis 1947 in München lehrenden Mediaevisten, gewidmet ist. Den Raum von Vierzehnheiligen charakterisierte Keller – nach eigenen Worten ein „Kenner der abendländischen Bautradition des letzten Jahrtausends" als „eine unerhörte Kühnheit [...] Wie sehr dieses Wagnis geglückt ist, vermag man freilich nur an einem Wallfahrtstag zu beurteilen, wenn der Raum seine liturgische Funktion ganz erfüllt." In letzter Konsequenz wertete Keller die Architektur Neumanns damit als Kulisse für ein religiöses Schauspiel ab. Keller ging sogar noch weiter und suchte dem Baumeister grundsätzliche Fehler nachzuweisen und gleichzeitig die Kunstgeschichtsschreibung des Barock zu disziplinieren: „Der Preis indessen, der für das Gelingen zu zahlen war, ist hoch. Lange ehe die kritiklos-schwärmerische Begeisterung für die deutsche Barockarchitektur einsetzte, hat G. Dehio nüchtern geurteilt:

---

[196] Werner Hager, Barockarchitektur, Baden-Baden 1968, S. 189.

[197] Hans Reuther, Die Schloßkapelle zu Werneck und ihre Stellung in der mitteleuropäischen Barockarchitektur, in: Das Münster 21, 1968, S. 118.

[198] Erich Hubala, Renaissance und Barock, Frankfurt/Innsbruck 1968, S. 200.

[199] Liselotte Andersen, Barock und Rokoko, Baden-Baden, 1969, S. 168 f.

‚Was Neumann sucht, ist die Poesie des Geheimnisvollen. Leider hat der Meister in seinem abstrakt gewordenen Denken durch einige schwere Fehler sein eigenes Werk zerstört'".[200]

1973 wiederholte und vertiefte Hans Reuther seine Überlegungen zu den „künstlerischen Einwirkungen von Johann Lucas von Hildebrandt auf die Architekturen Balthasar Neumanns". Hildebrandts künstlerischen Einfluß auf Neumann konstatierte er insbesondere im Bereich „der Fassadengestaltung, vornehmlich beim Profanbau". Dagegen blieb Neumann für Reuther „unbestritten der kühne Raumschöpfer. Kein Sakralbau Hildebrandts kann für die Entwicklung Neumannscher Raumkompositionen in Anspruch genommen werden."[201]

Unter der Überschrift „Integration und regionale Variation" arbeitete Christian Norberg-Schulz 1975 die Spezifica Neumann'scher Baukunst gegenüber der österreichischen Architektur und Hildebrandt im Besonderen heraus. Ein wesentliches Element schien ihm dabei die Aufnahme französischer Züge, die sich insbesondere in der Verbesserung der commodité äußerten. Neumann nutzte die italienischen, französischen und österreichischen Überlieferungen und wußte seine Lösungen gleichzeitig „kraftvolle Einfachheit und plastischen Reichtum" zu verleihen. Bauwerke wie die Würzburger Residenz konnten nur deshalb zu einem Gesamtkunstwerk unter Beteiligung der verschiedensten Künstler werden, weil es sich trotz aller Korrekturen, Überarbeitungen und Veränderungen von Beginn an um „eine ‚fertige', sorgfältig ausgewogene Komposition" handelte, „Balthasar Neumann alleine [war] fähig […] diese Aufgabe zu lösen". Überrascht, vielleicht sogar schmunzelnd registriert der Leser die Feststellung, daß beim Bau von Schloss Werneck „Hildebrandt als ein etwas störender ‚Berater' auf[getaucht]" sein soll.[202]

Bezüglich der Würzburger Residenz war 1977 für Richard Zürcher Balthasar Neumann „der Baumeister, der diese verschiedenen Einflüsse auf das genialste zusammenfaßte und zugleich in allen Wechselfällen dank seiner Autorität und beharrlichen Energie die Konstante bildete […] Dank souveräner Sachkenntnis und diplomatischem Geschick wurde er mit der Selbstherrlichkeit Cottes ebenso fertig wie mit der Reizbarkeit des übersensiblen Hildebrandt. Neumann vermochte letzten Endes sein eigenes Konzept des Riesenbaues durchzusetzen, ohne daß es zum Bruch mit Friedrich Carls Günstlingen kam. […] Von Neumann stammt auch das fein und straff gegliederte Sommerschloß Werneck […]".[203]

Unter Hinweis auf Hildebrandts verbitterte Klage von 1743 darüber, daß sich Neumann auf Stichen der Würzburger Residenz zu Unrecht als ihr Baumeister ausgab, führte Blunt schließlich aus: „[…] wie wir gesehen haben, konnte keiner die Autorschaft für die Würzburger Residenz für sich allein beanspruchen; sie ist vielmehr das bemerkenswerteste Beispiel kollektiver Planung im barocken Deutschland […] jedenfalls besiegelte die Würzburger Residenz Neumanns Ruf als Planer von Schlössern

---

[200] Harald Keller, Die Kunst des 18. Jahrhunderts. Propyläen Kunstgeschichte 10, Berlin 1971, S. 97.
[201] Hans Reuther, Die künstlerischen Einwirkungen von Johann Lucas von Hildebrandt auf die Architektur Balthasar Neumanns, in: Architectura – Zeitschrift für Geschichte der Architektur, 1973, S. 83.
[202] Christian Norberg-Schulz, Architektur des Spätbarock und Rokoko, Stuttgart und Mailand 1975, S. 269 ff. und S. 364, Anm. 48.
[203] Richard Zürcher, Rokokoschlösser, München 1977, S. 75 ff.

[…] Friedrich Carl selbst beauftragte ihn mit Entwurf und Planung seines Sommer-
schlosses Werneck".[204]

Erich Hubala griff 1984 erneut in die Diskussion ein und schlug vor, den Begriff
des „Genies" durch den der „Meisterschaft" zu ersetzen. Seine Zusammenfassung der
Beurteilung Balthasar Neumanns durch die Kunstliteratur um 1920 klingt dabei wie
ein Resumée der in solchen methodischen Fragen indifferenten Literatur nach 1945.
Hubala kritisierte dabei vor allem: „Die Entstehungsgeschichte der Residenz wurde
also von einer kollektiven Bauberatung tatsächlich begleitet, wie das bei Monumen-
talbauten des Spätbarock gang und gäbe war und auch in Alteuropa keineswegs selten
gewesen ist […] Jedoch traf sich diese Erkenntnis im Falle der Würzburger Residenzplanung um 1920 mit dem ganz anderen aktuellen Bedürfnis nach ‚Entmythologisie-
rung' […] Nun sollte man erwarten, daß die so herausgekehrte Erkenntnis kollektiver
Planberatung des Würzburger Schloßbaus zu einer grundsätzlich neuen, kritisch
durchleuchteten Darstellung des gesamten Entwurfsprozesses und damit auch zu einer
hinreichenden Theorie von der ‚eigentlichen Autorschaft' der spätbarocken Architektur geführt hätte. Denn nur auf solche Weise, das heißt also durch eine grundsätzliche
Neubesinnung mit allen methodischen Folgerungen konnte sich die so revolutionär
vorgetragene These von der ‚kollektiven beziehungsweise kollektivistischen Planung'
in Würzburg legitimieren. Eine solche grundsätzliche Besinnung jedoch fand nicht
statt […]. Die kollektivistischen Denkmalstürzer errichteten – unversehens muß man
sagen – anstelle des Neumanndenkmals andere Denkmäler für ‚ihre' Helden, die
wiederum als Genies auftraten […] Man braucht also kein Prophet zu sein, wenn man
[…] feststellt, dass alle Versuche ‚Anteile' an der Autorschaft der Würzburger Residenzarchitektur neu zu arrangieren, erfolglos bleiben werden. Denn das einmal aufge-
worfene Dilemma von Kollektivismus und Genie wird auf solche Art nicht gelöst, ja
nicht einmal sichtbar gemacht."

Exemplarisch führte Hubala am Fassadenaufriss SE 314 + zur Würzburger Residenz vor, wie Neumann während der Ausführung in Proportionierung und Gliederung
des Aufrisssystems der Würzburger Residenz entscheidend und korrigierend eingegriffen hat. „Erst durch diese Korrektur gewann die Würzburger Fassadengliederung
ihre baukünstlerisch überragende Bedeutung, ihren historischen Rang. Es war Meisterschaft, womit sich der ‚bloß ausführende' Ingenieuroffizier, Hofbeamte und Architekt Neumann auszeichnete. In seiner Person fand die kollektivistische Planung dieses
Schloßbaus ihren Meister"[205].

Von der Unmöglichkeit, ja sogar der Unsinnigkeit der Händescheidung ist dagegen
Bernhard Schütz überzeugt. Dennoch konnte auch er nicht umhin, sich 1986 mit der
Problematik des Kollektivismus auseinanderzusetzen. Für Schütz kam es dabei „nicht
so sehr darauf an, festzustellen, woher die eine oder andere Idee stammt und von wem
sie vielleicht übernommen worden sein könnte, sondern wie sie durch gestalterische
Auseinandersetzung zu etwas Neuem, Eigenem verarbeitet wurde. Nicht die Übernahme, sondern die Verarbeitung, die Weiterentwicklung ist gerade bei Neumann immer
das Entscheidende, und dieser Prozeß zieht sich vom frühesten bis zum spätesten

---

[204] Antony Blunt und andere Verfasser, Kunst und Kultur des Barock und Rokoko. Architektur und Dekoration, Freiburg u. a. 1979, S. 379.
[205] Hubala, Genie (wie Anm. 156), S. 157–170.

Werk wie ein Leitfaden durch“.[206] Abgesehen davon, daß Neues und Eigenes sich ja nur dann von Altem, Fremden überhaupt unterscheiden lässt, wenn es sich in seiner Befindlichkeit beschreiben läßt, erweist sich Schütz mit seinem Hinweis auf das Prozeßhafte vom Kunstverständnis der sechziger und siebziger Jahre geformt.

Wesentlich reduzierter fällt dagegen das Urteil von Wolfgang Braunfels aus. Für Braunfels war Neumann lediglich der „führende(r) Baumeister in Würzburg und für die Bischöfe aus dem Hause Schönborn“. Seine Einschätzung wird dadurch noch weiter relativiert, daß Braunfels wenige Zeilen vorher Johann August Nahl den Älteren als „überragenden Baumeister“ ansprach[207]. Wilfried Hansmann wollte 1987 gelegentlich eines Aufsatzes über „Balthasar Neumann als Künstler“ wissen, „ob Neumann es ohne Widerspruch hingenommen hätte, ihn als Künstler zu apostrophieren. Wahrscheinlich hätte er präzisierend entgegengehalten, er sei „Ingenieur“ und „Architekt“, und in dieser Profession übe er seine Kunst aus – wie zum Beispiel auch die Handwerker, „eine Gesellschaft gewisser Künstler“, ihre Kunst trieben“.[208]

Auch Erich Hubala stellte unter Hinweis auf die Charakterisierung Balthasar Neumanns als subalternen, ausführenden Hofbeamten durch die Verfasser der Monographie über die Würzburger Residenz von 1923 in seinem Artikel „Zum dreihundersten Geburtstag des Barockmeisters“ in der FAZ erneut die Frage danach, ob es sein Werk erlaubt „von einer Kunst Neumanns zu sprechen“.[209] Hubala faßte seine Auffassung von „Neumanns baukünstlerischem Credo“ in der ihm eigenen Weise in die Worte: „Leer und tot muss jeder Raum bleiben, wenn er sich nicht als Gegliedertes darstellt. Gliederung bedeutet Belebung, simultane Erscheinung des Verschiedenen, Individuellen, ‚Mehrstimmigkeit‘ also mit dem Ergebnis eines klingenden Themas. Wenn Du die Gegensätze, etwa von Rotunde und Kuppelvierung, von Raumkern und Raumschale, von zentralisierten und defilierenden Motiven so zueinander ins Verhältnis setzt, daß das Ganze etwas darstellen kann, was keins der einzelnen Elemente für sich allein darstellen könnte, und wenn dieses Neue, Ganze, als ein Thema auch für alle verständlich wird, als Baugestalt schön ist und für den Zweck […] hinreichend, dann ist Dein Werk vollendet“.

1987 hat sich Hubala im Rahmen einer Vortragsreihe an der Universität Würzburg aus Anlaß des Neumann-Jubiläums noch ein weiteres Mal zu „Rang und Bedeutung der Architektur Neumanns in der Kunstgeschichte“ geäußert. Als Kunsthistoriker befaßte er sich insbesondere deshalb mit Neumann, „weil seine Werke für die Anschauung und den Begriff von Kunst unentbehrlich sind“.[210]

8. Brechen wir an dieser Stelle ab und kommen zum Schluß. Ich habe mit den vorangehenden Zitaten versucht zu zeigen, daß sich jede Epoche ihr eigenes Bild von

---

[206] Schütz, Neumann (wie Anm. 12), S. 9 und S. 56 f.

[207] Wolfgang Braunfels, François Cuvilliés, Der Baumeister der galanten Architektur des Rokoko, München 1986, S. 209.

[208] Wilfried Hansmann, Balthasar Neumann als Künstler – Bedingungen seines Wirkens, Arbeitsweise, Auffassung vom Werk, in: Korth / Poeschke, Neumann (wie Anm. 22), S. 173.

[209] Erich Hubala, Balthasar Neumanns mehrstimmige Baukunst, in: Frankfurter Allgemeine Zeitung, 24. 1. 1987.

[210] Erich Hubala, Über Rang und Bedeutung der Architektur Neumanns in der Kunstgeschichte, in: Korth / Poeschke, Neumann (wie Anm. 22), S. 13–30.

Neumann geformt hat. Der Baumeister geriet zusammen mit der Ablehnung von Rokoko und Zopf seit dem ausgehenden 18. Jahrhundert in Vergessenheit. Seine Leistung als Künstler wurde in der Romantik vor dem Hintergrund eines am mittelalterlichen Historismus orientierten Kunstverständnisses abgelehnt. Augenscheinlich erst mit dem Neo-Barock im letzten Drittel des vorigen Jahrhunderts reussierte Balthasar Neumann wieder. Mit dem Baumeister wurden dann aber zugleich die charakteristischen Tugenden der wilhelminischen Kaiserzeit wie Treue, Pflichterfüllung, Fleiß usw. verbunden. Die Leistung Neumanns wuchs damit rasch ins Geniale. Daß es sich das „Genie“ Balthasar Neumann eine Generation später gefallen lassen mußte in einer Zeit kommunistischer Gedankenwelten, in der das Kollektiv alles bedeutete und der Einzelne gar nichts, ebenfalls in ein solches Weltbild gespiegelt zu werden, verwundert nicht mehr sehr. Der Nationalsozialismus nahm den „deutschen“ Balthasar Neumann ebenso selbstverständlich für sich in Anspruch. Nach 1945 bedurfte es doch einige Zeit, bis man sich völlig von noch latent vorhandenen nationalistischen Vorstellungen der dreißiger Jahre gelöst hat. In den fünfziger und sechziger Jahren war die Neumann-Forschung vornehmlich eine Aufgabenstellung der Landeskunde; auch dies ein Erbe der zurückliegenden Jahrzehnte. Ihr glänzendster Vertreter war der Direktor des Mainfränkischen Museums Würzburg, Max H. von Freeden. Technische und technologische Fragen standen unter dem Einfluss von Hans Reuther in Berlin vielfach im Mittelpunkt des Interesses: „Wölbformen“, „Naturstein-Verwendung“ und dergleichen zeittypische Formulierungen prägten und prägen die Literatur. Erst in den siebziger und achtziger Jahren, inspiriert von Erich Hubala und seinem Wirken am Würzburger Lehrstuhl für Kunstgeschichte, setzte eine neue Phase der Entdeckung des „Künstlers“ Balthasar Neumann ein. Sie ist bis heute noch nicht abgeschlossen und erfährt in dem von Stefan Kummer initiierten DFG-Projekt zur Erforschung der Kunstgeschichte der Würzburger Residenz gegenwärtig einen neuen Höhepunkt.

Hans-Otto K e u n e c k e

Der Ansbacher Universitätsplan von 1726 und der Weg
des Stiftungskapitals nach Erlangen

Erste Pläne zur Errichtung einer Landesuniversität im Fürstentum Ansbach entstanden bereits unmittelbar nach Einführung der Reformation und Markgraf Georg der Fromme versuchte, sie in der Residenzstadt selber zu verwirklichen; doch kamen diese Unternehmungen über erste Anfänge nicht hinaus.[1] Ebenfalls ohne Erfolg blieben die Versuche der Jahre 1530 bis 1554, eine Hochschule in Feuchtwangen anzusiedeln[2] und ebenso erging es dem Plan für eine Universitätsgründung in Heilsbronn in den Jahren 1594/95.[3]

Ein erneuter Anlauf, eine ansbachische Hohe Schule ins Leben zu rufen, wurde dann erst wieder im 18. Jahrhundert unternommen. Markgräfin Christiane Charlotte, Witwe des 1723 verstorbenen Markgrafen Wilhelm Friedrich, stiftete am 28. März 1726 aus ihrem Privatvermögen einen Betrag von 150.000 fl.[4] für eine neu zu gründende Universität. Der Begriff des Privatvermögens bedarf der Erläuterung; denn im absolutistischen Staat findet eine Trennung von persönlichem Eigentum und Fiskus in der Regel nicht statt. Im vorliegenden Fall jedoch sprechen die Quellenzeugnisse deutlich für die Verwendung des Begriffs „Privatvermögen". In der entsprechenden Stiftungsurkunde wählt die Markgräfin die Formulierung, sie habe die Summe dem Fürstentum Ansbach „als Schenkung zugeeignet", und es ist die Rede von ihren „Patrimonial Mitteln". Im Sprachgebrauch jener Zeit, wie ihn etwa die große deutsche Enzyklopädie des 18. Jahrhunderts, das Lexikon des Verlegers Johann Heinrich Zedler, nachweist,[5] wird der Begriff „Patrimonium" sowohl für Eigenbesitz im allgemeinen Sinn wie auch für solchen Eigenbesitz verwendet, der aus väterlichem Erbe stammt. Man wird also im vorliegenden Fall so oder so von persönlichem Eigentum der Markgräfinwitwe (im Gegensatz zu staatlichen Finanzmitteln) auszugehen haben. Das erhellt auch aus jenem Brief vom 3. April 1726, mit dem der Erbprinz sich bei

---

[1] Hermann Jordan, Reformation und gelehrte Bildung in der Markgrafschaft Ansbach-Bayreuth. (Quellen und Forschungen zur bayerischen Kirchengeschichte. 1) Bd. 1. Leipzig 1917, S. 85–239.

[2] Ebd., S. 240–297.

[3] Ebd., Bd. 2. Leipzig 1922. Nach dem Tode d. Verf. abgeschlossen und hrsg. v. Christian Bürckstümmer, S. 41–66.

[4] Ausfertigung in der Universitätsbibliothek Erlangen-Nürnberg, Handschriftenabteilung, Cim. A 10. Als Insert in der kaiserlichen Bestätigungsurkunde vom 16. Juni 1726, Ausfertigung ebd., Cim. A 12, Abschrift im Staatsarchiv Nürnberg (fortan: STAN), Bestand Regierung von Mittelfranken, Kammer der Finanzen, Abg. 1937, Nr. 159/II. Vgl. Georg Schrötter, Eine Universitätsgründung in der Markgrafschaft Ansbach, in: Archivalische Zeitschrift, N. F. 11 (1904), S. 118–156. Dort auch Abdruck des Stiftungsbriefes. Die Dotationssumme bewegte sich immerhin in der Größenordnung einer Jahreseinnahme des gesamten Fürstentums. Der Etat für das Jahr 1723 beispielsweise betrug 180.000 fl. Vgl. Wilhelm Paulus, Markgraf Carl Wilhelm Friedrich von Ansbach (1712–1757). Ein Zeitbild des fränkischen Absolutismus. Diss. Erlangen 1931. Erlangen 1932, S. 37. Der Betrag wird in der Urkunde auch in der zweiten damals gebräuchlichen Währung mit 100.000 Reichstalern angegeben (1 Taler = 1,5 Gulden, bzw. 1 Gulden = 2/3 Taler).Vgl. z. B. Wörterbuch der Münzkunde. Hrsg. v. Friedrich v. Schrötter. Berlin / Leipzig 1930, S. 245 u. Bernd Sprenger, Das Geld der Deutschen. Paderborn u. a. 2002, S. 121.

[5] Großes vollständiges Universal-Lexicon aller Wissenschaften und Künste. Bd. 26. Leipzig / Halle 1740. Repr. Graz 1961, Sp. 1391–1391.

seiner Mutter für deren Plan einer Universitätsgründung bedankt. In diesem Schreiben, das selbstverständlich nicht von dem damals Vierzehnjährigen, sondern von Autoritäten der Regierung aufgesetzt worden war, wendet der Thronfolger sich an die Markgräfin und spricht darin von dem „Hauptfundum aus Dero selbsteignen Mitteln".[6] Vom „Privatvermögen" der Stifterin spricht auch das Dokument vom 30. Januar 1806, mit dem der preußische König diese Gelder der Universität Erlangen überweist,[7] ein Vorgang der weiter unten eingehender behandelt wird. Die Ansicht, die Markgräfin habe das Stiftungskapital lediglich vom allgemeinen Staatshaushalt „separiert", weswegen es nach dem Nichtzustandekommen der Universitätsgründung auch in diesen zurückgeflossen sei,[8] ist angesichts der Quellenlage nicht haltbar. Auf das Problem der weiteren Verwendung des Geldes nach dem Tode der Stifterin wird noch einzugehen sein.

Die weiterführende Erwägung, ob die genannten „Patrimonialmittel" der Regentin dem Erbe ihres Vaters entstammten (er verstarb 1694), oder ob ihr Ursprung etwa in Paraphernalgeldern gemäß entsprechender Bestimmungen des Ehevertrages zu suchen ist, läßt sich derzeit ohne gesonderte Forschungen nicht beantworten, kann hier aber auch guten Gewissens unbeachtet bleiben. Wichtig ist im vorliegenden Zusammenhang nur, daß der Geldbetrag für die Hochschulstiftung nicht dem Staatshaushalt des Fürstentums Ansbach entnommen, wohl aber öffentlicher Zweckbindung in diesem Staat zugeführt wurde, indem er die Gründung und weitere Sustenierung einer Landesuniversität ermöglichen sollte.

Die Markgräfin wollte verhindern, daß die Stiftungsgelder im allgemeinen Staatshaushalt aufgingen, und so hatte sie in ihrem Schenkungsbrief gründlich Vorsorge getroffen und genaue Weisungen hinsichtlich der Verwaltung des Geldes erlassen. Vorderhand, bis zu ihrem Ableben, behält sie sich die Nutzung des Betrages selber vor. Nach ihrem Tod soll der Betrag zinsbringend angelegt werden. Dazu trifft die Stifterin ausführliche Anordnungen und regelt in allen Einzelheiten, was bei der Verwaltung des Geldes zu beachten ist. Die Summe soll vom Geheimen Ratskollegium für das Fürstentum in Empfang genommen und von einer speziell dafür eingesetzten Kommission in Schuldverschreibungen zu landesüblichen Zinsen sicher angelegt werden. Die dabei zu beachtende Vorgehensweise wird detailliert beschrieben und alle Maßnahmen werden darauf abgestellt, die vorgesehene Finanzausstattung der Universität so solide wie möglich zu gestalten. Sollte die Stifterin das Kapitel noch selber zu ihren Lebzeiten anlegen, sollen die Zinsen daraus ihr zufließen, die Anlagen („Güther, Unterthanen oder Gefälle") jedoch sogleich dem Universitätsfonds zugerechnet werden.

Ferner wird festgestellt, daß die Stiftungsgelder oder die mittlerweile etwa davon erworbenen Anlageformen im Todesfall der Stifterin zwar an das Fürstentum fallen sollen – dem sie im Augenblick der Stiftung eben nicht gehören, da es sich um per-

---

[6] Schrötter (wie Anm. 4), S. 138.

[7] Vgl. weiter unten Anm. 55. Allerdings ist die Beweiskraft dieser Quelle dürftig; denn Preußen hatte ein sehr deutliches Interesse daran, diese Gelder als Privateigentum aufzufassen, weil nur so der Zugriff darauf gerechtfertigt werden konnte.

[8] Dieter Werzinger, Die zollerischen Markgrafen von Ansbach. Ihr Staat, ihre Finanzen und ihre Politik zur Zeit des Absolutismus. (Schriften des Zentralinstituts für fränkische Landeskunde und allgemeine Regionalforschung an der Universität Erlangen-Nürnberg. 31). Neustadt a. d. Aisch 1993. Zugl. Diss. Erlangen-Nürnberg 1992, S. 142.

sönliche Mittel der Markgräfin handelt – daß sie aber sogleich vom Geheimen Rats-kollegium eingezogen und ausschließlich für die verfügten Universitätszwecke ver-wendet werden sollen. Auch verbietet Christiane Charlottte für die Zukunft die Aufhe-bung der Akademie und eine andere Verwendung des Geldes „als zu einer Landesuni-versität".

Bei diesen Festlegungen sah Christiane Charlotte sich in einer Kontinuität mit den Absichten ihres verstorbenen Ehemannes und sie handelte „in Vollstreckung der allbe-reit von ob hochermeldt Unsers Herrn Gemahls hierunter löblich geführten, aber durch dero leidigen Tod unterbrochenen fürstlichen Absicht". Auch an anderer Stelle des Stiftungsbriefes wird von der „christfürstlichen Intention" Wilhelm Friedrichs ge-sprochen, die dieser hinsichtlich einer Universitätsgründung bereits gehabt habe. Doch ist Näheres darüber nicht in Erfahrung zu bringen und es bleibt unklar, ob die Berufung auf das Vorbild des Verstorbenen dessen tatsächlichen Willen, eine Univer-sität zu fundieren, bezeichnet, oder ob sie nur floskelhaft zu verstehen ist.

Von den sonstigen Bestimmungen hinsichtlich der geplanten Neugründung sei an dieser Stelle anhand des kaiserlichen Gründungsprivilegs[9] nur knapp das Wichtigste zitiert. Demnach sollte die geplante Hochschule über alle Fakultäten verfügen und vor allem der Ausbildung der Landeskinder dienen. Sie erhält alle jene Rechte und Be-günstigungen wie die anderen Universitäten im Reich sie auch haben. Sie darf zum Zweck der Selbstverwaltung einen Senat bilden und die Fakultäten erhalten das Recht, akademische Grade zu verleihen („Doctores, Licentiatos, Magistros, Baccalau-reos und Poetas laureatos zu creiren"). Rektorat und Cancellariat bleiben dem jeweili-gen Landesherrn vorbehalten, der entsprechend einen Prorektor und einen Prokanzler ernennt. Weiters übertrug der Kaiser dem ansbachischen Wunsch folgend dem jewei-ligen Prorektor der neuen Universität die Würde und die damit verbundenen Rechte eines Hofpfalzgrafen. Die Festlegung dieser im akademischen Zusammenhang eher sekundären Bestimmungen nimmt im Gründungsprivileg entschieden mehr Raum ein als die Behandlung der eigentlichen Aufgaben und Rechte der Universität und ihrer Organe.

Für die Errichtung werden verschiedene Gründe angeführt, die das kaiserliche Di-plom aus dem schriftlichen Ansuchen der Markgräfin übernimmt. So wird vermerkt, daß es im Fränkischen Kreis nur zwei Universitäten gebe, nämlich Würzburg und Altdorf, wobei letztere „in der alten Obern-Pfalz" liege. Das stimmt so selbstverständ-lich nicht; denn Altdorf gehörte seit 1504 zur Reichsstadt Nürnberg und lag damit im Fränkischen Reichskreis. Man wollte in Ansbach aber ein Argument dafür liefern, wa-rum in der geplanten neuen Einrichtung keine Konkurrenz zu Altdorf gesehen werden musste, und stellte daher dessen Lage im Gebiet des Fränkischen Reichskreises als randständig dar, indem man daran erinnerte, daß Altdorf früher einmal zur Oberen Pfalz gehört hatte. Die Wiener Kanzlei machte sich keine größeren Mühen bei der Nachprüfung und übernahm die bedenkliche Zuordnung unbesehen. Bamberg wird in diesem Zusammenhang zu Recht nicht genannt. Dort bestand zu dieser Zeit lediglich eine jesuitische theologisch-philosophische Hochschule, an der erst 1735 mit Errich-

---

[9] Ausfertigung im STAN, Bestand Fürstentum Ansbach, Generalrepertorium Urkunden, Nr. 711. Abschr. ebd., Generalrepertorium Akten, Nr. 47. Druck bei Gottfried Stieber, Historische und topographische Nach-richt von dem Fürstenthum Brandenburg-Onolzbach. Schwabach 1761, S. 60–77.

tung der juristischen Fakultät der Ausbau zur Volluniversität des Jahres 1773 begann.[10] Im benachbarten Schwäbischen Kreis – so steht es weiter im Gründungsprivileg – gebe es überhaupt nur eine Universität, die aber in Tübingen und damit weit entfernt liege. Insofern werde die Ansbacher Neugründung den vorhandenen Hochschulen keinen Abtrag tun.

Sodann wird die Erstellung rechtlicher Gutachten ins Feld geführt, die bislang bei juristischen Fakultäten außerhalb des Fürstentums Ansbach eingeholt werden müssen. Dieses Verfahren werde mithilfe einer Universität im eigenen Land wesentlich erleichtert und verbilligt. Das im Schreiben der Markgräfin angeführte und breit dargelegte Motiv, daß die neue Akademie sich besonders der Erforschung der Geschichte Deutschlands und des Hauses Brandenburg widmen solle, fand keine Aufnahme unter die Beweggründe, deren Aufzählung man in der kaiserlich-habsburgischen Kanzlei für angezeigt hielt.

Unter landesgeschichtlichen Gesichtspunkten bemerkenswert ist die Frage, warum gerade die Orte Gunzenhausen, Crailsheim und Heilsbronn (und nicht zum Beispiel Ansbach selbst) als mögliche Orte der geplanten Universitätsgründung von der Markgräfin vorgeschlagen und dann auch im kaiserlichen Gründungsprivileg genannt wurden. In den ersten Überlegungen vom Januar 1726, die vom ansbachischen Gesandten in Wien stammen und denen man daher eher Rücksichtnahmen auf politische Interessen des Schwäbischen wie des Fränkischen Reichskreises zugrunde legen wird, sah man als Standort die Stadt Crailsheim vor,[11] weil sie sich einerseits in Reichweite des Schwäbischen Kreises befand (aus dem man sich wohl Zuzug von Studierwilligen erhoffte), andererseits so weit von anderen Universitätsstädten entfernt lag, daß man von dort keine Einsprüche befürchten musste, wobei man wohl an Tübingen, Würzburg und Altdorf gedacht haben dürfte.

Im März 1726 schlagen dann die beiden markgräflichen Räte Christoph Friedrich von Seckendorff und Georg Christian Seefried vor, auch weitere Orte in die Erwägungen einzubeziehen, um im Falle der tatsächlichen Ausführung der Universitätsgründungspläne Auswahlmöglichkeiten an der Hand zu haben. Sie bringen Heilsbronn mit in die Diskussion ein und geben dafür eine ausführliche Begründung.[12] Daran ist sehr bezeichnend, daß die beiden Räte zwar davon sprechen, man sollte neben Crailsheim noch weitere Orte als für die neue Universität geeignet anführen, selber aber nur einen – eben Heilsbronn – nennen, dafür aber eine sehr eingehende Argumentationskette liefern. Den beiden Regierungsmitgliedern lag Heilsbronn ganz besonders am Herzen und sie verbergen dieses nur hinter der Formulierung „außer Crailsheim noch ein paar Orte, um bei weiterer der Sache Überlegung jedes Mal noch die Elektion zu haben, in Vorschlag mit gebracht werden wollen".[13] Tatsächlich ging es ihnen nur darum, Crailsheim durch Heilsbronn zu ersetzen. Ihre Parteinahme für Heilsbronn zeigt sich dann noch einmal besonders deutlich nach der endgültigen Entscheidung der Markgräfin für eine Vorschlagliste, als sie im Sommer desselben Jahres hinter den Kulissen

---

[10] Von der Academia Ottoniana zur Otto-Friedrich-Universität Bamberg. Ausstellungskatalog. Bamberg 1988, S. 7 u. S. 62–63.

[11] Schrötter (wie Anm. 4), S. 123.

[12] Schrötter (wie Anm. 4), S. 124.

[13] Ebd., S. 123.

agieren und nicht den Weg scheuen – wie weiter unten aufgezeigt wird – sich beim Heilsbronner Pfarrer ein Bittschreiben zu bestellen, das sie zum Anlaß und zur Grundlage einer Ortsbesichtigung im Frühjahr 1727 machen können.

Bereits im nächsten Schreiben der Markgräfin, das nur 12 Tage später, am 21. März entstand, wurde den Vorschlägen der Räte Rechnung getragen und es finden sich darin erstmals drei Orte: Crailsheim, Heilsbronn und Feuchtwangen,[14] ohne daß den vorhandenen Aufzeichnungen entnommen werden könnte, warum man gerade Feuchtwangen in die Liste aufgenommen hatte. Auch diese Aufstellung wurde dann noch einmal korrigiert und das Schreiben der Markgräfin vom 4. Mai 1726 an den Kaiser, in dem sie offiziell um die Erteilung eines Universitätsprivilegs bittet, nennt dann als mögliche Universitätsstandorte Crailsheim, Heilsbronn und Gunzenhausen.[15] Auch diese neuerliche Veränderung, die Herausnahme Feuchtwangens und die Einfügung Gunzenhausens an dessen Stelle, findet in den Quellen unmittelbar keine Begründung. Jedenfalls wird die Auflistung denkbarer Universitätsstandorte in dieser Form von der Wiener Kanzlei übernommen und das von Kaiser Karl VI. unter dem 26. Juni 1726 ausgestellte Privileg für die Gründung einer Landesuniversität nennt die ansbachische Standorttrias Crailsheim, Heilsbronn, Gunzenhausen.

Ansbach dürfte von vornherein aus dem Kreis der denkbaren Standorte ausgeschieden sein, weil hier bereits seit 1528 das Gymnasium Carolinum bestand. Da höhere und Hochschule damals noch nicht so klar voneinander getrennt waren, wie das heutiger Übung entspricht, hätte eine Universität am Ort eine gewisse Konkurrenz zum bestehenden Gymnasium bedeuten können und unter Umständen Schüler von diesem abgezogen. Auch ist unabhängig von dieser möglichen Überlegung der Ansbacher Universitätsplaner daran zu erinnern, dass Universitäten der frühen Neuzeit häufig ganz gezielt nicht an der jeweiligen Residenzstadt, sondern an entfernteren Orten errichtet wurden.[16] Dafür sind verschiedene Gründe denkbar, die auch auf Ansbach hätten Anwendung finden können, so etwa die Schwierigkeit, zwei von Grund auf verschiedene Sozialkörper, die höfische und die akademische Gesellschaft, an einem Ort miteinander harmonisch in Beziehung zu bringen[17] und weiter die stets zu befürchtenden Händel zwischen rauflustigen Studenten und dem Militär,[18] das in einer Residenzstadt ungleich stärker präsent war als in einer Landstadt.

---

[14] Ebd., S. 125.

[15] Ebd., S. 140.

[16] Notker Hammerstein, Die Universitätsgründungen im Zeichen der Aufklärung, in: Beiträge zu Problemen deutscher Universitätsgründungen der frühen Neuzeit. (Wolfenbütteler Forschungen. 4). Nendeln 1978, S. 263–298, hier S. 283.

[17] In der Sprache des 18. Jahrhunderts: „So schickt sich auch eine Academie nicht füglich dahin, wo eine Hofstadt ist, weil Train und Lebensart dem Apollini gleichfalls kein allzu lieber und nützlicher Gast zu sein pflegt." Großes vollständiges Universal-Lexicon aller Wissenschaften und Künste. Bd. 49. Leipzig; Halle 1746. Repr. Graz 1962, Sp. 1786.

[18] Im benachbarten Fürstentum Bayreuth waren es eben knapp zwei Jahrzehnte später eben solche Vorfälle, die zur Verlegung der ursprünglich in (der Residenzstadt) Bayreuth gegründeten Universität nach Erlangen führten. Vgl. Alfred Wendehorst, Geschichte der Friedrich-Alexander-Universität Erlangen-Nürnberg 1743–1993. München 1993, S. 13 sowie Hans-Otto Keunecke, 250 Jahre Erlanger Studentengeschichte. Soziale Bestimmung, politische Haltung und Lebensform im Wandel, in: 250 Jahre Friedrich-Alexander-Universität Erlangen-Nürnberg. Festschrift (Erlanger Forschungen. Sonderreihe. 4). Erlangen 1993, S. 153–203, hier S. 153–154.

Ferner dürften strukturpolitische Erwägungen, etwa die der wirtschaftlichen Förderung einzelner Orte, eine Rolle gespielt haben, wobei diese den gerade vorgetragenen Gründen nicht widersprechen müssen, sondern sie ergänzen können. Im gegebenen Fall hat man sich auch dieses Argumentes bedient und für Heilsbronn etwa stellte ein Memorandum der Geheimräte von Seckendorff und Seefried fest, es „wäre dieses Vorhaben ein solches Mittel, wodurch Heilsbronn einzig und allein aufgeholfen werden könnte".[19] Ob man bei Crailsheim, das erstmals vom Geheimen Legationsrat Johann Hermann Staudacher ins Gespräch gebracht worden war,[20] auch derartiges bedacht hatte, ist unbekannt. Sicher ist, daß man für Crailsheim ein territorialpolitisches Argument ins Feld brachte: die hinreichend große Entfernung vom Schwäbischen Kreis und dessen einziger Universität Tübingen einerseits wie von den Hochschulen des Fränkischen Kreises Würzburg und Altdorf andererseits.

Feuchtwangen begegnet erstmals und unvermittelt als denkbarer Standort in einem Dekret der Markgräfin vom 21. März 1726[21] und war vielleicht deswegen in die Gruppe der geeigneten Städte einbezogen worden, weil es im 16. Jahrhundert schon einmal als Standort einer Hochschule in Rede gestanden war[22] und weil dort in Gestalt des seinerzeit aufgehobenen Stiftes geeignete Räumlichkeiten zur Verfügung standen.

Was aus Sicht der Ansbacher Regierung für Gunzenhausen sprach, bleibt im Verborgenen. Doch könnte man zumindest einen Hinweis darauf in einem Gesuch erblicken, in dem Bürgermeister und Rat am 26. September 1726 darum bitten, die geplante Universität in ihrer Stadt zu errichten und dabei in bewegten Worten ihre wirtschaftliche Lage schildern („die allzu sehr abgenommenen Nahrungen und Gewerbschaften").[23] Vielleicht war Gunzenhausen unter wirtschaftlichen Gesichtspunkten in besonderer Weise förderungswürdig und man hatte in Ansbach vor, dem Rechnung zu tragen. Wahrscheinlicher jedoch ist eine andere Erklärung. Da die Geheimräte von Seckendorff und Seefried sich offensichtlich intern schon längst für den Standort Heilsbronn entschieden hatten, haben sie Gunzenhausen als weniger zweckmäßigen Standort mit auf die Liste gesetzt, um so elegant eine Entscheidung für Heilsbronn als den entschieden besser geeigneten Platz zu bewirken. Die Ansbacher Regierung wollte von vornherein die Universität in Heilsbronn gründen und an keinem anderen Ort.

Nach mancherlei Schwierigkeiten und der Bezahlung von insgesamt stattlichen 5.678 fl. an Kanzleigebühren und „douceurs für alle möglichen Leute"[24] hielt man schließlich im Frühjahr 1727 in Ansbach die nötigen Dokumente in Händen, wobei für die nun mögliche Hochschulgründung weder Ort noch Zeitpunkt eindeutig fixiert waren. Allerdings hatte man intern schon früh den Regierungsantritt des Erbprinzen als Gründungsdatum für die neue Akademie ins Auge gefasst[25], ohne dass dieses im Schreiben der Markgräfin an den kaiserlichen Hof genannt worden wäre. Da Carl

---

[19] Schrötter (wie Anm. 4), S. 124.
[20] In einem Bericht vom 19. Januar 1726. Schrötter (wie Anm. 4), S. 123.
[21] Schrötter (wie Anm. 4), S. 125.
[22] Jordan (wie Anm. 1), S. 240–297.
[23] Ebd., S. 151.
[24] Schrötter (wie Anm. 4), S. 149.
[25] Ebd., S. 123.

Wilhelm Friedrich das Licht der Welt 1712 erblickt hatte, wäre dafür etwa an das Jahr 1730 zu denken gewesen. Tatsächlich kam der Thronfolger aber bereits als Siebzehn-jähriger im Juni 1729 an die Regierung, doch geschah dieses wegen der schweren Krankheit seiner Mutter und Obervormunderin, die bei dieser vorgezogenen Regierungsübernahme wohl schon ihren baldigen Tod vor Augen hatte.[26] Wegen des vorzeitigen Regierungsantritts hatte man eigens eine kaiserliche venia aetatis einholen müssen.[27]

Warum es nicht zur Ausführung des Universitätsplanes kam, bleibt im Dunkeln. Zwar werden – nachdem die Erteilung des kaiserlichen Universitätsprivilegs als gesichert gelten konnte – alsbald sehr konkrete Maßnahmen eingeleitet und es wird zunächst Heilsbronn in die engere Wahl gezogen. Der dortige Pfarrer verfertigt auf einen Wink der Ansbacher Regierung hin eine für seinen Ort sprechende Denkschrift, die Markgräfin ordnet an, dementsprechende Schritte zu unternehmen und am Gründonnerstag des Jahres 1727 wird eine Ortsbesichtigung vorgenommen und eine Einweihung der Universität in Heilsbronn für das Osterfest des Jahres 1728 sicher in Aussicht gestellt.[28] Allein es bleibt beim Plan, ohne daß man erführe, warum. Markgraf Carl Wilhelm Friedrich soll dann noch einmal 1742 erwogen haben, das Vorhaben seiner Mutter zu verwirklichen,[29] doch ist über diese Absichten nichts Näheres bekannt. Spätestens 1743, mit der Gründung der bayreuthischen Landesuniversität im benachbarten Erlangen, wurden dann alle ansbachischen Universitätspläne endgültig gegenstands- weil aussichtslos. Das Fürstentum Ansbach blieb trotz der von Christiane Charlotte geschaffenen Voraussetzungen, trotz eines bereits vorliegenden kaiserlichen Gründungsprivilegs und trotz einer hinlänglichen Grundausstattung ohne eigene Hochschule.

Dieser Zustand hielt an bis zum Jahr 1769, als Markgraf Alexander, der seinem Vater Carl Wilhelm Friedrich in Ansbach 1757 gefolgt war, nach dem Tod des kinderlosen Bayreuther Markgrafen Friedrich Christian am 20. Januar den hohenzollerischen Hausgesetzen entsprechend[30] auch die Herrschaft im obergebirgischen Fürstentum übernahm. Nunmehr konnte die Erlanger Hohe Schule als eine auch ansbachische Universität verstanden werden und Alexander begann alsbald nach seinem Regierungsantritt, die Universität zu fördern.[31] Sie konnte Unterstützung gut gebrauchen;

[26] Sie starb am 25. Dezember 1729.

[27] Johann Matthias Groß, Burg- und markgräflich-brandenburgische Landes- und Regentenhistorie. Schwabach 1749, S. 540.

[28] Johan Ludwig Hocker, Eigene Lebensbeschreibung. Hrsg. v. Johann Ludwig Heydenreich. Schwabach 1749, S. 106–107. Die Ansbacher Delegation bestand aus den Geheimen Räten Christoph Friedrich von Seckendorff, Georg Christian Seefried, Georg Nikolaus Appoldt und Johann Conrad Schemel.

[29] Georg Wolfgang Augustin Fikenscher, Geschichte der königlich preußischen Friederich-Alexanders-Universität zu Erlangen. Coburg 1795, S. 259. Leider gibt Fikenscher keine Quelle für seine Mitteilung an. Er zeigt sich überhaupt schlecht unterrichtet und kann z. B. auch für das Legat der Markgräfin nur dessen ungefähre Höhe angeben. Von Fikenscher übernimmt die Nachricht von den Bemühungen Carl Wilhelm Friedrichs dann Jordan (wie Anm. 1), Bd. 2, S. 140.

[30] Rudolf Endres, Die Erbabreden zwischen Preußen und den fränkischen Markgrafen im 18. Jahrhundert, in: Jahrbuch für fränkische Landesforschung 25 (1965), S. 43–87.

[31] Das stand ganz im Gegensatz zu Alexanders sonstiger Haltung dem neu erworbenen Fürstentum Bayreuth gegenüber, das er eher stiefmütterlich behandelte und in Fragen wirtschaftlicher Förderung und materieller Fürsorge im Vergleich zum Fürstentum Ansbach benachteiligte, mindestens jedoch nachrangig behandelte.

denn ihre Ausstattung mit finanziellen Mitteln war nur dürftig und die Klage über fehlendes Geld war zumal unter der Regierung von Friedrich Christian stehende Rede bei jeder sich dazu bietenden Gelegenheit.[32]

Als erstes nahm der neue bayreuthische Landesherr am 29. Januar das Rektorat über seine neue Universität an und bestätigte so die am 22. desselben Monats, also schon zwei Tage nach dem Tod Friedrich Christians, geäußerte Absicht, die Universität unter seinen besonderen Schutz zu nehmen.[33] Am 8. Februar verfügte er, daß alle Landeskinder zumindest zwei Jahre in Erlangen studieren müßten, wenn sie auf eine staatliche Anstellung rechnen wollten und machte damit deutlich, daß er Erlangen als eine Landesuniversität auch des Ansbacher Fürstentums ansah und am 12. Oktober ließ er die Neuerwerbung seinen Namen in ihre Bezeichnung aufnehmen[34]; seitdem heißt sie Friderico-Alexandrina oder Friedrich-Alexander-Universität. Eine Kommission zur Prüfung und Verbesserung der Verhältnisse wurde eingesetzt und es wurden zusätzliche Mittel bereitgestellt.

In den zwei Jahrzehnten, die nun folgten und in denen Alexander Landesherr und Rector Magnificentissimus auch für die Erlanger Hohe Schule war, flossen erhebliche Mittel aus Ansbacher Quellen nach Erlangen. Über die Höhe dieser Zuwendungen existieren unterschiedliche Angaben in der Literatur. Einigermaßen zuverlässig dürfte die Angabe von 116.000 fl. sein, um die Alexander den Kapitalfonds der Universität aufgestockt hat.[35] Jedoch sind in dieser Summe weder einmalige direkte Zuschüsse noch der jährliche Etat enthalten, der wiederum teilweise aus Einnahmen des Fürstentums Bayreuth gespeist wurde. Nimmt man alles dieses zusammen, so ergibt sich ein Betrag von vielleicht 300.000 fl.[36] Letzte Sicherheit wird hier nicht zu erzielen sein, da einerseits oft genaue Währungsangaben in den Quellen fehlen[37] und beispielsweise nicht festzustellen ist, ob fränkische oder rheinische Gulden gemeint sind und andererseits die Herkunft der Gelder ganz unterschiedlicher Natur ist. Teils stammen sie als Zinsen aus bereitgestellten Kapitalbeträgen, teils sind es direkte staatliche Zuschüsse, die an Erlangen gezahlt werden, teils werden Einnahmen aus der Ansbacher Lotterie der Erlanger Universität zugewendet, teils weiß man über die Herkunft nichts Näheres.[38]

Arno Störkel, Christian Friedrich Carl Alexander. Der letzte Markgraf von Ansbach-Bayreuth. Ansbach 1995. Zugl. Diss. Würzburg 1993, S. 94 –97.

[32] Wendehorst (wie Anm. 18), S. 36.

[33] Johann Georg Veit Engelhardt, Die Universität Erlangen von 1743 bis 1843. Erlangen 1843. Reprint (Erlanger Forschungen. Sonderreihe. 2). Erlangen 1991, S. 56.

[34] Wendehorst (wie Anm. 18), S. 37.

[35] Diese Summe wird in späteren Auseinandersetzungen immer wieder in den Akten genannt: UAE, T. IV, Pos. 6, Nr. 16, fol. 25v, fol. 35v u. a. m. Vgl. Werzinger (wie Anm. 8), S. 226. Störkel (wie Anm. 31), S. 133. Agnes Stählin, Die Universitätsbibliothek Erlangen und Markgraf Alexander im Rahmen seiner Bildungspolitik, in: Markgraf Alexander von Ansbach-Bayreuth. Ausstellungskatalog. Hrsg. v. Hans-Otto Keunecke. (Schriften der Universitätsbibliothek Erlangen-Nürnberg. 13). Erlangen 1980, S. 9–24, hier S. 12, nennt einen Betrag von 100.000 fl., bezieht sich damit aber nur auf die Sonderleistungen zusätzlich zum jährlichen Etat.

[36] Heinz Jaklin, Die Wirtschaftsgeschichte der Universität Erlangen von ihrer Gründung bis zum Beginn des 19. Jahrhunderts (1742/43–1806). Diss. Erlangen 1970, S. 26.

[37] Das beklagt z. B. Stählin (wie Anm. 35), S. 12.

[38] Hierzu die Auflistung bei Jaklin (wie Anm. 36), S. 25.

Alles in allem handelte es sich aber um eine stattliche sechsstellige Summe und offensichtlich hat Markgraf Alexander hierbei nicht ausdrücklich die Stiftungsmittel des Jahres 1726, die seitdem für eine solche Verwendung bereitlagen oder doch hätten bereitliegen sollen, eingesetzt. Jedenfalls ist in den Quellen – soweit bekannt – nirgends davon die Rede und es stellt sich die Frage, warum Alexander sich nicht dieses Fonds' bedient hat; denn ein solcher Rückgriff hätte doch den allgemeinen Staatshaushalt deutlich entlasten können. Vielleicht wird man annehmen müssen, daß er zwei Jahrzehnte lang nichts von der Existenz dieses Kapitals gewusst hat.

Die Stifterin hatte seinerzeit verfügt, daß die Gelder zinsbringend anzulegen seien, dazu detaillierte Bedingungen formuliert, vor allem jedoch verlangt, daß die Erträge dieser Anlageformen ausschließlich der noch zu gründenden Universität zufließen sollten. Zu dieser Hochschulgründung aber war es nicht gekommen und Markgraf Carl Wilhelm Friedrich zeigte zwar keine Neigung, die Pläne seiner Mutter weiter zu verfolgen, dekretierte aber immerhin am 22. August 1733, daß die 150.000 Gulden Stiftungskapital haushaltsmäßig „in separato" zu führen seien.[39] Was dann weiter aus diesem Sonderkonto geworden ist, bleibt unklar.

Denkbar ist, daß der neue Landesherr das Stiftungskapital irgendwann nach 1733 doch dem allgemeinen Staatshaushalt zugeführt hat. Denn an Geld herrschte fortlaufend Bedarf im ständig verschuldeten Fürstentum Ansbach und mit einem Betrag von 150.000 fl. konnte man dem chronischen Finanzmangel für einige Zeit abhelfen. Wahrscheinlich hätte man sich dabei auch keine weiteren Mühen gemacht, diese Umwidmung des Geldes eigens zu rechtfertigen; denn im absolutistischen Staat gab es keine Instanz, die dieses vom Landesherrn hätte verlangen können.

Möglich ist aber auch, daß die Stiftungsgelder zwar erhalten blieben, jedoch als Teil des gesamten privaten Nachlasses der Markgräfin Christiane Charlotte angesehen wurden und die besondere Zweckbindung von 150.000 Gulden daraus in Vergessenheit geriet. Jedenfalls ist das Privatvermögen der Markgräfin später, im Jahr 1789, greifbar, als Markgraf Alexander es seinem persönlichen Konto gutschreiben lässt.[40] Allerdings wird bei dieser Gelegenheit das Stiftungskapital nicht eigens erwähnt.

Für Alexander, den Sohn und Nachfolger Carl Wilhelm Friedrichs, stand, als er 1769 begann, die ihm mit dem Fürstentum Bayreuth zugefallene Landesuniversität Erlangen zu unterstützen, kein eigener Finanzfonds für Hochschulzwecke mehr zur Verfügung. So erklärt sich, daß die für Erlangen benötigten Mittel aus den verschiedensten Quellen, bis hin aus Lotterie-Erträgen, genommen wurden. Dabei ist die Frage, ob Alexander von diesem Fonds gewußt hat, zunächst unerheblich, denn ein solches Wissen hätte ihm nichts genützt, da der Betrag als eigenes Guthaben nicht mehr greifbar war. Andererseits bedurfte der Fürst dieses besonderen Fonds' auch nicht, da seine Kammer in der Lage war, die für Erlangen gedachten Gelder auch auf anderem Wege beizubringen.

Zwanzig Jahre später sah die Sache anders aus. Da benötigte Alexander diesen eigenen, vom sonstigen Staatsvermögen separierten Fonds sehr wohl; denn spätestens

---

[39] STAN, Regierung von Mittelfranken, Kammer der Finanzen, Abgabe 1937, Nr. 159/II.
[40] Vgl. weiter unten Anm. 44.

ab diesem Jahr traf Alexander Anstalten, ins Exil zu gehen.[41] Zu diesen Vorbereitungen gehörte auch die auskömmliche Sicherung seiner zukünftigen materiellen Existenz im Ausland. Im Vorgriff auf eine noch zu vereinbarende Regelung mit Preußen, das aufgrund der bestehenden Hausgesetze als einzig denkbarer Partner einer solchen Übergabe seines Landes in andere Hände in Frage kam, suchte er eine private Vermögensmasse zu schaffen und sie möglichst gut auszustatten. Als formale Basis dafür bot sich seine persönliche Schatulle an.

Während unter Alexanders Vorgängern bis hin zu seinem Vater Carl Friedrich Wilhelm persönlicher Besitz des Fürsten und staatliches Eigentum rechtlich und praktisch noch ungeschieden in der Person des absolutistisch regierenden Fürsten vereinigt waren, vollzog der aufgeklärte Monarch Alexander allmählich die Trennung beider Finanzbereiche. Für seine privaten Finanzmittel benutzte er die fürstliche Schatulle. Die hatte es dem Begriff nach zwar auch schon unter seinen Vorgängern gegeben, besaß bei diesen jedoch eine andere Funktion und hatte dazu gedient, eher kleinere Ausgaben, die für den Fürsten und dessen Familie im Alltag und auf Reisen benötigt wurden, in bar zu bestreiten. Sie wurde fallweise aufgefüllt und zwar aus staatlichen Mitteln, so wie auch die daraus getätigten Ausgaben für persönliche Zwecke des Markgrafen als staatliche Aufwendungen betrachtet wurden.

Markgraf Alexander änderte den Charakter dieses finanziellen Verwaltungsinstrumentes und machte daraus ein separiertes Rechnungskonto, das aus solchen Einnahmen gespeist wurde, die ihm persönlich zustanden und aus dem entsprechende, ihn persönlich betreffende Ausgaben bestritten wurden.[42] Dadurch war das Schatullvermögen bei Alexander zu einer privaten Finanzmasse geworden. Diese privaten Gelder, soviel war für den Abdankungswilligen schon 1789 absehbar, würde Preußen ihm bei einer vertraglich noch zu regelnden Übernahme seines Landes belassen müssen. Daher sah der Markgraf darauf, diese Mittel möglichst zu verstärken und er überführte auf dieses Buchungskonto 1789 mit Dekret vom 15. Oktober die persönliche Erbschaft seiner 1784 in Unterschwaningen verstorbenen Mutter Friederike Louise in Höhe von 81.046 Gulden.[43] Dasselbe tat er mit dem Erbe seiner Großmutter Christiane Charlotte, das einen Betrag von 488.153 Gulden ausmachte, den er sich per Dekret vom 9. November 1789 auf seinem Schatullkonto gutbringen ließ.[44] Die später von preußischer Seite getroffene Feststellung, Alexander habe 1789 das Stiftungskapital des Jahres 1726 zu seiner Schatulle gezogen[45], kann sich nur auf diese Anordnung beziehen; ein anderer vergleichbarer Buchungsvorgang dieses Jahres ist nicht bekannt.

Da in diesem Erlass des Markgrafen nicht ausdrücklich von dem ehemaligen Universitätsgründungsfonds die Rede ist, bleibt in der Frage, ob Alexander bei dieser Übertragung des Privatvermögens seiner Großmutter auch den Universitätsgrün-

---

[41] Störkel (wie Anm. 31), S. 237. Anwandlungen, die Regierung niederzulegen, begegnen auch schon in den Jahren vorher; konkret aber werden die Rücktrittsüberlegungen erst 1789 und von diesem Zeitpunkt an werden sie auch konsequent verfolgt bis hin zur schließlichen Abtretung des Landes.

[42] Werzinger (wie Anm. 8), S. 364 u. S. 500–501.

[43] STAN, Fürstentum Ansbach, Württemberger Abgabe von 1997, B 66a, 158. Hinweis auf diesen Vorgang bei Störkel (wie Anm. 31), S. 271, Anm. 91.

[44] STAN, Regierung von Mittelfranken, Kammer der Finanzen, Abgabe 1937, Nr. 159/II. Vgl. Werzinger (wie Anm. 8), S. 502.

[45] Vgl. weiter unten Anm. 49.

dungsfonds in Höhe von 150.000 fl. ganz gezielt mit eingeschlossen hat, eine leichte Unsicherheit. Es ist ja immerhin vorstellbar, daß Alexander auch 1789 (noch) nichts von diesem Stiftungskapital wusste, sondern bei diesem Finanzbestand von 488.153 Gulden nur den Rechtscharakter als Privatvermögen seiner Großmutter kannte und diesen zur Veranlassung nahm, das Kapital an sich zu ziehen. Dieses würde auch erklären können, warum Alexander bei seinen ab 1769 einsetzenden Förderungsmaßnahmen für die Universität Erlangen nie diesen Sonderfonds in Anspruch genommen hat. In diesem Falle hätte Hardenberg die Tatsache, daß ein Teilbetrag dieser Finanzmasse in Höhe von 150.000 fl. ehemals dem Zweck einer Universitätsgründung gewidmet war, aus anderen Umständen, vor allem wohl aus der ihm bekannt gewordenen Stiftungsurkunde von 1726 erschlossen. Für den weiteren Gang der Ereignisse nach Alexanders Abdankung aber ist diese Frage eher nicht bedeutsam. Denn mit dem exilierten Fürsten hat eine Diskussion dieser Frage – soweit die Quellen bekannt sind – nicht stattgefunden und die Erben Alexanders haben dem Widmungscharakter dieser 150.000 fl. später nie widersprochen.

Im Jahr 1790 begannen die Gespräche zwischen Ansbach und Berlin wegen der Übergabe der beiden fränkischen Fürstentümer Ansbach und Bayreuth an die brandenburgische Linie des Hauses Hohenzollern. Die Verhandlungen mündeten in den Geheimvertrag vom 16. Januar 1791, dessen Hauptbestimmung den Übergang der fränkischen Hohenzollernstaaten an die brandenburgische Kurlinie noch zu Lebzeiten Alexanders gegen die Zahlung einer Leibrente von 300.000 fl. jährlich an den Markgrafen vorsah.[46]

Schon seit Oktober 1790 war in den fränkischen Hohenzollernfürstentümern Carl August Freiherr von Hardenberg tätig, zunächst noch als ansbachischer, von Markgraf Alexander ernannter Minister. Im Lauf des Jahres 1791 bereitet er gemeinsam mit dem ebenfalls von Berlin abgeordneten preußischen Oberfinanzrat von Bärensprung die Übernahme der beiden fränkischen Fürstentümer durch Preußen vor. Im Juni wird er von Friedrich Wilhelm II. zum „Wirklich dirigierenden Staats- und Finanzminister und preußischen Geheimen Staatsminister" ernannt und er erhält von Alexander für die Zeit von dessen Abwesenheit ein "mandatum cum libera facultate et potestate agendi".[47] Nach einigen Monaten außenpolitisch begründeten Zuwartens – man nahm Rücksicht auf Österreich – lässt der König von Preußen als Haupt der brandenburgischen Kurlinie schließlich von seinen neuen Ländern Besitz ergreifen und Alexander unterzeichnet sein auf den 2. Dezember 1791, Bordeaux, vordatiertes Abdankungspatent im Januar 1792.[48] Zu diesem Zeitpunkt ist er bereits auf dem Weg ins englische Exil, begleitet von Lady Craven, seiner Favoritin, die er am 30. Oktober 1791 geheiratet hatte, nachdem der Weg dazu durch den Tod seiner ersten Frau Friederike Caroline, am 18. Februar desselben Jahres, frei geworden war.

Ende des Jahres 1791 wird Bärensprung nach Berlin zurückberufen, so dass Hardenberg von da an selbständig als Vertreter Preußens in Franken handeln kann. Er er-

---

[46] Endres (wie Anm. 30), S. 87.

[47] Karl Süssheim, Preußens Politik in Ansbach-Bayreuth 1791–1806. (Historische Studien. 33). Berlin 1902. Reprint Vaduz 1965, S. 39. Das gedruckte Mandat in zwei Exemplaren im Erlanger Universitätsarchiv (fortan: UAE), T. I, Pos. 3a, Nr. 171.

[48] Störkel (wie Anm. 31), S. 269, Anm. 45.

stellt mit seinen Mitarbeitern eine Bestandsaufnahme der finanziellen Verhältnisse in Bayreuth und Ansbach und kann die Ergebnisse seiner Untersuchung bereits am 10. Januar 1792 in einer Denkschrift vorlegen. In diesem Brief an seinen König kommt er unter dem Punkt „Gelder, welche des Markgrafen Durchlaucht zukommen" auch auf das Stiftungskapital des Jahres 1726 zu sprechen. Er berichtet, dass dem Markgrafen noch Geld aus dem Schatullvermögen zustehe, das ihm eigentlich nach England überwiesen werden müsse und bemerkt:

„Der Auszahlung obiger 391.361 fl. Kapital aber steht ein wichtiges Hindernis im Wege. Die Fr. Großmutter des Herrn Markgrafen, die Markgräfin und Landesregentin Christiane Charlotte hat nämlich im Jahr 1726 eine Stiftung von hunderttausend Talern zu einer Landesuniversität gemacht, das Kapital bei der Landschaft belegt und dem ansbachischen Ministerium die Kuratel darüber überragen. Diese Stiftung ist sogar vom Kaiser konfirmiert und zur Errichtung einer Universität das Privilegium erteilt worden. Demohnerachtet ist das Kapital zugleich mit dem übrigen aus der Verlassenschaft gedachter Frau Markgräfin im Jahre 1789 zur Chatoulle gezogen worden, ein Verfahren, welches nicht bestehen kann, da dieses Kapital dem Lande und der Universität unstreitig gehört und mit den genossenen Zinsen von 1726 an in damaligen Münzwerten zurückgefordert werden muß."[49]

Hardenberg will also die Überführung des Universitätsgründungsfonds' von 1726 in das Privatvermögen des Markgrafen nicht anerkennen und er gedenkt, das Stiftungskapital samt den inzwischen aufgelaufenen Zinsen einzubehalten. Er hatte dafür zwei Gründe. Einmal wollte er verhindern, dass dem Markgrafen Geld überwiesen würde, das diesem nicht zustand, und zum anderen sah er hier eine Möglichkeit, die von Preußen mit den beiden fränkischen Fürstentümern erworbene neue Landesuniversität in Erlangen zu fördern. Denn der Hinweis, wonach das „Kapital dem Lande und der Universität unstreitig gehört", kann sich nur auf Erlangen als auf die einzige Hochschule in den Fürstentümern Ansbach und Bayreuth beziehen. Und tatsächlich hatte er – wie später noch einmal deutlicher wird – die Absicht, die Mittel der Friderico-Alexandrina zukommen zu lassen.

Auch an der Universität hatte man von dieser Stiftung Kenntnis erhalten und der Senat bittet auf eine Initiative von Prof. Klüber hin am 25. Februar 1792 den preußischen König, die Mittel aus diesem Fonds und die bisher aufgelaufenen Zinsen der Universität Erlangen zu überweisen und führt zur Begründung an, daß die Erlanger Hochschule die Funktionen einer ansbachischen Landesuniversität, welche die Markgräfinwitwe seinerzeit hatte fundieren wollen, erfülle. Die Erlanger Professoren gehen dabei auch auf die Frage ein, warum nicht schon Markgraf Alexander diese Mittel der Universität zur Verfügung gestellt habe und erklären dieses in ihrem Brief damit, dass die Ansbacher Regierung diesen Fonds vergessen habe und daher den Markgrafen auch nicht darauf habe aufmerksam machen können.[50]

Zu einer Übertragung der Gelder an die Hochschule führte diese Initiative zunächst nicht; über eine eventuelle Reaktion des Briefempfängers geben die Erlanger Akten

---

[49] Hans Haussherr, Hardenberg. Eine politische Biographie. 1. Teil: 1750–1800 [mehr nicht erschienen]. (Kölner historische Abhandlungen. 8). Köln / Graz 1963, S. 229.

[50] Konzept im UAE, T. V, Pos. 1, Lit. A, Nr. 42. Eine Antwort auf das Schreiben findet sich nicht in der Akte.

keine Auskunft. Sieben Jahre später, 1799, geht Hardenberg in einer Denkschrift für den preußischen König erneut auf diesen immer noch vorhandenen, weil dem exilierten Markgrafen gegenüber zurückbehaltenen Fonds ein. Er vertritt wieder den Standpunkt, daß Markgraf Alexander keinen Anspruch auf das Stiftungskapital habe, rät jedoch zu vorsichtigem Vorgehen:

„Da indeß einesteils den königlichen Absichten zuwiderlaufen möchte, dieserhalb vor itzt in den Herrn Markgrafen zu dringen, andernteils dieser Fürst auch vieles auf die Universitäten und Schulen aus den Landeseinkünften während seiner Regierung verwendet hat und die Anlegung einer eigenen Universität für das Ansbachische wohl nicht ratsam sein dürfte, so wird die Sache vorerst noch wohl beruhen. Ich habe aber die Anstalt getroffen, dass von den 176.800 fl. betragenden Geldern, die der Markgraf noch bei den königlichen Kassen stehen hat, nichts weiter nach England remittiert werde. Außerdem ist auch noch mehr an Allodialvermögen desselben bei Privatpersonen und an Zehenden etc. vorhanden, daher man nach dem Tode Seiner Durchlaucht diese Angelegenheit immer vornehmen und die Stiftung geltend machen kann. Was alsdann davon aufkommt, kann nach königlicher Bestimmung entweder der Universität oder andern ähnlichen und heilsamen Zwecken gewidmet werden und wird immer viel besser angewendet sein, als wenn es in die Hände der Gemahlin des Markgrafen, der ehemaligen Lady Craven, fiele."[51]

Es fällt auf, daß Hardenberg hier die Universität Erlangen nicht als einzig denkbare Adressatin der Stiftungsgelder ansieht. Dabei muß man in den Blick nehmen, daß die fränkische Hochschule in den fünf Jahren seit der Übernahme durch Preußen bereits deutliche Förderung durch ihn und zum Beispiel eine Erhöhung ihres Kapitalstocks von 147.000 fl. auf 163.288 fl. erfahren hatte.[52] So war sie der Unterstützung durch den markgräflichen Fonds von 1726 aus seiner Sicht vielleicht nicht mehr so bedürftig wie noch Anfang des Jahres 1792, da Preußen, als Hardenberg seine Denkschrift am 10. Januar unterzeichnete, noch nicht einmal öffentlich von den fränkischen Neuerwerbungen Besitz ergriffen hatte.[53]

Hardenbergs Erwägungen über andere denkbare Verwendungsmöglichkeiten der Stiftungsgelder blieben aber rein theoretischer Natur. Tatsächlich ließ man den markgräflichen Fonds unangetastet und eine andere Verwendung als für die Universität Erlangen wurde nicht weiter verfolgt; lediglich die von Hardenberg im ersten Satz erwähnten Rücksichten verhinderten, dass die Summe der Hochschule sofort zugewie-

---

[51] Christian Meyer, Hardenberg und seine Verwaltung der Fürstenthümer Ansbach und Bayreuth, in: Hohenzollerische Forschungen 1 (1892), S. 1–159, hier S. 78–79. Mit demselben Titel auch selbständig erschienen: Breslau 1892, S. 78–79 u. [inhaltlich identisch] ders.: Preußens innere Politik in Ansbach und Bayreuth in den Jahren 1792–1797. (Historische Studien. 49). Berlin 1904, S. 109–111.

[52] Jaklin (wie Anm. 36), S. 77–78. Fritz Hartung, Hardenberg und die preußische Verwaltung in Ansbach-Bayreuth von 1792 bis 1806. Tübingen 1906, S. 274–275. Vgl. auch Wendehorst (wie Anm. 18), S. 56, der die gedeihliche Entwicklung der Hochschule wesentlich nach dem Frieden von Basel des Jahres 1795 beginnen sieht, gleichwohl aber das von ihm zitierte Urteil des Dichters Ernst Moritz Arndt vom Jahr 1798 zu teilen scheint: „Indessen hat sie [die Universität Erlangen] seit einigen Jahren, seitdem sie unter dem preußischen Scepter steht, sehr zugenommen und manche der zahlreichen Untertanen dieser Monarchie, die sonst Halle oder Frankfurt besuchten, ziehen nun das anmutigere und freundlichere Erlangen vor".

[53] Das entsprechende Patent Friedrich Wilhelms II. datierte vom 5. Januar; die Besitzergreifung durch öffentliche Akte erfolgte am 28. Januar in Bayreuth, am 31. desselben Monats in Erlangen und am 2. Februar in Ansbach.

sen wurde. Es kam, wie Hardenberg vorgeschlagen hatte: man wartete den Tod des in England lebenden Fürsten ab. Nach dem Hinscheiden Alexanders[54] am 5. Januar 1806 wurden mit Urkunde vom 30. Januar 1806 die 150.000 fl. der Markgräfin Christiane Charlotte, also nur das Grundkapital ohne Zinsen und Inflationsausgleich, der Universität Erlangen übereignet.[55]

„Wir Friedrich Wilhelm von Gottes Gnaden König von Preußen et. etc. thun kund und fügen hiemit zu wissen, dass Wir das von der in Gott ruhenden Frau Markgräfin Obervormunderin und Landesregentin Christiane Charlotte Liebden aus deren Privatvermögen mittelst feierlich vollzogener Donationsurkunde de dato Onolzbach den 28. März 1726 zu Errichtung einer Landesuniversität gestiftete Kapital von einhundertundfünfzigtausend Gulden Rh. Unserer unterdessen zu Erlangen errichteten Landesuniversität zu verleihen gnädigst beschlossen haben.

Wir thun und vollziehen solches auch hiemit und kraft dieses, verleihen Unserer Universität Erlangen gedachtes Stiftungskapital als ein zu ihrem rechten Fonds auf ewige Zeiten gehöriges Eigenthum, wollen auch, daß solches der Absicht der Stifterin gemäß, aus den paratesten Mitteln ihrer Verlassenschaft, und zwar aus dem in Unserm Fürstenthum Ansbach befindlichen Schatullvermögen des nun in Gott ruhenden Markgrafen Christian Friedrich Carl Alexander Liebden, welcher als Successor seines Herrn Vaters in die Verlassenschaft der Frau Stifterin zur Restitution der Stiftung verpflichtet ist, an Unsere Universität Erlangen bezahlt werden soll, haben jedoch in Erwägung der vielen Verdienste, welche des gedachten Herrn Markgrafen Liebden während seiner Regierung sich um das Land erworben hat, beschlossen, seinen Nachlaß von Nachholung der Zinsen von diesem Kapital hierdurch freizusprechen.

Urkundlich alles dessen ist die gegenwärtige Verleihungsurkunde von Uns höchst eigenhändig vollzogen und mit Unserem königlichen Siegel bedruckt worden.

So geschehen und gegeben Berlin, den 30. Januar 1806. L. S. Friedrich Wilhelm. Hardenberg".

Über das Zustandekommen dieser Schenkung, ihre Gründe und darüber, wer sie letztlich politisch gewollt und zu verantworten hatte, finden sich in der Literatur höchst widersprüchliche und größtenteils korrekturbedürftige Ansichten, auf die – da sie sich zum Teil bis in die neuesten Darstellungen geschleppt haben – hier kurz eingegangen sei.

Der Gymnasiallehrer und zeitweilige Sekretär an der Erlanger Universitätsbibliothek Georg Wolfgang Augustin Fikenscher, dem die erste größere Darstellung der Erlanger Universitätsgeschichte verdankt wird,[56] schreibt sein Buch nach dem Ende der markgräflichen, noch in preußischer Zeit, und er erwähnt bereits die Ansbacher Stiftungsgelder. Zwar hat er offensichtlich keine Einsicht in die Quellen selbst nehmen

---

[54] Auf den politisch determinierten Zeitpunkt der Übergabe des Stiftungskapitals weist Werzinger (wie Anm. 8), S. 380, hin. Er lag nach dem Tod des Markgrafen am 5. Januar, aber natürlich noch vor der Übergabe des Fürstentums Ansbach an Bayern am 24. Mai 1806, da ja das Fürstentum Bayreuth – und damit die Universität Erlangen – preußisch bleiben sollte. Insofern ging die Übertragung des Stiftungskapitals nicht zu Lasten des preußischen Aerars, sondern potentiell zu Lasten des bayerischen.

[55] Eine Ausfertigung konnte nicht aufgefunden werden. Beglaubigte Abschriften UAE, T. 1, Pos. 2, Nr. 44 und UAE, T. IV, Pos. 6, Nr. 16, fol. 148–149, fol. 165–165v. u.166–166v. u. weitere.

[56] Fikenscher (wie Anm. 29).

können und er kennt daher auch die genaue Höhe des Betrages nicht,[57] aber er äußert bereits 1795 die Vermutung, dass der preußische König die einst von Christiane Charlotte gestifteten Mittel an die Universität auszahlen wird.[58]

Veit Engelhardt, der Chronist der ersten einhundert Jahre der Erlanger Universitätsgeschichte, weiß zwar zutreffend zu berichten, daß dieses Stiftungskapital der Erlanger Universität 1806 überlassen wurde und es findet sich bei ihm der weitgehend korrekte Abdruck der in Ansbach stattgefundenen Übergabeverhandlung,[59] jedoch bietet er weder einen Hinweis auf die Gründe, die den preußischen Monarchen bewogen haben könnten, diesen Betrag zu übergeben, noch eine Erwägung dazu, warum Friedrich Wilhelm II. das gerade im Januar 1806 tat. Von einer Mitwirkung Hardenbergs ist bei ihm nicht die Rede. Weiter führt Engelhardt aus, daß man auch die Zinsen dieses Kapitals seit 1726 beansprucht habe, darum aber einen Rechtsstreit habe führen müssen, der 1836 mit einem Vergleich geendigt und der Universität endlich weitere 95.000 fl. „von den Erben des Markgrafen Alexander" zugebracht habe.[60] Auf diese Frage wird weiter unten noch näher einzugehen sein.

Theodor Kolde, von dem die an Engelhardt anschließende, nächste umfassende und in wichtigen Teilen immer noch nicht überholte Darstellung der Erlanger Universitätsgeschichte stammt, erwähnt die preußische Dotation ebenfalls und führt als Begründung für die Begünstigung der Universität Erlangen den Glücksfall eines Aktenfundes an. Die Stiftungsurkunde der Markgräfinwitwe vom Jahr 1726 sei vom preußischen Legationsrat Nagler wieder entdeckt worden und daraufhin habe der preußische König die Erlanger Hohe Schule in den Besitz der markgräflichen Stiftungskapitalien gebracht.[61] Die frühzeitige Beteiligung Hardenbergs an dieser Förderungsmaßnahme mußte Kolde, da er von den Denkschriften Hardenbergs von 1792 und 1799 offensichtlich nichts wußte, unbekannt bleiben.

Die Arbeit von Heinz Jaklin über die ökonomischen Verhältnisse der Universität Erlangen übernimmt die Berichterstattung vom Aktenfund, läßt diesen aber vom Domänenrat v. Bärensprung tätigen und der Autor sieht die Universität selber als treibende Kraft. Sie habe bei der preußischen Regierung um die Übertragung gebeten und dieses Anfang 1806 in einem günstigen Augenblick getan, weil zu dieser Zeit gerade zwischen den Erben des Markgrafen Alexander und der preußischen Regierung wegen der bei dieser noch vorhandenen Reste des Schatullvermögens Auseinandersetzungen sich erhoben hätten.[62] Auch Jaklin war offensichtlich nicht bekannt, daß Hardenberg die Übertragung dieser Ansbacher Stiftungsmittel an die Erlanger Hohe Schule schon seit 1792 geplant hatte.

---

[57] Ebd., S. 259 f. Er nennt einen Betrag von mehr als 100.000 Reichstalern („aus zuverlässigen Nachrichten").

[58] Ebd., S. 372.

[59] Engelhardt (wie Anm. 33), S. 236–237.

[60] Ebd., S. 237.

[61] Theodor Kolde, Die Universität Erlangen unter dem Hause Wittelsbach 1810–1910. Erlangen, Leipzig 1910. Reprint (Erlanger Forschungen. Sonderreihe. 1). Erlangen 1991, S. 14. Diese Nachricht vom glücklichen Aktenfund noch in der neuesten Literatur, so bei Andreas Jakob, Die Universität Erlangen als Erbin von Markgräfin Sophie Caroline, in: Das Erlanger Schloß als Witwensitz 1712–1817. Eine Ausstellung der Universitätsbibliothek. (Schriften der Universitätsbibliothek Erlangen-Nürnberg. 41), Erlangen 2002, S. 183–205, hier S. 188–189.

[62] Jaklin (wie Anm. 36), S. 79.

In der neuesten Darstellung der Erlanger Universitätsgeschichte[63] wird die Übergabe des Betrages an die Universität Erlangen erstmals und in zutreffender Weise als Teil gezielter finanzieller Fördermaßnahmen für die notleidende Hochschule durch die neue preußische Regierung dargestellt. Die dabei getroffene Feststellung, das Stiftungskapital sei [bis zur Übergabe durch den preußischen König im Jahr 1806] „fast in Vergessenheit geraten"[64], kann – wenn man sie auf die Erlanger Anstalt bezieht – nur für die markgräfliche Zeit seit 1769 gelten; denn erst seit der Vereinigung der beiden fränkischen Hohenzollernstaaten unter Alexander in diesem Jahr hätte man auch in der bayreuthischen Gründung Erlangen an eine Förderung durch das einst für eine Ansbacher Universitätsstiftung gedachte Geld denken können und hat dieses offensichtlich nicht getan. Spätestens ab 1792 jedoch kann man den Erlanger Professoren nicht mehr vorhalten, sie hätten diese Möglichkeit, auf Ansbacher Mittel zugreifen zu können, außer Acht gelassen; denn am 25. Februar dieses Jahres unternehmen sie einen brieflichen Versuch, um in den Besitz des Stiftungskapitals zu gelangen.[65] Dieser Vorstoß wird öffentlich gemacht in einer in diesem Jahr erschienenen anonymen Schrift, als deren Verfasser aber alsbald der Erlanger Philosophieprofessor Mehmel ausgemacht wurde.[66] Darin wird die Stiftung der Markgräfin erwähnt und es heißt, der Senat der Erlanger Universität „soll durch den rechtschaffenen, verdienstvollen und gewissenhaften Minister von Hardenberg bei ihrem Könige deshalb eingekommen sein."[67] Dieser Brief dürfte nach Lage der Begleitumstände nicht ohne Kenntnis der Hardenbergschen Pläne geschrieben worden sein.

Diese Absicht des preußischen Statthalters in Franken, die Universität Erlangen nach Kräften zu fördern, war der eigentliche Ursprung und Hauptgrund für die Schenkung Friedrich Wilhelms II. vom 8. Januar 1806.[68] Ihr folgte die tatsächliche Übergabe der entsprechenden Wertpapiere am 9. April 1806 in Ansbach. Das dabei erstellte Protokoll beginnt mit der Darlegung der Übertragung des Stiftungskapitals durch den preußischen König:

---

[63] Wendehorst (wie Anm. 18).

[64] Ebd., S. 64. Die materielle Grundausstattung der nie verwirklichten Ansbacher Universitätsgründung mag innerhalb des Fürstentums Ansbach für einige Jahrzehnte in Vergessenheit geraten sein, vorhanden war das Kapital in jedem Falle und stand – wie zu sehen war – auch dem letzten Markgrafen Alexander noch zur Verfügung. Es war vor allem nicht etwa in Verlust geraten, was Georg Schrötter (wie Anm. 4), S. 119, vermutete. Er verdächtigt den Sohn der Stifterin, Markgraf Carl Wilhelm Friedrich, der „aller Wahrscheinlichkeit nach den von der Mutter begründeten Fond einem anderen als dem ursprünglich gedachten Zwecke zugeführt hat".

[65] UAE, T. V, Pos. 1, Lit. A, Nr. 42. Vgl. weiter oben Anm. 50.

[66] [Gottlieb Ernst August Mehmel],Briefe eines Weltbürgers über die Regierungsveränderung in den Fürstenthümern Anspach und Baireuth. Erlangen 1792.

[67] Ebd., S. 72. Auszugsweiser Abdruck des kaiserlichen Bestätigungsbriefes der Stiftung im Anhang, S. 177–181. Die freundlichen Epitheta, mit denen Mehmel hier Hardenberg bezeichnet, gewinnen eine gewisse Peinlichkeit, wenn man sich vergegenwärtigt, dass der im Jahr 1792 nach Erlangen berufene Mehmel von 1788 bis zu seinem Amtsantritt in Erlangen als Hofmeister bei Hardenbergs Sohn aus erster Ehe, Christian von Hardenberg-Reventlow (1775–1840), angestellt war. Letzterer wurde übrigens am 17. November 1791 in Erlangen immatrikuliert. Vgl. Karl Wagner, Register zur Matrikel der Universität Erlangen 1743–1843. (Veröffentlichungen der Gesellschaft für Fränkische Geschichte. 4. Reihe. Matrikeln fränkischer Schulen. 4). München / Leipzig 1918, S. 224.

[68] In diesem Zusammenhang gehören auch die Übertragung der Ansbacher Schlossbibliothek an die Universitätsbibliothek Erlangen, die Übergabe von Immobilien aus dem Erlanger Schlosskomplex an die Universität und eine Reihe weiterer Maßnahmen über die eine eigene Untersuchung in Vorbereitung ist.

„Nachdem mittelst allerhöchster Verleihungsurkunde d. d. Berlin den 30. Januar 1806 allergnädigst beschlossen worden ist, die von der weiland Frau Markgräfin Christiana Charlotte aus deren Privatvermögen mittelst Donationsurkunde d. d. Onolzbach den 28. März 1726, zur Errichtung einer Landesuniversität gestifteten 150.000 fl. rhn. der unterdessen zu Erlangen errichteten Landesuniversität aus dem hinterlassenen Schatullvermögen des verstorbenen Herrn Markgrafen Christian Friedrich Carl Alexander zu überweisen und auszahlen zu lassen so wurde das hiesige Königliche Justizamt von dem Königlichen Preußischen zur Übergabe des Fürstenthums Ansbach an die Krone Bayern bevollmächtigten Immediatkommissario Herrn Geheimen Legationsrath Nagler mittelst Schreibens vom 7. et praesentiert d. 8. d. M. beauftragt, diese Überweisung gerichtlich vorzunehmen."[69]

Dem Prorektor Prof. Groß wurden dann die königliche Urkunde vom 30. Januar 1806 und die 150.000 Gulden ausgehändigt. Es muss ein großer Tag für den Rektor und für die ganze Friderico-Alexandrina gewesen sein; denn durch diese Übereignung wurde der Kapitalfonds der Universität, der zuvor etwa 163.000 fl. betragen hatte,[70] auf einen Schlag fast verdoppelt.

Die Summe war dem Prorektor in Form verschiedener Schuldverschreibungen übergeben worden.[71] Neben zahlreicheren, auf kleinere Beträge lautenden waren dieses eine auf die Ansbachische Landschaft bezogene Obligation von 100.000 Gulden und eine Forderung von 30.000 Gulden an den preußischen Hofagenten Pfeiffer Marx in Weikersheim und den Kammeragenten Schülein Eisig in Ansbach, die darüber am 20. April 1800 der markgräflichen Schatullverwaltung einen mit 4% verzinslichen Wechsel ausgestellt hatten.

Dieser Wechsel stellte den einzigen Betrag dar, der für die Universität in der Folgezeit direkt greifbar wurde; denn alle anderen Gelder hatte man nur in der Gestalt von Besitzpapieren, die weiterhin in Ansbach in Verwahrung blieben, was alsbald zu Schwierigkeiten führen sollte, da diese Stücke nach Übergabe des Fürstentums Ansbach an das Haus Wittelsbach in bayerische Verwaltung gelangten. Aber auch der Zugriff auf den Anspruch aus dem Wechsel war nicht einfach. Von dem Gesamtbetrag von 30.000 Gulden waren Schülein Eisig 10.000 und Pfeiffer Marx 20.0000 Gulden zu zahlen schuldig. Von den Zinsen waren bei Übergabe an die Universität Erlangen bereits 933 Gulden und 20 Kreuzer für den Zeitraum vom 20. April 1805 bis zum 30. Januar 1806 aufgelaufen. Wegen der Einlösung dieses Wechsels und der Zinsen entsteht in der Folgezeit umfangreicher Schriftwechsel zwischen der Universität, den Bezogenen und preußischen, beziehungsweise bayerischen Regierungsstellen. Schließlich erhält die Universität am 15. Oktober 1806 endlich 20.000 Gulden von Pfeiffer Marx in Gestalt von Obligationen der Preußischen Seehandlung und preußischen Staatspapieren.[72] Am 9. Juli 1807 entrichtet Schülein Eisig 10.293 Gulden Kapital und Zinsen, davon aber nur einen Teil in barem Geld und den Rest in Wertpapieren,

---

[69] UAE, T. IV, Pos. 6, Nr. 14, fol. 6.

[70] Jaklin (wie Anm. 36), S. 78.

[71] Eine Aufstellung von der Hand des mit der Übergabe des Fürstentums Ansbach an Bayern betrauten Kommissars, des Geheimen Legationsrats Karl Ferdinand Friedrich Nagler, bei den Akten. UAE, T. IV, Pos. 6, Nr. 14, fol. 6–7.

[72] UAE, T. IV, Pos. 6, Nr. 14, fol. 71–74.

darunter 6.125 fl. in Schuldverschreibungen der preußischen Seehandlung.[73] Damit hatte die Universität zumindest diese 30.000 Gulden komplett erhalten.[74]

Um den Hauptteil des Kapitals und um die daraus zu ziehenden Zinsen entstehen in den folgenden Jahren vielfache Schriftwechsel. Was die Zinsen angeht, so sind dabei zwei Komplexe zu trennen. Zum einen standen der Universität jene Erträge zu, die ihr aus den Wertpapieren seit der Schenkung zuflossen. Diese Gelder waren der Hauptzweck der Dotation, da die Universität das ihr übermittelte Kapital nicht auf einmal verausgaben sollte, sondern mit den daraus fließenden Einnahmen ihre laufenden Verpflichtungen bestreiten wollte. Zum anderen wird später von bayerischer Seite geltend gemacht, daß die Stiftungsmittel seit 1726 in Verwahrung des Fürstentums Ansbach gestanden hätten, ohne daß sie ihrem eigentlichen Zweck, nämlich eine Universität zu gründen und zu unterhalten, zugeführt worden wären. Es hätten daher die Markgrafen von Ansbach seit diesem Jahr aus diesem Kapital Zinsen gezogen und nicht stiftungsgemäß verwendet. Daher seien diese Beträge nunmehr, nachdem mit einer Unterstützung der Universität Erlangen der Stiftungszweck erfüllt werden könnte, von ansbachischer Seite nachträglich zu entrichten. Von diesem zweiten Komplex Zinsnachzahlung wird weiter unten noch zu reden sein.

Zunächst macht die seit Übernahme des Fürstentums Ansbach durch das Haus Wittelsbach bayerische Verwaltung in Ansbach Anstände, die Stiftungsgelder der Markgräfin Christiane Charlotte auszufolgen, weil sie nach Meinung der bayerischen Behörden für das Fürstentum Ansbach und nicht für die – im bayreuthischen Ausland liegende – Universität Erlangen bestimmt waren. Die Universität versucht daraufhin, wo nicht das Kapital selbst, so doch wenigstens die aus den Schuldverschreibungen fließenden Zinsen zu erhalten. Am 28. Dezember 1806 willigt man in Ansbach ein, der Universität die bis zum 1. Oktober angefallenen Zinsen zu überweisen, beharrt aber immer noch auf einer grundsätzlichen Prüfung der Frage, ob der König von Preußen überhaupt legitimiert gewesen sei, die Stiftungsgelder der Erlanger Universität zu vermachen und man spricht stets von der „vermeintlichen Schenkung" durch die preußische Regierung.[75]

Am 5. März 1807 werden weitere Zinszahlungen auch unter Hinweis auf einen Einspruch der Witwe von Markgraf Alexander abgelehnt. Diese Verwahrung habe zu einem bayerischen Hofreskript geführt, wonach an niemanden etwas vom Schatullvermögen ausgefolgt werden dürfe.[76] In den folgenden Jahren versuchen die bayeri-

---

[73] UAE, T. IV, Pos. 6, Nr. 14, fol. 95–96.

[74] Daß ein Teil davon, nämlich die Schuldverschreibungen der Seehandlung, bald darauf eine drastische Wertminderung infolge der preußischen Staatskrise erfuhr, sei hier am Rande bemerkt. Es ist anzunehmen, dass die Wechselschuldner als erfahrene Handelsleute diese Entwicklung erwartet hatten und daher darauf bedacht waren, einen Großteil ihrer Verpflichtung in dieser Form abzugelten.

[75] UAE, T. IV, Pos. 6, Nr. 14, fol. 86. Lt. Werzinger (wie Anm. 8), S. 227 u. 381 erfolgte im Jahr 1806 eine Zinszahlung von 146.600 fl. an die Universität. Hier liegt eine irrtümliche Interpretation der Quelle vor. Werzinger kann Abflüsse aus der markgräflichen Schatullkasse in genannter Höhe an die Universität im Jahr 1806 feststellen. Diese Auszahlung aber ist keine Zinszahlung auf das Stiftungskapital, sondern stellt eben gerade das Kapital dar, das der Erlanger Hochschule durch den preußischen Beauftragten Nagler zu Lasten der markgräflichen Schatulle übergeben wurde. Die Auflistung bei Werzinger (wie Anm. 8) auf S. 381 macht dieses deutlich.

[76] UAE, T. IV, Pos. 6, Nr. 14, fol. 93. Eine Benachrichtigung des Erlanger Senats durch das Appellationsgericht des Rezatkreises am 20. Juni 1809. UAE, T. IV, Pos. 6, Nr. 15, fol. 1–1v.

schen Behörden, den noch im Lande befindlichen Nachlass des verstorbenen Markgrafen Alexander, hier vor allem die Reste des Schatullvermögens, wozu eben auch
die von Preußen Anfang 1806 an die Universität Erlangen transferierten Stiftungsmittel der Markgräfin Christiane Charlotte gerechnet werden, vor auswärtigem Zugriff zu
schützen. Der bayerische Fiskus wendet sich in seinen Bemühungen, das vorhandene
Kapital zunächst durch einen Arrest zu sichern, um es der Krone Bayern schließlich
gänzlich zu erhalten, folglich gegen die aus bayerischer Sicht ausländische Universität in Erlangen und gegen die Erben des Markgrafen in England, mithin gegen die
Markgräfinwitwe Elisabeth, die ehemalige Lady Craven, und deren Erben.[77]

Anfang 1808 kommen zwar 4.000 fl. zur Auszahlung an die Universität in Erlangen; doch stammen diese nicht aus dem Stiftungskapital, sondern stellen die Rückzahlung einer Schuldverschreibung des Jahres 1779 an die Ansbachische Landeskasse
dar, waren also wohl damals – noch zur Zeit der Regierung von Markgraf Alexander –
der Universität zur Erhöhung des Kapitalstocks überwiesen worden.[78]

Erst nachdem im Sommer 1810 auch das Fürstentum Bayreuth und damit auch die
Universität Erlangen dem bayerischen Staat einverleibt wurden, kommt wieder Bewegung in die Angelegenheit. Am 18. August 1810 fragt die königlich bayerische Hof-
kommission von Bayreuth aus in Erlangen an, wie viel vom Stiftungskapital tatsächlich nach Erlangen gelangt sei. Der Bayerische Fiskus, so heißt es in dem Schreiben,
habe das Kapital und 580.875 fl. Zinsen gegenüber den Erben des Markgrafen Alexander reklamiert.[79] Im Antwortschreiben vom 23. August 1810 teilt der Senat der
Universität mit, daß bei der preußischen Schenkung des Jahres 1806 die Einschränkung gemacht worden sei, daß der markgräfliche Nachlass von einer Nachzahlung der
Zinsen freizustellen sei.[80] Man habe 1806 3.815 Gulden in bar erhalten und die Summe von 146.185 fl. bei der Kasse in Ansbach stehen lassen. Dabei habe man keine Bedenken gehabt, da auch alle Zinsen bis zum Oktober 1807 entrichtet worden seien.[81]
Erst danach seien die Zahlungen storniert und es seien auch die Rechte der Universität auf das Kapital grundsätzlich bestritten worden. Man habe nur 30.000 fl. von
Pfeiffer Marx erhalten und 10.000 fl. davon 1808 zur Deckung der dringendsten Ausgaben ausgeben müssen. Die Obligationen der Preußischen Seehandlung im Wert von
20.000 fl. seien noch vorhanden.[82]

Im April 1811 reicht die Universität alle noch vorhandenen Forderungen in Ansbach bei der Special-Schulden-Liquidations-Kommission des Rezatkreises ein und
versucht, die ab dem Oktober 1807 noch ausstehenden Zinsen einzutreiben. Dieses
wird zunächst abgelehnt, weil man dafür eine Anweisung von höherer Stelle benötigt.[83] Im Mai unternimmt der Senat einen erneuten Vorstoß mit dem Ziel, an diese
Zinsen zu gelangen.[84] Ein unmittelbarer Erfolg ist zunächst nicht sichtbar.

---

[77] UAE, T. IV, Pos. 6, Nr. 15.

[78] UAE, T. IV, Pos. 6, Nr. 14, fol. 111.111v.

[79] UAE, T. IV, Pos. 6, Nr. 14, fol. 120. Diese Zinsforderung wurde von bayerischer Seite im Jahr 1811 für
die Zeit von 1730 bis 1806 auf 587.000 Gulden beziffert: UAE, T. IV, Pos. 6, Nr. 16, fol. 29.

[80] UAE, T. IV, Pos. 6, Nr. 14, fol. 121v.

[81] UAE, T. IV, Pos. 6, Nr. 14, fol. 122.

[82] UAE, T. IV, Pos. 6, Nr. 14, fol. 123.

[83] UAE, T. IV, Pos. 6, Nr. 14, fol. 127–133v.

[84] UAE, T. IV, Pos. 6, Nr. 14, fol. 134–135v.

Zu dieser Zeit läuft immer noch – gewissermaßen parallel zu den Erlanger Vorstößen, die reklamierten Zinsen und das Grundkapital zu erhalten – der Prozeß des bayerischen Fiskus' gegen die Erben Alexanders und die Universität, die es immerhin geschafft hatte, den ursprünglich auf Ende 1809 festgesetzten Verhandlungstermin vor dem Appellationsgericht in Ansbach so weit in das Jahr 1810 hinein zu schieben[85], daß der Prozess am 29. Mai aus politischen Gründen zunächst ausgesetzt wird;[86] denn das Fürstentum Bayreuth war durch das Besitzergreifungspatent des bayerischen Königs vom 7. April 1810 bayerisch geworden.

Am 26. Mai 1811 – nunmehr schon im Status einer bayerischen Landesuniversität – versucht man in Erlangen wieder, an die Zinsen zu gelangen. Der Senat schreibt, daß die Universität derzeit monatlich nur 2.404 Gulden erhalte, wovon nicht einmal die Besoldungen gezahlt werden könnten. Die Bedürfnisse der Institute seien durch die Einnahmen aus den Stiftungsgütern Selb und Thierstein nur zu einem Viertel gedeckt. Man könne überhaupt nur weiterarbeiten, weil die „Professoren durch Nachstehung mit ihrer Besoldung für die Erhaltung dieser Institute jede mögliche patriotische Rücksicht genommen" hätten, was weiterhin nicht möglich und auch nicht ausreichend wäre. Sie bitten, damit zumindest die „interimistische Erhaltung der Universität bis zu deren definitiver Organisation" gesichert werden kann, um Auszahlung der Zinsen.[87] Diesem Wunsch wollte man in Ansbach offensichtlich nachkommen; denn der Mandatar der Markgräfinwitwe Elisabeth, Rechtsanwalt Hofmann, sieht sich veranlasst, gegen dieses Vorhaben, das aus seiner Sicht das Vermögen seiner Mandantin hätte mindern müssen, am 28. Oktober 1811 Beschwerde einzulegen, woraufhin es zunächst nicht zur Auszahlung von Zinsen aus dem Stiftungskapital kommt.[88]

Danach schweigen die Akten für zwei Jahre und dann findet sich darin die Unterrichtung der Universität von einem Beschluss des Oberappellationsgerichts in München vom 30. April 1813.[89] Die Kammer spricht darin der Universität die Stiftungskapitalien in einer Höhe von damals noch 106.185 fl. zu und hebt den bis dahin bestehenden Arrest über diese Summe auf. In der Folge dieses Rechtsspruchs ergeht Weisung – man sollte besser sagen: Erlaubnis – an den Senat, die rückständigen Zinsen zu berechnen, wobei jährlich 4.247 fl. als Zinszahlungen angesetzt werden, was einem Zinsfuß von 4 % entspricht. Eine Anrechnung der den Erlangern ja ebenfalls entgangenen Zinseszinsen fand dabei nicht statt. Auf der Grundlage dieser Kalkulation werden der Universität schließlich 29.731 Gulden als Nachzahlung für sieben Jahre (1806 hatte man in Erlangen letztmals eine Überweisung aus Ansbach erhalten) in zehn Monatsraten für das Haushaltsjahr 1814 angekündigt,[90] wobei es hinsichtlich der tatsächlichen Auszahlung noch zu erheblichen Verzögerungen kommt, weil die Staatsschuldenkommission ihren Verpflichtungen nicht durch Barzahlung, sondern durch Übergabe von Pfandbriefen nachkommen will.[91] So schuldet die Staatskasse dem Quästorat der Universität nach deren eigener Aufstellung vom 8. April 1816 immer

---

[85] UAE, T. IV, Pos. 6, Nr. 15.
[86] UAE, T. IV, Pos. 6, Nr. 15, fol. 107.
[87] UAE, T. IV, Pos. 6, Nr. 14, fol. 134v–135v.
[88] UAE, T. IV, Pos. 6, Nr. 15, fol. 115 u. 116.
[89] UAE, T. IV, Pos. 6, Nr. 14, fol. 136–136v.
[90] UAE, T. IV, Pos. 6, Nr. 14, fol. 138.
[91] UAE, T. IV, Pos. 1, Lit. A, Nr. 75, fol. 6–9.

noch über 34.000 Gulden.[92] Erst im August 1817 kann man in Erlangen den Eingang von 35.167 Gulden bestätigen.[93] Ab 1817 sind weitere Bemühungen um rückständige Zinsen aktenmäßig belegt.[94] Dabei geht es um 4.247 Gulden, die für das Jahr 1807 noch ausstanden und nach einigem Hin und Her schließlich ausgefolgt werden. Alles in allem musste es also elf Jahre dauern, bis die Erlanger Universität in den ungefährdeten und vollständigen Genuss der preußischen Dotation von 1806 kam.

Diese lange Wartefrist bedeutete für die Hochschule eine besondere Prüfung, denn sie fiel in eine Zeit schwerer Krisen. Zunächst stand Erlangen ab September 1806 unter französischer Besatzung und erlebte bittere Not- und Mangeljahre,[95] wovon – um hier nur ein Beispiel zu erwähnen – auch der Umstand zeugt, dass man 1808 einen Betrag von 10.000 fl. aus den Ansbacher Stiftungsmitteln aus purer Not aufbrauchte,[96] obwohl dieses Geld doch dem Kapitalstock der Anstalt hätte zufließen sollen und auf diese Weise die laufenden Einnahmen hätte verstärken können. Nach dem Übergang an Bayern im Jahr 1810 schließlich war man keineswegs schon aller Sorgen ledig und man musste noch bis 1818 um den Fortbestand der Universität an sich fürchten.[97] Insofern traf es die Erlanger Anstalt besonders hart, dass sie von 1807 bis 1816 keinerlei Zuwendungen aus dem Ansbacher Stiftungskapital erhielt, das der preußische König ihr im Januar 1806 als Schenkung übermacht hatte.

Mit dem Gerichtsbeschluss von 1813 aber waren die juristischen Auseinandersetzungen um die Stiftung von 1726 noch keineswegs beendet. Jetzt ging es noch um den bereits angeführten, zweiten Komplex von Zinsen, die den Markgrafen von Ansbach aus dem Stiftungskapital zugeflossen, aber nicht für den Stiftungszweck verwendet worden waren. Die Universität wird aufgefordert, Stellung zu nehmen, ob sie selber weiter gegen die Markgräfinwitwe Elisabeth und deren Sohn Richard Keppel Craven prozessieren wolle, um die Herausgabe jener Zinsen zu erreichen, oder ob man einem Vergleich, der von dem Sohn der Markgräfin in deren Namen angeboten worden war, beitreten könne.[98] Diesem Vorschlag zufolge sollte die Universität in Zukunft unbehelligt im Besitz der 150.000 Gulden Stiftungskapital verbleiben und im Gegenzug auf die Forderung von 587.000 fl. Zinsen verzichten.[99]

Einem Vergleich wird seitens des Senats trotz allerlei zu einer Ablehnung berechtigenden Erwägungen schließlich am 27. November 1817 zugestimmt, wobei der Senat fordert, daß ihm mit dem Stiftungskapital in Höhe von 150.000 fl. noch einmal dieselbe Summe als Zinszahlung in bar entrichtet würde. Auf weitergehende Zinsforde-

---

[92] UAE, T. IV, Pos. 1, Lit. A, Nr. 75, fol. 48 u. 62.

[93] UAE, T. IV, Pos. 1, Lit. A, Nr. 75, fol. 72.

[94] UAE, T. IV, Pos. 6, Nr. 16.

[95] Vgl. Kolde (wie Anm. 61), S. 15–17.

[96] Vgl. weiter oben Anm. 82.

[97] Dieter Weiss, Das Problem des Fortbestandes der Universität beim Übergang an die Krone Bayern. In: 250 Jahre Friedrich-Alexander-Universität Erlangen-Nürnberg. Festschrift (Erlanger Forschungen. Sonderreihe. 4). Erlangen 1993, S. 19–44, hier S. 26–38, bes. S. 38. Die nochmalige spätere Gefährdung der Erlanger Universität im Jahr 1826 kann hier übergangen werden. Vgl. Weiss, S. 39–40 u. Ludwig Turtur, Eine Gefährdung der Universität Erlangen im Jahr 1826, in: Zeitschrift für bayerische Kirchengeschichte 17 (1942/49), S. 115–121.

[98] UAE, T. IV, Pos. 6, Nr. 16, fol. 17–17v.

[99] UAE, T. IV, Pos. 6, Nr. 16, fol. 34.

rungen an die Erben des Markgrafen könnte dann verzichtet werden.[100] Eine Reaktion darauf ist nicht bekannt. Es scheint, als sei dieser Vorschlag in den Akten versickert. In der Folge geht es vor allem um Verfahrensfragen und der Vorgang schleppt sich jahrelang hin, ohne daß es zu einer Entscheidung gekommen wäre. Allein die – vergebliche – Suche nach dem Original der Urkunde vom 30. Januar 1806 füllt viele Seiten des betreffenden Aktenfaszikels. Vor allem die Universität sucht das Ganze dilatorisch zu behandeln, weil ihr die Bestimmung der preußischen Schenkung von 1806, wonach die Erben des Markgrafen von eben solchen Zinsforderungen freizustellen sind, die jetzt erhoben werden, nicht recht sein kann.

Am 28. März 1827 schließlich ergeht das Urteil des Appellationsgerichtes für den Rezatkreis.[101] Es werden beiden Seiten Beweisauflagen innerhalb einer Frist von 30 Tagen erteilt. Daraufhin gerät wieder die Beratungsmaschinerie in Bewegung. Die Universität legt die Beweise, unter anderem die Originalschenkungsurkunde vom 8. Januar 1806, nicht vor. Sie hat vermutlich Widerspruch gegen den Beschluss erhoben, was dem Akt allerdings nicht eindeutig entnehmbar ist. Mit dem Juni 1827 schließen diese Akten – ohne Nachricht über den Ausgang des Verfahrens.

Erst mit dem Jahr 1835, sieben Jahre nach dem Tod der 1828 verstorbenen Markgräfinwitwe Elisabeth, setzen die Akten zu diesem Vorgang wieder ein.[102] Richard Keppel Craven, ihr Sohn, der schon zuvor in Ansbach als Bevollmächtigter aufgetreten war, hatte 70.000 fl. als Vergleichssumme angeboten,[103] um den Prozeß, vor allem natürlich den Arrest auf die immer noch in Ansbach sistierten Reste des Schatullvermögens von Markgraf Alexander zu beenden. Die Universität aber fordert einen Betrag von 95.000 Gulden.[104] Der Vergleich kommt am 27. Juni 1836 zustande[105] und spricht der Universität statt der ursprünglich beanspruchten 587.000 fl. eine Summe von 95.000 fl. zu, während Richard Keppel Craven als Universalerbe seiner Mutter auf die Herausgabe der 150.000 fl. Stiftungsvermögen der Markgräfin Christiane Charlotte verzichtet.

Der Vergleichsbetrag von 95.000 fl. wird der Universität Erlangen im Juli 1836 übergeben, zum größten Teil in Form von Staatspapieren und zu einem kleineren Teil in Bargeld.[106] Die Mittel flossen damit derjenigen Hohen Schule zu, die seit 1769 jene Aufgaben für die Ausbildung der Landeskinder und für die Versorgung des Staates mit Geistlichen, Ärzten und Beamten wahrnahm, die nach dem Stifterwillen von 1726 eine ansbachische Landesuniversität hätte erfüllen sollen. Auf diese Weise fanden – 110 Jahre nachdem Markgräfin Christiane Charlotte dem Staat ihres Mannes und ihres Sohnes 150.000 fl. für die Gründung einer solchen Hochschule übermacht hatte – auch die letzten Zahlungen, die sich dieser Stiftungsabsicht zurechnen lassen, schließlich doch noch eine sachgerechte Verwendung.

---

[100] UAE, T. IV, Pos. 6, Nr. 16, fol. 34–43v.

[101] Abschrift in UAE, T. IV, Pos. 6, Nr. 16, fol. 196–207v.

[102] UAE, T. IV, Pos. 6, Nr. 42.

[103] UAE, T. IV, Pos. 6, Nr. 42, fol. 2.

[104] UAE, T. IV, Pos. 6, Nr. 42, fol. 2v.

[105] Abschrift des Urteils : UAE, T. IV, Pos. 6, Nr. 42, fol. 42–43v.

[106] UAE, T. IV, Pos. 6, Nr. 42, fol. 40–40v.

Anne von K a m p

Adeliger Lebensunterhalt und adelige Lebensweise: Die Geschichte des Gutes Ahorn in der erste Hälfte des 19. Jahrhunderts

Die Landwirtschaft befand sich Anfang des 19. Jahrhunderts noch auf einem niedrig entwickelten Niveau. Innovationen, wie die schrittweise Überwindung der seit dem Mittelalter vorherrschenden Dreifelderwirtschaft, und der Anbau der sogenannten „Brachfrüchte" wie Kartoffeln und Klee vollzogen sich langsam und regional sehr unterschiedlich. Die Agrarreformen hatten mit der Aufhebung der Leibeigenschaft und einer Neuordnung der Eigentumsverhältnisse eine Flurbereinigung zur Folge. Denn die zu einem Hof gehörenden Feldstücke waren aufgrund zahlreicher Erbteilungen oft ungeordnet in der Dorfflur verteilt gewesen; da jedoch Flurzwang herrschte, das heißt von allen Bauern die gleichen landwirtschaftlichen Tätigkeiten zur gleichen Zeit verrichtet werden mußten, hatte das Vorhandensein der Gemengelage kaum eine Rolle gespielt. Nachdem aber das bis dahin geteilte Recht am Boden mit grundherrlichem Obereigentum und bäuerlichem Nutzungsrecht aufgehoben worden war und die Bauern nun Eigentümer mit allen Rechten ihres Bodens waren, erhielten zusammenhängende Areale eine hohe Bedeutung. Deshalb entstand durch den Austausch und die Zusammenlegung von Flächen eine planvolle Ordnung. Besonders folgenreich und kompliziert war die Aufteilung der bisherigen „Gemeinheiten" oder Allmenden. Diese Weide-, Wald- oder Wegstücke, die bis dahin von den umliegenden Bauern gemeinsam genutzt wurden und sich oft in einem vernachlässigten Zustand befanden, gingen nun in Individualbesitz über. Mit der generellen Aufhebung der noch bestehenden Feudalrechte infolge der Revolution von 1848 endete die überkommene agrarische Sozialstruktur, die in den meisten Teilen Deutschlands auf einer ständisch fundierten Grund- oder Gutsherrschaft beruht hatte; an ihre Stelle trat eine zunehmend von rein wirtschaftlichen Gegebenheiten geregelte, an großräumigen Marktverhältnissen orientierte Ordnung.

1. Der Adel und das Land

Der eigene Grund und Boden und die Herrschaftsausübung über Land und Leute waren für das adelige Selbstverständnis immer konstitutiv gewesen. Auch nachdem die eigentlichen Herrschaftsrechte in der ersten Hälfte des 19. Jahrhunderts entfallen waren, blieb der ländliche Gutsbesitz für den Adel Mittelpunkt seines Interesses. In einigen Regionen, vor allem in Ostpreußen und Schlesien, erscheint der stetige Rückgang adeligen Grundbesitzes als eine deutlich erkennbare und mehrfach beschriebene Verlustgeschichte. Als Gründe für die hohe Schuldenlast werden die erheblichen Erbabfindungen, die Übernahme bedeutender hypothekarischer Belastungen, ein den finanziellen Rahmen sprengender Lebensstil und der Aufwand für ein standesgemäßes Offiziersleben genannt. Dem west- und süddeutschen Adel dagegen werden geringere Schulden und eine hohe Kontinuität des Gutsbesitzes attestiert.[1] In jüngster Zeit wird

---

[1] Friedrich Wilhelm Henning, Handbuch der Wirtschafts- und Sozialgeschichte Deutschlands 2, Paderborn 1996, S. 87.

in der Forschung allerdings dem Bild des überschuldeten, um seine Existenz ringenden Junkers widersprochen und einer Mehrzahl der adeligen Grundbesitzer ein sachgemäßer beziehungsweise den wirtschaftlichen Umständen Rechnung tragender Umgang mit ihrem Eigentum bescheinigt.[2] Dennoch gab es eine steigende Zahl von Adeligen ohne Grundbesitz, die gelegentlich unter drückenden materiellen Umständen lebte. Diese Gruppe war auch eine Ursache dafür, daß in einer ganzen Reihe von Vorschlägen zur Adelsreform im 19. Jahrhundert auf die Notwendigkeit des Grundbesitzes mit einer existenzfähigen Größe für den Adel hingewiesen wurde. Teilweise wurden auch die Schuldenfreiheit oder die rechtliche Sicherung des Besitzes durch Fideikommisse als Bedingungen formuliert.[3] Das englische System freilich, welches nur dem ältesten Sohn Adelsprivilegien und Titel übertrug und die nachgeborenen Söhne dem Bürgertum zuordnete, hatte in Deutschland nur sehr wenige Vertreter und kaum Chancen auf Realisierung. Neben dem Grundbesitz blieben die anderen den Adel definierenden Punkte, nämlich legitime Abstammung, Dienst an Staat und Gemeinwesen und Standessolidarität von elementarer Bedeutung. Ein anderes Verhalten, nämlich die Ausschaltung all derer, die keinen Grundbesitz (mehr) innehatten, wäre von zahlreichen Angehörigen alter Familien in Deutschland als eine schwere Kränkung und Zurückweisung empfunden worden.

Im folgenden soll die Geschichte des bei Coburg gelegenen Rittergutes Ahorn während der ersten Hälfte des 19. Jahrhunderts dargestellt werden. Dabei werden neben der Beschreibung der wirtschaftlichen und finanziellen Entwicklungslinien auch die Einstellungen der handelnden Personen zu ihrem Grundbesitz entsprechenden Raum in der Abhandlung finden.

2. Ahorn in weiblicher Hand – Besitzgeschichte 1819–1843

Schon in einem Dokument des 11. Jahrhunderts war die Rede von einem Adelsansitz in Ahorn. Die Geschichte der Ahorner Gutsherrschaft läßt sich allerdings erst ab Mitte des 15. Jahrhunderts lückenlos nachweisen. Mitte des 16. Jahrhunderts ging das Rittergut Ahorn in die Lehensherrschaft der Coburger Herzöge über, in der es bis zur formalen Ablösung im Jahre 1851 blieb. Seit 1589 wird es sogar ausdrücklich als „Sohn- und Tochterlehen" bezeichnet, eine Tatsache, die in der Geschichte des Gutes mehrfach den Gang der Ereignisse bestimmte. Relevant für die neuere Gutsgeschichte ist der Kauf des Ritterguts 1701 durch die Familie von Hendrich.[4] Der letzte männ-

---

[2] René Schiller, Vom Rittergut zum Großgrundbesitz. Ökonomische und soziale Transformationsprozesse der ländlichen Eliten in Brandenburg im 19. Jahrhundert (Elitenwandel in der Moderne 3), Berlin 2003, hier besonders S. 473–479; Klaus Heß, Junker und bürgerliche Großgrundbesitzer im Kaiserreich. Landwirtschaftlicher Großbetrieb, Großgrundbesitz und Familienfideikommiß in Preußen (1867/1871–1914), Stuttgart 1990; Hartmut Harnisch, Adel und Großgrundbesitz im ostelbischen Preußen: 1800–1914 (Öffentliche Vorlesungen 7), Berlin 1993.

[3] Zur Adelsreform allgemein: Heinz Reif, Adelserneuerung und Adelsreform in Deutschland 1815–1874, in: Elisabeth Fehrenbach (Hg.), Adel und Bürgertum in Deutschland 1770–1848. Schriften des Historischen Kollegs Kolloquien 31, München 1994, S. 203–230; außerdem noch brauchbar: Carl August Graf von Drechsel, Ueber Entwürfe zur Reorganisation des deutschen Adels im 19. Jahrhundert, Ingolstadt 1912.

[4] Vgl. allgemein zur Familie von Hendrich: Hans Martin Freiherr von Erffa, Zur Geschichte der Familie von Hendrich, in: Jahrbuch der Coburger Landesstiftung 3, 1958, S. 211–252.

liche Besitzer von Ahorn aus dieser Familie war der sachsen-meiningische Geheime Rat und Bundestagsgesandte Franz Josias von Hendrich, der 1770 seinen Cousin Franz Ludwig Ernst Albrecht Carl Friedrich von Hendrich ausbezahlt hatte. Unter seiner Verwaltung erlebte die Ahorner Gutswirtschaft einen beträchtlichen Aufschwung, wenngleich die den Rittergütern vorbehaltene Schafhaltung zu einem erbitterten und vor Gericht ausgetragenen Kampf mit den Bauern führte.[5] In späteren Jahren kam es zu versöhnlicheren Tönen zwischen Gutsherrschaft und Ortsgemeinde. Franz Josias von Hendrich starb am 8.10.1819. Er hinterließ seinen zwei Töchtern, Amalie aus seiner ersten Ehe mit Maria Amalie von Leutsch und Sophie aus seiner zweiten Ehe mit der Erzieherin seiner Tochter, Dauphine Fabre aus Genf, mit den Rittergütern Ahorn und Heldritt sowie einiger kleinerer Besitzungen einen relativ großen Gutskomplex. Amalie hatte 1799 den herzoglich sachsen-meiningschen Geheimrat, Landmarschall und Oberhofmeister Karl Ludwig Friedrich August von Baumbach geheiratet, wurde jedoch 1807 von ihm geschieden. Aus dieser Ehe stammte eine einzige Tochter, Emmy Auguste.

Frauen als Inhaber von Rittergütern waren durchaus keine Seltenheit.[6] Der tatsächliche Handlungsspielraum der Gutsbesitzerinnen war jedoch oft durch die juristische Vorgabe der Einsetzung eines Kurators eingeschränkt. Kurator für die Witwe Dauphine von Hendrich und die Tochter Amalie von Baumbach war bis zu dessen Tod 1821 der Geheime Rat und sachsen-meiningschen Kanzler Carl Constantin Freiherr von Künsberg. Als Vormund folgte daraufhin der herzoglich Sachsen-Coburgische Justizrat Albrecht Gottlieb Andreas Bergner, der nicht nur juristischer Ratgeber und Beistand, sondern auch über viele Jahrzehnte hindurch ein guter Freund der Familie war.

Freundschaftlich ist dann auch der Ton der Korrespondenz zwischen Amalie von Baumbach und ihrem Kurator Bergner. Dabei stand der Frau auch die Möglichkeit offen, ihre Bedürfnisse und Wünsche zu artikulieren, bisweilen scheint dies auch von ihr erwartet worden zu sein. Verhalten optimistisch beschreibt Amalie von Baumbach ihre Fähigkeit, eigenverantwortlich wirtschaftliche Entscheidungen zu treffen: „Ich soll eine entschiedene Meinung haben wollen Sie! Das will ich ja auch recht gerne sobald ich nur von der Sache in der ich urtheilen soll klare Begriffe habe; aber ich gestehe, daß mir alle diese ökonomischen Verhältniße bis jetzt noch gar zu fremd sind und wohl noch einige Zeit hingehen wird ehe sie mir geläufig werden; doch verspreche ich Ihnen mir rechte Mühe zu geben um mich bald gehörig darauf einzuschustern, und verstehe ich die Sachen nur einmal dann soll es auch an einem Willen von meiner Seite nicht fehlen."[7] In ihren an Bergner gerichteten Briefen erscheint sie jedoch als durchaus überlegt handelnde und praktisch denkende Frau. Ihre Vermögensangelegenheiten verwaltete sie sorgsam und verantwortungsbewußt.

Emmy von Baumbach begegnete ihrem Vetter dritten Grades Ferdinand von Erffa[8] bereits mehrfach zu Kindertagen. Erst als Amalie von Baumbach und ihre Tochter

---

[5] Max Böhm, Ortschronik der Kerngemeinde Ahorn, unveröffentlichte masch.-schriftl. Arbeit, ohne Paginierung. Dem Autor vielen Dank für die Überlassung des Materials.

[6] Axel Flügel, Bürgerliche Rittergüter, Göttingen 2000, S. 139–143.

[7] Correspondenzen meiner Frau Schwiegermutter von Baumbach, Schloßarchiv Ahorn, Persönliche Verhältnisse, V C 2 b II Nr. 1.

[8] Die Familie von Erffa stammte aus dem thüringischen Uradel; durch Gütererwerb gehörte sie später zur fränkischen Reichsritterschaft. Die Geschlechter Hendrich-Erffa waren bereits im 18. Jahrhundert durch eine

1820 zusammen mit der Witwe von Hendrich und deren Tochter Sophie die Sommer-saison auf dem väterlichen Gut Ahorn zubrachte, kam es zu einer engeren Bindung. Laut Eigenaussage spielten die wirtschaftlichen Verhältnisse keine Rolle bei der Wahl seiner Braut. Ferdinand Freiherr von Erffa war zu diesem Zeitpunkt in der Coburger Verwaltung tätig. Aufgewachsen in Meiningen im Hause seines Vaters Gottlieb Friedrich Hartmann Freiherr von Erffa[9], hatte er in Göttingen und Jena Kameralwissenschaft und Jura studiert. Das Examen legte er im Frühjahr 1820 in Coburg ab und wurde dann ab 2. Mai 1820 als Referendar bei der herzoglichen Regierung angestellt.[10]

Sein erster Tätigkeitsbereich umfaßte die Verwaltung der herzoglichen Domänen. Dieses Aufgabengebiet entsprach durchaus nicht von Erffas Wünschen. Seine Qualifikation erschien ihm darüber hinaus zweifelhaft aufgrund seiner Vorbildung und seiner allgemeinen Kenntnisse: „Von der Landwirtschaft hatte ich nun ganz und gar keine Kenntnisse, wußte ich nur, daß man säete und erntete, aber war gänzlicher Ignorant und noch mehr in dem Betrieb der landwirtschaftlichen Fabrikanstalten."[11]

Dennoch widmete er sich dieser neuen Materie, wenn auch nicht mit Begeisterung, so doch mit Energie und Lernbereitschaft. In einem Brief seines Schwiegervaters Karl von Baumbach aus dem Jahr 1824 hebt dieser ausdrücklich die erworbenen ökonomischen Fähigkeiten seines Schwiegersohns hervor.[12] Er riet ihm allerdings ausdrücklich davon ab, schon in jungen Jahren sich auf das Land zurückzuziehen und die Selbstverwaltung des Gutsbesitzes zu übernehmen. Dem Gemeinwesen zu dienen sollte der Hauptimpetus eines adeligen Lebens sein, dem persönliche Befindlichkeiten unterzuordnen seien. Diese Warnung äußerte von Baumbach mehrfach in den folgenden Jahren, wenn sein Schwiegersohn über einen Austritt aus dem Staatsdienst nachdachte. Im Jahr 1825 gestattete man es Ferdinand von Erffa endlich, die ungeliebte Administration der Kammergüter abzugeben. Fortan war er als wirklicher Regierungsrat für den Straßenbau im Herzogtum verantwortlich. Wenn ihn diese berufliche Tätigkeit nicht auf Reisen führte, bildete die Stadtwohnung in Coburg seinen Lebensmittelpunkt. Nur für die Sommermonate zog sich die Familie auf den Landsitz Ahorn zurück.

Neben seiner Tätigkeit im Staatsdienst kam seit dem Tod des Vaters 1823 für Ferdinand von Erffa die Verwaltung seines väterlichen Erbes. Er und seine zwei Brüder hatten die Administration unter sich aufgeteilt; der älteste Bruder Eduard führte die

---

Eheschließung verbunden gewesen. Der Großvater von Amalie von Baumbach, der Sachsen-Coburgische Geheime Legationsrat, Konsistorialpräsident und Landschaftsdirektor Christoph Siegmund von Hendrich (1711–1760) war mit Eleonore Luise von Erffa verheiratet gewesen. Durch diese Ehe waren die Vogteien in Rodach und Roßfeld an die Familie von Hendrich gelangt.

[9] Gottlieb Friedrich Hartmann von Erffa (1761–1823), sachs.-meining. Wirkl. Geh. Rat und Oberstallmeister, Gesandter beim Wiener Kongress, verh. m. Caroline von Bibra aus dem Hause Irmelshausen. Weitere Geschwister waren Eugenie (1792–1856), verh. Künsberg, Eduard (1793–1856), sachs.-meining. Kammerrat und Oberstallmeister, Louise (1806–1860) und August (1809–1864), schwarzburg-rudolst. Major und Kammerherr. Der Besitz der Familie bestand zu diesem Zeitpunkt aus dem Rittergut Wernburg mit Vorwerk Seebach, dem Rittergut Oerlsdorf mit Hofgut Rohof und dem Rittergut Niederlind.

[10] Zur Dienstlaufbahn des Ferdinand von Erffa: Staatsarchiv Coburg, Min F 667.

[11] Lebenserinnerungen des Ferdinand Freiherrn von Erffa, transkribierte Version, o.O., o.J., S. 102.

[12] Briefe meines lieben Schwiegervaters von Baumbach u. s. 2 n Frau, Luise Baumbach, Schloßarchiv Ahorn, Persönliche Verhältnisse, V C 2 b II Nr. 2.

Hauptkasse und die Hauptrechnung, Ferdinand verwaltete Niederlind mit Zubehör und der jüngste Bruder August das Rittergut Wernburg. Die auf den Besitzungen lastende hohe Schuld von 120 000 fl. konnte durch verbesserte ökonomische Maßnahmen, wie intensivierte Forstwirtschaft und sparsames Haushalten, nach etwa drei Jahrzehnten auf 36 000 fl. reduziert werden. Energisch und leistungsfähig bewältigte Ferdinand von Erffa das enorme Arbeitspensum jener Jahre. Mehrfach suchte er um Urlaub bei der herzoglichen Regierung nach, um seinen diversen familiären Verpflichtungen an verschiedenen Orten nachzukommen.

Trotz der geschilderten beruflichen und familiären Verpflichtungen verlor er das Erbe seiner Frau nicht aus den Augen. Das Rittergut Ahorn war zu diesem Zeitpunkt verpachtet und man hatte die Absicht, es auch weiterhin Pächtern zu überlassen. An eine Eigenbewirtschaftung dachte man vorerst nicht. Pachtverhältnisse waren freilich oft konfliktbelastet. So hinterließ 1825 der Pächter der Ahorner Schäferei und des Ahorner Gutshofes Johann Michael Fischer hohe Schulden und ausstehende Pachtgeldzahlungen; dazu hatte er im Pachtvertrag festgelegte Bauleistungen nicht erbracht. Mit dem nachfolgenden Pächter Trautwein gab es ebenfalls Schwierigkeiten, die 1827 zu der Aufhebung seines Pachtkontraktes führten. Der Grund zu diesem Schritt lag wohl im Verzug der Pachtgeldzahlungen. Außerdem war die Interessenlage eines Pächters oft eine andere als die des Eigentümers, da dieser langfristig, jener kurzfristig dachte. Dieser Hintergrund wird von Erffa zusätzlich bewogen haben, die Verhältnisse in Ahorn zu überwachen. So findet sich zum Beispiel in den Gutsakten neben zahlreichen anderen Beweisen seines Wirkens ein Verzeichnis der rückständigen Lehn- und Siegelgelder, welches auf seinen ausdrücklichen Wunsch erstellt worden war.[13] Weitreichende Entscheidungen konnte er jedoch nicht ohne die Einwilligung der Eigentümerinnen beziehungsweise deren Kurators treffen.

Im Jahr 1831 kaufte Amalie von Baumbach von Karl Engelhardt aus ihrem eigenen Vermögen um einen Kaufpreis von 46 600 fl. das schon seit langem freieigentümliche Rittergut Finkenau, welches in früheren Zeiten als Vorwerk und Mühle zu Ahorn gehört und dann mehrfach den Besitzer gewechselt hatte. Im Zuge dieses Kaufes wurden die Finkenauer und Ahorner Patrimonialgerichte vereinigt und Finkenau nach Ahorn eingepfarrt. Im gleichen Jahr, nämlich am 26. Juni 1831 heiratete Sophie von Hendrich den Meiningischen Leutnant und Kammerherrn Karl von Butler.[14] In Folge dieser Heirat entschlossen sich Sophie von Butler und Amalie von Baumbach zu einer Teilung des Hendrichschen Grundbesitzes. Im Herzogtum Sachsen-Coburg und Gotha gab es keinen herausragenden Großgrundbesitz; auch der Hendrichsche Besitz unterschied sich in Größe, Ausstattung und Wert nicht wesentlich von den übrigen Rittergütern der Region.[15] Bevor eine Teilung bewerkstelligt werden konnte, wurde das gesamte Eigentum zur Wertfeststellung, wie allgemein üblich, taxiert. Der Wert der einzelnen Besitzanteile wurde mit 4 Prozent kapitalisiert und davon alle obliegenden Lasten abgezogen. Das so errechnete Vermögen für Ahorn wurde wie folgt beziffert:

---

[13] Acten, die Administration des Ritterguts Ahorn betreffend, Schloßarchiv Ahorn, Guts-Archiv, II 2 A Nr. 5 b.

[14] Auch Buttler, Buttlar.

[15] Hermann Rose, Statistische Mitteilungen über das Herzogthum Sachsen-Coburg mit besonderer Rücksicht auf Land- und Forstwirtschaft, Coburg 1857, S. 6–7.

Wertschätzungen

Wiesen	105 ½ Acker[16]	21214 fl. 40 kr.
Ackerland	494 1/8 Acker 12 ½ R.	31477 fl. 36 kr.
Gärten	29 Acker 18 ¾ R.	4592 fl.
Teiche	13 7/8 Acker 18 ¼ R.	3753 fl. 45 kr.
Schafhut	350 Stück	2100 fl.
Waldung	458 ¼ Acker 13 ¾ R.	46751 fl. 42 kr.
Jagd	Jährlicher Ertrag: 116 fl. 12 kr.	2905 fl.
Jurisdiktionsgefälle		835 fl. 58 ¼ kr.
Sporteln		462 fl. 35 ¼
Erbzinsen		161 fl. 8 kr.
Zehnt		212 fl. 15 kr.
Summe	984 ½ Acker 6 ½ R.	20899 fl. 16 ¼ kr.
Bruttowert		133693 fl. 59 ¼ kr.

Abgaben

Jährliche	414 fl. 23 ½ kr.
Negativer Kapital-Wert derselben	11839 fl. 42 kr.
Kulturkosten	120 fl. 38 kr.
Nettowert	121733 fl. 39 ¼ kr.

Für die übrigen Besitzungen verfuhr man in gleicher Weise. Die Taxationen erbrachten folgendes Ergebnis:

Ahorn mit Zubehörungen: 121733 fl. rh.

Die 3 Güter Heldritt, Rodach und Rossfeld 99080 fl. rh.

Das Rodacher Haus 1500 fl. rh.

Die Rodacher und Rossfelder Gemeinde Holzungsberechtigung: 1312 fl. rh.

Das Gut Kayna mit allen Zubehörungen: 42000 fl. rh.

Die Rheinische Besitzung zu St. Goarshausen etc.: 6000 fl. rh.

Gesamt: 271625 fl. Rh.[17]

In der Teilungserklärung erhielt Amalie von Baumbach Ahorn und die Rheinischen Besitzungen zu St. Goarshausen, Sophie von Butler alle übrigen Güter. Der errechnete Mehrwert für letztere in Höhe von 8079 fl. 30 kr. rh. wurde ihrer Schwester nicht erstattet, sondern als Ausgleich für den „fraglichen Minderwerth des Heldritter Looses in Hinsicht der Gebäude, Gärten, Anlagen und Chausseen"[18] angesehen. Diese als ungerecht empfundene Teilung sorgte für Mißstimmung in der Familie. Schuld daran gab Ferdinand von Erffa nicht den beteiligten Frauen, sondern seinem Schwager Karl von Butler. Ahorn sei im Vergleich mit den anderen Besitzungen, vor allem mit dem erst vor wenigen Jahren erworbenen Gut Kayna [heute Sachsen-Anhalt] überbewertet worden.

---

[16] 1 Coburger Acker = 2897,65 m².

[17] Teilungsvertrag der von Hendrich'schen Schwestern Amalie von Baumbach u. Sophie von Buttler über Ahorn 1834, Schlossarchiv Ahorn, Guts-Archiv, I D Nr. 8.

[18] Teilungsvertrag, Art. V (wie Anm. 17).

Im folgenden Jahr übergab Amalie von Baumbach auch formell die Bewirtschaftung des Gutes an ihren Schwiegersohn. Ferdinand von Erffa trat in alle Rechte und Pflichten ein, Amalie von Baumbach erhielt als Gegenleistung laut Vertrag vom 23. Januar 1835[19] 2500 Gulden rh. ohne jeglichen Abzug als Abstandsgeld. Dabei schien sie anfangs noch eine weit höhere Summe, nämlich 6400 Gulden gefordert zu haben. So äußerte sich Karl von Butler in einem Brief an Ferdinand von Erffa: „6400 fl. wäre freilich eine zu starke Abgabe. Du würdest sie augenblicklich nicht wohl zahlen können, ohne Wald u Oeconomiegut stark anzugreifen, und was sollte es werden wenn ein Mißjahr ein Viehsterben oder ein der Art Unfall eintreten sollten, vor welchen wir Landwirthe leider immer in Sorge leben müßen, freilich hättest Du es immer mit einer liebevollen Schwiegermutter zu thun die Dir nachlassen würde, daran wäre nicht zu zweifeln, doch könnten dadurch immer Störungen herbei geführt werden die zu vermeiden angenehm sein dürfte. Du mußt die Administration so übernehmen, daß Dir ein sicherer Nutzen wird, daß Du fähig bist auch bei einem Unfall Deinen Verbindlichkeiten nachkommen zu können; nur wenn Ihr in der Art das Geschäft macht, kann die gewiß immer noch <u>sehr schöne Rente</u> Deiner Schwiegermutter gesichert, nur dann kann der gewünschte Zweck in jeder Beziehung erreicht werden."[20]

Diese Summe wurde aus einem rein theoretischen Wert der Hendrichschen Besitzungen errechnet. Sie entsprach jedoch der tatsächlichen Einkommenslage in keiner Weise. Die Einnahmen betrugen im Jahr 1834 5205 fl. 23 kr., die Ausgaben 1801 fl. 44 kr., von dem Überschuß von 3403 fl. 39 kr. konnten die geforderten Abgaben nicht vollständig bestritten werden. Zu den Leistungen an die Schwiegermutter traten 1100 fl. Wittum für Dauphine von Hendrich und 400 fl. Nadelgeld für Emmy von Erffa. Außerdem verpflichtete sich Ferdinand von Erffa, die auf dem Rittergut Finkenau lastenden Passiva von 17900 fl. rh nach Vereinbarung zu verzinsen, was eine Summe von jährlich 800 fl. ausmachte. Im Vergleich dazu betrug das Einkommen im Staatsdienst von Ferdinand von Erffa 1835 1300 fl. zuzüglich zweier Pferdewagen.

Die Belastung für die neue Gutswirtschaft war folglich erheblich. „Ich ging indessen doch auf den Vorschlag ein, indem ich mit Mut die Administration des ganz herunter geführten Gutes übernahm, um meiner Frau und meinen Kindern einen Besitz zu erhalten, der gut geleitet, mit der Zeit eine höchst anständige und angenehme Vermögenslage bringen mußte, während er in schlimmen Händen bald nur zur Devolution und am Ende zur Veräußerung hätte führen müssen."[21]

Andererseits hatte auch die Schwiegermutter ein berechtigtes Interesse daran, wenigstens indirekt die Kontrolle über ihre finanziellen Verhältnisse zu bewahren. Durch die ihr weiterhin zustehenden Kapitalien war es ihr möglich, ihren Lebensstandard aufrechtzuerhalten und ihr Geld dort anzulegen, wo es ihr gewinnbringend oder angebracht erschien. Dabei ließ sie sich durchaus auch von familienbedingten Loyalitäten leiten. So hatte sie seit der Hochzeit ihrer Tochter immer wieder Darlehen an Ferdinand von Erffa und die Erffa'schen Brüder bewilligt.[22] Weitere bedeutende Aktiva

---

[19] Acta, die Abtretung der Bewirtschaftung von Ahorn und Finkenau von meiner Frau Schwiegermutter, von Baumbach, an den Unterzeichneten 1835, Schloßarchiv Ahorn, Guts-Archiv, II.2. F. Nr. 5. Nachfolgende Zahlen aus diesem Akt.

[20] Abtretung der Bewirtschaftung (wie Anm. 19).

[21] Von Erffa, Lebenserinnerungen, S. 204 (wie Anm. 11).

[22] Briefe meines Bruders Ferdinand, Schloßarchiv Ahorn, Persönliche Verhältnisse, V C 2 a Nr. 11 a.

bestanden für sie bei dem Österreichischen Staat und dem Meininger Bankier Bernhard Strupp. Allerdings war ihr Vermögen auch durch eine Reihe von Passiva belastet, die Ferdinand von Erffa mit übernommen hatte. In ihrem Testament vermachte sie ihr Eigentum ihrer Tochter mit einer einzigen, allerdings sehr interessanten Ausnahme. Diese Einschränkung betraf das Gut Finkenau, welches als Familienfideikommiss zunächst den weiblichen Nachkommen ihrer Tochter und erst nach dem Erlöschen der weiblichen Deszendenz den männlichen Erben zukommen sollte. „Meiner Tochter Emmy mache ich daher zur Pflicht, das Gut Finkenau, welches jetzt, nachdem ich über die Administration meiner sämtlichen Güter mit meinem lieben Schwiegersohn dem Geheimen Regierungs- und Kriegsrath von Erffa auf 9 Jahre von Petri 1835 an gerechnet, einen Vertrag geschloßen habe, von diesem mit den Gütern zu Ahorn bewirthschaftet wird und in deßen Genuß sie meine Tochter, als Fideicomiß-Erbin eintritt, auch so zu erhalten und sorgfältig bewirthschaften zu laßen, daß solches nach ihrem dereinstigen Ableben, wenn sie Töchter hinterläßt, diesen und zwar nachdem sie volljährig werden, oder wenn sie heyrathen, als Fideicomiß-Erben eingeräumt werde."[23] Diese Bestimmung ist sehr untypisch, besonders auch deshalb, weil zum Zeitpunkt der Erstabfassung des Testaments im November 1838 von den vier lebend geborenen Kindern ihrer Tochter Emmy von Erffa nur der 1826 geborene Eduard noch am Leben war. Die Enkeltöchter Anna und Sophie wurden erst 1839 und 1841 geboren, 1845 folgte als letztes Kind der Sohn Hermann.

Nach dem testamentarisch niedergelegten Willen der Amalie von Baumbach war zwar ihre Tochter Emmy von Erffa zunächst einzige Erbin, jedoch versehen mit genauen Auflagen zur Weitervererbung ihres Vermögens. Demnach ergab sich folgende Aufschlüsselung der Erbanteile der Söhne bzw. Töchter der Emmy von Erffa:

Erbteil der Söhne:

121733 fl. Ahorn
6666 fl. 40 2/3 des Gutsinventars
1687 fl. 30 kr. Hälfte des Anteils von Amalie von Baumbach am Hendrichschen Seniorat
6000 fl. Gefälle zu St. Goarshausen
1050 fl. Barvermögen
1000 fl. Hälfte des Hausmobiliars
Gesamt: 138137 fl. 10 kr.

Erbteil der Töchter:

46400 fl. Finkenau
3333 fl. 20 kr. 1/3 des Gutsinventars
1687 fl. 30 kr. Hälfte des Anteils von Amalie von Baumbach am Hendrichschen Seniorat
1050 fl. Barvermögen
1000 fl. Hälfte des Hausmobiliars
Gesamt: 53470 fl. 50 kr.

---

[23] Testament der Frau Amalie von Baumbach geb. von Hendrich zu Ahorn 1843, Schloßarchiv Ahorn, Guts-Archiv, I E. Nr. 19, Artikel 6.

Von einer Gleichberechtigung im Sinne einer vollkommenen Gleichstellung konnte in den Bestimmungen keine Rede sein. Dennoch wurde hier einer Frau ein Vielfaches dessen zugestanden, was gewöhnlich weiblichen Mitgliedern von adeligen, auf die Erhaltung ihres Grundbesitzes bedachten Familien als Erbe gewährt wurde. Dieses bestand üblicherweise in einer einmalig auszuzahlenden Geldsumme. In der Familie von Erffa folgte man zum Beispiel einem familieninternen Gesetz aus dem Jahr 1783, worin festgelegt war, daß zur Erhaltung der Güter und Lehen eine Tochter von Erffa auf sämtliches Erbrecht an väterlichem und mütterlichem Eigentum verzichten mußte. Allerdings schlug auch Amalie von Baumbach im Artikel 7 ihres Testaments ihren Enkel und Enkelinnen eine Alternative vor, indem sie es ihnen unbenommen ließ, Finkenau und Ahorn aufgrund der geographischen Nähe gemeinsam zu bewirtschaften und die weiblichen Fideikommißerben unter Umständen mit einer Geldrente zu entschädigen. Ihre in ihrem Testament getroffenen Bestimmungen wurden allerdings von Emmy und Ferdinand von Erffa nicht in der von ihr gewünschten Weise umgesetzt. Sie vererbten beide Güter Ahorn und Finkenau an ihre Söhne, allerdings mit der Auflage, mehrere größere Geldsummen zur Kompensation an ihre Schwestern auszuzahlen.

Unter der Selbstbewirtschaftung von Ferdinand von Erffa nahm Ahorn einen erheblichen Aufschwung. Dennoch war das Verhältnis zwischen ihm und den weiblichen Gutsbesitzern – seiner Schwiegermutter und seiner Frau – nicht immer ungetrübt. In seinen Memoiren äußert sich Ferdinand von Erffa durchaus selbstkritisch folgendermaßen: „(…) und fürs zweite hätte ich mein Familienleben zu glänzenden Verhältnissen gebracht, wenn ich mein mütterliches Erbe mehr im Auge gehabt hätte, als das mir von meiner Schwiegermutter zugedachte und gehörige Erbe meiner Frau. Ich hätte einmal dadurch die Absicht des anderen Familienmitgliedes nicht so befördert, das wohl einsah, wie viel an diesem Ahorn lag, und dann manchen Kampf mit meiner Schwiegermutter vermieden, die nur mit Schmerz gewahr wurde, wenn sie gleich die größte Güte dabei zeigte, daß ich während ihres Lebens schon immer Bestimmungen über ihren Besitz traf; endlich auch meine vortreffliche Frau nicht zu Äußerungen verleitet, die mir dann empfindlich waren, wenn sie mir in Erinnerung brachten, daß dieses Gut ihr Eigentum sei, und mir nur die Bewirtschaftung obliege.“[24]

Amalie von Baumbach starb am 20.1.1843 und wurde in Ahorn beigesetzt.

3. Wirtschaftlicher Aufschwung: Ahorn unter Ferdinand von Erffa: 1843–1864

Mit dem Tod der Mutter trat Emmy von Erffa ihr Erbe an. Wenige Monate später stellte diese ihrem Mann eine weitgehende Generalvollmacht aus: „Meinem lieben Mann, Ferdinand Hartmann Freiherrn von Erffa erteile ich durch diese General-Vollmacht, für mich und in meinem Namen und Auftrag die Bewirthschaftung des von meiner verstorbenen Mutter hinterlaßenen, oder von mir etwa selbst zugekauften, oder sonst erworbenen Grund-Vermögens so zu besorgen, daß er damit nach seinem Gefallen, beßter Einsicht, und genügenden Wißen verfahren kann, daß er nicht nur Allodificationen vornehmen, sondern auch Grundlasten ablösen, und das dafür einge-

---

[24] Von Erffa, Lebenserinnerungen S. 229 (wie Anm. 11).

hende Geld einnehmen mag, daß er davon verkaufen, verschenken, vertauschen und verhandeln mag, was ihm gutdünkt, und daß er endlich verpachten, oder selbst administriren kann nach seinem Ermessen, kurz, daß ich ihm verstatte, damit zu handeln, als sei es sein selbst erworbenes Eigenthum, indem mein Intereße durch unsere lieben Kinder, mit dem seinigen so verschmolzen ist daß ich ihn vollkommen gewähren lasse, für deren Bestes Sorge zu tragen."[25]

1842 war Ferdinand von Erffa bei seinem Dienstherrn in Ungnade gefallen und wurde zur Disposition gestellt. Dieser Konflikt war jedoch nicht der erste in seiner Laufbahn.[26] Die Besoldung wurde ihm belassen und er entschloß sich vorerst, auf diese nicht freiwillig zu verzichten. In seinen Memoiren gab er sowohl Intrigen als auch eigener Unklugheit die Schuld für den entstandenen Konflikt. Die Entfernung von „einer nützlichen Tätigkeit" traf ihn als schwerer Schicksalsschlag, da er sowohl ehrgeizig als auch von adeligem Dienstethos beseelt war. Die Übernahme der Selbstverwaltung und das dauerhafte Niederlassen auf Ahorn boten ihm eine nun sehr erwünschte neue Lebensaufgabe, der er sich mit großem Elan widmete.

Obwohl selbst ohne formale Bildung in der Landwirtschaft, hatte er sich inzwischen ein umfassendes Wissen auf diesem Gebiet erworben. Erste Erfahrungen konnte er, wie erwähnt, bei der Verwaltung der herzoglichen Domänen sammeln. Außerdem spielte die Landwirtschaft in den Briefwechseln eine wichtige Rolle. Freunde und Verwandte tauschten Erfahrungen aus und wiesen sich gegenseitig auf günstige Absatzmärkte oder Produkte hin. Die Landwirtschaft war erst seit einigen Jahrzehnten aus dem Bereich einer rein tradierten Betätigung herausgetreten. Die einen experimentell-naturwissenschaftlichen Anspruch geltend machenden höheren Landwirtschaftsschulen wie Weihenstephan oder Hohenheim existierten erst seit kürzerer Zeit und wurden nur langsam akzeptiert. Immerhin kamen über 20 Prozent[27] der Hohenheimer Studenten während des ersten Jahrzehnts nach der Gründung aus dem Adel, was für das wachsende Interesse dieser Bevölkerungsgruppe an einer verbesserten Gutsverwaltung sprach. Ferdinand von Erffas jüngerer Bruder August studierte 1829/1830 nach dem Besuch des Kadettenkorps in Dresden Land- und Forstwissenschaft in Hohenheim. Allerdings zog auch August von Erffa zunächst die Tätigkeit im Staatsdienst vor, wurde Kammerherr und Major in Rudolstadt. Nur die letzten Jahre seines Lebens bewirtschaftete er das bei Pößneck gelegene Erffa'sche Gut Wernburg.

In seinen Briefen schilderte August von Erffa die Hohenheimer Musterwirtschaft und wies auf die dortigen technischen Neuigkeiten hin, wie zum Beispiel auf den von dem ehemaligen Direktor Schwerz weiterentwickelten flandrischen Pflug, dessen wichtigste Innovation darin bestand, daß aus einem Links- ein Rechtswender wurde. Mit ihm konnte man den Boden bei geringerer Zugkraft besser und leichter umwenden als mit den alten deutschen Landpflügen.

---

[25] Acten des Herzogl. Justizamts Coburg II in Sachen des Ferdinand Hartmann Freiherrn von Erffa zu Ahorn gegen die Gemeinde Ahorn das Eigenthum am Herrenbergsrangen betreffend, Staatsarchiv Coburg, ält. Justizbehörden Nr. 1841.

[26] Vgl. zu den Konflikten von Erffas als Landtagsabgeordneter: Harald Bachmann, Herzog Ernst I. und der Coburger Landtag: 1821–1844 (Coburger Heimatkunde und Heimatgeschichte 2), Coburg, 1973, S. 167–168.

[27] Günther Franz (Hg.), 150 Jahre Universität Hohenheim: Vorträge, Ansprachen, Glückwünsche und Ehrungen bei der Jubiläumsfeier, 19. bis 21. Juni 1968 (Hohenheimer Reden und Abhandlungen 24), Stuttgart 1968, S. 29.

Der „Hohenheimer Pflug" verbreitete sich langsam und erst 1881 hatte er sich flächendeckend durchgesetzt.[28]

In der 25 Jahre umfassenden Korrespondenz Ferdinand von Erffas mit seinem ebenfalls selbstwirtschaftenden Freund Gotthard von Truchseß auf Bundorf drehte sich viel um Preise, Produkte und Absatzchancen. Dabei dachte man 1837 bereits sehr praktisch: „Meine Heckerlings Maschiene besitze ich schon längstens und bin sehr zufrieden. Sage mir doch wie hoch Dir Dein 3 Schaariger Pflug kommt? Wo er gefertigt etc? Ich muß jeden Falls Einen haben. Nun fragt es sich, ob ich beßer thue, Dich damit zu plagen, oder ob ich denselben hier nach Deinem Muster machen laße".[29] Diese Haltung ist symptomatisch für eine gewandelte Einstellung des Adels. Man wirtschaftete zunehmend zweckgerichtet und am Markt orientiert. Ein Merkmal einer rationellen Wirtschaftsweise war das Bestreben, den oft sehr verstreut liegenden Besitz durch Tausch oder Kauf bäuerlicher Grundstücke zu arrondieren. Dies wurde auch in Ahorn kontinuierlich praktiziert.

Ferdinand von Erffa hatte seinen Gutsbetrieb streng hierarchisch organisiert. Ihm direkt nachgeordnet war ein Verwalter, der den reibungslosen Verlauf der Arbeiten überwachte und die Disziplinargewalt über die nachgeordneten Bediensteten ausübte. Bis in die kleinsten Details war der Verwalter dem Gutsherren Rechenschaft schuldig, und die Möglichkeiten für selbständiges Handeln waren weitgehend eingeschränkt.[30] Innovatives Verhalten Ferdinand von Erffas zeigte sich auch auf anderen Gebieten. So hatte er gleich nach Antritt der Administration von Ahorn ein neues, effektiveres Rechnungswesen eingeführt. In Folge der genannten Reformen und der gut organisierten Wirtschaft erlebte Ahorn einen nie gekannten Aufschwung. Die Ahorner Forste waren bisher nur extensiv genutzt worden. Eine intensivere Nutzung und ein durch Erhöhung der Schlagquoten steigender Ertrag aus den Wäldern waren relativ einfach zu realisieren. In Zeiten knapper Kassen war dies ein probates Mittel, um schnell an Bargeld zu kommen. Im Jahr 1834 betrug die Einnahme aus dem Holzverkauf 1516 fl., jedoch plante man für die neun Jahre von 1835 bis 1843 insgesamt 22 230 fl. zu erlösen, im Durchschnitt 2470 fl. pro Jahr. Dabei dachte man jedoch immer an – wie es heute hieße – die Nachhaltigkeit, um eine dauerhafte rentable Nutzung der Forste zu sichern. Dies scheint man tatsächlich auch berücksichtigt zu haben, da auch in späteren Jahren von größeren Holzverkäufen in den Akten die Rede ist, vor allem an die Holz in großen Mengen benötigenden Eisenbahnbaugesellschaften. In anderen Bereichen der Gutswirtschaft war ebenfalls eine Aufwärtsentwicklung spürbar.

So erlebte die Ahorner Schäferei bis Mitte der sechziger Jahre des 19. Jahrhunderts eine wahre Blütezeit. Schon früh hatte man in Ahorn begonnen, die veredelten Merino-Schafe zu züchten, die hochwertige und gut zu verkaufende Wolle lieferten. Max Böhm errechnete für das Jahr 1835 einen Gesamterlös aus dem Wollverkauf von

---

[28] Michael Henker (Hg.), Bauern in Bayern: von der Römerzeit bis zur Gegenwart (Veröffentlichungen zur bayerischen Geschichte und Kultur 23), München 1992, S. 204.

[29] Briefe des Freiherrn Gotthardt von Truchseß zu Bundorf, Schlossarchiv Ahorn, Persönliche Verhältnisse, V C 2 b No. 22.

[30] Ausführlich dargestellt bei: Simone Müller, Rittergutsgesinde im Herzogtum Coburg. Dienstbotenordnungen als rechtliche Grundlage für die Arbeits- und Lebensbedingungen von gutsherrschaftlichem Gesinde am Beispiel des Rittergutes Ahorn bei Coburg, in: Hermann Heidrich (Hg.), Mägde Knechte Landarbeiter. Arbeitskräfte in der Landwirtschaft in Süddeutschland, Bad Windsheim 1997, hier S. 70–75.

1300 fl. und einen durchschnittlichen Zentnerpreis von 120 fl./Zentner.[31] Der schon erwähnte Gotthard von Truchseß verkaufte seine Wolle wenige Jahre später für 84 fl./Zentner, was vermutlich auf eine schlechtere Qualität zurückzuführen sein dürfte. Bei einem geschätzten Reinertrag der Ökonomie von 2500 fl. im Jahre 1834 wird die große Bedeutung der Schäferei ersichtlich. Durch billige Importe aus Übersee nahm allerdings ihre Bedeutung wieder ab. Nun wandte man sich verstärkt der Rinderzucht zu. Ein besonderer Vorteil der Gutsökonomie war hierfür der Besitz großer Wiesenflächen bei der Finkenau im Itzgrund. Diese galten aufgrund ihrer hohen Nährstoffdichte als die besten im Coburger Land. Die Qualität der übrigen Böden war dagegen eher schlecht. Um die Böden zu lockern und ihre Ertragsfähigkeit zu erhöhen, entwickelte Ferdinand von Erffa folgende Fruchtwechselfolge (vereinfacht):

1. Brache, die Hälfte davon besät mit Schotenfrüchten
2. Winterfrucht/Raps
3. Hackfrucht (Runkelrüben)/Winterfrucht
4. Gerste
5. Klee
6. Winterfrucht
7. Hafer

Diese Fruchtfolge habe sich nach Eigenaussage sehr bewährt. Sie habe ausreichend Futterstoffe und Streumaterial ermöglicht und sei zudem finanziell lukrativ gewesen. Der Autor empfahl sie anderen Landwirten mit ähnlich beschaffenem Boden und bat um Mitteilungen gesammelter Erfahrungen. Wahrscheinlich wurde der entsprechende Aufsatz in einer Zeitschrift veröffentlicht oder dessen Veröffentlichung war beabsichtigt gewesen. Zu diesem und weiteren landwirtschaftlichen Themen finden sich eine Reihe von Entwürfen Ferdinands von Erffas im Schloßarchiv.[32]

Dennoch wuchsen trotz agrarischer Hochkonjunktur und rationeller Wirtschaftsweise die Schulden bis etwa Mitte des Jahrhunderts stetig an.

(Unvollständiges) Verzeichnis der Passiva von Ahorn 1836–1851[33]

Jahr	Schuldenstand	Jahr	Schuldenstand
1836	23 100 fl	1842	33 501 fl 36 kr
1837	23 150 fl	1843	34 776 fl 36 kr
1838	27 900 fl	1847	35 107 fl
1839	28 850 fl	1848	40 300 fl
1840	31 567 fl 36 kr	1849	41 975 fl
1841	31 726 fl 36 kr	1850	42 162 fl 30 kr
		1851	36 462 fl 30 kr

[31] Max Böhm, Aus der Geschichte der Gutsschäferei Ahorn bei Coburg. Die Schäferei vom Beginn des 18. bis Anfang des 20. Jahrhunderts (Ahorner Beiträge 1), Ahorn 2000, S. 71–72.

[32] Welches ist die beste Fruchtfolge in: Vorträge, Aufsätze, Reiseschilderungen etc. aus der Hand Ferdinand von Erffa, Schloßarchiv Ahorn, Persönliche Verhältnisse, V b 4 No. 1 b.

[33] Ein Convolut Acten, die Passivverhältnisse des Ritterguts Ahorn betr., Schloßarchiv Ahorn, Guts-Archiv, VI.1.

Obwohl die Überlieferung unvollständig ist und ein Großteil der Rechnungsbücher verloren ging, findet sich jedoch eine Anzahl von Hinweisen, warum es zu einer solchen Entwicklung gekommen war. Wie bereits im vorigen Kapitel erwähnt, belasteten die Erbabfindungen und die Auszahlungen an die Frauen die Gutswirtschaft nicht unerheblich. Nach dem Tod der Witwe Dauphine von Hendrich im Jahre 1837 zum Beispiel verringerte sich die Belastung für die Gutskasse um 1100 fl. Wie aus obiger Tabelle ersichtlich, wuchsen die Schulden jedoch weiter, obwohl später nur noch das Nadelgeld für Emmy von Erffa aus der Gutskasse geleistet werden mußte. Ein weiterer Grund für die steigenden Schulden wird in dem kontinuierlichen Ankauf von Land gelegen haben. Dies war insofern ein rentabler Schritt, da die Ertragslage der Landwirtschaft in jenen Jahren gut war und man mit steigenden Grundstückspreisen rechnen konnte. Außerdem spielte sicher auch der adelige Lebensstil eine Rolle; besonders die sommerlichen Badereisen und Kuren, die einen festen Bestandteil im Jahresrhythmus bildeten, verursachten nicht unerhebliche Kosten.

Die erwähnten Darlehen wurden zum einen Teil innerhalb der Familie und Verwandtschaft gewährt, zum anderen stammten die Geldgeber aus der weiteren Bekanntschaft. So war der in Erffa'schen Diensten stehenden Förster Hauck über viele Jahre ein verläßlicher Geldgeber. Ab den 1850er Jahren wickelte die Familie von Erffa ihr Geldgeschäfte überwiegend mit dem in Coburg ansässigen Bankhaus der Gebrüder Simon ab. Ein Gesetz vom Januar 1849 regelte im Herzogtum Sachsen-Coburg und Gotha die Ablösung der Grundlasten durch das Zahlen einer einmaligen Summe. Erst der Eingang dieser Ablösezahlungen erlaubte, wie aus der Tabelle zu ersehen, eine Reduzierung der Schulden. Allein die finanzielle Entschädigung für den Verlust der Zehnten erbrachte der Familie die Summe von 3050 fl.

Die Ereignisse des Jahres 1848 hinterließen tiefe Spuren bei den Beteiligten. Besonders schmerzlich erlebte der Adel das Verschwinden der gewohnten Ordnung. Ferdinand von Erffa, der ganz im Denken der alten Zeit wurzelte, verlangte selbstverständlich von seinen Untertanen Respekt, nahm jedoch auf der anderen Seite auch die Verantwortung und Fürsorgepflicht für die ihm Untergebenen wahr. In dieser Hinsicht konnte Ferdinand von Erffa den Wandel der Zeit nicht nachvollziehen, da er ja seinen Teil des gesellschaftlichen Kontrakts erfüllt hatte. Dieses Verschwinden der gewohnten Ordnung war wohl oftmals schmerzlicher als der eigentliche Verlust der Dienste und Pflichten. Die Ablösung dieser alten Berechtigungen hatte man schon seit Jahren erwartet, ja man konnte aus dem neuen Arrangement selbst, wie erwähnt, Vorteile ziehen. Alte Konflikte konnten gelöst werden und eine neue Rechtsgrundlage bot auch eine neue Sicherheit. In seinen Memoiren äußert sich Ferdinand von Erffa zwar resignativ, jedoch nicht verbittert: „(...); ich habe diese stürmische Zeit benutzt, um mich der langjährigen Streitigkeiten zu entledigen, um freilich mit großen Opfern einen Vergleich abzuschließen, über die Hutplätze und Oedungen im Flure von Ahorn, über welche die Zänkereien am stärksten waren, ich verzichtete auf manches, um anderes dafür sicherer zu stellen, und benutzte die Ablösungsgesetze, um alles störende zu entfernen und ein Verhältnis herzustellen, wie es nicht mehr zwischen Pflichtigen und Berechtigten, sondern wie es zwischen Nachbarn herrscht."[34]

---

[34] Von Erffa, Lebenserinnerungen, S. 218 (wie Anm. 11).

Die geschilderten Erfahrungen mögen von Erffa bewogen haben, über eine erneute Verpachtung von Ahorn und Finkenau nachzudenken. Die Mehrzahl des Adels wirtschaftete auch um die Mitte des 19. Jahrhunderts nicht selbst. Im Jahr 1857 waren von den zweiunddreißig Ritter- und Freigütern im Herzogtum Sachsen-Coburg und Gotha nur zwölf von den Eigentümern selbstbewirtschaftet und zwanzig verpachtet. Um einen geeigneten Pächter zu finden, wurden großflächig Erkundigungen eingezogen. Über Verwandte stellte man den Kontakt zu den wohlhabenden Pächterfamilien Dieckmann/Grieffenhagen her. Ferdinand von Erffa entwarf einen ausführlichen Pachtkontrakt; das jährliche Pachtentgelt setzte er auf die nicht unerhebliche Summe von 2600 Talern fest.[35] Letztlich waren die hohe finanzielle Forderung und die Bedingung von Erffas, die Pacht nach sechs Jahren enden zu lassen, die Gründe für das Scheitern dieser Verhandlungen.[36]

1855 übernahm der Sohn Eduard von Erffa im Rahmen eines Pachtvertrags die Bewirtschaftung von Ahorn. Dieser hatte zunächst das Bernhardt'sche Institut in Meiningen, das Gymnasium in Coburg und daraufhin das Forstinstitut des Gottlob König in Eisenach besucht. Von 1849 bis 1851 war er im Forstwesen des Herzogtums Sachsen-Coburg und Gotha beschäftigt. Eine feste Anstellung in diesem Bereich jedoch erfolgte nicht. Um sich auf eine Eigenbewirtschaftung vorzubereiten, besuchte Eduard von Erffa in den Jahren 1852 bis 1854 Hohenheim. Praktische Erfahrungen sammelte er nachfolgend für ein halbes Jahr als Volontär auf dem Gut Corvey bei Höxter in Westfalen. Der Übergang der Wirtschaft von Vater auf Sohn war nicht ganz reibungslos. Das letztliche Ziel des Vaters aber, der Familie das Gut zu erhalten, konnte erreicht werden. Ferdinand von Erffa starb am 24. Dezember 1864 in Ahorn.

4. Das Rittergut – der Fixpunkt des adeligen Denkens?

Ein adeliges Landgut erfüllte verschiedene Funktionen. Zunächst war es die Basis der Herrschaftsausübung über Land und Leute. Daneben trug es zum Lebensunterhalt der Familie bei. Selbst wenn man sich nicht entschied, sein Eigentum selbst zu bewirtschaften, war der Grundbesitz doch für das Selbstverständnis eines Adeligen von hoher Bedeutung. Das von den Adelsreformern vorgetragene Argument, Landbesitz ermögliche ein freieres, unabhängigeres Handeln, ist partiell durchaus zutreffend. Andererseits stand das eigene Landgut für das eigene Interesse, die Staatslaufbahn dagegen bedeutete Dienst am Gemeinwohl. Gerade von jüngeren Adeligen wurde erwartet, der Allgemeinheit von Nutzen zu sein. Um den Beteiligten mehrere Optionen offen zu halten, ließ man junge Adelige sowohl in der Landwirtschaft als auch in einem weiteren fachfremden Gebiet beruflich ausbilden. Wie dargestellt, war das landwirtschaftliche Engagement von Ferdinand von Erffa für einen Adeligen der damaligen Zeit ungewöhnlich. Trotzdem nahmen seine landwirtschaftlichen Bemühungen einen geringen Raum in seinen Erinnerungen ein im Gegensatz zu seinen Erlebnissen im Staats-

---

[35] Im Verhältnis 1:1,75 gerechnet ergibt dies die Summe von 4550 fl.

[36] Acta, die beabsichtige Verpachtung der Rittergüter Ahorn und Finkenau betreffend, Schloßarchiv Ahorn, Guts-Archiv, II. 2 F Nr. 6.

dienst, die sehr ausführlich und im Detail beschrieben werden. Dies ist typisch für adelige Landwirte im Gegensatz zu bürgerlichen.[37]

Daneben war das Landgut Treffpunkt von Familie und Verwandten. Das Ausrichten von Jagden und das Abstatten gegenseitiger Visiten bildeten feste Bestandteile des ländlichen Lebens. Die Bindung an das Gut und das Land war stark, was jedoch nicht im Widerspruch mit einer modernen, am Markt orientierten Wirtschaftsweise stehen mußte. Von wenig profitablen Besitzungen konnte man sich leicht lösen, wenn das Wohl des Gesamtbesitzes und der Familie dadurch gefördert wurde. Auch wenn in Zeiten der beruflichen Krisen das ruhige Leben auf dem Land erstrebenswerter erscheinen mochte als die Zwänge des Staatsdienstes oder des Hofzeremoniells, war der Blick auf das Landgut keineswegs idealistisch überhöht. Insgesamt bot aber doch das Gut der Adelsfamilie die beste Chance auf Kontinuität.

Dies bestätigen Emmy und Ferdinand von Erffa auch in den einleitenden Worten ihres Testaments:

„In den jetzigen Zeiten, welche uns so manche schmerzliche Erfahrung über die Unsicherheit althergebrachter Vermögensrechte, haben machen laßen, ist Grund und Boden der einzige Anker des Besitzes! Sollte derselbe wirklich eine Zeit lang durch Ungesetzlichkeit und Gewalt den rechtmäßigen Eigenthümern entfremdet werden, so muß es am Ende in Zeiten der ausgleichenden Gerechtigkeit doch wieder in ihre Hände zurückkommen, sofern sie nur eine ruhige und gesetzestreue Haltung bewahrt haben".[38]

---

[37] Schiller, Vom Rittergut zum Großgrundbesitz, S. 484–485 (wie Anm. 2).
[38] Nachlaß Erffa, Ferdinand Hartmann Frhr. von 1864–1868, Ahorn, Staatsarchiv Coburg A.G. Coburg 358.

Margret Pfingsten

Die Mariensäule in Wiesentheid

Eine Mariensäule ist ein mit einer Marienstatue bekröntes Säulenmonument; sie kann, einem Andachtsbild vergleichbar, als eine Verortung zur Ehrung, Fürbittstellung oder Danksagung für die Erhörung eines Bittgebetes durch Maria betrachtet werden. Die Errichtung einer Mariensäule im unterfränkischen Raum ist nichts Außergewöhnliches, Marienstatuen und auch Säulen oder Marterln mit einem mariologischen Programm haben hier eine lange Tradition. Als Ausdruck besonderer Marienverehrung sind sie vermehrt nach der Ernennung Mariens zur Patronin Frankens durch Julius Echter, Fürstbischof in Würzburg von 1573 bis 1617, entstanden.

Wiesentheid befindet sich in einem der Gebiete Frankens, die durch eine hohe Zahl von Bildstöcken und Mariensäulen auffallen.[1] Bei der Säule in Wiesentheid kommt jedoch ein besonderer Aspekt zum Tragen: Sie wurde 1859 als Ereignismal zur Erinnerung an die Verkündigung des Dogmas der Unbefleckten Empfängnis Mariens durch Papst Pius IX. errichtet. Das eigens hierzu in Wiesentheid gegründete Komitee machte sich die Entscheidung nicht leicht; mit dem Entwurf eines einheimischen Bildhauers unzufrieden, beauftragte es den damals weit über seinen Wirkungsort Haßfurt hinaus bekannten Künstler Carl Alexander von Heideloff mit der Ausführung, der einen architektonischen Entwurf in neugotischem Stil lieferte und eine Madonnenstatue vom Typ Immaculata wählte.

I. Theologische und kunsthistorische Voraussetzungen

Pius IX. und das Dogma der Unbefleckten Empfängnis Mariens

In das zweiunddreißig Jahre während Pontifikat Pius IX. (1846 bis 1878) fiel das Ende des Kirchenstaates am 20. September 1870, das der Papst allerdings nicht anerkannte. Pius' IX. besonderes Bestreben war, Lehre und Leitung der katholischen Kirche für alle Zukunft festzulegen. Dazu berief er 1869 das erste Vatikanische Konzil ein, mit dem besonders die Dogmen des Universalepiskopats und der Unfehlbarkeit des Papstes verbunden sind.[2] Als er am 8. Dezember 1854 die Lehre von der Unbefleckten Empfängnis Mariens zum Glaubenssatz der katholischen Kirche erhob, verfolgte er die Intention, Maria zum Symbol des rechten Glaubens zu erheben und die innere Einigkeit der katholischen Kirche gegen Irrlehren, voran den Liberalismus, zu demonstrieren. Gleichzeitig geplant, aber erst zehn Jahre später realisiert wurde die Verkündung des Syllabus errorum, einer Zusammenfassung von 80 Verlautbarungen gegen die als „Hauptirrtümer der Zeit" bezeichneten politischen wie philosophischen Strömungen, darunter den Pantheismus, den Naturalismus, den Sozialismus.[3]

---

[1] Josef Dünninger/Bernhard Schemmel, Bildstöcke und Martern in Franken, Würzburg 1970.

[2] Heinrich Denzinger/Peter Hünermann (Hg.), Kompendium der Glaubensbekenntnisse und kirchlichen Lehrentscheidungen, 37. Auflage, Freiburg i. B. u. a. 1991, Nr. 3050–3075.

[3] Denzinger/Hünermann, Kompendium (wie Anm. 2), Nr. 2901–2980.

Mit der Unbefleckten Empfängnis Mariens ist nicht der Akt der Menschwerdung Christi im Schoß seiner Mutter Maria gemeint, sondern das Entstehen Mariens selbst im Schoß ihrer Mutter Anna. Das bedeutet, daß Maria als spätere Gottesgebärerin bereits im ersten Augenblick ihres Entstehens nicht nur befreit, sondern bewahrt ist vom Makel der Erbschuld.[4] Der genaue Wortlaut des Dogmas „Ineffabilis Deus" lautet: „[…] Zur Ehren der heiligen und unteilbaren Dreifaltigkeit, zur Zierde und Auszeichnung der Jungfrau und Gottesgebärerin, zur Erhöhung des katholischen Glaubens und zum Wachstum der christlichen Religion, kraft der Autorität unseres Herrn Jesus Christus, der seligen Apostel Petrus und Paulus und Unserer (eigenen), erklären, verkünden und definieren Wir, daß die Lehre, welche festhält, daß die seligste Jungfrau Maria im ersten Augenblick ihrer Empfängnis durch die einzigartige Gnade und Bevorzugung des allmächtigen Gottes im Hinblick auf die Verdienste Christi Jesu, des Erlösers des Menschengeschlechtes, von jeglichem Makel der Urschuld unversehrt bewahrt wurde, von Gott geoffenbart und deshalb von allen Gläubigen fest und beständig zu glauben ist."[5] Da dies nicht mit Bibelstellen zu belegen ist, aber wie jedes Dogma in der Offenbarung gründen muß, hatte Pius IX. vor der Verlautbarung eine Befragung des Episkopats unternommen und in die Endfassung der Bulle als erste wichtige Begründung das von ihm so bezeichnete „Factum Ecclesiae" aufgenommen. Das hieß konkret, daß die Lehre von der Unbefleckten Empfängnis Mariens eine in und von der ganzen Kirche anerkannte Wahrheit sei, und es bedeutete allgemein, daß das Glaubensbewußtsein der jetzt lehrenden und hörenden Kirche zur Definition eines Dogmas grundsätzlich ausreiche.[6] Der dogmatische Ausbau der Marienlehre ist spezifisch römisch-katholisch. Die orthodoxen Kirchen mit ihrer von keiner anderen Konfession übertroffenen Verehrung und Lobpreisung der Gottesmutter in Liturgie und Meditation haben deren Makellosigkeit nie in Frage gestellt. Für die protestantische Kirche war Maria lange Zeit weder Ziel gottesdienstlicher Verehrung noch Gegenstand zentraler Lehraussagen.

Bildtypus der Immaculata conceptio und ihre Symbole

Entsprechend dem Grad der Marienverehrung entwickelten sich seit dem 10. Jahrhundert die bildlichen Darstellungen der Immaculata conceptio in mehreren Stufen. Dies begann mit der apokryphen Szene der „Begegnung an der goldenen Pforte" ihrer Eltern Joachim und Anna, der bald ein Engel oder auch die Reinheitssymbole hinzugefügt wurden. Des weiteren wurde der Stammbaum Christi um den mariologischen Jessebaum ergänzt, auch „Anna gravida"[7] ist eine Darstellensform der Unbefleckten Empfängnis im Mittelalter. Eine andere Möglichkeit ist die dogmatische Darstellung

---

[4] Gemeint ist die Erbsünde, die Adam durch die Übertretung des Gebotes Gottes der gesamten Menschheit vererbt hat. Siehe dazu: Die Paulinischen Briefe, Römer 5, 12: „Durch einen einzigen Menschen kam die Sünde in die Welt und durch die Sünde der Tod, und auf diese Weise gelangte der Tod zu allen Menschen, weil alle sündigten."

[5] Denzinger/Hünermann, Kompendium (wie Anm. 2), Nr. 2800–2804.

[6] Wolfgang Beinert/Heinrich Petri (Hg.), Handbuch der Marienkunde, Regensburg 1984, S. 112 f.

[7] „Anna gravida" ist die Darstellung Annas mit dem Marienkind in einer Mandorla oder Gloriole sichtbar in ihrem Schoß.

mit Kirchenvätern oder Gottvater, erweitert mit dem inschriftlichen Hinweis auf die Unbefleckte Empfängnis.

Erst Mitte des 17. Jahrhunderts gelang Bartolomé Esteban Murillo eine überzeugende Darstellungsweise des theologischen Begriffes der Unbefleckten Empfängnis. Er malte mehrere unwesentlich in Haltung und Symbolik differierende Varianten. Die heute im Museo de Bellas Artes von Sevilla hängende Version von 1668/69 zeigt Maria mädchenhaft jung, ohne Kind, in einer sich nach oben öffnenden Mondsichel mehr schwebend als stehend. Ihr Blick ist nach oben gerichtet, die Hände sind verschränkt auf das Herz gelegt, die aufgelösten Haare fallen auf ihre Schultern. Sie ist von einer strahlenden Wolke umgeben, in der sich Putten tummeln, denen die Symbole Palmzweig und Spiegel, Lilie und Rosen beigegeben sind. (Abb. 2) Eingefangen ist der Moment des Descensus Mariens: „Nach Gottes Ratschluß empfangen Anna und Joachim die Auserwählte".[8] Immer trägt Maria ein weißes Gewand mit blauem Mantel. Auf der Tafel „L'Immaculata dei Capuccini", 1675, ebenfalls in Sevilla, erscheint im unteren rechten Bildeck der aufgerissene Rachen eines Drachens.

Der Typ Schlangentöterin bildet sich vermehrt aber erst nach der Einführung des Immaculatafestes 1708 durch Papst Clemens XI. aus. Die Symbole der Immaculata sind bis auf den Palmzweig, der als traditionelles Siegessymbol meistens auch den Märtyrern beigegeben wird, entweder der Lauretanischen Litanei oder dem Hohenlied entnommen. Dieses dem König Salomo zugeschriebene Liebeslied, das die Schönheit von Braut und Bräutigam preist und zu den kanonischen Schriften der Heiligen Schrift gehört, hatte eine starke religiöse Wirkung beim Kirchenvolk und fand in Kunst und Dichtung vielfältige Veranschaulichung.[9] Mond oder Sonne können aus der Assoziation mit der Offenbarung des Johannes entstanden sein, und zwar aus der nachträglichen Identifizierung der apokalyptischen Frau mit Maria, woran der Autor der Offenbarung zwar noch nicht gedacht hatte, was aber durch die Einbindung des Textes in den Kanon des Neuen und Alten Testamentes möglich wird.[10] Der Tritt auf den Kopf der Schlange ist dementsprechend wohl weniger auf den Sieg über den Drachen in der Offenbarung als auf das Buch Genesis 3, 15 zurückzuführen.

Die Marienerscheinung der Cathérine Labouré

Es gibt noch einen weiteren Aspekt, der in der Darstellungsweise der Immaculata conceptio von Wiesentheid eine wesentliche Rolle spielt, und zwar die durch Visionsberichte der Cathérine Labouré autorisierte Darstellung Mariens auf einer Kugel, unter ihren Füßen eine Schlange und von ihren Fingern ausgehende Strahlen. Am 27. November 1830 hatte sie diese Erscheinung, bei der sich in einem goldenen Rahmen eine Schrift bildete: „O Maria ohne Sünde empfangen, bitte für uns, die wir unsere Zuflucht zu dir nehmen." und Katharina die Worte vernahm: „Laß nach diesem Bild eine Medaille prägen, die Gnaden werden zahlreich sein für jene, die sie mit Vertrauen tragen." Diese Erscheinung fand die kirchliche Anerkennung, und am 30.6.1832

---

[8] Beinert/Petri, Handbuch (wie Anm. 6), S. 606.

[9] Die Bibel, Vollständige Ausgabe des Alten und Neuen Testaments in der Einheitsübersetzung, Stuttgart 1991, S. 730.

[10] Vergleiche Beinert/Petri, Handbuch (wie Anm. 6), S.82 f.

gab der Erzbischof von Paris Msgr. de Quélen die Erlaubnis zur Prägung der ersten Medaillen. Sie bewirkten zahlreiche Bekehrungen und Wunder, so daß die Medaille im Volksmund bald den Beinamen „Wundertätige Medaille" erhielt[11] (Abb. 3) und 1835 bereits eine Million, 1842 sogar rund einhundert Millionen Exemplare verbreitet waren. Man kann sie noch heute an vielen Wallfahrtsorten erwerben.

Denkmal oder Kultbild?

Kann eine Mariensäule grundsätzlich in die Gattung Denkmal eingestuft werden oder muß sie nicht eher als kultischer Gegenstand betrachtet werden? Als reines Kultbild ist eine Mariensäule grundsätzlich dann zu betrachten, wenn sie laut Inschrift ausschließlich zu Gebet und Andacht auffordert und dies auch der einzige Grund für ihre Errichtung war. Ein Denkmal ist eine Form der Erinnerungsmöglichkeit an kleine oder große geschichtliche Ereignisse oder Personen beziehungsweise persönliche Schicksale, die von allgemein gesellschaftlichem Interesse sind und breitenwirksam für erinnerungswürdig erachtet werden.[12] So lautet die Definition des 20. Jahrhunderts. Sulzer erläutert den Begriff Denkmal 1792 als ein: „an öffentlichen Plätzen stehendes Werk der Kunst, das als ein Zeichen das Andenken merkwürdiger Personen oder Sachen, beständig unterhalten und auf die Nachwelt fortpflanzen soll. [...]".[13] Auch im 19. Jahrhundert gilt das Denkmal als „ein vorwiegend architektonisches oder plastisches Kunstdenkmal, das formal und ideell überhöht in Erscheinung tritt [...]".[14] Wenn der Wiesentheider Chronist wie selbstverständlich von einem „Ehrendenkmal" spricht, zeigt dies, daß der Begriff Denkmal in der Mitte des 19. Jahrhunderts auch bereits in den normalen Sprachgebrauch übernommen worden war.[15] Grundsätzlich kann daher eine Säule auf einem Podest mit einer Marienstatue als Immaculata sowohl reines Kultbild als auch Denkmal sein. Entscheidend sind der künstlerische Ausdruckswert und die Intention der Errichtung. Steht, wie in Wiesentheid, der Anlaß als erinnerungswürdiges Ereignis im Vordergrund, ist der Denkmalcharakter vorrangig: Die Mariensäule läßt sich als Ereignismal einstufen, und die Marienstatue nimmt symbolischen Charakter an, vergleichbar mit Denkmälern, die durch Mythen tradierte historische Ereignisse darstellen.

Von der figurentragenden Säule zur Mariensäule

Ursprünglich ist die Säule ein Architekturelement zur Aufnahme von Deckenlasten mit teilweise raumteilender Funktion. Die Form der figurentragenden Säule wurde aus dem tektonischen Zusammenhang gelöst und fungierte bereits in der Antike als angemessene Darstellung politischer Sieges- und Triumphdemonstration oder auch ei-

---

[11] Remigius Bäumer/Leo Scheffczyk (Hg.), Marienlexikon 3, St. Ottilien 1991, S. 699.

[12] Nach Wolfgang Brückner, Zugänge zum Denkmalwesen des neunzehnten Jahrhunderts, in: Ekkehard Mai/Gisela Schmirber (Hg.), Denkmal-Zeichen-Monument, München 1989, S. 13.

[13] Johann Georg Sulzer, Allgemeine Theorie der schönen Künste, Nachdruck der 2. Auflage 1792, Hildesheim 1970, S. 596.

[14] Helmut Scharf, Kleine Kunstgeschichte des deutschen Denkmals, Darmstadt 1984, S. 20.

[15] Pfarrarchiv Wiesentheid, St. Mauritius (künftig PfA Wiesentheid), N. G. 595.

ner religiösen Ehrenbezeichnung, da sie als Symbol für außerordentliche Kraft und Stärke galt.[16] Sie war nicht Kultbild, sondern stand von Anfang an eher für eine geschichtliche Aussage. Spätestens Papst Sixtus V. (1585–1590) übernahm die figurentragende Säule als Form der Ehrung für die christliche Kirche, indem er die Statue des Apostels Petrus auf die Trajanssäule setzen ließ, und die des Paulus auf die Marc-Aurel-Säule. Zuvor gab es aber bereits nördlich der Alpen die 1519 von Michael Ostendorfer in einem Holzschnitt dokumentierte Mariensäule in Regensburg.[17] (Abb. 4) Vielleicht ist sie nicht die Erfindung ihres Erbauers und hat nicht erhaltene Vorgänger, aber sie ist das früheste bekannte Beispiel einer Mariensäule. Sie steht noch nicht für sich allein, sondern ist als Bestandteil einer Wallfahrtsstätte zu betrachten – der Kapelle „Zur schönen Madonna", in der das angeblich vom Apostel Lukas persönlich gemalte Kultbild verehrt wurde.[18] Die sich vor der Säule niederwerfenden Gläubigen zeigen, daß der kultische Anteil des Denkmals noch überwiegt. Im Zuge der Reformation wurde die Säule zerstört und auch nicht wieder aufgebaut.

Erhalten dagegen ist das wohl bekannteste Säulendenkmal Deutschlands, die Mariensäule in München. Auch sie ist als religiöses Denkmal einzustufen, da Kurfürst Maximilian I. von Bayern sie ex voto errichten ließ, als Dankes- und Erinnerungszeichen aufgrund eines während der schwedischen Besetzung 1632 geleisteten Gelöbnisses, ein „gottgefälliges Werk" anzustellen, wenn München und Landshut vor der Zerstörung durch die Schweden verschont blieben.[19] Am Jahrestag der siegreichen Schlacht am Weißen Berg 1620 wurde diese Mariensäule am 7. November 1638 eingesegnet.[20] Freistehend mitten auf dem Platz vor dem Rathaus errichtet, diente sie auch als Prozessionsaltar. Über einem mächtigen, von einer Balustrade umgebenen quadratischen Postament erhebt sich der hochrechteckige Sockel für die von Löwenköpfen gestützte Säule. Auf den vier Ecken kämpft jeweils ein Putto gegen eine Schlange, einen Basilisken, einen Drachen und einen Löwen, Sinnbilder für die Plagen Pest, Krieg, Hunger und Ketzerei. Maria, gleichzeitig Immaculata und Gottesmutter, Himmelskönigin und Patrona Bavariae, steht im Halbmond, trägt Krone und Zepter und hält das segnende Jesuskind auf ihrem linken Arm. Diese Säule war der Auftakt für die Errichtung ungezählter weiterer Mariensäulen im bayrischen Raum, in Österreich und in Böhmen, so zum Beispiel 1647 in Wien und 1648 in Prag durch Kaiser Ferdinand III. Sie wurden immer in der Ortsmitte, beziehungsweise auf großen, der Allgemeinheit gut zugänglichen Plätzen errichtet, so daß Maria als Fürbitterin angefleht oder als Überwinderin von Krieg, Hunger und Pest geehrt werden konnte.

---

[16] Plinius 34, 27: „Der Zweck der Säulen bestand darin, daß man über die üblichen Sterblichen erhoben wurde, [...] Dennoch ging diese Ehrung zuerst von den Griechen aus.[...] Columnarum ratio erat attolli super ceteros mortalis [...] primus tamen honos coepit a Graecis."

[17] Lydia Baruchsen, Die schlesische Mariensäule, Breslau 1931, Abb. 1, Mariensäule in Regensburg.

[18] Marienlexikon 5, S. 433: Dieses Bild wurde 1519/22 von Albrecht Altdorfer in einem Tafelbild nachempfunden und 1630 für den Marienaltar der Stiftskirche St. Johann beim Dom gestiftet.

[19] Michael Schattenhofer, Die Mariensäule in München, München/Zürich 1971, S. 6, Anm. 2: Inv. Nr. 29912 und S. 8 f.

[20] Nach Scharf, Kunstgeschichte (wie Anm. 14), S. 94 f.

Die Mariensäule in Rom

In Rom gab Papst Pius IX. ein Jahr nach der Verkündigung des Dogmas der Unbefleckten Empfängnis dem Architekten Luigi Poletti (1792–1869) den Auftrag zur Errichtung einer Mariensäule. Zum Aufstellungsort wählte er die Piazza Mignanelli vor dem Palazzo di Spagna und dem Palazzo di Propaganda Fide, in dem die Kongregation für die Verbreitung des Glaubens und die Evangelisierung der Völker ihren Sitz hatte. Die feierliche Weihe fand am Fest der Unbefleckten Empfängnis Mariens 1857 statt. Über einem vieleckig gestalteten Fundament erhebt sich die Sockelzone, die wiederum eine Relief- beziehungsweise Schrifttafelzone mit mariologischen Themen ausbildet. Diese trägt Podeste, auf denen Moses, die Propheten Ezechiel und Jesaia und König David thronen. Aus ihrer Mitte erhebt sich die ca. 12 m lange Säule, bei der es sich um eine 1777 auf dem Campo Marzio entdeckte Spolie handelt. Engelsbüsten tragen die Weltkugel mit der Mondsichel, in der die segnende Bronzestatue der Immaculata conceptio steht. Mag als Vorläufer dieser Säule die von Papst Paul V. 1614 vor Santa Maria Maggiore aufgestellte Mariensäule angesehen werden, und schließt sie auch typologisch und ikonographisch an die barocke Mariensäulentradition an, so ist hier doch der Anlaß bemerkenswert: Zum ersten Mal in der Denkmalkunst ist die Verkündigung eines Glaubenssatzes der katholischen Kirche für denkmalwürdig erachtet worden. Mit dieser Mariensäule an wohl bedachtem Ort in Beziehung zur Mission gesetzt, nimmt das Symbol des rechten Glaubens Gestalt an. Sie wurde, wenn auch nicht in dem Ausmaß wie die Münchner Mariensäule des 17. Jahrhunderts, Vorbild für beziehungsweise Anlaß zur Nachahmung durch weitere derartige Monumente in Deutschland. Auch die Wiesentheider haben von dieser Säule gewußt; ob ihnen allerdings deren genaue Form bekannt war, ist nicht auszumachen, jedenfalls haben sie sich nicht davon beeinflussen lassen.[21]

Der Bildstock

Unabhängig von den durch kirchliche oder politische Auftraggeber errichteten Mariensäulen bildete sich entsprechend der steigenden Marienverehrung parallel eine ländlich-volkstümliche Variante zum Typus Pestsäule aus, nämlich die seit dem späten Mittelalter in Franken besonders weit verbreitete Form der Bildstöcke, zunächst pfeiler-, später auch säulenförmige, ornamental ausgestaltete, bisweilen auch mit einer Inschrift versehene Monumente aus Holz oder Stein. Das betonte Kopfteil in Form eines Tabernakels war im Anfang meist mit christologischen Darstellungen in Plastik oder Malerei versehen.[22] Ihren Ursprung haben diese Bildstöcke in den als fromme Repräsentationserzeugnisse oder als Totenerinnerungsverweise errichteten Steinkreuzen. Bildstöcke „sind auch und vor allem Prestigeobjekte öffentlicher Schaustellung von Zeitbewußtsein und persönlicher Gemeindeaktivität",[23] „[…] in jedem Fall zuerst ein Denkmal frommer Andacht".[24] Sie wurden als freistehende Weg-

---

[21] PfA Wiesentheid, N.G. 595.
[22] Marienlexikon (wie Anm. 18), S. 483 f.
[23] Brückner, Denkmalwesen (wie Anm. 12), S. 14.
[24] Karl Maria Kolb, Maria Patronin Frankens – in der Kunst der Jahrhunderte, Würzburg 1982, S. 84.

zeichen in der Flur oder am Ortseingang aufgestellt, als Wegmarken für Pilger an Wallfahrtsstraßen zur stillen Andachtsverrichtung all derer, die vorübergehen, und waren Bestandteil kirchlichen Inventars, deren Beschädigung als Sakrileg galt.[25] Die landesübliche Bezeichnung der Bildstöcke als „Marterl" leitet sich von der bis in das 17. Jahrhundert ausschließlichen Darstellung der Kreuzigung, das heißt dem „gemarterten" Christus, ab. Im 18. Jahrhundert, aus dem die meisten Bildstöcke Frankens stammen, überwogen dann mariologische Darstellungen. Julius Echter von Mespelbrunn, Fürstbischof von Würzburg von 1573 bis 1617, hatte Maria zur Patronin der Weinbauern und damit zur Patrona Franconiae erhoben. Unter den Typen der Mariendarstellungen als Schmerzensmutter, Traubenmadonna, Himmelskönigin, Schlangentöterin, diese allerdings erst seit der Einführung des Festes der Unbefleckten Empfängnis 1708 durch Papst Clemens XI., findet sich auch vereinzelt eine Immaculata. Darstellungen der unbefleckt Empfangenen in Erinnerung an die Dogmenverkündigung von 1854 in Form von Bildstöcken sind nicht bekannt.

II. Die Mariensäule in Wiesentheid

Aufstellung und Baugeschichte[26]

Der Markt Wiesentheid liegt am Westrand des Steigerwaldes, circa zwölf Kilometer südlich von Gerolzheim im Landkreis Kitzingen. Bekannt ist er durch das dort von Graf Rudolf Franz Erwein von Schönborn 1711–16 neu gestaltete und erweiterte Schloß und die von Balthasar Neumann umgestaltete und von Giovanni Francesco Marchini ausgemalte Pfarrkirche St. Mauritius. Urkundlich erwähnt wird der Ort erstmals am 21. April 918, als König Konrad I. die Schenkung Wiesentheids durch Dracholf, Bischof von Freising und Abt von Münsterschwarzach, an das Kloster Münsterschwarzach bestätigt. Seit dem 11. Jahrhundert treten die Grafen von Castell als Besitzer auf, 1473 geht Wiesentheid an die Fuchs von Dornheim, kommt 1678 durch Heirat an Johann Otto von Dernbach, wird 1682 zum Markt erhoben und fällt 1701, wieder durch Heirat, an die Grafen von Schönborn. 1806 wird Wiesentheid erstmals bayrisch und, nach einem Zwischenspiel im Großherzogtum Würzburg ab 1810, 1814 endgültig.[27]

Die Mariensäule wurde auf dem nachbenannten Marienplatz errichtet, einer dreieckigen Platzanlage in der Mitte des Ortes, wo die Sofienstraße in die Balthasar-Neumann-Straße übergeht. Inmitten des durch Kieswege begehbar gemachten Rasenstückes nimmt die Umfriedung der Säule eine Fläche von circa 50 Quadratmetern Anspruch. An dieser Stelle befand sich einst der Tränkbrunnen der Gemeinde; später diente der Platz als Pflanzenmarkt und wurde an den Jahrmärkten dem fahrenden Volk zur Aufstellung der Wagen und Schaubuden zur Verfügung gestellt. Heute umgibt den Marienplatz eine geschlossene Bebauung. Das älteste erhaltene Gebäude ist das aus

---

[25] Ebd., S. 84.
[26] Nach Wilhelm Büttner, Geschichte der Pfarrei Wiesentheid, Würzburg 1939, S. 364–368.
[27] Thomas Wehner, Pfarrei Wiesentheid, in: Realschematismus der Diözese Würzburg, Dekanat Kitzingen, Würzburg 1997, S. 208.

zweiter Reihe mit seinem geschweiften Giebel hervorlugende Templerhaus, das wohl im 17. Jahrhundert errichtet wurde und dringender Restaurierung bedarf. Dagegen bereichert den Platz die renovierte Rokokofassade der von Graf Rudolf Franz Erwein von Schönborn 1748/50 in Auftrag gegebenen Apotheke, die sich heute in Privatbesitz befindet. Weitere Häuser, gebaut aus einheimischen Kalksteinen, stammen aus dem 19. Jahrhundert, wie etwa der Türsturz des Hauses Marienplatz 3 mit seiner Inschrift: „Johann Walder 1818" beweist.

Im Jahre 1859 beschlossen Pfarrer Sebastian Walter und einige namentlich bekannte Mitglieder der Pfarrei St. Mauritius, dem Vorbild Roms nachzueifern und im Gedenken an das drei Jahre zuvor verkündete Dogma der Unbefleckten Empfängnis Mariens ein Denkmal zu errichten. Dies hatte bereits 1857, kurz vor seinem plötzlichen Tod, der damalige Pfarrer Friedrich Fischer beabsichtigt, der im Kampf gegen den Irvingianismus in seiner Gemeinde gescheitert war. Benannt ist der Irvingianismus nach Eduard Irving (1792–1822), einem aus dem schottischen reformierten Protestantismus hervorgegangen Prediger. Gemeinsam mit dem Bankier Drummond, dessen Naherwartung von der Wiederkunft Christi er begeistert aufnahm, gründete er in London die Sekte der „Apokalyptiker", die sich später auch als „katholisch-apostolische" oder „alt-apostolische" Gemeinden bezeichneten. Die Anhänger glaubten, die Wiedererweckung der „Zungenrede" als neue Ausgießung des Heiligen Geistes und die Krankenheilungsgabe zu erleben und stellten aufgrund empfangener „Offenbarung" die Ämter der Apostel, Propheten, Evangelisten, Hirten und Lehrer wieder her. Als Vertreter ihrer Gemeinden ernannten sie „Engel". Ihre Lehre ist als ein Eklektizismus aus Frühchristentum, Protestantismus, Katholizismus und eigenen Interpretationen anzusehen. So übernahmen sie zwar zum Beispiel die Eucharistiefeier, aber ohne Wandlung, und führten nach der Offenbarung des Johannes 7, 3 die Zeremonie der „Versiegelung" ein. Sie verkündeten die Lehre von der Inkarnation Christi als ausschließliche Menschwerdung: Christus habe die sündige Menschennatur angenommen und nur durch den ihm immer innewohnenden Heiligen Geist habe er nicht teil an der Erbsünde, wohl aber seine Mutter. Folglich wurde auch das Dogma von der Unbefleckten Empfängnis Mariens verworfen und die Heilsamkeit ihrer Anrufung bestritten. Ihre erste Gemeinde in Deutschland gründeten die Irvingianer 1848 in Berlin, in Erlangen wirkte für sie der Privatdozent Heinrich Thiersch, der später Professor der protestantischen Theologie in Marburg wurde, und 1855 faßten sie auch in Wiesentheid Fuß, wo man mit Thiersch im Briefwechsel stand[28]. Vom Kampf des Pfarrers Andreas Schön, der 1856 starb, wie auch seines Kaplans und Nachfolgers Friedrich Fischer gegen sie berichten die Pfarrakten auf über siebzig Seiten.[29] Ein Gerbergeselle hatte während seiner Lehrzeit in Augsburg den Irvingianismus kennengelernt und seine Verwandten in Wiesentheid davon überzeugen können, obwohl er zuvor vor dem Erzbischöflichen Ordinariat in München seinem Irrtum hatte abschwören müssen. Schließlich hingen in Wiesentheid an die vierzig Personen dieser Sekte an; obwohl sich der Würzburger Generalvikar Reißmanns selbst um ihre Bekehrung bemühte,

---

[28] Nach Lexikon für Theologie und Kirche 5, Freiburg i. B. 1960, Sp. 771 f, Lexikon für Theologie und Kirche 1, Freiburg i. B. u. a. 1993, Sp. 859 f und Realenzyklopädie für protestantische Theologie und Kirche 9, Leipzig 1901, S. 424–437.

[29] PfA Wiesentheid, N. G. 1032–1105.

kam es schließlich zur Exkommunikation von vier Wiesentheider Bürgern durch Bischof Georg Anton von Stahl.

In einer Art Wiedergutmachung für den Angriff der Irvingianer auf die Gottesmutter und als Sühneakt der Gemeinde wollte Pfarrer Fischer Maria mit einem öffentlichen Denkmal geehrt sehen. Die Veranlassung zum Bau der Wiesentheider Säule deckte sich also durchaus mit der Intention Pius IX. bei der Verkündigung des Dogmas und der Errichtung der Mariensäule in Rom. Carl Alexander von Heideloff selbst hat seinem Werk eine symbolische Erklärung als „Triumphsäule" gegeben,[30] was als Siegeszeichen über die Irrlehre verstanden werden kann. Die Gründung des Bauvereins zum Zwecke der Errichtung einer Mariensäule erfolgte am 22. Februar 1859 durch den neuen Pfarrer Sebastian Walter, die Bürger und Pfarrmitglieder Bader Johann Burger und Kaufmann Kaspar Thaler und weitere zwölf Personen.[31] Die Statuten bestimmten unter anderem, daß das Denkmal durch Hinterlegung eines Baufonds von 50 Gulden Eigentum des Komitees bleiben sollte und dieses sich verpflichtete, bei Beschädigung die Reparatur zu übernehmen und nach einem Abbruch den Platz wieder in seinen Urzustand zu versetzen.[32] Wegen der Überlassung des Grundstückes wurden mit der Gemeindeverwaltung hartnäckige Verhandlungen geführt, die trotz der ablehnenden Haltung des Gemeindevorstehers schließlich zur Schenkung an den Bauverein führten. Zur Finanzierung des Monuments konnte mit behördlicher Genehmigung eine Sammlung im Amtsbezirk und eine Bittaktion bei zahlreichen hohen Persönlichkeiten beginnen, die ein Startkapital von 3000 Gulden erbrachten.[33] Das Gesuch um einen Zuschuß König Ludwigs I. wurde allerdings wegen der Überhäufung durch ähnliche Unternehmungen abgelehnt.[34]

Da der von dem zunächst herangezogenen Wiesentheider Bildhauer Valentin Fromm eingereichte Plan keine Zustimmung fand, wandte sich das Komitee an den durch eine Reihe von Bauten in Nürnberg sowie durch seine Arbeiten an der Ritterkapelle in Haßfurt bekannten Neugotiker Carl Alexander von Heideloff, zumal dieser Plan und Überwachung der Arbeiten kostenfrei anbot. Fromm, der für den nicht ausgeführten Plan 110 Gulden erhielt, versuchte gekränkt den Bau des Denkmals zu hintertreiben.[35] Ausgeführt wurde die Mariensäule durch einheimische und auswärtige Handwerker. Die kunstvollen Steinmetzarbeiten lieferte der Bildhauer Johann Josef Mayer aus Haßfurt, die Säule schuf Meister Jakob Stößel, ebenfalls aus Haßfurt[36], fundamentiert wurde sie durch den Wiesentheider Maurermeister Lehnbeuter[37], der Vergolder hieß Amberg.[38] Mehrfach erwähnt in der Korrespondenz wird auch der Zeichner Huzelmayer/Hutzelmeier, ein Schüler Heideloffs und sein Mitarbeiter bei der Renovierung der Haßfurter Ritterkapelle.

---

[30] Carl Alexander von Heideloff, Die Triumph-Säule der allerheiligsten Jungfrau, der erhabenen Gottesmutter Maria, unsere Beschützerin. Ein Denkmal, durch fromme Beiträge zu errichten in Wiesentheid 1859, Würzburg 1859.

[31] PfA Wiesentheid, N. G. 597.

[32] Ebd., N. G. 598.

[33] Ebd., N. G. 601–606.

[34] Ebd., N. G. 10.

[35] Ebd., N. G. 596.

[36] Archiv des Germanischen Nationalmuseums Nürnberg, GMN IC 783. Brief vom 10. Mai 1958.

[37] PfA Wiesentheid, Chronik S. 10.

[38] Archiv des Germanischen Nationalmuseums Nürnber, GNM I, B–215. Brief vom 8. August 1859.

Die feierliche Grundsteinlegung fand am 25. März 1859, dem Fest Maria Verkündigung, statt. Die Festpredigt hielt Dr. Martin Katzenberger, Professor der Philosophie zu Bamberg. In den Grundstein wurde neben der Urkunde über die Motive zur Errichtung der Säule eine von Papst Pius IX. gesegnete Denkmünze an das Ereignis vom 8. Dezember 1854 eingemauert, die Bischof Anton von Stahl, der zur Verkündigung des Dogmas nach Rom gereist war, mit eigenhändiger Widmung übersandt hatte.[39] Bereits am Fest Maria Himmelfahrt, dem 15. August des gleichen Jahres, konnte dieser die festliche Weihe der Säule vollziehen. Dabei fand auch die Familie Schönborn Erwähnung, die zwar nicht als Auftraggeber in Erscheinung trat, aber die Feierlichkeiten finanziell unterstützte.[40] Die Festpredigt hielt Domvikar Beckert aus Würzburg,[41] das eigens zu dieser Feier vom Kölner Kardinal Johann von Geisel verfaßte lateinische Lied, ins Deutsche übersetzt von Dr. Martin Katzenberger, ist erhalten und wird heute wieder gesungen.[42] Nach einem Jahr wurde dann die Feier des Jahrestages der Einweihung vom bischöflichen Ordinariat auf alle Zukunft genehmigt. Mit Breve vom 19. Juli 1861 hat Papst Pius IX. allen Gläubigen, die an der Mariensäule fünf Vaterunser und Ave Maria und dreimal Heilig andächtig beten, einen Ablaß von einhundert Tagen – auch den armen Seelen zuwendbar – verliehen.[43] 1864 wurde die Kniesteinumfassung geschaffen, 1865 das in der Werkstätte von Cramer und Klett zu Nürnberg gegossene Eisengitter angebracht [44] und zum Dreikönigsfest 1866 schließlich das Ensemble mit der Aufstellung der vier Kandelaber, bestückt mit Laternen mit rotem Glas, fertiggestellt.[45] 1878 gründete Pfarrer Johann Hartmann mit Urkunde vom 29. Juli eine Stiftung zur Erhaltung der Mariensäule. Über die Jubelfeierlichkeiten – jeweils am 15. August, dem Fest Maria Himmelfahrt – zum fünfzigsten und fünfundsiebzigsten Jahrestag berichtet noch Pfarrer Büttner in seiner Chronik.[46] Von der Einhundertjahrfeier 1959 erfahren wir aus der Zeitung,[47] ebenso von der einhundertfünfundzwanzigsten Gedenkfeierfeier,[48] wobei der Bezug zur Dogmenverkündigung nicht mehr erwähnt wird, wohl aber der Kampf gegen den Irvingianismus.

1904 und 1911 hat man Erneuerungen an der Säule vorgenommen,[49] zur Einhundertjahrfeier den Platz umgestaltet und das Gitter entfernt. Doch hat eine durch viele Spenden aufgestockte Erbschaft 1994 die Restaurierung der Gitter durch Rudolf Steinhauser ermöglicht. Auch die Restauration der Marienfigur, durchgeführt von der Firma Edgar Joachim Hahn aus Hirschaid, wurde zum größten Teil durch Spenden von Gemeindemitgliedern finanziert. Am 8. Dezember 1991 haben dann Domkapitular Dr. Jürgen Lenssen und Pfarrer Alfons Junker aus Astheim die Mariensäule neu geweiht.[50] 1999 wurde auch der Nachbau der vier Kandelaber durch die Fürst Stol-

---

[39] PfA Wiesentheid, N. G. 606–612.

[40] Ebd., N. G. 596.

[41] Ebd., N. G. 614 und 615.

[42] Ebd., N. G. 630.

[43] Ebd., N. G. 617.

[44] Nach Ludwig Reinhold, Um den Steigerwald, Geroldshofen 1877, S. 86 f.

[45] PfAWiesentheid, N. G. 632 S. 9.

[46] Ebd., Chronik S. 41 und S. 90.

[47] Fränkisches Volksblatt, Nr. 118 vom 27. 5. 1959 und Nr. 184 vom 17. 8. 1959.

[48] Mainpost, Nr. 187 vom 14. 8. 1984 und Nr. 188 vom 15. 8. 1984.

[49] PfA Wiesentheid, Chronik S. 45.

[50] Nach Karl Ruppert, Wiesentheid unsere Heimat, Wiesentheid 1995, S. 29.

berg Hütte Ilsenburg in Wernigerode möglich, nachdem ein Nürnberger Heimatpfleger den Originalplan wieder aufgefunden hatte.[51]

Beschreibung

Die Mariensäule in Wiesentheid mißt insgesamt eine Höhe von über 8 Meter und ist aus mindestens sechs Teilstücken zusammengesetzt (Abb. 1), zu denen das Material im Steinbruch von Burgpreppach gewonnen wurde.[52] Sie wird aus vier im traditionellen Denkmalbau des 19. Jahrhunderts typischen Elementen gebildet, von denen jedes ungefähr 2 Meter mißt: das Postament, eine Reliefzone und eine durch eine Säule erhöhte Skulptur. Auf zwei das Monument im Quadrat umgebende Stufen mit einer Kantenlänge von circa 4 Metern erhebt sich ein fast würfelförmiger Sockel mit 1,80 Meter Kantenlänge, der sich nach gut einem Drittel seiner Höhe verjüngt. Daß ursprünglich drei Stufen zum Sockel führten, ist ersichtlich aus dem Stich von Philipp Walther und auch aus Heideloffs eigener Beschreibung.[53] (Abb. 5) Auf der Vorderseite des Sockels ist im oberen Teil ein querrechteckig gerahmtes Feld mit drei erhabenen, golden gefaßten, gleichschenkligen Kreuzen ausgearbeitet. Auf der Rückseite befindet sich in zeitgenössischen Druckbuchstaben die Gravur: „Errichtet durch fromme Beiträge im Jahr des Heiles 1859 – Entworfen und erbaut von Ritter Carl von Heideloff. Ausgeführt von J. Mayer". Aus diesem Podest wächst über einer Sockelzone ein achtseitiges, gotisches Turmelement. Die acht hochrechteckigen Felder schließen je mit einem Kielbogen ab, der innen mit Hängeblendmaßwerk versehen ist und nach oben eine kräftige Spitze ausbildet, die wie der Bogenrücken dicht mit Buckelkrabben besetzt ist. Die parallel zur Kante des Sockels verlaufenden Felder tragen golden gefaßte Schriftsätze, die über Eck gestellten Felder sind nischenartig vertieft und bilden an der unteren Kante eine Art Sohlbank als Standfläche für die als Hochrelief in sie eingestellten Figuren vor golden gefaßtem Reliefgrund. Wenn man vorne in der Mitte beginnt und das Monument links herum umschreitet, ergibt sich folgende Reihenfolge von Text und Skulptur:

1) „O MARIA ohne Sünde empfangen, DU unsere Zuflucht, bitte für uns!" Diesem Feld ist als einzigem eine gotische Blattkonsole vorgesetzt, gedacht wohl zur Aufstellung einer Öllampe.[54]

2) Der Engel Gabriel. Gewandet in Tunika und Pallium, trägt er einen Kranz aus Rosen auf seinem gelockten Haar. Er hat seine Rechte zum Gruß erhoben, in der Linken hält er als Zeichen seiner göttlichen Sendung das Zepter. Er wird hinterfangen von seinen großen, noch leicht angestellten Flügeln. Ein Spruchband umweht seinen Kopf und spiralförmig auch sein Zepter: Es trägt die Worte, mit denen er Maria begrüßt, als er ihr erscheint, um ihr die Botschaft von der Geburt ihres Sohnes zu brin-

---

[51] Kitzinger Zeitung vom 9.11.1999. Der Plan ist Privatbesitz von Frau Maria Meyer, Wiesentheid, die auch die Erbschaft verwaltet.

[52] Büttner, Geschichte (wie Anm. 26), S. 366.

[53] Heideloff, Thriumphsäule (wie Anm. 30).

[54] Mit der Verehrung Mariens brachten die Jesuiten neben der Lauretanischen Litanei auch die besondere Verehrung Mariens an Samstagen mit nach Deutschland. Dieser Tag ist in Franken vielerorts als Tag Mariens erhalten geblieben. Den ganzen Tag über brannte vor den Marienfiguren ein Öllämpchen, heute oft noch durch eine elektrische Glimmlampe ersetzt. Vergleiche hierzu Kolb, Maria (wie Anm. 24), S. 85.

gen und die der Anfang des marianischen Grundgebete geworden sind: „AVE MARIA GRATIA PLENA DOMINUS TECUM".

3) „AVE MARIA, zu Dir, zu Dir, Benedeite, seufzen wir. Trösterin, magst allein, herrliche, Du uns sein! Bitte bei deinem Sohn für uns!"

4) Der Erzengel Michael. Auch er ist antikisch gekleidet und mit mächtigen Flügeln ausgestattet. Voller Kraft stößt er mit beiden Händen dem Drachen, der sich zwischen seinen Füßen hoch reckt, die Lanze in den Rachen. Hinter seinem Kopf ist ein Schild in Form einer geöffneten Schriftrolle mit den Worten: „QUIS UT DEUS" zu erkennen.

5) Es folgt der Wortlaut des Magnificats, des Lobgesanges Mariens bei ihrem Besuch bei Elisabeth: „Hallelujah! Lobe den Herrn meine Seele! Ich will den Herrn loben, solang ich lebe, und meinem Gotte lobsingen, weil ich hier bin!"[55] Darüber erscheint ein fünfzackiger Stern, der Jungfrauenstern, der uns an diesem Monument vermehrt begegnet.

6) König David. Er ist durch seinen vollen Bart und die eingefallenen Wangen als würdiger alter Mann gekennzeichnet. Die prächtige Kleidung und der Kronreif in seinem Haar entsprechen seiner königlichen Würde. Über ihm im Zwickel ein Engelskopf mit Flügeln.

7) „AVE MARIA. Erhabene, Hehre, Reine, Großmächtige! Auf Erden unser Trost im Kampfe Hort und Schild, beschirme und beschütze uns!"

8) Ein Engel beziehungsweise Cherub in der liturgischen Gewandung eines Diakons. Das um seinen rechten Arm geschlungene Spruchband trägt die Inschrift: „GLORIA IN EXCELSIS DEO". In dem Zwickel über seinem Kopf ist ein gleichseitiges Dreieck, wie es uns als Symbol für das Auge Gottes vertraut ist, mit den hebräischen Schriftzeichen: „Ich bin da".

Zwischen diesen acht Feldern erheben sich schlanke Pfeilertürmchen mit quadratischem Grundriß in der Gestalt von Fialen. Abwechselnd mit den Spitzen der Kielbögen dieser Zone durchstoßen sie eine profilierte Abdeckplatte und umstehen das eingezogene Achteck der nächsten Stufe wie eine Krone. Die acht Seiten des oberen Oktogons sind in ihrer oberen Hälfte wieder mit gotischen Ornamenten versehen. Den Abschluß bildet ein vorkragendes Gesims, dessen acht Ecken mit Schmuckelementen markiert sind, die Heideloff in seiner Beschreibung als „Marienschuhe" bezeichnet hat.[56] Dieser Sockel trägt die Basis der Säule, aus der ein mit Steinen besetzter Lilienkranz erwächst und den Schaft wie eine weitere Krone umfängt. Der glatte, nach oben leicht konisch verlaufende Säulenschaft ist mit vier Reihen fünfzackiger Sterne verziert, die ihn spiralförmig umlaufen und unter dem Halsring enden. Das Kapitell wird von einem mit gotischen Elementen versehenen Reliefband gebildet, über das sich ein Kranz aus Rosen stülpt. Vier Engelsbüsten tragen die Abakusplatte mit vorgebeugtem Kopf wie ein Lesepult, zwischen sich jeweils in einen Kreis eingeschriebene vergoldete Fünfzacksterne. Aus dem Zinnenkranz, mit dem die quadratische Abakusplatte

---

[55] Das Evangelium nach Lukas, 1, 47.

[56] Christian L. Stieglitz, Von altdeutscher Baukunst, Leipzig 1820, S. 105, Anm. 5: „Das Vorbild der Blumen an den Seiten der Giebel und Bogen soll die Blume sein, welche die Deutschen Frauenschuh, Marienschuh nennen, den Botanikern unter dem Namen Cypripodium Calceolus bekannt, die aber, als Bauzierrath, auf mannigfaltige Weise gebildet und eben so idealisiert wurde wie bei den Griechen der Akantus."

bekrönt ist, wächst ein achtkantiger kleiner Sockel, aus dem sich die von der Schlange umwundene Welthalbkugel mit der Mondsichel erhebt, in der Maria in aufrechter Haltung mehr schwebt als steht. (Abb. 6) Mit ihrem leicht erhobenen rechten Fuß tritt sie auf den Kopf der Schlange, die in ihrem Maul einen vergoldeten Apfel hält. Auf ihrem leicht geneigten Haupt trägt Maria eine goldene Bügelkrone aus Metall, ihr langes, in der Mitte gescheiteltes Haar fällt in lockigen Strähnen auf Schultern und Rükken. Sie hat ihre Hände offen nach unten ausgestreckt. Gekleidet ist sie in eine gegürtete Tunika und ein Pallium mit Goldrand, das sie großzügig umgibt und vor ihrem Schoß einen mächtigen Faltenbausch ausbildet. Es wird mit einer Agraffe vor der Brust zusammengehalten und ist an der linken Seite verziert mit einem fünfzackigen und von Strahlen hinterfangen Jungfrauenstern, dessen Symbolik dem Sternenkranz entspricht, der allgemein das Haupt der Immaculata umgibt.

Auch das die Säule umgebende gusseiserne Gitterwerk, gebildet aus einem achteckigen Zaun und vier Sandsteinpostamenten mit kandelaberartigen Laternen, gehört zu Heideloffs Entwurf. Er hat es dem Material entsprechend mit zierlichen gotischen Elementen versehen und an jeder Umlenkstelle des Gitters wie ein Scharnier eine schlanke Fiale eingesetzt. Traditionsgemäß wurden in den roten Lampen jeden Samstag, dem Tag Mariens, Öllämpchen angezündet.[57]

Carl Alexander von Heideloff[58] und Johann Josef Mayer

Carl Alexander von Heideloff war Maler, Architekt, Denkmalpfleger, Bildhauer, Zeichner, Radierer und Kunstschriftsteller; auf dem Gebiet der Bildhauerei beschränkte er sich allerdings vorwiegend auf Entwürfe und detaillierte zeichnerische Vorlagen und Modelle. Er wurde am 2. Februar 1788 als Sohn des Theatermalers am württembergischen Hof und Professors Victor Heideloff in Stuttgart geboren. Als Gymnasiast erhielt Carl Alexander unter anderem zusätzlich Unterricht bei dem Kupferstecher Gotthard von Müller, in der Malerei bei dem Hofmaler und Galeriedirektor Johann Baptist Seele und auch bei seinem Onkel Alois Keim, weiter bei den Bildhauern Philipp Jakob Scheffauer und Johann Heinrich von Dannecker und in der Baukunst von Johann Jakob Azel und Friedrich Thouret, wie sein Vater sämtlich Professoren und teilweise Schüler der Hohen Karlsschule in Stuttgart. In seiner Frühphase betätigte sich Heideloff zunächst als Maler und Zeichner, später galt sein Interesse vermehrt dem Studium mittelalterlicher Baukunst, das von König Friedrich I. von Württemberg durch Aufträge zu Bauaufnahmen großzügig unterstützt wurde. Nach dessen Tod 1816 mußte er die Idee, sich um den Erhalt vaterländischer Denkmale zu kümmern, zunächst aufgeben, erhielt jedoch noch im selben Jahr von Herzog Ernst von Sachsen-Coburg-Gotha, der selbst für die Kunst des Mittelalters aufgeschlossenen war, einen Ruf als Berater am Coburger Hof. Eine Reise nach Berlin ermöglichte die erste Begegnung mit Karl Friedrich Schinkel. 1820 ging Heideloff nach Nürnberg, wo ihm die Leitung des höheren Bauwesens in Aussicht gestellt war, dann jedoch ver-

---

[57] Siehe Anm. 56.

[58] Nach Urs Boeck, Karl Alexander von Heideloff, in: Mitteilungen des Vereins für Geschichte der Stadt Nürnberg 48, 1958, S. 314–323, S. 379 f; und nach Norbert Götz, Um Neugotik und Nürnberger Stil (Nürnberger Forschungen 23), Nürnberg 1981, S. 23–32.

wehrt blieb. Trotz der Ernennung zum städtischen Architekten war so sein Einfluß auf die von ihm angestrebten Restaurierungen in gotischem Stil nur begrenzt, obwohl er vermehrt private Aufträge erhielt. 1824 und 1826 reiste Heideloff nach Frankreich und in die Niederlande; die dabei angefertigten Zeichnungen sind bis auf einige Veröffentlichungen in seinem Buch „Die Ornamentik des Mittelalters" verloren. Aus seiner privaten Fortbildungsanstalt für die von ihm beschäftigten Handwerker in den Räumen des ehemaligen Nürnberger Augustinerklosters ging die am 16. Dezember 1822 eröffnete polytechnische Schule hervor, an der er ab 1833 eine Besoldung als Professor von der Stadt erhielt. Am 10. September 1830 erwarb Heideloff durch Heirat das Nürnberger Bürgerrecht. Am 9. März 1837 wurde ihm von König Ludwig I. von Bayern der Titel eines königlichen Konservators der Stadt Nürnberg verliehen, der später auf ganz Franken erweitert wurde.[59] Seine schriftstellerische Tätigkeit erstreckte sich über die Anleitungen und Musterbücher für Bauhandwerker hinaus bis zur Mitarbeit an der englischen Kunstzeitschrift „The Art Union". Die letzten Lebensjahre widmete Heideloff der Restaurierung der Ritterkapelle in Haßfurt.

Seit seiner Jugend an der Wiederaufdeckung und Sammlung mittelalterlicher Baukunst höchst interessiert, entwickelte Heideloff zum einen Konzepte zur Erhaltung dieser Denkmäler und gelangte zum andern über die Restauration hinaus zu eigenständigen Neuschöpfungen. Er war von Anfang an kein Eklektiker, der aus dem Nachlaß der Vorzeit willkürlich Vorbilder wählte wie viele seiner Zeitgenossen, sondern sein Rückgriff auf die Gotik basierte auf der gezielten Suche nach dem rechten Verständnis mittelalterlicher Bauwerke. Außerdem trieb Heideloffs religiöse Haltung zum Rückgriff auf die Gotik; seine eigene Erklärung zur Bedeutung der Mariensäule in Wiesentheid klingt wie ein persönliches Glaubensbekenntnis: „Was immer wir thun und beginnen, soll demselben die Weihe und Kraft nicht fehlen, müssen wir auf Gott begründen und mit Gott beginnen [...]".[60] Mit der Wiesentheider Mariensäule plante und beaufsichtigte er nicht nur ein Denkmal in neugotischem Stil mit auftragsgemäß religiösem Hintergrund, sondern wollte mit der Rezeption gotischer Architekturformen und der mystischen Ausdeutung ihrer Gesetzlichkeiten der gotischen Bauweise wieder die Bedeutung zukommen lassen, die sie im Kirchenbau des Mittelalters gehabt hatte. Seine Überzeugung von der Möglichkeit der schöpferischen Weiterentwicklung des gotischen Stils, wenn man seine Gesetze erst erkannt habe, führte schließlich sogar zu Korrekturen an gotischen Originalen und restaurativen Phantasien und wurde demgemäß nicht immer kritiklos hingenommen.[61] Heideloff hat ein umfassendes Werk hinterlassen, von dem die Betrachtung der Wiesentheider Säule nur einen geringfügigen Teil erfaßt.

In Wiesentheid arbeitete Heideloff mit dem Steinmetz Johann Josef Mayer zusammen, dessen Namen mit dem seinigen auf der Rückseite des Säulenmonumentes eingravieren ließ. Über ihn, der auch in der Chronik von Haßfurt nur in drei Sätzen erwähnt wird,[62] wissen wir wenig. Während der Bauphase wird er mehrfach in der Kor-

---

[59] Angaben nach Boeck, Heideloff (wie Anm. 58), S. 320, Heideloff nennt in seiner Selbstbiographie, die Boeck abdruckt, auf S. 386 das Jahr 1836.

[60] Heideloff, Triumphsäule (wie Anm. 30).

[61] Siehe R. Reininger, Die Marien- oder Ritterkapelle zu Haßfurt, in: Archiv des historischen Vereins von Unterfranken und Aschaffenburg 15, 1861, S. 1–42.

[62] Josef Kehl, Chronik von Haßfurt, Würzburg 1948.

respondenz zwischen Heideloff und Burger, dem Vertreter des Bürgerkomitees von Wiesentheid, erwähnt. Eine leider undatierte, aber von Mayer unterzeichnete Notiz läßt auf Kompetenzstreitigkeiten zwischen Heideloff und Mayer schließen, der schreibt: „[…] Ich will der Welt beweisen daß ich nicht der bin für den Sie mich halten und daß Sie nicht der sind für den Sie sich ausgeben"[63] Mayer wurde 1824 in Haßfurt geboren und verstarb dort im Jahre 1873; er führte eine gut gehende Bildhauerwerkstatt, wobei er „trotz seines hohen Könnens mit dem Geist der Gotik verbunden" blieb.[64] Ein Skizzenbuch im Archiv der Stadt Haßfurt ist sein einzig bekannter erhaltener Nachlaß; in ihm findet sich auch eine Entwurfsskizze für die Wiesentheider Marienstatue.[65] (Abb. 7)

Versuch einer stilistischen Einordnung

Standort und Monument der Wiesentheider Mariensäule zeichnen sich durch ein ausbalanciertes Verhältnis zueinander aus. Der Aufbau mit Sockel, Schrift- beziehungsweise Reliefzone und erhöht aufgestellter Skulptur entspricht dem klassischen Schema eines Denkmals.[66] Die Proportionen von Sockel- zu Reliefzone, von Säule zu Kapitell, von Postament zu Skulptur, von umgebendem Gitter zum Denkmal und von der Größe des Ensembles zum umgebenden Platz zeugen vom ausgewogenen Harmoniebewußtsein des Entwerfers. Bezüglich des Sockels nimmt sich Heideloff in der Bearbeitung stark zurück und läßt Monumentalität und Material wirken. Schrifttafeln, für die hier reichlich Platz gewesen wäre, versetzt er in die Reliefzone, deren Felder er alternierend gestaltet. Hier schafft er einen sanften Übergang von glatter zu filigraner Steingestaltung, indem er den Grad der Bearbeitung von unten nach oben steigert. Bei der Gestaltung der Säule ist es Heideloff gelungen, die klassische Form der Antike aufzuheben und ihr einen gotisierenden Aspekt zu verleihen, indem er sie aus einem Lilienkranz erwachsen läßt, den Schaft mit spiralförmig verlaufenden Sternenbändern versieht und das Kapitell durch Engelsbüsten entscheidend verändert.

Standen ihm formelle Vorbilder aus der Zeit der Gotik zur Verfügung? Gotische Spitzsäulen stehen heute noch in Wien und Wiener Neustadt.[67] Im Vergleich mit Heideloffs Säule ist besonders das Wegedenkmal in der Wiener Neustadt interessant, denn an ihm befanden sich, wenn auch zu seiner Zeit nur in Bruchstücken vorhanden, Reliefs der Passionsgeschichte und in durch Wimperge überhöhten Nischen eingestellte Heiligenfiguren. Es ist anzunehmen, daß Alexander von Heideloff diese Wiener Denksäule kannte, ein Aufenthalt seinerseits in Wien ist durch ihn selbst bezeugt.[68] Vertraut war ihm mit Sicherheit der in Form einer gotischen Spitzsäule gestaltete „Schöne Brunnen" in Nürnberg, der während seines Aufenthaltes dort in den Jahren

[63] Archiv des Germanischen Nationalmuseums Nürnberg, GNM I C 565.

[64] Ebd. S.266.

[65] Haßfurt, Stadtarchiv, Skizzenbuch Johann Josef Mayer, Marienstatue.

[66] Hans-Gerhard Evers, Denkmalplastik, in: Rudolf Zeitler (Hg), Die Kunst des 19. Jahrhunderts (Propyläen Kunstgeschichte), Berlin 1990, S. 157–164.

[67] Scharf, Kunstgeschichte (wie Anm. 14), Z 20 und Z 22.

[68] Carl Alexander von Heideloff, Die Bauhütte des Mittelalters in Deutschland, Nürnberg 1838, S.1.

1821 bis 1824 restauriert wurde.[69] Eine detailgetreue Zeichnung des Brunnens hat er in sein Musterbuch über die altdeutschen Baudenkmäler Nürnbergs aufgenommen. Dieses aus dem Kathedralbau isolierte Element gotischer Bauweise hatte auch anderenorts Eingang in der Neugotik gefunden; Schinkel etwa orientierte sich bei seinem gußeisernen Denkmal auf dem Kreuzberg in Berlin an dieser Form. Für Heideloffs Wiesentheider Werk war jedoch die gotische Spitzsäule lediglich in der mittleren Zone mit ihren wimpergartigen Bogenabschlüssen und Fialen ein Vorbild; er formte den vom Kielbogen gerahmten Raum als Hochrelief, nicht als Nische oder Tabernakel mit eingestellter Skulptur. Das Maßwerk wurde zu Blendmaßwerk. Die architektonische Formgebung der Mariensäule ist weniger eklektizistisch als – im Sinne Heideloffs – rein neugotisch, das heißt mit aus der Gotik entlehnten sowie diesem Stil angepaßten Elementen. Heideloff war überzeugt, Gotisches abwandeln zu dürfen und Nichtgotisches im Bewußtsein mittelalterlicher Verhältnismäßigkeiten und Gesetzlichkeiten zu gotisieren.

Besser als durch die Konstruktionsform kann der Stilcharakter der Mariensäule in Wiesentheid durch die angewandte Ornamentik beurteilt werden. Das von Fialen flankierte Bogenfeld mit krabbenbesetztem Kielbogenabschluß und Kreuzblume ist ein der Gotik entliehenes Motiv, das Heideloff vermehrt anwendet. Er hat das 1486 gedruckte „Büchlein von der Fialen Gerechtigkeit" von Matthias Roritzer genau studiert und den Originaltext selbst mit nachgezeichneten Holzschnitten in seinem Werk: „Die Bauhütte des Mittelalters in Deutschland" veröffentlicht;[70] weitere maßgenaue Beschreibungen folgen 1849 in „Der kleine Altdeutsche. Kurs I". In seinem Steinmetzbuch beschrieb Roritzer unter anderem mathematisch genau die Konstruktion eben dieser Kombination von Spitzbogen, der mit einem Eselsrücken abschließt, und flankierenden Fialen und bildete sie auch ab. Ein Vergleich mit Wiesentheid ergibt Ähnlichkeiten, aber auch Unterschiede. (Abb. 8a und 8b) Zum Beispiel setzt Heideloff die Fialen parallel zur Kante ein, Roritzer dagegen diagonal, womit die kleinteilige Wirkung verstärkt wird. Die Spitzen von Kielbogen und Dach der Fialen liegen bei beiden auf gleicher Höhe, trotzdem wirkt Roritzers Lösung schlanker und eleganter, da er zwar den Maßwerkbogen stumpfer abschließt, sich so aber zwischen Maßwerk und sich ausbildender Spitze des Kielbogens ein Zwickel ausbildet und der wimpergartige Abschluß spitzer endet. Außerdem laufen die Riesen der Fialen und die Spitzen der Bogenausläufer bei Heideloff nicht konisch zu, das heißt wie Stempel durchstoßen sie die Verdachung der ersten Ebene. Somit ist auch die Wirkung dieser Zone bei Heideloff grober als bei Roritzer. Entscheidend aber ist die so entstehende horizontale Gliederung bei der Mariensäule in Wiesentheid. Ragt die untere Ebene über die nächste hinaus, wird normalerweise in der Gotik durch Vorlegen der Spitzen die Vertikalität gesteigert, hier wird sie bewußt zurückgenommen: Heideloff variiert die mittelalterliche Form gezielt und nutzt sie zur Unterstreichung der ausgewogenen Proportionalität der Bauglieder und deren stufenhaftem Aufbau.

Bei der Beurteilung der bildhauerischen Arbeiten an der Mariensäule in Wiesentheid ist keine klare Aussage möglich, ob der Eigenanteil Heideloffs als Planer oder

---

[69] Günther Fehring/Anton Ress, Die Stadt Nürnberg, Kurzinventar (Bayerische Kustdenkmale X), 2. Auflage, bearbeitet v. Wilhelm Schwemmer, München 1977, S. 262.

[70] Heideloff, Bauhütte (wie Anm. 68), S. 109.

der Johann Josef Mayers als Ausführender höher anzusetzen ist. Doch da von Heideloff keinerlei Skizzen erhalten sind, wohl aber in Mayers Skizzenbuch ein Entwurf für die Marienstatue vorliegt, der sich mit dem ausgeführten Werk zum größten Teil deckt, und auch unabhängig von Heideloffs Auftrag entstandene vergleichbare Werke Mayers bekannt sind, darf ihm wohl ein hohes Maß an Selbständigkeit zugeschrieben werden.

Maria, frontal ausgerichtet, steht aufrecht mit leicht nach vorn geneigtem Kopf. Ihre Haltung wirkt kontrapostisch durch das schwach angehobene rechte Bein, von dem Knie und Oberschenkel durch das aufliegende, etwas nach oben geschobene Gewand zart angedeutet sind. Trotzdem kann man nicht von Stand- und Spielbein sprechen, da der Tritt nach vorn auf den Kopf der Schlange ihr festen, ausgewogenen Stand verleiht und Schulter und Hüfte in parallelen Ebenen beläßt. Die Skulptur weist eine geschlossene Silhouette auf, sie wirkt fast zweidimensional, bildhaft, sie fordert ihren Betrachter nicht dazu auf, sie zu umschreiten. Die Geste, wie Maria den umhüllenden langen Mantel mit weit nach unten und außen gestreckten Armen in der Art einer Schutzmantelmadonna geöffnet hält, ist keine Erfindung des Steinmetzen, sondern entspricht der gängigen Darstellung der Immaculata conceptio, wie sie sich nach der Erscheinung der Cathérine Labouré im ersten Drittel des 19. Jahrhunderts entwickelt hatte. (Abb. 3) Daß Mayer nach diesem Vorbild gearbeitet haben könnte, wird bestärkt durch die Erwähnung von Strahlenströmen durch Heideloff: „[…]wie sie die Hände vorhält, um in reichlicher Fülle die Strahlenströme des Segens und der Gnade von ihrem Sohne Allen zuzuwenden, die kindlich hoffend ihr sich nahen."[71] Der Gedanke einer Rezeption der Heideloff mit Sicherheit bekannten Christusstatue von Berthel Thorvaldsen von 1821 für die Frauenkirche in Kopenhagen ist naheliegend, zumal diese massenhaft reproduziert wurde und an unterschiedlichsten Orten Aufstellung fand.[72] (Abb. 9) Aber ein Vergleich zeigt trotz der im ersten Augenblick identisch erscheinenden Körper- und Armhaltung einige wesentliche Unterschiede auf. Auch Christus steht ganz aufrecht, ist frontal ausgerichtet, hält den Kopf leicht geneigt. Aber während bei der Wiesentheider Maria die Arme bis zum Ellenbogen eng am Körper anliegen und sich die Hände dann leicht nach außen drehen, die Finger dabei geschlossen bleiben, als würde ihnen etwas entgleiten, vollführt Thorvaldsens Christus eine deutlich andere Geste. Er entfernt seine Arme weit vom Körper, hebt die geöffneten Hände an und macht das Motto glaubhaft, das am Sockel eingemeißelt ist, nämlich die Schriftstelle aus dem Matthäus Evangelium 11,28 „Kommt alle zu mir, die ihr euch plagt und schwere Lasten zu tragen habt. Ich werde euch Ruhe verschaffen." Diesbezüglich kommt diese Statue mit ihrem Ausdruck von gleichzeitig Passion, Auferstehung und Allegorie der Liebe der romantischen Auffassung sehr nahe.[73] Die Wiesentheider Maria vermittelt ihre Aussage durch ihre symbolhaften Attribute, weniger durch ihre Gestik.

Die Reliefgestaltung beschränkt sich auf die Darstellung der Figuren der Erzengel Michael und Gabriel, König David und einem Cherub, ohne narrative Ausschmük-

[71] Heideloff, Triumphsäule (wie Anm. 30).
[72] Paul Ortwin Rave, Thorvaldsen, Berlin 1947, Abb. S. 5 f.
[73] Nach Andrea Kluxen, Transformierte Antike, in: Ursula Peters (Hg.), Künstlerleben in Rom, Bertel Thorwaldsen, Nürnberg 1991, S. 282.

kung durch landschaftlichen oder architektonischen Hintergrund. Es sind lediglich einige Attribute und Inschriften beigegeben, anhand derer sie eindeutig zu identifizieren sind. Auch der Drache des Michael ist eher als Attribut anzusehen, denn als Darstellung einer biblischen Kampfszene. Die vier Relieffiguren erwecken den Anschein von Vollplastiken, die in Nischen eingestellt sind, wie es in diesem architektonischen Aufbau auch zu erwarten wäre. Sie sind nicht in die Architektur eingebunden und erwecken den Eindruck, als könnten sie ihre Nischen, deren Grenzen sie kaum respektieren, jederzeit verlassen. Die Köpfe sind frei modelliert. Glatte, runde Gesichter, die halblangen Haare in der Mitte gescheitelt, geben die Stirn frei und fallen in lockigen Strähnen auf die Schultern. Während bei David durch die Ausformung von Stirnfalten, Wangenknochen und Bart die Anspielung auf Würde und Alter gelingt, weisen die Engel ein weniger verklärtes als ausdrucksloses Gesicht auf. Selbst der im Kampf begriffene Michael zeigt nicht die geringste Regung. Die Körper sind weniger verkürzt gearbeitet, als daß sie nur zur Hälfte sichtbar sind, die hintere Hälfte wirkt wie eingetaucht in den Grund. Die Gewandgestaltung weist große Unterschiede auf, obwohl die Art der verschatteten Dreiecke, die an Tillmann Riemenschneider erinnern, bei allen vier Figuren auftauchen. Gabriel und der Cherub sind in dicke, schwere Stoffe gehüllt, wenn auch differenziert gestaltet, mühsam zeichnet sich jeweils ein Bein ab. Hingegen sind David und Michael von einer Fülle faltenreichen Stoffes umgeben, sie sind voluminös und stark bewegt, stärker, als es die Bewegung der beiden Figuren wirklich erfordert. Beide Male bleibt der rechte Arm frei und der Mantel wird mit mächtigem Schwung nach vorne geweht, ähnlich dem Faltenbausch vor Maria, nur daß er hier durch Bewegung erzeugt wird, während er bei Maria unmotiviert erscheint. Eine Erfindung des Bildhauers mag die Haltung der fast menschlich wirkenden Drachenfigur als Verkörperung des Teufels sein, wie er sich auf seine Ellenbogen stützt, dem Betrachter den hoch gedrückten Rücken mit erkennbaren Wirbeln und ein aufgestelltes Knie zeigt, um das sich der von hinten vorkommende Schwanz ringelt. In dieser vermenschlichten Drachengestalt mag eine Anspielung auf die lokalen Ketzer aufgezeigt sein. Insgesamt eher eklektizistisch gibt es antikische, gotische und zeitgenössische Einflüsse auf die Gestaltung der Relieffiguren.

Die Ikonologie der Mariensäule

Heideloff selbst spricht von der Theorie des Achtorts, dessen Symbolik die Architektur der Wiesentheider Säule bestimmt. In seinem Werk „Der kleine Altdeutsche Kurs I" findet sich eine genaue Erläuterung der Achtorttheorie und deren Ausdeutung nach Albertus Magnus.[74] Achtort ist der mittelalterliche, handwerkliche Begriff für „die aus zwei übereinander gezeichneten und gegeneinander um 45 Grad gedrehten gleich großen Quadraten mit gemeinsamer Mitte bestehende geometrische Figur".[75] Mit der Kenntnis dieser geometrischen Figur verbindet Heideloff eine mystische Ausdeutung der Mariensäule. „Daher beginnt die Ehrensäule [...] mit drei Stufen, dem

[74] Carl Alexander von Heideloff, Der kleine Altdeutsche Kurs I–III, Nürnberg 1849–52, Platte III, S. 7 f; siehe auch Carl Alexander von Heideloff, Nürnberg`s Baudenkmale der Vorzeit oder Musterbuch der altdeutschen Baukunst für Architekten und Gewerbeschulen, Nürnberg 1844, S. 14.
[75] Wasmuths Lexikon der Baukunst 1, Berlin 1929, S. 43.

Symbol der allerheiligsten Dreieinigkeit, […] Hierauf steht das vierseitige Postament als Sockel und Würfel, Symbol des Evangeliums, der freudenreichen Botschaft der Wahrheit und der Gnade, welches, durch die vier Evangelisten niedergeschrieben, nach den vier Weltgegenden hin durch den Mund der Kirche verkündet wird. Auf diesem erhebt sich nach dem hl. Achtort, welches die symbolischen Zahlen 1, 3, 4, 5, 7, 9, 10, 12, (das ist: 1. Gott; 3. Dreieinigkeit; 4. die vier Evangelien; 5. der Kreuztod Christi, die 5 Wunden; 7. die sieben hl. Sakramente; 9. der Glaube; 10. die Gebote; 12. Die zwölf Apostel)in sich birgt […]" Die Lilienkrone, die den Fuß der Säule umgibt, steht die für die „himmlische Reinheit", die Säule selbst, „für Ewigkeit und Stärke", „während die spiralförmig um die Säule sich hinauf schlingenden Sterne die himmlisch erhabene Gottähnlichkeit und Gottseligkeit im Sternenkranz der Tugenden symbolisieren, mit der Mahnung des Apostels zugleich an uns: „conversatio nostra in coelis". 1 Petr 1, 4." Der Kranz aus Rosen, den die Engel des Kapitells tragen, bedeutet „Jungfräulichkeit und irdische Vollendung" und der Zinnenkranz, der das Kapitell abschließt, ist das „Symbol gefriedeter Häuslichkeit und glücklichen Bürgerlebens". Die fünfzackigen Sterne stehen für „Glück und Hoffnung" derer, die „zur Jungfrau flehen".[76]

Indem Heideloff den gotischen Stil wieder aufgreift und dessen ursprüngliche Symbolik erkennt und bewußt einsetzt, macht er den neugotischen Stil beziehungsweise die neugotische Ornamentik zum Bedeutungsträger. Der Begriff „architecture parlante" aus der Stimmungsarchitektur der Landschaftsgärten drängt sich auf. Heideloff übernimmt den heute nicht mehr wahrnehmbaren geistigen Sachverhalt jener Zeit. Die Bedeutung der einzelnen Elemente bei der Mariensäule ist für uns und war auch bereits für seine Zeitgenossen, ohne eine Erläuterung nicht mehr zu erkennen.

Die Rezeption in unmittelbarer Nähe von Wiesentheid

Auf dem Weg von Wiesentheid nach Haßfurt trifft man auf einige weitere Mariensäulen, die nach der Dogmenverkündigung von 1854 entstanden sind. Einzelne sind insofern von Interesse, da sie, wie besonders auffallend in Mönchstockheim und Donnersdorf, die architektonische Form der von Heideloff für Wiesentheid entworfenen Mariensäule rezipieren. Der Anlaß der Errichtung aber, scheint bereits in den Hintergrund getreten zu sein.[77] Beide Mariensäulen wurden laut Gravur von dem Steinmetz Michael Hauck gearbeitet. Dieser wurde am 3. Februar 1826 in Oberschwappach geboren und dort als Bildhauer registriert, er verstarb am 6. November 1893.[78] Eine Zusammenarbeit mit Heideloff oder eine Kopiererlaubnis für dessen Entwürfe ist nicht nachweisbar. Ob die Mariensäulen, in Dampfach, Horhausen und Unterschwappach sämtlich aus dem Jahre 1880, auch aus seiner Werkstatt kommen, muß eine Vermutung bleiben, die sich lediglich auf die Gestaltung der Säulenschäfte stützt.

---

[76] Heideloff, Triumphsäule (wie Anm. 30).

[77] Donnersdorf, Pfarrarchiv Nr. 9924, 12902, 28364 und 23323.

[78] Die Angaben über Michael Hauk verdanke ich Heimatpfleger Raimund Vogt in Wonfort.

Abb. 1: Wiesentheid, Marienplatz mit Mariensäule

Abb. 2: Bartolomé Esteban Murillo, Immaculatda del coro,
1668–69, Sevilla, Museo de Bellas Artes

Abb. 3: Nürnberg, Germanischen Nationalmuseum, Madaille1429

Abb. 4: Michael Ostendorfer, Mariensäule in Regensburg, 1519

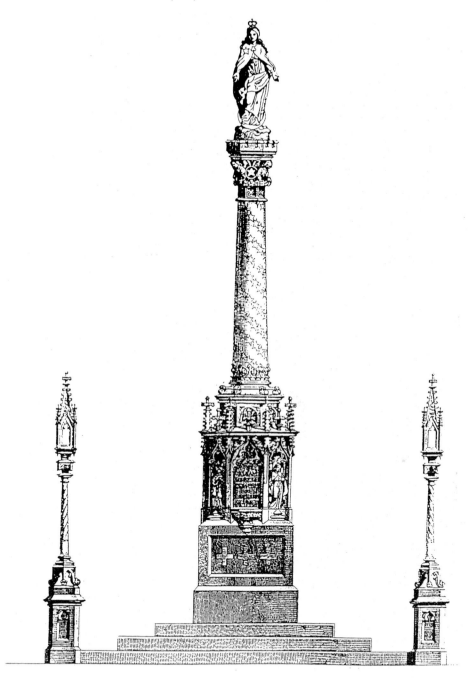

*Abb. 5: Philipp Walther, Triumpf-Säule der heiligen Jungfrau Maria in Wiesentheid,
1859*

Abb. 6: Wiesentheid, Marienstatue

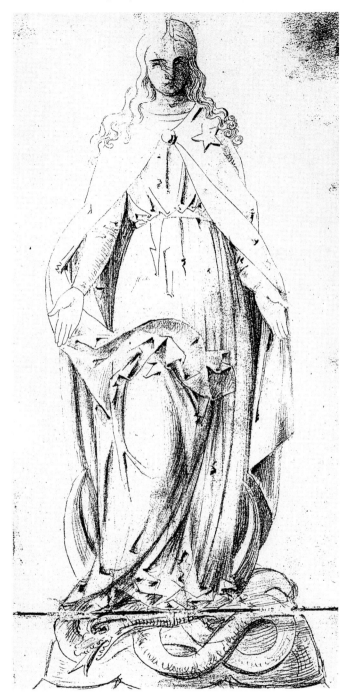

Abb. 7: Johann Josef Mayer, Skizzenbuch, Marienstatue

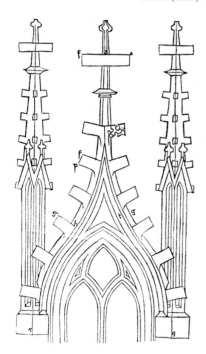

Abb. 8a: Matthias Roritzer, Büchlein von der Fialen Gerechtigkeit, 1486

Abb. 8b: Wiesentheid, Mariensäule

168

Abb. 9: Berthel Thorvaldsen, Frauen-kirche zu Kopenhagen, Christus, 1821

*Abb. 10: Mönchstockheim, Michael Hauck,
Mariensäule, 1861*

169

Werner Bätzing

Die Bevölkerungsentwicklung in den Regierungsbezirken Ober-, Mittel- und Unterfrankens im Zeitraum 1840–1999
2. Teil: Analyse auf der Ebene der Gemeinden

Der erste Teil der Darstellung der Bevölkerungsentwicklung 1840–1999 in Franken war der Analyse auf der Ebene der kreisfreien Städte und der Landkreise gewidmet, und er thematisierte darüberhinaus die Motivation dieser Analyse, die Methode, die Datengrundlage, die Gebietsabgrenzung, die gewählten Zeitschnitte sowie die Rahmenbedingungen für die Bevölkerungsentwicklung in den drei Zeiträumen.[1] Um die Vergleichbarkeit zwischen den verschiedenen Maßstabsebenen zu gewährleisten, wurde auch für die Analyse auf Gemeindeebene als jüngster Zeitpunkt der 31. Dezember 1999 gewählt.

Auf der Maßstabsebene der 731 fränkischen Gemeinden geht es bei dieser Analyse darum, Strukturänderungen bei der räumlichen Entwicklung Frankens im Übergang vom Agrar- zum Industrie- und später zum Dienstleistungszeitalter herauszuarbeiten. Dabei stehen die Leitfragen nach der Veränderung im Verhältnis Stadt-Land, die Entwicklung räumlicher Disparitäten sowie die Frage nach der Ausbildung von Problemräumen mit Bevölkerungsrückgängen im Zentrum. In diesem Rahmen ist es nicht möglich, auf Sonderentwicklungen oder gar auf einzelne Gemeinden einzugehen. Um dem Leser aber die Möglichkeit zu geben, „seine" Gemeinde besser im fränkischen Kontext positionieren zu können, wurden eine Reihe von Tabellen erarbeitet, in denen jeweils die Gemeinden mit dem stärksten Wachstum und Rückgang namentlich aufgeführt werden; dies soll auch dazu dienen, allgemeine Raumentwicklungen anhand bekannter Einzelfälle besser sinnlich-empirisch nachvollziehbar werden zu lassen.[2]

1. Der Zeitraum 1840–1939

1.1 Die Ausgangssituation im Jahr 1840

Im Jahr 1840 leben in den drei fränkischen Regierungsbezirken 1.572.982 Personen, was bei 731 Gemeinden eine durchschnittliche Zahl von 2.152 Personen pro Gemeinde ergibt. Tabelle 1 zeigt die Verteilung nach Einwohnergrößenklassen im Jahr 1840. Mit sehr großem Abstand steht die Größenklasse 1.000 bis 4.999 Einwohner an der Spitze (464 Gemeinden = 63 %), gefolgt von den Gemeinden mit weniger als 1.000 Einwohnern (223 Gemeinden = 31 %), während die Gemeinden mit 5.000 und

---

[1] Dieser Teil erschien unter dem Titel Werner Bätzing, Die Bevölkerungsentwicklung in den Regierungsbezirken Ober-, Mittel- und Unterfranken im Zeitraum 1840–1999. 1. Teil: Analyse auf Ebene der kreisfreien Städte und der Landkreise im JfL 61, 2001, S. 183–226.

[2] Für den Unterricht an Schulen eröffnet dies die Möglichkeit, die Entwicklung der Gemeinde, in der die Schule liegt, in den großen Kontext der allgemeinen Entwicklung zu stellen und dann andere wichtige räumliche Entwicklungen am Beispiel von bekannten, typischen Einzelfällen zu thematisieren. Auf diese Weise kann die Verbindung zwischen konkretem Einzelfall und allgemeiner Entwicklung auf eine nachvollziehbare Weise hergestellt werden.

Tabelle 1: Einteilung der fränkischen Gemeinden im Jahr 1840 nach Einwohnergrößen-klassen (Zahl Gemeinden)*

	bis 999	1.000 – 4.999	5.000 – 9.999	10.000 – 19.999	20.000 und mehr	zus.
Oberfranken						
Städte			1	2	1	4
BA	8	27	1			36
BT	8	24	1			33
CO	4	13				17
FO	15	14				29
HO	4	20	3			27
KC	3	14	1			18
KU	8	13	1			22
LIF	2	7	2			11
WUN	2	12	3			17
Mittelfranken						
Städte			1	3	1	5
AN	11	44	3			58
ERH	11	14				25
FÜ	7	7				14
LAU	13	12	2			27
NEA	7	29	2			38
RH	2	13	1			16
WUG	7	17	3			27
Unterfranken						
Städte			1	1	1	3
AB	12	20				32
HAS	5	20				25
KG	7	17	2			26
KT	10	18	3			31
MSP	16	20	4			40
MIL	6	26				32
NES	19	18				37
SW	10	19				29
WÜ	26	26				52
Landkreise						
Oberfranken	54	144	12			210
Mittelfranken	58	136	11			205
Unterfranken	111	184	9			304
Landkreise	223	464	32			719
kreisfreie Städte			3	6	3	12
Franken	223	464	35	6	3	731

* Im folgenden werden die Landkreise mit ihrem Kfz-Kennzeichen abgekürzt.
AB = Aschaffenburg; AN = Ansbach; BA = Bamberg; BT = Bayreuth; CO = Coburg; ERH = Erlangen-Höchstadt; FO = Forchheim; FÜ = Fürth; HA = Hassfurt; HO = Hof; KC = Kronach; KG = Bad Kissingen; KT = Kitzingen; KU = Kulmbach; LAU = Nürnberg- Land; LIF = Lichtenfels; MIL = Miltenberg; MSP = Main-Spessart; NEA = Neustadt an der Aisch; NES = Bad Neustadt an der Saale; RH = Roth; SW = Schweinfurt; WÜ = Würzburg; WUG = Weißen-burg; WUN = Wunsiedel.

mehr Einwohnern (44 Gemeinden = 6%) quantitativ kaum ins Gewicht fallen. Da diese Daten gebietsstandsbereinigt sind und die Gebietsreform von 1972–1978 berücksichtigen, sind die Daten der damaligen Gemeinden noch niedriger.

Damit dominieren in Franken vor dem Beginn der Industrialisierung eher kleine Gemeinden. Und wenn man berücksichtigt, dass Franken „eine vergleichsweise städtereiche historische Landschaft" mit „über 300 Städten und Märkten" beziehungsweise 126 historischen Städten (Stand Ende 15. Jahrhundert) darstellt,[3] dann wird deutlich, dass auch die Marktorte und Städte relativ klein sind. Als „große" Gemeinden können die elf Städte mit mehr als 9.000 Einwohnern bezeichnet werden, und unter ihnen fallen Würzburg (32.762 Einwohner) und Nürnberg (61.973 Einwohner) ganz besonders ins Auge, weil sie sich mit ihrer Größe deutlich von allen anderen Gemeinden unterscheiden.

Tabelle 2 zeigt die Bevölkerungsverteilung nach Größenklassen im Jahr 1840 in Bezug auf den Anteil an der Zahl der Gemeinden und an der Gesamtbevölkerung. Die

Tabelle 2:

Die Verteilung der Bevölkerung Frankens im Jahr 1840 nach Einwohnergrößenklassen der Gemeinden

	bis 999	1.000 – 4.999	5.000 – 9.999	10.000 – 19.999	20.000 und mehr	zus.
Landkreise						
Oberfranken	26 %	68 %	6 %	-	-	100 %
	8 %	74 %	18 %	-	-	100 %
Mittelfranken	28 %	66 %	5 %	-	-	100 %
	10 %	72 %	18 %	-	-	100 %
Unterfranken	36 %	61 %	3 %	-	-	100 %
	17 %	72 %	11 %	-	-	100 %
Landkreise	31 %	64,5 %	4,5 %	-	-	100 %
	12 %	72,6 %	15,4 %			100 %
Kreisfreie Städte	-	-	25 %	50 %	25 %	100 %
			11 %	40 %	49 %	100 %
Franken	30,5 %	63,5 %	5,0 %	1 %	0,14 %	100 %
	10,2 %	61,5 %	14,7 %	6,2 %	7,4 %	100 %

Die obere Zeile bezieht sich auf den Anteil an der Zahl der Gemeinden (100 % = 731 Gemeinden für Franken), die untere Zeile auf den Bevölkerungsanteil (100 % = 1.572.982 Personen für Franken).

[3] Angaben nach: Wolfram Unger, Grundzüge der Städtebildung in Franken, in: Jahrbuch für fränkische Landesforschung 59, 1999, S. 57–85, die Zitate stammen von Seite 57 und 59.

Größenklasse 1.000 bis 4.999 Einwohner pro Gemeinde ist auch hinsichtlich der hier lebenden Bevölkerung erneut sehr dominant (61,5 % der Bevölkerung), während in den Gemeinden mit weniger als 1.000 Einwohnern nur 10 % der Bevölkerung Frankens leben. Die wenigen Gemeinden mit 5.000 und mehr Einwohnern stellen aber 28 % der Bevölkerung und machen damit deutlich, welche Bedeutung in dieser Zeit bereits den größeren Städten zukommt.

Der Vergleich im ländlichen Raum der drei Regierungsbezirke zeigt wichtige regionale Unterschiede: Unterfranken besitzt überproportional viele kleine Gemeinden, in denen vergleichsweise viele Menschen leben, und relativ wenig Gemeinden mit 5.000 und mehr Einwohnern. Und Oberfranken ist eher durch große Gemeinden geprägt.

Diese Ausgangssituation dient für die Analyse der folgenden Zeitschnitte als Referenzwert, um so die ablaufenden Veränderungen besser sichtbar machen zu können.

1.2 Die Bevölkerungsveränderungen 1840–1939 nach Wachstums- und Einwohnergrößenklassen

Der Zeitraum von 1840 bis 1939 umfaßt die Phase der Industriegesellschaft, die durch ein sehr starkes Wachstum geprägt ist, das sich vornehmlich in den Städten konzentriert. Franken wächst in dieser Zeit um +71 %, wobei das Wachstum der kreisfreien Städte +322 % und das der Landkreise nur +26 % beträgt.

Tabelle 3 und die dazu gehörende Gemeindekarte schlüsseln die Bevölkerungsveränderung nach fünf Klassen auf: Die größte Klasse Kategorie D (265 oder 36 % der Gemeinden) umfasst die Gemeinden mit einem unterdurchschnittlichen Wachstum (bezogen auf den fränkischen Durchschnitt). Ein überdurchschnittliches Wachstum (Kategorie E) besitzen nicht nur die zwölf kreisfreien Städte, sondern insgesamt 105 Gemeinden; damit ist diese Entwicklung deutlich breiter abgestützt, als es auf der Ebene der kreisfreien Städte und Landkreise bislang sichtbar geworden war. Gleiches gilt für den Bevölkerungsrückgang, der auf Landkreisebene bisher nicht feststellbar war: 259 Gemeinden oder gut ein Drittel aller Gemeinden verlieren zwischen 1840 und 1939 Einwohner, davon 146 Gemeinden sogar mehr als 10 %. Damit wird dieses Thema für Franken sehr relevant.

Sieht man sich in Tabelle 3 die Landkreisergebnisse an, dann wird ein weiterer wichtiger Punkt sichtbar: Praktisch jeder Landkreis besitzt Gemeinden in *allen* Entwicklungsklassen! Lediglich dem Kreis Main-Spessart fehlt eine Gemeinde der Klasse E, und die Kreise Kronach, Lichtenfels und Aschaffenburg haben keine Gemeinden mit starkem Bevölkerungsrückgang. Bislang wurden die räumlichen Veränderungen durch den Prozess der Industrialisierung in der Literatur als Wachstum großräumiger Disparitäten dargestellt (starkes Wachstum Industriestädte/-gebiete, Rückgänge vor allem im peripheren ländlichen Raum), jetzt zeigen die fränkischen Gemeinden, dass diese gegenläufige Entwicklung sehr viel kleinräumiger abläuft!

Wenn Bevölkerungswachstum in der Phase der Industriegesellschaft in starkem Maße städtisch geprägt ist, dann müssten die Wachstumsraten mit der Gemeindegröße direkt ansteigen. Tabelle 4 zeigt, daß diese Hypothese zutrifft, dass es dabei aber eine wichtige Ausnahme gibt: Die kleinen Gemeinden (unter 1.000 Einwohner) wachsen deutlich stärker als die Gemeinden mit 1.000 bis 4.999 Einwohnern. Nimmt man die

Tabelle 3:

Die Bevölkerungsentwicklung in Franken 1840 – 1939 auf Gemeindeebene

| | A | B | C | D | E | |
	55-89 %	90-99 %	100-110 %	111-171 %	172-1.706 %	zus.
Oberfranken						
Städte	0	0	0	0	4	4
BA	6	8	5	14	3	36
BT	13	7	3	9	1	33
CO	2	2	0	6	7	17
FO	4	5	4	14	2	29
HO	6	3	1	15	2	27
KC	0	1	0	10	7	18
KU	5	5	4	6	2	22
LIF	0	2	2	4	3	11
WUN	3	0	1	8	5	17
Mittelfranken						
Städte	0	0	0	0	5	5
AN	16	18	11	11	2	58
ERH	6	0	7	8	4	25
FÜ	1	0	2	7	4	14
NEA	24	5	3	5	1	38
LAU	2	2	3	11	9	27
RH	1	2	6	6	1	16
WUG	10	6	3	7	1	27
Unterfranken						
Städte	0	0	0	0	3	3
AB	0	3	4	14	11	32
HAS	8	3	3	10	1	25
KG	7	7	3	7	2	26
KT	18	5	3	4	1	31
MSP	5	6	9	20	0	40
MIL	3	6	3	17	3	32
NES	2	10	10	14	1	37
SW	2	1	5	14	7	29
WÜ	2	6	7	24	13	52
Franken	146	113	102	265	105	731
	20 %	16 %	14 %	36 %	14 %	

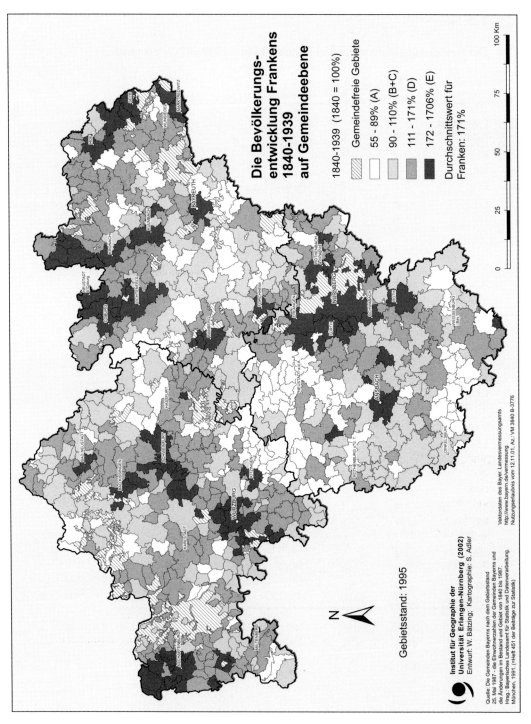

Tabelle 4:

Die Bevölkerungsentwicklung in Franken 1840 – 1939 nach Einwohnergrößenklassen im Jahr 1840

Einwohner- Größenklasse[1]	Bev. 1840	Bev. 1939	1840- 1939 in %	Zahl Gem.	Zahl Gem. in %	Zahl Gem.+	Zahl Gem.–	Zahl Gem. >171 %	Zahl Gem. > 300 %
1-999 (129-998)	161.108	227.144	141 %	223	30 %	172	51	42	9
1.000-4.999 (1.000-4.955)	966.288	1.153.719	119 %	464	64 %	261	203	44	7
5.000-9.999 (5.001-9.781)	231.584	419.745	181 %	35	5 %	30	5	10	2
10.000-19.999 (12.754-19.636)	97.347	289.764	298 %	6	1 %	6	0	6	2
20.000 und mehr (21.920-61.973)	116.655	609.633	523 %	3	0 %	3	0	3	2
Zusammen	1.572.982	2.700.005	171 %	731	100 %	472	259	105	22

[1] Die erste Zeile gibt die Größenklasse an, die zweite Zeile die jeweiligen Minimal- und Maximalwerte

sechs Ausnahmegemeinden heraus, die extrem stark wachsen (Wachstum von mehr als 2.000 Personen pro Gemeinde; dies sind Röthenbach/Pegnitz, Schwaig bei Nürnberg, Kahl am Main, Oberasbach, Feucht, Sennfeld), dann liegt das Wachstum dieser Größenklasse aber immer noch bei +28 % oder 128 %. Weiterhin ist auffällig, daß nur 51 von den 223 Gemeinden dieser Größenklasse Einwohner verlieren, daß 42 dieser Gemeinden ein überdurchschnittliches Wachstum aufweisen (Klasse E von Tabelle 3), und dass sogar neun Gemeinden ihre Einwohnerzahl mehr als verdreifachen.

Die Ursache für diese außergewöhnliche Entwicklung dürfte mit der Gemeinde- und Gebietsreform der 1970er Jahre zusammenhängen: Viele dieser ehemaligen Kleingemeinden sind in der folgenden Zeit so stark gewachsen, daß sie bei der Gebietsreform als eigenständige Gemeinde erhalten blieben, während viele ehemaligen Kleingemeinden ohne starkes Bevölkerungswachstum später mit anderen Orten beziehungsweise Gemeinden zusammengelegt wurden, um eine effektive Gemeindegröße zu erreichen. Daher handelt es sich hierbei nicht um eine Ausnahme von der vorgenannten Hypothese, sondern um eine Verzerrung der Datengrundlage durch die Gebietsreform.

1.3 Die Gemeinden mit dem stärksten Bevölkerungswachstum 1840–1939

In der Phase der Industriegesellschaft verzeichnen Gemeinden ein Wachstum, wenn sich auf dem Gemeindegebiet Industriebetriebe (Fabriken) oder Gewerbebetriebe neu ansiedeln oder bestehende Gewerbebetriebe stark wachsen – der große Arbeiterbedarf führt dann zu Zuwanderungen in die Gemeinde, wodurch die Einwohnerzahl erhöht wird. Ein starkes Wachstum des II. Wirtschaftssektors führt dann auch zu Impulsen im III. Wirtschaftssektor (Handel, Verkehr, öffentlich und private Dienstleistungen), die die wirtschaftliche und demographische Dynamik zusätzlich erhöhen; aber in dieser Phase bleibt ein Aufblühen des III. Wirtschaftssektors in der Regel an einen wachsenden II. Wirtschaftssektor gebunden. Ein räumliches Auseinanderfallen von Wohnen und Arbeiten in zwei verschiedene Gemeinden ist in dieser Phase äußerst selten und setzt in jedem Fall einen Eisenbahnanschluss voraus. Ein weiterer Wachstumsfaktor ist auch der ab 1880 entstehende Fremdenverkehr, der in Franken aber nur eine marginale Rolle spielt. Weiterhin gibt es einige indirekt mit der industriellen Entwicklung verbundene Wachstumsimpulse, indem manche Organisationen (zum Beispiel Kirchen) bestimmte neue überregionale Aufgaben bewußt in einem Ort im ländlichen Raum ansiedeln.

Um den Prozeß des Bevölkerungswachstums besser zu verstehen, betrachten wir gezielt die absoluten und die relativen Spitzenwerte.

Tabelle 5 zeigt alle 24 Gemeinden mit einem Wachstum von mehr als 5.000 Personen. Diese Darstellung macht eindrücklich deutlich, daß Bevölkerungswachstum in der Phase der Industriegesellschaft Städtewachstum ist: Auf Platz 1–11 stehen die kreisfreien Städte (Kategorie St; nur Schwabach folgt erst auf Platz 16), die zugleich die größten Gemeinden 1840 sind (Ausnahme Schweinfurt). Es folgen sechs Gemeinden (Kategorie I), die in den sechs oberfränkischen Landkreisen mit dezentraler industrieller Entwicklung liegen, sowie drei Gemeinden, die in unmittelbarer räumlicher Nachbarschaft einer stark wachsenden Industriestadt liegen (Kategorie S für suburbane industrielle Entwicklung), und drei Gemeinden, die die Funktion einer Kreisstadt im ländlichen Raum (Kategorie L) besitzen. Diese 24 Gemeinden erbringen 80 % des gesamten Bevölkerungswachstums von Franken zwischen 1840 und 1939, und es handelt sich bei ihnen um überdurchschnittlich große Gemeinden im Jahr 1840 (Ausnahmen nur Röthenbach/Pegnitz und Zirndorf).

Tabelle 6 stellt die 33 Gemeinden mit einem Wachstum von mehr als 250 % dar. Hier steht jetzt mit einem extremen Abstand die 1840 sehr kleine Gemeinde Röthenbach/Pegnitz an der Spitze, gefolgt von Schwaig, hinter dem dann auf Platz 3 und 4 die Städte Nürnberg und Schweinfurt folgen. Damit stehen selbst beim relativen Wachstum die Großstädte ganz vorn. Die Gemeinden von Tabelle 6, also die Spitzenreiter beim relativen Wachstum, sind zur Hälfte 16 Gemeinden in der unmittelbaren räumlichen Nachbarschaft einer stark wachsenden Industriestadt; davon liegen allein acht im Verdichtungsraum Nürnberg-Fürth-Erlangen (4x Nürnberg, 3x Fürth, 1x Erlangen), vier bei Aschaffenburg, das zusammen mit dem hessischen Hanau eine sehr dynamische Wachstumsregion darstellt, zwei bei Würzburg und je eine bei Schweinfurt und bei Hof. Ursache sind hier in der Regel industrielle Wachstumsimpulse aus der benachbarten Industriestadt, die bei der geringen Einwohnerzahl im Jahr 1840 zu besonders hohen relativen Wachstumsraten führen.

Tabelle 5:

Die Gemeinden mit einem absoluten Zuwachs von mehr als 5.000
Einwohnern im Zeitraum 1840–1939

Gemeinde		Bevölkerung 1840	1939	Wachstum	in %	Kategorie
1.	Nürnberg	61.973	433.381	371.408	699	St
2.	Würzburg	32.762	112.997	80.235	345	St
3.	Fürth	19.445	85.759	66.314	441	St
4.	Schweinfurt	7.766	49.302	41.536	635	St
5.	Bamberg	21.920	63.255	41.335	289	St
6.	Hof	9.781	47.095	37.314	481	St
7.	Aschaffenburg	14.228	48.042	33.814	338	St
8.	Bayreuth	19.636	47.731	28.095	243	St
9.	Coburg	12.754	36.681	23.927	288	St
10.	Erlangen	15.495	39.217	23.722	253	St
11.	Ansbach	15.789	32.334	16.545	205	St
12.	Selb, GKSt	6.141	17.637	11.496	287	I
13.	Bad Kissingen, GKSt	4.639	15.724	11.085	339	L
14.	Kulmbach, GKSt	9.159	20.128	10.969	220	I
15.	Marktredwitz, GKSt	5.681	15.748	10.067	277	I
16.	Schwabach	8.507	17.612	9.105	207	St
17.	Forchheim, GKSt	4.794	13.883	9.089	290	L
18.	Kitzingen, GKSt	6.957	16.034	9.077	230	L
19.	Neustadt b.Coburg,GKSt	4.327	13.131	8.804	303	I
20.	Lichtenfels, St	8.061	15.825	7.764	196	I
21.	Röthenbach/Pegnitz, St	439	7.491	7.052	1.706	S
22.	Zirndorf, St	2.668	9.010	6.342	338	S
23.	Kronach, St	7.528	13.239	5.711	176	I
24.	Lauf a.d.Pegnitz, St	6.066	11.431	5.365	188	S

Kategorie:
St = Kreisfreie Stadt
I = Dezentrale industrielle Entwicklung
L = Kreisstadt im ländlichen Raum
S = Suburbane industrielle Entwicklung
1840 = 100%
Die Gemeindenamen werden mit ihrem amtlichen Namenszusatz zitiert:
St = Stadt, GKSt = Große Kreisstadt, M = Markt

An zweiter Stelle folgen die kreisfreien Städte (neun Gemeinden), also größere und
Großstädte, die sowohl absolut als auch relativ sehr stark durch Industrieansiedlungen
wachsen, die also für die „klassische" industrielle Entwicklung stehen. Weiterhin finden sich in Tabelle 6 fünf Gemeinden, die für die dezentrale industrielle Entwicklung
im ländlichen Raum Oberfrankens stehen; allerdings wird diese Entwicklung in den
Tabellen 5 und 6 nicht so deutlich sichtbar wie auf Landkreisebene.[4] Und schließlich
finden sich zwei Kreisstädte im ländlichen Raum (Bad Kissingen und Forchheim) und

---

[4] Siehe dazu den 1. Teil dieses Textes auf S. 197–200.

Tabelle 6:

Die Gemeinden mit einem relativen Zuwachs von mehr als 250 % im Zeitraum 1840-1939

	Gemeinde	Kreis	Bevölkerung		in %	Kategorie
			1840	1939		
1.	Röthenbach/Pegnitz, St	LAU	439	7.491	1.706	Sub. N
2.	Schwaig b.Nürnberg	LAU	527	3.874	735	Sub. N
3.	Nürnberg	-	61.973	433.381	699	St
4.	Schweinfurt	-	7.766	49.302	635	St
5.	Kahl a.Main	AB	550	3.287	598	Sub. AB
6.	Oberasbach, St.	FÜ	575	2.928	509	Sub. FÜ
7.	Hof	-	9.781	47.095	481	St
8.	Fürth	-	19.445	85.759	441	St
9.	Feucht, M	LAU	824	3.456	419	Sub. N
10.	Stein, St	FÜ	1.480	5.410	366	Sub. FÜ
11.	Sennfeld	SW	848	2.986	352	Sub. SW
12.	Würzburg	-	32.762	112.997	345	St
13.	Bad Kissingen, GKSt	KG	4.639	15.724	339	L
14.	Aschaffenburg	-	14.228	48.042	338	St
15.	Zirndorf, St	FÜ	2.668	9.010	338	Sub. FÜ
16.	Karlstein a.Main	AB	1.000	3.343	334	Sub. WÜ
17.	Buckenhof	ERH	139	454	327	Sub. ER
18.	Reichenbach	KC	317	1.013	320	I
19.	Schönwald, St	WUN	1.138	3.543	311	I
20.	Rückersdorf	LAU	544	1.689	310	Sub. N
21.	Neustadt b.Coburg,GKSt	CO	4.327	13.131	303	I
22.	Goldbach, M	AB	1.480	4.481	303	Sub. AB
23.	Mainaschaff	AB	818	2.447	299	Sub. AB
24.	Forchheim, GKSt	FO	4.794	13.883	290	L
25.	Bamberg	-	21.920	63.255	289	St
26.	Coburg	-	12.754	36.681	288	St
27.	Dörfles-Esbach	CO	176	507	288	Sub. CO
28.	Selb, GKSt	WUN	6.141	17.637	287	I
29.	Neuendettelsau	AN	1.369	3.875	283	D
30.	Haibach	AB	1.243	3.454	278	Sub. AB
31.	Marktredwitz, GKSt	WUN	5.681	15.748	277	I
32.	Höchberg, M	WÜ	1.121	3.008	268	Sub. WÜ
33.	Erlangen	-	15.495	39.217	253	St

Kategorie:

St = Kreisfreie Stadt

Sub. = Suburbane industrielle Entwicklung (mit Angabe des jeweiligen Zentrums)

I = Dezentrale industrielle Entwicklung (Oberfranken)

L = Kreisstadt im ländlichen Raum

D = Ländlich-dezentrale Entwicklung

1840 = 100%

die ländliche Gemeinde Neuendettelsau, deren Entwicklung auf einen Sonderfaktor (kirchlicher Standort) zurückgeht. Die letzten drei Gemeinden machen deutlich, daß es auch im ländlichen Raum extreme Wachstumsgemeinden gibt.

Um zu überprüfen, wie sich die Kreisstädte der Altlandkreise (der Landkreise vor der Gebietsreform, Gebietsstand 1952), also die historischen Zentralen Orte der untersten Stufe, entwickeln, wurden die entsprechenden 44 Gemeinden (ohne kreisfreie Städte) gesondert untersucht: 13 von ihnen weisen ein überdurchschnittliches Wachstum auf (größer als 171%), 20 ein unterdurchschnittliches Wachstum (119 bis 165%), 7 ein geringes Wachstum (105–113%) und vier Gemeinden (Hammelburg, Ebern, Feuchtwangen, Dinkelsbühl) verlieren sogar Einwohner (96–94%). Damit verhalten sich die Kreisstädte der Altlandkreise in Bezug auf die Industrialisierung „diffus" – sie decken fast die gesamte Bandbreite der möglichen Bevölkerungsentwicklung – mit Ausnahme des starken Rückgangs – ab, und diese Funktion besitzt daher keinen Erklärungswert.

Damit lassen sich folgende Ursachen für das starke Bevölkerungswachstum in der Phase der Industriegesellschaft festhalten (Reihung nach Gewichtung): 1. Das Wachstum der größeren und der Großstädte, das der oft beschriebenen „klassischen" industriellen Entwicklung entspricht. 2. Das Wachstum von kleinen Gemeinden im Umfeld von dynamischen Industriestädten, das als eine Art von Suburbanisation bezeichnet werden kann, weil es von der Nähe zur großen Industriestadt (wirtschaftliche Verflechtung) abhängig ist und das in der Literatur bislang kaum thematisiert wurde. 3. Das Wachstum von ländlichen Industriegemeinden in sechs oberfränkischen Landkreisen, das dem Typ „dezentrale Industrialisierung" entspricht. 4. Das Wachstum von Gemeinden im ländlichen Raum Frankens in eher zentrenferner Lage, das bislang in systematischer Perspektive übersehen und nur in Lokalmonographien dargestellt wurde.

Um die Karte „Die Bevölkerungsentwicklung Frankens 1840–1939 auf Gemeindeebene" angemessen zu verstehen, ist es wichtig, auch die Eisenbahnerschließung anzusprechen. Eine erfolgreiche industrielle Entwicklung ist nur möglich, wenn die betreffende Gemeinde an das Eisenbahnnetz angeschlossen ist. Dies läßt sich signifikant daran zeigen, dass alle Gemeinden mit überdurchschnittlichem Wachstum (Kategorie E) einen Eisenbahnanschluss besitzen, wie der Vergleich mit der Karte „Das Eisenbahnnetz in Franken 1926" beweist. Und auch der dezentral-industriell geprägte Raum in Oberfranken besitzt zahlreiche Eisenbahnlinien, ohne die er sich nicht hätte entwickeln können.[5] Aber andererseits gilt ebenfalls, dass der Eisenbahnanschluß nur eine hinreichende, aber keinesfalls eine notwendige Ursache für ein Bevölkerungswachstum darstellt, wie der Kartenvergleich schnell deutlich macht. Und dies gilt ganz besonders für die zahlreichen Nebenbahnen, die ab 1880 entstehen; da sie häufig kostensparend gebaut werden und deshalb relativ langsam sind, erfüllen sie oft die in

---

[5] Siehe dazu im Detail: Martina Wurzbacher, Der Eisenbahnbau und seine Folgen für die oberfränkische Textilindustrie, dargestellt am Beispiel ausgewählter Firmenmonographien des Raumes Hof, in: Bericht des Nordoberfränkischen Vereins für Natur-, Geschichts- und Landeskunde 41, 1999, S. 23–78.

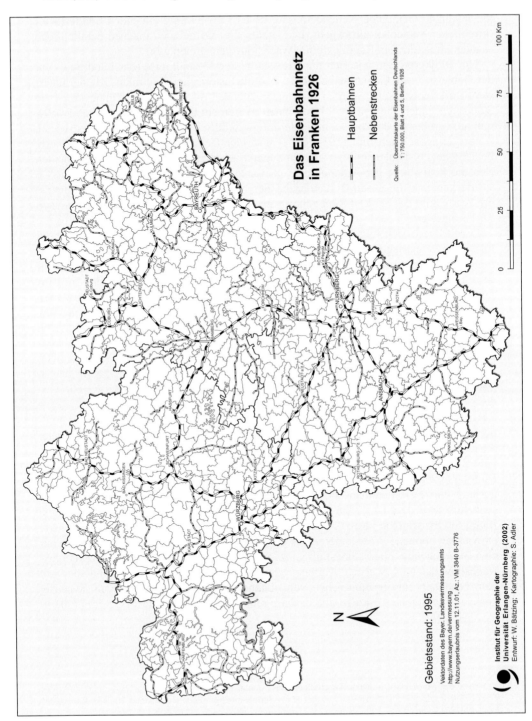

Tabelle 7:

Starke Wachstumsräume 1840-1939 („Industriegebiete")

	Name	Zahl Gem.	Fläche in km²	Bev. 1840	Bev. 1939	1840-1939 in %
1.	Nürnberg	19	728	141.543	668.828	472 %
2.	Würzburg	14	257	44.446	137.262	309 %
3.	Aschaffenburg	12	274	33.568	92.843	277 %
4.	Coburg - Lichtenfels	11	344	35.209	86.881	247 %
5.	Hof – Selb	5	240	23.270	80.646	347 %
6.	Schweinfurth	8	262	20.721	75.146	363 %
7.	Bamberg	4	81	24.715	68.411	277 %
8.	Kronach – Kulmbach	8	324	25.383	50.430	199 %
9.	Marktredwitz	3	93	10.578	24.560	232 %
9	Räume	84	2.603	359.433	1.285.007	357 %

= 80 % aller E-Gemeinden
= 11 % aller Gemeinden Frankens
= 11 % der Fläche Frankens
= 23 % der Bevölkerung 1840
= 48 % der Bevölkerung 1939
= 82 % des Bevölkerungszuwachses 1840-1939

Definition: Gemeinden mit überdurchschnittlichem Bevölkerungswachstum 1840-1939 (Kategorie E), die räumlich direkt miteinander verbunden sind (mindestens drei Gemeinden). Reihenfolge nach Einwohnerzahl 1939.

sie gesetzten wirtschaftlichen Erwartungen nicht oder nur auf eher bescheidene Weise.[6]

Betrachtet man auf diesem Hintergrund die Karte mit dem Bevölkerungswachstum 1840–1939, dann fällt auf, dass die Gemeinden mit einem überdurchschnittlichen Bevölkerungswachstum (Kategorie E) räumlich meist zusammenhängen. Tabelle 7 fasst diese Gemeinden zu „Industriegebieten" zusammen, sofern sie mindestens drei räumlich nebeneinander liegende Gemeinden umfassen. Als Ergebnis entstehen neun Räume mit einem starken Wachstum, die 82 % des Bevölkerungszuwachses in der Zeit von 1840 bis 1939 umfassen. Mit sehr großem Abstand dominiert der Raum Nürnberg-Fürth-Erlangen, gefolgt von den Räumen Würzburg, Aschaffenburg und (etwas weiter hinten) Schweinfurt und Bamberg, während die übrigen vier Räume auf die dezentrale industrielle Entwicklung in Oberfranken zurückgehen. Die restlichen 25 Gemeinden der Kategorie E verteilen sich dezentral im ländlichen Raum und sind hier für punktuelle Entwicklungsimpulse verantwortlich. Damit verteilen sich diejenigen Gemeinden, die ziemlich eindeutig für wirtschaftliche Impulse im Kontext der indu-

[6] Als exemplarisches Beispiel siehe die Geschichte der Nebenbahn Erlangen-Gräfenberg (1886–1963): Günther Klebes/Friedemann Kliesch-Brandes, Die Seekuh – die Geschichte der Lokalbahn von Erlangen nach Gräfenberg, Erlangen 1988.

striellen Entwicklung stehen, nämlich die Gemeinden der Kategorie E, mit einer ausgeprägten Regelhaftigkeit im fränkischen Raum.

1.4 Die Gemeinden mit dem stärksten Bevölkerungsrückgang 1840–1939

In der Phase der Industrialisierung verlassen zuerst die bäuerlichen Unterschichten und das Gesinde den ländlichen Raum, gefolgt ab 1880 von den Eigentümern der landwirtschaftlichen Zwerg- und Kleinstbetriebe. Zugleich gerät das traditionelle ländliche Handwerk und Gewerbe durch die Konkurrenz der Industrieprodukte immer mehr in die Krise, was zum Zusammenbruch führt, falls es nicht gelingt, diesen Betrieben durch eine Neuausrichtung im Rahmen der Industrieproduktion eine Zukunft zu geben. Verstärken sich die negativen Effekte in Landwirtschaft und Gewerbe wechselseitig, dann werden davon auch die traditionellen Dienstleistungsfunktionen (Markt, Handel, Verwaltung) in Mitleidenschaft gezogen, so daß auch hier Arbeitsplätze verloren gehen, was die Abwanderung zusätzlich fördert. Gemeinden ohne neue gewerbliche oder industrielle Wirtschaftsimpulse verlieren deshalb in dieser Phase Einwohner.

Kennzeichnend für die Industriegesellschaft sind daher starke Migrationen vom Land in die Industriestädte und -gemeinden. Da aber der Geburtenüberschuß in dieser Zeit auf dem Land besonders hoch ausfällt, können die Migrationsverluste dadurch wenigstens teilweise kompensiert werden. Hinzu kommt, daß auf dem Lande in dieser Zeit eine erhebliche Anzahl von Handwerks- und Gewerbebetrieben in dezentraler Lage sich neu strukturieren oder neu entstehen.[7] Beides führt dazu, daß der ländliche Raum in Franken nicht großflächig Bevölkerung verliert.

Aufschlussreich ist dabei noch das Ergebnis einer Migrationsanalyse für Mittelfranken aus dem Jahr 1940, die zum Ergebnis kommt, daß die Abwanderung aus dem ländlichen Raum in der Zeit zwischen 1880 und 1933 zuerst nur bis zu den nächstgelegenen Fabriken in den Kleinstädten, Marktorten und Dörfern in der Nähe der großen Industriestädte und erst in einem zweiten, späteren Schritt in diese selbst führt.[8] Dies läßt das starke Wachstum einiger Kreisstädte (Typ L in Tabelle 5 und 6) und vor allem der kleinen Gemeinden in direkter Nachbarschaft einer großen Industriestadt (Typ S in Tabelle 5 und 6) verständlich werden.

Wenn wir jetzt die Gemeinden mit Bevölkerungsrückgang im Zeitraum von 1840 bis 1939 näher betrachten, so handelt es sich also um Gemeinden ohne neue Wirtschaftsimpulse. Diese 259 Gemeinden (36 % aller fränkischen Gemeinden) sind nach Tabelle 4 zu 78 % Gemeinden, die 1840 zwischen 1.000 und 4.999 Einwohner zählen, und nur zu 20 % Kleingemeinden mit weniger als 1.000 Einwohnern. Aber immerhin sind auch fünf Gemeinden der Größenklasse 5.000 bis 9.999 Einwohner dabei.

---

[7] Während in Teilen Oberfrankens und in einigen anderen Regionen in Deutschland diese Entwicklung zur Herausbildung von ländlichen Industrieregionen führt (Voraussetzungen: starke gewerbliche Tradition und Mentalität, Bildung von regionalen Netzwerken, Eisenbahnanschluss und ähnliches), bleiben diese Impulse im übrigen ländlichen Raum punktuell und isoliert, sind aber doch so zahlreich, dass sich der ländliche Raum dadurch nicht großflächig entsiedelt. Siehe dazu Gerhard Henkel, Der ländliche Raum, Stuttgart/Leipzig 1999[3], S. 186: „Für viele Teile Deutschlands, so Bayern und Baden-Württemberg, wird sogar von einer Blütezeit des dörflichen Handwerks gesprochen."

[8] Karl Seiler/Walter Hildebrandt, Die Landflucht in Franken, Leipzig 1940, S. 30.

Tabelle 8:

Die Gemeinden mit einem Bevölkerungsrückgang von mehr als 26% im Zeitraum 1840-1939

Gemeinde	Kreis	Bevölkerung		in %
		1840	1939	
1. Guttenberg	KU	1.113	611	55
2. Rüdenhausen, M	KT	910	542	60
3. Rothenfels, St	MSP	1.557	955	61
4. Willmars	NES	1.022	654	64
5. Gerhardshofen	NEA	1.730	1.124	65
6. Motten	KG	1.960	1.313	67
7. Wilhelmsdorf	NEA	854	579	68
8. Mühlhausen, M	AN	1.551	1.074	69
9. Gutenstetten	NEA	1.415	972	69
10. Weißdorf	HO	1.724	1.203	70
11. Grafengehaig, M	KU	2.169	1.517	70
12. Gnotzheim, M	WUG	984	688	70
13. Heidenheim, M	WUG	3.314	2.306	70
14. Unterschwaningen	AN	1.244	866	70
15. Emtmannsberg	BT	1.389	1.004	72
16. Pretzfeld, M	FO	2.231	1.617	72
17. Plech, M	BT	1.205	874	73
18. Mönchsroth	AN	1.159	844	73
19. Uehlfeld, M	NEA	2.583	1.897	73
20. Abtswind, M	KT	861	625	73
21. Castell	KT	1.105	810	73
22. Vestenbergsgreuth, M	ERH	1.685	1.231	73

1840 = 100%

Tabelle 8 zeigt die 22 Gemeinden, die mehr als 26% ihrer Einwohner verlieren, die also durch den Rückgang von Landwirtschaft und Handwerk/Gewerbe sehr deutlich demographisch, wirtschaftlich und politisch entwertet werden. Sie liegen meist in peripherer Lage und abseits der großen Eisenbahnlinien, und sie häufen sich in den Landkreisen Neustadt an der Aisch, Ansbach und Kitzingen (zehn Gemeinden).

Tabelle 9 zeigt die 20 Gemeinden, die jeweils mehr als 600 Einwohner verlieren, und es ist kein Zufall, daß diese Gemeinden 1840 deutlich mehr Einwohner besitzen als die Gemeinden der Tabelle 8. Mit Tabelle 9 werden eine Reihe von Marktorten und Gemeinden mit einer gewissen historischen zentralörtlichen Funktion auf der untersten Ebene erfaßt; ihr Bevölkerungsrückgang beruht auf Verlusten im I. und II. Wirtschaftssektor, die auch den III. Wirtschaftssektor negativ beeinflussen.

Tabelle 9:

Gemeinden, die zwischen 1840 und 1939 mehr als 600 Einwohner verlieren

	Gemeinde	Kreis	Bevölkerung		Rückgang
			1840	1939	
1.	Heidenheim, M	WUG	3.314	2.306	-1.008
2.	Creußen, St	BT	4.293	3.342	-951
3.	Prichsenstadt, St	KT	3.722	2.903	-819
4.	Markt Erlbach, M	NEA	3.517	2.734	-783
5.	Scheßlitz, St	BA	5.805	5.054	-751
6.	Wildflecken, M	KG	3.079	2.332	-747
7.	Amorbach, St	MIL	3.614	2.884	-730
8.	Wassertrüdingen, St	AN	4.395	3.669	-726
9.	Sugenheim, M	NEA	2.801	2.103	-698
10.	Iphofen, St	KT	4.164	3.467	-697
11.	Burghaslach, M	NEA	2.706	2.013	-693
12.	Uehlfeld, M	NEA	2.583	1.897	-686
13.	Hartmannsroth	KG	2.936	2.264	-672
14.	Grafengehaig, M	KU	2.169	1.517	-652
15.	Motten	KG	1.960	1.313	-647
16.	Ehingen	AN	2.661	2.027	-634
17.	Konradsreuth	HO	3.301	2.673	-628
18.	Pretzfeld, M	FO	2.231	1.617	-614
19.	Gerhardshofen	NEA	1.730	1.124	-606
20.	Rothenfels, St	MSP	1.557	955	-602

Um festzustellen, bis zu welcher Einwohnergröße Gemeinden im Prozeß der Industrialisierung demographisch und wirtschaftlich entwertet werden können, wurde Tabelle 10 erarbeitet. Das Ergebnis besagt, daß eine Gemeinde in Franken im Jahr 1840 mindestens 8.400 Einwohner besitzen muß, um anschließend keinen Bevölkerungsrückgang zu erleiden: Ab dieser Einwohnergröße ist ihre Wirtschaftskraft offenbar so bedeutend, daß sie im Prozess der Industrialisierung wenigstens so viele Gewerbebetriebe oder Fabriken anziehen und ansiedeln kann, daß dadurch die Verluste in den traditionellen Wirtschaftsbereichen mindestens kompensiert werden. Interessanterweise liegt dieser Schwellenwert von 8.400 Personen in einer ähnlichen Größenordnung wie im Alpenraum (Basis: 6.200 Gemeinden in sieben Staaten): Hier muss eine Gemeinde im Jahr 1870 mindestens 10.000 Einwohner besitzen, um anschließend ei-

Tabelle 10:

Gemeinden mit mehr als 4.000 Einwohnern 1840, die bis 1939 Einwohner verlieren

	Gemeinde	Kreis	Bevölkerung		Rückgang
			1840	1939	
1.	Hammelburg, St	KG	8.360	7.825	-535
2.	Feuchtwangen, St	AN	7.636	7.311	-325
3.	Scheßlitz, St	BA	5.805	5.054	-751
4.	Volkach, St	KT	5.605	5.537	-68
5.	Thalmässing, M	LAU	4.842	4.296	-546
6.	Gefrees, St	BT	4.742	4.181	-561
7.	Leutershausen, St	AN	4.502	4.356	-146
8.	Wassertrüdingen, St	AN	4.395	3.669	-726
9.	Maroldsweisach, M	HAS	3.330	3.068	-262
10.	Bischofsheim/Rhön, St	NES	4.296	4.077	-219
11.	Creußen, St	BT	4.293	3.342	-951
12.	Weidenberg, M	BT	4.221	3.348	-873
13.	Ebern, St	HAS	4.219	3.957	-262
14.	Iphofen, St	KT	4.164	3.467	-697
15.	Hollfeld, St	BT	4.093	3.892	-201
16.	Pottenstein, St	BT	4.005	3.894	-111

nen Bevölkerungsrückgang auszuschließen.[9] Das stark städtisch geprägte Bevölkerungswachstum der Industriegesellschaft bevorzugt also eindeutig Gemeinden mit einer gewissen Größenordnung zu Beginn der Industrialisierung.

Im 1. Teil dieses Artikels wurde festgestellt, dass alle historischen Zentralen Orte erster Ordnung – die heutigen kreisfreien Städte – im Kontext der Industrialisierung ein starkes Bevölkerungswachstum verzeichnen,[10] so daß wir diesbezüglich eine wichtige räumliche Kontinuität zwischen Agrar- und Industriegesellschaft feststellen können, die erheblich dafür verantwortlich ist, daß sich in Franken keine großräumigen Disparitäten im Kontext der Industrialisierung ausbilden.

Tabelle 10 und 9 machen jetzt aber deutlich sichtbar, daß diese Aussage nicht für das Netz der historischen Zentralen Orte der untersten Stufe (Hauptorte der Altlandkreise, Kleinstädte und Marktorte im ländlichen Raum) zutrifft: Diese Gemeinden verlieren nicht nur Einwohner, sondern damit zugleich auch Wirtschaftskraft und zentralörtliche Funktion. Dadurch wird das recht kleinmaschige Netz der historischen

[9] Werner Bätzing, Der sozio-ökonomische Strukturwandel des Alpenraumes im 20. Jahrhundert, Bern 1993, S. 71.
[10] Wie Anm. 1, S. 195.

Tabelle 11:

Die Problemregion Westmittelfranken

Landkreise	Zahl Gemeinden:	Kat. A	B/ C
AN		16	29
ERH		6	2
NEA		24	8
RH		0	3
WUG		7	4
BA		2	7
HAS		0	1
SW		2	2
KT		15	4
		72	60

132 Gem. = 37 % der Gem. A/ B/ C, = 18 % aller Gemeinden Frankens
Kat. A, B, C: siehe Tabelle 3 (= Problemgemeinden)
Gemeinden: räumlich zusammenhängende Problemgemeinden im Raum
Westmittelfranken sowie in den angrenzenden Nachbarräumen.

Zentralen Orte der untersten Stufe in einigen Teilregionen Frankens deutlich weitmaschiger, wodurch sich Ansätze zu großräumigen Disparitäten herauszubilden beginnen.

Untersucht man die räumliche Verteilung der Gemeinden mit Bevölkerungsrückgang in Franken, dann stellt man fest, daß sie sich einerseits auf sehr viele Regionen verteilen, daß sie sich andererseits aber stark in Westmittelfranken und dem angrenzenden Unterfranken konzentrieren (Tabelle 11). Hier entsteht also eine großräumige Passivregion, die auf Landkreisebene noch nicht sichtbar war und die erst auf Gemeindeebene faßbar wird. Es dürfte sich bei ihr um die größte Region mit Bevölkerungsrückgang im gesamten damaligen Deutschen Reich handeln.[11] Dies unterstreicht die Notwendigkeit der Gemeindeebene bei der Analyse der räumlichen Veränderungen durch den Prozeß der Industrialisierung.

Während die Industrialisierung in vielen Staaten Europas (Großbritannien, Frankreich, Italien, Spanien) zur Ausbildung von großräumigen Disparitäten zwischen dynamischen flächenkleinen Industriegebieten und flächengroßen ländlichen Räumen mit Entvölkerung führt, ist die fränkische Entwicklung durch die Entstehung von

---

[11] Siehe Seiler/Hildebrandt, Landflucht (wie Anm. 8), S. 24. Ergänzend dazu Bätzing, Bevölkerungsentwicklung 1 (wie Anm. 1), S. 197 mit Anm. 21.

kleinräumigen Disparitäten geprägt, die nur im Raum Westmittelfranken einen groß-räumigen Charakter annehmen.

1.5 Veränderungen der Einwohnerstruktur 1840–1939

Als Fortschreibung von Tabelle 2 bringt Tabelle 12 die Verteilung der Bevölkerung im Jahr 1939 nach Einwohnergrößenklassen, und Tabelle 13 vergleicht die Situation 1840 mit der von 1939. Grundlage dieser Auswertung sind die Gemeinden, die zum *jeweiligen Zeitpunkt* in die fünf Größenklassen fallen (es sind teilweise nicht die gleichen Gemeinden). Es handelt sich damit nicht um eine Analyse der Dynamik von Gemeinden, sondern um einen Strukturvergleich zwischen der Größenstruktur der Gemeinden 1840 und 1939.

Was die Zahl der Gemeinden betrifft, so verschiebt sich die Gemeindestruktur in Richtung größerer Größenklassen: Nur die Zahl der Gemeinden mit weniger als 1.000 Einwohner geht zurück, und in allen anderen Größenklassen wächst die Zahl der Gemeinden; allerdings sind die Werte bezogen auf die Gesamtzahl der fränkischen Gemeinden sowohl absolut wie relativ eher bescheiden.

Ganz anders fällt jedoch das Ergebnis aus, wenn man den Bevölkerungsanteil in den jeweils betroffenen Gemeinden auswertet: Obwohl nur die Zahl der Personen, die

Tabelle 12:

Die Verteilung der Bevölkerung Frankens im Jahr 1939 nach Einwohnergrößenklassen der Gemeinden

	bis 999	1.000-4.999	5.000-9.999	10.000-19.999	20.000 und mehr
Landkreise					
Oberfranken	18 %	71,5 %	6 %	4 %	0,5 %
	5 %	58 %	15 %	19 %	3 %
Mittelfranken	27 %	65 %	7 %	1 %	-
	9 %	61 %	25 %	5 %	-
Unterfranken	29 %	64 %	6 %	1 %	-
	11 %	63 %	19 %	7 %	-
Landkreise	25 %	66 %	6 %	2 %	0,3 %
	8,3 %	60,8 %	19,2 %	10,4 %	1,2 %
kreisfreie Städte	-	-	-	8 %	92 %
				2 %	98 %
Franken	25 %	65 %	6 %	2 %	2 %
	5,2 %	38,0 %	12,0 %	7,2 %	37,6 %

Die obere Zeile bezieht sich auf den Anteil an der Zahl der Gemeinden (100 % = 731 Gemeinden für Franken), die untere Zeile auf den Bevölkerungsanteil (100 % = 2.700.005 Personen für Franken).

Tabelle 13:

Vergleich der Bevölkerungsverteilung Frankens nach Einwohnergrößenklassen im Jahr 1840 und 1939

	bis 999	1.000 – 4.999	5.000 – 9.999	10.000 – 19.999	20.000 und mehr
Landkreise					
Zahl Gem.	-42	+14	+14	+13	+1
Anteil Gem.	-6 %	+1,5 %	+1,5	+2 %	+0,1 %
Zahl Pers. *	-20	+60	+119	+176	+20
Anteil Bev. [+]	-3,7 %	-11,8 %	+3,8 %	+10,4 %	+1,2 %
Kreisfreie Städte					
Zahl Gem.	-	-	-3	-5	+8
Anteil Gem.	-	-	-25 %	-42 %	+49 %
Zahl Pers.*	-	-	-26	-80	+880
Anteil Bev. [+]	-	-	-11 %	-38 %	+49 %
Franken					
Zahl Gem.	-42	+14	+11	+8	+9
Anteil Gem.	-5,5 %	+1,5 %	+1,0 %	+1,0 %	+2 %
Zahl Pers. *	-20	+60	+93	+96	+900
Anteil Bev. [+]	-5,0 %	-23,5 %	-2,7 %	+1,0 %	+30,2 %
Bevölkerungs-Entwicklung in % (1840 =100 %)	87,2 %	106,1 %	140,0 %	198,6 %	870,8 %

* Bevölkerungszuwachs/ -rückgang in absoluten Zahlen (Personen in Tausend, gerundet)
[+] Veränderung des Bevölkerungsanteils der jeweiligen Einwohnergrößenklasse in Bezug auf die Gesamtbevölkerung Frankens 1939

1840 und 1939 in Gemeinden mit weniger als 1.000 Einwohner leben, zurückgeht (um 20.000 Personen), und die Einwohnergrößenklassen 1.000–4.999 und 5.000–9.999 jeweils Einwohner gewinnen (60.000 und 93.000 Personen), reduziert sich ihr Anteil an der Gesamtbevölkerung. Aber auch der Bevölkerungsanteil der Größenklasse 10.000–19.999 verändert sich nur sehr wenig um +1 %, während der Bevölkerungsanteil, der 1840 und 1939 in Gemeinden mit mehr als 20.000 Einwohnern lebt, sich um 30 % vergrößert.

Vergleicht man die Zahl der Einwohner, die jeweils 1840 und 1939 in den Gemeinden der fünf Einwohnergrößenklassen leben, so wird erneut deutlich, wie stark das Bevölkerungswachstum in der Phase der Industriegesellschaft nicht nur städtisch, sondern großstädtisch geprägt ist.

2. Der Zeitraum 1939–1961

2.1 Die Bevölkerungsveränderungen 1939–1961 nach Wachstumsklassen

Dieser Zeitraum ist geprägt durch die Sonderfaktoren der Kriegs- und Nachkriegs-zeit mit den hohen Flüchtlingsmigrationen, durch ein sehr starkes Bevölkerungs-wachstum (+30 % in Franken) und durch ein vergleichsweise dezentrales und räum-lich relativ homogenes Wachstum, was einen signifikanten Trendbruch zur vorigen Phase darstellt.

Tabelle 14 und die dazu gehörige Gemeindekarte schlüsseln die demographische Entwicklung nach fünf Klassen auf. Besonders auffällig und ungewöhnlich ist das Faktum, daß nur neun Gemeinden in dieser Zeit Einwohner verlieren, weshalb diese als „Sonderfälle" bezeichnet werden. Sieht man sich diese Gemeinden im Detail an, dann stellt man fest, daß sechs von ihnen, nämlich Illesheim/Neustadt an der Aisch, Hausen/Neustadt an der Saale, Fladungen/Neustadt an der Saale, Giebelstadt/Würz-burg, Schondra/Kitzingen und Gremsdorf/Erlangen-Höchstadt im Jahr 1939 eine außergewöhnlich große Einwohnerzahl aufweisen, die deutlich über der der Jahre 1900 und 1925 liegt. Und die Einwohnerzahlen für 1961 sind in allen sechs Fällen hö-her als 1925, so daß es sich nicht um einen „echten" Bevölkerungsrückgang, sondern um einen Sonderfall im Jahr 1939 handelt.

Auch die Gruppe A, also die Gemeinden mit Stagnation, ist mit 91 Gemeinden schwach ausgeprägt, so daß die Wachstumsgemeinden sehr deutlich dominieren (86 % aller Gemeinden in den Kategorie B–D). Allerdings verzeichnen 33 % aller Gemein-den ein überdurchschnittliches Wachstum (Kategorie C und D, als Schwellenwert wurde der Durchschnitt der Landkreisentwicklung von 136 % gewählt), womit gewis-se räumliche Unterschiede sichtbar werden.

Auffällig ist, daß die Landkreise in Oberfranken mit ländlicher Industrieentwick-lung jetzt vergleichsweise schlecht abschneiden (starke Dominanz des unterdurch-schnittlichen Wachstums) – auch wenn sie noch keine direkten Krisensymptome zei-gen, so scheint ihre wirtschaftliche Dynamik jetzt spürbar gebremst zu sein.

Die Problemregion Westmittelfranken weist jetzt zwar vergleichsweise viele Stag-nationsgemeinden auf (Neustadt an der Aisch = 12, Ansbach = 16 Gemeinden Kate-gorie A), aber insgesamt dominieren hier jetzt die Gemeinden der Kategorie B, so dass sich der Prozess des Bevölkerungsrückganges nicht mehr fortsetzt.

Und wenn man sich die Gemeinden mit dem stärksten Wachstum (Kategorie D) an-sieht, dann fällt auf, daß sie sich in wenigen, zentrennahen Landkreisen räumlich stark konzentrieren.

2.2 Die Gemeinden mit dem stärksten Bevölkerungswachstum 1939–1961

Tabelle 15 verzeichnet die 21 Gemeinden, die ihre Einwohnerzahl in diesem Zei-traum mehr als verdoppeln. Es handelt sich meist um kleinere Gemeinden (Ausnah-me: Bad Neustadt/Saale) in der Nähe einer Großstadt oder einer kreisfreien Stadt; da-von liegen allein sechs Gemeinden im Landkreis Erlangen-Höchstadt, was auf das überdurchschnittlich starke Wachstum der Stadt Erlangen ab 1945 verweist. Dieses Wachstum ist also in erster Linie Ausdruck der Suburbanisierung, also eines städti-

Tabelle 14:

Die Bevölkerungsentwicklung in Franken 1939 – 1961 auf Gemeindeebene

	S	A	B	C	D	Zahl
		97-109 %	110-136 %	137-165 %	166-695 %	Gem.
Oberfranken						
Städte		0	3	1	0	4
BA	2	2	18	10	4	36
BT		5	20	8	0	33
CO		0	3	12	2	17
FO		2	17	8	2	29
HO		4	19	4	0	27
KC		3	12	3	0	18
KU		3	13	6	0	22
LIF		1	6	3	1	11
WUN		0	10	5	2	17
Mittelfranken						
Städte		1	2	1	1	5
AN		16	32	8	2	58
ERH	1	1	6	7	10	25
FÜ		1	2	7	4	14
NEA	1	12	19	6	0	38
LAU		2	7	11	7	27
RH		0	7	6	3	16
WUG		6	13	8	0	27
Unterfranken						
Städte		0	3	0	0	3
AB		2	13	14	3	32
HAS		4	14	7	0	25
KG	1	2	17	6	0	26
KT		5	23	3	0	31
MSP		2	26	11	1	40
MIL		1	12	15	4	32
NES	2	8	23	3	1	37
SW		3	18	6	2	29
WÜ	2	5	32	11	2	52
Franken	9	91	390	190	51	731

S = Sonderfälle (52 – 95 %)

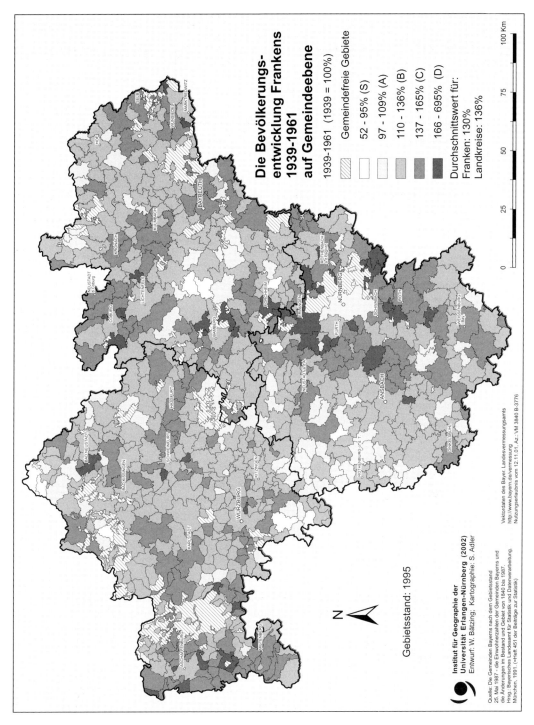

Die Bevölkerungs-
entwicklung Frankens
1939-1961
auf Gemeindeebene

1939-1961 (1939 = 100%)

Gemeindefreie Gebiete

52 - 95% (S)
97 - 109% (A)
110 - 136% (B)
137 - 165% (C)
166 - 695% (D)

Durchschnittswert für:
Franken: 130%
Landkreise: 136%

Gebietsstand: 1995

N

Institut für Geographie der
Universität Erlangen-Nürnberg (2002)
Entwurf: W. Bätzing; Kartographie: S. Adler

Quelle: Die Gemeinden Bayerns nach dem Gebietsstand
25. Mai 1987 - die Einwohnerzahlen der Gemeinden Bayerns und
die Änderungen im Bestand und Gebiet von 1840 bis 1987.
Hrsg.: Bayerisches Landesamt für Statistik und Datenverarbeitung,
München, 1991. (=Heft 451 der Beiträge zur Statistik)

Vektordaten des Bayer. Landesvermessungsamts
http://www.bayern.de/vermessung
Nutzungserlaubnis vom 12.11.01, AZ.: VM 3840 B-3776

0   25   50   75   100 Km

Tabelle 15:

Die Gemeinden mit einem relativen Zuwachs von mehr als 200 % im Zeitraum 1939 -
1961

	Gemeinde	Kreis	Bevölkerung		in %
			1939	1961	
1.	Bubenreuth	ERH	415	2.884	695
2.	Dörfles-Esbach	CO	507	2.709	534
3.	Spardorf	ERH	195	756	388
4.	Oberreichenbach	ERH	180	657	365
5.	Oberasbach, St	FÜ	2.928	7.857	268
6.	Puschendorf	FÜ	267	711	266
7.	Uttenreuth	ERH	911	2.337	257
8.	Erlenbach a.Main, St	MIL	2.265	5.688	251
9.	Neunkirchen a.Sand	LAU	1.240	3.099	250
10.	Baiersdorf, St	ERH	2.080	4.834	232
11.	Veitsbronn	FÜ	1.666	3.827	230
12.	Feucht, M	LAU	3.456	7.894	228
13.	Memmelsdorf	BA	2.496	5.693	228
14.	Hemhofen	ERH	861	1.933	225
15.	Rednitzhembach	RH	1.076	2.310	215
16.	Büchenbach	RH	1.385	2.955	213
17.	Rückersdorf	LAU	1.689	3.598	213
18.	Schwarzenbruck	LAU	1.996	4.180	209
19.	Weitramsdorf	CO	1.852	3.853	208
20.	Bad Neustadt/Saale, St	NES	6.476	13.311	206
21.	Röttenbach	RH	831	1.702	205

1939 = 100%

schen Wachstums, das jetzt über die Grenzen der Stadt hinaus das Umland erreicht
und das zur räumlichen Trennung der Funktionen Arbeiten und Wohnen führt.

Daneben spielt die Ansiedlung von Flüchtlingen eine gewisse Rolle, vor allem
dann, wenn relativ große Neubausiedlungen für sie in kleinen Gemeinden – wie zum
Beispiel im Fall Bubenreuth – errichtet werden.

Tabelle 16 zeigt die 23 Gemeinden, die in dieser Zeit um mehr als 5.000 Einwohner wachsen. An der Spitze stehen erneut – wie in der vorherigen Phase – die kreisfreien Städte beziehungsweise die Großstädte sowie weitere Gemeinden, die eindeutig

Tabelle 16:

Gemeinden, die zwischen 1939 und 1961 um mehr als 5.000 Einwohner wachsen

	Gemeinde	Kreis	Bevölkerung		Zuwachs
			1939	1961	
1.	Nürnberg		433.381	474.709	41.328
2.	Erlangen		39.217	76.751	37.534
3.	Fürth		85.759	106.264	20.505
4.	Bayreuth		47.731	66.219	18.488
5.	Bamberg		63.255	80.315	17.060
6.	Coburg		36.681	50.019	13.338
7.	Würzburg		112.997	126.093	13.096
8.	Hof		47.095	59.528	12.433
9.	Forchheim, GKSt	FO	13.883	25.740	11.857
10.	Aschaffenburg		48.042	58.433	10.391
11.	Schwabach		17.612	27.129	9.517
12.	Ansbach		32.334	41.352	9.018
13.	Kulmbach, GKSt	KU	20.128	29.060	8.932
14.	Schweinfurt		49.302	56.923	7.621
15.	Selb, GKSt	WUN	17.637	24.532	6.895
16.	Bad Neustadt/Saale, St	NES	6.476	13.311	6.835
17.	Lauf a.d.Pegnitz, St	LAU	11.431	18.137	6.706
18.	Herzogenaurach, St	ERH	6.856	12.976	6.120
19.	Weißenburg i.Bay.,GKSt	WUG	11.634	17.591	5.957
20.	Roth, St	RH	9.556	15.355	5.799
21.	Lohr a.Main, St	MSP	10.245	15.579	5.334
22.	Kronach, St	KC	13.239	18.456	5.217
23.	Pegnitz, St	BT	7.872	12.973	5.101

als Städte bezeichnet werden können und die zum größeren Teil industriell geprägt sind. Das bedeutet, daß die Phase des Städtewachstums noch keineswegs beendet ist, auch wenn diese Städte bei den Spitzenreitern des relativen Wachstums jetzt nicht mehr vertreten sind.

Damit wird der Übergangscharakter dieses Zeitraumes sichtbar: Das flächenhafte Wachstum im ländlichen Raum, das auf den historischen Sonderbedingungen beruht, bedeutet einen Trendbruch mit der bisherigen Entwicklung. Darüberhinaus verlieren die ländlichen Industriegebiete Oberfrankens ihre frühere Dynamik, und das städti-

Tabelle 17:

Die Verteilung der Bevölkerung Frankens im Jahr 1961 nach Einwohnergrößenklassen der Gemeinden

	bis 999	1.000 – 4.999	5.000 – 9.999	10.000 – 19.999	20.000 und mehr
Landkreise:					
Oberfranken	10 %	72 %	12 %	4 %	2 %
	2,3 %	48,2 %	20,5 %	14 %	15 %
Mittelfranken	18 %	61 %	15 %	6 %	-
	4,6 %	40 %	29 %	26,4 %	-
Unterfranken	16 %	71 %	9 %	3 %	1 %
	4,8 %	55,8 %	23 %	11,6 %	4,8 %
Landkreise	15 %	68 %	12 %	4 %	1 %
	4 %	48,8 %	23,7 %	16,5 %	7 %
Kreisfreie Städte	-	-	-	-	100 %
	-	-	-	-	100 %
Franken	14,5 %	67,4 %	11,5 %	4,0 %	2,6 %
	2,5 %	31,8 %	15,5 %	10,8 %	39,3 %

Die obere Zeile bezieht sich auf den Anteil an der Zahl der Gemeinden, die zweite Zeile auf den Bevölkerungsanteil (100 % = *3.517.214* Personen für Franken)

sche Wachstum bleibt zwar erhalten, schwächt sich aber ab, während das direkte städtische Umland durch Suburbanisierung stark wächst.

2.3 Veränderungen der Einwohnerstruktur 1939–1961

Tabelle 17 zeigt die Verteilung der Bevölkerung im Jahr 1961 nach Einwohnergrößenklassen, und Tabelle 18 wertet die Verschiebungen zum Jahr 1939 aus.

Erneut geht die Zahl der Gemeinden mit weniger als 1.000 Einwohnern zurück – diesmal sogar um 75 Gemeinden, was angesichts des flächenhaften Wachstums in diesem Zeitraum kein Zufall ist –, während alle anderen Größenklassen einen Zuwachs an Gemeinden aufweisen, der diesmal in der Größenklasse 5.000–9.999 Einwohner mit Abstand am stärksten ausfällt (+38 Gemeinden); offensichtlich sind viele Gemeinden der Größenklasse 1.000–4.999 Einwohner jetzt so stark gewachsen, daß sie die Schwelle von 5.000 Einwohnern überschreiten.

Betrachtet man den Anteil an der Gesamtbevölkerung in den einzelnen Größenklassen, so fällt ein deutlicher Unterschied zum vorigen Zeitraum auf: Der starke Gewinn der Gemeinden mit mehr als 20.000 Einwohnern reduziert sich drastisch (obwohl diese Größenklasse um 7 Gemeinden wächst, steigt ihr Anteil an der Gesamtbevölkerung nur noch um 1,7%) und die Größenklassen mit 5.000 bis 19.999 Einwoh-

Tabelle 18:

Vergleich der Bevölkerungsverteilung Frankens nach Einwohnergrößenklassen im Jahr 1939 und 1961

	bis 999	1.000 – 4.999	5.000 – 9.999	10.000 – 19.999	20.000 und mehr
Landkreise					
Zahl Gem.	-75	+15	+38	+16	+6
Anteil Gem.	-10 %	+2 %	+6 %	+2 %	+1 %
Zahl Pers.*	-51	+92	+221	+204	+141
Anteil Bev.[+]	-4,3 %	-12 %	+4,5 %	+6,1 %	+5,8 %
Kreisfreie Städte					
Zahl Gem.	-	-	-	-1	+1
Anteil Gem.	-	-	-	-2 %	+2 %
Zahl Pers.*	-	-	-	-18	+228
Anteil Bev.[+]	-	-	-	-2 %	+2 %
Franken					
Zahl Gem.	-75	+15	+38	+15	+7
Anteil Gem.	-10 %	+2 %	+6 %	+2 %	+1 %
Zahl Pers. *	-51	+92	+221	+186	+369
Anteil Bev. [+]	-2,7 %	-6,2 %	+3,5 %	+3,6 %	+1,7 %
Bevölkerungs-Entwicklung in % (1939 =100%)	63,5 %	109 %	168 %	196 %	136 %

* Bevölkerungszuwachs/ -rückgang in absoluten Zahlen (Personen in Tausend, gerundet)
[+] Veränderung des Bevölkerungsanteils der jeweiligen Einwohnergrößenklasse in Bezug auf die Gesamtbevölkerung Frankens 1961

nern steigern ihren Anteil an der Gesamtbevölkerung am stärksten, und sie vergrößern ihn auch in Relation zu 1939 am deutlichsten.

Damit deutet es sich an, daß die Bevölkerungsdynamik der Großstädte (20.000 Einwohner und mehr) abnimmt und durch die der Kleinstädte abgelöst wird.

3. Der Zeitraum 1961–1999

3.1 Die Bevölkerungsveränderungen 1961–1999 nach Wachstums- und Einwohnergrößenklassen

Die völlig neuen Rahmenbedingungen dieses Zeitraums sorgen jetzt erstmals für ein relativ schwaches Wachstum (+17 % in Franken), wobei die 12 kreisfreien Städte jetzt de facto stagnieren (+3 %), während die Landkreise um +25 % wachsen, wobei die altindustrialisierten Landkreise Kronach, Hof, Wunsiedel erstmals Einwohner verlieren.

Tabelle 19 und die dazu gehörige Gemeindekarte zeigen die Entwicklung aufgegliedert nach sechs Klassen: Die Gemeinden mit Bevölkerungsrückgang (Kategorie A und B) gehen zwar im Vergleich zum Zeitraum 1840 bis 1939 deutlich zurück (von 259 auf 150 Gemeinden), bleiben aber trotzdem auf einer relevanten Höhe – die Dienstleistungsgesellschaft ist keineswegs durch das Ende aller räumlichen Disparitäten geprägt. Allerdings fällt auf, daß es inzwischen sechs Landkreise ohne Gemeinden der Kategorie A gibt, und bei ihnen handelt es sich um zentrennahe Landkreise mit einer stark ausgeprägten Suburbanisierung.

39 der Gemeinden mit Bevölkerungsrückgang (Kategorie A und B), also ein Viertel, liegen in den Landkreisen Hof, Kronach und Wunsiedel, die auch auf Landkreisebene Bevölkerung verlieren – hier wird jetzt die Krise der dezentralen Industriestruktur im ländlichen Raum Oberfrankens deutlich sichtbar. Elf weitere dieser Gemeinden liegen in den ebenfalls altindustrialisierten Landkreisen Oberfrankens (Coburg, Kulmbach, Lichtenfels), deren Bevölkerung stagniert (Kulmbach) oder nur leicht unterdurchschnittlich wächst (Lichtenfels, Coburg). Damit lassen sich 50 oder ein Drittel aller Gemeinden mit Bevölkerungsrückgang auf diese Ursache zurückführen.

Die ehemalige Problemregion Westmittelfranken ist in Tabelle 19 und in der Karte noch sichtbar (38 Gemeinden in Ansbach, Neustadt an der Aisch, Weißenburg, Hassfurt, Kitzingen), aber sie ist erheblich kleiner geworden, und sie zerfällt jetzt in einzelne voneinander getrennt Teilregionen.

Abgesehen von den 5 kreisfreien Städten mit Bevölkerungsrückgang bleiben somit 57 ländliche Gemeinden übrig, die weder im altindustrialisierten Raum Oberfrankens noch in der Problemregion Westmittelfranken liegen. Die Analyse der Spitzenwerte beim Bevölkerungsrückgang wird näheren Aufschluss über sie geben.

War die Entwicklung zwischen 1840 und 1939 dadurch geprägt, dass nur 105 Gemeinden ein überdurchschnittliches Wachstum aufwiesen (dieses fiel besonders stark ins Gewicht, weil es sich dabei meist um die großen Städte handelte), so sind jetzt die überdurchschnittlich wachsenden Gemeinden sogar ganz leicht in der Überzahl (392 Gemeinden = 54 % aller Gemeinden, weshalb diese Klasse in Kategorie D und E unterteilt wurde); damit verteilt sich das Bevölkerungswachstum auf viele, ähnlich große Gemeinden und wird nicht mehr von nur wenigen Großstädten dominiert. Auch hier fällt erneut eine ungleiche räumliche Verteilung auf: Die altindustrialisierten oberfränkischen Landkreise Kronach, Kulmbach, Lichtenfels, Wunsiedel sowie der mittelfränkische Landkreis Weißenburg besitzen keine Gemeinde der Kategorie F, während diese Gemeinden in den zentrennahen Landkreisen Bamberg, Forchheim, Erlangen-Höchstadt, Fürth, Aschaffenburg, Miltenberg, Würzburg besonders zahlreich sind (jeweils 10 und mehr Gemeinden der Kategorie F). Damit verstärken sich die Unterschiede zwischen den einzelnen Landkreisen.

Tabelle 20 zeigt die Bevölkerungsentwicklung 1961–1999 nach Einwohnergrößenklassen. Jetzt hat sich die Abfolge gegenüber dem Zeitraum 1840 bis 1939 genau umgekehrt, und die Gemeinden wachsen im Durchschnitt umso stärker, je weniger Einwohner sie 1961 besitzen. Die 150 Gemeinden mit Bevölkerungsrückgang bestehen

Tabelle 19:

Die Bevölkerungsentwicklung in Franken 1961–1999 auf Gemeindeebene

	A 60-96 %	B 97-99 %	C 100-104 %	D 105-117 %	E 118-149 %	F 150-698 %	zus.
Oberfranken							
Städte	3	0	0	1	0	0	4
BA	3	0	2	3	12	16	36
BT	6	2	2	8	8	7	33
CO	2	0	1	3	8	3	17
FO	0	1	0	3	14	11	29
HO	18	1	1	3	3	1	27
KC	9	4	3	2	0	0	18
KU	7	1	6	3	5	0	22
LIF	1	0	4	5	1	0	11
WUN	14	1	0	1	1	0	17
Mittelfranken							
Städte	0	1	2	0	2	0	5
AN	5	2	7	15	22	7	58
ERH	0	0	0	0	6	19	25
FÜ	0	0	0	0	2	12	14
NEA	11	2	2	10	10	3	38
LAU	0	1	2	8	9	7	27
RH	0	0	2	0	5	9	16
WUG	3	2	8	5	9	0	27
Unterfranken							
Städte	1	0	1	1	0	0	3
AB	0	0	0	4	16	12	32
HAS	5	2	2	5	12	1	25
KG	1	1	5	6	10	1	26
KT	5	1	3	11	10	1	31
MSP	5	3	5	7	19	1	40
MIL	1	0	0	3	18	10	32
NES	10	3	5	5	9	5	37
SW	2	1	1	5	13	7	29
WÜ	6	3	0	8	16	19	52
Franken	118	32	64	125	240	152	731

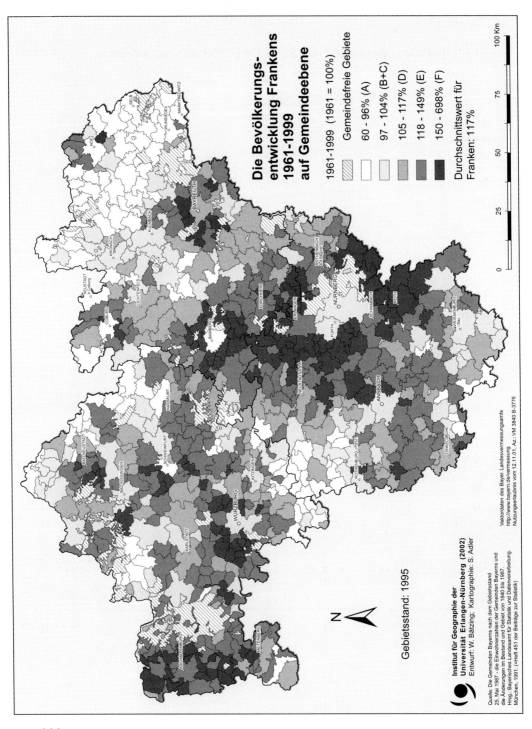

**Die Bevölkerungs-
entwicklung Frankens
1961-1999
auf Gemeindeebene**

1961-1999 (1961 = 100%)

Gemeindefreie Gebiete

60 - 96% (A)

97 - 104% (B+C)

105 - 117% (D)

118 - 149% (E)

150 - 698% (F)

Durchschnittswert für
Franken: 117%

Gebietsstand: 1995

Institut für Geographie der
Universität Erlangen-Nürnberg (2002)
Entwurf: W. Bätzing; Kartographie: S. Adler

Quelle: Die Gemeinden Bayerns nach dem Gebietsstand
25. Mai 1987 - die Einwohnerzahlen der Gemeinden Bayerns und
die Änderungen im Bestand und Gebiet von 1840 bis 1987.
Hrsg.: Bayerisches Landesamt für Statistik und Datenverarbeitung.
München, 1991. (=Heft 451 der Beiträge zur Statistik)

Vektordaten des Bayer. Landesvermessungsamts
http://www.bayern.de/vermessung
Nutzungserlaubnis vom 12.11.01, Az.: VM 3840 B-3776

Tabelle 20:

Die Bevölkerungsentwicklung in Franken 1961-1999 nach Einwohnergrößenklassen im Jahr 1961

Einwohner Größenklasse	Bev. 1961	Bev. 1999	1961-1999 in %	Zahl Gem.	Zahl Gem. in %	Zahl Gem.+	Zahl Gem.–	Zahl Gem. >117 %	Zahl Gem. >200 %
1-999 (273-998)	89.462	127.380	142 %	106	15 %	86	20	68	13
1.000-4.999 (1.005-4.959)	1.118.088	1.437.564	128,5 %	493	67 %	387	106	265	32
5.000-9.999 (5.005-9.921)	545.447	700.405	128,4 %	84	11 %	74	10	45	4
10.000-19.999 (10.259-18.456)	379.792	444.164	117 %	29	4 %	23	6	11	0
20.000 und mehr (20.025-474.709)	1.384.425	1.421.727	103 %	19	3 %	11	8	3	0
Zusammen	3.517.214	4.131.240	117 %	731	100 %	581	150	392	49

weiterhin zum überwiegenden Teil aus Gemeinden der Größenklasse 1.000–4.999 Einwohner, aber die Zahl der Gemeinden mit mehr als 5.000 Einwohnern, die Einwohner verlieren, liegt jetzt über der der Gemeinden mit weniger als 1.000 Einwohner. Das Phänomen Bevölkerungsrückgang betrifft jetzt also *alle* Einwohnergrößenklassen.

Und noch auffälliger ist es, daß die Gemeinden, die ihre Einwohnerzahl zwischen 1961 und 1999 mehr als verdoppeln, fast ausschließlich Gemeinden mit weniger als 5.000 Einwohner im Jahr 1961 sind.

Da die Eisenbahnen inzwischen ihre prioritäre Verkehrsbedeutung verloren haben, wird zusätzlich das Autobahnnetz in Franken im Jahr 1999 auf einer Gemeindekarte dargestellt. Einige Gemeinden im peripheren ländlichen Raum, die ein überdurchschnittliches Wachstum aufweisen, liegen genau an einer Autobahn (Oberthulba an der „Rhönlinie", Marktheidenfeld an der A3, Sand am Main an der A70, Neusitz und Wörnitz an der A7 und andere); hier ist das Bevölkerungswachstum direkt auf die gute Erreichbarkeit zurückzuführen (Ansiedlung von Gewerbe neben der Autobahn und verkürzte Pendlerwege zur nächsten Großstadt).

3.2 Die Gemeinden mit Bevölkerungswachstum 1961–1999

Tabelle 21 zeigt die 20 Gemeinden, deren Einwohnerzahl zwischen 1961 und 1999 um mehr als das Zweieinhalbfache wächst. Mit der Ausnahme von Wendelstein (ganz in der Nähe von Nürnberg) handelt es sich um sehr kleine oder ziemlich kleine Gemeinden. Alle liegen in der Nähe von kreisfreien Städten, wobei der mittelfränkische Verdichtungsraum mit 14 Gemeinden absolut dominiert (5x Fürth, 5x Erlangen-Höch-

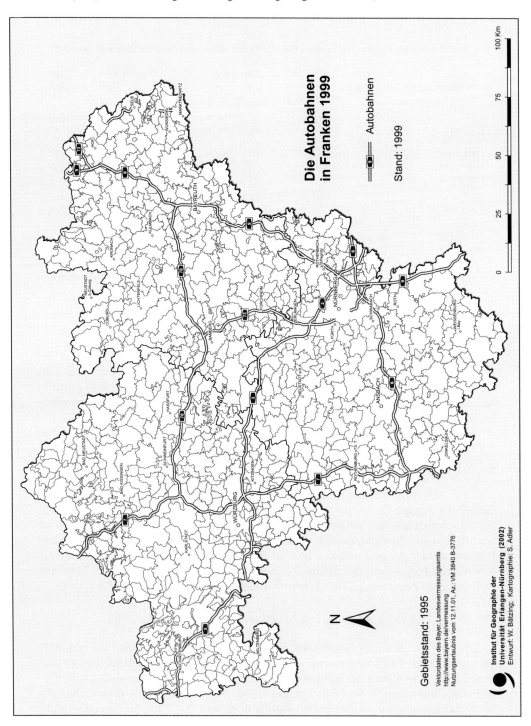

Die Autobahnen in Franken 1999

Autobahnen

Stand: 1999

Gebietsstand: 1995

Vektordaten des Bayer. Landesvermessungsamts
http://www.bayern.de/vermessung
Nutzungserlaubnis vom 12.11.01, Az.: VM 3840 B-3776

Institut für Geographie der
Universität Erlangen-Nürnberg (2002)
Entwurf: W. Bätzing; Kartographie: S. Adler

Tabelle 21:

Gemeinden mit einem relativen Bevölkerungszuwachs von mehr als 250% im Zeitraum 1961-1999

	Gemeinde	Kreis	Bevölkerung		in %
			1961	1999	
1.	Obermichelbach	FÜ	411	2.867	698
2.	Großenseebach	ERH	410	2.365	577
3.	Schwanstetten, M	RH	1.644	7.393	450
4.	Tuchenbach	FÜ	273	1.160	425
5.	Seukendorf	FÜ	748	3.164	423
6.	Gerbrunn	WÜ	1.722	6.180	359
7.	Gundelsheim	BA	1.014	3.339	329
8.	Eisingen	WÜ	1.175	3.561	303
9.	Puschendorf	FÜ	711	2.132	300
10.	Röttenbach	ERH	1.592	4.752	298
11.	Kürnach	WÜ	1.352	3.991	295
12.	Rednitzhembach	RH	2.310	6.824	295
13.	Wendelstein, M	RH	5.551	16.059	289
14.	Döhlau	HO	1.403	4.005	285
15.	Waldbrunn	WÜ	903	2.566	284
16.	Hemhofen	ERH	1.933	5.266	272
17.	Poxdorf	FO	547	1.485	271
18.	Ammerndorf, M	FÜ	758	2.042	269
19.	Buckenhof	ERH	1.270	3.251	256
20.	Spardorf	ERH	756	1.920	254

1961 = 100%

stadt, 3x Roth, 1x Forchheim), gefolgt von vier Gemeinden in der Nähe von Würzburg, und je einer Gemeinde bei Hof und bei Bamberg. Damit handelt es sich hierbei sehr eindeutig um ein suburbanes Wachstum.

Analysiert man das absolute Wachstum, so zeigt Tabelle 22, daß es 21 Gemeinden gibt, die zwischen 1961 und 1999 um mehr als 5.000 Einwohner wachsen. Mit großem Abstand an erster Stelle steht die kreisfreie Stadt Erlangen mit ihrer sehr dynamischen Sonderentwicklung (nachholendes Städtewachstum ab 1945), die erst ab 1987 einer Stagnation Platz macht. Auch vier weitere kreisfreie Städte wachsen zwischen 1961 und 1999 noch um 8.000 bis 12.000 Einwohner, was bei ihnen aber nur eine relativ geringe Wachstumsrate darstellt (nur im Falle der Stadt Schwabach erreicht sie

Tabelle 22:

Gemeinden, die zwischen 1961 und 1999 um mehr als 5.000 Einwohner wachsen

	Gemeinde	Kreis	Bevölkerung		Wachstum
			1961	1999	
1.	Erlangen		76.751	100.750	23.999
2.	Nürnberg		474.709	486.628	11.919
3.	Zirndorf, St	FÜ	14.538	25.835	11.297
4.	Schwabach		27.129	37.947	10.818
5.	Wendelstein, M	RH	5.551	16.059	10.508
6.	Herzogenaurach, St	ERH	12.976	23.125	10.149
7.	Roth, St	RH	15.355	24.752	9.397
8.	Oberasbach, St	FÜ	7.857	16.900	9.043
9.	Aschaffenburg		58.433	67.028	8.595
10.	Bayreuth		66.219	73.967	7.748
11.	Eckental, M	ERH	6.446	14.173	7.727
12.	Lauf a.d.Pegnitz, St	LAU	18.137	25.489	7.352
13.	Alzenau i.UFr., St	AB	11.603	18.687	7.084
14.	Altdorf b.Nürnberg, St	LAU	8.400	14.978	6.578
15.	Höchstadt/Aisch, St	ERH	6.712	13.261	6.549
16.	Burgthann	LAU	5.118	11.375	6.257
17.	Feucht, M	LAU	7.894	13.782	5.888
18.	Stein, St	FÜ	8.148	13.949	5.801
19.	Schwanstetten, M	RH	1.644	7.393	5.749
20.	Veitshöchheim	WÜ	4.534	9.831	5.297
21.	Großostheim, M	AB	10.707	15.913	5.206

mit 40% einen sehr hohen Wert). Bei den übrigen Gemeinden handelt es sich mit Ausnahme von Schwanstetten um größere Gemeinden. Diese sind entweder ehemalige Kleinstädte (Herzogenaurach, Roth, Altdorf, Lauf an der Pegnitz) oder Gemeinden in unmittelbarer Nachbarschaft einer großen Industriestadt, die bereits ab 1840 stark gewachsen sind (Zirndorf, Wendelstein, Oberasbach, Feucht). Damit werden im Unterschied zu Tabelle 21 zwei weitere Formen der Suburbanisierung sichtbar: Einmal wachsen die Gemeinden mit einer sehr frühen Suburbanisation ständig weiter und erreichen im Jahr 1999 Einwohnergrößen um 15.000 Einwohner (Zirndorf als Spitzenreiter sogar 25.000 Einwohner); dadurch transformieren sie sich immer stärker zu sogenannten „Nebenzentren" innerhalb einer dynamischen Stadtregion (Suburbanisation von Arbeitsplätzen, zahlreiche Aus- und Einpendler), die funktional eng mit der Kernstadt verflochten sind, die zahlreiche Arbeitsplätze aufweisen und deren Pendlerbeziehungen durch zahlreiche „Kreuz- und Querverflechtungen" innerhalb der Stadt-region geprägt sind. Und die früheren Kleinstädte, deren Wirtschaftsstruktur lange Zeit eine erhebliche Eigenständigkeit gegenüber der benachbarten Großstadt aufwies, wachsen nach 1961 sehr stark, indem sie funktional eng mit der Großstadt verflochten werden; dadurch verlieren sie ihre Eigenständigkeit und werden – auf einer anderen Grundlage – ebenfalls zu „Nebenzentren".[12]

Auffällig ist auch hier die räumliche Verteilung der 21 Gemeinden von Tabelle 22: 16 von ihnen liegen im Verdichtungsraum Nürnberg-Fürth-Erlangen, drei in der Region Aschaffenburg, eine bei Würzburg und eine besteht aus der Stadt Bayreuth. Damit dominiert der mittelfränkische Verdichtungsraum sowohl bei den Spitzenreitern des absoluten wie des relativen Wachstums sehr stark.

3.3 Die Gemeinden mit dem stärksten Bevölkerungsrückgang 1961–1999

Tabelle 23 zeigt die 22 Gemeinden, die mehr als 20% ihrer Einwohner verlieren. Es sind eher kleinere Gemeinden (1.200 bis 3.500 Einwohner 1961), deshalb fallen die sieben großen Gemeinden unter ihnen besonders auf (4.900 bis 24.500 Einwohner 1961); es handelt sich bei ihnen ausschließlich um oberfränkische Industriegemein-den, die zwischen 1840 und 1939 stark gewachsen waren und deren Bevölkerungs-rückgang auf die Krise der Industrie in Oberfranken zurückzuführen ist.

Insgesamt liegen von den 22 Gemeinden der Tabelle 23 15 Gemeinden in den altin-dustrialisierten Landkreisen Oberfrankens und sechs Gemeinden im Problemgebiet Westmittelfranken (Neustadt an der Aisch, Ansbach, Hassfurt sowie Ebrach/Bam-berg), und lediglich eine einzige Gemeinde (Herbstadt/Neustadt an der Saale) befindet sich außerhalb dieser beiden Räume. Dies gibt einen Hinweis darauf, daß die Bevöl-kerungsrückgänge außerhalb der beiden Problemregionen eher schwächer ausgeprägt sind.

Tabelle 24 zeigt die 20 Gemeinden, die zwischen 1961 und 1999 mehr als 1.000 Einwohner verlieren. An der Spitze stehen drei kreisfreie Städte, die insgesamt ein Viertel dieser Gemeinden ausmachen. Während es sich bei Bamberg, Schweinfurt und Ansbach um Suburbanisierungsprozesse handelt (Rückgang in der Kernstadt bei gleichzeitigem Wachstum der Umlandgemeinden; in Bamberg ist dieser Prozeß be-sonders stark ausgeprägt, weil auf dem Stadtgebiet wenig Flächen für größere Neu-baugebiete zur Verfügung stehen), wird der Rückgang in Hof und Coburg noch zu-sätzlich durch die Deindustrialisierung beeinflusst.

Die Landkreisgemeinden in Tabelle 24 sind mit Ausnahme von Schirnding und Presseck große Gemeinden (1961 mehr als 4.960 Einwohner), und sie liegen aus-schließlich in den altindustrialisierten Landkreisen Oberfrankens und hier vor allem in Hof und Wunsiedel. Damit zeigen sie sich auch in dieser Auswertung erneut als der problematischste Teilraum Frankens im Zeitraum 1961–1999.

In Tabelle 23 und 24 werden insgesamt 34 Gemeinden mit einem starken absoluten beziehungsweise relativen Rückgang aufgeführt, von denen nur eine einzige Gemein-

---

[12] Diese Aussagen beruhen auf der detaillierten Analyse der Strukturdaten von einigen dieser Gemeinden in anderen Zusammenhängen (Geländepraktikum im Raum Erlangen-Fränkische Schweiz, Betreuung Examens-arbeiten, Analyse des „Verflechtungsraumes Erlangen" und ähnliches).

Tabelle 23:

Gemeinden mit einem Bevölkerungsrückgang von mehr als 20 % im Zeitraum 1961-1999

	Gemeinde	Kreis	Bevölkerung		in %
			1961	1999	
1.	Schirnding, M	WUN	2.678	1.614	60
2.	Arzberg, St	WUN	9.725	6.546	67
3.	Grafengehaig, M	KU	1.589	1.094	69
4.	Thierstein, M	WUN	1.950	1.365	70
5.	Presseck, M	KU	3.323	2.321	70
6.	Tettau, M	KC	3.670	2.692	73
7.	Bundorf	HAS	1.379	1.011	73
8.	Simmershofen	NEA	1.354	1.008	74
9.	Röslau	WUN	3.510	2.590	74
10.	Kirchenlamitz, St	WUN	5.647	4.239	75
11.	Selb, GKSt	WUN	24.532	18.460	75
12.	Weißenstadt, St	WUN	4.931	3.721	75
13.	Ohrenbach	AN	863	652	76
14.	Ippesheim, M	NEA	1.483	1.114	75
15.	Herbstadt	NES	929	708	76
16.	Ludwigsstadt, St	KC	5.306	4.010	76
17.	Stammbach, M	HO	3.523	2.662	76
18.	Ebrach, M	BA	2.616	2.017	77
19.	Helmbrechts, St	HO	12.914	9.955	77
20.	Schwarzenbach/Wald, St	HO	7.040	5.523	78
21.	Schauenstein, St	HO	2.922	2.307	79
22.	Adelshofen	AN	1.225	964	79

de außerhalb der beiden Problemräume liegt. Die 57 Gemeinden mit Bevölkerungsrückgang 1961–1999 von Tabelle 19, die außerhalb dieser beiden Problemräume liegen, sind also dadurch gekennzeichnet, daß sie einen vergleichsweise moderaten Rückgang aufweisen. Diese Gemeinden finden sich in der Fränkischen Schweiz, in den Haßbergen, im Grabfeld, in der Rhön und im Spessart, also in eher zentrenfernen ländlichen Räumen ohne Autobahnanschluß. Damit wird deutlich, daß sich in der Phase der Dienstleistungsgesellschaft der Bevölkerungsrückgang keineswegs auf wenige Problemgebiete konzentriert, sondern weiterhin – wenn auch deutlich abgeschwächt – ein normales Phänomen im ländlichen Raum darstellt.

Tabelle 24:

Gemeinden, die zwischen 1961 und 1999 mehr als 1.000 Einwohner verlieren

	Gemeinde	Kreis	Bevölkerung		Rückgang
			1961	1999	
1.	Bamberg	Stadt	80.315	69.004	-11.311
2.	Hof	Stadt	59.528	51.133	-8.395
3.	Coburg	Stadt	50.019	43.272	-6.747
4.	Selb, GKSt	WUN	24.532	18.460	-6.072
5.	Arzberg, St	WUN	9.725	6.546	-3.179
6.	Helmbrechts, St	HO	12.914	9.955	-2.959
7.	Schweinfurt	Stadt	56.923	54.511	-2.412
8.	Münchberg, St	HO	14.004	11.871	-2.133
9.	Wunsiedel, St	WUN	12.259	10.595	-1.664
10.	Schwarzenbach/Saale,St	HO	9.921	8.260	-1.661
11.	Marktredwitz, GKSt	WUN	20.201	18.635	-1.566
12.	Schwarzenbach/Wald, St	HO	7.040	5.523	-1.517
13.	Rehau, St	HO	11.844	10.382	-1.462
14.	Kirchenlamitz, St	WUN	5.647	4.239	-1.408
15.	Neustadt b.Coburg,GKSt	CO	18.077	16.760	-1.317
16.	Ludwigsstadt, St	KC	5.306	4.010	-1.296
17.	Weißenstadt, St	WUN	4.931	3.721	-1.210
18.	Ansbach	Stadt	41.352	40.163	-1.189
19.	Schirnding, M	WUN	2.678	1.614	-1.064
20.	Presseck, M	KU	3.323	2.321	-1.002

Im 1. Teil dieses Artikels[13] hatte es sich herausgestellt, dass im Zeitraum 1961 bis 1999 unterschiedliche Prozesse ablaufen: Eine Reihe von Landkreisen wächst zwischen 1961 und 1970 nur sehr schwach, verliert dann zwischen 1970 und 1987 Einwohner und zeigt zwischen 1987 und 1999 erneut ein Wachstum, was die vorherigen Verluste mehr als kompensiert.

Um diesen Prozess besser zu verstehen, werden die Gemeinden mit Bevölkerungsrückgang in diesen drei Perioden in Tabelle 25 gesondert ausgewiesen. Das Ergebnis fällt sehr signifikant aus: Zwischen 1961 und 1970 verlieren 25 % der fränkischen Gemeinden Einwohner, zwischen 1970 und 1987 steigt dieser Wert auf 47 % an und fällt dann zwischen 1987 und 1999 sehr stark auf 8 % ab.

[13] Bätzing, Bevölkerungsentwicklung 1 (wie Anm. 1), S. 213–217, besonders Tabelle 11 und Karte 4.

Tabelle 25:

Gemeinden mit Bevölkerungsrückgängen im Zeitraum 1961 – 1970 – 1987 – 1999

Zeitraum	Zahl Gem.	Gem. in %	relative Rückgänge				absolute Rückgänge	
			−39,7 bis −20 %	−19,9 bis −10.0 %	−9,9 bis −5,0 %	−4,9 bis −0,1 %	>3.000 Personen	1.000 – 2.999 Personen
1961-1970	179	25 %	0	8	55	116	0	3
1970-1987	344	47 %	10	94	102	138	9	18
1987-1999	56	8 %	0	3	7	46	0	1
1961-1999	150	20 %	26	48	34	42	5	16

Zwischen 1961 und 1970 gibt es im Problemgebiet Westmittelfranken (Ansbach, Neustadt an der Aisch, Weißenburg) 55 und in den sechs altindustrialisierten Landkreisen Oberfrankens 49 Gemeinden mit Bevölkerungsrückgang. Die übrigen 70 Gemeinden (fünf Gemeinden sind Städte, die Einwohner verlieren) verteilen sich einigermaßen gleichmäßig im zentrenfernen ländlichen Raum , und die Landkreise, die direkt an eine Großstadt grenzen, besitzen nur wenig Gemeinden mit Bevölkerungsrückgang (Ausnahme: der Landkreis Würzburg mit zehn Rückgangsgemeinden). Damit lässt sich diese Entwicklung sehr eindeutig nach einem Zentrum-Peripherie-Muster interpretieren, was zusätzlich von den Problemen der Deindustrialisierung in Oberfranken beeinflusst wird.

In der Zeit zwischen 1970 und 1987 verdoppelt sich nicht nur die Zahl der Gemeinden mit Bevölkerungsrückgang, sondern auch die Spitzenwerte der relativen und absoluten Rückgänge verschärfen sich deutlich, so daß es sich um eine signifikante Änderung handelt. Die starke Zunahme bei den absoluten Rückgängen wird in erster Linie durch die großen Städte verursacht, die jetzt deutlich Einwohner verlieren (unter den neun Gemeinden, die mehr als 3.000 Einwohner verlieren, sind acht kreisfreie Städte plus Selb als Industriestadt), und in zweiter Linie durch die Industriegemeinden in Oberfranken.

Im Problemgebiet Oberfranken steigt die Zahl der Gemeinden mit Bevölkerungsrückgang von 49 auf 92 und im Problemgebiet Westmittelfranken von 55 auf 76, so dass sich in beiden Gebieten die Probleme jetzt verschärfen. Die übrigen Gemeinden mit Bevölkerungsrückgang – ihre Zahl steigt von 70 auf 168 – verteilen sich relativ gleichmäßig im zentrenfernen ländlichen Raum (Maxima in Neustadt an der Saale mit 24 und in Bayreuth mit 20 Gemeinden), während in den zentrennahen Landkreisen solche Gemeinden weiterhin selten sind, auch wenn sie auch hier leicht zunehmen.

Diese Veränderungen lassen sich so interpretieren, daß sich die Problemlagen des Zeitraums 1961–1970 überall relativ gleichmäßig verschärfen, und daß keine neuen räumlichen Problemkonstellationen entstehen. Daher lassen sie sich weiterhin mittels eines Zentrum-Peripherie-Musters (plus Deindustrialisierung in Oberfranken) verstehen.

Bei einer Reihe von Gemeinden fällt auf, daß selbst Gemeinden mit einem durchgängigen Wachstum von 1840 bis 1999 zwischen 1970 und 1987 einen leichten Rückgang verzeichnen, was erstaunlich ist. Dies verweist darauf, daß die Bevölkerungsentwicklung 1970–1987 nicht auf eine Häufung von Sonderfällen zurückgeht, sondern grundsätzlichere Ursachen besitzt. Da die Zunahme der Gemeinden mit Bevölkerungsrückgang in erster Linie im zentrenfernen ländlichen Raum geschieht, wo die *direkten* Einflüsse der großen Zentren sehr gering sind, und weil die maximale Anziehungskraft der Großstädte auf Arbeitskräfte aus dem ländlichen Raum im Zeitraum 1961–1970 deutlich größer als 1970–1987 ist, könnte die Ursache darin bestehen, daß sich die dezentral-flächenhafte Aufwertung des ländlichen Raumes im Zeitraum 1939–1961 zwischen 1961 und 1970 in der Peripherie noch in stark abgeschwächter Form fortsetzt, dann aber um 1970 herum endgültig aufhört, und dass gleichzeitig der säkulare Geburtenüberschuss des ländlichen Raumes zu Ende geht. Allerdings handelt es sich hierbei nur um eine auf statistische Auswertungen gegründete Hypothese, die noch empirisch verifiziert werden müsste.

Ab dem Jahr 1987 setzt dann erneut eine relevante Veränderung ein: Die Zahl der Gemeinden mit Bevölkerungsrückgang geht sehr stark auf nur noch 56 Gemeinden zurück. In dieser durch die deutsche Wiedervereinigung und die Realisierung des europäischen Binnenmarktes geprägten Phase wächst die fränkische Bevölkerung erneut relativ stark (um knapp 10 %), nachdem sie zwischen 1970 und 1987 nur um +0,4 % zugenommen hatte. Jetzt wachsen alle kreisfreien Städte wieder (Ausnahme allein Bamberg), die Gemeinden mit Bevölkerungsrückgang gehen im oberfränkischen Problemgebiet von 92 auf 33 und im westmittelfränkischen Problemgebiet sogar von 76 auf nur noch 5 Gemeinden zurück, und die restlichen 17 Gemeinden verteilen sich weiterhin im zentrenfernen ländlichen Raum (vor allem Fränkische Schweiz, Hassberge, Grabfeld, Rhön). Damit ist das Zentrum-Peripherie-Muster zwar sehr stark abgeschwächt, aber immer noch in Grundzügen erkennbar.

Man könnte allerdings diese Entwicklung auch anders interpretieren und die starke Abnahme von Rückgangsgemeinden im Zeitraum 1987–1999 als den Beginn vom Ende der Bevölkerungsrückgänge auf Gemeindeebene in Franken ansehen. Dagegen spricht die Analyse der Altersgruppenstruktur im Jahr 1999 auf Landkreisebene, die im 1. Teil dieses Aufsatzes durchgeführt wurde:[14] Die altindustrialisierten Landkreise in Oberfranken weisen eine sehr starke, die peripheren ländlichen Kreise ein starke Überalterung auf, während die zentrennahen Landkreise eine deutlich günstigere Bevölkerungsstruktur besitzen. Das bedeutet für die Zukunft, daß die Bevölkerung überall in Franken mit Ausnahme der zentrennahen Räume wieder zurückgehen dürf-

---

[14] Bätzing, Bevölkerungsentwicklung 1 (wie Anm. 1), S. 223–226, besonders Tabellen 14 und 15. Diese Interpretation wird durch den folgenden Text ausdrücklich bekräftigt: Rainer Winkel, Die Zukunft wirft die Gefahr steigender Disparitäten für die deutsche Raumentwicklung auf, in: ARL-Nachrichten Nr. 2, 2001, S. 13–15.

te: Die Überalterung ist so ausgeprägt, daß nur starke Zuwanderungen die künftigen Bevölkerungsrückgänge durch das starke Ansteigen der Sterbefälle ausgleichen könnten, und diese starken Zuwanderungen sind derzeit nicht realistisch. Es sieht daher so aus, als ob der Zeitraum 1987–1999 einen Sonderfall darstellt, so daß durch ihn die räumliche Entwicklung nach dem Zentrum-Peripherie-Muster nicht in Frage gestellt wird.

Berücksichtigt man zusätzlich auch die Gemeinden mit Bevölkerungszuwachs, dann weisen die Gemeinden die höchsten Wachstumsraten auf, die im Umfeld einer Großstadt liegen; allerdings sind es jetzt nicht mehr die unmittelbar an die kreisfreien Städte angrenzenden Gemeinden, die in den früheren Phasen so stark gewachsen waren, sondern ein „zweiter Ring" von Gemeinden um die Großstädte und um die erste Generation der Suburbanisationsgemeinden herum.

Damit läßt sich auch dieser Zeitraum mit einem Zentrum-Peripherie-Modell verstehen, auch wenn die Peripherie jetzt nicht mehr durch einen starken demographischen Rückgang charakterisiert wird.

3.4 Veränderungen in der Bevölkerungsstruktur 1961–1999

Tabelle 26 zeigt die Verteilung der Bevölkerung im Jahr 1999 nach Einwohnergrößenklassen, und Tabelle 27 wertet die Verschiebungen zum Jahr 1961 aus.

Die Zahl der Gemeinden mit weniger als 1.000 Einwohnern geht weiter zurück, und die Gemeinden zwischen 1.000 und 4.999 Einwohnern stagnieren (leichtes Wachstum der Zahl dieser Gemeinden und der in ihnen lebenden Einwohner, aber leichter Rückgang beim Anteil an der Bevölkerung Frankens insgesamt). Das stärkste absolute Wachstum (Zahl Gemeinden und Zahl Personen) verzeichnet dagegen die Gruppe der Gemeinden mit 5.000 bis 9.999 Einwohnern, das stärkste relative Wachstum beim Anteil der Bevölkerung jedoch die Gruppe der Gemeinden mit 10.000 bis 19.999 Einwohnern. Die Gemeindegruppe mit mehr als 20.000 Einwohnern wächst dagegen nur noch sehr schwach (um 2 Gemeinden und 62.000 Personen), weshalb ihr Anteil an der Bevölkerung Frankens erstmals seit 1840 zurückgeht.

Damit wird auch in dieser Darstellung deutlich, daß die größeren Städte keine Triebkräfte beim Bevölkerungswachstum mehr darstellen, daß sich die höchste Dynamik jetzt in die Gruppe der Gemeinden zwischen 5.000 und 19.999 Einwohnern verlagert und daß die Kleingemeinden (mit weniger als 5.000 Einwohnern) eine immer geringere Rolle spielen. Und nicht zufällig besitzt eine fränkische Gemeinde im Jahr 1999 im Durchschnitt bereits eine Einwohnerzahl von 5.651 Personen.

3.5 Gibt es im Zeitraum 1961–1999 eine Counter- oder Desurbanisierung?

In der geographischen Fachdiskussion und im Bereich Raumordnung und Regionalplanung wird oft davon gesprochen, dass ab den 1960er und 1970er Jahre in den Industriestaaten und auch in Deutschland ein Trendbruch in der räumlichen Entwicklung einsetze: Relativ bald nach Ausbildung des Prozesses der Suburbanisierung (Wachstum ehemals ländlicher Gemeinden in der Nähe einer größeren Stadt, also Ausweitung der Stadt zur Stadtregion) gäbe es einen neuen Prozeß, der zum Wachstum zahlreicher Gemeinden „in der Tiefe des ländlichen Raumes" führe und durch

Tabelle 26:

Die Verteilung der Bevölkerung Frankens im Jahr 1999 nach Einwohnergrößenklassen der Gemeinden

	bis 999	1.000 – 4.999	5.000 – 9.999	10.000 – 19.999	20.000 und mehr
Landkreise					
Oberfranken	3 %	73 %	17 %	5 %	1 %
	0,5 %	45,5 %	27 %	18 %	9 %
Mittelfranken	8 %	64 %	16 %	10 %	2 %
	1,5 %	32,5 %	25 %	30 %	11 %
Unterfranken	9 %	70 %	15 %	5 %	1 %
	2,4 %	47 %	29,6 %	17 %	4 %
Landkreise	7 %	70 %	16 %	6 %	1 %
	1,5 %	42,0 %	27,5 %	21,3 %	7,7 %
Kreisfreie Städte	-	-	-	-	100 %
	-	-	-	-	100 %
Franken	7 %	68 %	16 %	6 %	3 %
	1,1 %	29,1 %	19,1 %	14,8 %	35,9 %

Die obere Zeile bezieht sich auf den Anteil an der Zahl der Gemeinden (100 % = 731 Gemeinden für Franken), die untere Zeile auf den Bevölkerungsanteil (100 % = 4.131.240 Personen für Franken).

den jetzt erstmals der ländliche Raum wieder aufgewertet werde. Dafür gibt es verschiedene Begriffe, von denen „Counterurbanisierung" und „Desurbanisierung" am häufigsten gebraucht werden. Leider gibt es für diese beiden Begriffe sehr unterschiedliche Definitionen, und gleiches gilt für die Art und Weise der räumlichen Analyse, die so unterschiedlich ausfällt, daß empirische Arbeiten praktisch nicht miteinander vergleichbar sind.[15] Deshalb ist es umstritten, ob es das Phänomen der Counter- oder Desurbanisierung – also eine eindeutige Wiederaufwertung des ländlichen Raumes – in Deutschland gibt oder nicht.

[15] Eine problemorientierte Darstellung dieser Kontroverse unter systematischer Perspektive habe ich im Text „Das Verschwinden des Raumes und die Auflösung von Stadt und Land" vorgelegt; er wird als Kapitel 4 des folgenden Buches erscheinen: Evelyn Hanzig-Bätzing/Werner Bätzing, Entgrenzte Welten, Zürich 2005. Einen sehr materialreichen Forschungsüberblick zur Counterurbanisierung gibt Gerd Tönnies, Counterurbanisierung als siedlungsstrukturelle Rahmenbedingung für die Entwicklung ländlicher Regionen in Europa, in: Akademie für Raumforschung und Landesplanung, Entwicklungsperspektiven für ländliche Räume – Thesen und Strategien zu veränderten Rahmenbedingungen, Hannover 1993, S. 337–360. Siehe dazu weiterhin die einschlägigen Lehr- und Studienbücher zur Stadtgeographie und die entsprechenden Stichworte in den Fachlexika.

Tabelle 27:

Vergleich der Bevölkerungsverteilung Frankens nach Einwohnergrößenklassen im Jahr 1961 und 1999

	bis 999	1.000 – 4.999	5.000 – 9.999	10.000 – 19.999	20.000 und mehr
Landkreise					
Zahl Gem.	-55	+6	+31	+16	+2
Anteil Gem.	-8 %	+2 %	+4 %	+2 %	+0,2 %
Zahl Pers.*	-45	+84	+243	+232	+62
Anteil Bev.[+]	-2,5 %	-6,8 %	+3,8 %	+4,8 %	+0,7 %
Kreisfreie Städte					
Zahl Gem.	-	-	-	-	0
Anteil Gem.	-	-	-	-	0 %
Zahl Pers.*	-	-	-	-	+38
Anteil Bev.[+]	-	-	-	-	0 %
Franken					
Zahl Gem.	-55	+6	+31	+16	+2
Anteil Gem.	-7,5 %	+0,6 %	+4,5 %	+2 %	+0,4 %
Zahl Pers. *	-45	+84	+243	+232	+100
Anteil Bev. [+]	-1,4 %	-2,7 %	+3,6	+4 %	-3,4 %
Bevölkerungs-Entwicklung in % (1961 =100%)	49,6 %	107,4 %	144,5 %	161,1 %	107,1 %

* Bevölkerungszuwachs/ -rückgang in absoluten Zahlen (Personen in Tausend, gerundet)
[+] Veränderung des Bevölkerungsanteils der jeweiligen Einwohnergrößenklasse in Bezug auf die Gesamtbevölkerung Frankens 1999

Die bisher durchgeführten Analysen hatten als Ergebnis erbracht, daß die Bevölkerungsentwicklung 1961–1999 eindeutig einem ziemlich klaren Zentrum-Peripherie-Muster folgt, also als Suburbanisierung zu interpretieren ist; und nur der Zeitraum 1987–1999 schien sich auf den ersten Blick diesem räumlichen Muster zu entziehen. Da aber wichtige Tabellen dieses Abschnittes in der Literatur als Beweis für Counter- oder Desurbanisierung interpretiert werden, wird es notwendig, sich damit explizit auseinander zu setzen.

Als erstes Argument wird der Rückgang der Zahl der Gemeinden mit Bevölkerungsrückgang genannt (Tabelle 19 und 25) sowie die große Zahl der Gemeinden (54%, siehe Tabelle 19), die überproportional wachsen, was beides ein Argument für eine Desurbanisierung darstelle. Aber trotz der geringer werdenden Zahl von Rückgangsgemeinden verschwinden diese im peripheren ländlichen Raum keineswegs, und das Faktum, daß etwas mehr als die Hälfte aller Gemeinden überproportional wachsen, hängt in erster Linie an der relativ großen Zahl kreisfreier Städte und damit vieler „Zentren" in Franken: Zehn von 25 Landkreisen waren ja in Teil 1 dieses Artikels deshalb als „suburban" klassifiziert worden.[16]

Als zweites Argument für Counter- oder Desurbanisation wird das Faktum genannt, daß die Gemeinden umso stärker wachsen, je kleiner sie seien.[17] Die Tabellen 20 und 27 scheinen dafür den direkten Beweis zu liefern. Allerdings wird diese rein statistische Argumentation durch die räumliche Lage der betreffenden Gemeinden widerlegt – die Karte der Bevölkerungsentwicklung 1961–1999 macht deutlich, dass viele der stark wachsenden Kleingemeinden in der Nähe einer größeren Stadt und keineswegs im peripheren ländlichen Raum liegen.[18]

Als drittes Argument wird angeführt, dass es vor allem die Klein- und Mittelstädte im ländlichen Raum sind, die beim Bevölkerungswachstum Spitzenwerte erreichen. Tabelle 27 sowie Tabelle 21 und 22 scheinen diese Hypothese auf den ersten Blick zu bestätigen. Aber die Klein- und Mittelstädte mit besonders starkem Bevölkerungswachstum liegen alle in unmittelbarer Nähe zu Großstädten und entwickeln sich im Prozeß der Suburbanisierung zu „Nebenzentren". Und die Kleinstädte im ländlichen Raum fallen gerade nicht durch hohe Wachstumsraten auf. Damit ist auch dieses Argument falsifiziert.

Zusätzlich können an dieser Stelle die Ergebnisse der Analyse „Der Verflechtungsraum der Stadt Erlangen" einbezogen werden.[19] Die Aufgabe bestand darin zu überprüfen, ob es um die Stadt Erlangen herum einen Gürtel von Gemeinden (Suburbanisationsgemeinden) gebe, die deutlich mit der Stadt Erlangen und dem Verdichtungsraum Nürnberg-Fürth-Erlangen verflochten sind (Analyse mittels der klassischen Indikatoren für Suburbanisierung auf Gemeindeebene) und die sich signifikant von den Gemeinden des peripheren ländlichen Raumes unterscheiden, oder ob es von der Stadt Erlangen bis in die Kerngebiete der Fränkischen Schweiz und des Steigerwaldes hinein mehr oder weniger ein Stadt-Land-Kontinuum ohne signifikante Strukturunterschiede gebe. In der Analyse wurde sehr eindeutig die erste Hypothese verifiziert und die zweite falsifiziert. Als zusätzliches Ergebnis wurde festgestellt, daß die Entwicklungsdynamik im Zeitraum 1990–1999 bei den „alten" Suburbanisationsgemeinden in

---

[16] Bätzing, Bevölkerungsentwicklung 1 (wie Anm. 1), S. 220, Tabelle 13.

[17] Definition der Counterurbanisierung: „Im Siedlungsprozeß hierarchieabwärts gerichtete Dekonzentrationsprozesse mit einer kontinuierlichen Verlagerung der Wachstumsmaxima auf kleinere Städte und Gemeinden" oder als „negativer Zusammenhang zwischen Nettomigrationsrate und Siedlungsgröße", nach Tönnies, Counterurbanisierung (wie Anmerkung 15), S. 340 und 341.

[18] Analoges gilt für die Auswertung der Bevölkerungsentwicklung von Frankreich, die Tönnies, Counterurbanisierung (wie Anmerkung 15), S. 343 als Diagramm zitiert: Zwar verschiebt sich die Gemeindegruppe mit dem stärksten Bevölkerungswachstum durch Zuwanderung zwischen 1954–62 und 1975–82 eindeutig zu Gunsten der kleinen Gemeinden, aber die räumliche Verteilung dieser Gemeinden, die dabei nicht berücksichtigt wurde, zeigt sehr eindeutig ein klares Zentrum-Peripherie-Muster; dadurch wird meines Erachtens die statistische Begründung klar falsifiziert.

[19] Die Analyse „Der Verflechtungsraum der Stadt Erlangen" wurde im Rahmen der gleichnamigen Übung am Institut für Geographie der Universität Erlangen im Wintersemester 2001–2002 unter der Leitung von Werner Bätzing und Fred Krüger im Auftrag der Stadt Erlangen erarbeitet; der Abschlußbericht, der aus 32 Karten und den dazugehörigen Kommentaren besteht, wurde an Interessierte verteilt, aber nicht publiziert; er ist in der Bibliothek des Instituts für Geographie einzusehen.

der unmittelbaren Nähe zur Stadt Erlangen relativ gering ist und daß in dieser Zeit die höchste Dynamik am Rande des Verflechtungsraumes Erlangen, vor allem im Westen (Westteil von Erlangen-Höchstadt, Ostteil von Neustadt an der Aisch), anzutreffen ist (der Faktor Erreichbarkeit bevorteilt den West- und Nordwestrand gegenüber dem Ost- und Nordostrand). Diese Entwicklung ist eindeutig als Suburbanisierung und nicht als Desurbanisierung zu interpretieren.

Damit bekräftigt auch die Analyse des Verflechtungsraums der Stadt Erlangen die signifikanten Differenzen zwischen den Stadtregionen beziehungsweise Verdichtungsräumen in Franken und dem ländlichen Raum jenseits von ihnen, die keineswegs – auch nicht in jüngster Zeit – eingeebnet werden.

Zusammenfassend lässt sich also feststellen, daß die räumliche Entwicklung der Bevölkerungsverteilung in Franken nicht dem Muster „Counter- oder Desurbanisierung", sondern einem Zentrum-Peripherie-Muster folgt. Zwar wird die räumliche Struktur der Suburbanisierung durch die relativ große Zahl von Zentren in Franken, durch die flächenhafte Ausweitung der suburbanisierten Gebiete und durch gewisse Dezentralisierungseffekte entlang von Autobahnen etwas verwischt, bleibt aber trotzdem weiterhin klar erkennbar.

4. Gesamtanalyse des Zeitraums 1840–1999

4.1 Die Dynamik 1840–1999 auf Gemeindeebene

Tabelle 28 stellt die gesamte Entwicklung 1840–1999 auf Landkreis- und Gemeindeebene dar: 80 Gemeinden verlieren in diesem Zeitraum Einwohner, und die mit Abstand größte Gruppe, die aus 381 Gemeinden besteht, verzeichnet nur ein sehr schwaches Wachstum, das unter dem Durchschnitt aller Landkreise in Franken liegt. Damit verzeichnen 63 % aller Gemeinden eine im fränkischen Kontext unbefriedigende Entwicklung. 199 Gemeinden liegen über dem fränkischen Durchschnitt, und von ihnen wachsen sogar 54 Gemeinden stärker als der Durchschnitt der kreisfreien Städte in Franken.

Gegenüber dem Zeitraum 1840–1939 verteilt sich damit das Bevölkerungswachstum spürbar auf eine breitere Zahl von Gemeinden (27 % statt 14 % liegen über dem fränkischen Durchschnitt), es ist aber trotz der dezentraleren Entwicklung seit 1939 insgesamt immer noch stark von den Städten beziehungsweise Zentren geprägt – der Zeitraum 1840–1939 dominiert die Gesamtentwicklung 1840–1999 relativ stark.

Tabelle 29 zeigt die 25 Gemeinden mit dem stärksten absoluten Wachstum, und es ist kein Zufall, daß die ersten elf Plätze von den kreisfreien Städten belegt werden, die ja zugleich die größten Gemeinden Frankens zu allen Zeitschnitten sind. Die übrigen Gemeinden sind ehemalige Klein- und Mittelstädte, deren starkes Wachstum auf die Nähe einer Großstadt (wie Herzogenaurach, Zirndorf, Alzenau, Wendelstein), oder auf eine Industrialisierung im ländlichen Raum (Kulmbach, Lichtenfels) zurückgeht oder die im peripheren ländlichen Raum in guter Erreichbarkeit liegen (Bad Kissingen und Kitzingen). Daneben gibt es mit Oberasbach und Feucht zwei Ausnahmen, nämlich zwei im Jahr 1840 sehr kleine Gemeinden, die sehr früh durch die Nähe zu Fürth beziehungsweise Nürnberg zu wachsen beginnen und deren Wachstum so ge-

Tabelle 28:

Die Bevölkerungsentwicklung Frankens 1840 – 1999 nach 5 Wachstums-/
Rückgangsklassen

	A 50-99 %	B 100-214 %	C 215-261 %	D 262-522 %	E 523-2939 %	Zus. (Zahl Gem.)
Oberfranken						
Städte	0	0	0	4	0	4
BA	3	17	1	14	1	36
BT	5	21	3	4	0	33
CO	0	5	2	8	2	17
FO	1	13	4	10	1	29
HO	4	20	1	2	0	27
KC	0	13	3	2	0	18
KU	4	15	1	2	0	22
LIF	0	6	3	2	0	11
WUN	2	10	2	3	0	17
Mittelfranken						
Städte	0	0	1	1	3	5
AN	11	38	2	6	1	58
ERH	2	3	2	10	8	25
FÜ	0	0	2	5	7	14
NEA	13	24	0	1	0	38
LAU	1	10	1	8	7	27
RH	0	6	3	4	3	16
WUG	6	16	5	0	0	27
Unterfranken						
Städte	0	0	0	2	1	3
AB	0	8	6	10	8	32
HAS	5	14	4	3	0	26
KG	3	16	2	4	0	25
KT	9	19	2	1	0	31
MSP	2	30	4	4	0	40
MIL	0	16	3	11	2	32
NES	6	24	2	5	0	37
SW	1	11	8	6	3	29
WÜ	2	26	4	13	7	52
Franken	80	381	71	145	54	731
	11 %	52 %	10 %	20 %	7 %	100 %

Schwellenwerte:

215 %   Durchschnittswert aller Landkreise in Franken
262 %   Durchschnittswert für Franken
522 %   Durchschnittswert für die kreisfreien Städte in Franken

Tabelle 29:

Die 25 Gemeinden mit dem stärksten absoluten Wachstum 1840-1999

	Name	Einwohner nach der Zählung von 1840	Einwohner nach der Zählung von 1999	absolutes Bevölkerungswachstum
1.	Nürnberg	61.973	486.628	424.655
2.	Würzburg	32.762	127.350	94.588
3.	Fürth	19.445	109.771	90.326
4.	Erlangen	15.495	100.750	85.255
5.	Bayreuth	19.636	73.967	54.331
6.	Aschaffenburg	14.228	67.028	52.800
7.	Bamberg	21.920	69.004	47.084
8.	Schweinfurt	7.766	54.511	46.745
9.	Hof	9.781	51.133	41.352
10.	Coburg	12.754	43.272	30.518
11.	Schwabach	8.507	37.947	29.440
12.	Forchheim, GKSt	4.794	30.677	25.883
13.	Ansbach	15.789	40.163	24.374
14.	Zirndorf, St	2.668	25.835	23.167
15.	Roth, St	4.890	24.752	19.862
16.	Herzogenaurach, St	3.351	23.125	19.774
17.	Lauf a.d.Pegnitz, St	6.066	25.489	19.423
18.	Kulmbach, GKSt	9.159	28.265	19.106
19.	Bad Kissingen, GKSt	4.639	21.552	16.913
20.	Oberasbach, St	575	16.900	16.325
21.	Alzenau i.UFr., St	4.414	18.687	14.273
22.	Kitzingen, GKSt	6.957	21.132	14.175
23.	Wendelstein, M	2.633	16.059	13.426
24.	Lichtenfels, St	8.061	21.482	13.421
25.	Feucht, M	824	13.782	12.958

waltig ist, daß sie nicht nur beim relativen, sondern sogar beim absoluten Wachstum Spitzenpositionen einnehmen.

Tabelle 30 zeigt die 25 Gemeinden mit dem stärksten relativen Wachstum. Es handelt sich mit Ausnahme von Zirndorf und Stein um sehr kleine Gemeinden im Jahr 1840 (maximal 1.120 Einwohner), die deshalb relativ besonders stark wachsen können. Die Plätze 1 bis 8 werden – mit Ausnahme von Dörfles-Esbach/Coburg – von Gemeinden eingenommen, die unmittelbar an Nürnberg, Fürth und Erlangen angrenzen. Insgesamt liegen 16 dieser Gemeinden von Tabelle 30 in der Nähe von Nürnberg-Fürth-Erlangen, vier in der Nähe von Aschaffenburg, drei in der Nähe von Würz-

Tabelle 30:

Die 25 Gemeinden mit dem stärksten relativen Wachstum 1840-1999

	Name	Einwohner nach der Zählung von		in %
		1840	1999	
1.	Oberasbach, St	575	16.900	2.939
2.	Röthenbach/Pegnitz, St	439	12.155	2.769
3.	Buckenhof	139	3.251	2.339
4.	Dörfles-Esbach	176	4.086	2.322
5.	Bubenreuth	215	4.531	2.107
6.	Feucht, M	824	13.782	1.673
7.	Schwaig b.Nürnberg	527	8.454	1.604
8.	Spardorf	129	1.920	1.488
9.	Kahl a.Main	550	7.215	1.312
10.	Puschendorf	185	2.132	1.152
11.	Gerbrunn	543	6.180	1.138
12.	Gundelsheim	330	3.339	1.012
13.	Mainaschaff	818	8.255	1.009
14.	Zirndorf, St	2.668	25.835	968
15.	Stein, St	1.480	13.949	943
16.	Erlenbach a.Main, St	1.077	9.956	924
17.	Schwarzenbruck	965	8.744	906
18.	Veitsbronn	687	6.208	904
19.	Großenseebach	264	2.365	896
20.	Seukendorf	366	3.164	864
21.	Winkelhaid	449	3.875	863
22.	Höchberg, M	1.121	9.500	847
23.	Eisingen	424	3.561	840
24.	Karlstein a.Main	1.000	8.137	814
25.	Rückersdorf	544	4.361	802

1840 = 100%

burg und je eine bei Coburg und Bamberg. Diese Reihung entspricht in etwa der unterschiedlichen Dynamik der fränkischen Stadtregionen mit der starken Dominanz des mittelfränkischen Verdichtungsraumes.

Tabelle 31:

Die 25 Gemeinden mit dem stärksten absoluten Rückgang 1840-1999

	Name	Einwohner nach der Zählung von		absoluter Bevölkerungs- rückgang
		1840	1999	
1.	Grafengehaig, M	2.169	1.094	-1.075
2.	Presseck, M	3.353	2.321	-1.032
3.	Bundorf	1.698	1.011	-687
4.	Ippesheim, M	1.753	1.114	-639
5.	Wartmannsroth	2.936	2.376	-560
6.	Guttenberg	1.113	561	-552
7.	Heidenheim, M	3.314	2.768	-546
8.	Ehingen	2.661	2.115	-546
9.	Rothenfels, St	1.557	1.022	-535
10.	Prichsenstadt, St	3.722	3.188	-534
11.	Markt Nordheim, M	1.591	1.140	-451
12.	Wonsees, M	1.577	1.153	-424
13.	Simmershofen	1.426	1.008	-418
14.	Adelshofen	1.343	964	-379
15.	Ermershausen	990	619	-371
16.	Stammbach, M	3.029	2.662	-367
17.	Unterschwaningen	1.244	893	-351
18.	Burgpreppach, M	1.870	1.524	-346
19.	Thierstein, M	1.711	1.365	-346
20.	Sugenheim, M	2.801	2.461	-340
21.	Willanzheim, M	1.864	1.525	-339
22.	Hemmersheim	1.051	719	-332
23.	Untermerzbach	2.216	1.895	-321
24.	Weigenheim	1.313	1.005	-308
25.	Willmars	1.022	717	-305

Tabelle 31 und 32 verzeichnen die 25 Gemeinden mit den stärksten absoluten und relativen Rückgängen. Dabei fällt auf, daß es sich in beiden Tabellen meist um die gleichen Gemeinden handelt. Es sind alles mittelgroße Gemeinden (1840 zwischen 900 bis 3.700 Einwohner), die in erster Linie in den Landkreisen Neustadt an der Aisch (6 Gemeinden) und Kulmbach, Ansbach, Hassfurt (je 4 Gemeinden) liegen.

Tabelle 32:

Die 25 Gemeinden mit dem stärksten relativen Rückgang 1840-1999

	Name	Einwohner nach der Zählung von		in %
		1840	1999	
1.	Guttenberg	1.113	561	50
2.	Grafengehaig, M	2.169	1.094	50
3.	Bundorf	1.698	1.011	60
4.	Ermershausen	990	619	63
5.	Ippesheim, M	1.753	1.114	64
6.	Rothenfels, St	1.557	1.022	66
7.	Hemmersheim	1.051	719	68
8.	Presseck, M	3.353	2.321	69
9.	Willmars	1.022	717	70
10.	Simmershofen	1.426	1.008	71
11.	Markt Nordheim, M	1.591	1.140	72
12.	Adelshofen	1.343	964	72
13.	Unterschwaningen	1.244	893	72
14.	Ohrenbach	900	652	72
15.	Wonsees, M	1.577	1.153	73
16.	Castell	1.105	837	76
17.	Weigenheim	1.313	1.005	77
18.	Herbstadt	902	708	78
19.	Emtmannsberg	1.389	1.093	79
20.	Ehingen	2.661	2.115	79
21.	Thierstein, M	1.711	1.365	80
22.	Wartmannsroth	2.936	2.376	81
23.	Burgpreppach, M	1.870	1.524	81
24.	Willanzheim, M	1.864	1.525	82
25.	Weißdorf	1.724	1.421	82

1840 = 100%

Vergleicht man jetzt unter der Frage nach den räumlichen Disparitäten die Verteilung der Bevölkerung im Raum im Jahr 1840 (Tabelle 1 und 2) und im Jahr 1999 (Tabelle 26), dann werden große Verschiebungen erkennbar: Nur die Einwohnergrößenklasse 1.000 bis 4.999 Einwohner bleibt bei der Zahl der Gemeinden ähnlich groß, während die Kleingemeinden mit weniger als 1.000 Einwohnern stark zurückgehen und die großen Gemeinden mit mehr als 5.000 Einwohnern stark zunehmen. In Bezug auf den Anteil an der Gesamtbevölkerung Frankens verlieren die Einwohnergrößenklasse bis 4.999 Einwohner deutlich an Gewicht (hier lebten 1840 noch 71,7%, 1999 dagegen nur noch 30,2% der Bevölkerung Frankens), während diejenigen mit 5.000 und mehr Einwohnern die Gewinner darstellen, darunter ganz besonders die Einwohnergrößenklasse mit 20.000 und mehr Einwohnern, in der 1840 erst 0,14% und 1999 35,9% der Bevölkerung Frankens lebten. Oder anders dargestellt: In den 44 Gemeinden mit 5.000 und mehr Einwohnern (6%) lebten 1840 28,3% der fränkischen Bevölkerung; im Jahr 1999 waren es dann 181 Gemeinden (25%), in denen 69,8% der fränkischen Bevölkerung lebten.

Damit ist die Bevölkerung Frankens 1999 sehr viel ungleicher im Raum konzentriert als 1840 – das eher dezentraler geprägte Wachstum ab 1939 kann die extrem starke Verstädterung des Zeitraums 1840–1939 nur abschwächen, aber keinesfalls aufheben.

Ein zusätzliches räumliches Ungleichgewicht entsteht noch dadurch, daß der Anteil der Menschen an der Gesamtbevölkerung Frankens, die im mittelfränkischen Verdichtungsraum leben, überproportional stark steigt: Im Jahr 1840 lebten in den Städten Nürnberg, Fürth, Erlangen, Schwabach und in den benachbarten Landkreisen Nürnberg-Land, Fürth, Erlangen-Höchstadt, Roth knapp 250.000 Menschen, 1999 sind es dagegen knapp 1,3 Millionen.[20] Damit liegt das Wachstum mit 514% doppelt so hoch wie im fränkischen Durchschnitt, und der Anteil der fränkischen Bevölkerung, der in diesem kleinen Raum lebt, verdoppelt sich von 15,6% im Jahr 1840 auf 30,7% im Jahr 1999.

Die zweitdynamischste Stadtregion ist die von Aschaffenburg (Stadt und Landkreise Aschaffenburg, Miltenberg), deren Wachstum 334% beträgt. Deren hohe Dynamik beruht aber nicht auf der Größe der Stadt Aschaffenburg oder auf einer besonders hohen endogenen Wirtschaftskraft, sondern darauf, daß dieser Raum nach 1950 immer stärker mit dem Raum Frankfurt verflochten wird und als gut erreichbarer und landschaftlich attraktiver Teil des Verdichtungsraums Frankfurt stark von dessen Entwicklung profitiert. Dies unterstreicht eine Unternehmensbefragung durch den Deutschen Industrie- und Handelskammertag: In Hinsicht auf die Qualität des Wirtschaftsstandortes steht der IHK-Bezirk Frankfurt an erster Stelle in Deutschland, gefolgt auf Platz 2 von Offenbach und auf Platz 3 von Aschaffenburg.[21] Damit liegt Aschaffenburg nicht nur vor Nürnberg, sondern sogar auch vor Stuttgart und München, was die Außergewöhnlichkeit dieser Stadtregion im fränkischen Kontext unterstreicht.

4.2 Zentrale Ergebnisse dieser Analyse

Die Analyse des Gesamtzeitraumes 1840–1999 verdeutlicht, daß der Zeitraum 1840–1939 mit seinem markanten Städtewachstum die Gesamtentwicklung überproportional stark prägt und daß die dezentralere Entwicklung ab 1939 diese Charakteristik nur modifizieren, aber nicht aufheben kann. Damit kann die Bevölkerungsent-

---

[20] Der mittelfränkische Verdichtungsraum wurde aus pragmatischen Gründen so einfach, nämlich auf Landkreisebene abgegrenzt. Würde man ihn auf Gemeindeebene abgrenzen, würden die Werte noch extremer ausfallen.
[21] Zitiert nach Süddeutsche Zeitung vom 23. April 2003.

wicklung 1840–1999 in Franken mit dem Begriff „zentrendominiertes Wachstum" bezeichnet werden; nur der Prozeß der Industrialisierung – Deindustrialisierung im ländlichen Raum Frankens wird daneben als eine regionale Sonderentwicklung sichtbar.

Bei den drei gewählten Zeitschnitten gab es folgende zentrale beziehungsweise neue Ergebnisse:

1. Die Phase der Industriegesellschaft (1840–1939): Das ausgeprägte Städtewachstum und die Auswirkungen der Industrialisierung im ländlichen Raum Oberfrankens sind grundsätzlich bekannt, können aber mit dieser Analyse sehr klar quantifiziert und vergleichend dargestellt werden. Übersehen wurde bisher aber oft – vor allem in Überblicksdarstellungen –, daß in unmittelbarer Nähe zu den dynamischen Industriestädten eine Reihe von kleinen Gemeinden sehr stark wächst; das bedeutet, daß die Transformation der Stadt zur Stadtregion wesentlich früher beginnt, als man es heute oft darstellt. Und schließlich wird auf Gemeindeebene sichtbar, daß sich – wenigstens in Franken, aber dieses Ergebnis dürfte für viele andere deutsche Regionen repräsentativ sein – keine großräumigen Zentrum-Peripherie-Disparitäten wie in Frankreich, Großbritannien, Italien oder Spanien ausbilden, indem jeder Landkreis mindestens eine Gemeinde aufweist, die überdurchschnittlich wächst und eine andere, die Einwohner verliert. Allerdings wird gleichzeitig eine großräumige Problemregion in Westmittelfranken sichtbar, die jedoch nicht für Franken insgesamt repräsentativ ist.

2. Die Phase der Sonderbedingungen (1939–1961): Daß diese Phase mit ihrem so stark ausgeprägten dezentralen Bevölkerungswachstum einen sehr deutlichen Trendbruch zur vorigen Phase darstellt, dürfte ein neues Ergebnis sein, das vielleicht viele überrascht. Daß sich das stärkste Wachstum dagegen im großstadtnahen Raum befindet, ist bekannt, allerdings kann dies jetzt vergleichend quantifiziert werden. Und daß die zuvor so positive Entwicklung der Industrialisierung im ländlichen Raum Oberfrankens in dieser Phase bereits erstmals zum Stillstand kommt, dürfte das Verständnis dieser Strukturprobleme vertiefen.

3. Die Phase der Dienstleistungsgesellschaft (1961–1999): Das wichtigste neue Ergebnis für diese Phase dürfte sein, daß die Bevölkerungsentwicklung in Franken nicht dem Muster einer Counter- oder Desurbanisierung, sondern dem der Suburbanisierung folgt, also weiterhin zentrendominiert verläuft. Dabei bilden sich in der Nähe der großstädtischen Zentren sogenannte „Nebenzentren" heraus (ehemalige Kleinstädte und sehr stark gewachsene Suburbanisierungsgemeinden), die in absoluten Zahlen stark wachsen, während sich die Gebiete mit dem stärksten Wachstum ab etwa 1987 in einen zweiten Ring um das Zentrum herum verlagern. Dadurch weiten sich die Suburbanisationsräume oder Stadtregionen flächenhaft erheblich aus und wandeln Teile des ehemals peripheren ländlichen Raumes in Suburbanisationsgemeinden um. Die immer besser werdende Erreichbarkeit des peripheren ländlichen Raumes durch den Bau von Autobahnen führt zusätzlich zu punktuellen Entwicklungsimpulsen im ländlichen Raum (Gemeinden mit Autobahnanschluß). Die Problemgemeinden werden gleichzeitig im ländlichen Raum spürbar weniger und die Problemregion Westmittelfranken zerfällt in einige eher flächenkleine Problemgebiete, aber die Differenz zu den suburban geprägten Wachstumsgebieten bleibt trotzdem signifikant groß. Dies kann man dahingehend interpretieren, dass räumliche Disparitäten in Franken keineswegs vollständig verschwinden, sondern daß sie im gesamten Zeitraum bestehen bleiben. Allerdings ändert sich ihr räumliches Muster, und an die Stelle von eher großräumiger geprägten Disparitäten treten kleinräumige Disparitäten. Auch dies dürfte in dieser Deutlichkeit ein neues Ergebnis darstellen. Der Bevölkerungsrückgang durch Deindustrialisierung im ländlichen Raum Oberfrankens schließlich ist bekannt und sehr oft diskutiert; die Analyse 1840–1999 erbringt aber das klare Ergebnis, daß man hier heute noch keineswegs von „Entvölkerung" sprechen darf, weil die aktuellen Rückgänge das Wachstum zwischen 1840 und 1939 noch lange nicht kompensiert haben.

Die Interpretation eines „zentrendominierten Wachstums" wird durch die folgende Auswertung noch zusätzlich bestätigt: Da in allen drei Phasen die Gemeinden mit dem stärksten Wachstum sehr häufig in der Nähe der kreisfreien Städte liegen, wurden auf einer weiteren Karte (hier aus Umfanggründen nicht dargestellt) alle Gemeinden der Kategorie E von Tabelle 3, der Kategorie D von Tabelle 14 und der Kategorie F von Tabelle 19 eingetragen und mit der Abgrenzung der „Verdichtungsräume" nach dem „Landesentwicklungsprogramm Bayern" von 1994 verglichen. Das Ergebnis fällt eindeutig aus: Die genannten Gemeinden bilden jeweils einen deutlichen, nach außen klar abgegrenzten Ring um die einzelnen kreisfreien Städte herum, und dieses Gebiet ist mit den Verdichtungsräumen nach dem Landesentwicklungsplan 1994 fast vollständig identisch!

Durch das flächenhafte Wachstum werden die Verdichtungsräume allmählich so groß, daß sie sich irgendwann gegenseitig berühren werden. Diese Entwicklung ist zwischen den Verdichtungsräumen Ingolstadt – Nürnberg/Fürth/Erlangen – Bamberg sehr weit fortgeschritten, so dass sich hier derzeit ein durchgehendes Städteband ausbildet. Im Westen Frankens sind die Verdichtungsräume Frankfurt – Hanau – Aschaffenburg bereits zusammengewachsen. Die übrigen Verdichtungsräume sind allerdings im Jahr 1999 noch so weit voneinander entfernt, dass ihr räumliches Zusammenwachsen noch einige Jahrzehnte brauchen dürfte.

Damit wird das zentrendominierte Bevölkerungswachstum in Franken nur randlich durch eine bandartige Verstädterung, durch dynamische Impulse entlang den Autobahnen und durch dezentrale Impulse im peripheren ländlichen Raum überlagert.

4.3 Zur Frage der Maßstabsebenen

In dieser Analyse sind die räumlichen Maßstabsebenen Deutschland, Bundesland, Regierungsbezirk, Landkreis und kreisfreie Stadt sowie Gemeinde thematisiert worden. Der Vergleich der Ergebnisse auf verschiedenen Ebenen ist dabei sehr aufschlußreich: Während auf Landkreisebene relativ großräumige Unterschiede zwischen Zentrum und Peripherie sichtbar werden, lösen sich diese auf Gemeindeebene auf und machen einer kleinräumigen Struktur Platz. Da auf Landkreisebene das große Problemgebiet Westmittelfranken nicht sichtbar wurde, folgt daraus, daß die Gemeindeebene zur Analyse der Bevölkerungsentwicklung unverzichtbar ist: Die räumliche Entwicklung Frankens verläuft seit 1840 so kleinräumig, daß die Landkreisebene bestimmte Entwicklungen nicht mehr erfaßt.

Damit stellt sich aber grundsätzlich die Frage, ob bei kleinräumiger werdenden räumlichen Disparitäten die Ebene der heutigen Gemeinden (relativ große Gemeinden seit der Gebietsreform) ausreichend ist, um diese Disparitäten zu erfassen. Die Maßstabsebene unterhalb der Gemeinde ist der Ort oder die Ortschaft, über die aber lediglich Einwohnerzahlen und keine wirtschaftlichen Daten publiziert werden. Eine Analyse der Bevölkerungsentwicklung 1961–1987 aller Orte im Landkreis Forchheim erbrachte ein aufschlussreiches Ergebnis:[22] Das Bevölkerungswachstum wird umso größer, je größer der betreffende Ort ist, und Orte, die 1961 weniger als 100 Einwohner besitzen, verlieren in jedem Fall, auch bei guter Erreichbarkeit und großer Stadtnähe, Einwohner. Dieses Ergebnis wird von zahlreichen persönlichen Beobachtungen im ländlichen Raum Frankens unterstützt, und es dürfte daher grundsätzliche Bedeutung besitzen.

Deshalb wird die folgende Hypothese formuliert, die allerdings im Rahmen dieser Analyse nicht weiter verifiziert oder falsifiziert werden kann. Die aktuellen, relativ großen Gemeinden lassen den gegenwärtigen räumlichen Wandel besonders im peripheren ländlichen Raum nicht gut sichtbar werden: Der größte Ort der Gemeinde, in der Regel der Sitz der Gemeindeverwaltung und Standort von einigen Arbeitsplätzen und Dienstleistungen, verzeichnet oft ein Bevölkerungswachstum, während andere, kleinere Orte im Gemeindegebiet Einwohner verlieren; die Gemeindeergebnisse werden stark vom größten Ort geprägt und fallen daher in der Regel positiv aus, so daß die gegenläufige Entwicklung der kleineren Orte nicht mehr sichtbar wird.

Trifft diese Hypothese zu, dann stünde der periphere ländliche Raum in Franken im Zeitraum 1961–1999 deutlich weniger positiv dar, als es die Gemeindeergebnisse darstellen.

4.4 „Der ländliche Raum – benachteiligt zu allen Zeiten?"

Das Zitat der Überschrift stammt aus einem sehr bekannten Aufsatz von Hans-Peter Gatzweiler aus dem Jahr 1979.[23] Es soll die Leitfrage für diesen Abschnitt formulieren.

Im Zeitraum 1840–1939 wurde der ländliche Raum durch die industrielle Entwicklung sehr eindeutig benachteiligt und als Lebens- und Wirtschaftsraum abgewertet. Für den Zeitraum 1939–1961 trifft dies allerdings nicht zu – hier findet im Gegenteil eine signifikante Wiederaufwertung statt, die Gatzweiler allerdings mit keinem Wort erwähnt. Der Zeitraum 1961–1999 bietet auf den ersten Blick ein diffuses Bild auf der Grundlage der Gemeindeanalysen, weil die Gemeinden mit Bevölkerungsrückgang deutlicher geringer werden. Läßt man allerdings diejenigen Gebiete außer Acht, die in die suburbanen Räume integriert werden (sie gehören per definitionem nicht mehr zum ländlichen Raum) und betrachtet die relativen Differenzen zwischen suburbanem und ländlichem Raum, dann wird das Bild deutlicher negativer.

Allerdings läßt der Indikator Bevölkerungsentwicklung den gegenwärtigen Strukturwandel im ländlichen Raum allein nicht angemessen deutlich werden. Der wichtigste Wandel besteht hier darin, daß die Arbeitsplätze in den ländlichen Gemeinden auf

---

[22] Die Analyse wurde von Martin Hollenbach im Rahmen seiner Examensarbeit durchgeführt. Ich habe das Ergebnis kurz vorgestellt in: Werner Bätzing, Die Fränkische Schweiz – eigenständiger Lebensraum oder Pendler- und Ausflugsregion?, in: Hans Becker (Hg.), Beiträge zur Landeskunde Oberfrankens (Bamberger Geographische Schriften, Sonderfolge 6), Bamberg 2000, S. 134.

[23] Hans-Peter Gatzweiler, Der ländliche Raum – benachteiligt für alle Zeiten?, in: Geographische Rundschau 31, 1979, Heft 1, S. 10–16.

eine dramatische Weise zurückgehen: Die Erwerbstätigen am Arbeitsort in den 34 Gemeinden der Fränkischen Schweiz gehen zwischen den beiden Volkszählungen 1970 und 1987 um 25% zurück und die Beschäftigten am Arbeitsort (Daten der Bundesanstalt für Arbeit in Nürnberg) zwischen 1987 und 1999 noch einmal um 27%![24]

Diese Entwicklung scheint charakteristisch für den peripheren ländlichen Raum in Franken zu sein, der in der Phase der Dienstleistungsgesellschaft offenbar in seiner Funktion als Wirtschaftsraum stark geschwächt wird, während er als Wohnraum gleichzeitig aufgewertet wird. Allerdings müßte auch diese Aussage noch flächenhaft überprüft werden.

Nimmt man dieses zusätzliche Argument und verbindet es mit der Altersstruktur der Bevölkerung und der Frage nach der Gemeinde als der angemessenen Maßstabsebene zur Analyse der gegenwärtigen Entwicklung, dann entwickelt sich der ländliche Raum deutlicher negativer, als es die statistischen Gemeindeergebnisse zeigen.

Zusammenfassend möchte ich die Frage nach dem ländlichen Raum im Zeitraum 1961–1999 so beantworten: Der ländliche Raum steht zwar besser da als im Zeitraum 1840–1939, aber er bleibt weiterhin gegenüber den Zentren beziehungsweise den suburbanen Räumen benachteiligt und gehört keinesfalls zu den Gewinnern des Strukturwandels.

4.5 Prognose der zukünftigen Entwicklung

Der demographisch und flächenhaft wichtigste Strukturwandel, die Suburbanisierung, dürfte auch in Zukunft weiter voranschreiten. Das bedeutet, daß die suburbanen Räume sich weiter ausbreiten werden, wobei sich die demographisch dynamischsten Gemeinden immer mehr an den äußeren Rand verschieben, während die Kerne Einwohner verlieren (Städte) oder stagnieren (frühe Suburbanisationsgemeinden).

Der ländliche Raum jenseits dieser suburbanen Gebiete wird auf Grund seiner Überalterung und des Arbeitsplatzabbaus jedoch erneut wieder Einwohner verlieren – die Entwicklung der Jahre 1987–1999 dürfte eine Ausnahme bleiben und die Unterschiede zwischen den Zentren/Stadtregionen und dem ländlichen Raum dürften wieder deutlich zunehmen.

Beim von der Deindustrialisierung dominierten ländlichen Raum Oberfrankens scheint die zukünftige Entwicklung offen zu sein: Wenn es dieser Region gelingt, die wirtschaftliche Strukturkrise durch die Ansiedlung von neuen, innovativen Gewerbe-, Industrie- und Dienstleistungsbetrieben zu beenden, dann dürfte die Bevölkerung wieder wachsen, allerdings wegen der Altersstruktur nur sehr leicht. Wenn dies nicht gelingt, dann dürfte ein weiterer Bevölkerungsrückgang unvermeidlich sein, der wegen der ungünstigen Altersstruktur schnell hohe Werte erreichen wird.

---

[24] Die Berechnung der Volkszählungsdaten stammt aus dem Artikel von Werner Bätzing, Die fränkische Schweiz (wie Anmerkung 22), S. 139. Die Daten 1987–1999 wurden im Rahmen dieser Analyse neu erhoben.

Armin Leberzammer

Wer wählte rechts? Reichstagswahlen in Nürnberg 1919–1933

Wer waren Hitlers Wähler? Diese Frage hatten sich schon die Zeitgenossen gestellt und auch in der Nachkriegszeit beschäftigte sie politisch Interessierte und Wissenschaftler. Als Antwort darauf, wie aus einer radikalen Splitterbewegung eine Partei mit über 40 Prozent Stimmenanteil werden konnte, bildeten sich zwei gegensätzliche Theorien heraus: Reinhard Bendix stellte 1952 die sogenannte Massentheorie[1] auf, während Seymour Martin Lipset 1960 seinen klassentheoretischen Ansatz[2] veröffentlichte. Beide gehen bei ihren Untersuchungen von den Reichstagswahlen 1930, Juli 1932 und November 1932 aus. Sie gingen also auf die früheren Wahlen, bei denen die NSDAP noch eine Randerscheinung war, in ihren Betrachtungen nicht ein. Eine Art „dritter Weg", die Erfolge der Nationalsozialisten theoretisch zu systematisieren und gleichzeitig eine Ergänzung zu den Thesen Lipsets und Bendix' stellt das Konzept der politischen Immunisierung und des politischen Konfessionalismus von Walter Dean Burnham dar.[3]

Bendix sah den Ursprung der nationalsozialistischen Wahlerfolge bei den Jung- und vormaligen Nichtwählern, die von der NSDAP mobilisiert werden konnten, weshalb man diese Theorie als Massentheorie bezeichnete. Lipset dagegen bezeichnete den Nationalsozialismus als „Extremismus der Mitte", der von der Mittelklasse gewählt wurde. Daher wurde Lipsets Theorie als „Klassentheorie" umschrieben. Burnham wiederum nannte mit der Arbeiterschaft und den Katholiken zwei soziale Gruppen, die durch eine Art politischer Kirche in ein festes Wertesystem eingefügt waren und somit gegenüber einer ‚Infektion' durch den Virus des Nationalsozialismus verhältnismäßig immun waren.

In den siebziger Jahren des 20. Jahrhunderts wurden jedoch verfeinerte statistische und mathematische Methoden entwickelt, die dann auch in der historischen Wahlforschung Anwendung fanden. Dabei stellte sich heraus, daß die bis dahin gemachten Hypothesen teilweise revidiert werden mußten. So waren die Wählerwanderungen viel komplexer als zuvor angenommen. Insbesondere Jürgen Falter[4] und einige amerikanische Wahlforscher kamen mittels der elektronischen Datenverarbeitung zu neuen Einsichten. Diese Untersuchungen stützten sich vor allem auf die Wahlergebnisse sowie auf Volkszählungen und Wirtschaftsstatistiken. Damit konnten Aussagen über das Wahlverhalten in größeren Gebietseinheiten gemacht werden, beispielsweise über das Verhältnis zwischen Gemeindegröße oder Konfession und Wahlerfolgen der NSDAP.

Eine andere Herangehensweise ist die Betrachtung kleiner Gebietseinheiten. Denn je kleiner die untersuchten Gebiete sind, umso genauere Resultate können erzielt werden. Eine solche Analyse wird in dieser Arbeit für Nürnberg und vier in ihrer sozialen Zusammensetzung unterschiedliche Stadtteile durchgeführt.

---

[1] Reinhard Bendix, Social Stratification and Political Power, in: American Political Science Review Vol. 46 1952, S. 357–375.

[2] Seymour Martin Lipset, Soziologie der Demokratie, Neuwied 1962.

[3] Walter D. Burnham, Political Immunization and Political Confessionalism: The United States and Weimar Germany, in: The Journal of Interdisciplinary History Vol. III, Cambridge, Massachusetts 1972, S. 1–30.

[4] Jürgen Falter, Hitlers Wähler, München 1991.

I. Wählerstromanalyse für Nürnberg 1928–1933

1. Methodische Vorbemerkungen

Sicherlich eine der spannendsten, aber auch methodisch am schwierigsten zu beantwortenden Fragestellungen in der Wahlforschung betrifft den Umfang und die Richtung der Wählerwanderungen, die zwischen zwei vergleichbaren Wahlen stattfanden. Sind die Wähler ihrer Partei treu geblieben oder haben sie bei der zweiten Wahl eine andere Partei gewählt? Zwischen welchen Parteien gab es wesentliche Verschiebungen? Welche Partei konnte von vormaligen Nichtwählern Stimmen gewinnen, welche Partei verlor durch Wahlenthaltung? Dies sind einige der grundlegenden Fragen, die durch eine Wählerstromanalyse beantwortet werden sollen. Prinzipiell gibt es zwei Möglichkeiten, um an Informationen über Wählerbewegungen zu gelangen. Eine davon ist die direkte Befragung der Wähler; für die historische Wahlforschung scheidet dies natürlich nahezu vollkommen aus. Ein anderer Weg besteht darin, das individuelle Wahlverhalten mittels statistischer Verfahren zu schätzen. Man spricht hierbei von ökologischer Regression mit Aggregatdaten. Aggregatdaten sind ‚angehäufte' Individualdaten in einer bestimmten Gebietseinheit. Im vorliegenden Fall handelt es sich um Wählerstimmen in den einzelnen Stimmkreisen.

Ökologische Modelle schließen mit Hilfe multipler Regressionsverfahren auf die Wählerwanderungen zwischen zwei Wahlen. Für die Analyse habe ich das Datenverarbeitungsprogramm „ALMO Statistik-System" von Johann Bacher, Universität Erlangen-Nürnberg und Kurt Holm, Universität Linz, verwendet. Die Wählerstromanalyse der Reichstagswahlen in Nürnberg beschränkt sich auf die fünf Wahlen zwischen 1928 und 1933, die den steilen Aufstieg der Partei Hitlers wiedergeben. Da für die Reichstagswahl vom 31. Juli 1932 keine Ergebnisse auf Stimmbezirksebene überliefert sind, habe ich stattdessen dieser Wahl die Landtagswahl vom 24. April 1932 untersucht. Insgesamt wurden die Ergebnisse von folgenden sechs Parteien betrachtet: Nationalsozialistische deutsche Arbeiterpartei (NSDAP), Deutschnationale Volkspartei (DNVP), Deutsche Volkspartei (DVP), Bayerische Volkspartei (BVP), Sozialdemokratische Partei Deutschlands (SPD) und Kommunistische Partei Deutschlands (KPD) sowie die sonstigen Parteien und die Nichtwähler. Zweifellos wäre auch die DDP (Deutsche Demokratische Partei), die Partei des Nürnberger Oberbürgermeisters Luppe, wichtig gewesen; da sie jedoch nicht an der Landtagswahl vom 24. April 1932 teilnahm, konnte aus methodischen Gründen nicht auf diese Partei eingegangen werden.

2. Erstes Wahlpaar (RT 1928 –> RT 1930)[5]

Die Nationalsozialisten konnten ihren Stimmenanteil in Nürnberg von 10,6 % auf 24,0 % steigern; in absoluten Zahlen fällt dieser Zugewinn sogar noch spektakulärer aus: von 23 834 auf 60 095. Aus der Wählerstromanalyse ergibt sich, daß die NSDAP 100 % ihrer Wähler von 1928 auch in der folgenden Wahl für sich mobilisieren konnte. Ein Wert, den keine andere Partei erreichte. Neben diesem Wählerstamm konnten

---

[5] Stadtarchiv Nürnberg (StAN) C7/I 113 und 117.

Abströme					1928				
		NSDAP	DNVP	DVP	BVP	SPD	KPD	Sonstige	NW
	NSDAP	100	25,8	24,7	20,0	0	0	20,7	25,5
	DNVP	0	13,0	32,5	0	0	0	1,4	0
	DVP	0	5,6	27,6	0	0	0	1,8	0
1930	BVP	0	3,1	0	80,1	0,4	0,9	0	5,8
	SPD	0	2,7	0	0	91,2	0	8,6	0,6
	KPD	0	0	0	0	5,7	78,7	4,5	0
	Sonstige	0	47,3	15,2	0	0,4	12,4	56,5	7,6
	Nichtwähler	0	2,6	0	0	2,2	8,1	6,5	60,5

Zuströme					1928				
		NSDAP	DNVP	DVP	BVP	SPD	KPD	Sonstige	NW
	NSDAP	40,8	11,5	2,7	6,5	0	0	14,0	24,6
	DNVP	0	56,5	34,5	0	0	0	9,0	0
	DVP	0	37,2	45,0	0	0	0	17,8	0
1930	BVP	0	4,1	0	76,7	2,1	0,7	0	16,5
	SPD	0	0,7	0	0	95,3	0	3,6	0,4
	KPD	0	0	0	0	28,6	62,5	9,0	0
	Sonstige	0	29,2	2,3	0	1,0	4,6	52,8	10,1
	Nichtwähler	0	1,6	0	0	5,3	3,1	6,3	83,6

Obere Tabelle:
Lesebeispiel: 100% der NSDAP-Wähler von 1928 wählten 1930 wieder NSDAP, 25,8% der DNVP-Wähler von 1928 wählten 1930 NSDAP (senkrecht lesen!); Spaltensumme beträgt 100%;
Untere Tabelle:
Lesebeispiel: 40,8% der NSDAP-Wähler von 1930 hatten auch bei der Vorwahl NSDAP gewählt, 11,5% der NSDAP-Wähler von 1930 hatten bei der Vorwahl DNVP gewählt (waagrecht lesen!); Zeilensumme beträgt 100%;

in erster Linie ehemalige Nichtwähler für die Nationalsozialisten gewonnen werden. Fast ein Viertel (24,6%) der Zuströme kamen von dort. Es folgen die anderen Parteien mit 14% und die DNVP mit 11,5%, deren Stimmenzahlen immens eingebrochen waren: von 26 060 auf 6 005.

In absoluten Zahlen konnten sich die Sozialdemokraten leicht verbessern (von 96 072 auf 96 375), doch blieb aufgrund der gestiegenen Wahlbeteiligung (von 80,0% auf 85,9%) unter dem Strich ein spürbarer Einbruch von 42,7% auf 38,5%. Dabei verloren sie vor allem an die KPD und an das Lager der Nichtwähler Stimmen: 5,7% der SPD-Wähler von 1928 wechselten zur KPD, 2,2% blieben der Wahl ganz fern. An alle übrigen Parteien gaben die Sozialdemokraten keine oder zu vernachlässigende Stimmzahlen ab. Hinzugewinne konnten besonders bei vormaligen Wählern der sonstigen Parteien erzielt werden. 3,6% der SPD-Wähler von 1930 kamen von dort.

Die Kommunisten steigerten sowohl ihre Stimmenzahl als auch ihren -anteil: von 15 123 auf 20 262 bzw. von 6,7% auf 8,1%. Bemerkenswert ist hierbei, daß ihnen zwar 28,6% ihrer Wähler von der SPD zugeströmt sind, sie selbst aber keine Wähler in die umgekehrte Richtung abgegeben haben.

Die Deutschnationalen mussten verheerende Stimmverluste hinnehmen. Ihr Anteil an den gültigen Wählerstimmen fiel von 11,6% (oder 26 060) auf 2,4% (oder 6 005).

Gut ein Viertel (25,8 %) war zur NSDAP abgewandert, aber nahezu die Hälfte (47,3 %) zu den sonstigen Parteien. Zugewinne konnten sie bei ehemaligen DVP-Wählern machen; 34,5 % hatten vorher diese Partei gewählt. Die DVP war in Nürnberg damit nur mehr eine Splitterpartei mit einem Stimmenanteil von 1,6 % während sie reichsweit immerhin noch auf 4,5 % kam.

Neben der NSDAP und der SPD war die BVP die stabilste Partei zwischen 1928 und 1930. Ebenso wie die SPD steigerte sie die absolute Zahl ihrer Stimmen von 19 344 auf 20 740, während der Stimmanteil von 8,6 % auf 8,3 % zurückfiel. Mit Ausnahme der NSDAP gab sie an keine Partei Stimmen ab, für die sich ein Fünftel ihrer Wähler entschied, 80 % blieben ihr treu. Ihre bedeutendsten Zugewinne kamen von den Nichtwählern (16,5 %) und von der DNVP (4,1 %).

3. Zweites Wahlpaar (RT 1930 –> LT IV/1932)[6]

Abströme — **1930**

IV/1932	NSDAP	DNVP	DVP	BVP	SPD	KPD	Sonstige	NW
NSDAP	97,3	0	0	6,3	6,5	0	35,6	25,4
DNVP	0	73,8	45,2	0	0	0	4,9	0
DVP	2,6	0	0	3,5	1,4	0	9,1	0
BVP	0	1,0	47,2	80,1	0	0	6,5	0
SPD	0	25,2	0	0	75,5	0	0	0
KPD	0	0	0	0	9,6	92,8	0	0
Sonstige	0	0	7,6	7,1	2,0	0	20,0	0
Nichtwähler	0,4	0	0	3,1	5,1	7,2	24,0	74,6

Zuströme — **1930**

IV/1932	NSDAP	DNVP	DVP	BVP	SPD	KPD	Sonstige	NW
NSDAP	63,4	0	0	1,4	6,8	0	16,8	11,5
DNVP	0	53,6	21,4	0	0	0	25,0	0
DVP	18,3	0	0	9,6	18,5	0	53,6	0
BVP	0	0,3	9,0	77,3	0	0	0	0
SPD	0	2,1	0	0	97,9	0	0	0
KPD	0	0	0	0	33,0	67,0	0	0
Sonstige	0	0	2,5	11,6	15,8	0	70,1	0
Nichtwähler	0,5	0	0	1,3	10,0	3,0	21,3	63,8

Obere Tabelle:
Lesebeispiel: 97,3% der NSDAP-Wähler von 1930 wählten im April 1932 wieder NSDAP, 2,6% der NSDAP-Wähler von 1930 wählten im April 1932 DVP (senkrecht lesen!); Spaltensumme beträgt 100%;
Untere Tabelle:
Lesebeispiel: 63,4% der NSDAP-Wähler vom April 1932 hatten auch bei der Vorwahl NSDAP gewählt, 1,4% der NSDAP-Wähler vom April 1932 hatten bei der Vorwahl BVP gewählt (waagrecht lesen!); Zeilensumme beträgt 100%;

Bei der Landtagswahl am 24. April 1932 waren in Nürnberg 304 727 Bürger wahlberechtigt. Das sind fast 13 000 mehr als bei den vorangegangenen Reichstagswahlen

[6] StAN C7/I 117 und 119.

zwei Jahre zuvor. Dieser Anstieg lag durchaus im reichsweiten Trend, der bezüglich des Wahlpaares RT 1930 –> RT VII/1932 1,2 Millionen mehr Wahlberechtigte ausmachte (2,3 Millionen Erstwähler abzüglich 1,1 Millionen Verstorbene[7]). Leider wurden auf Kreis- und Gemeindeebene keine Statistiken über Erstwähler und verstorbene Wahlberechtigte geführt, so daß auch für Nürnberg keine Zahlen verfügbar sind. Die Wahlbeteiligung lag bei 81,3 %, was einem Rückgang von 4,6 entspricht. Bei dieser Wahl konnte die NSDAP erstmals die SPD in Nürnberg überflügeln.

Die Nationalsozialisten gewannen 93 222 Stimmen oder 37,6 % für sich – dies entspricht einer Steigerung um 55 % gegenüber 1930! Dabei ergab die Wählerstromanalyse sogar leichte Abwanderungen zur DVP (2,3 %) und zu den Nichtwählern (0,4 %). Diese Zahlen sind freilich eher vage, zumindest was die DVP betrifft, da die Schätzwerte der Wählerstromanalyse umso unsicherer werden, je kleiner die betrachteten Vergleichszahlen sind (die DVP erreichte bei der Landtagswahl 7 607 Stimmen oder 3,1 %). Was sich aber mit Sicherheit feststellen läßt, ist eine sehr hohe Haltequote bei der nationalsozialistischen Wählerschaft der Vorwahl. 97,3 % entschieden sich wieder für die NSDAP. Interessanter ist natürlich die Frage nach der Herkunft der NSDAP-Wähler. Neben den eigenen „Stammwählern" mit 63,4 % waren die sonstigen Parteien die ergiebigste Quelle für das neuerliche Rekordergebnis: Deren ehemalige Wähler machten 16,8 % der nationalsozialistischen Stimmen aus, gefolgt von den Nichtwählern mit 11,5 %. Die übrigen Zuströme sind allerdings durchaus überraschend: 6,8 % hatten zuvor die SPD, 1,4 % die BVP gewählt. DNVP, DVP und KPD gaben diesmal offenbar keine Stimmen an die Nationalsozialisten ab. Damit hatte die SPD erstmals direkte Verluste an die NSDAP, während die Deutschnationalen und die Rechtsliberalen – wenngleich auf niedrigem Niveau – ihr gegenüber stabil blieben.

Der SPD, die 75 369 oder 30,4 % erreichte, brachen über 20 000 Stimmen weg. Von diesen 75 369 hatten 97,9 % auch in der Vorwahl für sie gestimmt. Der Rest kam den Berechnungen zufolge von der DNVP. An wen gaben die Sozialdemokraten Stimmen ab? 6,5 % derer, die 1930 noch die SPD gewählt hatten, entschieden sich nun für die Nationalsozialisten, 9,6 % aber gaben der KPD ihre Stimme. 5,1 % gingen gar nicht mehr zur Wahlurne und einige wenige scheinen zur DVP (1,4 %) und zu den Sonstigen (2,0 %) abgewandert zu sein.

Die KPD konnte deutliche Gewinne erzielen: 28 854 Wahlberechtigte (1930: 20 262) schenkten ihr das Vertrauen, was einem Stimmenanteil von 11,6 % (1930: 8,1 %) entspricht. Die Wählerstromanalyse ergibt hier klare Ergebnisse, denn zwei Drittel (67,0 %) hatten schon in der vorangegangenen Wahl KPD gewählt, das übrige Drittel (33,0 %) kam von der SPD. Die wenigen Abströme sind Stimmenthaltungen zuzurechnen (7,2 %); 92,8 % waren den Kommunisten treu geblieben.

DNVP und DVP konnten diesmal Stimmzuwächse verzeichnen. Der relativ große Zugewinn der DVP (von 3 952 (1,6 %) auf 7 607 (3,1 %)) läßt sich in einem gewissen Maße dadurch erklären, daß die andere liberale Partei, die Deutsche Staatspartei (DSP), nicht zu den Landtagswahlen antrat und die DVP davon wohl profitierte. Ansonsten brachte die Wählerstromanalyse für die DVP recht erstaunliche Resultate, wenngleich man diese aufgrund der geringen Stimmzahl (aus oben erwähnten Gründen) nicht überbewerten sollte: Demnach sind *alle* DVP-Wähler der Vorwahl zu ande-

---

[7] Jürgen Falter, Hitlers Wähler, München 1991, S. 82.

ren Parteien abgewandert: 45,2 % zur DNVP, 47,2 % zur BVP und der Rest (7,6 %) zu den sonstigen Parteien. Von diesen scheinen ihr auch die meisten Stimmen zugeflossen zu sein, nämlich 53,6 %. Daneben konnte sie in gleichem Maße ehemalige NSDAP-Wähler (18,3 %) und SPD-Wähler (18,5 %) zu sich herüberziehen. Knapp ein Zehntel (9,6 %) scheint von der BVP gekommen zu sein.

Die DNVP konnte demgegenüber den Großteil ihrer Wählerschaft halten: drei Viertel (73,8 %) entschieden sich wieder für sie, ein Viertel (25,2 %) wechselte zur SPD. Von den 8 724 Stimmen (das entspricht 3,5 %) , die die Deutschnationalen bei der Landtagswahl errangen, kamen 21,4 % von der DVP und 25,0 % von den Sonstigen.

Auch die BVP legte leicht zu und gewann 21 591 Stimmen oder 8,7 % (1930: 20 740 Stimmen oder 8,3 %). Nach Nationalsozialisten und Kommunisten vermochten sie die meisten Stammwähler zu binden, nämlich 80,0 %. 3,1 % waren nicht mehr zur Wahl gegangen und die übrigen ihrer ehemaligen Wähler hatten für die NSDAP (6,3 %), die DVP (3,5 %) und die sonstigen Parteien (7,1 %) gestimmt.

4. Drittes Wahlpaar (LT IV/1932 –> RT XI/1932)[8]

Abströme — IV/1932

		NSDAP	DNVP	DVP	BVP	SPD	KPD	Sonstige	NW
	NSDAP	77,5	0	0	1,4	0	0	1,0	16,7
	DNVP	5,1	100,0	0	3,3	0	0	12,1	0
	DVP	0,9	0	0	0,2	0	0	15,6	0
XI/1932	BVP	0	0	5,9	90,1	0	0	0	0
	SPD	0	0	1,6	3,9	93,3	0	0	9,6
	KPD	0	0	0	0	5,9	99,6	2,5	8,5
	Sonstige	0	0	43,8	0	0	0	68,8	1,6
	Nichtwähler	16,6	0	48,6	1,2	0,8	0,4	0	63,7

Zuströme — IV/1932

		NSDAP	DNVP	DVP	BVP	SPD	KPD	Sonstige	NW
	NSDAP	89,3	0	0	0,4	0	0	0,2	10,2
	DNVP	30,4	55,3	0	4,5	0	0	9,8	0
	DVP	29,2	0	0	1,2	0	0	69,6	0
XI/1932	BVP	0	0	2,3	97,7	0	0	0	6,2
	SPD	0	0	0,2	1,1	92,6	0	0	6,2
	KPD	0	0	0	0	11,9	76,0	0,8	11,2
	Sonstige	0	0	25,9	0	0	0	68,0	6,1
	Nichtwähler	29,9	0	7,1	0,5	1,1	0,2	0	61,2

Obere Tabelle:
Lesebeispiel: 77,5% der NSDAP-Wähler vom April 1932 wählten im November wieder NSDAP, 5,1% der NSDAP-Wähler vom April 1932 wählten im November DNVP (senkrecht lesen!); Spaltensumme beträgt 100%;
Untere Tabelle:
Lesebeispiel: 89,3% der NSDAP-Wähler vom November 1932 hatten auch bei der Vorwahl NSDAP gewählt, 0.4% der NSDAP-Wähler vom November hatten bei der Vorwahl BVP gewählt (waagrecht lesen!); Zeilensumme beträgt 100%;

[8] StAN C7/I 119 und 120.

Die Reichstagswahlen vom November 1932 bescherten der NSDAP erstmals Stimmverluste im Reich. Sie war zwar noch immer die mit Abstand stärkste Partei, verlor aber rund zwei Millionen Wählerstimmen; so daß ihr Stimmanteil von 37,4 % auf 33,1 % zurückging. Auch in Nürnberg läßt sich ein Einbruch gegenüber der Landtagswahl im April des Jahres feststellen, wenngleich sie auch hier knapp vor der SPD Wahlsiegerin wurde.

Im Gegensatz zum reichsweiten Trend stieg die Wahlbeteiligung bezogen auf die Landtagswahl (81,3 %) an und betrug 82,8 %. Die Wahlbeteiligung bei der Reichstagswahl vom Juli 1932 lag allerdings mit 83,7 % auch in Nürnberg über der der nachfolgenden Reichstagswahl im November. Reichsweit lagen aber die Beteiligungsquoten beider Wahlen weiter auseinander als in Nürnberg (84,0 % zu 80,6 %).

An wen gaben die Nationalsozialisten Stimmen ab? Die NSDAP erreichte 81 631 Stimmen, das waren 11 591 (oder 12,4 %) weniger als bei der untersuchten Landtagswahl. Die Wählerstromanalyse ergab, daß sich ein Sechstel (16,6 %) der vormaligen nationalsozialistischen Wähler der Stimme enthalten hatten, 5,1 % waren zur DNVP gewechselt. Gut drei Viertel blieben der NSDAP treu, dazu konnte sie auch wieder aus dem Nichtwählerlager Stimmen für sich gewinnen: Jene waren für 10,2 % ihres Resultates im November verantwortlich. Diese Bewegung in die Gegenrichtung reichte allerdings nicht aus, um die Verluste zu kompensieren.

Die Sozialdemokraten verbesserten sich bei dieser Wahl sowohl in absoluten (von 75 369 auf 77 365) als auch in relativen Zahlen (von 30,4 % auf 31,0 %) leicht. Es war ihnen offenbar gelungen, ehemalige Nichtwähler und einige wenige BVP-Wähler zu sich herüberzuziehen: 6,2 % kamen von den Nichtwählern, 1,1 % von der BVP und 92,6 % hatten bereits in der vorangegangenen Wahl SPD gewählt. Diese Zugewinne wurden durch Abwanderungen zur KPD und durch Stimmenthaltung wieder abgeschwächt: 5,9 % der vormaligen SPD-Wähler hatten sich diesmal für die Kommunisten entschieden und 0,8 % waren der Wahl ganz fern geblieben.

Die KPD legte deutlich zu: Sie errang 37 989 Stimmen (oder 15,2 %) – bei den Landtagswahlen waren es noch 28 854 (oder 11,6 %). Damit konnte sie in Nürnberg bei der vierten Wahl in Folge Gewinne verzeichnen. Wie oben bereits erwähnt, kam ein Teil der Stimmen von der SPD. Dieser machte 11,9 % der gesamten KPD-Stimmen aus. Weitere 11,2 % sind auf ehemalige Nichtwähler zurückzuführen und rund drei Viertel (76,0 %) hatten auch zuvor schon für die Kommunisten gestimmt. Abströme konnten so gut wie keine festgestellt werden. Lediglich 0,4 % der KPD-Wähler vom April scheinen durch Stimmenthaltung verloren gegangen zu sein.

Die Deutschnationalen konnten bei diesen Wahlen besonders starke Gewinne verzeichnen. So stieg ihre absolute Stimmenzahl von 8 724 auf 15 959, der Stimmenanteil von 3,5 % auf 6,4 %. Der Großteil, beinahe ein Drittel (30,4 %), der Stimmen war von den Nationalsozialisten gekommen. Auch von den sonstigen Parteien (9,8 %) und der BVP (4,5 %) konnten Wähler gewonnen werden. Die Wählerstromanalyse ergab weiterhin, dass die Deutschnationalen in Nürnberg 100 % ihrer Wähler von der Landtagswahl wieder für sich mobilisieren konnten. Die DVP war wieder deutlich zurückgegangen und erreichte nur mehr 2 920 Stimmen oder 1,2 %. Nach den Ergebnissen der Wählerstromanalyse verfügte die Partei über keinerlei Stammwählerschaft, wobei diese Berechnungen aus den bereits genannten methodischen Gründen nicht mehr sehr genau sein können. Daher werde ich auf die DVP nicht mehr näher eingehen.

Die BVP mußte leichte Verluste hinnehmen und errang mit 20 550 Stimmen einen Stimmanteil von 8,2 % – im April waren es 21 591 oder 8,7 % gewesen. 90,0 % der BVP-Wähler von damals wählten wieder diese Partei; die restlichen zehn Prozent verteilen sich relativ gleichmäßig auf die anderen Parteien mit Ausnahme der Kommunisten und der Sonstigen, bei denen keine Zuströme von der BVP ermittelt wurden. Zuströme von anderen Parteien zur BVP konnten fast nicht festgestellt werden.

5. Viertes Wahlpaar (RT XI/1932 –> RT 1933)[9]

Abströme — **XI/1932**

1933		NSDAP	DNVP	DVP	BVP	SPD	KPD	Sonstige	NW
	NSDAP	100,0	23,4	0	4,3	0	0	38,5	45,9
	DNVP	0	65,2	29,1	0	0	0	5,3	3,6
	DVP	0	0	0	0	0	0	5,7	0,4
	BVP	0	0	0	84,3	0	2,6	23,2	0,4
	SPD	0	0	0	0	100,0	32,1	0	0
	KPD	0	0	0	0	0	65,12	0	0
	Sonstige	0	10,9	70,9	11,4	0	0	27,4	0
	Nichtwähler	0	0,4	0	0	0	0,1	0	49,6

Zuströme — **XI/1932**

1933		NSDAP	DNVP	DVP	BVP	SPD	KPD	Sonstige	NW
	NSDAP	71,0	3,2	0	0,7	0	0	4,3	20,8
	DNVP	0	75,1	6,1	0	0	0	5,0	13,9
	DVP	0	0	0	0	0	0	76,9	23,1
	BVP	0	0	0	80,1	0	4,7	14,2	1,0
	SPD	0	0	0	0	86,4	13,6	0	0
	KPD	0	0	0	0	0	100,0	0	0
	Sonstige	0	18,1	21,1	23,8	0	0	36,9	0
	Nichtwähler	0	0,3	0	0	0	0,2	0	99,6

Obere Tabelle:
Lesebeispiel: 100% der NSDAP-Wähler vom November 1932 wählten 1933 wieder NSDAP, 23,4% der DNVP-Wähler vom November 1932 wählten 1933 NSDAP (senkrecht lesen!); Spaltensumme beträgt 100%;
Untere Tabelle:
Lesebeispiel: 71,0% der NSDAP-Wähler von 1933 hatten auch bei der Vorwahl NSDAP gewählt, 3,2% der NSDAP-Wähler von 1933 hatten bei der Vorwahl DNVP gewählt (waagrecht lesen!); Zeilensumme beträgt 100%;

Die Wahlen im März 1933 werden in der Literatur häufig als letzte „halbfreie" Wahlen bezeichnet. Denn trotz Terror, Einschüchterung und dem Einsatz eines nun staatlichen Propagandaapparates hatten die wahlberechtigten Bürger noch die Chance zu einer geheimen Stimmabgabe, zu der auch noch alle Parteien zugelassen waren. Trotz aller Maßnahmen eines gigantischen Werbefeldzugs gelang es den Nationalsozialisten jedoch nicht, die absolute Mehrheit zu erreichen – auch nicht in Nürnberg. Die Wahlbeteiligung war hier auf die Rekordquote von 91,1 % gestiegen und lag damit noch über dem Reichsdurchschnitt von 88,8 %.

[9] StAN C7/I 120 und 121.

Die Nationalsozialisten erzielten mit 41,7 % oder 114 915 Stimmen ihr bislang bestes Ergebnis und wurden mit großem Abstand vor der SPD Wahlsieger. Abwanderungen von der NSDAP weg konnten nicht ermittelt werden, das heißt alle, die bereits im November nationalsozialistisch gewählt hatten, taten dies offensichtlich auch in der März-Wahl. Woher aber kamen die Stimmengewinne von 33 284 Stimmen (was einem Plus von über 40 % entspricht)? In erster Linie konnten wohl vormalige Nichtwähler erneut mobilisiert werden, denn sie brachten nach den 71,0 % NSDAP-Wählern der Vorwahl mit 20,8 % den größten Beitrag ein. Daneben scheint es der NSDAP in Nürnberg gelungen zu sein, von den sonstigen Parteien (4,3 %), der DNVP (3,2 %) und der BVP (0,7 %) Wähler für sich zu gewinnen.

Auch die Sozialdemokraten konnten bei dieser Wahl noch einmal deutliche Gewinne verbuchen: Sie kamen auf 90 149 Stimmen (32,7 %), was einem Zuwachs im Vergleich zur Vorwahl von 12 784 Stimmen oder 16,5 % entspricht. Dabei vermochten sie ebenso wie die Nationalsozialisten 100 % ihrer Wähler vom November wieder für sich zu mobilisieren. Die höhere Stimmenzahl läßt sich nach der Wählerstromanalyse durch ehemalige KPD-Wähler erklären, die neben jenen, die schon zuvor SPD gewählt hatten, 13,6 % der sozialdemokratischen Stimmen brachten. Zuströme von anderen Parteien wurden nicht ermittelt.

Die Kommunisten mußten die schwersten Verlusten hinnehmen, über ein Drittel (35,2 %); sie errangen nur noch 24 604 Stimmen, was 8,9 % entspricht (XI/1932: 37 989 beziehungsweise 15,2 % im November 1932). Wie oben erwähnt, wanderten diese hauptsächlich zur SPD ab, nämlich 32,1 %, während ein kleiner Teil (2,6 %) bei dieser Wahl für die BVP gestimmt zu haben scheint. Des weiteren ergab die Wählerstromanalyse, daß die verbleibenden zwei Drittel auch schon im November KPD gewählt hatten, also keine Zuströme von anderen Parteien zu erkennen waren.

Die Deutschnationalen verloren ebenfalls und konnten letztlich 13 899 Stimmen oder 5,0 % für sich verzeichnen, 2 060 oder 12,9 % weniger als noch vier Monate zuvor. Die meisten Wähler, nämlich 23,4 %, gingen wieder an die NSDAP verloren, 10,9 % scheinen an die sonstigen Parteien gefallen zu sein. Von dort waren auch Stimmen zur DNVP zurückgekommen (5,0 %), ferner konnten vormalige Nichtwähler (13,9 %) und DVP-Wähler (6,1 %) gewonnen werden. Die Verluste glich das aber nicht aus.

Die DVP kam bei dieser Wahl in Nürnberg nur noch auf 0,4 % der Stimmen (1 080 in absoluten Zahlen) und rangierte damit sogar noch unter ihren ohnehin desaströsen reichsweiten 1,1 %.

Die BVP legte zwar in absoluten Zahlen zu (plus 1 138 auf 21 688), mußte aber aufgrund der gestiegenen Wahlbeteiligung einen Rückgang ihrer Stimmanteile hinnehmen (von 8,2 % auf 7,9 %). Ein kleiner Teil von 4,3 % ist zur NSDAP abgewandert, 11,4 % haben bei dieser Wahl offenbar die sonstigen Parteien gewählt. Von den Sonstigen kamen aber auch mit 14,2 % die deutlichsten Zuströme, und selbst ehemalige KPD-Wähler erscheinen diesmal mit 4,7 % unter den BVP-Wählern.

6. Fazit

Die Wählerstromanalyse ergab für Nürnberg ein recht differenziertes Bild. Die Resultate bezüglich der NSDAP sollen hier noch einmal vertieft und mit den Theorien von Lipset, Bendix und Burnham verglichen werden. Für das erste Wahlpaar (RT

1928 –> RT 1930) haben Bendix und Burnham ähnliche Erklärungen für den Anstieg der NSDAP-Stimmen: Beide begründen diese mit der gestiegenen Wahlbeteiligung, also der Mobilisierung vormaliger Nichtwähler, und durch die Verluste der bürgerlich-konservativen Parteien (bei Bendix explizit die DNVP). Lipset machte demgegenüber den Rückgang der liberalen und regionalen Parteien und ausdrücklich *nicht* der Deutschnationalen für die Gewinne der Nationalsozialisten verantwortlich. Was traf nun für Nürnberg zu?

Keiner der drei Ansätze konnte das Phänomen vollständig erfassen. Mit ihren positiven Aussagen hatten sie recht, jedoch nicht mit ihren negativen, also dem was sie ausschlossen. Entgegen Lipsets Annahme mußten die Deutschnationalen deutliche Abwanderungen zur NSDAP hinnehmen. Bendix hatte insoweit recht, als er einen Teil der nationalsozialistischen Gewinne durch die Mobilisierung ehemaliger Nicht-wähler erklärt, denn von jenen war ein großer Teil der Stimmen gekommen. Aber auch die Mittelklasseparteien, die sich in erster Linie bei den sonstigen Parteien finden, mußten entgegen Bendix' Theorie Stimmen an die Nationalsozialisten abgeben. Am ehesten trifft noch Burnhams Ansatz zu, denn weder für die SPD noch für die KPD konnten Abströme zur NSDAP ermittelt werden. Allerdings scheinen durchaus ehemalige BVP-Wähler teilweise dorthin übergewechselt zu sein, so daß Burnhams These von der politischen Immunisierung nicht für alle Anhänger des politischen Katholizismus in Nürnberg zutraf. Da die BVP aber weiter rechts im Parteienspektrum stand als das Zentrum, waren ehemalige BVP-Wähler anscheinend eher gewillt national-sozialistisch zu wählen als Zentrum-Wähler.

Auch für das zweite Wahlpaar (RT 1930 –> RT VII/1932) verneinte Lipset, daß die NSDAP Stimmen von der DNVP gewonnen haben könnte. Die Resultate der Wähler-stromanalyse stützen diese Annahme, denn sie ergab, daß von den Deutschnationalen keine Wähler zu den Nationalsozialisten abgewandert sind. Auch Bendix' Annahmen werden gestützt: Ehemalige Nichtwähler und Wähler der sonstigen Parteien waren erneut zur NSDAP abgewandert. Jedoch stimmt seine These nicht, die von weiteren Verlusten der Rechtsparteien DNVP und DVP zugunsten der Nationalsozialisten aus-gegangen war. Die Wählerstromanalyse konnte dies nicht bestätigen. Beide Parteien waren in Nürnberg allerdings schon weit tiefer in der Wählergunst gesunken als im Reichsdurchschnitt, so daß die Nationalsozialisten von dort nicht mehr viel gewinnen konnten. Die Theorie von Burnham traf insofern zu, daß wiederum Nichtwähler zur NSDAP gewechselt waren; jedoch waren weder BVP- noch SPD Wähler immun ge-gen die nationalsozialistische ‚Infektion'. Beide mußten fast sieben Prozent ihrer Wähler von 1930 dorthin ziehen lassen, während für die KPD dies nicht zutraf.

Über die November-Wahlen haben Lipset und Burnham keine expliziten Aussagen gemacht. Bendix führte die nationalsozialistischen Verluste auf den Rückgang der Wahlbeteiligung und auf das Wiedererstarken der DNVP zurück. Diese Annahme deckt sich mit den Resultaten der Wählerstromanalyse.

Und für das letzte Wahlpaar (RT XI/1932 –> RT 1933) sahen alle drei die Erklä-rung in der wieder gestiegenen Wahlbeteiligung und machten keine Angaben zu po-tentiellen anderen Quellen. Für Nürnberg traf dies auch in einem hohen Maße zu, denn die Nichtwähler waren für den überwiegenden Teil der NSDAP-Zugewinne ver-antwortlich. Aber auch Deutschnationale und Sonstige hatten Wählerstimmen an die Nationalsozialisten verloren.

II. Das Wahlverhalten in vier unterschiedlichen Nürnberger Stadtvierteln

1. Vorstellung der Stadtviertel

Wie aber entwickelten sich die Wahlresultate in bestimmten Nürnberger Stadtvierteln? Wie groß waren die Unterschiede zwischen einem überwiegend von Arbeitern bewohnten Viertel und einem eher großbürgerlichen Viertel? Wie schnitt die NSDAP in Stimmbezirken mit überproportional hohem jüdischen Bevölkerungsanteil ab? Nur einige der Fragen, die sich bei diesem Thema aufdrängen. Sie sollen anhand von vier unterschiedliche Nürnberger Stadtviertel beantwortet werden:
1) Wöhrd (als typisches Arbeiterquartier) mit sechs Stimmbezirken;
2) Marienvorstadt und Prinzregentenufer (als großbürgerliches Viertel) mit vier Stimmbezirken;
3) Gostenhof (als „jüdisches" Viertel) mit fünf Stimmbezirken;
4) Die Dörfer Thon, Schniegling, Höfen, Groß- und Kleinreuth (als ländlich-landwirtschaftliches Viertel) mit fünf Stimmbezirken.

Nach mehreren Eingemeindungen in den zwanziger Jahren zählte das Statistische Jahrbuch der Stadt Nürnberg von 1930 263 Stadtdistrikte (166 auf der Lorenzer (L) Stadtseite, das heißt südlich der Pegnitz, und 97 auf der Sebalder (S) Stadtseite, die alleine oder zusammengefasst deckungsgleich mit den Stimmbezirken der Wahlen waren. Bei den Sozialdaten, welche die Jahrbücher nach Stadtdistrikten erfassten, beschränkte ich mich auf die Angaben zur konfessionellen Verteilung, da andere wie Geschlechterverteilung, Bevölkerungsdichte oder die durchschnittliche Personenzahl pro Wohnung, Haushalt oder Wohnraum häufig zu geringe Unterschiede aufwiesen als daß man bei einem optischen Vergleich herausstechende Unterschiede bemerken könnte.

Außerdem wurde mit Hilfe des Nürnberger Adreßbuches von 1925 die Berufsverteilung der Bevölkerung Haus für Haus ermittelt. Diese Angaben waren direkt beim Mieter erhoben worden, so daß sie vor allem eine Selbsteinschätzung der Betroffenen boten. Allerdings ist diese oft aussagekräftiger als beispielsweise eine Erhebung nach fixen versicherungstechnischen Aspekten, da sie zeigt, zu welchem Berufstand und somit zu welcher soziale Schicht sich der Einzelne rechnete. Das Adreßbuch enthielt die Angaben über den Hauptmieter einer Wohnung, so daß Angaben über Familienmitglieder oder etwaige Untermieter und Schlafgänger nicht vorliegen. Leider war in den Statistischen Jahrbüchern keine so explizite Aufschlüsselung zu finden, wie ich sie aus dem Adreßbuch ermitteln konnte. Die „Berufsgliederung der Nürnberger Wohnbevölkerung am 16. Juni 1925" aus dem Statistischen Jahrbuch von 1927 ist nach sieben „Berufsabteilungen" eingeteilt:[10]

---

[10] Statistische Jahrbücher der Stadt Nürnberg (SJBSN) 1927; diese Angaben beziehen sich auf das gesamte Stadtgebiet Nürnbergs.

A) Landwirtschaft, Gärtnerei und Tierzucht,   (1,2 Prozent)
     Forstwirtschaft und Fischerei
B) Industrie einschließlich Bergbau und Baugewerbe   (55,2 Prozent)
C) Handel und Verkehr einschließlich Gast- und   (23,6 Prozent)
     Schankwirtschaft
D) Verwaltung, Heerwesen, Kirche, freie Berufsarten   (6,4 Prozent)
E) Gesundheitswesen und hygienisches Gewerbe   (1,9 Prozent)
     einschließlich Wohlfahrtspflege
F) Häusliche Dienste und Erwerbstätigkeit ohne feste   (3,0 Prozent)
     Stellung oder ohne Angabe der Betriebszugehörigkeit
G) Ohne Beruf und Berufsangabe   (8,9 Prozent)

Die Abteilungen A bis F sind zusätzlich noch nach folgenden Kategorien eingeteilt:
– Selbständige Erwerbstätige   (15,8 Prozent)
– Angestellte und Beamte   (26,9 Prozent)
– Arbeiter   (44,4 Prozent)
– Mithelfende Familienangehörige   (1,2 Prozent)
– Hausangestellte   (2,7 Prozent)

Die Vergleichsmöglichkeiten mit den von mir gewählten Berufsgruppen sind beschränkt, da es vereinzelt Überschneidungen geben kann und mithelfende Familienangehörige und Hausangestellte im Adreßbuch kaum vorkommen. Insgesamt läßt sich aber doch ein vielschichtiges Bild der Berufsverteilung in den verschiedenen Stadtvierteln und deren Verhältnis zum stadtweiten Durchschnitt festhalten. Konfessionell verteilte sich die Stadtbevölkerung wie folgt:[11]

Protestanten   (62,9 Prozent)
Reformierte   (0,2 Prozent)
Katholiken   (32,2 Prozent)
Juden   (2,2 Prozent)
Freireligiöse   (1,1 Prozent)
Sonstige / unbekannt   (1,4 Prozent)

Wöhrd

Die Vorstadt Wöhrd befindet sich wenige hundert Meter östlich der Nürnberger Altstadt am Nordufer der Pegnitz. Wöhrd wurde 1273 erstmals urkundlich erwähnt und war im Mittelalter und in der frühen Neuzeit vor allem eine Handwerker-Siedlung von Müllern und Färbern. Ab 1796 zehn Jahre preußisch, kam Wöhrd 1806 wie Nürnberg zum Königreich Bayern; 1818 wurde es nach Nürnberg eingemeindet. Zwischen der Altstadt und dem alten Wöhrder Ortskern entstand ab 1838 die Cramer-Klettsche Maschinenfabrik, die bald einen großen Bedarf nach Arbeitskräften entwickelte, welche sich besonders im benachbarten Wöhrd ansiedelten. Auch nachdem die Fabrik zwischen 1897 und 1901 in den Nürnberger Süden verlegt worden war, blieb Wöhrd ein überwiegend von Arbeitern und Handwerkern bewohnter Stadtteil.[12]

[11] SJBSN Bd. 1925.
[12] Herrmann Rusam, Wöhrd, in: Diefenbacher, Michael / Endres, Rudolf (Hrsg.), Stadtlexikon Nürnberg, Nürnberg 1999, S. 1195 f.

1925 lebten in den von mir betrachteten Stimmbezirken Nummer 15 bis 20 (entspricht den Stadtdistrikten 34S – 39S) 11 184 Menschen, die sich konfessionell etwa im Verhältnis 2:1 zwischen Protestanten und Katholiken aufteilten. Andere Konfessionen waren nur zu einem verschwindend kleinen Teil vertreten. Mit 48,6 % stellten die Arbeiter den größten Bevölkerungsanteil, gefolgt von 20,0 % Handwerkern, die aber zu einem großen Teil wohl auch in der Industrie beschäftigt waren. Unter zehn Prozent lag der Anteil der Kaufleute (7,2 %) und der Angestellten (8,7 %). Alle übrigen Berufssparten waren in Wöhrd von marginaler Bedeutung. Der gemeinsame Anteil von Arbeitern und Handwerkern (in den Statistischen Jahrbüchern zählen auch die Handwerker zu den Arbeitern, sofern sie nicht selbständig waren) lag somit bei 68,6 %, also weit über dem Nürnberger Durchschnitt von 44,4 %.

Marienvorstadt (mit Prinzregentenufer)

Die Marienvorstadt stellte die erste planmäßige Stadterweiterung Nürnbergs im 19. Jahrhundert dar. Sie erstreckt sich zwischen der Bahnhofstraße im Süden und der Pegnitz im Norden, von der Reindelstraße im Osten bis zum östlichen Altstadtmauerring (Marientormauer). Zwischen 1857 und 1860 erwarb die Stadt Nürnberg diese Grundstücke und legte vertraglich ein offenes Bausystem mit Vorgärten und Grünflächen fest. „Die Marienvorstadt, benannt nach der Gattin des bayrischen Königs Maximilian II. (1848–64), avancierte zu einem Wohnviertel wohlhabender bürgerlicher Kreise."[13]

Zu den beiden Stimmbezirken der Marienvorstadt (142 und 142a, entspricht den Stadtdistrikten 154L und 155L) fügte ich noch die beiden Stimmbezirke 13 und 14 (Stadtdistrikte 32S und 33S) am nördlichen Pegnitzufer. Dort wurden nach der Verlagerung der Cramer-Klettschen Maschinenfabrik auf deren ehemaligem Betriebsgelände repräsentative mehrgeschossige Gebäude in ausgezeichneter städtebaulicher Lage errichtet. In der Folge entwickelte sich das Prinzregentenufer zu einem der besten Nürnberger Wohnviertel.[14]

1925 lebten 6470 Menschen in den vier Stimmbezirken. Sie waren zu 57,3 % protestantischen, zu 26,8 % katholischen und zu 13,8 % jüdischen Glaubens. Die größte Berufsgruppe waren die Kaufleute mit 26 Prozent, 10,4 % waren Unternehmer, darunter auch viele Bankiers. Arbeiter und Handwerker erreichten in diesem Stadtteil zusammen lediglich 23,4 %, Angestellte 11,1 %, Beamte 10,3 %. Auch Akademiker (8,2 %) und Privatiers (5,9 %) waren hier im Vergleich zu den anderen von mir untersuchten Vierteln verhältnismäßig stark vertreten.

Die Dörfer

Die Stimmbezirke 89 (entspricht dem Stadtdistrikt 72S), 108 (91S), 200 und 200a (71L) und 201 (72L) umfassten die Dörfer Thon, Schniegling, Leyh, Höfen sowie Groß- und Kleinreuth bei Schweinau. Sie liegen in einem Halbkreis von Thon im Norden bis Großreuth im Südwesten um die Altstadt herum.

---

[13] Charlotte Bühl, Marienvorstadt, in: Stadtlexikon Nürnberg, S. 670 f.
[14] Nikolaus Bencker, Prinzregentenufer, in: Stadtlexikon Nürnberg, S. 843.

Alle diese Dörfer waren in den zwanziger Jahren des 20. Jahrhunderts noch relativ ländlich geprägt und lagen inmitten landwirtschaftlicher Nutzflächen. Im Adreßbuch von 1925 finden sich 1014 Anwohner, von denen 17,2 % eindeutig land- oder forstwirtschaftlichen Berufen zuzuordnen waren. Es ist jedoch anzunehmen, daß auch ein Teil der Arbeiter im primären Wirtschaftssektor tätig waren. Die Arbeiter hatten einen Anteil von 36,2 %, die Handwerker 13,4 %. Alle übrigen, auch Kaufleute, Unternehmer und Angestellte, machten jeweils nur weniger als fünf Prozent aus. Somit wiesen diese Dörfer im Norden und Westen Nürnbergs zwar noch deutliche ländliche Charakteristika auf, doch schritt die Urbanisierung bereits rasch voran. Das zeigt alleine der Vergleich der Einwohnerzahlen von 1824 und 1925. 1925 lebten 4960 Menschen in den untersuchten Stimmbezirken, rund einhundert Jahre zuvor waren es erst 970 gewesen. Davon waren 67,8 % Protestanten und 30,8 % Katholiken. Die anderen Konfessionen spielten keine Rolle.

Gostenhof

Gostenhof liegt direkt vor der südwestlichen Ecke der Nürnberger Altstadt. 1311 erstmals urkundlich erwähnt, gelangte es 1477 in den Besitz der Reichstadt Nürnberg. Auch Gostenhof wurde 1818 Nürnberg eingemeindet und entwickelte sich im 19. Jahrhundert „zu einer ausgesprochenen Handels- und Geschäftsvorstadt". Ausschlaggebend dafür waren vor allem jüdische Hopfenhändler. 1910 lebte rund ein Drittel der Nürnberger Juden in Gostenhof.[15] 1930 waren 120 von 171 in Nürnberg tätigen Hopfenhändlern jüdischen Glaubens. So war beispielsweise auch der erste Jude, der sich seit dem ausgehenden Mittelalter wieder in der Noris ansiedeln durfte, Joseph Kohn, ein Hopfenhändler. Josephs Bruder Anton gründete das Bankhaus Kohn, das 1922 auch in Gostenhof eine Filiale eröffnete.[16] Bis zum Ausbruch des Ersten Weltkriegs war Nürnberg einer der bedeutendsten Umschlagplätze des weltweiten Hopfenhandels; doch durch den Krieg brach der Weltmarkt zusammen und erholte sich auch in der Nachkriegszeit nicht mehr; 1930 wurde der Hopfenmarkt in Nürnberg geschlossen.[17] 1925 lebten 8115 Menschen in den fünf von mir untersuchten Stimmbezirken 191 (entspricht Stadtdistrikt 62L), 192 (63L), 193 (64L), 210 (102L) und 211 (103L). Davon waren 13,7 % Juden, 56,2 % Protestanten und 28,8 % Katholiken. Die Kaufleute nahmen mit 25 Prozent die führende Position unter den Berufsgruppen ein. Arbeiter und Handwerker erreichten zusammen knapp über 30 Prozent und Angestellte waren mit 14,5 % vertreten.

2. Die Reichstagswahlen

Bei den Wahlen zur Nationalversammlung am 19. Januar 1919[18] lag die Wahlbeteiligung in allen vier ausgewählten Stadtteilen teilweise deutlich über dem Nürnberger Durchschnitt von 87,7 %. Am höchsten war sie in Wöhrd mit 92,2 %, am niedrigsten in Gostenhof 90,1 %. Was nun den Erfolg der einzelnen Parteien betrifft, so kann

---

[15] Herrmann Rusam, Gostenhof, in: Stadtlexikon Nürnberg, S. 372.
[16] Sybille Kußmaul, Kohn, Familie, in: Stadtlexikon Nürnberg, S. 555.
[17] Gerhard Jochem, Hopfenhandel, in: Stadtlexikon Nürnberg, S. 460 f.
[18] StAN C7/I 101.

man hier bereits deutliche Unterschiede ausmachen: Im Arbeiterstadtteil Wöhrd und in den Dörfern war die SPD klare Siegerin mit 68,8 % beziehungsweise 60,7 %. Auch die USPD lag dort über dem stadtweiten Durchschnitt (8,3 % bzw. 9,7 %), so daß die linken Parteien gemeinsam über 70 Prozent der gültigen Stimmen für sich verzeichnen konnten. Allerdings war die linksliberale DDP mit 15,6 % in Wöhrd und 20,6 % in den Dörfern noch deutlich vor der USPD zweite Kraft. In der Marienvorstadt und in Gostenhof gelang es der DDP mit 52,8 % beziehungsweise 48,8 %, die meisten Wähler für sich zu gewinnen. In Gostenhof errang die SPD ein Drittel der Stimmen (33,4 %), in der Marienvorstadt 30,5 %. Auch beim Blick auf die Ergebnisse der BVP fallen Parallelen zwischen Wöhrd und den Dörfern auf der einen sowie der Marienvorstadt und Gostenhof auf der anderen Seite ins Auge. In Wöhrd (mit 6,1 %) und in den Dörfern (mit 4,9 %) rangierte die Partei unter dem stadtweiten Ergebnis von 9,5 %, während sie in der Marienvorstadt (mit 11,0 %) und in Gostenhof (mit 10,2 %) ein wenig darüber lag. Die Bayerische Mittelpartei (BMP) (DNVP) war dagegen in den Dörfern (mit 3,3 %) und der Marienvorstadt (mit 2,9 %) leicht über ihrem Gesamtschnitt in Nürnberg von 2,8 %. Nur im Arbeiterstadtteil Wöhrd war sie noch schwächer und errang 1,3 %.

Die Wahlen zum 1. Reichstag am 6. Juni 1920[19] mischten die Karten neu und die Wahlsieger der Vorwahl, SPD und DDP, mußten in den vier Stadtteilen ebenso wie im Reich und in ganz Nürnberg teils herbe Verluste hinnehmen. Die Wahlbeteiligung war stark abgesunken und erreichte nur mehr in Wöhrd einen Wert über 80 Prozent.

Dort und in den Dörfern verloren die Sozialdemokraten mit 36,2 % (−32,6) sogar ihre klare Spitzenposition an die USPD, die dort (in Wöhrd) auf 36,8 % (+28,5) kam. Die KPD nahm erstmals an Wahlen teil und erreichte hier 1,4 %. Zusammen kamen die drei Linksparteien auf 74,4 % – im Vorjahr waren es noch 77,1 % gewesen. Auch die Stimmenanteile der DDP gingen von 15,6 % auf 9,6 % zurück, wofür sicher zum Teil die erstmalige Wahlteilnahme der DVP in Nürnberg verantwortlich war, die in Wöhrd 2 % errang. Die BVP konnte sich leicht auf 6,4 % verbessern, obgleich die absolute Stimmzahl zurückgegangen war. Auch die Deutschnationalen konnten hier deutlich Boden gut machen und kamen auf 7,1 % (+5,9).

In der Marienvorstadt konnten die Linksparteien trotz der SPD-Verluste (von 30,5 % auf 18,7 %) insgesamt leicht zulegen und erreichten zusammen 33,8 % (1919: 33,2 %). Dabei profitierten sie jedoch von der schwächeren Wahlbeteiligung, denn die absoluten Stimmzahlen waren zurückgegangen. Die DDP, die hier im Vorjahr noch so glänzend abgeschnitten hatte, gewann nur noch ein Drittel (32,9 %) der Stimmen. Dafür bekam die rechtsliberale DVP auf Anhieb 11,2 %. Auch die BVP verlor 1,2 Prozentpunkte und lag mit 9,8 % nun an vierter Stelle. Den größten Erfolg konnten neben der USPD die Deutschnationalen für sich verbuchen. Sie gewannen 11,7 % – 1919 waren es noch 2,9 % gewesen.

Auch in den dörflichen Stimmkreisen konnte sich die DNVP stark verbessern und verdreifachte ihren Stimmanteil auf 15,4 %. Eindeutig die meisten Wähler für sich gewann die Unabhängigen Sozialdemokraten mit 36,4 % (+26,7) während sich der Stimmenanteil der Mehrheitssozialdemokraten von 60,7 % auf 27,1 % mehr als halbierte. Die beiden liberalen Parteien schnitten hier schwach ab: die DDP lag bei 11,8 %

---

[19] StAN C7/I 106.

(−8,8) und die DVP kam bei der ersten Teilnahme auf 2,2 %. Die BVP steigerte sich um einen halben Prozentpunkt und errang 5,4 %.

In Gostenhof bot sich das gleiche Bild: starke Verluste der SPD und der DDP sowie Gewinne bei USPD, DVP und DNVP. Trotzdem blieb die DDP hier noch immer die mit Abstand stärkste Kraft und kam auf 31,9 % (−16,9), gefolgt von der MSPD mit 19,7 % (−13,7). Danach kamen die USPD mit 15,5 % (+11,2), die DNVP mit 11,9 % (+8,6), die BVP mit 10,9 % (+0,7) und die DVP mit 7,5 % (+7,5). Die Sonstigen und auch die KPD spielten wie auch in den drei anderen Stadtvierteln keine große Rolle.

Leider sind die Wahlunterlagen für die Reichstagswahlen vom Mai 1924 nicht überliefert, so daß hier nur ein Vergleich mit der vorletzten Wahl von 1920 vorgenommen werden konnte. Dies ist insofern bedauerlich, da der Völkische Block (eine Tarnorganisation für die nach dem Hitler-Ludendorff-Putsch von November 1923 verbotene NSDAP) in Nürnberg geradezu sensationelle 26,0 % erreichte, während er reichsweit lediglich 6,6 % erhielt. Das Gesamtergebnis ist jedoch in den Statistischen Jahrbüchern tradiert, so daß ich zuerst die Resultate vom Mai und vom Dezember 1924 für ganz Nürnberg vergleiche, bevor ich sie in den verschiedenen Stadtvierteln für die Dezember-Wahl betrachte.

Bei den Mai-Wahlen im Mai 1924 waren in ganz Nürnberg die Sozialdemokraten zwar mit 34,3 % Wahlsieger und profitierten damit offenbar von der Wiedervereinigung großer Teile der USPD mit der Mutterpartei im Jahr 1922. Aber auch die Kommunisten konnten hinzugewinnen, erreichten 13,4 % und waren damit die dritte Kraft in der Noris. Der Völkische Block hatte, wie oben bereits erwähnt, 26,0 % der gültigen Stimmen erreicht. Verloren hatten vor allen die Deutschnationalen, die von 11,2 % auf 7,3 % zurückgefallen waren, sowie in besonderer Weise die auf einen Stimmenanteil von 3,7 % gesunkene DDP. 1919 waren es noch 28,8 % gewesen! Aber auch die DDP konnte wie andere gemäßigte Parteien im Dezember 1924 wieder Boden gut machen und erreichte 6,6 %. Die SPD errang mit 40,7 % ihr bestes Ergebnis seit 1919. Verluste mussten dagegen die Kommunisten mit einem Stimmanteil von 7,3 % hinnehmen, ebenso die Völkischen, die aber auf noch immer beachtenswerte 10,6 % kamen, was weit über den reichsweiten Durchschnitt von 3,0 % lag. Von diesem Rückgang dürfte wohl die DNVP profitiert haben, die mit 16,1 % ihr bislang bestes Ergebnis feiern konnte. Die BVP war weitgehend stabil geblieben und in errang bei den Dezember-Wahlen 7,5 %. Von den sonstigen Parteien war lediglich noch der Bayrische Mittelstandsbund von Bedeutung, der im Mai auf 6,5 % und im Dezember auf 6,4 % der Stimmen kam. Bei den Wahlen am 7. Dezember 1924 bewegte sich die Wahlbeteiligung in den untersuchten Stadtteilen um 82 Prozent, einzig in den dörflichen Stimmkreisen lag sie mit 78,0 % deutlicher darunter. Für ganz Nürnberg lag diese Quote bei 82,7 %.

Der Völkische Block schnitt in Gostenhof mit 13,2 % noch am besten ab. Aber auch in den drei anderen Vierteln erzielte er noch 10,6 % (in der Marienvorstadt), 9,0 % (in den Dörfern) und 5,9 % (in Wöhrd). Die SPD war in Wöhrd wieder mit Abstand am stärksten und errang 46,7 %. Neben ihr erreichten dort nur noch die Kommunisten mit 12,7 % ein zweistelliges Ergebnis. In der überwiegend großbürgerlichen Marienvorstadt waren dagegen erstmals die Deutschnationalen stärkste Kraft; sie gewannen dort 26,4 % und lagen damit vor der SPD mit 22,0 % und der DDP mit 19,6 %. Neben dem Völkischen Block, der hier wie oben bereits erwähnt 10,6 % errang, ist noch die BVP mit 9,4 % zu erwähnen. Auch in den Dörfern waren die Deutschnationalen erfolgreich und kamen auf knapp ein Viertel (24,8 %) der gültigen Stimmen. Allerdings erhielten wieder die Sozialdemokraten mit 38,8 % die meisten Stimmen; die Völkischen wurden mit 9,0 % die drittstärkste Kraft. In Gostenhof war ebenso wie in der Marienvorstadt ein Trend zu den Rechtsparteien DNVP und Völkischer Block festzustellen. Die Deutschnationalen erhielten 18,0 %, die Völkischen 13,2 %, zusammen also fast ein Drittel der Stimmanteile. Demgegenüber standen die staatstragenden Parteien SPD mit 28,3 % und DDP mit 15,8 %. Die BVP erhielt 7,5 % und der Bayrische Mittelstandsbund 5,8 %.

Bei den Wahlen zum 4. Reichstag am 20. Mai 1928[20] war die Wahlbeteiligung in Wöhrd am höchsten und hatte auch nur dort im Vergleich zur Vorwahl zugenommen. In den drei anderen Stadtvierteln hatte sie dagegen abgenommen und lag deutlich unter der 80-Prozentmarke, so wie auch im Reich (von 76,6 % auf 74,4 %) und in ganz Nürnberg (von 82,7 % auf 80,9 %) eine höhere Stimmenthaltung festzustellen ist.

Die Sozialdemokraten übersprangen in Wöhrd erstmals seit 1919 wieder die 50-Prozentmarke und zwar mit 57,2 % (+10,5) deutlich. Die KPD konnte ihre Wähler wieder mobilisieren, wegen der gestiegenen Wahlbeteiligung sank ihr Stimmanteil jedoch auf 11,8 % (–0,9). Das gleiche gilt für die NSDAP, die auf 5,7 % (–0,2) kam. Deutlichere Verluste mußte die DNVP hinnehmen (von 7,4 % auf 4,6 %), während sich die BVP auf 5,4 % (+0,5) verbesserte. In der Marienvorstadt erlitten die Deutschnationalen die stärksten Rückschläge: Ihr Stimmanteil halbierte sich nahezu auf 14,5 % (–11,9). Hinzugewinnen konnte dafür die DVP, die in den anderen Stadtvierteln jeweils deutlich unter fünf Prozent geblieben war. Hier errang sie 7,0 % (+4,5). Sozialdemokraten und Nationalsozialisten steigerten sich ein wenig (23,3 % (+1,3) bzw. 11,0 % (+0,4), wobei bei Letztern die absoluten Stimmzahlen zurückgegangen waren. Die DDP verlor weiter an Boden und kam auf 17,6 % (–2,0). Die BVP mit 9,9 % (+0,5) und die KPD mit 2,6 % (± 0) blieben weitgehend konstant.

In den dörflichen Stimmkreisen genossen die Sozialdemokraten mit 40,7 % (+1,9) und die Deutschnationalen mit 25,5 % (+0,7) den größten Zuspruch. Die Nationalsozialisten verloren hier ebenso wie die Kommunisten: 8,2 % (–0,8) beziehungsweise 4,0 % (–1,3). Leichte Hinzugewinne hatte die BVP mit 5,2 % (+0,4 Pp.). Für Gostenhof lassen sich wieder vier Parteien mit zweistelligen Resultaten erkennen. Während die SPD mit 28,0 % (-0,3), die DNVP mit 17,5 % (-0,5) und die NSDAP mit 14,0 % (+0,8) stabil blieben, nahm der Rückgang der DDP hier seinen Fortgang. Sie erreichte 10,5 %, das waren 5,3 Prozentpunkte weniger als noch im Dezember 1924. Gewinnen konnten dagegen die BVP mit 8,9 % (+1,4) und die DVP mit 4,6 % (+3,0). Von den verschiedenen Splittergruppierungen war die Wirtschaftspartei (WP) in Wöhrd mit 7,2 %, in der Marienvorstadt mit 5,1 %, in den Dörfern mit 6,7 % und in Gostenhof mit 7,6 % am stärksten vertreten.

Für diese Wahl lässt sich ein deutlicher Anstieg bei der Wahlbeteiligung feststellen. Wieder lag sie in Wöhrd mit 87,3 % am höchsten, aber auch in den drei anderen Stadtteilen wurden teilweise weit über 80 Prozent erreicht.

---

[20] StAN C7/I 113.

Auch bei den Wahlen zum 5. Reichstag am 14. September 1930[21] stieg die Wahlbeteiligung. Wieder lag sie in Wöhrd mit 87,3 % am höchsten, aber auch in den drei anderen Stadtteilen wurden teilweise weit über 80 % erreicht. Auch im gesamten Nürnberger Stadtgebiet und im Reich gab es diesen Trend.

Die Nationalsozialisten erreichten 1930 erstmals in allen vier untersuchten Stadtvierteln zweistellige Ergebnisse. In der Marienvorstadt und in Gostenhof wurden sie sogar stärkste Kraft.

In Wöhrd verloren vor allem die Sozialdemokraten mit 53,0 % (–4,2), die DSP (DDP) mit 1,2 % (–1,9) und die DNVP mit 1,0 % (–3,6). Behaupten konnte sich demgegenüber die BVP, die bei 5,4 % stagnierte. KPD mit 11,8 % (+1,0) und WP mit 8,2 % (+1,0) erzielten leichte Zuwächse, während die Nationalsozialisten die deutlichsten Gewinne einfuhren und auf 13,5 % (+7,8) kamen. Verglichen mit den drei anderen Stadtteilen war die NSDAP in Wöhrd jedoch am schwächsten vertreten.

In der Marienvorstadt blieben die beiden Linksparteien ziemlich stabil (SPD mit 22,5 (–0,8) und KPD mit 4,1 % (+1,5)), ebenso die BVP mit 9,2 % (–0,7) und die WP mit 6,2 % (+1,1 Pp.). Mehr oder minder starke Verluste erlitten die übrigen bürgerlichen Parteien: die DSP (ehemals DDP) errang 14,1 % (–3,5), die DVP 3,5 % (–3,5) und die DNVP 4,2 % (–10,3). Von den verheerenden Verlusten der Deutschnationalen profitierten die Nationalsozialisten (siehe vorheriges Kapitel), die hier wie in den anderen Stimmkreisen einen erdrutschartigen Gewinn erzielen konnten. Sie kamen auf 25,6 %, das waren 14,6 Punkte mehr als zwei Jahre zuvor.

Auch in den Dörfern legten die Nationalsozialisten um 13,4 % zu und rangierten mit nun 21,6 % hinter dem Sozialdemokraten, die 35,5 % (–5,2) erreichten, obwohl sie ihre absolute Stimmzahl leicht steigern konnten. Dritte Kraft wurde das Deutsche Landvolk (DLV) mit 10,2 %, das bei diesen Wahlen zum ersten und einzigen Mal angetreten war. Die Verluste der Deutschnationalen nahmen sich hier dramatisch aus: von den 25,5 % der Vorwahl stürzten sie auf 2,1 % ab! Auch die beiden liberalen Parteien verloren noch einmal Stimmanteile und versanken endgültig in der politischen Bedeutungslosigkeit. Leichtere Gewinne erzielten die Kommunisten mit 6,6 % (+2,6), die BVP mit 6,5 (+1,3) und die WP mit 7,6 % (+0,9). In Gostenhof erreichten die Nationalsozialisten die höchsten Werte der hier betrachteten Stadtviertel. Mit 30,8 % (+16,8) lagen sie vor den Sozialdemokraten, die auf 27,5 % (–0,5) kamen. Auch hier standen dem gewaltige Verluste der DNVP mit 4,0 % (–13,5) und leichtere bei der DVP mit 2,0 % (–2,6) gegenüber. Konstante Resultate erzielte dagegen die KPD mit 2,5 % (+0,4), die BVP mit 8,9 % (±0), die WP mit 8,1 % (+0,5) und die DSP (DDP), die hier mit 10,0 % (–0,5) noch drittstärkste Partei wurde.

Durch die Landtagswahlen vom 24. April 1932[22] arrivierte die NSDAP schon in drei der vier Stadtteilen zur stärksten Kraft. Lediglich im Arbeiterviertel Wöhrd lag die SPD noch deutlich vor ihr. Die Wahlbeteiligung war überall leicht abgesunken.

In Wöhrd blieb zwar die SPD an erster Stelle, verlor allerdings über zehn Prozentpunkte und erreichte nur mehr 42,3 %. Zulegen konnte dagegen auch die extreme Linke. Mit 19,8 % lag die KPD diesmal 7,0 Prozentpunkte über dem Ergebnis der Reichstagswahl von 1930. Stabil blieben die BVP mit 5,4 % (±0) sowie die DNVP,

[21] StAN C7/I 117.
[22] StAN C7/I 119.

wenngleich auf niedrigstem Niveau, mit 1,1 % (+0,1) Da die DSP (DDP) nicht zu die-sen Landtagswahlen angetreten war, konnte sich offenbar deswegen die andere libera-le Partei, die DVP, auf 3,1 % (+2,6) verbessern. Die Linksparteien vermochten ihr Er-gebnis in der Marienvorstadt weitgehend zu halten (SPD 21,2 % (−1,3); KPD 6,0 % (+1,9). Das auffälligste Resultat neben den Nationalsozialisten, die hier wiederum stärkste Partei mit 38,4 % (+12,8) war, erzielte die BVP, die seit langem wieder ein-mal deutlich über zehn Prozent errang (13,6 % (+4,4)), auch die Deutschnationalen verdoppelten ihren Stimmenanteil auf 8,4 % (+4,2).

Einen weiteren Erdrutschsieg erzielte die NSDAP bei diesen Wahlen in den dörf-lichen Stimmkreisen: Mit 47,2 % (+25,6) fuhr sie hier das beste Resultat aller vier Stadtteile ein und blieb dabei nur knapp unter der 50-Prozentmarke. Auch die Deutschnationalen mit 4,4 % (+2,3) und die Kommunisten mit 10,8 % (+4,2) konnten hier zulegen. Die Sozialdemokraten verloren über zehn Prozentpunkte und lagen bei 25,2 %. Das DLV trat nicht mehr an, so dass wohl ein großer Teil der Stimmen von dort und von der WP zu NSDAP geflossen war (siehe Wählerstromanalyse). Auch in Gostenhof waren die Nationalsozialisten wieder sehr stark und erreichten 44,6 % (+13,8). Die SPD verlor Stimmenanteile und kam auf 24,3 % (−3,2), die KPD steiger-te sich auf 4,6 % (+2,1). Die DVP verbesserte sich hier ebenfalls (in der Marienvor-stadt und in den Dörfern stagnierte sie auf dem niedrigen Niveau von 1930) und ge-wann 3,9 % der Stimmen (+1,9). Außerdem steigerte sich die BVP auf 11,6 % (+2,7) und die DNVP auf 4,7 % (+0,7).

Gegenüber der Landtagswahl stieg bei der Wahl zum 7. Reichstag am 6. November 1932[23] die Wahlbeteiligung nochmals leicht an in den vier Stadtteilen. Zwischen der Reichstagswahl vom Juli 1932 und der Reichstagswahl vom November 1932 war die-ser Trend allerdings in die andere Richtung gegangen (Nürnberg: von 83,7 % auf 82,8 %; Reich: von 84,0 % auf 80,6 %). Gleich blieb die Tendenz zum allgemeinen Stimmenverlust der Nationalsozialisten, wie im Reich, in Nürnberg und in den vier Stadtteilen.

In Wöhrd kam nun sogar die KPD mit 23,4 % (+3,6) vor der NSDAP mit 22,5 % (−2,0) und hinter der SPD mit 42,0 % (−0,3) auf den zweiten Platz. Die übrigen Par-teien gelangten hier nicht mehr über fünf Prozent hinaus mit Ausnahme der BVP, die 5,2 % (−0,2) errang. In der Marienvorstadt läßt sich ein deutliches Wiedererstarken der DNVP konstatieren: Mit 15,0 % (+6,6) erzielte sie ihr bestes Resultat seit 1924. Die zwei Linksparteien konnten sich ein wenig steigern (SPD auf 22,0 % (+0,8), die KPD auf 7,5 % (+1,5), während die BVP mit 13,2 % (−0,4) nahezu stabil blieb. Die WP konnte nirgends ihre guten Ergebnisse von der letzten Reichstagswahl 1930 wiederholen und pendelte in den untersuchten Stadtteilen um die Ein-Prozentmarke herum. In den Dörfern wiederholte die SPD ihr Resultat aus der Landtagswahl von 25,2 %. Die KPD legte kräftig zu (16,2 % (+5,4)) während die bürgerlichen Parteien auf sehr niedrigem Niveau verblieben. Die Nationalsozialisten schließlich verloren nur wenige Stimmen, aufgrund der gestiegenen Wahlbeteiligung in diesen Stimmkrei-sen schrumpfte ihr Anteil jedoch auf 42,3 % (−4,9). In Gostenhof büßte sie auch in ab-soluten Zahlen spürbar Stimmen ein und ihr Anteil sank auf 37,8 % (−6,8). SPD

---

[23] StAN C7/I 120

(25,9 % (+1,6) und KPD (8,0 % (+3,4) verbesserten ihr Ergebnis ebenso wie die DNVP, die es mit 10,3 % (+5,6) mehr als verdoppeln konnte. Die BVP verharrte bei 11,2 % (–0,4).

Die letzten „halbfreien" Reichstagswahlen am 5. März 1933[24] waren gekennzeichnet von einer außerordentlich hohen Wahlbeteiligung. In den vier betrachteten Stadtvierteln lag sie sogar überall höher als in ganz Nürnberg (91,1 %) und somit auch höher als im Reich (88,8 %). Die nationalsozialistische Reichsregierung hatte eine große Propagandamaschinerie in Gang gesetzt, um die absolute Mehrheit zu erreichen. Ihre politischen Gegner auf der Linken litten besonders nach dem Reichstagsbrand unter Verfolgung und Repression; vor allem KPD-Politiker wurden verhaftet oder mußten fliehen. Doch stand es dem Wähler noch immer frei, welche Partei er wählte, auch der Grundsatz der geheimen Stimmabgabe wurde weitestgehend noch gewahrt. Dennoch büßten die Kommunisten im Durchschnitt rund 40 Prozent ihrer Stimmanteile gegenüber der Vorwahl ein. Dies galt für Nürnberg (von 15,2 % auf 8,9 %) noch stärker als für das Reich (von 16,9 % auf 12,3 %). Die Sozialdemokraten konnten in der Noris ihre Stimmzahl dagegen noch einmal deutlich steigern und zogen zahlreiche vormalige KPD-Wähler zu sich herüber (siehe vorheriges Kapitel).

In Wöhrd gewann die SPD 47,3 % (+5,3), während die KPD nur noch auf 14,3 % (–9,1) kam. Die NSDAP errang 29,1 % (+6,6). Die übrigen Parteien blieben in diesem Stadtteil auf ihrem niedrigen Niveau. In der Marienvorstadt gewannen die Nationalsozialisten 43,7 % (+11,7). Daneben gelang es nur noch der DSP (DDP), ihr Ergebnis zu verbessern: Mit 7,1 % (+3,9) konnte sie noch einmal einen Teil des liberalen Bürgertums für sich mobilisieren. Die übrigen größeren Parteien verloren hier mehr oder minder stark: Die SPD sank auf 20,1 % (–1,9), die KPD auf 4,1 % (–3,4), die BVP auf 11,4 % (–1,8) und die DNVP auf 11,2 % (–3,8). In den dörflichen Stimmkreisen verzeichneten die Nationalsozialisten ihr mit Abstand bestes Ergebnis. Mit 53,4 % (+11,1) errangen sie dort zum einzigen Mal in den hier untersuchten Stadtteilen und Wahlen die absolute Mehrheit der Stimmen. Auch die Sozialdemokraten gewannen im Vergleich zur Vorwahl hinzu und kamen auf 27,1 % (+1,9). Die übrigen Parteien mußten hier ebenso wie in den anderen Stadtvierteln Verluste einstecken: die KPD fiel auf 8,7 % (–7,5), die BVP auf 5,2 % (–0,7) und die DNVP auf 4,2 % (–1,6). In Gostenhof scheiterte die NSDAP mit 49,1 % (+11,3) nur knapp an der 50-Prozentmarke. Hier gelang es nur noch der DSP (DDP), Gewinne zu erzielen: 6,1 % (+4,0). Die größten Rückschläge erlitten   die Kommunisten, die auf 4,6 % (–3,4) kamen; die Deutschnationalen erreichten 7,0 % (–3,3), die SPD 21,7 % (–4,2), die BVP, die aufgrund der gestiegenen Wahlbeteiligung 1,5 Prozentpunkte verlor, 9,7 %.

3. Zusammenfassung

Auch in Nürnberg war der Aufstieg der NSDAP, besonders nach 1930, rasant verlaufen. Dabei hatte sich die Partei bereits seit Mitte der zwanziger Jahre im zweistelligen Prozentbereich bewegt, was ihr im Reich erst später gelang. Zwischen den vier hier untersuchten Stadtteilen Wöhrd, Marienvorstadt mit Prinzregentenufer, Gostenhof und den Dörfern waren jedoch teils beträchtliche Unterschiede festzustellen. Im

[24] StAN C7/I 121.

Arbeiterviertel Wöhrd schafften es die Nationalsozialisten nie, die Sozialdemokraten zu überflügeln, während sie in den drei anderen Stadtteilen spätestens seit der Landtagswahl vom April 1932 die stärkste Kraft waren. In der bürgerlichen Marienvorstadt plazierte sich die NSDAP schlechter als in Gostenhof und in den dörflichen Stimmkreisen, wo sie seit der Reichstagswahl 1930 mehr Stimmen als jede andere Partei erringen konnten. Diese Erkenntnis deckt sich auch mit den Forschungsergebnissen von Jürgen Falter: Je kleiner die Ortsgröße, desto anfälliger waren die Wahlberechtigten dem Nationalsozialismus gegenüber.[25] Und auch ein anderes Resultat entspricht Falters Aussagen: die stärkere Affinität protestantischer Wähler zum Nationalsozialismus. Natürlich fehlen hier für Nürnberg aussagekräftige Vergleichszahlen, da ja im gesamten Stadtgebiet das Verhältnis der protestantischen und katholischen Konfession ungefähr 2 zu 1 betrug (bei einer mehr oder minder großen jüdischen Minderheit). Somit gab es keine überwiegend katholischen Stadtviertel. In den „ländlichen" Stimmkreisen Nürnbergs errangen die Nationalsozialisten aber nicht die herausragenden Siege wie in anderen ländlichen Stimmkreisen Frankens, wo sie teilweise auf über 80 Prozent kam. Die Nähe zur Großstadt – faktisch waren ja die Dörfer ein Teil von ihr – und die damit zusammenhängende Urbanisierung und Verschiebung vom primären zum sekundären Wirtschaftssektor führten wohl zu einer Stärkung der Linken. Kommunisten und Sozialdemokraten hatten ihren stärksten Rückhalt in der Arbeiterschaft, die auch in den Dörfern in Nürnbergs Norden und Westen eine immer größere Rolle spielte.

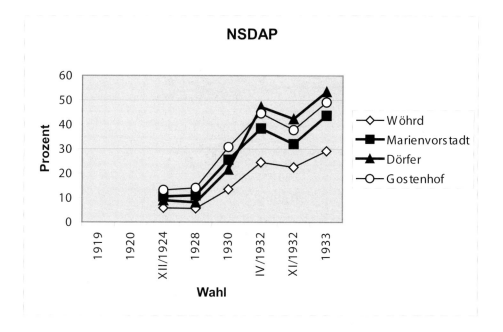

₂₅ Falter, Hitlers Wähler, S. 164 ff.

Die Gründe für die nationalsozialistischen Erfolge in Gostenhof sind wahrscheinlich in dem dortigen hohen jüdischen Bevölkerungsanteil zu suchen und in dem von der Wirtschaftskrise besonders betroffenen Kleingewerbe. Obwohl auch die jüdischen Mitbürger von Verarmung betroffen oder bedroht waren – hervorgerufen auch durch den Zusammenbruch des Nürnberger Hopfenmarktes –, schob man ihnen die Schuld dafür in die Schuhe. Aufgehetzt durch Julius Streichers Hetzblatt „Der Stürmer", entwickelte sich Nürnberg „zu einer Hochburg des rassisch-völkischen Antisemitismus".[26] Dieser Judenhaß führte dann anscheinend in Gostenhof zu einer besonders hohen Zustimmung zur NSDAP unter den nicht-jüdischen Wahlberechtigten. Nimmt man an, daß nur Nicht-Juden die NSDAP wählten (wovon auszugehen ist), so dürften deren Erfolge unter der nicht-jüdischen Wählerschaft in Gostenhof noch größer als in den dörflichen Stimmkreisen gewesen sein.

Die Sozialdemokraten erwiesen sich, wie erwartet, im Arbeiterstadtteil Wöhrd am stärksten. Zählt man die Ergebnisse von USPD und MSPD zusammen, so kamen die Sozialdemokraten in der Frühphase der Weimarer Republik hier auf über 75 Prozent. Auch danach konnte sich die SPD der Mehrzahl der Wähler in Wöhrd sicher sein.

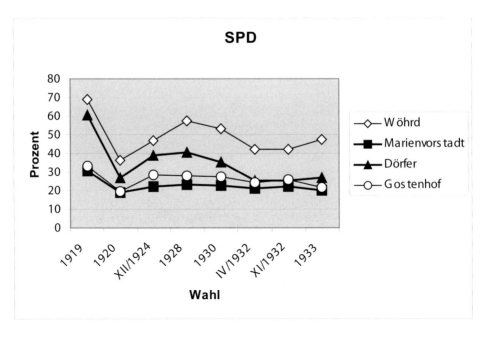

1928 und 1930 errang sie hier noch einmal die absolute Mehrheit, verlor danach aber wieder Stimmanteile. In Wöhrd gelang es ihr bei den letzten Wahlen 1933 noch einmal, deutlich mehr Wähler als alle anderen Parteien zu mobilisieren. Ihre zweitbesten Resultate in den hier betrachteten Stadtvierteln erzielte die SPD in den Dörfern. Es ist daher anzunehmen, daß ein Großteil der dortigen Arbeiter sozialdemokratisch wählte. Auf den Dörfern wohnten anteilsmäßig deutlich mehr Arbeiter und Handwer-

[26] Leibl Rosenberg, Juden in Nürnberg, in: Stadtlexikon Nürnberg, S. 502 f.

ker als in Gostenhof oder in der Marienvorstadt. In der Endphase der Weimarer Republik sanken die Wahlergebnisse der SPD jedoch auch in den dörflichen Stimmkreisen auf das vergleichsweise schwache Niveau Gostenhofs oder der Marienvorstadt, wo seit 1930 die Nationalsozialisten dominierten.

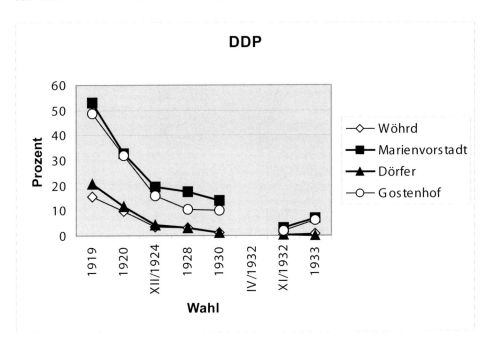

Von den übrigen Parteien erlebte vor allem die DDP einen beispiellosen Niedergang. Es überrascht nicht, daß sie in den beiden eher bürgerlichen Vierteln (Gostenhof und Marienvorstadt) deutlich besser abschnitt als in den anderen Stadtteilen, nicht zuletzt, weil sie sowohl in ihrer Nürnberger Vorstandschaft als auch in ihrer Wählerschaft vor allem jüdisch geprägt war.[27] Aber spätestens ab 1932 spielte die Partei selbst in ihren ehemaligen Hochburgen kaum noch eine Rolle. 1930 übersprang sie letztmals die 10-Prozentmarke. In Wöhrd und in den Dörfern war sie seit 1924 ohnehin bedeutungslos. Einzig auffallend ist, dass die DDP (nun DSP) bei den letzten Wahlen das einzige Mal überhaupt gegenüber einer Vorwahl zulegen konnte; offenbar hatte sie noch ein letztes Mal Stimmen beim liberal denkenden Bürgertum mobilisieren können.

---

[27] Petrus Müller, Der politische Liberalismus in Nürnberg 1918–1945, in: Mitteilungen des Vereins für Geschichte der Stadt Nürnberg 78, 1991, S. 233.

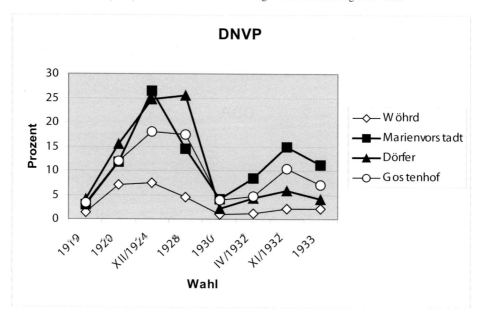

Die DNVP war bis 1930 vor allem in den Dörfern, aber auch in der Marienvorstadt erfolgreich. Danach brachen ihr besonders in den dörflichen Stimmkreisen die Wählerstimmen dramatisch weg; 1930 kamen die Deutschnationalen in keinem der vier Stadtteile mehr über 5 %. Danach konnten sie sich nur noch in der Marienvorstadt und, auf schwächerem Niveau, in Gostenhof bemerkenswert steigern. In den Dörfern und in Wöhrd waren sie eine Randerscheinung geblieben.

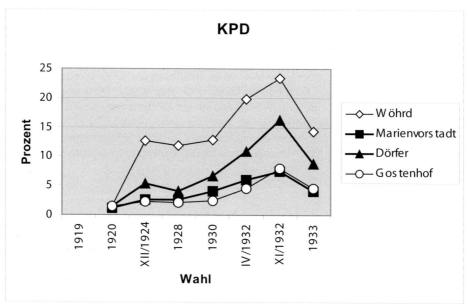

Ebenfalls nur marginale Erfolge erzielte die KPD in der Marienvorstadt und in Gostenhof. Zwar stieg ihr Stimmanteil dort wie in den anderen Stadtvierteln bis zur Reichstagswahl vom November 1932 stetig an, doch spektakuläre Erfolge blieben hier aus. Die Kommunisten waren wie die Sozialdemokraten in Wöhrd und in den Dörfern am stärksten, blieben aber insgesamt deutlich hinter den Resultaten letzterer zurück. Bei der letzten Reichstagswahl 1933 musste die KPD überall deutliche Verluste hinnehmen, die überwiegend der SPD zu gute kamen.

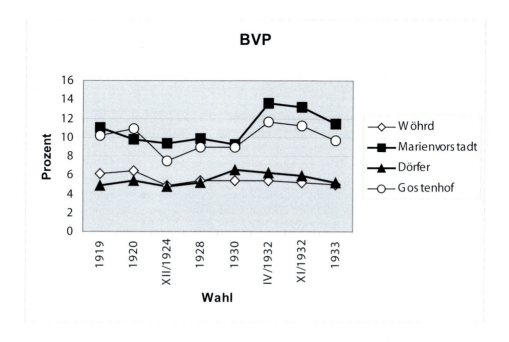

Die Partei, die während des vierzehnjährigen Untersuchungszeitraums die geringsten Schwankungsbreiten bei ihren Resultaten hatte, war die BVP. Wenn ihre Klientel in erster Linie Katholiken waren, dann weniger die katholischen Arbeiter als eher bürgerliche Katholiken, denn in den von Arbeitern und Handwerkern dominierten Stadtteilen, in Wöhrd und in den Dörfer, schnitt diese Partei mit etwa 5 % beziehungsweise 10 % durchweg sichtbar schlechter ab.

III. Schlussbemerkungen

Abschließend sollen noch einmal die Ergebnisse der Wählerstromanalyse und des Vergleichs der Stadtviertel zusammengefaßt werden.

Die Wählerstromanalyse hat bewiesen, dass die Fluktuationen zwischen den Parteien auch in Nürnberg differenzierter waren als das Massen- oder Klassentheoretiker angenommen hatten.

249

1. Die stärksten Wählerströme flossen von den Nichtwählern und DNVP-Wählern zur NSDAP. Aber auch die sonstigen Parteien, zu denen die DDP, die WP, der Christlich-Soziale Volksdienst (CSVd) und weitere kleine Gruppierungen zählten, mußten Stimmen an die Nationalsozialisten abgeben. Als diese 1930 ihren Stimmanteil mehr als verdoppeln konnten, waren dafür ehemalige Wähler von DNVP, BVP, Sonstigen und Nichtwähler verantwortlich.

2. Bei der Landtagswahl im April 1932 profitierten die Nationalsozialisten das einzige Mal von Abwanderungen von der SPD. Hauptsächlich gaben jedoch ehemalige Nichtwähler und Wähler der Sonstigen den Ausschlag.

3. Bei den November-Wahlen 1932 gelang es den Nationalsozialisten zwar wiederum, Nichtwähler für sich zu mobilisieren, aber insgesamt genügte dies nicht, um ihre Verluste in Richtung DNVP und Nichtwähler auszugleichen.

4. Bei den letzten halbfreien Wahlen im März 1933 konnte die NSDAP dann zuvor verlorene Stimmen von den Nichtwählern, der DNVP, aber auch von den Sonstigen zurückgewinnen.

Damit erwiesen sich die beiden Linksparteien, SPD und KPD, als am ehesten immun gegenüber einem Einbruch der NSDAP in ihre Wählerschaft. Die SPD gab nur einmal, bei der Landtagswahl 1932, Stimmen an die Nationalsozialisten ab, die KPD nie. Dagegen waren die Wähler der BVP keineswegs resistent gegenüber der NSDAP. Am anfälligsten erwiesen sich Deutschnationale und die sonstigen Parteien. Diese Durchschnittswerte trafen zum Teil auch für die verschiedenen untersuchten Stadtviertel zu:

1. In Wöhrd konnte die SPD ihre Spitzenposition durchgehend behaupten. Ab 1930 kam die NSDAP hier auf den zweiten Platz vor der KPD, die in diesem Stadtteil – ebenso wie die Sozialdemokraten – ihre besten Resultate einfuhr. Nur bei der November-Wahl 1932 errangen die Kommunisten noch einmal mehr Stimmen als die Nationalsozialisten. Andere Parteien spielten in Wöhrd keine größere Rolle.

2. In der Marienvorstadt (mit Prinzregentenufer) war die DDP in den Anfangsjahren der Weimarer Republik am erfolgreichsten. Aber ab der Mitte der Zwanziger Jahre erhielten hier die Deutschnationalen mehr als ein Viertel der Stimmen. Seit 1930 dominierte hier die NSDAP. Diese Position konnte ihr danach keine Partei mehr streitig machen. Die SPD erzielte stabile Ergebnisse um 20 %.

3. In den Dörfern konnten die Nationalsozialisten erst bei der April-Wahl 1932 stärkste Kraft werden. Danach gewannen sie hier allerdings die größten Stimmanteile im Vergleich zu den drei anderen Stadtvierteln. Bis dahin war die SPD dominierend (1919 sogar mit über 60 %), sank danach aber auf rund 25 % ab. Stark waren auch die Deutschnationalen Mitte der zwanziger Jahre. Den größten Erfolg einer „kleinen" Partei erzielte das DLV 1930 mit 10,2 %.

4. In Gostenhof konnten die Nationalsozialisten als erstes größere Erfolge feiern. Schon im Dezember 1924 (mit 13,2 %) und 1928 (mit 14,0 %) lagen sie hier deutlich im zweistelligen Bereich. Als die Auswirkungen der Weltwirtschaftskrise durchzuschlagen begannen, wurde die NSDAP auch hier stärkste Kraft. Die SPD bewegte sich um 25 % und lag nur bei der ersten (1919 mit 33,4 %) und bei der letzten Wahl (1933 mit 21,7 %) deutlich darüber bzw. darunter. Die DDP schnitt in Gostenhof am zweitbesten ab, wenn man die Wahlergebnisse mit denen der anderen untersuchten Stadtviertel vergleicht. Aber auch hier sank ihr Stimmenanteil dramatisch ab und 1930 kam sie letztmals in den zweistelligen Prozentbereich.

Die Nationalsozialisten konnten somit in jenen Stadtvierteln die wenigsten Stimmen für sich gewinnen, in denen viele Arbeiter lebten. Ihre größten Erfolge konnten sie in Gostenhof und in den dörflichen Stimmkreisen feiern. Dort waren offenbar die Folgen und Ängste durch die Wirtschaftskrise am deutlichsten zu spüren. Sicher dürfte auch der hohe jüdische Bevölkerungsanteil in Gostenhof eine Rolle gespielt haben. Erklären läßt sich dies durch das vergiftete Klima, das die antisemitischen Ausfälle Julius Streichers und seines „Stürmers" geschaffen hatten. Daher konnten die Nationalsozialisten bereits ab 1924 in Nürnberg beachtliche Erfolge erzielen, blieben jedoch in der Endphase der Weimarer Republik hinter dem Reichsdurchschnitt zurück und hatten somit ihr Potential offenbar ausgeschöpft. Dafür war wohl der außerordentlich hohe Arbeiteranteil Nürnbergs verantwortlich, der ein weiteres Anwachsen der NSDAP verhinderte. Es waren nämlich die klassischen Arbeiterparteien, SPD und KPD, welche sowohl bei der Wählerstromanalyse als auch in den einzelnen Stadtvierteln die stabilsten Ergebnisse erzielten. Dies gilt auch noch für die BVP, wenn auch auf niedrigerem Niveau. In der Marienvorstadt konnten die Nationalsozialisten trotz eines ähnlich hohen jüdischen Bevölkerungsanteils erst später durchschlagende Erfolge feiern und lagen auch dann noch unter den Resultaten Gostenhofs oder der Dörfer. Das mag zum einen daran gelegen haben, daß das dortige Establishment die Juden der Oberschicht besser integriert hatte und zum anderen daran, daß die Oberschicht nicht so stark von der Wirtschaftskrise betroffen war, daß sie einen Sündenbock benötigt hätte.

Abschließend läßt sich somit festhalten, daß die NSDAP in Nürnberg nicht erst durch die Weltwirtschaftskrise seit 1929 den politischen Durchbruch schaffte, sondern bereits seit Mitte der zwanziger Jahre. Nürnberg lieferte ein zwiespältiges Bild: Eines, das eine selbstbewußte und zahlreiche Arbeiterschaft mit hohem Organisationsgrad zeigte, und ein anderes, das die Stadt als völkisch-antisemitische Hochburg präsentierte.

Steven M. Z a h l a u s

Rascher Wiederaufstieg, Krise und Konsolidierung, beschleunigter Wandel

Umrisse der wirtschaftlich-industriellen Entwicklung Erlangens und Nürnbergs nach dem Zweiten Weltkrieg

Zur wirtschaftlichen Entwicklung Deutschlands im 20. Jahrhundert liegt bereits eine umfangreiche Zahl an Veröffentlichungen vor. Neben dem Ausklang des „langen" 19. Jahrhunderts, der Kriegs- beziehungsweise Rüstungswirtschaft der beiden Weltkriege und vor allem dem ereignisreichen und gerade auch in wirtschaftlicher Hinsicht oftmals turbulent-dramatischen Zeitraum der Weimarer Republik gilt das Interesse zudem eingehend den Jahren des „Wirtschaftswunders" in der Bundesrepublik Deutschland. Dementsprechend fehlt es hier nicht an einer Vielzahl an Untersuchungen, die sich mit unterschiedlichsten und zum Teil sehr speziellen Fragestellungen auseinandersetzen, während für das letzte Viertel des Jahrhunderts und insbesondere die Jahre nach der „Wende" 1989 in der Deutschen Demokratischen Republik beziehungsweise der Wiederherstellung der staatlichen Einheit Deutschlands 1990 noch die eher überblicksartigen, die grundsätzlichen Gegebenheiten und Verläufe aufzeigenden Darstellungen überwiegen.[1]

---

[1] Aus der großen Fülle der Publikationen, die sich mit der Zeit nach dem Zweiten Weltkrieg in Westdeutschland bzw. auch noch – in entsprechend geringerem Maße – mit dem Geschehen nach 1989/90 in Deutschland beschäftigen, sei hier eine Auswahl an Werken angeführt, mittels derer sich das breite Spektrum der weiteren, ebenso die Wirtschaftsentwicklung in den einzelnen Industriezweigen und z.T. sogar -regionen betreffenden Literatur gut erschließen läßt: Lutz Graf Schwerin von Krosigk, Die große Zeit des Feuers. Der Weg der deutschen Industrie, 3 Bde., Tübingen 1957–1959, hier Bd. 2 und 3; Knut Borchardt, Wachstum und Wechsellagen 1914–1970, in: Wolfgang Zorn (Hg.), Handbuch der deutschen Wirtschafts- und Sozialgeschichte, Bd. 2: Das 19. und 20. Jahrhundert, Stuttgart 1976, S. 685–740; ders., Handel, Kreditwesen, Versicherung, Verkehr 1914–1970, in: ebd., S. 845–875; Wolfram Fischer, Bergbau, Industrie und Handwerk 1914–1970, in: ebd., S. 796–843; Werner Abelshauser, Wirtschaftsgeschichte der Bundesrepublik Deutschland (1945–1980), Frankfurt a. Main 1983; ders., Die Langen Fünfziger Jahre. Wirtschaft und Gesellschaft der Bundesrepublik Deutschland 1949–1966 (Historisches Seminar 5), Düsseldorf 1987; Knut Borchardt, Grundriß der deutschen Wirtschaftsgeschichte, Göttingen ²1985, S. 70–99; Wolfgang Benz (Hg.), Die Geschichte der Bundesrepublik Deutschland, 4 Bde., Frankfurt a. Main 1989, hier Bd. 2: Wirtschaft; Christoph Kleßmann, Die doppelte Staatsgründung. Deutsche Geschichte 1945–1955 (Schriftenreihe der Bundeszentrale für politische Bildung 298), Bonn ⁵1991, S. 99–117, 142–147, 185–193, 208–214, 223–226; ders., Zwei Staaten, eine Nation. Deutsche Geschichte 1955–1970 (Schriftenreihe der Bundeszentrale für politische Bildung 343), Bonn ²1997, S. 21–44, 124–133, 193–199, 218–224; Karl Hardach, Wirtschaftsgeschichte Deutschlands im 20. Jahrhundert (1914–1970), Göttingen ³1993, S. 107–129, 166–244; Friedrich-Wilhelm Henning, Wirtschafts- und Sozialgeschichte, Bd. 3: Das industrialisierte Deutschland 1914 bis 1992, Paderborn u. a. ⁸1993, S. 185–279, 318–328; Klaus Voy/Werner Polster/Claus Thomasberger (Hg.), Beiträge zur Wirtschafts- und Gesellschaftsgeschichte der Bundesrepublik Deutschland (1949–1989), 2 Bde., Marburg ²1993–²1994; Toni Pierenkemper, Gewerbe und Industrie im 19. und 20. Jahrhundert (Enzyklopädie deutscher Geschichte 29), München 1994, S. 32–48, 87–112; Wilfried Feldenkirchen, Die deutsche Wirtschaft im 20. Jahrhundert (Enzyklopädie deutscher Geschichte 47), München 1998, S. 24–52, 77–84, 103–109; Manfred Görtemaker, Geschichte der Bundesrepublik Deutschland. Von der Gründung bis zur Gegenwart, München 1999, S. 40–43, 119–182, 427–434, 447–453, 563–573, 581–584, 600 f., 607–611, 617–620, 704–706, 742–744, 748–752, 768–777, 785–787; Rolf Walter, Wirtschaftsgeschichte. Vom Merkantilismus bis zur Gegenwart (Wirtschafts-

Eingebettet in diesen deutschlandweiten gesamtwirtschaftlichen Zusammenhang vollzog sich die Entwicklung der einzelnen Wirtschaftszweige in den jeweiligen Bundesländern und Regionen. Für nicht wenige Branchen und wirtschaftliche Zentren liegen noch keine fundierten und somit befriedigenden Abhandlungen vor.[2] Häufig beschäftigen sich die Arbeiten mit örtlich und/oder zeitlich teilweise eng begrenzten Sachverhalten und in besonderem Maße dem Werdegang einzelner Unternehmen. Immerhin ermöglichen oder erleichtern diese Untersuchungen im günstigsten Fall wesentlich eine später vorzunehmende, sowohl zusammenfassende als auch hinreichend differenzierend-analysierende Gesamtbetrachtung der Jahre nach 1945.[3]

Bayern und der fränkische Raum stellen hinsichtlich grundlegender Publikationen keine erfreuliche Ausnahme dar, obwohl – zumindest für das bayerische Gesamtgebiet – bereits einige wichtige Studien, die ebenso die Zeit nach dem Zweiten Welt-

---

und sozialhistorische Studien 4), Köln u. a. ³2000, S. 211–262, 299–315. Beispiele dafür, daß ebenso speziellere Blickwinkel im besten Fall hervorragende Einsichten in das allgemeine Wirtschaftsgeschehen bieten können, sind: Deutsche Bundesbank (Hg.), Währung und Wirtschaft in Deutschland 1876–1975, Frankfurt a. Main 1976, S. 367–788, und Helmut Uebbing, Stahl schreibt Geschichte. 125 Jahre Wirtschaftsvereinigung Stahl, Düsseldorf 1999, S. 171–482.

[2] Wertvolle Arbeiten sind bereits für das Ruhrgebiet vorhanden; exemplarisch: Wolfgang Köllmann/Hermann Korte/Dietmar Petzina/Wolfhard Weber (Hg.), Das Ruhrgebiet im Industriezeitalter. Geschichte und Entwicklung, 2 Bde., Düsseldorf 1990. Vgl. ergänzend: Paul Erker, Industriewirtschaft und regionaler Wandel. Überlegungen zu einer Wirtschaftsgeschichte Bayerns 1945–1995, in: Maximilian Lanzinner/Michael Henker (Hg.), Landesgeschichte und Zeitgeschichte. Forschungsperspektiven zur Geschichte Bayerns nach 1945 (Materialien zur bayerischen Geschichte und Kultur 4), Augsburg 1997, S. 41–51, hier S. 41 und bes. S. 50 Anm. 1, 3 und 4. Wichtige Schritte in diese Richtung für Teile Bayerns bzw. Frankens bieten u. a.: Harald Winkel, Wirtschaft im Aufbruch. Der Wirtschaftsraum München-Oberbayern und seine Industrie- und Handelskammer im Wandel der Zeit, München 1990, S. 147–253, und Martina Bauernfeind, 100 Jahre Handwerkskammer für Mittelfranken, hg. von der Handwerkskammer für Mittelfranken, Nürnberg 2000, S. 171–242. Ergänzend: Geschäftsstelle der Industrie- und Handelskammer, Die mittelfränkische Wirtschaft an der Schwelle der 70er Jahre, in: Industrie- und Handelskammer (Hg.), 125 Jahre Industrie- und Handelskammer Nürnberg. 1843–1968, Nürnberg 1968, S. 77–128, und Verlag Kommunikation und Wirtschaft GmbH (Hg.), Die Region Nürnberg, Oldenburg ³1996. Vgl. des weiteren die in Anm. 1 genannten Schriften und Anm. 4.

[3] Als Beispiel für eine enge thematische und zeitliche Begrenzung (wobei diese Untersuchung aus wirtschaftsgeschichtlicher Sicht durchaus wertvoll ist): Karlheinz Pfarr, Die industrielle Standortsdynamik im Raum von Nürnberg – Fürth – Erlangen nach dem zweiten Weltkrieg, wirtschaftswiss. Diss. Nürnberg 1956. Eine Auswahl aus der großen Vielfalt qualitativ höchst unterschiedlicher Möglichkeiten, mittels Fest- bzw. Jubiläumsschriften Firmengeschichte in der Form von Monographien darzustellen: Heinrich Koch, 75 Jahre Mannesmann. Geschichte einer Erfindung und eines Unternehmens. 1890–1965, Düsseldorf 1965; Horst Mönnich, Aufbruch ins Revier. Aufbruch nach Europa. Hoesch 1871–1971, München 1971; Wilfried Feldenkirchen/Susanne Hilger, Louis Leitz, München 2000; ders./dies., Menschen und Marken. 125 Jahre Henkel. 1876–2001, hg. von Ernst Primosch/Wolfgang Zengerling, Düsseldorf 2001; Heinz Langer, Gründung und Geschichte der Backhefefabrik Nürnberg-Buch (ehemalige BAST AG), Nürnberg 2002; Peter R.W. Martin (Hg.), 50 Jahre Semikron. Geschichte und Geschichten über Dr. Fritz Martin und viele andere. Die Chronik von 1951 bis 2001, Nürnberg 2002; Gregor Schöllgen, Diehl. Ein Familienunternehmen in Deutschland. 1902–2002, Berlin/München 2002. Ergänzend: Erker, Industriewirtschaft (wie Anm. 2), S. 50 Anm. 2. Zu dieser Thematik im besonderen: Horst Hesse, Der geschichtliche Informations- und Quellenwert deutscher Firmenfestschriften, in: Zeitschrift für Unternehmensgeschichte 25, 1980, S. 108–129. Grundsätzlich zur modernen Unternehmensgeschichte: Toni Pierenkemper, Unternehmensgeschichte. Eine Einführung in ihre Methoden und Ergebnisse (Grundzüge der modernen Wirtschaftsgeschichte 1), Stuttgart 2000. Vgl. außerdem die in Anm. 1 angegebenen Werke bezüglich weiterführender Literatur.

krieg einbeziehen oder sich dieser gänzlich widmen, erarbeitet wurden.[4] Vergleichbares trifft auch für die Stadt Nürnberg zu, die nicht nur eine herausragende Rolle im Rahmen des Industrialisierungsprozesses in Bayern einnahm und bis um 1960 der gewichtigste Wirtschaftsstandort Bayerns blieb[5], sondern vielmehr noch heute, trotz des hinzunehmenden, vorwiegend industriellen Bedeutungsverlustes, den wirtschaftlichen Schwerpunkt Nordbayerns bildet – vor allem bei Berücksichtigung des sie umgebenden, von den Städten Fürth, Erlangen und Schwabach im wesentlichen begrenzten Raumes. Nürnberg konnte zunächst aufgrund der günstigen Wirtschaftsstruktur umfassend Anteil an der außerordentlich starken und langanhaltenden Konjunktur der 1950er und 1960er Jahre in Westdeutschland nehmen und diese sogar im begrenzten räumlichen Rahmen hauptsächlich mitgestalten, geriet jedoch infolge eben jener strukturellen Situation seit den 1970er Jahren zunehmend in eine anhaltende Phase des Umbruchs und der Veränderung der wirtschaftlichen Verhältnisse.[6] Verursacht

[4] Vgl. Wolfgang Zorn, Bayerns Gewerbe, Handel und Verkehr (1806–1970), in: Max Spindler (Hg.), Handbuch der bayerischen Geschichte, Bd. IV: Das neue Bayern 1800–1970, Teilbd. 2, München 1975, S. 781–845, hier S. 831–845 (erscheint vermutlich in Kürze in der 2. Auflage); ders., Bayerns Geschichte im 20. Jahrhundert. Von der Monarchie zum Bundesland, München 1986, S. 547–690 (passim); Hans Mauersberg, Die Geschichte der bayerischen Wirtschaft vom 19. Jahrhundert bis zur Gegenwart, in: Helmut Reuther (Hg.), Wirtschaft und Wirtschaftsverwaltung in Bayern, Bonn 1982, S. 11–38; Ernst Moritz Spilker, Bayerns Gewerbe 1815–1965 (Volkswirtschaftliche Forschungsbeiträge 2), München 1985; Peter Claus Hartmann, Bayerns Weg in die Gegenwart. Vom Stammesherzogtum zum Freistaat heute, Regensburg 1989, S. 541 f., 579 f., 589, 596–599; Paul Erker, Keine Sehnsucht nach der Ruhr. Grundzüge der Industrialisierung in Bayern 1900–1970, in: Geschichte und Gesellschaft. Zeitschrift für Historische Sozialwissenschaft 17, 1991, S. 480–511; ders., Industriewirtschaft (wie Anm. 2); Robert Koll/Eberhard von Pilgrim, Entwicklungsperspektiven der bayerischen Wirtschaft – Wege zur Sicherung und Stärkung der Wirtschaftskraft Bayerns (ifo-Studien zur Regional- und Stadtökonomie 1), München 1991, S. 11–163; Peter Jakob Kock, Bayern nach dem Zweiten Weltkrieg, in: Manfred Treml, Geschichte des modernen Bayern. Königreich und Freistaat, München 1994, S. 375–497, hier S. 427, 446–449, 463 f.; Maximilian Lanzinner, Zwischen Sternenbanner und Bundesadler. Bayern im Wiederaufbau 1945–1958, Regensburg 1996, S. 103–114, 134–139, 165–214, 242–265, 269–277, 330–335; Friedrich Prinz, Die Geschichte Bayerns, München/Zürich 1997, S. 429 f., 444–450, 462, 465 f. Ergänzend: Bayerisches Staatsministerium für Wirtschaft und Verkehr (Hg.), Bayerns Wirtschaft an der Schwelle der 80er Jahre – Bilanz und Ausblick aus regionaler Sicht, München [1981], und dass. (Hg.), 30 Jahre EG: Bayerns Wirtschaft in Europa 1958–1988. Daten und Fakten zur Entwicklung der Handelsbeziehungen zwischen Bayern und der Europäischen Gemeinschaft, München 1989. Die auf sieben Bde. konzipierte Reihe „Bayern im Bund" – bislang sind drei Bde. erschienen – bietet in vielfältiger Weise auch wertvolle Erkenntnisse zur Wirtschaftsentwicklung Bayerns im bundesdeutschen Rahmen zwischen 1945 und 1976: Bd. 1: Thomas Schlemmer/Hans Woller (Hg.), Die Erschließung des Landes 1949 bis 1973 (Quellen und Darstellungen zur Zeitgeschichte 52), München 2001; Bd. 2: dies. (Hg.), Gesellschaft im Wandel 1949 bis 1973 (Quellen und Darstellungen zur Zeitgeschichte 53), München 2002; Bd. 4: Dietmar Süß, Kumpel und Genossen. Arbeiterschaft, Betrieb und Sozialdemokratie in der bayerischen Montanindustrie 1945 bis 1976 (Quellen und Darstellungen zur Zeitgeschichte 55), München 2003. Vgl. auch Anm. 2.

[5] In diesem Sinne u. a.: Peter Karbach, Nürnberg. Organisation und Struktur des städtischen Lebens. Eine wirtschaftsgeographische Analyse, Fürth 1990, S. 42 f., und Karl Bosl, Ein halbes Jahrhundert MAN-Geschichte unter Anton von Rieppel und Otto Meyer, in: MAN Nutzfahrzeuge AG (Hg.), Leistung und Weg. Zur Geschichte des MAN Nutzfahrzeugbaus, Berlin u. a. 1991, S. 201–240, hier S. 201.

[6] Vgl. August Jegel, Die wirtschaftliche Entwicklung von Nürnberg-Fürth, Stein und des Nürnberger Raumes seit 1806. Mit Berücksichtigung des allgemeinen Geschehens, Nürnberg [1952], S. 154–376; Johann Sebastian Geer, Die Nürnberger Wirtschaft nach dem Zweiten Weltkrieg, in: Stadtarchiv Nürnberg (Hg.), Beiträge zur Wirtschaftsgeschichte Nürnbergs, Bd. II (Beiträge zur Geschichte und Kultur der Stadt Nürnberg 11/II), Nürnberg 1967, S. 865–879; ders., Nürnbergs Wirtschaft nach den beiden Weltkriegen, in: Gerhard Pfeiffer (Hg.), Nürnberg – Geschichte einer europäischen Stadt, München 1971, S. 502–509, hier S. 505–509; Gerhard

durch die Verlagerung großer Bereiche der Siemens-Schuckertwerke (künftig: SSW) AG ab 1945 nach Erlangen, erfuhr diese Stadt eine tiefgreifende Wandlung in wirtschaftlicher, städtebaulicher und gesellschaftlicher Hinsicht. Nach wie vor wirkt die Siemens AG an der wirtschaftlichen Entwicklung und der baulichen Gestaltung Erlangens in hohem Maße mit.[7] Nürnberg und Erlangen, die bis zum heutigen Tag erheblich von der Elektroindustrie geprägt werden, erlebten in der zweiten Hälfte des 20. Jahrhunderts vermutlich die gewaltigsten Umwälzungen innerhalb des Großraums Nürnberg. Anhand der Darlegung des Werdegangs ausgewählter Unternehmen wesentlicher Industriezweige, die für Erlangen (Elektroindustrie, Medizintechnik, Textilindustrie, Kamm- und Bürstenfabrikation, Bleistiftspitzerindustrie, kunststoffverarbeitende Industrie) und Nürnberg (Maschinenbau, Metallbe- und -verarbeitung, Bleistiftindustrie, Zweiradindustrie, Elektroindustrie, Nachrichten-/Kommunikationstechnik, pharmazeutische Industrie, Druckindustrie) von grundlegender Bedeutung waren oder noch sind, lassen sich wichtige Erkenntnisse hinsichtlich der gesamtwirtschaftlichen Entwicklung der beiden Städte und dadurch auch des Großraums Nürnberg, der den Hauptbereich der „Region Nürnberg" bildet, gewinnen.[8]

Pfeiffer, Zusammenbruch und Wiederaufbau, in: ebd., S. 466–481, hier S. 480 f.; Erika Spittler, Strukturwandel der Industrie als Chance. Das traditionsreiche Industriezentrum im Aufbruch zu neuen Möglichkeiten, in: Industrie- und Handelskammer Nürnberg (Hg.), Im Zeichen der Waage. 425 Jahre Nürnberger Handelsvorstand. 1560–1985. Wirtschaft und Gesellschaft im Wandel. Begleitet von Organen der wirtschaftlichen Selbstverwaltung, Nürnberg 1985, S. 82–89; Christian Köster, Unterwegs zur Bürgerstadt, in: Eugen Kusch, Nürnberg. Lebensbild einer Stadt, Nürnberg ⁵1989, S. 416–471 (passim); Martina Mittenhuber/Alexander Schmidt/ Bernd Windsheimer, Der Nürnberger Weg 1945 bis 1995. Eine Stadtgeschichte in Bildern und Texten, hg. vom SPD-Unterbezirk Nürnberg, Nürnberg 1995, passim; Rudolf Endres/Martina Fleischmann, Nürnbergs Weg in die Moderne. Wirtschaft, Politik und Gesellschaft im 19. und 20. Jahrhundert, hg. von der Stadtsparkasse Nürnberg, Nürnberg 1996, S. 303–308; Werner Schultheiß, Kleine Geschichte Nürnbergs, hg. von Gerhard Hirschmann, Nürnberg ³1997, S. 160–165, 195–201; Michael Diefenbacher/Rudolf Endres (Hg.), Stadtlexikon Nürnberg, Nürnberg 1999; Martin Schieber, Nürnberg. Eine illustrierte Geschichte der Stadt, München 2000, S. 109, 129, 174–177; Reinhold Bocklet, Nürnberg im Europa der Gegenwart, in: Helmut Neuhaus (Hg.), Nürnberg. Eine europäische Stadt in Mittelalter und Neuzeit (Nürnberger Forschungen. Einzelarbeiten zur Nürnberger Geschichte 29), Nürnberg 2000, S. 363–374. Ergänzend: Gerhard Hirschmann/Werner Schultheiß (Schriftleiter): Verkehrsentwicklung Nürnbergs im 19. und 20. Jahrhundert (Nürnberger Forschungen. Einzelarbeiten zur Nürnberger Geschichte 17), Nürnberg 1972.

[7] Vgl. Erwin Tramer, Kleine Geschichte der Stadt Erlangen anläßlich des 600-jährigen Bestehens, Erlangen 1967, S. 165–184; Rudolf Förster, „… und dann kam Siemens". Die SSW-Ansiedlung in Erlangen nach 1945, in: Jürgen Sandweg (Hg.), Erlangen. Von der Strumpfer- zur Siemens-Stadt. Beiträge zur Geschichte Erlangens vom 18. zum 20. Jahrhundert, Erlangen ²1983, S. 699–735; Jutta Thamer, Industriearchitektur in Erlangen, in: ebd., S. 331–404 (passim); Jürgen Schneider/Fritz Bauerreiß, Die wirtschaftliche Entwicklung seit 1945, in: Alfred Wendehorst (Hg.), Erlangen. Geschichte der Stadt in Darstellung und Bilddokumenten, München 1984, S. 182–186; Hermann Kellenbenz/Fritz Bauerreiß, Erlangen im Nürnberger Wirtschaftsraum, in: ebd., S. 179–181; Frank Wittendorfer, Das Haus Siemens in Erlangen 1945–1955, in: Jürgen Sandweg/Gertraud Lehmann (Hg.), Hinter unzerstörten Fassaden. Erlangen 1945–1955, Erlangen 1996, S. 432–457; Andreas Jakob, „Und mit Siemens-Schuckert um die Wette baute und baut die Stadt Erlangen": Stadtplanung und Stadtentwicklung 1945–1955, in: ebd., S. 576–621, hier S. 589–595; Thomas Engelhardt, Die Industrialisierung in Erlangen. Dritter Teil der stadtgeschichtlichen Dauerausstellung, eröffnet am 22. März 1998, Erlangen 1998; Martin Schieber, Erlangen. Eine illustrierte Geschichte der Stadt, München 2002, S. 93–97, 125–128, 134 f.; Christoph Friederich/Bertold Frhr. von Haller/Andreas Jakob (Hg.), Erlanger Stadtlexikon, Nürnberg 2002.

[8] Die 1996 von mehreren wirtschaftlichen Interessengruppen in der Form eines eingetragenen Vereins kreierte Marketinginitiative „Region Nürnberg" erstreckt sich auf der Nord-Süd-Achse vom oberfränkischen Forchheim bis zum mittelfränkischen Treuchtlingen und in Ost-West-Richtung vom oberpfälzischen Neu-

Erlangen

Bereits vor der 1945 beginnenden Ansiedlung der SSW AG verfügte der Siemens-Konzern mit der Siemens-Reiniger-Werke (künftig: SRW) AG über ein gewichtiges Standbein in Erlangen. Die aus einer 1877 von Erwin Moritz Reiniger in Erlangen eingerichteten mechanischen Werkstatt zur Herstellung physikalischer und elektromedizinischer Apparate 1886 hervorgegangene medizintechnische Firma Reiniger, Gebbert & Schall (künftig: RGS) wurde 1925 mehrheitlich von der Berliner Siemens & Halske (künftig: S & H) AG übernommen.[9] Durch die Zusammenlegung der RGS AG mit der Siemens-Reiniger-Veifa Gesellschaft für medizinische Technik mbH in Berlin und der Phoenix Röntgenröhrenfabriken AG in Rudolstadt wurde 1932 die SRW AG geschaffen, die schon vor dem Zweiten Weltkrieg zum international bedeutendsten Anbieter medizintechnischer Großgeräte (vorwiegend Röntgenapparate) wurde und der nach 1945 rasch der Wiederaufstieg gelang. Die SRW AG besaß 1960 einen 18%-Anteil am gesamten Medizintechnik-Weltexport (Exportquote 1965: über 60%) und erlangte schließlich nach Mitte der 1960er Jahre unter allen Mitbewerbern die Führerschaft auf dem Weltmarkt.[10]

Den Anfang dieser erfolgreichen Marktrückgewinnung und -etablierung machte 1947/48 der Aufbau eines Röhrenwerkes in Erlangen, nachdem eine entsprechende Anlage im thüringischen Rudolstadt als Folge des Krieges verlorengegangen war. 1950 wurde außerdem eine Leuchtschirm- und Verstärkungsfolienfertigung in Betrieb genommen. Aufgrund der beständigen Geschäftsausweitung mußten vor allem in den 1950er Jahren zahlreiche Um- und Neubauten auf dem Hauptgelände des Unternehmens vorgenommen werden. 1967 konnte eine eigene Hörgeräteabteilung gebildet werden, die 1961 außerhalb des Stammwerkes Räumlichkeiten erhielt (hergestellt wurden die Hörgeräte bis 1945 in Berlin und seitdem in Erlangen). 1962 erfolgte die Verlegung des dental- und physikalisch-medizinischen Bereichs nach Bensheim an der Bergstraße und 1964 die Einweihung des neuen Hauptverwaltungsgebäudes. Von den insgesamt mehr als 9400 Mitarbeitern der SRW AG im Jahr 1965 waren allein

markt bis zum mittelfränkischen Rothenburg o. d. Tauber und übertrifft demnach an Ausdehnung ihr Zentrum, den Großraum Nürnberg – Fürth – Erlangen – Schwabach, um ein Vielfaches. Vgl. Jörg Hahn, Chancen durch Wandel, in: Standortmagazin der Region Nürnberg (künftig: Standortmagazin) 1, 1998, S. 3; o. V., Deutliches Zeichen von Stärke, in: Standortmagazin 6, 2003, S. 3; Diefenbacher/Endres, Stadtlexikon Nürnberg (wie Anm. 6), S. 870; Clemens Wachter, Nürnberg nach dem Zweiten Weltkrieg – Metropole Frankens?, in: Werner K. Blessing/Dieter J. Weiß (Hg.), Franken. Vorstellung und Wirklichkeit in der Geschichte (Franconia. Beihefte zum Jahrbuch für fränkische Landesforschung 1), Neustadt a. d. Aisch 2003, S. 365–380, hier S. 377–379.

[9] Vgl. Friederich/Haller/Jakob, Erlanger Stadtlexikon (wie Anm. 7), S. 582 f., 300 f., 605.

[10] Vgl. Oskar Dünisch, Von Reiniger bis heute. 100 Jahre Medizinische Technik in Erlangen, in: das neue Erlangen. Zeitschrift für Wissenschaft, Wirtschaft und kulturelles Leben (künftig: dnE), Heft 42, 1977, S. 3067–3093, und Friedrich Messerer, 100 Jahre Medizintechnik in alle Welt, in: ebd., S. 3094–3098. Ergänzend: Friederich/Haller/Jakob, Erlanger Stadtlexikon (wie Anm. 7), S. 162. Zur frühen Nachkriegsgeschichte: Hildegard Bräuer, Die Entwicklung der deutschen elektromedizinischen Industrie unter besonderer Berücksichtigung der SRW AG Erlangen, unveröff. phil. Diss. Erlangen 1949, passim; SRW AG (Hg.), 75 Jahre Elektromedizin in Erlangen. 1877: Feinmechanische Werkstatt Ernst Moritz Reiniger. 1952: SRW AG Erlangen, Erlangen 1952; Friederich/Haller/Jakob, Erlanger Stadtlexikon (wie Anm. 7), S. 126; Siemens AG (Hg.), Max Anderlohr – Theodor Sehmer. Mehr als drei Jahrzehnte im Dienst des Unternehmens. Zwei prägende Persönlichkeiten in bewegter Zeit (Schriftenreihe aus dem Siemens Med Archiv 1), Erlangen 2002, S. 12–15, 29–34.

über 5200 in Erlangen beschäftigt.[11] 1966 ging die SRW AG in der neugeschaffenen Siemens AG auf.

Noch bevor ab Ende Juni 1945 begonnen wurde, die wesentlichen Verwaltungseinheiten der SSW AG Schritt für Schritt nach Erlangen zu verlagern, versuchte die S & H AG bereits einen Monat zuvor, infolge des Verlusts der Produktionseinheiten in Arnstadt und Gera, in Erlangen Fuß zu fassen. Zwar erzielte die S & H AG im Jahr 1948 mit 1512 Beschäftigten einen Höchststand, doch begann schon 1947 die Auflösung dieses Ausweichquartiers, da keine ausreichenden und geeigneten Betriebsräume wegen der angespannten Mangel- und Konkurrenzsituation auf dem Grundstücks- beziehungsweise Immobilienmarkt gefunden wurden. Die mit großem Aufwand in Notzeiten eingerichteten Fertigungsabteilungen erhielten innerhalb weniger Jahre neue Standorte in München, Heidenheim und Karlsruhe-Knielingen. Im Februar 1953 kamen die letzten Mitarbeiter der Röhrenfertigung nach München – damit war das Zwischenspiel der S & H AG in Erlangen beendet.[12]

Weitaus erfolgreicher und für die Stadt Erlangen mit einschneidenden Veränderungen einhergehend verlief der Zuzug, Auf- und weitreichende Ausbau der SSW AG. Dabei wurde nach kurzer Zeit deutlich, daß Erlangen für diese Firma in erster Linie ein Verwaltungs- und, wie sich im Laufe der 1950er Jahre in zunehmendem Maße herausstellte, höchst wichtiger Forschungsstandort sein würde. Nachdem die Beschäftigten der SSW AG zuerst aufgrund des nur unzulänglich verfügbaren Büroraums über das gesamte Stadtgebiet verteilt waren, wurde zwischen 1948 und 1953 ein umfangreiches Hauptverwaltungsgebäude für mehr als 3500 Angestellte errichtet. Der Beginn dieses gewaltigen Neubaus, des zukünftigen Stammhauses, das im wesentlichen die zentrale Werks-, Vertriebs- und Finanzverwaltung sowie die technischen Stammabteilungen beherbergen sollte und als Folge seiner farblichen Gestaltung im Volksmund bald als „Himbeerpalast" bezeichnet wurde, sowie die tatsächliche Verlegung des SSW AG-Hauptsitzes im Jahr 1949 nach Erlangen – Berlin blieb allerdings gleichrangig (Zweit-) Sitz des Unternehmens – bedeutete die endgültige und zeitlich unbegrenzte Entscheidung für Erlangen. Da sich die Zahl der gutbezahlten Verwaltungsangestellten und hochqualifizierten Entwicklungsfachkräfte in den nachfolgenden Jahren noch sehr erhöhte, kam es zu einer allmählichen und deutlichen Veränderung der städtischen Sozialstruktur. Rasch wurde der Bau weiterer Verwaltungsgebäude notwendig. Die Vollendung des (Rudolf-) Bingelhauses – mit 1000 Arbeitsplätzen – fiel in das Jahr 1958, die des aufgrund seiner blauen Fassade „Glaspalast" genannten ersten Bürohochhauses der Stadt (für etwa 1600 Arbeitnehmer) in das Jahr 1962. Bis heute stellen diese in den ersten beiden Nachkriegsjahrzehnten errichteten Siemens-Gebäude markante Punkte im Stadtbild dar.[13] Zudem erfuhr die Stadt vor allem in diesem Zeitraum durch die Erstellung zahlreicher firmeneigener Mietwohnungen in großzügigen Siedlungen eine weitläufige Ausdehnung nach dem Süden und auch dem Osten. Die neuen Stadtteile trugen grundlegend zum veränderten gesamtstädtischen

---

[11] Anzeige der SRW AG, in: dnE, Heft 3, 1965, o. S., und Dünisch, Reiniger (wie Anm. 10), S. 3081.

[12] Vgl. Herbert Ohly, Die Aufnahme der Siemens-Stammfirmen in Erlangen, in: dnE, Heft 19/20, 1970, S. 1410–1417, bes. S. 1414; Förster, Siemens (wie Anm. 7), S. 700–704; Wittendorfer, Haus Siemens (wie Anm. 7), S. 445 f.

[13] Vgl. Friederich/Haller/Jakob, Erlanger Stadtlexikon (wie Anm. 7), S. 367 f., 161, 315.

Erscheinungsbild bei.[14] Ende 1948 beschäftigte die SSW AG schon beinahe 1000, 1955 rund 6300 und um 1965 über 10 000 Arbeitskräfte. Infolge der Verschmelzung der Aktiengesellschaften S & H, SSW und SRW entstand am 1. Oktober 1966 die Siemens AG, die in Erlangen ungefähr 16 000 Arbeitnehmer zählte und nach einer Übergangszeit 1969 in einer zweiten Neuordnungsphase eine völlig neue Organisationsstruktur erhielt.[15]

Ein Jahr vor Gründung der Siemens AG konnte 1965 das zwischen 1959 und 1964 auf einer insgesamt rund 50 Hektar großen Fläche im Süden Erlangens errichtete Forschungszentrum der SSW AG eingeweiht werden – es galt bereits zu diesem Zeitpunkt als die größte private Forschungseinrichtung auf dem europäischen Kontinent. Auch diese Baumaßnahme hatte einen gewaltigen Anteil an der Ausdehnung und Wandlung der Stadt. Hervorgegangen war das Forschungszentrum aus dem seit 1951 im „Himbeerpalast" eingerichteten „Allgemeinen Laboratorium", das 1953 die Bezeichnung „Forschungslaboratorium der SSW AG" erhielt und Mitte der 1950er Jahre ein eigenes Gebäude in der Nähe des Stammhauses bezog. Besondere Bedeutung erlangte die 1955 ins Leben gerufene Studiengruppe „Reaktorentwicklung", aus der 1957 eine eigenständige Reaktortechnik-Abteilung erwuchs, die auf dem Feld der Kernkrafttechnik nicht nur für die Siemens AG eine herausragende Rolle spielen sollte. Zu Beginn der Tätigkeit des Forschungszentrums arbeiteten gut 1300 Beschäftigte auf dem viele Erweiterungsmöglichkeiten bietenden Areal, gegen Ende der 1960er Jahre waren es mehr als 1700.[16]

Eine organisatorisch eigenständige Entwicklung vollzog sich zunächst bei der am 1. April 1969 zu gleichen Teilen von der AEG-Telefunken AG und der Siemens AG gegründeten Kraftwerk Union (künftig: KWU) AG.[17] Neben den Produktionsstätten

[14] Vgl. ebd., S. 756; Rudolf Förster, Siemensstadt Erlangen, in: ebd., S. 82–85, bes. S. 84 f.; Jutta Beyer, Zwischen Nachkriegsnot, Wirtschaftswunder und Expansion (1945–1972), in: ebd., S. 46–49, hier S. 47.

[15] Vgl. Ohly, Aufnahme (wie Anm. 12), S. 1410–1417, bes. S. 1414–1417; Förster, Siemens (wie Anm. 7), S. 699–735; Willi Schön, Erlangen wird Großstadt. Siemens-Aufbau in Erlangen 1945 bis 1968 (Erlanger Bausteine zur fränkischen Heimatforschung [künftig: EB], Sonderbd.), Erlangen 1990; Bernhard Plettner, Abenteuer Elektrotechnik. Siemens und die Entwicklung der Elektrotechnik seit 1945, München/Zürich 1994, passim; Wittendorfer, Haus Siemens (wie Anm. 7), S. 432–457.

[16] Zur Entstehungs- und Frühgeschichte des SSW AG-Forschungszentrums: Ferdinand Trendelenburg, Das Forschungszentrum der SSW, in: SSW AG (Hg.), Die Entwicklung der Starkstromtechnik bei den SSW. Zum 50jährigen Jubiläum, Berlin-Siemensstadt/Erlangen 1953, S. 54–67; ders., Aus der Geschichte der Forschung im Hause Siemens (Technikgeschichte in Einzeldarstellungen 31), Düsseldorf 1975, S. 258–262; Hermann Pfisterer, Siemens Research Laboratories (History of Research Laboratories: 9), in: Physics in Technology 18, 1987, S. 32–40, hier S. 35; Dieter Dorn, Erlanger Forschungsstadt wurde eingeweiht, in: dnE, Heft 2, 1965, o. S.; Heinz Goeschel, Das neue Forschungszentrum der SSW, in: Siemens-Zeitschrift 39, 1965, S. 413–419. Ergänzend: Ernst Feldtkeller/Herbert Goetzeler (Hg.), Pioniere der Wissenschaft bei Siemens. Beruflicher Werdegang und wichtigste Ergebnisse, München 1994, S. 91–95, 139–146, 176–181.

[17] Bis zur Eingliederung als Unternehmensbereich in die Siemens AG 1987: Stadtarchiv Erlangen (künftig: StadtAE) III.312.K.1.; Werner Stolte, Strom kommt ganz von selbst ins Haus?, in: dnE, Heft 38, 1975, S. 2778–2783, hier S. 2778–2781; Erich Zängler, Bei TU und KWU: Hoffnung trotz „Unbehagen", in: Siemens-Mitteilungen. Werkzeitschrift des Hauses Siemens, Heft 6, 1977, S. 10 f., hier S. 11; Klaus Montanus, Erlangens KWU baut nicht nur Kernkraftwerke, in: dnE, Heft 58, 1982, S. 50–55; Schneider/Bauerreiß, Entwicklung (wie Anm. 7), S. 183; Max Hillerbrand, KWU-Technik löst Umweltprobleme, in: dnE, Heft 73, 1987, S. 10–16; Wolfgang D. Müller, Geschichte der Kernenergie in der Bundesrepublik Deutschland, 3 Bde., Stuttgart 1990–2001, hier Bd. [1]: Anfänge und Weichenstellungen, S. 411–418, und Bd. 2: Auf der Suche nach dem Erfolg – Die Sechziger Jahre, S. 407–409.

in Mülheim an der Ruhr, dem Firmensitz, und Berlin entstanden die Ingenieurstandorte Offenbach am Main und Erlangen. Die KWU AG-Mitarbeiter in Erlangen befaßten sich von Anfang an besonders mit der Erstellung von Wärmekraftwerken und der Entwicklung von Kernreaktoren. Die weitgehende Zusammenfassung der bis dahin über das gesamte Stadtgebiet verstreuten Beschäftigten der KWU AG in im Verlauf der 1970er Jahre eigens errichteten Verwaltungsgebäuden unmittelbar neben und auf dem Gelände des Forschungszentrums der Siemens AG führte zu einer engen Verknüpfung der weiteren Entwicklung beider Einrichtungen. Durch die Übernahme der KWU AG-Anteile der AEG-Telefunken AG, die in den 1970er Jahren in eine bedrohliche Krise geraten war, wurde die Siemens AG im Jahr 1977 alleinige Eigentümerin der KWU AG. Da sich die Rahmenbedingungen im Bereich des Kernkraftwerksbaus zunehmend verschlechterten, betätigte sich das Unternehmen ab den 1980er Jahren verstärkt auf dem Gebiet der Errichtung kombinierter Gas- und Dampfturbinenanlagen, der intensiven Kundenbetreuung (Nachrüstung) sowie auch der Nutzung umweltfreundlicher Technologien, zum Beispiel bei der Stromerzeugung und der Abfallbeseitigung. Hauptsächlich aus den Tochtergesellschaften KWU AG und Transformatoren Union AG ging am 1. Oktober 1987 mit Hauptsitz in Erlangen der Unternehmensbereich (künftig: UB) KWU der Siemens AG hervor, der zwei Jahre später als UB Energieerzeugung (KWU) weitergeführt wurde. In Erlangen zählte die KWU AG beziehungsweise der UB Energieerzeugung 1970 etwa 1100, 1980 rund 4100 und Ende der 1980er Jahre circa 4700 Mitarbeiter.

Nach einer beinahe dreijährigen Übergangszeit wurde die 1966 gebildete Siemens AG zum 30. September 1969 völlig neu strukturiert. Es entstanden sechs Unternehmens- und fünf Zentralbereiche. Von den sechs Unternehmensbereichen hatten fortan drei ihren Hauptsitz in Erlangen. Neben dem UB Medizinische Technik, der nach Auflösung der SRW AG zunächst als Wernerwerk für Medizinische Technik fortgeführt worden war, handelte es sich um den UB Energie- und Automatisierungstechnik und den UB Installationstechnik.[18] Für diese beiden Unternehmensbereiche, die im wesentlichen aus der SSW AG hervorgegangen waren, wurden in den 1970er und 1980er Jahren etliche Neubauten geschaffen. Vor allem der UB Energie- und Automatisierungstechnik erhielt mit dem 1971 eingeweihten Gerätewerk auch eine Produktionsstätte für rund 1800 Arbeitskräfte und dem 1978 bezogenen Komplex an der Schuhstraße, der infolge seiner Grundstruktur die Bezeichnung „Kleeblatt" erhielt, ein großzügiges Bürohaus mit über 1400 Arbeitsplätzen. Weitere Verwaltungsbauten konnten 1983, 1987 und 1988 fertiggestellt werden, das Bildungszentrum wurde schon 1973 eröffnet. Die Umstrukturierung der Siemens AG im Jahr 1989 brachte die Neuaufteilung des Unternehmens in 15 Unternehmensbereiche, von denen nun sechs in Erlangen ansässig waren (Anlagentechnik, Antriebs-, Schalt- und Installationstechnik, Energieübertragung und -verteilung, Energieerzeugung, Medizinische Technik,

---

[18] Für die Entwicklung der Siemens AG in Erlangen seit 1966/69 vgl. grundsätzlich: Gerhard Vogt, Erlangen. Streifzüge durch Stadt und Geschichte, Erlangen 1980, S. 92–94, 96, 99 f., 104–106, 110 f., 124, 131, 134–136; Schneider/Bauerreiß, Entwicklung (wie Anm. 7), S. 182 f.; Andreas Jakob/Gabriel Lisiecki, Siemensstadt Erlangen (Stadtgeschichtlicher Spaziergang 7), Erlangen 2000 (Faltblatt). Ergänzend: Plettner, Abenteuer (wie Anm. 15), passim, und Wilfried Feldenkirchen, Siemens. Von der Werkstatt zum Weltunternehmen, München/Zürich ²2003, passim.

Verkehrstechnik). Diese Unternehmensstruktur wurde trotz der in den folgenden Jahren vorgenommenen Anpassungen grundsätzlich beibehalten; Anfang 2001 erhielten die einzelnen Unternehmensbereiche im Zuge einer noch konsequenteren internationalen Ausrichtung englische Bezeichnungen.[19] Auch in den 1990er Jahren wirkte die Siemens AG weiterhin umfangreich an der Gestaltung des Erlanger Stadtbildes mit. 1992 wurden zwei Verwaltungs- und Laborgebäude für 700 Beschäftigte bezogen, 1993 ein Großparkhaus mit einem gegenüberliegenden Bürohaus (für das sich aufgrund der geschwungenen Form die Bezeichnung „Banane" fand) eingeweiht und 1997 ein Logistikzentrum in Betrieb genommen.[20]

Dem UB Medizinische Technik gelang es, in den 1970er und 1980er Jahren seine Geschäftstätigkeit deutlich auszuweiten. Als erster Röntgengeräteproduzent begann er 1974 die Herstellung von Computertomographieapparaten und verstärkte zu dieser Zeit zudem seine Aktivitäten auf dem nordamerikanischen Markt. 1983 wurde die Fertigung von Kernspin(resonanz)- beziehungsweise Magnetresonanztomographiegeräten aufgenommen, 1987 ein Neubau für die Sparte „Audiologische Technik" vollendet. Verursacht durch den Strukturwandel in der Medizintechnik, steigenden Kostendruck und einen dramatischen Preisverfall geriet der UB Medizinische Technik zu Beginn der 1990er Jahre vorübergehend in eine ernste Krisensituation. In dem notwendigen Neuausrichtungsprozeß wurde 1993/94 die Hörgeräte-Serienfertigung nach Singapur verlagert sowie 1994 das Herzschrittmacher- und 1997 das Dentalgeschäft verkauft. Neue Fertigungsstätten für Hochleistungsröhren (in Erlangen) sowie Computertomographen und Röntgenangiographiesysteme (in Forchheim für rund 1400 Arbeitskräfte) konnten 1994 eingeweiht werden. Das Erlanger Entwicklungs-, Produktions- und Logistikzentrum für Kernspintomographen sowie Diagnose- und Therapiespezialgeräte wurde im Jahr 2000 vollendet, das bisherige Werksgelände dagegen weitgehend aufgegeben. Ebenfalls im Jahr 2000 erhöhte sich durch die Übernahme zweier US-amerikanischen Firmen, des Ultraschallsystemeherstellers Acuson Corporation und des Datenmanagementspezialisten im Gesundheitswesen Shared Medical Systems Corporation, die weltweite Belegschaftszahl von 19 000 auf annähernd 28 000 Arbeitnehmer. Hingegen war für den UB Medizinische Technik in Erlangen in den 1980er Jahren nach einem Anstieg von circa 6300 Beschäftigten (1983) auf beinahe 8000 (1989) ein Höchststand erreicht worden – Mitte 2002 lag die Zahl nur noch bei ungefähr 4300 Mitarbeitern.[21]

---

[19] Hinsichtlich der Organisation der Siemens AG seit 1966 und ihrer Veränderungen vgl. hauptsächlich: Feldenkirchen, Siemens (wie Anm. 18), S. 297–305, 391, und, den aktuellen Stand für Erlangen zusammenfassend, Friederich/Haller/Jakob, Erlanger Stadtlexikon (wie Anm. 7), S. 637 f.

[20] Zur Bautätigkeit der Siemens AG im Verwaltungsgebäudesektor vgl. u. a.: o. V., Neues Siemens-Bürohaus, in: dnE, Heft 47, 1978, S. 3512; Fritz Benthin/Horst Woldt, Siemens ist durchsichtiger geworden. Das Bürohaus in der Schuhstraße, in: dnE, Heft 49, 1979, S. 3642–3646; o. V., Zwei Siemens-Bauten setzen neue Akzente, in: dnE, Heft 91, 1993, S. 64 f.; Friederich/Haller/Jakob, Erlanger Stadtlexikon (wie Anm. 7), S. 420, 144.

[21] Vgl. Dünisch, Reiniger (wie Anm. 10), S. 3081–3093; Messerer, Medizintechnik (wie Anm. 10), S. 3096–3098; Siemens AG, UB Medizinische Technik (Hg.), 1877–1977. 100 Jahre Medizintechnik in Erlangen, Erlangen 1977; Peter Daetz, Weltweit führend: Hörgeräte aus Erlangen, in: dnE, Heft 75, 1987, S. 19–23; Siemens AG, Bereich Medizinische Technik (Hg.), 100 Jahre Röntgen. 100 Jahre Innovationen von Siemens, Erlangen 1995, passim; Monika Bonitz-Knieper, Mit Asset Management Millionen einsparen, in: Siemens-Welt. Die Mitarbeiterzeitschrift des Hauses (künftig: Siemens-Welt), Bd. 8 Heft 4, 1999, S. 26 f.; dies., High-

Als Folge der Gründung und Neuordnung der Siemens AG 1966/69 wurde das ehemalige SSW AG-Forschungszentrum zur zentralen Einrichtung dieser Art für Erlangen und weit darüber hinaus. Der Kernbereich des unterschiedlichste Forschungs- und Entwicklungslaboratorien zusammenfassenden Forschungszentrums, das einstige Forschungslaboratorium der SSW AG, wurde im Zuge der Umstrukturierung 1969 mit dem ehemaligen Forschungslaboratorium der S & H AG in München organisatorisch verbunden.[22] In den 1970er und 1980er Jahren erlebte das Forschungszentrum einen umfassenden Aufschwung, was sich nicht zuletzt in der Bautätigkeit der räumlich eingebundenen KWU AG sowie der Erprobung der Magnetschwebetechnik auf einem Rundkurs (1973 bis 1979) und einer Hänge-Bahn (ab 1977), die zeitweilig eine große Bedeutung für die Erlanger Verkehrsplanung gewann, widerspiegelte.[23] Die Zahl der in Erlangen für den Bereich Forschung und Entwicklung tätigen Mitarbeiter lag um 1970 bei mehr als 1700 und in der zweiten Hälfte der 1980er Jahre bei etwa 5500 Personen. Auch in den vergangenen Jahren erlebte das Forschungszentrum zahlreiche Veränderungen. Zuletzt wurde hier für die Siemens Audiologische Technik GmbH, die zum Geschäftsbereich Medical Solutions (bis Ende 2000: UB Medizinische Technik) gehört, 2001/02 ein neues Vertriebs- und Logistikzentrum errichtet.[24]

Seit Mitte der 1990er Jahre befand sich der UB Energieerzeugung in einer erheblichen Ertragskrise. Vergleichbar mit dem Vorgehen beim UB Medizinische Technik erfolgte deshalb eine Neuorientierung. 1997 konnte von der US-amerikanischen Westinghouse Electric Corporation der fossile Kraftwerksbereich angekauft und 1998 eingegliedert werden, wodurch zunächst die weltweite Beschäftigtenzahl des Unternehmensbereichs von beinahe 20 500 Mitarbeitern auf mehr als 26 000 anstieg. Des weiteren wurde 2001 aufgrund der im Jahr 2000 erfolgten Übernahme der Atecs Mannesmann AG durch ein von der Siemens AG und der Robert Bosch GmbH gebildetes Konsortium die Turbinenfirma Demag Delaval Group in den Geschäftsbereich Power Generation (bis Ende 2000: UB Energieerzeugung) integriert. Zuletzt konnte dieser Mitte des Jahres 2003 von der französischen Alstom S.A. das Industrieturbinengebiet (bis 100 Megawatt) erwerben, zu dem auch die Nürnberger Alstom Power Turbinen GmbH gehört. Dagegen kam es zur Abtrennung anderer Wirkungsfelder. Das Wasserkraftwerksgeschäft wurde 2000 in ein mit der Heidenheimer J. M. Voith AG geschaffenes Joint-venture eingebracht, der Kernkraftwerkssektor hingegen 2001 in die neue, zusammen mit der zum französischen Areva-Konzern gehörenden Framatome S.A. gegründete Firma Framatome Advanced Nuclear Power (künftig: ANP) S.A.S. einge-

tech im Ohr, in: ebd., Bd. 9 Heft 4, 2000, S. 44 f.; Bernd Preiß, Med ist Weltklasse, in: ebd., Bd. 9 Heft 3, 2000, S. 47; o. V., Neu an Bord, in: ebd., Bd. 9/10 Heft 12/1, 2000, S. 42.

[22] Die verschiedenen Münchener Forschungslaboratorien wurden 1977/78 in München-Perlach konzentriert. Zur Entwicklung der Forschungslaboratorien der Siemens AG vgl. bes.: Pfisterer, Siemens (wie Anm. 16), S. 35.

[23] Zum Projekt und Praxistest der Magnetschwebebahn: Reinhard Friedrich, Die Erlanger Magnetschwebebahn, in: dnE, Heft 32, 1973, S. 2321–2327; zur im Erlanger Stadtgebiet nicht verwirklichten Hänge-Bahn (H-Bahn): Friederich/Haller/Jakob, Erlanger Stadtlexikon (wie Anm. 7), S. 347 f.

[24] Vgl. Willy Zieten, Das Forschungszentrum im Wandel, in: dnE, Heft 47, 1978, S. 3473–3482; Vogt, Erlangen (wie Anm. 18), S. 135 f.; Rudolf Förster, Impulse für die Welt von morgen. 25 Jahre Forschungszentrum Erlangen, in: dnE, Heft 83, 1990, S. 54–61; o.V., 25 Jahre Siemens-Forschungszentrum, in: ebd., S. 99. Ergänzend: Karl Heinz Beckurts, Forschung und Entwicklung bei Siemens – so sichert das Unternehmen die Zukunft, in: dnE, Heft 67, 1985, S. 22–29.

bunden, an der die Siemens AG nur noch eine Minderheitsbeteiligung von 34 % hält. Die Deutschlandzentrale der Framatome ANP S.A.S. in Erlangen ist mit 1600 Beschäftigten (seit 2001 wurden hier allerdings rund 300 Arbeitsplätze abgebaut) nach der Siemens AG mittlerweile der zweitgrößte gewerbliche Arbeitgeber in der Stadt. In der ersten Hälfte des Jahres 2003 wurde bekannt, daß die Framatome ANP S.A.S. für ihre Deutschlandzentrale auf der Suche nach einem günstigeren Standort im Großraum Erlangen-Nürnberg ist. Der UB Energieerzeugung zählte Ende 2000 in Erlangen noch rund 5100 Beschäftigte.[25]

Die auf so vielfältige und intensive Art und Weise mit der Entwicklung der Stadt Erlangen in Beziehung stehende Siemens AG erwirtschaftet an dem weltweit zweitgrößten Standort mit etwa 22 000 Mitarbeitern (der höchste Wert war Mitte der 1980er Jahre mit ungefähr 30 000 Beschäftigten erreicht worden), die in den fünf zur Zeit hier beheimateten Geschäftsgebieten – Transportation Systems, Industrial Solutions and Services, Power Transmission and Distribution, Medical Solutions, Power Generation – tätig sind, 48 % des Gesamtumsatzes, von dem wiederum rund drei Viertel im Ausland erzielt werden.[26]

Eng verbunden mit dem Werdegang des Siemens-Konzerns war und ist das Schicksal mancher in Erlangen ansässiger Unternehmen. Zu den Siemens-Tochter- beziehungsweise Beteiligungsgesellschaften gehörten jahrzehntelang auch die Cesiwid Elektrowärme GmbH und die Gossen GmbH.

Einige Berliner Techniker der 1928 geschaffenen und sich von diesem Zeitpunkt an im Mehrheitsbesitz der S & H AG befindenden Siemens Planiawerke (künftig: Sipla) AG für Kohlefabrikate, deren Hauptfertigungsstätten in Berlin-Lichtenberg und Ratibor infolge des Zweiten Weltkriegs verlorengegangen waren, gründeten 1946 in Erlangen die elektrotechnische Spezialfabrik Cesiwid GmbH. Gesellschafter des mehrfach umbenannten und erst seit Mitte der 1980er Jahre als Cesiwid Elektrowärme GmbH firmierenden Unternehmens war zudem die nach dem Krieg in Meitingen bei Augsburg angesiedelte Sipla AG, wo diese noch über ein Graphitierungswerk verfügte. Mit dem Verkauf der Sipla AG im Jahr 1972 endete somit ebenso die Verbindung zwischen der Siemens AG und der Cesiwid Elektrowärme GmbH.[27] Diese im Bereich der Hochtemperatur-Heizelemente und -Keramik führende Unternehmung wurde 1994 von dem schwedischen Kanthal-Konzern übernommen und bereits drei Jahre darauf der zur französischen Saint-Gobain-Gruppe gehörenden Norton Hochtemperaturkeramik GmbH eingegliedert. Aufgrund verstärkter räumlicher Konzentrationsbemühungen wurde 1999 beschlossen, den als Erlanger Werk der Norton Hochtemperaturkeramik GmbH geführten Betrieb, der zuletzt 75 Arbeitskräfte beschäftigte (1996

---

[25] Zur Entwicklung seit Ende der 1980er Jahre: StadtAE III.312.K.1.; Bernd Preiß, Der Weg mit Siemens Westinghouse, in: Siemens-Welt, Bd. 7 Heft 10, 1998, S. 13–15; Feldenkirchen, Siemens (wie Anm. 18), S. 302, 312–314, 391; Udo B. Greiner, Framatome ANP sucht einen neuen Standort, in: Erlanger Nachrichten (künftig: EN) vom 18.–21. 4. 2003, Lokalteil (künftig: LT), S. 1; o. V., Industrieturbinen von Alstom übernommen, in: Wirtschaft in Mittelfranken. Das IHK-Magazin für die Region Nürnberg (künftig: Wirtschaft in Mittelfranken), Heft 9, 2003, S. 60.

[26] Vgl. Herwig Buntz/Heinrich Hirschfelder, Stadt Erlangen. Geschichte – Zeugnisse – Informationen, München 1986, S. 26, und Friederich/Haller/Jakob, Erlanger Stadtlexikon (wie Anm. 7), S. 637 f.

[27] Die Geschichte der Sipla AG für Kohlefabrikate wird prägnant geschildert bei: Feldenkirchen, Siemens (wie Anm. 18), S. 235 f., 377.

263

waren es noch 120 Mitarbeiter), zu schließen. Zum 31. März 2001 erfolgte die Gewerbeabmeldung.[28]

Die 1919 von Paul Gossen in Baiersdorf gegründete und schon ein Jahr später nach Erlangen umgesiedelte Paul Gossen & Co. KG fertigte zunächst vorwiegend elektrische Meßgeräte für den Rundfunkbereich.[29] 1933 kam die Herstellung elektrischer Belichtungsmesser hinzu, die im Bereich des Photographiezubehörs zunehmend eine herausragende Bedeutung gewannen. Im Zuge des Wiederaufbaus nach dem Zweiten Weltkrieg erweiterte sich die Produktpalette vor allem um Reiseschreibmaschinen (ab 1948) und verschiedenste Regelgeräte. Bedingt durch die äußerst günstige Geschäftsentwicklung konnte 1960 mit 2500 Beschäftigten an den drei Standorten Erlangen, Berlin (1951 bis 1975) und dem oberpfälzischen Eschenbach (1951 bis 1992) hinsichtlich der Mitarbeiterzahl ein Maximum erreicht werden. Seitdem war der Personalstand beständig rückläufig. Schon 1963 wurden nur noch etwas mehr als 2000 Arbeitskräfte gezählt (obwohl Frankfurt am Main zwischenzeitlich als weiterer Unternehmensstützpunkt hinzugekommen war), 1980 lag die Belegschaftszahl bei 1800 Personen und um die Mitte der 1980er Jahre wies der ab 1970 als Gossen GmbH firmierende und als größter europäischer Hersteller von Belichtungsmessern geltende Spezialbetrieb an den verbliebenen Fertigungsstätten Erlangen und Eschenbach ungefähr 1500 Arbeitskräfte auf. Die Berliner Bergmann-Elektricitäts-Werke AG brachte die Firma Gossen, an der sie 1963 eine Mehrheitsbeteiligung erworben hatte, 1965 vollständig in ihren Besitz.[30] Die Gebrüder Röchling KG in Mannheim übernahm 1989 die Bergmann-Elektricitäts-Werke AG – an der die Siemens AG eine Minderheitsbeteiligung von 37 % innehatte – und 1992 die zur Asea Brown Boveri (künftig: ABB)-Gruppe gehörende und ebenfalls umfassend auf dem Gebiet der Meß-, Steuer- und Regeltechnik wirkende ABB Metrawatt GmbH in Nürnberg. Diese vereinte die Gebrüder Röchling KG anschließend mit der Gossen GmbH, die lange Jahre in Erlangen nach der Firma Siemens nicht nur der bedeutendste Produzent elektrotechnischer Erzeugnisse, sondern sogar das zweitgrößte Unternehmen überhaupt gewesen war. Hierdurch entstand 1993 die Gossen Metrawatt GmbH. Nürnberg-Langwasser wurde Hauptsitz der neuen Firma, der Standort Erlangen hingegen, an dem zum Schluß rund 1000 Arbeitnehmer Beschäftigung gefunden hatten, aufgegeben.[31]

[28] Vgl. StadtAE III.68.C.1. und Rainer Wich, Werksschließung trotz guter Auftragslage, in: EN vom 19./20. 6.1999, LT, S. 1. Ergänzend: Horst Möller, Saint-Gobain in Deutschland. Von 1853 bis zur Gegenwart. Geschichte eines europäischen Unternehmens, München 2001, S. 149, 186–188, 190. Die Cesiwid GmbH war in den Nachkriegsjahrzehnten vermutlich eine der wenigen Erlanger Firmen, die durch Luft- bzw. Umweltverschmutzung einige Male unangenehm auffiel: StadtAE F 274c/82.

[29] Zum Werdegang der Firma Gossen v. a.: Gerhard Stalling AG, Wirtschaftsverlag (Hg.), Der Regierungsbezirk Mittelfranken (Monographien deutscher Wirtschaftsgebiete 25), Oldenburg 1963, S. 140 f., 228 f.; Vogt, Erlangen (wie Anm. 18), S. 94, 116; Schneider/Bauerreiß, Entwicklung (wie Anm. 7), S. 183, 185; VDE-Bezirksverein Nordbayern e.V., Arbeitskreis „Dokumentation" (Hg.), Elektrotechnik in Nordbayern. Eine Dokumentation. 75 Jahre VDE-Bezirksverein Nordbayern e.V., Nürnberg1986, S. 253; Engelhardt, Industrialisierung (wie Anm. 7), Bl. 30 f.; Friederich/Haller/Jakob, Erlanger Stadtlexikon (wie Anm. 7), S. 321 f.

[30] Knappe Informationen zur Bergmann-Elektricitäts-Werke AG und ihrer Verbindung zum Siemens-Konzern bei: Schwerin von Krosigk, Zeit des Feuers (wie Anm. 1), hier Bd. 2, S. 416, und Feldenkirchen, Siemens (wie Anm. 18), S. 88, 104, 224.

[31] Hinsichtlich der Übernahme durch die Gebr. Röchling KG und die Fusion mit der ABB Metrawatt GmbH vgl. Diefenbacher/Endres, Stadtlexikon Nürnberg (wie Anm. 6), S. 372, und Gerhard Seibold, Röchling. Kontinuität im Wandel, Stuttgart 2001, S. 392, 396.

Sowohl in enger Orientierung an als auch in deutlicher Konkurrenz zu der RGS AG beziehungsweise der SRW AG und deren Nachfolgeeinrichtung, dem UB Medizinische Technik der Siemens AG, vollzog sich die Entstehung und Entwicklung der Unternehmen Hofmann Dornier Medizintechnik (künftig: DMT) GmbH und Hans Pausch GmbH & Co. Beiden Erlanger Firmen gelang es, sich auf dem vielgestaltigen Röntgengerätemarkt neben dem Siemens-Konzern in Nischen zu etablieren.[32]

Die 1922 begründete Fritz Hofmann GmbH fertigte hauptsächlich Röntgendiagnostikapparate für den medizinischen Bedarf. Die auch nach dem Zweiten Weltkrieg erfolgreiche Unternehmung – in der ersten Nachkriegszeit war München der Firmensitz und Erlangen Werksstandort – beschäftigte in den 1950er bis 1980er Jahren zwischen 200 und 300 Arbeitnehmer. Nach dem Tod Maria Hofmanns, der Ehefrau des 1947 verstorbenen Firmengründers, erbte die Friedrich-Alexander-Universität Erlangen-Nürnberg 1995 den Spezialhersteller. 1997 erwarb die DMT GmbH zuerst eine 49%-Beteiligung und übernahm 1999 den Röntgenbetrieb vollständig, der fortan den Geschäftsnamen Hofmann DMT GmbH führte. Als eines der ersten medizintechnischen Unternehmen beschäftigte es sich mit der Verwirklichung der digitalen Röntgentechnik. Mit dem Verlust der unternehmerischen Selbständigkeit begann der stete Niedergang. Innerhalb gut zweier Jahre, zwischen 1999 und 2001, sank die Zahl der Mitarbeiter von mehr als 80 auf knapp 60. Die Haupteigentümerin der im oberbayerischen Weßling ansässigen DMT GmbH, die Singapore Technologies-Gruppe (sie besitzt einen 80%-Anteil an dem Medizintechnikspezialisten), zeigte aufgrund einer übergeordneten strategischen Planung wenig Interesse an dem Erlanger Standort. Am 1. März 2003 wurde für das zuletzt als Hofmann Systems GmbH firmierende Unternehmen, das noch 40 Beschäftigte aufwies, das Insolvenzverfahren eröffnet, schon am 30. Juni dieses Jahres erfolgte die Gewerbeabmeldung.[33]

Bis heute besteht hingegen die 1932 gegründete Hans Pausch GmbH & Co., die sich auf dem Gebiet des Röntgengerätebaus besonders als Zulieferbetrieb – zum Beispiel für viele internationale Konzerne, die auch in der Medizintechnikbranche tätig sind, wie Philips, Toshiba und Siemens – einen guten Namen erworben hat. Neben einzelnen Komponenten und Produkten, unter anderem Röntgentische und Wandstative, bietet das Unternehmen, dessen Erzeugnisse zu etwa 25% in die USA ausgeführt werden, jedoch ebenso speziell an den Kundenwünschen orientierte, komplette Systemlösungen und Sonderanfertigungen an. An drei Standorten, den beiden Produktionsstätten Erlangen und Tapsony in Ungarn (ab 1996) sowie einer seit 1978 bestehenden US-amerikanischen Vertriebs- und Serviceeinheit in Tinton Falls (New Jersey), arbeiteten im Jahr 2002 über 300 Beschäftigte, davon rund die Hälfte am Sitz des Unternehmens in Erlangen. Die sich weiterhin im Familienbesitz befindende Fir-

---

[32] Zur Geschichte der beiden Unternehmen vgl. Heike Petermann, Medizinstadt Erlangen (Stadtgeschichtlicher Spaziergang 4), Erlangen 1999 (Faltblatt); o. V., Der Medizinstandort der Zukunft. Erlangen. Auf dem Weg zur Bundeshauptstadt der medizinischen Forschung, Produktion und Dienstleistung, Erlangen [1999], S. 13; Friederich/Haller/Jakob, Erlanger Stadtlexikon (wie Anm. 7), S. 373, 384, 546. Speziell zur Fritz Hofmann GmbH in den frühen Nachkriegsjahren: H. Rehm (Bearb.), Tradition verpflichtet. Ein Werk biographischer Kreis- und Firmenchronik aus dem Raum Nürnberg – Fürth – Erlangen, Stuttgart 1953, S. 296–298.

[33] Vgl. StadtAE III.59.H.2. und Peter Millian, Rettungsbemühungen torpediert, in: EN vom 28./29. 6. 2003, LT, S. 3.

mengruppe Pausch umfaßt zudem einen Gießerei- und Metallverarbeitungsbetrieb in Erlangen und ein Metalltechnikunternehmen im oberfränkischen Plankenfels.

Nicht im für Erlangen so gewichtigen Medizintechnikbereich, sondern im Pharmasektor agiert die Pharmacia GmbH.[34] Ihre Anfänge lassen sich bis auf die 1919 in Nürnberg zur Herstellung sterilen chirurgischen Nahtmaterials ins Leben gerufene Firma Jacques Pfrimmer & Co. zurückverfolgen. Die seit 1925 produzierten Infusionslösungen („Blutersatzlösungen") traten im Laufe der Jahre immer stärker in den Vordergrund des Erzeugnisspektrums. 1943 wurde das Unternehmen zuerst nach Ansbach und nur wenig später nach Erlangen verlegt, wo es 1951 schließlich eine neue Fabrik in Betrieb nehmen konnte. Von 1959 an stellte die Firma äußerst erfolgreich Nährlösungen für die künstliche, intravenöse Ernährung und diätetische Nährpräparate her. 1988 erwarb die schwedische Kabi Vitrum AB die Mehrheitsbeteiligung an den Pharmazeutischen Werken Jacques Pfrimmer & Co., die nun als Pfrimmer Kabi & Co. firmierten. Dies hatte zur Folge, daß der Erlanger Pharmaziebetrieb, aus dem letztlich zu wesentlichen Teilen die heutige Pharmacia GmbH erwuchs, in den seit den frühen 1990er Jahren verstärkt fortgesetzten, umfangreichen Konzentrationsprozeß der internationalen Pharmaindustrie erheblich einbezogen wurde. Nach dem Zusammenschluß der ebenfalls schwedischen Firma Pharmacia mit der Kabi Vitrum AB zum Kabi Pharmacia-Konzern im Jahr 1991 ging das Erlanger Unternehmen Pfrimmer Kabi & Co. vollständig in den Besitz dieses neugebildeten Konzerns über.

Aus den ehemaligen Pfrimmer-Werken entstanden zugleich drei weitere Firmen. Eine davon war die gänzlich vom niederländischen Numico-Konzern übernommene Pfrimmer Nutricia GmbH in Erlangen, die sich im Flüssignahrung-Marktsegment nach wie vor bewährt. Sie beschäftigte Mitte der 1990er Jahre über 100 Arbeitskräfte.[35]

1993 fusionierte die Kabi Pharmacia-Gruppe mit dem italienischen Unternehmen Farmitalia Carlo Erba zur Pharmacia AB, die wiederum 1995 mit der Upjohn Company zum Pharmacia & Upjohn-Konzern verschmolz. In Erlangen entstand infolgedessen die Pharmacia & Upjohn GmbH; der Name Pfrimmer verschwand somit völlig aus der Firmenbezeichnung. Für die Deutschlandzentrale von Pharmacia & Upjohn wurde bis 1997 ein neues Verwaltungsgebäude in Erlangen-Tennenlohe errichtet, wo annähernd 500 Mitarbeiter Platz fanden. Der Fusion der US-amerikanischen Monsanto Company mit der Pharmacia & Upjohn-Gruppe zur Pharmacia Corporation im Jahr 2000 – seitdem existiert die Erlanger Pharmacia GmbH, von der aus die Deutschlandaktivitäten des internationalen Konzerns gelenkt werden, zu dem auch die in Nürnberg beheimatete Heumann Pharma GmbH gehört – folgte zuletzt Anfang 2003 die Übernahme der Pharmacia Corporation durch den US-amerikanischen Pharmariesen

---

[34] Die in den Nachkriegsjahrzehnten zuerst recht beständig verlaufende, ab den 1990er Jahren aber in sehr komplexe Geschehnisse einbezogene Entwicklung des Unternehmens läßt sich nachvollziehen mit Hilfe von: Rehm, Tradition (wie Anm. 32), S. 286–289; Tramer, Geschichte (wie Anm. 7), S. 175–177; Petermann, Medizinstadt (wie Anm. 32); Medizinstandort der Zukunft (wie Anm. 32), S. 14; Friederich/Haller/Jakob, Erlanger Stadtlexikon (wie Anm. 7), S. 554.

[35] Vgl. Udo Heißwolf (Hg.), Hundert erfolgreiche Geschäftsleute der Region Nürnberg – Fürth – Erlangen (Top 100, Bd. 1), Stuttgart 1995, S. 66; Medizinstandort der Zukunft (wie Anm. 32), S. 14; Anzeige der Pfrimmer Nutricia GmbH, in: Standortmagazin 4, 2001, S. 48.

Pfizer.[36] Mitte des Jahres 2003 wurde bekannt, daß der Standort Erlangen bis zum 30. Juni 2004 aufgegeben werden soll. Die Geschäfte des Arzneimittelherstellers Pharmacia GmbH werden künftig von der Pfizer-Deutschlandzentrale in Karlsruhe gesteuert, wo von den ungefähr 450 Erlanger Beschäftigten etwa 200 Arbeitsplätze erhalten sollen.[37]

Zwar ist der geschilderte, in dieser doch eher extremen Ausprägung erfolgte Ablauf von Zusammenschlüssen und Übernahmen nicht allzu typisch für viele andere Industriezweige, doch darf er trotzdem hinsichtlich des in den letzten Jahren deutlich beschleunigten, globalen Konzentrationsprozesses in nahezu allen Branchen, von dem zwangsläufig auch eine große Anzahl Erlanger und Nürnberger Unternehmen aufgrund ihrer internationalen Ausrichtung betroffen waren und sind, in den Grundmustern und Konsequenzen als exemplarisch gelten.

Im Verlauf der 1980er und insbesondere der 1990er Jahre hat eine bedeutende Zahl vor allem medizintechnischer, aber auch medizinisch-pharmazeutischer oder mittels der Erbringung unterschiedlichster Dienstleistungen im medizinischen Bereich wirkender, oftmals noch sehr kleiner und junger Unternehmen Erlangen zu ihrem – und damit auf diesem Gebiet grundsätzlich zu einem äußerst dynamischen und innovativen – Standort gemacht.[38] Nicht zuletzt infolge dieser Entwicklung sieht sich die Stadt Erlangen auf dem besten Wege, bis zum Jahr 2010, ihr Ziel, die „Bundeshauptstadt der Medizin" zu werden, verwirklichen zu können.[39] Zu diesem Firmenkreis zählen beispielsweise die unter anderem Herzschrittmacher fertigende, in Berlin ansässige Biotronik GmbH & Co., die 1997 eine Forschungs-, Entwicklungs- und Serviceniederlassung in Erlangen eröffnete (2002: über 100 Beschäftigte), die 1996 gegründete WaveLight Laser Technologie AG, die zum Beispiel Lasersysteme für die Augenheilkunde herstellt und Mitte des Jahres 2003 einen neuen Verwaltungstrakt in Erlangen eingeweiht hat (2000: rund 90 Mitarbeiter, davon 60 am Hauptsitz in Erlangen), die seit 1996 in Erlangen bestehende November AG, ein Biotechnologieunternehmen (1999: 30 Beschäftigte), und die 1992 ebenfalls in Erlangen gegründete Astrum Gesellschaft für angewandte Informatik mbH, die neben anderem auch Softwarelösungen für Computertomographen anbietet (Mitte 2003: 160 Mitarbeiter in Erlangen).[40]

[36] Die Urfirma des heutigen Pfizer-Konzerns war das 1848 im New Yorker Stadtteil Brooklyn von den aus Ludwigsburg stammenden Vettern Karl C. F. Pfizer und Karl F. Erhart gegründete Chemieunternehmen Pfizer & Co.

[37] Vgl. StadtAE III.126.P.1. und Udo B. Greiner, Aus für den Standort, in: EN vom 24. 4. 2003, LT, S. 1.

[38] Grundsätzlich: o. V., Wenn Blut fließt – take it „EASIE", in: Standortmagazin 1, 1998, S. 56 f.; Medizinstandort der Zukunft (wie Anm. 32), S. 12–15; Friederich/Haller/Jakob, Erlanger Stadtlexikon (wie Anm. 7), S. 491 f. Ergänzend: Petermann, Medizinstadt (wie Anm. 32).

[39] In diesem Sinne u. a.: Ralf Birke, Hauptsache gesund, in: Standortmagazin 2, 1999, S. 74, und Siegfried Balleis, Medizinstadt Erlangen – eine Vision als Chance und Herausforderung, in: Friederich/Haller/Jakob, Erlanger Stadtlexikon (wie Anm. 7), S. 98–101.

[40] Biotronik GmbH & Co.: Friederich/Haller/Jakob, Erlanger Stadtlexikon (wie Anm. 7), S. 161; WaveLight Laser Technologie AG: Hanna Meid, Beste Aussichten, in: Standortmagazin 4, 2001, S. 10–13, 16 f., hier S. 12, und o. V., WaveLight: Wechsel im Aufsichtsrat, in: Wirtschaft in Mittelfranken, Heft 9, 2003, S. 65; November AG: Anzeige, in: Standortmagazin 2, 1999, S. 55, und EN vom 13. 3. 2003, LT, S. 2; Astrum Gesellschaft für angewandte Informatik mbH: Anzeige, in: Standortmagazin 4, 2001, S. 27.

Zu den bedeutendsten Erlanger Industriebetrieben gehörten jahrzehntelang auch die Frieseke & Hoepfner GmbH beziehungsweise als Nachfolgeunternehmen das Erlanger Werk der FAG Kugelfischer Georg Schäfer KGaA und die Textilfirma Erba AG.

Die Frieseke & Hoepfner GmbH, 1939 in Potsdam als Rüstungsbetrieb entstanden und von 1948 an gänzlich in Erlangen beheimatet (seit 1944 gab es hier infolge der Übernahme der Firma Georg Friedrich Hofmann ein Zweigwerk), produzierte in den Nachkriegsjahren ein breites Spektrum an Erzeugnissen, wie beispielsweise Strahlungsmeßapparate (ab 1949), Werkzeugmaschinen, Hydraulikwerkzeuge und Filmprojektoren. In den 1970er und 1980er Jahren konzentrierte sich das Unternehmen zunehmend auf die Arbeitsgebiete Hydraulik sowie Meß- und Regeltechnik. Anfang der 1950er Jahre konnten 1800 Arbeitskräfte beschäftigt werden, um 1960 waren es noch 1500 Mitarbeiter. 1964 wurde ein großzügiges Verwaltungsgebäude fertiggestellt. Nachdem die Gesellschafter der Kugelfischer Georg Schäfer & Co. OHG bereits 1955 die Frieseke & Hoepfner GmbH erworben hatten, wurde diese in rechtlich unveränderter Form bis Ende 1980 fortgeführt. Zum 1. Januar 1981 erfolgte die Einbindung als Erlanger Zweigbetrieb in die Schweinfurter Muttergesellschaft.[41] Für die 1983 gebildeten drei Hauptgeschäftsfelder – Hydraulik und Regeltechnik (einschließlich der Erzeugnissparte Wickelmaschinen), Strahlenmeßtechnik sowie Radiometrie – wurden 1989/90 an zwei Standorten in Erlangen moderne Produktionsstätten geschaffen; auf dem bisherigen Firmengelände entstanden Wohnhäuser. Aufgrund einer tiefgehenden wirtschaftlichen Krise trennte sich die FAG Kugelfischer Georg Schäfer KGaA 1993 im Rahmen eines Sanierungskonzepts von ihrem Erlanger Werk, aus dem in der Folgezeit sechs Unternehmen hervorgingen, von denen eines in Nürnberg (mit etwa 15 Arbeitskräften), die restlichen fünf (mit insgesamt ungefähr 450 Beschäftigten) aber weiterhin in Erlangen ansässig sind. Von diesen Erlanger Firmen gehören allein drei zur US-amerikanischen Thermo Electron Corporation, eine weitere zum US-Konzern Idex Corporation.[42]

Die Baumwollindustrie Erlangen-Bamberg AG (1964 infolge der in verstärktem Maße Verwendung findenden Kunstfasern in Erba AG für Textilindustrie und 1978 in Erba AG unbenannt), deren Ursprünge bis in das Jahr 1852 reichen, vermochte bis zum Beginn der 1970er Jahre eine wichtige Position innerhalb der deutschen Textilwirtschaft einzunehmen. Die erfolgreiche Geschäftstätigkeit führte schon 1951 zur Errichtung eines Ausrüstungsbetriebes (Druckerei und Färberei) in Erlangen, und die Standorte Schwarzenbach am Wald, Zeil am Main und Wangen im Allgäu wurden

[41] Zur Entwicklung der Frieseke & Hoepfner GmbH bis zu ihrer Eingliederung in die FAG Kugelfischer Georg Schäfer KGaA als deren „Werk Erlangen": Anzeige der Frieseke & Hoepfner GmbH, in: EB 14, 1967, o. S., und Friederich/Haller/Jakob, Erlanger Stadtlexikon (wie Anm. 7), S. 291 f. Ergänzend: Alfred Kosmowski, Radioisotope. Helfer in Wissenschaft und Technik, in: dnE, Heft 5, 1966, S. 316–319, und ders., Kompakte Kraft. Seit 20 Jahren „LUKAS" aus Erlangen-Bruck, in: dnE, Heft 18, 1970, S. 1350–1353.

[42] Vgl. dnE, Heft 80/81, 1989, S. 115, 126 f. (Chronikteil); dnE, Heft 83, 1990, S. 90 (Chronikteil); dnE, Heft 84, 1990, S. 106 f. (Chronikteil); o. V., Die drei neuen FAG-Werke, in: dnE, Heft 85, 1991, S. 30–36; o. V., Weltweit gefragter Spezialist für Rettungstechnik, in: Wirtschaft in Mittelfranken, Heft 7, 2003, S. 37. Ergänzend: Alfred Kosmowski, Qualität, Wirtschaftlichkeit und Rohstoffersparnis durch Radiometrie, in: dnE, Heft 62, 1983, S. 28–30; ders., Strahlenschutz-Meßgeräte. Schlüssel zur friedlichen Anwendung radioaktiver Stoffe in Wissenschaft und Technik, in: dnE, Heft 65, 1984, S. 17–19; ders., Kraftkonzentration für Millimeterarbeit. Hydraulik und Regeltechnik von FAG Kugelfischer, in: dnE, Heft 66, 1984, S. 14–17.

noch 1968, 1970 beziehungsweise 1971 erheblich ausgebaut. Der Exportanteil stieg zwischen 1960 und 1980 kontinuierlich und kräftig von 6 % auf 29 % an. 1953 konnten 6300 Arbeitskräfte beschäftigt werden (davon 1200 in Erlangen), um 1970 lag die Belegschaftszahl bei 5000 Personen. Infolge des Zusammenbruchs der Glöggler-Gruppe 1975/76 – der Baustoffgroßhändler Hans Glöggler hatte im Jahr 1972 eine Beteiligung von 60 % an der Erba AG für Textilindustrie erlangt – begann für das Unternehmen trotz aller Bemühungen, eine wirtschaftliche Gesundung herbeizuführen, ein letztendlich nicht mehr aufzuhaltender Prozeß des Niedergangs, der durch die allgemeine Krise der Textilindustrie seit Mitte/Ende der 1970er Jahre noch verstärkt wurde. So mußte die Produktion in Erlangen 1981 aufgegeben werden, wodurch 484 Arbeitsplätze verloren gingen, doch verblieb hier immerhin die Hauptverwaltung mit zunächst 330 Mitarbeitern. 1980 gab es noch rund 1000 Beschäftigte – damit war die Textilindustrie nach der Elektro- und Maschinenbauindustrie die drittgrößte Industriesparte Erlangens. Nach einem vorübergehenden Aufschwung in den 1980er Jahren dank einer konsequenten Ausrichtung auf das Auslandsgeschäft (1985 betrug die Exportquote 44 %), ging die Erba AG, die 1988/89 insgesamt noch ungefähr 2200 Beschäftigte zählte, aufgrund des sich verstärkenden Wettbewerbsdrucks Ende 1992 in Konkurs. Das Nachfolgeunternehmen Erba GmbH verlegte 1993 den Firmensitz ins benachbarte Forchheim.[43]

Die einst renommierte, 1899 gegründete und in den Anfängen bis 1869 zurückreichende Portefeuillefabrik Karl Zucker & Co. AG verlor bereits in der Zwischenkriegszeit an Bedeutung als Arbeitgeber für die Erlanger Wirtschaft. Um 1900 wurden 280 und 1907 bereits 500 Mitarbeiter beschäftigt. Zwar konnte die Firma in den 1950er und 1960er Jahren mittels der Herstellung von unter anderem Werbe- und Lederartikeln sowie Kartonagen am „Wirtschaftswunder" teilhaben, doch führte die krisenhafte Entwicklung seit den 1970er Jahren trotz durchgeführter Rationalisierungsmaßnahmen 1989 zur Schließung des Unternehmens, das 1986 noch 40 Mitarbeiter aufzuweisen hatte.[44]

Auch die beiden verbliebenen Betriebe der vor allem in der zweiten Hälfte des 19. Jahrhunderts florierenden Erlanger Kamm- und Bürstenfabrikation erlebten nach dem Zweiten Weltkrieg eine weiterhin rückläufige Entwicklung. Die aus einer im 18. Jahrhundert eingerichteten Werkstatt 1835/45 entstandene Kammfabrik Johann Georg Bücking stellte aufgrund der übermächtigen asiatischen Konkurrenz 1970/71 die Produktion von Kämmen ein.[45] Aus der 1872 in Schwabach begonnenen und 1873 nach Erlangen übergesiedelten, ab 1896 als Aktiengesellschaft geführten Bürstenfabrik

---

[43] Ausführliche Informationen zur Erba AG sind zu finden bei: Rehm, Tradition (wie Anm. 32), S. 280–285; Tramer, Geschichte (wie Anm. 7), S. 170 f.; Albert Flaitz, Muß die Textilindustrie in Europa bleiben?, in: dnE, Heft 24, 1971, S. 1848–1861, bes. S. 1848, 1853, 1856; Vogt, Erlangen (wie Anm. 18), S. 116; Schneider/Bauerreiß, Entwicklung (wie Anm. 7), S. 185; Friederich/Haller/Jakob, Erlanger Stadtlexikon (wie Anm. 7), S. 231 f., 739. Zum Glögger-Bankrott vgl. Stephan H. Lindner, Den Faden verloren. Die westdeutsche und die französische Textilindustrie auf dem Rückzug (1930/45–1990) (Schriftenreihe zur Zeitschrift für Unternehmensgeschichte 7), München 2001, S. 151 f.

[44] Vgl. Engelhardt, Industrialisierung (wie Anm. 7), Bl. 20, und Friederich/Haller/Jakob, Erlanger Stadtlexikon (wie Anm. 7), S. 765 f.

[45] Das Unternehmen hat allerdings als Ein-Mann-Betrieb Fortbestand. Der Kammachermeister Johann G. B. Bücking fertigt seit 2001 in neunter Generation vorwiegend Elfenbeinartikel für Musikinstrumente und die Herstellung von kunsthandwerklichen Erzeugnissen.

Emil Kränzlein, die 1926 560 Beschäftigte und weitere rund 200 Heimarbeiter zählte, ging nach einem langjährigen Geschäftsrückgang (1982: etwa 80 Arbeitskräfte) 1995 die bis heute existierende, technische und Feinbürsten herstellende Ideal-Zett GmbH hervor.[46]

Weitaus vorteilhafter entwickelte sich dagegen die Bleistiftspitzerindustrie Erlangens. Noch um die Mitte der 1980er Jahre besaßen die Erlanger Unternehmen einen Weltmarktanteil von etwa 75%. Die zunehmende Konkurrenz aus Fernost erforderte jedoch eine Ausweitung des Erzeugnisprogramms. Durch die Herstellung von Zeichengeräten und anderen Produkten, gelang es den 1919 beziehungsweise 1922 gegründeten Firmen KUM GmbH & Co. KG (1967: 200 Beschäftigte) und (Alfred) Möbius & Ruppert KG sich zu behaupten. Die von Theodor Paul Möbius (einem Bruder Alfred Möbius') aufgrund eines von ihm 1908 konstruierten Bleistiftspitzers noch in demselben Jahr geschaffene mechanische Werkstatt (dem Ausgangspunkt der jahrzehntelang den Weltmarkt dominierenden Erlanger Bleistiftspitzerindustrie) entwickelte sich bald zu einer Fabrik und nach dem Ersten Weltkrieg zu einem Großbetrieb in seiner Branche, der 1924 135, in den 1930er Jahren bis um 150 und 1967 120 Arbeitskräfte zählte. Dieser geriet mangels ausreichender Innovationskraft um 1980 zunehmend in gravierende finanzielle Schwierigkeiten und wurde liquidiert. Als Auffanggesellschaft entstand anschließend die DUX GmbH. 1986 erfolgte die Verlagerung nach Zeckern bei Hemhofen, wo nur 15 Mitarbeiter eine Beschäftigung fanden.[47]

Erfolgreich waren in der zweiten Hälfte des 20. Jahrhunderts auch in Erlangen häufig jene Unternehmen, die sich neuer Materialien und Verarbeitungstechniken bedienten. Zu diesen Firmen zählt die ab 1893 bestehende Karl Volland GmbH & Co. KG, die anfangs ausschließlich Waren aus Horn herstellte, aber schon im Verlauf der 1920er Jahre auch die Kunststoffverarbeitung aufnahm. Nach dem Zweiten Weltkrieg wandelte sich die Firma zu einem ausgewiesenen Kunststoff-Spritz- und Preßwerk, das heute unter anderem die Automobil-, Luftfahrt- und Haushaltsgeräteindustrie beliefert. Claus Koenig, der 1940 in Guben eine Firma zur Produktion selbstklebender Erzeugnisse gegründet hatte, verlegte infolge der kriegsbedingten Vernichtung der Gubener Werke seinen Betrieb 1945 nach Erlangen und nahm hier ein Jahr später die Fertigung wieder auf. Dem Spezialhersteller gelang in den Nachkriegsjahren ein schneller Aufstieg. Mittlerweile produziert das seit 1999 als Regulus GmbH firmierende Unternehmen mit ungefähr 130 Beschäftigten beispielsweise Selbstklebefolien für Kopierer und spezielle Schablonenpapiere. 1969 verlagerte die 1948 im oberfränkischen Rehau gegründete, rasch zu einer der bedeutendsten kunststoffverarbeitenden Firmen herangewachsene Rehau AG & Co. einen Teil ihrer Verwaltung nach Eltersdorf, das 1972 nach Erlangen eingemeindet wurde. Von deutschlandweit circa 7900 Mitarbeitern sind in Erlangen, wo 1999 ein neues Verwaltungsgebäude fertiggestellt wurde, rund 450 in den Bereichen Entwicklung, Marketing und Kundendienst tätig

---

[46] Vgl. Engelhardt, Industrialisierung (wie Anm. 7), Bl. 8, 22 f., und Friederich/Haller/Jakob, Erlanger Stadtlexikon (wie Anm. 7), S. 403 f., 182 f., 435 f.

[47] Vgl. Tramer, Geschichte (wie Anm. 7), S. 174 f.; Engelhardt, Industrialisierung (wie Anm. 7), Bl. 28; Friederich/Haller/Jakob, Erlanger Stadtlexikon (wie Anm. 7), S. 163 f.; o. V., Gerberei 19: Junge Unternehmen in der alten Moebius-Fabrik, in: Wirtschaft in Mittelfranken, Heft 7, 2003, S. 38.

(Stand: 2001). Zudem konnte im Jahr 2000 die Rehau-Akademie eröffnet und 2001 das Nürnberger Verkaufsbüro nach Erlangen umgesiedelt werden. Die Verlagerung der Deutschen Glimmlampen-Gesellschaft, Vakuumtechnik GmbH vom oberfränkischen Lichtenfels nach Erlangen wurde 1949 vorgenommen. Nach der Erwerbung durch den US-Konzern General Telephone & Electronics firmierte das Unternehmen zeitweise als Sylvania Vakuumtechnik GmbH und von 1993 an infolge der Eingliederung in die Sylvania Lighting International (künftig: SLI)-Gruppe, als Sylvania SLI Lichtsysteme GmbH. Bis 1967 erfolgte der Neubau der Fertigungsstätten und 1971/72 einer Lagerhalle. 1995 konnte ein neues Logistikzentrum eingeweiht werden. Etwa 700 Arbeitnehmer beschäftigten sich 2001 mit der Herstellung und dem Vertrieb von Leuchtstofflampen und Spezialleuchten. Im März 2003 wurde der Erlanger Betrieb an ein US-amerikanisches Unternehmen verkauft.[48]

Trotz des Vorhandenseins einer großen Anzahl verschiedenster, auch zugezogener Unternehmen, die in Erlangen ihre Produkte herstellen, so besteht doch bereits seit der Ansiedlung der SSW AG die starke Tendenz, an den Standort Erlangen Verwaltungs- und Forschungseinheiten, die (im weitesten Sinne) innerhalb der Firmen vielfältigste Dienstleistungen erbringen, zu verlagern. Verstärkt wurde diese Entwicklung Erlangens zu einer Hochburg der nicht gewerblichen Arbeit besonders in der jüngeren Vergangenheit durch die Gründung zahlreicher Betriebe, die dem Dienstleistungssektor zuzurechnen sind. Hierzu gehören beispielsweise die aus einer 1989 gegründeten Firma hervorgegangene, auf dem Gebiet des Dialogmarketing wirkende, umfassende Marketingkampagnen realisierende Defacto Unternehmensgruppe (2003: rund 550 Mitarbeiter), die schon seit 1963 in Erlangen bestehende Ullrich Direct Marketing GmbH & Co. KG, die vorwiegend Warenproben mit den entsprechenden Produkterläuterungen zielgruppengenau versendet (2001: ungefähr 60 Beschäftigte und etwa 50 Heimarbeiter), und die 1984 als Ingenieurbüro gegründete, vom Jahr 2000 an als Aktiengesellschaft geführte Firma Heitec, ein Automatisierungs- und Informationstechnologieunternehmen, das zum Beispiel Dokumenten-Management- und Archivierungssysteme sowie ein medizinisches Informationssystem anbietet und Ende Dezember 2002 neue Räumlichkeiten bezog (Anfang 2003: insgesamt mehr als 500 Arbeitnehmer, davon circa 400 in Deutschland und rund 170 am Stammsitz in Erlangen).[49]

Nürnberg

Die Wirtschaft Nürnbergs wird noch immer, trotz der massiven strukturellen Verwerfungen, wesentlich von Unternehmen des Maschinenbaus sowie der Elektro- und Nachrichtentechnik geprägt. Ungefähr die Hälfte aller Industriebeschäftigten gehört

---

[48] Karl Volland GmbH & Co. KG: Friederich/Haller/Jakob, Erlanger Stadtlexikon (wie Anm. 7), S. 729 f.; Regulus GmbH: ebd., S. 579 f.; Rehau AG & Co.: ebd., S. 580; Sylvania SLI Lichtsysteme GmbH: ebd., S. 641 f., und EN vom 4. 4. 2003, LT, S. 1.

[49] Defacto Unternehmensgruppe: Friederich/Haller/Jakob, Erlanger Stadtlexikon (wie Anm. 7), S. 201 f., und Hartmut Beck, Komplette Wertschöpfungskette für das Dialogmarketing, in: Wirtschaft in Mittelfranken, Heft 8, 2003, S. 32; Ullrich Direct Marketing GmbH & Co. KG: Friederich/Haller/Jakob, Erlanger Stadtlexikon (wie Anm. 7), S. 709; Heitec AG: ebd., S. 355 f., und Rudolf Förster, Heitec hat Hightech immer im Angebot, in: EN vom 19. 3. 2003, LT, S. 1.

nach wie vor diesen Branchen an. Dabei standen Maschinenbaufirmen am Beginn des industriellen Aufstrebens der Stadt, die im Rahmen eines punktuellen Industrialisierungsprozesses rasch zum herausragenden Industriezentrum Bayerns emporstieg. In weiteren Industrialisierungsphasen kamen die Elektro- und Nachrichtentechnikbetriebe hinzu.[50]

Durch den Zusammenschluß der Maschinenbau-Actien-Gesellschaft Nürnberg (1841/42 als Eisengießerei und Maschinenfabrik Klett & Co. ins Leben gerufen) mit der Aktiengesellschaft Maschinenfabrik Augsburg (bereits 1840 als Eisengießerei und Maschinenbaufabrik begonnen) im Jahr 1898 wurde die Vereinigte Maschinenfabrik Augsburg und Maschinenbaugesellschaft Nürnberg AG mit dem Hauptsitz in Augsburg geschaffen, die von 1909 an als Maschinenfabrik Augsburg-Nürnberg (künftig: MAN) AG weitergeführt wurde. Die aufgrund des Zweiten Weltkriegs eingetretenen umfangreichen Zerstörungen am Standort Nürnberg – 70 % bis 75 % der Gebäude waren vollständig vernichtet worden, nahezu alle verbliebenen Fabrikationsstätten und Bürohäuser wiesen Schäden in einem unterschiedlichen, meist aber beträchtlichen Umfange auf – konnten bis etwa zur Mitte der 1950er Jahre im wesentlichen beseitigt werden, wobei die Werksbauten oftmals großzügig erweitert und notwendigerweise modernisiert wiedererstanden.[51] Bevor sich seit den 1970er Jahren die strukturellen Veränderungen auch in der Nürnberger Wirtschaft allmählich abzuzeichnen begannen, nahm die Nürnberger Fabrik der MAN AG, die hauptsächlich die Geschäftsfelder Fahrzeug-Dieselmotoren, Waggonbau, Dampfanlagen (Dampfkessel, -turbinen und -kraftwerke), Krane und Verladeeinrichtungen, Prüfmaschinen, lufttechnische Anlagen sowie (ab 1958) Kernkrafttechnik bearbeitete, mit ihren Erzeugnissen in der Regel sehr erfolgreich am „Wirtschaftswunder" teil. In der zweiten Hälfte der 1960er Jahre lag die Belegschaftszahl im Nürnberger Werk bei rund 8000 Personen. 1986 fusionierte die Augsburger MAN AG mit ihrer bisherigen Muttergesellschaft, der Dachgesellschaft Gutehoffnungshütte (künftig: GHH) Aktienverein – die Oberhausener GHH-Gruppe hatte schon 1921 die MAN AG in ihren Besitz gebracht –, zur neuen MAN AG mit Sitz in München, die als Holdinggesellschaft fortan die in den drei Kernbereichen Nutzfahrzeugproduktion, Maschinen- und Anlagenbau sowie Handel wirkenden, zum Teil neugebildeten Konzerngesellschaften zusammenfaßte. Noch bevor der Strukturwandel im allgemeinen und die krisenhafte Entwicklung der MAN AG in den 1980er und 1990er Jahren im besonderen zu einer grundlegenden Neuordnung führten, war es in Nürnberg bereits seit den 1950er Jahren zu größeren organisatorischen Änderungen gekommen. Die beständige Verringerung der Nürnberger MAN-Aktivitäten, die zwangsläufig zu einem Bedeutungsverlust Nürnbergs innerhalb

---

[50] Ein kurzer Überblick findet sich bei: Rainer Gömmel, Industrialisierung und Wirtschaftsentwicklung (19./20. Jh.), in: Diefenbacher/Endres, Stadtlexikon Nürnberg (wie Anm. 6), S. 472 f.

[51] Zur Entwicklung des Nürnberger Werks der MAN AG zwischen 1945 und dem Ende der 1960er Jahre: Eugen Diesel, Gepräge und Schicksal der M.A.N., in: M.A.N.-Werkzeitung, Heft 11, 1965, S. 6–47, hier S. 39–47; Otto Kraemer, M.A.N. – Heute und morgen, in: ebd., S. 48–98, hier S. 58–75; Friedrich Gresbeck, Vom Werden und Wachsen der M.A.N., in: M.A.N. AG, Werk Nürnberg (Hg.), Nürnberg, die Stadt und unser Werk, Nürnberg 1967, S. 81–118, hier S. 107–118. Ergänzend: Bosl, Jahrhundert (wie Anm. 5), S. 226–237, und Hellmut Droscha, Ein Gang durch die Geschichte des MAN Nutzfahrzeugs, in: MAN Nutzfahrzeuge AG, Leistung und Weg (wie Anm. 5), S. 1–74.

des MAN AG-Konzerns führte, fand jedoch erst ab den 1970er und 1980er Jahren in größerem Maße statt.

Ein 1955 von der MAN AG in München neueingerichtetes, auf die Bayerische Motorenwerke (BMW) AG zurückzuführendes Werk übernahm vom Standort Nürnberg die hier 1915 und in den 1930er Jahren begonnene Fertigung von Lastkraftwagen beziehungsweise land- und forstwirtschaftlichen Schleppern (diese wurde aber schon 1963 eingestellt). Die seit 1924 vorgenommene Serienherstellung von Dieselmotoren, die nun vor allem in Straßen- und Schienenfahrzeugen Verwendung fanden, blieb jedoch in Nürnberg und gewann zunehmend an Gewicht.[52] Nachdem die Heizungs- und Lüftungsabteilung 1970 aufgegeben worden war, wurde der Dampfkesselbau, ein Teilbereich des Geschäftsgebietes Dampfanlagen, im Rahmen eines übergreifenden Konzentrationsprozesses bei den deutschen Dampfkesselproduzenten im Jahr 1975 an die Energie- und Verfahrenstechnik (EVT) GmbH in Stuttgart veräußert, an der die MAN AG zugleich eine Beteiligung von einem Drittel erhielt. Vorwiegend zur Abwicklung laufender Verträge (Garantiefristen) blieb in der Nürnberger Fabrik eine Dampfkesselbaueinheit vorerst bestehen. Sie wurde mit zuletzt elf Mitarbeitern – im Jahr des Verkaufs war der Personalstand bereits von circa 150 auf 37 Arbeitnehmer zurückgegangen – 1982 endgültig aufgelöst.[53] Der Nürnberger Waggonbau, der in den ersten beiden Nachkriegsjahrzehnten unter anderem mit Dieseltriebwagen und Schienenbussen vielfache Beachtung gefunden hatte, wurde 1986 aufgrund einer seit längerer Zeit ungünstigen Entwicklung und Prognose in einem ersten Schritt als Bereich Schienenfahrzeugbau (weiterhin mit Sitz in Nürnberg) der MAN AG-Tochtergesellschaft MAN GHH AG in Oberhausen eingegliedert. Nach der Überführung der Schienenfahrzeugherstellung in ein rechtlich eigenständiges Unternehmen, die MAN GHH Schienenverkehrstechnik GmbH, wurde dieses 1990 von der sich ab 1986 mehrheitlich im Besitz der Daimler-Benz AG befindenden AEG AG erworben, die zugleich auch die Schienenfahrzeugsparte der Messerschmitt-Bölkow-Blohm (MBB) GmbH (die wiederum mit der Daimler-Benz AG verschmolz) übernahm und ihre Schienenfahrzeugaktivitäten in der Folgezeit zusammenführte und neu organisierte. Die Umwandlung der MAN GHH Schienenverkehrstechnik GmbH, deren Beschäftigtenzahl in Nürnberg sich von 1990 bis 1993 als Folge einer überraschend günstigen Geschäftsentwicklung von 550 auf mehr als 900 erhöht hatte, in die AEG Schienenfahrzeuge GmbH erfolgte erst 1994. Zum 1. Januar 1996 schuf die Daimler-Benz AG zusammen mit der ABB-Gruppe zu gleichen Teilen ein Gemeinschaftsunternehmen auf dem Bahnsystemegebiet. In diese neue Firma, die in Berlin ansässige Adtranz ABB Daimler-Benz Transportation GmbH, brachte die Daimler-Benz AG den gesamten Schienenfahrzeugbereich ihres Tochterunternehmens AEG ein. Die AEG AG blieb noch bis zu ihrem Aufgehen in der Daimler-Benz AG am 20. September 1996 formal im Besitz des 50%-Anteils an der Adtranz GmbH, obgleich sie keinen unmittelbaren

[52] Vgl. Kraemer, M.A.N. (wie Anm. 51), S. 59, 89; Gresbeck, Werden und Wachsen (wie Anm. 51), S. 99 f.; Carl Heger/Lutz Uebel, Von Klett zur AEG. Die wechselvolle Geschichte des Schienenfahrzeugbaus in Nürnberg, in: Lutz Uebel/Wolfgang-Dieter Richter (Hg.), 150 Jahre Schienenfahrzeuge aus Nürnberg, Freiburg 1994, S. 11–32, hier S. 17, 23.
[53] Umfassend zur Geschichte des MAN-Dampfkesselbaus in Nürnberg: Heinz Haas, 137 Jahre Nürnberger M.A.N.-Dampfkesselbau. 1845–1982, Nürnberg 1983, S. 83–173, bes. S. 154–167.

Einfluß mehr auf die Geschäftsführung besaß. Nürnberg wurde 1996 Stammsitz des Aufgabengebietes Nahverkehr der Adtranz GmbH. 1998 wurden hier fast 1000 Mitarbeiter gezählt, von weltweit etwa 22 000. Die durch die Fusion der Daimler-Benz AG mit der US-amerikanischen Chrysler Corporation im Jahr 1998 entstandene DaimlerChrysler AG wurde 1999 alleiniger Eigentümer der Adtranz GmbH. Im Jahr 2001 verkaufte die DaimlerChrysler-Gruppe ihre Firma Adtranz an den kanadischen Bombardier-Konzern, der dadurch zum Weltmarktführer auf dem Gebiet der Schienenverkehrstechnik aufstieg. Der Standort Nürnberg der daraufhin neugebildeten Bombardier Transportation GmbH soll bis Ende 2004 stillgelegt werden. Mitte 2003 gab es in Nürnberg noch rund 140 Beschäftigte, die vorwiegend im Bereich Straßenbahntechnik tätig waren.[54] Die Arbeitsgebiete Dampfturbinen (über 100 Megawatt) und Dampfkraftwerke sowie das zerstörungsfreie Prüfwesen für den Kernkraftwerkssektor (1968 aufgrund der Spezialisierung der ehemaligen Kernkrafttechniksparte entstanden) des Nürnberger Werks wurden 1986 infolge der Neustrukturierung des MAN-Konzerns als Geschäftsbereich „Thermische Kraftanlagen" Teil der Oberhausener MAN GHH AG, die diesen Unternehmensbereich schon 1988 wieder ausgliederte und als MAN Energie GmbH weiterführte. Nachdem ein Jahr darauf, 1989, die GEC Alsthom-Gruppe 45 % an der MAN Energie GmbH erworben und diesen Anteil 1992 auf 55 % erhöht hatte, kam es 1995 zur vollständigen Übernahme und Umfirmierung in GEC Alsthom Energie GmbH. Das seit 1998 als Alstom Energie GmbH firmierende Unternehmen (die Umbenennung erfolgte im Rahmen des Börsenganges der Muttergesellschaft), dessen Sitz sich nach wie vor in Nürnberg befindet, beschäftigt circa 650 Mitarbeiter (Stand: 1999), die in den Geschäftsfeldern Dampfturbinenbau und -zubehör, Dampfkraftwerksbau und nukleare Prüftechnik arbeiten. Die Muttergesellschaft, der hochverschuldete französische Alstom-Konzern, der in den vergangenen Jahren eine intensive Expansionsstrategie verfolgt hat, konnte Ende September 2003 nur dank einer vor allem von ihren Gläubigerbanken erbrachten Unterstützung von über drei Milliarden Euro vorerst vor dem Konkurs bewahrt werden.[55]

Die Aufgabe und Abtrennung weiterer Arbeitsgebiete am Standort Nürnberg bewirkten, daß heute, abgesehen von einer Kundendiensteinrichtung für Krananlagen der MAN TAKRAF Fördertechnik GmbH mit ungefähr zehn Mitarbeitern (Stand: 1999) und einer Service- und Verkaufsniederlassung der MAN Nutzfahrzeuge AG (an zwei Standorten), von den Tochterunternehmen der MAN AG-Holding nur noch die MAN Nutzfahrzeuge AG mit einer Produktionsstätte in Nürnberg vertreten ist. In diesem Werk werden von etwa 3000 Beschäftigten (Stand: 1999) sowohl Diesel- als auch Gasmotoren im wesentlichen für MAN-Nutzfahrzeuge und Fremdfirmen hergestellt.[56]

54 Vgl. Heger/Uebel, Klett (wie Anm. 52), S. 21–29; o. V., „Zwischen Adler und Faun", in: Standortmagazin 1, 1998, S. 36 f.; Anzeige der Adtranz GmbH, in: ebd., S. 40; Peter Strunk, Die AEG. Aufstieg und Niedergang einer Industrielegende, Berlin 2002, S. 190–195, 241, 243 f.; Angela Giese, Neue Jobs?, in: Nürnberger Nachrichten (künftig: NN) vom 15. 7. 2003, S. 7.

55 Vgl. Alstom Energy, Alstom Energie GmbH (Hg.), Wesentliche Geschichtsdaten, Nürnberg 1998 (Informationsblatt); Gerhard Bläske, Brüssel billigt Rettungsplan für Alstom, in: Süddeutsche Zeitung (künftig: SZ) vom 23. 9. 2003, S. 23; ders., Neue Gerüchte um Siemens-Einstieg, in: SZ vom 24. 9. 2003, S. 25.

56 Vgl. MAN Nutzfahrzeuge AG (Hg.), Wirtschaftlichkeit ist unser Konzept, München 1998 (Werbeschrift), und „Zwischen Adler und Faun" (wie Anm. 54), S. 36 f.

Mit den ersten Jahren des Unternehmens Klett & Co., einer der beiden Ursprungs-
firmen der MAN AG, eng verbunden ist die Entstehung der Maschinenfabrik J. Edward Earnshaw & Comp., während die einstige AEG Kanis GmbH um die Jahrtau-
sendwende vorübergehend in den Alstom-Konzern eingegliedert wurde, dem seit den
1990er Jahren zuerst mehrheitlich, dann gänzlich wesentliche Teile des ehemaligen
Dampfanlagenbaus der MAN AG angehören.

James Edward Earnshaw, bis 1848 einer der Anteilseigner der Eisengießerei und
Maschinenfabrik Klett & Co., betrieb ab 1848 gemeinsam mit seinem Schwiegersohn
Leo Haas als Teilhaber in Nürnberg eine mechanische Werkstatt, aus der, im Jahr
1852 um eine Eisengießerei ergänzt, rasch eine Maschinenfabrik erwuchs. Dem im
Zweiten Weltkrieg in großem Ausmaß zerstörten Unternehmen, das in seinen Anfangsjahren unter anderem Mühleneinrichtungen fertigte und in der Nachkriegszeit
hauptsächlich mit automatischen Pressen und Radbandagenschleifmaschinen hervor-
trat, gelang kaum beziehungsweise nur allzu langsam der erforderliche Wiederaufbau.
Nachdem der Betrieb in der zweiten Hälfte der 1950er Jahre zweimal innerhalb Nürnbergs den Standort gewechselt hatte, erlosch die Maschinenfabrik J. Edward Earnshaw & Comp. am 17. Februar 1961, ohne im für den Weiterbestand notwendigen
Umfang am außerordentlichen wirtschaftlichen Aufschwung der damaligen Zeit teil-
genommen zu haben.[57]

Der 1924 in Dresden gegründete Turbinenhersteller Brückner, Kanis & Co. gelang-
te zunächst 1947 nach Hamburg, wo er als Hamburger Turbinenfabrik GmbH weitergeführt wurde, und 1949 schließlich nach Nürnberg. Hier konnte die Dampfturbinen-
produktion fortgesetzt werden. Das Jahr 1961 brachte die Übernahme durch die AEG
AG, das Unternehmen erhielt den Geschäftsnamen AEG Kanis Turbinenfabrik GmbH.
Zu der neuen Firma gehörte auch eine wenige Jahre nach dem Zweiten Weltkrieg in
Essen geschaffene Turbinen- und Kompressorenfabrik. Der nach Mitte der 1980er
Jahre durch einen drastisch verschärften Konkurrenzdruck eingetretene, unerwartet
hohe Verlust der AEG Kanis Turbinenfabrik GmbH veranlaßte die AEG AG nicht nur,
die für 1988 beabsichtigte Vergrößerung der Nürnberger Fabrikationsanlagen aufzu-
geben, sondern führte Ende dieses Jahres sogar dazu, daß der AEG-Konzern beschloß,
sich von seinem Nürnberger AEG Kanis-Werk zu trennen. 1989 übernahm die Mannheimer ABB AG den Nürnberger Betrieb, der nun als ABB Turbinen Nürnberg GmbH
firmierte. Im Rahmen eines Joint-venture zwischen der französischen Alstom S.A.
und der ABB-Gruppe, das die Kraftwerksbereiche der beiden Konzerne zusammen-
schloß, entstand 1999 die ABB Alstom Power Turbinen GmbH. Dieses auf den Bau
von industriellen Dampfturbinen bis 100 Megawatt spezialisierte Nürnberger Unternehmen zählte, die Belegschaft eines 1995 in Dortmund eingerichteten Servicebetrie-
bes eingerechnet, zum Zeitpunkt der Bildung des Gemeinschaftsunternehmens annähernd 1000 Beschäftigte. Dem vollständigen Übergang der Nürnberger ABB Alstom
Power Turbinen GmbH in das Eigentum der Alstom S.A. im Jahr 2000 (wodurch die

---

[57] Trotz allem gehörte die Firma noch 1959 zu dem Kreis derjenigen Unternehmen, die das Erscheinen folgenden Buches förderten: Walter Gerlach (Hg.), Das Buch mit alten Firmen der Stadt Nürnberg im Jahre
1959, Prien a. Chiemsee [1959], S. 18. Zur kurzen Nachkriegsgeschichte der Fabrik J. Edward Earnshaw &
Comp.: Jegel, Entwicklung (wie Anm. 6), S. 178 f., und Diefenbacher/Endres, Stadtlexikon Nürnberg (wie
Anm. 6), S. 230.

Fabrik in Nürnberg den Namen Alstom Power Turbinen GmbH erhielt) folgte Mitte 2003 der Verkauf deren Industriedampfturbinenaktivitäten (bis 100 Megawatt) an den Geschäftsbereich Power Generation der Siemens AG.[58]

Zu den Unternehmen, die bereits vor Beginn der Strukturkrise in der Maschinenbaubranche aufgelöst wurden, gehörten neben der Maschinenfabrik J. Edward Earnshaw & Comp. auch die Firma Joh. Wilhelm Spaeth und die Maschinenfabrik Kempewerk Nürnberg Carl Kempe sen. KG.[59]

Aus der 1825 von Johann Wilhelm Spaeth eingerichteten mechanischen Werkstätte ging kurze Zeit später eine Maschinenfabrik hervor, die zum Ausgangspunkt der jahrzehntelang von den Firmen des Maschinenbaus getragenen Industrialisierung in Nürnberg wurde. Das Spaethsche Unternehmen erreichte jedoch nie annähernd die große Bedeutung der nur wenige Jahre nach ihrer Entstehung ins Leben gerufenen Maschinenbaufabrik Klett & Co., deren Entwicklung in der MAN AG mündete. Insbesondere die Verdrängung des Betriebs aus dem Umfeld des während des „Dritten Reichs" entstehenden, aber nur partiell vollendeten Reichsparteitagsgeländes, die mit dem Verkauf von Firmengrundstücken zum Einheitswert einherging, der auf diese Auseinandersetzung mit den damaligen Machthabern zurückzuführende Ausschluß von Staats- und Rüstungsaufträgen sowie die weitgehende Vernichtung der Produktionsanlagen im Verlauf des Krieges erschwerten den Neuanfang ungemein. Der Versuch, mit Hilfe vor allem des Baus verschiedenster Brücken, der Erstellung von Stahlhochbauten und der Herstellung von Leichtbauträgern an die früheren Erfolge anzuknüpfen, gelang nur unzulänglich. Nach dem erfolgreichen Abschluß eines Vergleichsverfahrens 1950 geriet das Unternehmen in der zweiten Hälfte der 1950er Jahre erneut in finanzielle Bedrängnis. Zwar bestand die Stadt Nürnberg im Rahmen ihres Wirtschaftsplans auf der Abtretung von beinahe 40 % des Firmengeländes, weshalb eine Weiterführung der Fertigung unter solchen Umständen kaum mehr als möglich betrachtet wurde, doch waren die Eigentümer 1959 noch zuversichtlich, den Betrieb an einem neuen, geeigneteren Standort fortführen zu können. Die Gewerbeabmeldung der Eisengießerei, Maschinenfabrik und Brückenbauanstalt Joh. Wilhelm Spaeth wurde dann aber schon ein Jahr darauf vorgenommen.[60]

Die von dem gelernten Buchdrucker Carl Kempe, der sich bereits 1883 selbständig gemacht hatte, um 1888 geschaffene Fabrik zur Herstellung unterschiedlichster Maschinen für das graphische Gewerbe erlitt im Kriegsjahr 1943 schwerste Beschädigungen. Der hochspezialisierte Betrieb war nach dem Wiederaufbau in den 1950er und 1960er Jahren in der Lage, mit seinen Erzeugnissen, unter anderem Andruckpres-

---

[58] Wesentliche Informationen zum Entwicklungsgang des Nürnberger Turbinenherstellers finden sich bei: VDE-Bezirksverein Nordbayern e.V., Elektrotechnik (wie Anm. 29), S. 238; Strunk, AEG (wie Anm. 54), S. 64, 169 f.; Industrieturbinen von Alstom übernommen (wie Anm. 25), S. 60. Ergänzend: Gert Hautsch, Der Elektrokonzern AEG-Telefunken. Untersuchungen zum Verhältnis von Wirtschaft und Politik am Beispiel eines westdeutschen Großunternehmens, wirtschafts- und sozialwiss. Diss. Bremen 1982, S. 52 f., 58–61, 141 f., und Gerd Fürstenberger, Rückenwind für neue Energien, in: Standortmagazin 6, 2003, S. 54–56, hier S. 54 f.

[59] Nach Abschluß eines Dissertationsvorhabens in vermutlich 3–4 Jahren auf der Grundlage wieder verfügbarer Quellenbestände wird hoffentlich eine umfassende Darstellung der Geschichte der Spaethschen Maschinenfabrik vorliegen, die v. a. auch die noch manche Fragen aufwerfende Zeit während und nach dem 2. Weltkrieg eingehend untersucht.

[60] Über die Nachkriegsentwicklung gibt es noch keine genaueren Erkenntnisse: Gerlach, Buch (wie Anm. 57), S. 25, 25a, und Diefenbacher/Endres, Stadtlexikon Nürnberg (wie Anm. 6), S. 1002 f.

sen sowie Schmelz-, Gieß- und Bearbeitungsmaschinen, auf dem hart umkämpften Markt zu bestehen. 1951 wurden gut 100 Mitarbeiter beschäftigt. Zwischen dem 1. Juli 1971 und dem 31. Juli 1978 mußte die Maschinenfabrik Kempewerk Nürnberg Carl Kempe sen. KG dann jedoch aufgelöst werden.[61]

Die Maschinen herstellenden Betriebe Nürnbergs mußten ab den 1980er Jahren zunehmend den veränderten Rahmengegebenheiten angepaßt werden. Vielen Unternehmern gelang dies nicht, wenige wagten nach dem wirtschaftlichen Zusammenbruch einen Neubeginn, während andere an einen neuen Standort wechselten.

Die 1887 als Schlosserei begonnene Maschinenfabrik Frühwald & Jäger nahm, nachdem der durch die Demontagemaßnahmen vollständig verlorengegangene Maschinenpark nach und nach ersetzt worden war, nicht nur ihr Schweiß- und vergrößertes Preßwerk erneut in Betrieb, sondern auch den immer mehr an Bedeutung gewinnenden Maschinenbau wieder auf. Im Vordergrund stand dabei die Fertigung von Rollen- und Bogen-Offsetdruckmaschinen sowie Falzapparaten. Der Betrieb zählte 1950 knapp 200 Mitarbeiter. Nach einer Verlagerung der Firma innerhalb Nürnbergs Mitte der 1970er Jahre hatte das Unternehmen noch bis Ende der 1980er Jahre Bestand. Als Folge der Übernahme durch die US-amerikanische Firma The National Machinery Co. 1958 richtete die 1855 gegründete J. G. Kayser GmbH, die bislang schon zum Beispiel auch Maschinen für die Produktion von Eisen- und Holzschrauben hergestellt hatte, ihr Erzeugnisprogramm völlig auf Maschinen zur Kalt- und Warmfertigung (wie Horizontalschneidmaschinen und Pressen) aus. Ein neuerrichtetes Werk konnte 1961 bezogen werden. 1973 in National Machinery GmbH umbenannt, ging das Unternehmen 1993 in Liquidation. Die von Georg Müller 1908 in Nürnberg eröffnete mechanische Werkstatt, in der zuerst vor allem stationäre Motoren und Spezialbearbeitungsmaschinen entstanden, entwickelte sich alsbald zu einer ausgewiesenen Firma für die Herstellung von Kugeln, Kugellagern und Schleifspindeln. Seit 1950 wurde auch erfolgreich die Produktion von Planschleifmaschinen vorgenommen. 1950 beschäftigte die Georg Müller Kugellagerfabrik KG etwa 700 Arbeitskräfte im Nürnberger Hauptwerk und weitere circa 100 Mitarbeiter am seit 1941 existierenden Standort Ansbach, 1951 betrug die Belegschaftsstärke insgesamt 1200 und Ende der 1950er Jahre 2000 Personen. Im Dezember 1993 meldete das mittlerweile als GMN Georg Müller Nürnberg AG firmierende Unternehmen Konkurs an. Die Nachfolgefirma, die heutige GMN Paul Müller Industrie GmbH & Co. KG, übernahm vom 1. Juli 1994 an wesentliche Fertigungsbereiche und konzentrierte sich fortan auf die Herstellung von Maschinenspindeln, Hochpräzisionskugellagern, Freiläufen (Richtungskupplungen) und berührungslosen Dichtungen. Ende der 1990er Jahre wies das Unternehmen ungefähr 300 Arbeitsplätze auf. Der Spezialbetrieb für Gewindeschneidwerkzeuge Ernst Reime, 1915 als Fabrikationsstätte für Hilfswerkzeuge entstanden, gehörte zu den elf Unternehmen in Nürnberg, die von der Demontage betroffen waren. Dies wog um so schwerer, da das Nürnberger Werk gegen Ende des Zweiten Weltkriegs derart stark zerstört worden war, daß Teile der Produktion in ein Zweigwerk in das

---

[61] Während die Zeit vor dem 2. Weltkrieg recht gut darstellbar ist, gibt es für die Nachkriegsjahre nur eher spärliche Informationen (dies trifft leider auch für viele andere Firmen zu): Jegel, Entwicklung (wie Anm. 6), S. 275 f.; Gerlach, Buch (wie Anm. 57), S. 110; Diefenbacher/Endres, Stadtlexikon Nürnberg (wie Anm. 6), S. 530.

unweit Nürnbergs gelegene Kleingeschaidt verlagert werden mußten. In der Wiederaufbauphase kam es 1950 zur Aufnahme der Herstellung von Werkzeugschleifmaschinen, die das Produktangebot sinnvoll ergänzten. Die Belegschaftszahl lag 1950 bei ungefähr 350 und 1955 bei rund 450 Personen, um zwischen 1959 und 1965 nochmals von nahezu 500 auf 600 anzusteigen, während Ende der 1980er Jahre wiederum etwa 500 Arbeitskräfte gezählt wurden. In der ersten Hälfte der 1990er Jahre wurde der Zweigbetrieb in Kleingeschaidt geschlossen und 1998 die Ernst Reime GmbH & Co. KG in das oberfränkische Pegnitz umgesiedelt. Hier waren 1999 noch circa 250 Arbeitnehmer tätig.[62]

Bis heute bestehen mit der Leistritz AG und der Fr. Ehrhardt Bleistiftmaschinenfabrik GmbH & Co. zwei in höchst unterschiedlichen Marktsegmenten erfolgreich agierende Unternehmen des Maschinenbaus.

Das Erzeugnisprogramm der mit der Aufnahme der Herstellung von Dampfturbinenschaufeln und -profilen 1905 begründeten Firma Leistritz, das Mitte der 1920er Jahre durch Schalldämpfer und Schraubenspindelpumpen ergänzt worden war, wurde in den Jahrzehnten nach dem Zweiten Weltkrieg, dem eine Teildemontage folgte, im wesentlichen um Extruder (um 1950), hydraulische Anlagen (1965) sowie Hartmetallwerkzeuge und Werkzeugmaschinen (jeweils Mitte der 1970er Jahre) deutlich erweitert. Die rege Geschäftstätigkeit führte ab 1941 zur Eröffnung von vier Zweigwerken, von denen heute noch die 1973 und 1975 geschaffenen Betriebe in Bochum beziehungsweise im ostoberpfälzischen Pleystein zum Unternehmen gehören. 1973 wurde zur Optimierung des Vertriebs und Kundendienstes die American Leistritz Corporation in den USA ins Leben gerufen. Der Umwandlung in eine Aktiengesellschaft 1986 schloß sich zu Beginn der 1990er Jahre die Ausgliederung der Abgasanlagensparte an, die von der französischen ECIA-Gruppe übernommen und als Leistritz AG & Co. Abgastechnik in Fürth weiterbetrieben wurde. Die Personalstärke lag in der zweiten Hälfte der 1980er Jahre bei insgesamt mehr als 2300 Arbeitskräften und 1996 bei nur noch etwa 1300, um sich bis Ende der 1990er Jahre wieder auf circa 1400 zu erhöhen. Aufgrund der 2001 vorgenommenen Neustrukturierung verfügt die Leistritz AG, deren Produkte einen hervorragenden Ruf genießen und die weltweit mit Vertretungen und Niederlassungen präsent ist, nun über vier GmbH-Tochterfirmen, die die Geschäftsbereiche Pumpen, Extrusions- und Produktionstechnik sowie Turbomaschinen bearbeiten.[63]

[62] Frühwald & Jäger: Diefenbacher/Endres, Stadtlexikon Nürnberg (wie Anm. 6), S. 311 f. – J. G. Kayser GmbH: Stadtarchiv Nürnberg (künftig: StadtAN) E 9/78 Nr. 1 und Diefenbacher/Endres, Stadtlexikon Nürnberg (wie Anm. 6), S. 529. – GMN Georg Müller Nürnberg AG: Jegel, Entwicklung (wie Anm. 6), S. 199 f., und Diefenbacher/Endres, Stadtlexikon Nürnberg (wie Anm. 6), S. 367. – Ernst Reime GmbH & Co. KG: StadtAN F 1/78; Karl Müller, Nürnberg als Wirtschafts- und Exportzentrum, Trautheim ü. Darmstadt u. a. [1952], S. 98, 100–102; Rehm, Tradition (wie Anm. 32), S. 170–173; Ernst Reime GmbH & Co. KG (Hg.), In memoriam Ernst Reime. Zum 50jährigen Bestehen seines Werkes, Nürnberg 1965; Diefenbacher/Endres, Stadtlexikon Nürnberg (wie Anm. 6), S. 879, 202.
[63] Vgl. z. B.: Karl Seiler (Hg.), Nürnberger Wirtschaftsleben 1950. 900 Jahre Nürnberger Wirtschaft. 1050–1950, Kulmbach [1950], S. 107–109; Gerlach, Buch (wie Anm. 57), S. 23, 23a; Gerhard Stalling AG, Regierungsbezirk (wie Anm. 29), S. 170, 232; Maschinenfabrik Paul Leistritz (Hg.), Leistritz. Ein Werk und sein Programm, Nürnberg 1970; Verlag Kommunikation und Wirtschaft GmbH (Hg.), Wirtschaftsraum Mittelfranken, Oldenburg ²1987, S. 171, 211; Franz B. Döpper, Nürnberg und seine alten Firmen (Deutsche Großstädte

Die Fr. Ehrhardt Bleistiftmaschinenfabrik GmbH & Co. (FEN) ging in der zweiten Hälfte des 19. Jahrhunderts aus einer 1853 von Friedrich Ehrhardt eingerichteten Schlosserei hervor, in der hauptsächlich landwirtschaftliche Maschinen repariert wurden. Der Ende 1943 nach Frauenau im Bayerischen Wald verlegte Betrieb mußte aufgrund der kriegsbedingten völligen Vernichtung der Nürnberger Werksgebäude nach seiner Rückverlagerung die Fertigung vorübergehend in Notunterkünften aufnehmen, bevor bis Ende der 1940er Jahre neue Produktionsstätten errichtet und bezogen wurden. 1956 konnte der Spezialmaschinenbauer die erste automatische Bleistiftproduktionsanlage (für die Erzeugung von Rohbleistiften) anbieten und wenig später auch Maschinen zur Herstellung von Kugelschreibern. Nach dem Zweiten Weltkrieg spielte die Ausfuhr für das Unternehmen eine immer größere Rolle, und das Angebot wurde stetig ausgebaut, unter anderem um Maschinen für die Produktion von Minen, Kreide und Kohleelektroden. Das heutige Fertigungsprogramm wird überwiegend exportiert.[64]

Die Bleistiftmaschinenfabrik Fr. Ehrhardt, die mit ihren Produkten wesentlich dazu beigetragen hat, die maschinengestützte Bleistiftherstellung umfassend einzuführen und beständig zu forcieren (beispielsweise nach dem Zweiten Weltkrieg mit Hochleistungs-Hobelautomaten), ist somit noch heute ein ergänzender und wichtiger Teil der nach wie vor sehr bedeutenden Bleistiftindustrie des Wirtschaftsraums Nürnberg, dem Zentrum der weltweiten Bleistiftproduktion. Gab es allein in der Stadt Nürnberg Anfang des 20. Jahrhunderts rund 20 Bleistiftbetriebe, so sind es nun vier Großfirmen in der Region Nürnberg, die abgesehen von Blei-, Farb- und Kosmetikstiften auch vielerlei andere Schreib- und Zeichengeräte herstellen und sich bislang äußerst erfolgreich im internationalen Wettbewerb bewähren. Neben der Faber-Castell AG, die von jeher ihren Stammsitz in Stein bei Nürnberg hatte, und der Schwanhäußer Industrie Holding GmbH & Co. KG (Schwan-Stabilo), die 1995 den Firmensitz vom Gründungsort Nürnberg nach dem nahen Heroldsberg verlagerte, sind innerhalb Nürnbergs die Lyra Bleistift-Fabrik GmbH & Co. KG und die Staedtler Mars GmbH & Co. KG ansässig. Die beiden letztgenannten Industrieunternehmen beschäftigen zusammen weit mehr als 1000 Arbeitskräfte in Nürnberg.[65]

Von den mannigfaltigen, äußerst unterschiedliche Erzeugnisse herstellenden metallbe- und -verarbeitenden Unternehmen Nürnbergs – die Maschinenbauindustrie stellt hierbei nur einen, allerdings bedeutenden, Teilbereich dar –, die einst ungemein

im Spiegel der Wirtschaftsgeschichte 7), Eching b. München 1988, S. 66 f.; Diefenbacher/Endres, Stadtlexikon Nürnberg (wie Anm. 6), S. 623.

[64] Vgl. Seiler, Wirtschaftsleben (wie Anm. 63), S. 83; Rehm, Tradition (wie Anm. 32), S. 40–42; Gerlach, Buch (wie Anm. 57), S. 42 f.; Döpper, Nürnberg (wie Anm. 63), S. 34 f.; Diefenbacher/Endres, Stadtlexikon Nürnberg (wie Anm. 6), S. 235 f. Ergänzend: Jegel, Entwicklung (wie Anm. 6), S. 180; Almanach Verlags-Gesellschaft Otto Schaffer (Hg.), Illustrierter Wirtschaftsspiegel. Nürnberg, Darmstadt 1961, S. 78; Ralph Emmert-Sinzinger, Ein Stift geht um die Welt. Nürnberger Bleistiftgeschichte, Nürnberg 2001, S. 22 f.

[65] Zur Geschichte der Bleistiftindustrie im Nürnberger Raum nach 1945 vgl. v. a.: Diefenbacher/Endres, Stadtlexikon Nürnberg (wie Anm. 6), S. 149 (Bleistiftindustrie), 262 (Faber-Castell), 661 (Lyra), 962 f. (Schwan-Stabilo), 1033 (Staedtler Mars), und Emmert-Sinzinger, Stift (wie Anm. 64), S. 16 f., 24–55. Speziell zu Schwan-Stabilo: Heißwolf, Geschäftsleute (wie Anm. 35), S. 114 f., und Ilona Hörath, Diesen Boss lieben alle, in: Standortmagazin 5, 2002, S. 90 f.

zahlreich vorhanden waren, existieren mittlerweile sehr viele nicht mehr.[66] Sie mußten insbesondere während der letzten zwanzig bis dreißig Jahre aufgeben. Zu diesen
Betrieben gehören zum Beispiel auch die F. A. Morill GmbH und die Spezialfabrik
für Sportgeräte Kaspar Berg Nürnberg GmbH & Co. KG, die sich verhältnismäßig
lange und erfolgreich in ihren Märkten behaupteten. 1852 gegründet, konnte die Firma F. A. Morill, die von zwei Standorten in Nürnberg einen aufgrund der Kriegsein-
wirkungen verloren hatte, in den Nachkriegsjahrzehnten zunächst durch die Herstellung verschiedenster Draht- und Eisenwaren, neben anderem Türen und Zäune, sowie
zeitweilig auch von Kunststofferzeugnissen bestehen. Noch in den 1980er Jahren in
Nürnberg beheimatet, ging die nun in Altdorf ansässige F. A. Morill GmbH 1993 in
Liquidation und wurde Anfang des Jahres 1996 abgemeldet. Aus einer 1860 eröffneten Eisengießereiwerkstatt entwickelte sich im ersten Drittel des 20. Jahrhunderts die
Spezialfabrik Kaspar Berg, die nach dem Zweiten Weltkrieg – damals galt sie als die
bedeutendste Firma der deutschen Sportartikelbranche – weiter wuchs und ihre Produktpalette immer mehr vergrößerte, zum Beispiel wenige Jahre nach Kriegsende um
Hockeyausrüstungen und seit den 1970er Jahren um Konditionsgeräte, so daß beinahe
die gesamte Breite an Sport- und Fitneßgeräten abgedeckt werden konnte. Nachdem
das Unternehmen 1992 an den Standort München übergesiedelt war, ist es als KaBe
Handelsgesellschaft mbH dort Mitte des Jahres 1997 erloschen. Erfolgreicher waren
hingegen die L. Chr. Lauer GmbH und die Carl Distel GmbH & Co. KG, die unter
schwierigsten Bedingungen und nach einem Neubeginn bislang ihre Existenz zu sichern vermochte. Die L. Chr. Lauer GmbH, 1915 von der Familie Rockstroh übernommen, deren Ausgangspunkt in einer von 1790 an betriebenen Rechenpfennig-
schlagereiwerkstatt zu suchen ist und die in den 1850er Jahren mit der industriellen
Herstellung von Gedenkmünzen und Medaillen begann, ergänzte das Erzeugnisprogramm (zum Beispiel Metallschilder) nach dem Zweiten Weltkrieg um Zierverklei-
dungen aus Metall und vorübergehend Kunststoffspritzprodukte. Nach einem Standortwechsel innerhalb Nürnbergs im Jahr 1980 und einer weiteren Spezialisierung produziert die seit 1993 in Röthenbach an der Pegnitz beheimatete Firma L. Chr. Lauer
mit etwa 30 Beschäftigten (Stand: 1999) hauptsächlich Metallteile, unter anderem
Lautsprechergitter, als Zulieferer für die Kraftfahrzeugindustrie. Der Draht- und
Metallwarenfabrik Carl Distel, hervorgegangen aus einer 1826 eingerichteten Nadel-
und Fischangel-Werkstatt, gelang, nachdem die Betriebsgebäude im Zweiten Weltkrieg zu 70 % zerstört worden waren, nur ein langsamer Wiederaufbau, der erst 1970
seinen wesentlichen Abschluß fand. Das vor allem in großen Stückzahlen Blech- und
Draht-Präzisionsbauteile fertigende Unternehmen mußte 1996 Konkurs anmelden.
Noch in demselben Jahr wurde als Nachfolgebetrieb die Stanz- und Biegetechnik Distel GmbH & Co. KG gebildet, die vorwiegend Metallspezialartikel für unterschiedliche Industriezweige anbietet.[67]

---

[66] Einen knappen Einblick in die komplexe Entwicklung der Nürnberger Metallindustrie gewährt: Diefen-
bacher/Endres, Stadtlexikon Nürnberg (wie Anm. 6), S. 693.

[67] F. A. Morill GmbH: ebd., S. 701. – Kaspar Berg Nürnberg GmbH & Co. KG: StadtAN E 9/534 Nr. 2 und
F 1/78; Seiler, Wirtschaftsleben (wie Anm. 63), S. 80; Gerlach, Buch (wie Anm. 57), S. 61; Diefenbacher/Endres,
res, Stadtlexikon Nürnberg (wie Anm. 6), S. 135. – L. Chr. Lauer GmbH: StadtAN F 1/78; Herbert Justin Erlanger, Nürnberger Medaillen 1806–1981. Die „metallene Chronik" der ehemaligen Reichsstadt im Zeitalter
industrieller Kultur, Ergänzungsbd., bearb. von Dieter P. W. Fischer (Wissenschaftliche Beibände zum Anzei-

Zu den großen und weiterhin zukunftsträchtigen Arbeitgebern nicht nur der metall-verarbeitenden Industrie, sondern der Gesamtwirtschaft Nürnbergs zählt die Federal-Mogul Nürnberg GmbH. 1928 erwarb die kanadische Aluminium Limited (Alcan) die 1924 in Nürnberg gegründete Aluminiumspritzgußwerk GmbH und führte den seit 1930 als Aluminiumwerke Nürnberg GmbH bezeichneten Leichtmetallhersteller ebenso nach dem Krieg erfolgreich weiter. Mitte der 1980er Jahre zählte der Betrieb ungefähr 1500 Mitarbeiter. Die US-amerikanische Federal-Mogul Corporation über-nahm 1999 im Rahmen der Eingliederung des Kolbenproduktionsbereichs der Alcan Deutschland GmbH auch die von 1972 an Alcan Aluminiumwerk Nürnberg GmbH genannte Firma. Das Nürnberger Werk des Federal-Mogul-Konzerns entwickelt und fertigt mit rund 1200 Arbeitnehmern unter dem 1932 entstandenen Markenbegriff „Nüral" (Abkürzung für: Nürnberger Aluminium) im wesentlichen Kolben für die ge-samte europäische Automobilindustrie und darf damit als einer der Hauptzulieferbe-triebe dieses wichtigen Industriesektors gelten.[68]

Die Nürnberger Zweiradindustrie stellte nach dem Zweiten Weltkrieg nur für rela-tiv wenige Jahre einen wichtigen Zweig der Metallindustrie dar. Zwar nahmen die Nürnberger Kraftradhersteller nach der Währungsreform 1948 zuerst einen enormen Aufschwung, doch erfolgte bereits in der zweiten Hälfte der 1950er Jahre aufgrund der vor allem durch die verstärkte Pkw-Konkurrenz eingetretenen Absatzkrise der letztlich nicht aufzuhaltende Niedergang.[69] Heute gibt es mit der Sachs Fahrzeug- und Motorentechnik GmbH nur noch einen Vertreter der einst so angesehenen und viele Arbeitsplätze zur Verfügung stellenden Zweiradindustrie Nürnbergs. Die bis auf das Jahr 1886 zurückzuführende Zweiradfabrik Hercules wurde 1963, nach mehreren Ei-gentümerwechseln, von der Schweinfurter Fichtel & Sachs-Gruppe gekauft, die ihrer-seits 1987 mehrheitlich von der Mannesmann AG übernommen wurde. 1995 kam es zur Aufteilung der Hercules-Werke GmbH. Während die Fahrradsparte an die nieder-ländische Atag-Gruppe veräußert, in die Hercules Fahrrad GmbH & Co. KG umge-wandelt und 1999 nach Neuhof an der Zenn verlagert wurde, verblieb das motorisier-te Geschäftsgebiet, das fortan als Sachs Fahrzeug- und Motorentechnik GmbH fir-mierte, im Mannesmann-Konzern, bis 1998 die niederländische Holdinggesellschaft Whinning Wheels das Nürnberger Sachs-Werk erwarb. Zuletzt erfolgte 2001 ein Ma-nagement-Buy-Out. In diesem Jahr beschäftigte die Firma Sachs Fahrzeug- und Mo-torentechnik rund 130 Mitarbeiter. Mitte der 1970er Jahre hatte die Nürnberger Her-cules-Werke GmbH noch mehr als 1500 und Anfang der 1990er Jahre über 800 Ar-beitskräfte gezählt.[70]

ger des Germanischen Nationalmuseums 18), Nürnberg 2000, S. 609, 624, 628; Diefenbacher/Endres, Stadtle-xikon Nürnberg (wie Anm. 6), S. 615. – Carl Distel GmbH & Co. KG: StadtAN F 1/78 und Diefenbacher/ Endres, Stadtlexikon Nürnberg (wie Anm. 6), S. 215 f.

[68] Vgl. Müller, Wirtschafts- und Exportzentrum (wie Anm. 62), S. 74–76; Jegel, Entwicklung (wie Anm. 6), S. 236; Diefenbacher/Endres, Stadtlexikon Nürnberg (wie Anm. 6), S. 278; Gerd Fürstenberger, Made in Mittelfranken, in: Standortmagazin 5, 2002, S. 48–51, hier S. 50; Anzeige der Federal-Mogul Nürnberg GmbH, in: NN vom 20./21. 9. 2003, S. 52.

[69] Zur Nürnberger Zweiradgeschichte vgl. die bündige, mit den notwendigen weiterführenden Verweisen versehene Zusammenfassung bei: Diefenbacher/Endres, Stadtlexikon Nürnberg (wie Anm. 6), S. 1219 f. Zu-dem: Thomas Reinwald, Motorräder aus Nürnberg, Erlangen 1994, passim.

[70] Die Entwicklung der Hercules-Werke GmbH im Überblick bei: Diefenbacher/Endres, Stadtlexikon Nürnberg (wie Anm. 6), S. 438 f. Insbesondere zur jüngeren Geschichte: Döpper, Nürnberg (wie Anm. 63), S.

Zwei grundverschiedene Produktgruppen vereinte die Nürnberger Schraubenfabrik und Elektrowerk (künftig: NSF) GmbH, die 1889 als Firma Göbel & Schoter zur Herstellung von Schrauben gegründet worden war und seit 1923 auch Bauteile für Radiogeräte fertigte. Die AEG AG übernahm 1942 die Gesellschaft für elektrische Unternehmungen (Gesfürel) AG in Berlin, eine Holdinggesellschaft, zu der auch die NSF GmbH gehörte. In dem im Verlauf des Zweiten Weltkriegs zu 80 % zerstörten Elektrowerk wurde schon ab 1946 wieder der Produktionsprozeß aufgenommen, und unter anderem 1951 beziehungsweise 1956 entstanden Zweigbetriebe der Elektroabteilung in Zeil am Main und Gräfenberg. Die Schraubenfabrik konnte ebenfalls 1956 um einen Neubau erweitert werden. Zwischen 1949 und 1958 erhöhte sich die Belegschaftszahl der NSF GmbH von knapp 1400 auf rund 3800 Beschäftigte. 1960 kam es zur Aufteilung des Unternehmens. Die Schraubenfabrik wurde an die GHH-Gruppe verkauft und infolge der Vereinigung mit der aus einer Nietefabrik der einstigen GHH Oberhausen AG, die 1953 in die GHH Sterkrade AG umgewandelt worden war, hervorgegangenen GHH Schwerte GmbH 1967 nach Schwerte verlegt, das Elektrowerk hingegen als Nürnberger Schwachstrom-Bauelemente Fabrik GmbH von der AEG AG weitergeführt. 1980 wurde dieser Betrieb Teil des neugeschaffenen AEG-Telefunken-Geschäftsbereiches „Elektronische Bauelemente" (mit Stammsitz in Heilbronn), aus dem 1982 wiederum die Telefunken electronic GmbH entstand, in die die Halbleiteraktivitäten eingebracht wurden. Die Telefunken electronic GmbH wurde 1992 in die neue Temic Telefunken Microelektronik GmbH eingegliedert, an der die sich seit 1986 im Mehrheitsbesitz der Daimler-Benz AG befindende AEG-Gruppe ab 1995 mit 51 % beteiligt war. Am Standort Nürnberg der Temic GmbH konnte 1992 ein neues Verwaltungsgebäude errichtet werden. Als Folge der endgültigen Eingliederung der AEG AG in den Daimler-Benz-Konzern 1996 kam dieser in den Besitz der Firma Temic. Nachdem 1998 Nürnberg der Hauptsitz der Temic GmbH geworden war, erwarb die in Hannover ansässige Continental AG im Jahr 2001 von der DaimlerChrysler AG zu 60 % die Temic GmbH, die in Conti Temic microelectronic GmbH umfirmiert wurde. Seit 2002 gehört das Unternehmen vollständig zum Continental-Konzern. In demselben Jahr wurde auch ein neues Logistikzentrum in Nürnberg eingeweiht. Die Conti Temic microelectronic GmbH, ein Teil des Unternehmensbereichs „Continental Automotive Systems" der Continental AG, entwickelt und produziert mit weltweit annähernd 6000 Beschäftigten, von denen in Deutschland rund 3000 und allein in Nürnberg beinahe 900 tätig sind (Stand: 2002), Elektronikzubehör für Automobilhersteller.[71]

Die dominierende Rolle innerhalb der Nürnberger Elektroindustrie nimmt jedoch eindeutig die Siemens AG ein. Mit ungefähr 9000 Beschäftigten ist sie der größte An-

---

50 f.; Heißwolf, Geschäftsleute (wie Anm. 35), S. 106 f.; Markus Uhl, Ideale Rahmenbedingungen, in: Standortmagazin 4, 2001, S. 50 f., 53.

[71] Der nicht leicht zu überschauende Werdegang der NSF GmbH und ihrer Nachfolgeunternehmen läßt sich anhand folgender Schriften gut rekonstruieren: Gerlach, Buch (wie Anm. 57), S. 22, 22a; Hautsch, Elektrokonzern (wie Anm. 58), S. 47 f., 52, 55, 60 f., 107; Diefenbacher/Endres, Stadtlexikon Nürnberg (wie Anm. 6), S. 763 f.; Strunk, AEG (wie Anm. 54), S. 108, 168, 178, 233, 238 f., 242, 244; Fürstenberger, Mittelfranken (wie Anm. 68), S. 48 f. Ergänzend: Arbeitsgemeinschaft für Ausstellungen GmbH, AFAG (Hg.), Jubiläumshandbuch 900 Jahre Nürnberg. Mit Leistungsschau der fränkischen Wirtschaft. 14.–30. Juli 1950. Ausstellungsgelände am Dutzendteich, Nürnberg 1950, o. S.

bieter von Industriearbeitsplätzen in Nürnberg. Von 1896 an war die S & H KG (die Umwandlung in eine Aktiengesellschaft fand 1897 statt) mit einem, dem Münchener „Technischen Hauptbüro" untergeordneten, den nordbayerischen Raum betreuenden Vertriebsbüro in Nürnberg vertreten. Aus der erst 1922 von München unabhängig gewordenen Vertriebs- und Kundendiensteinheit entstand 1947 schließlich die Zweigniederlassung Nürnberg der S & H AG, die mit ihrer immer breiteren Angebotspalette, aber vor allem mit den Erzeugnissen der Meß- und Regelungs- sowie Fernmeldetechnik im Verlauf der „Wirtschaftswunderjahre" in der Region Nürnberg sehr viel Erfolg hatte, was zu einer entsprechenden steten Vergrößerung der Zweigniederlassung bis zur Entstehung der Siemens AG 1966 führte. Zu einer enormen Verstärkung des Siemens-Einflusses hinsichtlich der industriellen Entwicklung Nürnbergs war es schon 1903 durch die Bildung der SSW GmbH aufgrund der Einbringung der Starkstromgebiete der S & H AG und der ab 1893 bestehenden Elektrizitäts-AG (EAG), vormals Schuckert & Co. gekommen, die aus der 1873 von Sigmund Schuckert in Nürnberg begründeten gleichnamigen Firma hervorgegangen war. Die S & H AG übernahm infolge ihrer Mehrheitsbeteiligung an dem neuen Unternehmen mit dem Hauptsitz in Berlin und einer Zweigniederlassung in Nürnberg die Führung der Geschäfte. Während die Fertigungsstätten der in weiten Bereichen völlig vernichteten vier Nürnberger Werke – zu den ursprünglich drei Werken (Zähler-, Maschinen- und Apparatewerk) war 1912 noch das Transformatorenwerk an einem neuen Standort gekommen – der 1927 in eine Aktiengesellschaft überführten Firma SSW zu Beginn der 1950er Jahre in erweitertem Umfang fast vollständig wiedererstanden waren, konnten die neuen Verwaltungsbauten teilweise erst um die Mitte dieses Jahrzehnts bezogen werden. Der Personalstand betrug kurz nach Kriegsende annähernd 3500 Personen, was etwa einem Drittel der Belegschaftsstärke von 1953 entsprach.[72] Nach der Verschmelzung von S & H AG, SSW AG und SRW AG zur Siemens AG 1966 und der folgenden Umstrukturierung 1969 expandierte der Siemens-Standort Nürnberg weiter. Für die Zweigniederlassung entstand 1973 ein großzügiges, 1989/90 noch erheblich erweitertes Bürogebäude und ab 1983 in mehreren Schritten ein umfangreicher Verwaltungskomplex in Nürnberg-Moorenbrunn, der fortan wichtige Teile der späteren, 1989 gebildeten Unternehmensbereiche Automatisierungstechnik sowie Antriebs-, Schalt- und Installationstechnik (1997 in den UB Automatisierungs- und Antriebstechnik beziehungsweise den UB Produktions- und Logistiksysteme umgewandelt) aufnahm. Das Transformatorenwerk, dessen Wiederauf- und Ausbau als Folge der beinahe gänzlichen Zerstörung erst um 1960 in vollem Umfang abgeschlossen werden konnte, wurde im Zuge der Neuorganisation 1969 in die zu gleichen Teilen von der Siemens AG und der AEG AG gegründete Transformatoren Union AG mit Sitz in Stuttgart eingebracht. Nach Erwerb der Mehrheitsbeteiligung (75 %) an der Transformatoren Union AG 1977 konnte die Siemens AG diese Tochtergesellschaft 1987 vollständig übernehmen und in den neuen UB KWU einbeziehen. Zudem erfolgte Ende der 1980er Jahre der Bau eines Bürohauses, das die 1990 geschaffene Siemens Nixdorf Informationssysteme AG in der Folgezeit nutzte, bis es von dem am 1. Oktober 1999 von der Siemens AG und dem Fujitsu-Konzern gebildeten Gemeinschaftsunterneh-

---

[72] Zu den Kriegszerstörungen und dem Wiederaufbau der vier SSW AG-Werke: Carl Knott, Die Nürnberger Werke, in: SSW AG, Entwicklung (wie Anm. 16), S. 44–53, hier S. 49–53.

men Fujitsu Siemens Computers übernommen wurde. Heute werden die Geschäftsaktivitäten des Bereichs Automation and Drives (bis Ende 2000: UB Automatisierungs- und Antriebstechnik) – 2001 erhielten alle Unternehmensbereiche englische Bezeichnungen – sowie der Siemens Dematic AG (unter anderem auf dem Gebiet der Logistikautomatisierung wirkend) von Nürnberg aus gelenkt. Des weiteren verfügen die Geschäftsbereiche Power Transmission and Distribution (bis Ende 2000: UB Energieübertragung und -verteilung) sowie Automation and Drives hier über insgesamt drei Entwicklungs- und Produktionsstandorte, und die Zweigniederlassung Nürnberg übernimmt alle Vertriebsaufgaben für die Siemens AG und deren Tochtergesellschaften in Nordbayern.[73]

Einen weiteren wichtigen Arbeitgeber der Elektroindustrie stellt die AEG Hausgeräte GmbH dar. 1922 rief die Nürnberger Gebrüder Bing AG auf der Grundlage der 1921 geschaffenen Elektro-Bing GmbH zusammen mit dem seit 1892 in der Fertigung von Heizapparaten erfahrenen AEG-Konzern die in Nürnberg beheimatete Elektrobeheizung GmbH ins Leben, die von der AEG-Gruppe nach der völligen Übernahme 1925 und auch noch in der ersten Zeit nach dem Zweiten Weltkrieg als „Fabrik für Elektrobeheizung" fortgeführt wurde. Zu Beginn der 1950er Jahre zählte die AEG-Fabrik für Elektrobeheizung bereits circa 2500 Beschäftigte. Während in den Zwischenkriegsjahren hauptsächlich Elektrokleingeräte hergestellt wurden (zum Beispiel Bügeleisen), erfolgte seit den 1950er Jahren in sich verstärkendem Maße die Produktion von zuerst vor allem Elektroherden, Waschmaschinen und auch Kühlschränken. In Nürnberg waren um 1960 über 4000 Arbeitskräfte tätig. Die in den 1960er und 1970er Jahren im Rahmen einer anspruchsvollen Übernahmestrategie erworbenen Konkurrenzunternehmen – unter anderem 1969 mehrheitlich (75 %) die Neff Werke Carl Neff GmbH und 1971 vollständig die Maschinen- und Metallwaren-Fabrik Hermann Zanker KG – mußten infolge der existenzbedrohenden wirtschaftlichen Krisensituation der AEG AG bis Mitte 1982 wieder aus dem Hausgerätebereich ausscheiden. Die Haushaltsgerätesparte, die seit 1981 ihren Sitz in Nürnberg hatte, konzentrierte sich danach erneut auf die Nürnberger Fabrik und deren Zweigwerke, die beispielsweise zu Beginn der 1950er Jahre in Kassel und 1963 in Rothenburg ob der Tauber eröffnet worden waren. Nach der Gründung der AEG Hausgeräte AG am 1. Juni 1990 kam es 1994 zur Übernahme durch die schwedische Electrolux AB. Das mittlerweile als AEG Hausgeräte GmbH geführte Unternehmen beschäftigt am

---

[73] Vgl. Franz Bettag/Harry Busch (Bearb.), Die Zweigniederlassung Nürnberg der S & H AG und der SSW AG von den Anfängen bis 1965, Nürnberg 1968, passim; Jutta Triebswetter, Die Denkfabrik von Moorenbrunn. Oder: Das Ende einer Legende, in: Nürnberg Heute, Heft 36, 1984, S. 19–21; VDE-Bezirksverein Nordbayern e.V., Elektrotechnik (wie Anm. 29), S. 278–280, hier S. 279 f.; Transformatoren Union AG (Hg.), Transformatoren aus Nürnberg. Chronik und Portrait einer traditionsreichen Produktionsstätte, Nürnberg 1987, bes. S. 12–49; Siemens AG (Hg.), Menschen und Innovationen. Eine Ausstellung zum 100-jährigen Jubiläum der Siemens-Zweigniederlassung Nürnberg, Nürnberg 1996, passim; Ilona Hörath, Gepäckträger in Hongkong, in: Standortmagazin 2, 1999, S. 48; Diefenbacher/Endres, Stadtlexikon Nürnberg (wie Anm. 6), S. 993 f., 1082. Ergänzend: Sigfrid von Weiher/Herbert Goetzeler, Weg und Wirken der Siemens-Werke im Fortschritt der Elektrotechnik. 1847–1980. Ein Beitrag zur Geschichte der Elektroindustrie (Zeitschrift für Unternehmensgeschichte, Beiheft 21), Wiesbaden ³1981, passim; Friederich/Haller/Jakob, Erlanger Stadtlexikon (wie Anm. 7), S. 637 f.; Feldenkirchen, Siemens (wie Anm. 18), passim.

Stammsitz in Nürnberg und dem verbliebenen Zweigbetrieb in Rothenburg ob der Tauber noch nahezu 4000 Mitarbeiter, davon weit mehr als die Hälfte in Nürnberg.[74]

Die Metrawatt AG, 1906 in Nürnberg von Dr. Siegfried Guggenheimer als Firma zur Herstellung von Meßinstrumenten begründet – 1933 erfolgte die Zwangsumwandlung der Dr. Siegfried Guggenheimer AG in die Metrawatt AG –, erbaute aufgrund des nach der Währungsreform sehr rasch eingetretenen regen Geschäfts mit zum Beispiel Volt- und Amperemetern sowie Belichtungsmessern zwei neue Fabrikanlagen und erwarb ein weiteres Gebäude. Zudem konnten 1960 Anteile an der Wiener C. P. Goerz Electro AG und 1962 an der Berner AG für Meßapparate übernommen werden. Ende der 1950er Jahre wurden über 1100 Arbeitnehmer beschäftigt. Nachdem die Brown, Boveri & Cie. (künftig: BBC) AG in Mannheim 1968 die Firma Metrawatt mehrheitlich in ihren Besitz gebracht hatte, erfolgte um die Mitte der 1970er Jahre ein Standortwechsel innerhalb Nürnbergs (von Schoppershof nach Langwasser) und 1988 die Umfirmierung des Nürnberger Meß- und Regelapparateherstellers in ABB Metrawatt GmbH als Folge des Zusammenschlusses der Muttergesellschaft BBC mit dem schwedischen Unternehmen Asea zum ABB-Konzern. Schon 1992 wurde die ABB Metrawatt GmbH der Mannheimer Gebrüder Röchling KG eingliedert und 1993 mit der Gossen GmbH zur Gossen Metrawatt GmbH mit Sitz in Nürnberg vereint. Die Gossen Metrawatt GmbH, die Mitte der 1990er Jahre mehrere äußerst verlustreiche Jahre erlebte, bildet mit weiteren Unternehmen – allein zur Gossen Metrawatt GmbH gehören als Tochtergesellschaften seit 1994 beziehungsweise 1999 die Firma Signar s.r.o. in Tschechien und die Camille Bauer AG in der Schweiz – den Kernbereich der Sparte Meß-, Steuer- und Regelungstechnik der Gebrüder Röchling KG. 1999 waren in Nürnberg von insgesamt circa 800 Mitarbeitern etwa 450 tätig.[75]

Im Gegensatz zur Gossen Metrawatt GmbH gelang es den Nürnberger Firmen Geyer AG und Baumüller Nürnberg GmbH bislang, ihre Eigenständigkeit zu bewahren. Das von 1993 an als Aktiengesellschaft geführte Unternehmen Geyer, 1911 als Metallwarenfabrik begonnen und seit 1918 Elektroartikel herstellend (die Belegschaft umfaßte Ende der 1920er Jahre 350 Personen), nahm 2001 eine Neuorientierung vor und produziert heute auf dem Gebiet der Elektrizitätsverteilungs- und Schalteinrichtungen beispielsweise Verteilersäulen und -schränke für den Handel, das Handwerk und öffentliche Auftraggeber, des weiteren diverse Blechgehäuse, unter anderem Bedien- und Aufsatzpulte, sowie Sonderkonstruktionen. Die Geyer AG, die auch zwei

---

[74] Grundlegend: StadtAN F 1/78; Rehm, Tradition (wie Anm. 32), S. 198–201; Hautsch, Elektrokonzern (wie Anm. 58), S. 31, 42, 55, 60 f., 79 f., 128 f.; Helmut Schwarz, Alles elektrisch. Die AEG-Haushaltsgeräte-fabrik Nürnberg, in: Schul- und Kulturreferat der Stadt Nürnberg/Centrum Industriekultur (Hg.), Die Fürther Straße. Ein Gang durch ihre Geschichte (Aufriß. Schriftenreihe des Centrum Industriekultur 5), Nürnberg 1985, S. 126–132; Döpper, Nürnberg (wie Anm. 63), S. 48 f.; Strunk, AEG (wie Anm. 54), S. 27, 46, 68 f., 147 f., 184–187, 233, 235–237, 239 f., 243. Zur Ergänzung: Arbeitsgemeinschaft für Ausstellungen GmbH, Jubiläumshandbuch (wie Anm. 71), o. S.; VDE-Bezirksverein Nordbayern e.V., Elektrotechnik (wie Anm. 29), S. 238; Heißwolf, Geschäftsleute (wie Anm. 35), S. 38 f.

[75] Vgl. StadtAN E 9/371 Nr. 1; Rehm, Tradition (wie Anm. 32), S. 88–91; Metrawatt AG (Hg.), 50 Jahre Metrawatt AG. Nürnberg. 1906–1956, Nürnberg 1956; Gerlach, Buch (wie Anm. 57), S. 24, 24a; Anton Zahn, Heimatkunde zwischen Erlenstegen und Stadtpark Nürnberg, Nürnberg 1968, S. 65–70; VDE-Bezirksverein Nordbayern e.V., Elektrotechnik (wie Anm. 29), S. 243; Döpper, Nürnberg (wie Anm. 63), S. 68 f.; Seibold, Röchling (wie Anm. 31), S. 396–398, 402, 416, 419 f., 425; Friedrich/Haller/Jakob, Erlanger Stadtlexikon (wie Anm. 7), S. 322.

Fertigungsstandorte in Thüringen besitzt, zählte 1999 in Nürnberg ungefähr 900 Arbeitskräfte. Die Baumüller Nürnberg GmbH, 1930 als Reparaturwerkstatt für Elektromaschinen gegründet, weitete nach dem Zweiten Weltkrieg besonders die kurz nach der Firmenentstehung aufgenommene Produktion von Elektromotoren wesentlich aus. Inzwischen betätigt sich das Unternehmen Baumüller mit zahlreichen in- und ausländischen Tochtergesellschaften umfassend auf dem Gebiet der elektrischen Antriebstechnik, wobei in Nürnberg 2001 rund 750 Beschäftigte arbeiteten. Erheblich mehr Arbeitnehmer weist jedoch das seit 1957/58 über zwei Standorte verfügende Nürnberger Werk der Robert Bosch GmbH auf. Ungefähr 2400 Mitarbeiter – im Vergleich zu noch rund 4000 Arbeitnehmern in der zweiten Hälfte der 1980er Jahre – produzierten 1999 elektrotechnische Artikel für die Fahrzeugindustrie. Für die Festigung der Elektroindustrie in Nürnberg sind aber nicht zuletzt kleinere Firmen von Bedeutung. Zu diesen zählt zum Beispiel die 1981 eingerichtete Europa-Zentrale des auf die Herstellung elektronischer Bauteile spezialisierten Murata-Konzerns. In der Murata Elektronik Handelsgesellschaft mbH werden rund 70 Angestellte beschäftigt.[76]

Das Gebiet der Nachrichten- beziehungsweise Kommunikationstechnik, ein seit langem herausragender Teilbereich der Elektroindustrie, beeinflußten in Nürnberg jahrzehntelang massiv die Süddeutsche Telefon-Apparate-, Kabel- und Drahtwerke (künftig: TEKADE) AG, deren Muttergesellschaft, die Felten & Guilleaume (künftig: F & G) AG, und die Philips Kommunikations Industrie (künftig: PKI) AG.[77]

Die 1912 aus der Zweigniederlassung Nürnberg-Lichtenhof der Köln-Mülheimer F & G AG hervorgegangene TEKADE AG, deren Werksanlagen Ende des Zweiten Weltkriegs zu annähernd 90 % vernichtet worden waren, intensivierte in der Nachkriegszeit die Herstellung von vor allem Sprechfunkeinrichtungen, Gebührenanzeigern sowie Nebenstellen- und Verstärkeranlagen. Da sich aber die Produktion und der Verkauf von Nachrichtenkabeln zum erfolgreichsten Geschäftsbereich entwickelt hatten, wurde zwischen 1958 und 1962 in Nürnberg-Langwasser für diesen Geschäftsbereich ein neues Kabelwerk errichtet. 1964 kam es deshalb zur Aufspaltung der TEKADE AG, wobei die Kabelfertigung bei der TEKADE AG verblieb und von 1982 an im Rahmen der Bildung der PKI AG als deren Unternehmensbereich (F & G) Nachrichtenkabel und -anlagen weitergeführt wurde. Hingegen wurde der gesamte Gerätebau der TEKADE AG von der neugeschaffenen TEKADE Fernmeldeapparate GmbH

[76] Geyer AG: StadtAN F 1/78; Rehm, Tradition (wie Anm. 32), S. 142–144; Gerlach, Buch (wie Anm. 57), S. 28, 28a; Hans Birling, 50 Jahre CGN [i. e. Christian Geyer Nürnberg]. 1911–1961, Darmstadt 1961, o. S.; VDE-Bezirksverein Nordbayern e.V., Elektrotechnik (wie Anm. 29), S. 253; Döpper, Nürnberg (wie Anm. 63), S. 70. – Baumüller Nürnberg GmbH: Seiler, Wirtschaftsleben (wie Anm. 63), S. 75; Gerlach, Buch (wie Anm. 57), S. 26, 26a; VDE-Bezirksverein Nordbayern e.V., Elektrotechnik (wie Anm. 29), S. 240. – Robert Bosch GmbH, Werk Nürnberg: Verlag Kommunikation und Wirtschaft GmbH, Wirtschaftsraum (wie Anm. 63), S. 144 f., 207; ders., Region Nürnberg (wie Anm. 2), S. 114, 199; Diefenbacher/Endres, Stadtlexikon Nürnberg (wie Anm. 6), S. 152; Fürstenberger, Mittelfranken (wie Anm. 68), S. 49. – Murata Elektronik Handelsgesellschaft mbH: VDE-Bezirksverein Nordbayern e.V., Elektrotechnik (wie Anm. 29), S. 271, und Diefenbacher/Endres, Stadtlexikon Nürnberg (wie Anm. 6), S. 242 f.

[77] Die Geschichte dieses für die Wirtschaftsentwicklung Nürnbergs nach wie vor wichtigen und zukunftsträchtigen Industriezweiges nach dem 2. Weltkrieg bedarf in mancher Hinsicht (z.B. dem Wirken des Philips-Konzerns in Nürnberg) noch einer eingehenderen Untersuchung, weshalb im folgenden nur die groben Entwicklungslinien dargestellt werden können. Ein erster Überblick bei: Diefenbacher/Endres, Stadtlexikon Nürnberg (wie Anm. 6), S. 726.

übernommen. Diese Firma wurde drei Jahre später, 1967, mit der 1949 von der F & G AG und dem niederländischen Philips-Konzern zu gleichen Teilen gegründeten F & G Fernmeldeanlagen (künftig: FGF) GmbH – die vorwiegend Trägerfrequenzapparate herstellte und seit 1964 Eigentümerin der TEKADE Fernmeldeapparate GmbH war – zur TEKADE FGF GmbH vereinigt. Die TEKADE FGF GmbH wirkte insbesondere auf dem Feld der Datenfernübertragung sowie Funk- und Fernsprechtechnik. Ende der 1970er Jahre zählte sie 2000 Mitarbeiter.[78] Nach dem Erwerb einer Mehrheitsbeteiligung an der F & G-Gruppe durch den Philips-Konzern 1979 entstand 1982, in der Absicht, die deutschlandweiten Tele- und Bürokommunikationsbereiche in einem Unternehmen zu bündeln, durch den Zusammenschluß von Philips Data Systems (Siegen), des Drahtwerks Arolsen, des Bereichs F & G Nachrichtenkabel und -anlagen (Köln) sowie aller Nürnberger TEKADE-Aktivitäten die PKI AG mit Hauptsitz in Nürnberg. Hier waren Mitte der 1980er Jahre von insgesamt fast 7000 Beschäftigten (1990: etwa 8000) rund 2800 Mitarbeiter tätig.[79]

Einen besonderen Abschnitt stellt das in keinem unmittelbaren Zusammenhang mit der PKI AG stehende, aber wesentlich in diesen Zeitraum (Ende der 1970er Jahre bis Mitte der 1990er Jahre) fallende Wirken des Philips-Konzerns bei der Grundig AG dar. Die Grundig-Werke, die sich aus einem 1930 in Fürth gegründeten Radiofachgeschäft entwickelt hatten, übernahmen 1951 die Nürnberger Lumophon-Werke GmbH (mit mehr als 1000 Arbeitnehmern) und gelangten dadurch in den Besitz von zwei Betriebsstätten in Nürnberg.[80] Die enorme in- und ausländische Expansion der Grundig GmbH, die erst 1972 in eine Aktiengesellschaft umgewandelt wurde, führte ab 1963 zum Aufbau eines großen Werkskomplexes in Nürnberg-Langwasser („Grundig-Stadt"), der erst Ende der 1970er Jahre abgeschlossen war. Hier entstanden für über 10 000 Menschen Arbeitsplätze, zuletzt im 1978 vollendeten Videogerätewerk. Die sich bereits seit Mitte der 1970er Jahre abzeichnende, immer bedrohlichere Ausmaße annehmende krisenhafte Entwicklung der Grundig AG bewirkte, daß die niederländische Philips-Gruppe zunächst 1979 eine Minderheitsbeteiligung an der Grundig AG erwarb und diese 1984 mehrheitlich übernahm. Da eine Einbindung des Fürther Unternehmens in den Philips-Konzern letztlich scheiterte, wurde die Grundig AG 1997 an ein überwiegend bayerisches Käuferkonsortium verkauft (Ende 2000 wurde der Antennenfabrikant Anton Kathrein Mehrheitseigner). Der seit langem fortschreitende Niedergang ließ sich jedoch nicht mehr aufhalten. Für die Grundig AG, deren Sitz Mitte 2000 nach Nürnberg verlegt worden war, wurde am 1. Juli 2003 das Insol-

---

[78] Zur Entwicklung bis Ende der 1970er Jahre: TEKADE AG (Hg.), Werk und Wirken. 50 Jahre TEKADE Nürnberg, Nürnberg 1964, S. 72–111; Verlag Kommunikation und Wirtschaft (Hg.), Wirtschaftsraum Mittelfranken, Oldenburg 1978, S. 152 f.; Heinz Franken/Josef Tretter, Fernmeldegeräte und -einrichtungen, in: VDE-Bezirksverein Nordbayern e.V., Elektrotechnik (wie Anm. 29), S. 98–103, hier S. 100–102; Joachim Trommer, Kabel und Leitungen, in: ebd., S. 178–187, hier S. 181; Döpper, Nürnberg (wie Anm. 63), S. 54–59.

[79] Hierzu: Franken/Tretter, Fernmeldegeräte (wie Anm. 78), S. 102; Trommer, Kabel (wie Anm. 78), S. 181; VDE-Bezirksverein Nordbayern e.V., Elektrotechnik (wie Anm. 29), S. 275; Döpper, Nürnberg (wie Anm. 63), S. 54–59.

[80] Die Lumophon-Werke GmbH, eines der ältesten deutschen Rundfunkunternehmen, genoß einen hervorragenden Ruf und spielte eine wichtige Rolle beim Aufschwung der Radioindustrie: NN vom 29.11.1950, S. 12, und Diefenbacher/Endres, Stadtlexikon Nürnberg (wie Anm. 6), S. 660.

venzverfahren eröffnet. Am Standort Nürnberg waren zu diesem Zeitpunkt noch etwas mehr als 1300 Beschäftigte vorhanden.[81]

1996 veräußerte die Philips-Gruppe im Zuge einer weltweiten Umstrukturierung ihrer Unternehmenssparte Kommunikationssysteme weite Teile der PKI AG, die daraufhin aufgelöst wurde; die verbliebenen Restbereiche wurden der Philips GmbH eingegliedert. In Nürnberg übernahm zunächst 1996 der US-amerikanische Konzern AT & T einen Großteil der PKI AG. Kurze Zeit später entstand aus einem Bereich der AT & T-Gruppe das Unternehmen Lucent Technologies, dessen deutsche Tochterfirma Lucent Technologies Network Systems GmbH in Nürnberg die AT & T-Aktivitäten fortsetzte. Am Standort Nürnberg, wo sich der Hauptsitz der deutschlandweit 1600 Mitarbeiter beschäftigenden Firma Lucent befindet, werden unter anderem optische Übertragungssysteme entwickelt und (in Nürnberg-Langwasser) hergestellt. An die PKI AG erinnert heute nur noch die Forschungseinrichtung Philips Semiconductors Nuremberg (PSN). Sie ging aus dem 1994 geschaffenen Technology Centre for Mobile Communications (TCMC) hervor, dessen Namen sie auch übernahm; 2002 erfolgte die Umbenennung. Das Nürnberger Entwicklungszentrum zählt 140 Beschäftigte.[82]

Aus der Fritz Neumeyer AG, die ihren Ursprung im Jahr 1903 in Nürnberg hat, ging 1920 die Kabelwerk Nürnberg AG hervor, die von der Hackethal Draht- und Kabelwerke AG 1922 vollständig erworben und im Anschluß in die Kabel- und Metallwerke Neumeyer (künftig: KMN) AG eingebracht wurde. Die KMN AG, seit 1936 Teil des GHH-Konzerns, verschmolz 1967 mit drei weiteren Unternehmen der GHH-Gruppe zur Kabel- und Metallwerke GHH (kabelmetal) AG mit Sitz in Hannover. Im Werk Nürnberg wurden fortan hauptsächlich Präzisions- und Spezialleitungen produziert. Von der Firma kabelmetal wurde 1981 das Elektrogeschäft abgetrennt und als kabelmetal electro GmbH, ebenfalls mit Sitz in Hannover, verselbständigt. Nach dem 1982 vorgenommenen Verkauf an eine französische Firma kam es 1992 zur Gründung der Alcatel Kabel Beteiligungs-AG, einer Dachgesellschaft, zu der auch die Alcatel kabelmetal electro GmbH zählte, die nach einer letzten Umfirmierung – infolge der Neustrukturierung und Umbenennung der Muttergesellschaft – seit 2000 als Nexans Deutschland Industries GmbH & Co. KG besteht. Nach wie vor gibt es in Nürnberg eine Fertigungs- und Vertriebsstätte, wo etliche hundert Beschäftigte im Bereich „Industrial Applications" arbeiten. Auch die Schiederwerk MBZ Telekommunikation GmbH & Co., 1919 in Nürnberg als mechanische Werkstätte gegründet und ab 1969

[81] Vgl. StadtAN E 9/39 Nr. 1; Grundig GmbH (Hg.), Grundig und sein Werk. Ein Leistungsbericht, o. O. 1960; Adolf Schwammberger, Fürth von A bis Z. Ein Geschichtslexikon, Fürth 1968, ND Neustadt a. d. Aisch 1984, S. 156 f.; Hans Mauersberg, Wirtschaft und Gesellschaft Fürths in neuerer und neuester Zeit. Eine städtegeschichtliche Studie, Göttingen 1974, S. 237–248; Walter Schatz, Der Hürdenlauf der Farbfernsehgeräte, in: Nürnberg Heute, Heft 20, 1975, S. 34–41; Egon Fein, Sieben Tage im Leben des Max Grundig, o. O. 1983, S. 143–352; Heißwolf, Geschäftsleute (wie Anm. 35), S. 52 f.; Diefenbacher/Endres, Stadtlexikon Nürnberg (wie Anm. 6), S. 389 f.; Karl-Heinz Büschemann/Elisabeth Dostert, Der lange Abstieg, in: SZ vom 15. 4. 2003, S. 22; Marion Nobbe, Grundig hofft weiter auf Investoren, in: ebd., S. 21; dies., Aufsichtsratschef ohne Zeit, in: ebd., S. 22; dies., Grundig-Belegschaft hängt in der Luft, in: SZ vom 30. 6. 2003, S. 25; dies., Verblasster Mythos, in: SZ vom 2. 7. 2003, S. 19; dies., Bei Grundig beginnt der Ausverkauf, in: ebd., S. 21.

[82] Vgl. Angela Giese, High-Tech-Schmiede auf Wachstumskurs. Das Weltunternehmen Lucent Technologies setzt auf den Standort Nürnberg, in: Nürnberg Heute, Heft 65, 1998, S. 8–11; Bernd Billing, Weiter denken, schneller telefonieren, in: Standortmagazin 3, 2000, S. 32; o. V., Huber verlässt Lucent Technologies, in: Wirtschaft in Mittelfranken, Heft 9, 2003, S. 64.

verstärkt auf dem Gebiet der Kommunikationstechnik wirkend – außerdem ist das Unternehmen im Stromversorgungswesen tätig –, trägt im mittelständischen Rahmen zur Bedeutung Nürnbergs als wichtigem Standort der Elektro- und Nachrichtentechnik bei. Mitte der 1980er Jahre konnten 130 Mitarbeiter beschäftigt werden, heute liegt die Personalstärke bei über 100 Personen.[83]

Mit der Novartis Pharma GmbH und der Heumann Pharma GmbH existieren in Nürnberg zwei bedeutende Unternehmen in einem für die Stadt Nürnberg eher untypischen Wirtschaftszweig, der pharmazeutischen Industrie. Nach Beseitigung der erheblichen Kriegszerstörungen mußten die Betriebsgebäude der seit 1921 in Nürnberg aufgebauten Firma Sandoz bereits 1953 um einen neuen Fabrikbau vergrößert werden. Zwischen 1960 und 1962 wurden erneut umfangreiche Bauvorhaben durchgeführt. 1970 konnten circa 800 Mitarbeiter beschäftigt werden. Zu weiteren Umbau- und Erweiterungsmaßnahmen, insbesondere der Fertigstellung eines Hochregallagers, kam es 1987. Der Zusammenschluß der Pharmakonzerne Ciba-Geigy und Sandoz Ende 1996 zur Novartis AG führte zur Umfirmierung der Sandoz AG Nürnberg in die Novartis Pharma GmbH als Tochtergesellschaft der Novartis Deutschland GmbH. Die Nürnberger Fertigung wurde anschließend ins südbadische Wehr verlagert und der verbliebene Verwaltungsbereich bezog ein neues Bürohaus an einem anderen, nahegelegenen Standort in Nürnberg, wo sich der Firmensitz befindet und 1999 ungefähr 450 Beschäftigte vorhanden waren. 2002 betrug die Belegschaftsstärke an den zwei Standorten Nürnberg und Wehr, einschließlich der Außendienstkräfte, über 2000 Personen. Die Heumann Pharma GmbH, 1913 in Nürnberg gegründet, nahm 1974 ein Zweigwerk im nahen Feucht in Betrieb. Zwar war die Zeit als Familienunternehmen für die Heumann Pharma GmbH 1989 mit der Eingliederung in die Firma G. D. Searle & Company, einer Tochtergesellschaft des Monsanto-Konzerns, vorüber, doch konnte sie bislang, auch nach der Fusion der Pharmahersteller Pharmacia & Upjohn und Monsanto zur Pharmacia Corporation im Jahr 2000 und der Übernahme dieses Unternehmens Anfang 2003 durch einen noch größeren Konkurrenten, die Pfizer-Gruppe, ihre eigene Rechtsform bewahren. Im Gegensatz zur Pharmacia-Deutschlandzentrale in Erlangen, die aufgegeben wird, soll die Heumann Pharma GmbH mit ihrem Verwaltungssitz in Nürnberg – 1999 wurde ein neues Bürogebäude eingeweiht – und dem Produktionsstandort Feucht erhalten bleiben. Das Unternehmen beschäftigt etwa 530 Arbeitskräfte.[84]

[83] KMN AG bzw. kabelmetal electro GmbH: Eugen Diesel/Rudolf Kötter/Hans Erich Mevert, 50 Jahre Neumeyer. 1903–1953, Nürnberg 1953, S. 29–35; Gerlach, Buch (wie Anm. 57), S. 41; Trommer, Kabel (wie Anm. 78), S. 181; VDE-Bezirksverein Nordbayern e.V., Elektrotechnik (wie Anm. 29), S. 258; Döpper, Nürnberg (wie Anm. 63), S. 65. – Schiederwerk MBZ Telekommunikation GmbH & Co.: Franken/Tretter, Fernmeldegeräte (wie Anm. 78), S. 102, und VDE-Bezirksverein Nordbayern e.V., Elektrotechnik (wie Anm. 29), S. 277.

[84] Novartis Pharma GmbH: Sandoz AG Nürnberg (Hg.), Sandoz in Nürnberg, Nürnberg 1956; Gerhard Stalling AG, Regierungsbezirk (wie Anm. 29), S. 102 f., 235; Verlag Kommunikation und Wirtschaft GmbH, Wirtschaftsraum (wie Anm. 63), S. 134 f., 212; ders., Region (wie Anm. 2), S. 82 f., 206; Hans Fritz, Industrielle Arzneimittelherstellung. Die pharmazeutische Industrie in Basel am Beispiel der Sandoz AG (Heidelberger Schriften zur Pharmazie- und Naturwissenschaftsgeschichte 10), Stuttgart 1992, S. 60 f., 192–195. – Heumann Pharma GmbH: Diefenbacher/Endres, Stadtlexikon Nürnberg (wie Anm. 6), S. 444; Simone Heimerl-Graßel, Gesundheit zu fairem Preis, in: Standortmagazin 6, 2003, S. 46 f.; SZ vom 24. 4. 2003, S. 42; vgl. auch die Angaben in Anm. 37.

Nach dem Zweiten Weltkrieg entwickelte sich Nürnberg zu einem herausragenden Standort der europäischen Druckindustrie und gilt heute nicht nur als die Druckhauptstadt Deutschlands, sondern als das Tiefdruckzentrum Europas. Die mit Abstand bedeutendste Druckerei ist die seit 2000 aufgrund der Übernahme der Nürnberger Sebaldus-Gruppe – die die bis auf das Jahr 1658 zurückzuführende Firma U. E. Sebald 1924 erworben hatte – zur Schlott Gruppe AG (2003 erfolgte die Umfirmierung der Schlott Sebaldus AG in die Schlott Gruppe AG) gehörende U. E. Sebald Druck GmbH, die rund 3000 Mitarbeiter aufweist (Stand: 1998) und bis etwa Ende 2003 ihren Standortwechsel innerhalb Nürnbergs vollziehen will. Der zweitgrößte Druckereibetrieb ist die Maul & Co. Chr. Belser GmbH (Maul-Belser Medienverbund), die ihren Ursprung im Jahr 1835 in Stuttgart hat und Teil des Mediendienstleistungsunternehmens Arvato AG ist, das wiederum der Bertelsmann AG angehört. 1998 beschäftigte der Maul-Belser Medienverbund circa 1400 Arbeitnehmer. Des weiteren besteht vor allem eine größere Zahl wesentlich kleinerer, mittelständischer Druckereien. Diesen sind beispielsweise die Willmy Print Media GmbH, deren Wurzeln im 19. Jahrhundert liegen, mit 120 Beschäftigten und die 1969 gegründete Offsetdruckerei Nürnberg GmbH & Co. Papierverarbeitungs-KG mit ungefähr 115 Arbeitskräften zuzurechnen. Die Druckindustrie ist mittlerweile einer der wichtigsten Wirtschaftszweige Nürnbergs, in dem Ende des 20. Jahrhunderts rund 7000 Menschen in etwa 150 Firmen eine Arbeit fanden.[85]

Fazit

Den meisten Industriebetrieben Erlangens und Nürnbergs war nach dem Zweiten Weltkrieg im Rahmen der außergewöhnlich kräftigen und stabilen Konjunktur der 1950er und 1960er Jahre ein in der Regel rascher Wiederaufstieg möglich, dem sich meist eine viele Jahre währende, erfolgreiche Geschäftstätigkeit und -ausweitung anschloß. Nahezu allen Nürnberger Unternehmen, die von den umfangreichen kriegsbedingten Zerstörungen und den wenigen, aber äußerst existenzbedrohenden Demontagemaßnahmen betroffen waren, gelang es, bis etwa zur Mitte der 1950er Jahre, die eingetretenen Schäden im wesentlichen zu beseitigen. Ausnahmen bildeten zum Beispiel das Transformatorenwerk der SSW AG und die Carl Distel GmbH & Co. KG.

In Erlangen herrschte infolge des Aufbaus der Verwaltung der SSW AG viele Jahre ein extremer Mangel sowohl an Büroraum als auch an Wohnungen. Erst die Errichtung des SSW AG-Stammhauses und neuer Wohnviertel brachte eine deutliche Besserung der angespannten Situation. Es ist jedoch auffallend, daß sich, abgesehen von einigen Betrieben, wie der Firma Frieseke & Hoepfner, der Regulus GmbH und der Ce-

---

[85] Überblicke bei: Diefenbacher/Endres, Stadtlexikon Nürnberg (wie Anm. 6), S. 835 (Polygraphisches Gewerbe/Industrie), 678 (Maul-Belser), 967 (U.E. Sebald), 1182 (Franz Willmy). – Zur Bedeutung Nürnbergs als Druckereistandort: o. V., Rotieren am Schnittpunkt, in: Standortmagazin 1, 1998, S. 33. – U. E. Sebald Druck GmbH: Gerlach, Buch (wie Anm. 57), S. 191; Verlag Kommunikation und Wirtschaft GmbH, Region (wie Anm. 2), S. 176 f., 207; Ralf Birke, Die Zukunft liegt zwischen den Zeilen, in: Standortmagazin 2, 1999, S. 38 f. – Maul & Co. Chr. Belser GmbH: Heißwolf, Geschäftsleute (wie Anm. 35), S. 36. – Willmy Print Media GmbH: NN vom 20. 3. 2003, S. 10.

siwid Elektrowärme GmbH, die kurz vor beziehungsweise nach Kriegsende nach Erlangen kamen, in den ersten beiden Nachkriegsjahrzehnten kein weiteres größeres Industrieunternehmen in Erlangen ansiedelte. Die sich beständig ausdehnende, zahlreiche neue Arbeitsplätze schaffende SSW AG war dafür sicherlich der Hauptgrund.

Anders als in Erlangen, wo die SSW AG das Stadtbild neu mitgestaltete, wirkten die Nürnberger Firmen nicht mehr in einem derartig eindrucksvollen Ausmaß an den im Rahmen des drängenden Wiederaufbaus notwendigen Veränderungen mit. Diese hatten hauptsächlich vor 1945, besonders mit der Standortverlagerung der MAN AG um 1900 und der Erbauung der Werke der SSW AG, stattgefunden.

Im Gegensatz zu den 1920er Jahren und der in den 1970er Jahren einsetzenden, immer heftigeren Entwicklung bewegte sich der Übernahme- und Konzentrationsprozeß in der Industrie zwischen 1945 und 1970 auf einem sehr viel niedrigeren Niveau und fand vor allem durch deutsche Unternehmen statt. Dabei ist zu berücksichtigen, daß nicht wenige Nürnberger Großbetriebe, darunter insbesondere die MAN AG, schon in der ersten Jahrhunderthälfte von auswärtigen Konzernen übernommen worden waren. Eine herausragende Rolle nahm dabei der Oberhausener GHH-Konzern ein, der neben der MAN AG noch weitere Nürnberger Firmen angegliedert hatte (KMN AG, Eisenwerk Nürnberg AG, vormals Julius Tafel & Co., Preß-, Stanz- und Ziehwerke Rudolf Chillingworth AG). Die Übernahme Nürnberger Unternehmen durch ausländische Firmen, beispielsweise des Maschinenbauers J. G. Kayser durch einen US-amerikanischen Betrieb im Jahr 1958 oder das Engagement des niederländischen Philips-Konzerns im Nachrichtentechnikwesen schon Ende der 1940er Jahre, stellte in jener Zeit keinesfalls die Regel dar. Zudem konnten sich die Familienbetriebe, zum Beispiel die Heumann Pharma GmbH und die Grundig GmbH, sehr gut behaupten.

Ab den 1970er Jahren änderte sich dies dramatisch. Die mit dem Strukturwandel einhergehenden Auswirkungen bestimmen das Bild der Nürnberger und auch Erlanger Industrie bis heute. Kennzeichen dieser anhaltenden und sich zum Teil noch verschärfenden Entwicklung sind, neben einem massiven Stellenabbau in allen Industriezweigen – der allerdings auch durch einen hohen Produktivitätsfortschritt verursacht wurde und wird –, die verstärkte Übernahme heimischer Firmen durch ausländische Konzerne, die Verlagerung von Unternehmen oder Unternehmensteilen an andere, auch zunehmend außerhalb Deutschlands liegende Standorte und, mit diesen Vorgängen im Zusammenhang stehend, das gänzliche Verschwinden oder der Bedeutungsverlust einst großer und einflußreicher Firmen. Selbst die Siemens AG, die in Erlangen Ende der 1980er Jahre – und somit entgegen dem seit den 1970er Jahren bestehenden Trend – mit annähernd 30 000 Mitarbeitern einen Höchststand erreichte, beschäftigt heute „nur" noch rund 22 000 Personen, was jedoch bei einer Einwohnerzahl von etwa 100 000 nach wie vor eine beeindruckende Relation darstellt. Nürnberg hat nichts Vergleichbares aufzuweisen, aber immerhin beschäftigt der Siemens-Konzern auch hier ungefähr 9000 Menschen.

Während in Erlangen traditionsreiche Firmen wie Erba, Cesiwid und Gossen – diese lebt zumindest im Geschäftsnamen der Nürnberger Gossen Metrawatt GmbH weiter – verschwanden, traf dieses Schicksal zum Beispiel die Nürnberger Unternehmen AEG Kanis, TEKADE, Kaspar Berg, National Machinery (vormals J. G. Kayser) – und bald wird vermutlich die sich in Insolvenz befindende Grundig AG folgen. Insbe-

sondere in Nürnberg wirkte sich die Abhängigkeit von nicht an diesem Standort an-
sässigen Konzernen schmerzlich aus. Die MAN AG, einst auf vielen Gebieten des
Maschinenbaus tätig, produziert in Nürnberg nach Aufgabe und Abtrennung der meisten Geschäftsfelder seit etlichen Jahren ausschließlich Dieselmotoren. Der französische Alstom-Konzern, der die ehemals zur AEG Kanis Turbinenfabrik GmbH und zur
MAN AG gehörenden Dampfturbinenbereiche vereint, konnte zwar zunächst vor dem
Konkurs bewahrt werden, mußte aber bereits einen Teil des Turbinengeschäfts an die
Siemens AG abtreten. Diese wiederum brachte die Kernkraftaktivitäten zusammen
mit einem französischen Partner in ein Gemeinschaftsunternehmen ein, konzentrierte
sich in der Medizintechnik zunehmend auf den nordamerikanischen Markt und verlagerte beispielsweise die Hörgeräteserienfertigung von Erlangen nach Singapur. Der
seit den 1990er Jahren sich verstärkt fortsetzende weltweite Konzentrations- und Ver-
flechtungsprozeß, der noch an kein Ende gelangt ist, machte in Erlangen die Pharma-
firma Pfrimmer, die heutige Pharmacia GmbH, geradezu zu einem Spielball in den
Übernahmebemühungen der internationalen Pharmakonzerne. Viele Erlanger und
Nürnberger Unternehmen unterliegen solchen, teilweise rasch wechselnden Einbin-
dungen, die oftmals weder dem Bestand der einzelnen Firmen dienen noch der Stabi-
lität der städtischen Wirtschaftsstrukturen förderlich sind.

Die Nürnberger Industrieunternehmen waren von der Strukturkrise deutlich stärker
betroffen als die Erlanger Firmen. Dies lag zum einen daran, daß sich die Wirtschafts-
truktur Nürnbergs – mit dem Schwergewicht auf der vielfältigen Metall- und Elektroindustrie – wesentlich ungünstiger gestaltete und zum anderen in dem Umstand, daß
weitaus mehr Produktions- als Büro- und Forschungseinrichtungen vorhanden waren.
In Erlangen war und ist das Verhältnis eindeutig umgekehrt. Die Siemens AG, die Rehau AG & Co. und neue Unternehmen wie die Heitec AG verfügen hier vor allem
über Verwaltungs- und Entwicklungssitze.

Nach dem sicherlich noch nicht abgeschlossenen Ab- und Umbau des Industriesektors hat der Dienstleistungsbereich in Nürnberg erheblich an Bedeutung gewonnen,
ohne jedoch die eingetretenen Arbeitsplatzverluste auch nur annähernd ausgleichen zu
können. Mit unter anderem der insgesamt 5373 Beschäftigte (Stand: 2002) zählenden
Datev eG und der Gesellschaft für Konsum-, Markt- und Absatzforschung (künftig:
GfK) AG (GfK-Gruppe), die deutschlandweit 1465 (In- und Ausland: 4879) Mitarbeiter aufweist (Stand: 2002), verfügt der Standort Nürnberg bereits seit langem über
wichtige Dienstleistungsunternehmen, zu denen in den letzten Jahren weitere hinzugekommen sind.[86] Diese, sich überwiegend auf dem Gebiet der Call-Center und spe-

---

[86] Vgl. grundsätzlich: Diefenbacher/Endres, Stadtlexikon Nürnberg (wie Anm. 6), S. 191 (Datev eG), 360
(GfK AG). – Datev eG: o.V., Umsatzplus und neue Arbeitsplätze trotz schwacher Konjunktur, in: Wirtschaft in
Mittelfranken, Heft 8, 2003, S. 31. – Eingehend zur Geschichte der GfK-Gruppe: GfK e.V. (Hg.), 50 Jahre
Gfk-Nürnberg. 1984, Nürnberg 1985; dies. (Hg.), Die GfK-Nürnberg e.V. Aufgaben, Leistungen, Mitglieder,
Organe, Satzung, GfK-Gruppe, Nürnberg 1993; Ilona Hörath, Banger Blick auf die Quote, in: Standortmaga-
zin 2, 1999, S. 69; dies., Wo Zahlen zählen, in: Standortmagazin 4, 2001, S. 19–21, hier S. 19, 21; Andrea
Mack-Philipp, Den Verbraucherwünschen auf der Spur. Die GfK Gruppe entwickelte sich vom Pionier der
Marktforschung zum Global Player, in: Nürnberg Heute, Heft 73, 2002, S. 44–47; o.V., Umsatz und Ergebnis
zweistellig gesteigert, in: Wirtschaft in Mittelfranken, Heft 7, 2003, S. 44.

ziell der Finanzdienstleistungen (E-Finance) betätigenden Firmen, mußten jedoch in der jüngsten Vergangenheit teilweise herbe Rückschläge hinnehmen.[87]

Während in Nürnberg das wirtschaftliche Gefüge geprägt wird von einer Mischung aus in ihrer Existenz noch vielfach gefährdeten Industrie- und Dienstleistungsunternehmen, verfolgt die Stadt Erlangen auf der Grundlage der nach dem Zweiten Weltkrieg entstandenen und im Vergleich zu Nürnberg sehr viel solideren und zukunftsträchtigeren Wirtschaftsstruktur beharrlich ihr Vorhaben, bis 2010 die „Bundeshauptstadt der medizinischen Forschung, Produktion und Dienstleistung" zu werden. Mit den Universitätskliniken, dem Geschäftsbereich Medical Solutions der Siemens AG und den seit den 1980er und vor allem 1990er Jahren zahlreich in Erlangen entstandenen und angesiedelten, vorwiegend im Bereich der Medizintechnik arbeitenden Firmen erscheint dies auch nicht unrealistisch. Maßnahmen wie die konsequente Einbeziehung und Mobilisierung der Bevölkerung – so stand das Jahr 1999 unter dem seither breite Anwendung findenden Motto „Medizin – Technik – Gesundheit" – und die Eröffnung des Innovations- und Gründerzentrums Medizintechnik und Pharma (IZMP), das vor allem den direkten Kontakt zwischen jungen, sich im Aufbau befindenden Unternehmen und universitären Einrichtungen ermöglicht (im Nebengebäude wird zukünftig das Institut für Medizinische Technik beheimatet sein), wirken verstärkt in diese Richtung.[88]

Sowohl für Nürnberg als auch für Erlangen gilt allerdings, daß trotz aller Bemühungen und Fortschritte, insbesondere im international-gesamtwirtschaftlichen Zusammenhang, jederzeit mit Rückschlägen zu rechnen ist.

---

[87] Zum Stand vor der Krise der Kommunikations- bzw. Informationsbranche: Ralf Birke, Mehr Arbeit als Plätze?, in: Standortmagazin 3, 2000, S. 10 f., 13, und Franz Hermann, Finanzplatz Nürnberg, in: ebd., S. 20 f., 23.

[88] Vgl. z. B.: Ralf Birke, Gesundes Wachstum, in: Standortmagazin 2, 1999, S. 53 f.; Balleis, Medizinstadt (wie Anm. 39), S. 99–101; Timur Vermes, Starke Starts im Medical Valley, in: Standortmagazin 6, 2003, S. 36–38, hier S. 37 f.; Simone Heimerl-Gräßel, Neues Herzstück für das Medical Valley, in: ebd., S. 45; EN vom 13. 5. 2003, S. 20, und LT, S. 1.

Projektbericht:
Die dörfliche Welt im Umbruch am Beispiel von Kunreuth

Einführung

Karin Weber, Kunreuth und sein Naturraum

Andreas Otto Weber, Reichsritterschaftliche Dorfentwicklung in der Frühen Neuzeit am Beispiel von Kunreuth

Hermann Ulm, Kunreuth in der Mitte des 19. Jahrhunderts und heute: Wandel der landwirtschaftlichen Betriebe und ihrer sozioökonomischen Bedeutung für den Ort

Werner Bätzing, Der Strukturwandel des Dorfes Kunreuth 1840 bis 2002 und die Frage seiner zukünftigen Entwicklung

Hermann Ulm, Die Siedlungsentwicklung Kunreuths seit 1945

Einführung

Im Sommersemester 2001 fand an der Friedrich-Alexander-Universität Erlangen-Nürnberg unter dem Titel „Die dörfliche Welt im Umbruch am Beispiel von Kunreuth" ein geographisch-historisches Projektseminar unter der Leitung von Prof. Dr. phil. nat. Werner Bätzing (Kulturgeographie), Dr. rer. nat. Karin Weber (Physische Geographie) und Dr. phil. Andreas Otto Weber (Bayerische und Fränkische Landesgeschichte) statt.

Am Beispiel von Kunreuth im Süden des Landkreises Forchheim, einem ehemals reichsritterschaftlichen Schloßort im Einzugsbereich des Verdichtungsraumes Nürnberg-Fürth-Erlangen sollte ermittelt werden, welche grundsätzlichen Wandlungen der ländliche Raum seit dem späten Mittelalter, vorwiegend jedoch im 19. und 20. Jahrhundert, erfahren hat, und welche Zukunftsfragen sich stellen. Dabei spielte die Agrarlandschaft ebenso eine Rolle, wie der Wandel von der adeligen Schloßherrschaft zur heutigen Bürgergemeinde, die Religion, die Gewerbe und Berufe und die Besitzverhältnisse. Als Quellengrundlage dienten Originalquellen aus verschiedenen Archiven vom 16. bis zum 20. Jahrhundert, wobei die wichtigste Grundlage der Untersuchungen das Kataster und dessen vergleichende Auswertung darstellte. Die Studenten der Bayerischen und Fränkischen Landesgeschichte (Alexander Estel, Pascal Metzger, André Widmann) hatten vor allem die Aufgabe, die älteren Entwicklungen und Strukturen Kunreuths zu untersuchen und die historischen Funktionen von Ortsteilen, Gebäuden und Fluren zu ermitteln, während die Geographiestudenten (Anne Kathrin Beer, Julia Carl, Doris Ebersberger, Alexandra Erhard, Claudio Großner, Daniela Müller, Cornelia Schäfer, Hermann Ulm) sich mit den natürlichen Grundlagen, dem Wandel von Kulturlandschaft, Flurbild, Nutzungen, Bevölkerung, Sozialstruktur und Arbeitsplatzsituation von der Mitte des 19. Jahrhunderts bis heute beschäftigten und dabei auch die Möglichkeiten zukünftiger Entwicklungen betrachteten.

Auf Anregung des Generalkonservators des Bayerischen Landesamts für Denkmalpflege Prof. Dr. Egon J. Greipl entstand während des Semesters die Idee, möglichst viele Ergebnisse des Seminars am Tag des offenen Denkmals unter dem Titel „Kunreuth – Ein Dorf und seine Flur – ein Gesamtdenkmal?" einer möglichst breiten Öffentlichkeit zu präsentieren. Eine aus Geschichts- und Geographiestudenten bestehende Arbeitsgruppe (Julia Carl, Alexander Estel, Hermann Ulm, André Widmann) erarbeitete hierzu sowohl einen Rundweg durch Kunreuth und die angrenzende Flur mit 16 Stationen[1] als auch eine Ausstellung, die die Entwicklung und Zukunftsszenarien des Ortes anhand von Dokumenten und Auszügen aus den Seminararbeiten dokumentierte. Das große Publikumsinteresse führte unter anderem dazu, daß der dabei entstandene Rundweg im Rahmen des EU-geförderten Projekts „Kulturerlebnis Fränkische Schweiz" mit festen Tafeln als Kulturpfad geplant ist.

Bereits während des Seminars stellte sich heraus, daß das Beispiel Kunreuth sehr aufschlußreich ist und daß die detaillierte Analyse dieses Ortes in interdisziplinärer Perspektive wichtige Erkenntnisse über den Wandel im ländlichen Raum ermöglicht. Deshalb haben wir nach Abschluß des Projektseminars zentrale Ergebnisse der studentischen Arbeiten vertieft ausgearbeitet und stellen diese in den folgenden fünf thematisch aufeinander bezogenen Aufsätzen jetzt der Öffentlichkeit zur Diskussion.

---

[1] Die Tafeltexte des Rundweges wurden 2002 publiziert: Hermann Ulm, Karin Weber, Andreas Otto Weber u. a., Kunreuth: Die Spuren der Vergangenheit in Dorf und Flur, in: Die Fränkische Schweiz 2/2002, S. 1–8.

Karin Weber

Kunreuth und sein Naturraum

Kunreuth liegt inmitten des süddeutschen Schichtstufenlands, welches aus unterschiedlichsten Gesteinsschichten aufgebaut ist, die in einem Zeitraum von 150 Millionen Jahren während des Mesozoikums abgelagert wurden. Diese Schichten waren zunächst als horizontale Sedimente von Meeresbecken, Küstenstreifen, Flussdeltas oder Brack- und Süßwasserseen entstanden. Erst viel später wurden sie durch tektonische Veränderungen leicht schräg gestellt und fallen heute nach Osten ein. Durch Erosion wurden die Schichten teilweise wieder freigelegt und ergeben grob gesehen den Eindruck einer gestuften Landschaft. Erosionswiderständige Gesteine bilden dabei Geländestufen aus, weiche Gesteine eher Verebnungen.

Die Regnitz südlich von Forchheim trennt zwei deutlich unterscheidbare Naturräume voneinander: Westlich der Regnitz liegen die ebenen bis leicht gewellten Bereiche des Sandsteinkeupers, in denen Sandsteine und Tonsteine abwechseln. Die wasserundurchlässigen Tonsteine begründen den Aischgrund als ideale Fischzuchtlandschaft.

Östlich der Regnitzaue schließen sich die nächstjüngeren geologischen Schichten an, die dann zu den Höhen der Fränkischen Alb führen. Der Rand der Albhochfläche ist in diesem Bereich sehr zerfranst: Das Tal der Wiesent, die bei Forchheim in die Regnitz mündet, zerschneidet den hier parallel zur Regnitz verlaufenden Stufenrand mit seinen westlichsten Ausläufern der Langen Meile (Retterner Kanzel 506m) und des Hetzleser Berges (549m).[1]

Südlich des Wiesenttales breitet sich eine weite, wellige, muschelförmige Einbuchtung aus, die zum Stufenrand hinaufführt und diesen um circa vier Kilometer nach Osten zurückverlegt. Diese Einbuchtung wird aus den eher weichen Gesteinen der Keuper- und der Lias-Epoche aufgebaut. In diesem auch klimatisch begünstigten Bereich des Albvorlandes entstanden die Ortschaften Dobenreuth, Dietzhof, Mittelehrenbach, Weingarts, Ermreus, Gaiganz und Kunreuth. Die hiesigen Temperatur- und Niederschlagsverhältnisse machen die Nähe zum Regnitzbecken deutlich. Relativ hohe Sommertemperaturen, die durchschnittliche Julitemperatur liegt bei 17 bis 18 Grad, begünstigen den Ackerbau und besonders den Obstanbau[2]: bis ins 16. Jahrhundert zog man in Kunreuth Weinreben. Im Regenschatten des Steigerwaldes gelegen, erhält das Albvorland bei Kunreuth nur um 600 mm Niederschlag pro Jahr. Auf sandigen Böden können in regenarmen Sommern Trockenschäden auftreten, tonig-mergelige Böden dagegen bieten bei wenig Niederschlag eine bessere Wasserversorgung der Pflanzen.

Das Albvorland bei Kunreuth baut sich wie folgt auf.[3] Hier liegt zunächst als unterstes der Feuerletten, benannt nach der rötlichen Färbung seiner Tongesteine. Sie bil-

---

[1] Klaus Müller-Hohenstein, Forchheim und die Tallandschaften der Regnitz und Wiesent, in: Topographischer Atlas Bayern, hrsg. vom Bayerischen Landesvermessungsamt, München 1968, S. 100–101.

[2] Erich Otremba (Hg.), Atlas der Deutschen Agrarlandschaft, Teil II, Blatt 6: Das Landnutzungsgefüge im fränkischen Stufenland, Erläuterungstext, Wiesbaden 1962–1972.

[3] Siehe dazu: Paul Dorn, Geologische Karte von Bayern 1:25.000, Blatt 6333 Gräfenberg, hg. vom Bayerischen Geologischen Landesamt, München 1958; Bernt Schröder, Geologische Karte von Bayern 1:25.000, Blatt 6332 Erlangen Nord, hg. vom Bayerischen Geologischen Landesamt, München 1968.

den zum Beispiel die flachen Bereiche östlich von Baiersdorf. Innerhalb dieser tonigen Schicht liegt auch die Talmulde des Troppbaches in Kunreuth. Der sehr dichte und wasserundurchlässige Feuerletten führt dazu, dass selbst nach kurzen, aber heftigen Regenschauern der Bach stark anschwillt und früher oft Felder, Straßen und Anwesen überschwemmte. Erst seitdem in den 1930er Jahren der Bachlauf um rund zwei Meter eingetieft wurde, ist die Überflutungsgefahr innerhalb des Dorfes sehr viel geringer geworden. Andererseits eignet sich der tonige Feuerletten vorzüglich zur Anlage von Teichen, die einen möglichst kontinuierlichen Mühlbetrieb erlaubten und darüberhinaus zur Fischzucht und als Viehtränke dienten.

Die Fluren in der Talaue östlich des Ortskerns wurden ausschließlich als Grünland genutzt, da sie sich nicht als Äcker eigneten. Die mehr oder weniger regelmäßig wiederkehrenden Überschwemmungen brachten Schwebstoffe mit, die sich auf den Wiesen ablagerten. Das Wasser führte also diesen Wiesen immer wieder mineralische Nährstoffe zu und düngte sie auf diese Weise. Dieses Grünland war besonders ertragreich und dementsprechend wertvoll. An anderen Orten baute man ausgeklügelte Kanalsysteme, um Wiesen großflächig mit Bachwasser zu bewässern und von der Nährstoffzufuhr zu profitieren. So entstanden die sogenannten Rieselwiesen.

Oberhalb des Feuerlettens schließt sich eine Sandsteinschicht an, der Rhätsandstein. An dieser Schichtgrenze, die in 300 bis 305 m Höhe liegt, treten zahlreiche kleine Quellen aus. Einige von ihnen flossen früher in den Mühlweiher und speisen heute noch den Wassergraben des Kunreuther Schlosses. Die stärkste Quelle diente zur Trinkwasserversorgung und zum Bierbrauen: Nicht zufällig steht das ehemalige Brauhaus direkt auf dieser Quelle. Eine weitere Quelle staute man neben dem Haus des Baders zum Badweiher auf, der auch als Löschteich oder Viehtränke genutzt wurde.

Der Rhätsandstein, der relativ widerständig gegen Erosion ist, hat hier eine kleine, aber deutliche Geländestufe gebildet: Der innere Ortsbereich von Kunreuth liegt in einem engen Talkessel, in den vier steile Straßen hineinführen. Auf den steilen, humusarmen Sandsteinhängen wurden bevorzugt Obstgärten angelegt, auf dem südexponierten Hang sogar ein Weinberg. In flacheren Hangbereichen bildeten sich gut drainierte, sandige Böden, die als Äcker genutzt werden konnten. Den leicht zu bearbeitenden Rhätsandstein baute man in Steinbrüchen als wertvollen Werkstoff ab. Wie in einigen benachbarten Ortschaften des Albvorlandes legte man auch in Kunreuth weitläufige Felsenkeller im Rhätsandstein an. In den ständig kühlen, unterirdischen Gängen konnten Bier und andere verderbliche Waren gelagert werden.

Die Oberkante der steilen Hänge wird durch eine weitere Schichtgrenze gebildet: Bei 310m bis 320m Höhe wechselt der harte Rhätsandstein zu den weichen Gesteinen des Lias. Oberhalb der Sandsteinschicht liegen am flacher werdenden Hang weiche, aber sehr unterschiedliche Sedimente. Sie sind meist nur geringmächtig und bedingen so in kurzen Abständen stark wechselnde Bodenarten und -qualitäten. Hier liegen Tongesteine und Mergel des Lias (Schwarzer Jura), die teilweise bitumös sind. Diese Reihe setzt sich fort mit darüberlagernden grauen Tonsteinen und Mergeln mit einem höheren Kalkanteil. Sie bilden die Hangverebnungen im Übergangsbereich der Fluren zwischen Kunreuth und Weingarts. Die Güte der Äcker schwankt hier sehr stark. Während Äcker auf Sedimentgesteinen aus Ton und Kalk in wechselnden Anteilen nährstoffreich und daher günstig für jedwede Anbaufrucht sind, sind die Böden aus Tongesteinen sehr schwer zu bearbeiten. Diese sogenannten Minutenböden können nur gepflügt werden, wenn sie ausreichend feucht sind, aber nicht zu nass. Denn im nassen Zustand ist die tonige Erde zu schwer und zäh und im trockenen Zustand zu verhärtet. Es bleibt also immer nur ein relativ kurzer Zeitbereich, einige Minuten, um diese tonigen Äcker zu bearbeiten. Die heutigen Zugmaschinen verdichten den schweren Boden zusätzlich. Oft werden diese Flächen daher als Dauerkulturland genutzt, als Grünland oder als Obstgarten. An Hängen mit stark wechselnden Gesteins- und Bodenqualitäten treten in nassem Zustand oft schon bei geringer Neigung Bodenrutschungen auf.

In diese relativ weichen Gesteine sind im Flurbereich Kunreuths mehrere kleine Bäche eingetieft. Ihre schmalen, seitlichen Hangbereiche sind nicht mehr als Äcker oder Wiesen zu bearbeiten. Hier wachsen dicht an dicht Laubgehölze wie Eichen, Ahorn, Eschen und Erlen. Diese kleinen Auwälder dienten den Bauern früher als willkommener Brennholzvorrat, immerhin gab es innerhalb der Kunreuther Flur keinen größeren, zusammenhängenden Wald. Daher wurden diese Wäldchen intensiv genutzt und es entstand ein Niederwald mit durchwegs jungen, schnell aufgeschossenen Bäumen. Einzig der kleine Waldbereich um den Felsenkeller zwischen Kunreuth und Ermreus herum wurde geschont: hohe, ältere Laubbäume sollten den Kellereingang beschatten und somit kühl halten. An den Rändern des Troppbaches und seiner Zuflüsse standen auch Korbweiden, aus deren Trieben man alle Arten von Flechtarbeiten herstellen konnte. Hecken und kleine Gehölze begleiteten früher die Straßen und Wege, die als Schaftriebswege benutzt wurden.

Die stark wechselnden Bodenqualitäten schlagen sich auch in den Flurnamen nieder. So weist die Ackerbezeichnung „Sandgrube" auf einen stärker sandigen Boden, das benachbarte „Röthfeld" unterscheidet sich durch einen deutlich rotbraun gefärbten Boden und die „Lettenäcker" sind besonders lehmig und tonig.[4] Kleinräumig wechseln daher auch die Nutzungsformen: Mais- und Getreideäcker liegen neben Obstgärten und Wiesen. Das vielfältige, parkähnliche Landschaftsbild ist geprägt durch die heute mehr oder weniger intensiv genutzten Streuobstwiesen, in denen Süßkirschen, Zwetschgen, Äpfel und Birnen produziert werden. Früher nutzte man die Flächen fast durchwegs zweifach: in einer Art „coltura mista" baute man wechselweise zusätzlich Feldfrüchte unter den Obstbäumen an oder man mähte zumindest die Wiesen, um Grünfutter für den Winter zu gewinnen.[5] Die Bauern erweiterten so die Zahl ihrer Anbaufrüchte noch bis Mitte des 20. Jahrhunderts und minimierten durch Risikostreuung eventuelle Ernteausfälle. Diese Anbauweise ist tatsächlich nur möglich auf den hier vorhandenen, tiefgründigen und nährstoffreichen Böden. Die Flur Kunreuths nimmt mit ihrer Lage im Albvorland eine Mittelstellung zwischen den von Klima und Boden begünstigten Lagen im Regnitztal und den ertragsarmen, kargen Flächen der Alb ein.

Nach einer Folge weiterer unterschiedlichster Tongesteins- und Mergellagen ist außerhalb der Gemarkung Kunreuths erst wieder die Sandsteinschicht des Dogger (Brauner Jura) deutlich im Gelände erkennbar. Dieser kräftig gelbe Eisensandstein bildet den Mittel- und Oberhang des Hetzleser Berges und den Anstieg auf die Hochfläche der Fränkischen Schweiz. Er liegt in einer Höhenlage von etwa 500m und lässt

---

[4] Für die sprachwissenschaftliche Interpretation der Kunreuther Flurnamen danke ich Frau Dr. Dorothea Fastnacht ganz herzlich.

[5] Vgl. Otremba , (wie Anm. 2.)

sich östlich von Kunreuth am steiler werdenden Hang nachverfolgen. Aufgrund seiner Steilheit liegt er heute unter Laub-, Misch- und Nadelwald.

Der Stufenrand wird durch die besonders erosionsresistenten Kalkgesteine des Malm (Weißer Jura) aufgebaut. Sie bilden die Hochfläche oberhalb von Regensberg, den Hetzleser Berg, die Ehrenbürg und die deutliche Geländestufe der Alb. Die Alb-hochfläche ist geprägt durch die wasserdurchlässigen, verkarsteten Kalkgesteine und die steinigen, humusarmen Ackerflächen. Hier dehnten sich früher weite Schafweiden mit dem typischen Kalkmagerrasen aus. Auf besonders felsigen Bereichen, den Knocks, stocken lichte Kiefernwäldchen und Laubholzgebüsche.[6] Insgesamt gesehen trägt die bis heute in Teilen erhaltene agrarische Vielfalt der Kunreuther Flur zusammen mit den abwechslungsreichen Landschaftsformen sehr zur landschaftlichen Attraktivität dieses Raumes bei. Daher sollte es ein Ziel sein diese Vielfalt zu erhalten.

---

[6] Zur Vegetation der Fränkischen Alb: Winfried Türk, Entwurf einer Karte der potentiellen natürlichen Vegetation von Oberfranken, in: Tuexenia 13, 1993, S. 33–55.

Andreas Otto W e b e r

Reichsritterschaftliche Dorfentwicklung in der Frühen Neuzeit am Beispiel von Kunreuth

Die grundsätzliche Entwicklung der Siedlung

Kunreuth entstand als Rodungsort vermutlich im 11. Jahrhundert an der bedeutenden Straße Regensburg-Forchheim.[1] Der Zehnt der Siedlung „Chunenreuth" wurde von Bischof Otto I. von Bamberg 1120 dem neugegründeten Aegidienspital zu Bamberg geschenkt.[2] Bis in das 14. Jahrhundert blieb es ein kleiner Weiler mit ziemlich weit auseinanderliegenden Bauernhöfen und einigen Lehen, die sich vom Kirchberg bis zum heutigen nördlichen Ortsausgang verteilten. Dieser Weiler verfügte über eine vergleichsweise kleine Feldflur mit Feldern und Wiesen auf den höher liegenden Flächen und Obst- und Weingärten an den relativ steilen Hängen der hier zusammenmündenden Täler. 1348 bietet das Rechtsbuch des Bamberger Bischofs Friedrich von Hohenlohe einen ersten Einblick in die Siedlungsentwicklung. Das Dorf wird als „proprietas" des Bischofs bezeichnet und besteht aus vier Höfen („mansi") und drei Lehen („feoda").[3] Einen Teil der Anwesen hatte bis dahin Chunrad Nürenberger inne, der nach Hellmut Kunstmann ein Angehöriger der Adelsfamilie der Herren von Egloffstein war.[4] Damit beginnt die in den Anfängen nur schwer faßbare Präsenz der Herren von Egloffstein in Kunreuth, die wohl bereits in dieser Zeit mit dem Bau der mächtigen Wasserburg mit zwei Kemenaten begannen, welche aber erst 1409 ausdrücklich genannt wird.[5] Unklar ist, wie die Egloffstein zum Besitz in Kunreuth gekommen sind. Denkbar wäre eine erste Belehnung durch Bischof Leupold II. von Egloffstein (reg. 1335/6–1343) an seine Verwandten. Seit 1444 sind laufend Belehnungen von

---

[1] Zur Altstraßensituation der Umgebung: Hellmut Kunstmann, Die Burgen der westlichen und nördlichen Fränkischen Schweiz, 1. Teil: Der Südwesten. Unteres Wiesenttal und Trubachtal (Veröffentlichungen der Gesellschaft für Fränkische Geschichte, Reihe IX/28, Neustadt/Aisch [2]1990, S. 5–8.

[2] MGH SS XII, S. 909. Die Gründung des Spitals ist nicht klar datiert. Johannes Kist, Fürst- und Erzbistum Bamberg. Leitfaden durch ihre Geschichte von 1007 bis 1960, Bamberg [3]1962, S. 34 datiert sie auf um 1115, Friedrich Wunder, Das Sct. Aegidius-Spital am Fuße des Klosters Michelsberg, gestiftet vom heil. Otto im Jahre 1120, in: Berichte HV Bamberg 15 (1853) auf 1120. Die Chronik des Klosters Michelsberg überliefert eine Kirchweihe durch Bischof Otto I. im Jahr 1120. Der Besitz des St. Ägidienspitals geht später im Besitz des Klosters Michelsberg auf. Im Urbar dieses Klosters von 1413 ist der Zehnt von Kunreuth belegt, wobei Albert von Egloffstein als Einnehmer des Garten-, Wiesen- und Weinzehntes genannt wird (StA Bamberg, A 221/X, 4302, f. 149‘). Das 1109 bei der Gründung des Stifts St. Jacob in Bamberg genannte „Chunesrut", das in der Literatur mehrfach auf Kunreuth bezogen wurde (so Thomas Seidl, Die Siedlungs- und Flurgeschichte der Ortschaften Kunreuth und Ermreus im nördlichen Vorland des Hetzleser Berges, in: Mitteilungen der Fränkischen Geographischen Gesellschaft 33/34, 1986/1987, S. 408), kann mit unserem Kunreuth nicht identisch sein, sondern liegt in der Umgebung von Amberg. Späterer Besitz von St. Jacob in Kunreuth ist nie nachweisbar.

[3] Höfler, C., Friedrich's von Hohenlohe, Bischof von Bamberg, Rechtsbuch (1348), Bamberg 1852, S. 188 f.

[4] Kunstmann, Burgen (wie Anm. 1), S. 177. So auch: Gustav Freiherr von und zu Egloffstein, Chronik der vormaligen Reichsherrn jetzt Grafen und Freiherren von und zu Egloffstein, Aschaffenburg 1894, S. 86.

[5] Kunstmann, Burgen (wie Anm. 1), S. 178.

Mitgliedern der Familie von Egloffstein mit Besitz in Kunreuth nachweisbar.[6] 1447 erkennen wir wieder die Größe des Ortes: vier Bauernhöfe, fünf Selden, eine Schenkstatt und der „Baue", also der Gutshof des Schlosses.[7] Seit 1503 ist zusätzlich die Mühle unter dem Schloß am Mühlweiher genannt.[8] 1535 vereinigte Claus V. von Egloffstein die Besitzanteile an Schloß und Dorfgrundherrschaft in seiner Hand und war somit alleiniger Inhaber der Dorf- und Gemeindeherrschaft.[9] Seither gab es in Kunreuth bis zum Ende der Grundherrschaft 1848 immer nur einen Grundherrn, was in der weiteren Umgebung sehr selten ist. Dadurch war es möglich, daß die Siedlungsentwicklung bis in die Mitte des 19. Jahrhunderts von der Schloßherrschaft geprägt und gestaltet wurde, was zum großen Teil bis heute im Ortsbild nachvollziehbar ist. Aber nicht nur die Siedlung wurde dadurch entwickelt, sondern auch die rechtliche und religiöse Situation des Ortes hing gänzlich von der Herrschaft ab. Als Mitglied der Reichsritterschaft konnte Claus von Egloffstein nach dem Augsburger Religionsfrieden 1555 vom „ius reformandi" Gebrauch machen und in Kunreuth einen lutherischen Pfarrer einsetzen.[10] Damit begann für Kunreuth die Zeit einer konfessionellen Enklavensituation, die bis heute noch nachwirkt. Kunreuth war Teil des reichsritterschaftlichen Territoriums der Herren von Egloffstein.[11] Der Status der ritterschaftlichen Territorialität wurde besonders durch das Privileg „wider die Landsässerei" von 1559 gestärkt.[12] Die Überlieferung des frühen 18. Jahrhunderts spricht von Kunreuth als einem ehemaligen Markt, der bis zur Zerstörung im zweiten Markgräflerkrieg bestanden haben soll.[13] Leider ist dies archivalisch nicht mehr überprüfbar, die Schaffung eigener Märkte erscheint jedoch, besonders nach dem Privileg „wider die Landsässerei" von 1559 möglich, was im Falle der Egloffstein'schen Orte Egloff-

---

[6] Ausführlich dazu: Kunstmann, Burgen (wie Anm. 1), S. 178 f.

[7] Kunstmann, Burgen (wie Anm. 1), S. 178.

[8] Ebd., S. 178.

[9] Zur Landeshoheit der Reichsritterschaft: Hartmut Heller, Die Peuplierungspolitik der Reichsritterschaft als sozialgeographischer Faktor im Steigerwald, in: Mitteilungen der Fränkischen Geographischen Gesellschaft 17, 1970, S. 149–264, 159 ff.

[10] Wilhelm Dannheimer/Wilhelm Zahn/Georg Kuhr, Ritterschaftliches Pfarrerbuch Franken, bearb. v. Georg Kuhr (Einzelarbeiten aus der Kirchengeschichte Bayerns 58), Neustadt a. d. Aisch 1979, S. 319 belegt als ersten lutherischen Pfarrer Alexander Staudt, nimmt aber an, daß Kunreuth bereits 1525 evangelisch gewesen sei. Klare Belege hierfür fehlen jedoch. Grundsätzlich zu diesem Thema: Erwin Riedenauer, Reichsritterschaft und Konfession, in: Ders., Fränkische Landesgeschichte und Historische Landeskunde. Grundsätzliches – Methodisches – Exemplarisches, hg. v. Alfred Wendehorst (Schriftenreihe zur Bayerischen Landesgeschichte 134), München 2001, S. 197–239.

[11] Zur Entwicklung der Reichsritterschaft in Franken und ihrer rechtlich-landesherrlichen Situation: Rudolf Endres, Die Reichsritterschaft – die Voigtländische Ritterschaft, in: Spindler, Max, Handbuch der Bayerischen Geschichte II/1: Geschichte Frankens bis zum Ausgang des 18. Jahrhunderts, hg. v. Andreas Kraus, München ³1997, S. 739–750.

[12] Klaus Rupprecht, Herrschaftsintensivierung und Verwaltungsausbau ritterschaftlicher Familien in Franken. Das Beispiel Guttenberg, in: Kurt Andermann (Hg.), Rittersitze. Facetten adligen Lebens im Alten Reich (Kraichtaler Kolloquien 3), Tübingen 2002, 116.

[13] Gräflich und Freiherrlich von und zu Egloffstein'sches Schloßarchiv Kunreuth (im folgenden: SchloßA Kunreuth), B 21, S. 166. Ich danke der Gesamtfamilie der Grafen und Freiherren von und zu Egloffstein für die Möglichkeit der intensiven Einsichtnahme und Benützung ihres Familienarchivs.

stein und Mühlhausen nachvollziehbar wird.[14] Für Kunreuth bedeutet dies, daß der Ort schon im 16. Jahrhundert eine gewisse Sonderrolle in der Umgebung spielt und zur Versorgung der umgebenden Dörfer beiträgt.

Den frühesten kompletten Einblick in die Siedlungsstruktur bietet das Urbar des Claus V. von Egloffstein aus dem Jahr 1556. [15] Dabei muß betont werden, daß die darin erkennbaren Ausmaße der Siedlung nur drei Jahre nach der katastrophalen Zerstörung Kunreuths im zweiten Markgräflerkrieg durch Markgraf Albrecht Alcibiades von Brandenburg-Kulmbach im Mai 1553 liegen.[16] Es ist also davon auszugehen, daß sich der Ort 1556 noch in einer Wiederaufbauphase befand. Im Urbar von 1556 sind neben dem Schloß insgesamt 22 Anwesen von sehr unterschiedlicher Größe und Funktionalität erkennbar. Seit 1447 hat sich die Zahl der Anwesen also mehr als verdoppelt. Vier Anwesen werden als Höfe bezeichnet, wobei die angegebenen, von den Inhabern zu leistenden Abgaben sehr unterschiedlich sind, eine klare Normierung also nicht vorzuliegen scheint. Immerhin bleibt die Bezeichnung „Hof" bis in das 19. Jahrhundert an diesen Anwesen haften, so daß wir darin wohl landwirtschaftliche Vollerwerbsbetriebe sehen dürfen. Zur besseren Vergleichsmöglichkeit wurden für die folgende Graphik die Abgabenmenge sämtlicher 1556 genannter Anwesen in einen fiktiven Geldwert in fl. umgerechnet. Dabei wurde auf zeitnahe Preisvergleiche der Naturalabgaben zurückgegriffen. Natürlich entsprechen die dabei errechneten Werte nicht den tatsächlichen Verhältnissen, doch wird zumindest tendenziell sichtbar, welche Größenordnungen die einzelnen Anwesen im Vergleich hatten. Wegen des Experimentcharakters dieser Umrechnung soll hier auch auf die Nennung konkreter Wertmeßzahlen verzichtet werden, damit nicht der Eindruck einer exakten Aussage vorgespiegelt werden könnte:

Abgabenwerte Kunreuth in lb.

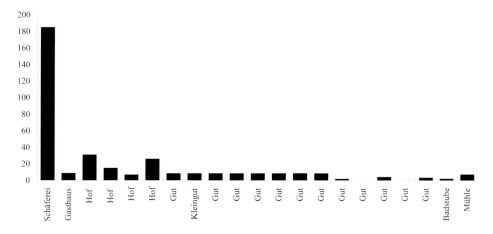

---

[14] In einer 1804 erstellten Zusammenstellung der Rechtsverhältnisse und Gerechtsamen die seit ältester Zeit dem Geschlecht der von Egloffstein gehörte ist unter anderem auch das Marktrecht erwähnt. Vgl. Egloffstein, Chronik (wie Anm. 4), S. 267.

[15] SchloßA Kunreuth, B 20.

[16] Die Ereignisse beschreibt im Detail: Kunstmann, Burgen (wie Anm. 1), S. 179 ff.

Besonders deutlich wird sofort die überaus große Abgabenleistung der Schäferei. Sie ist offensichtlich der dominante Betrieb Kunreuths gewesen. Diese Vorrangstellung der Schafzucht geht schon aus ihrer Stellung im Urbar von 1556 hervor: Direkt nach dem Titelblatt folgt auf fol. 2 die „Gerechtigkaitt des Schaffdriebs", worunter die Weiderechte und Schaftriebswege zu verstehen sind, die Kunreuth sternförmig verließen und teilweise bis heute als breite Angerstreifen im Flurbild erhalten sind. Auch in der Auflistung der landwirtschaftlichen Anwesen des Ortes steht die Schäferei an erster Stelle.[17]

Wie groß diese Schäferei in etwa war, erfahren wir aus den Schadensforderungen des Claus von Egloffstein nach dem zweiten Markgräflerkrieg: Markgraf Albrecht Alcibiades hatte 1553 die stattliche Anzahl von 600 Schafen aus Kunreuth wegtreiben lassen. Damit können wir die Kunreuther Schäferei überregional einordnen: Etwa zeitgleich hatte die herrschaftliche Schäferei der Reichsstadt Rothenburg zum Beispiel im Durchschnitt 1200 Schafe und war damit wohl einer der größten derartigen Betriebe.[18] Für eine reichsritterschaftliche Schäferei war diejenige zu Kunreuth relativ groß. Betrachtet man den hohen Wert ihrer Abgaben, so dürfte sie schon recht bald nach 1553 wieder eine entsprechende Größe gehabt haben.

Die wertmäßig mit weitem Abstand folgende Gruppe der Abgabeleistenden in Kunreuth sind die 1556 vier nachweisbaren Höfe, in denen wir wohl die alten bereits im Lehenbuch des Bamberger Bischofs Anton von Rotenhan für das Jahr 1447 genannten vier Bauernhöfe erkennen können.[19] Lediglich einer der vier Höfe fällt hier durch einen relativ geringen Wert seiner Abgaben auf.

Den Höfen folgt die breite Schicht von 13 sogenannten Gütern, deren Abgabenleistung ziemlich einheitlich ist; nur vier fallen aus dem Rahmen. Nur bei zwei der Inhaber können wir ihre Tätigkeit erkennen: Bei der Baderin Kunigunde und beim Mesner. Eine typische Abgabenleistung dieser Güter ist: 8 lb., 8 dn. an Geld, ein Schock (12 Stück) Eier, zwei Herbsthühner, ein Rauchhuhn, ein Fastnachtshuhn.[20]

Als Anwesen mit Abgaben, deren Wert eine Mittelstellung zwischen den Höfen und den Gütern darstellen, zeigen sich die örtliche Schenkstatt und die Mühle am Schloßgraben.[21] Eine Ausnahmerolle spielt das Gut des Pfarrers, von dem an die Schloßherrschaft keine Abgaben geleistet werden, sondern das eine Art „Zwischengrundherrschaft" darstellt. Die an den Pfarrer verliehenen Grundstücke wurden von diesem an unterschiedliche Bauern und Gütler verpachtet oder zur Nutznießung verkauft.[22]

---

[17] SchloßA Kunreuth, B 20, fol. 28.

[18] In besser erforschten Nachbarräumen hatten Rittergutsschäfereien im Durchschnitte einen „eisernen Bestand" von 400–600 Schafen; vgl. Lothar Hofmann, Zur gutsherrlichen Schäferei im ehemaligen Herzogtum Coburg, in: Max Böhm u. a. (Hg.), Auf der Hut. Hirtenleben und Weidewirtschaft (Schriften Süddeutscher Freilichtmuseen 2), Neusath-Perschen 2003, S. 131.

[19] Kunstmann, Burgen (wie Anm. 1), S. 178.

[20] Das Beispiel des Hans Urban (SchloßA Kunreuth, B 20, fol. 33).

[21] Einen ersten Einblick in die Geschichte und Archäologie fränkischer Wirtshäuser liefert: Claudia Frieser, Zwei spätmittelalterliche Wirtshäuser in Nürnberg. Kleinfunde aus der Irrerstraße (Arbeiten zur Archäologie Süddeutschlands 8), Büchenbach 1999, bes. S. 69–75; zur Bedeutung und zur Geschichte der Mühlen in Franken: Konrad Bedal (Hg.), Mühlen und Müller in Franken, Bad Windsheim 1992.

[22] SchloßA Kunreuth, B 20, fol. 16 f.

Die Schloßökonomie

Neben diesen 22 Anwesen bestand aber noch ein weiteres landwirtschaftliches Anwesen, dessen Erträge nicht meßbar sind, da es sich um die Eigenwirtschaft der
Schloßherrschaft handelt, also um die Schloßökonomie, deren Standort in der Vorburg
der Wasserburg gesichert ist.[23] Sie umfaßte 1556 alleine beinahe 1/3 der gesamten
landwirtschaftlichen Nutzfläche der Kunreuther Flur, war also der deutlich größte
landwirtschaftliche Betrieb. Das Urbar von 1556 gibt uns sowohl Einblick in die Größe als auch in die Lage der dazu gehörenden Flächen.[24] Die folgende Beschreibung
dieser Schloßökonomie orientiert sich an der Reihenfolge im Urbar von 1556. Zunächst wird das zum Schloß gehörende Jagdrecht beschrieben. Davon zeugen noch
heute bestehende Jagdgrenzsteine, wie jener zwischen Kersbach und Pinzberg.[25] Anschließend der Wald: Insgesamt gehörte zum Schloß eine Waldfläche von 95 Tagwerk. Dieser befand sich jedoch zur Gänze außerhalb der Ortsflur von Kunreuth, die
bis in das 16. Jahrhundert bis auf kleine Relikte waldfrei war. Die Waldflächen befanden sich auf den Hängen des über Weingarts, Ermreus und Gaiganz gelegenen Hetzleser Berges (oder: Leunbürg), im Rönig, im Hag, bei Mittelehrenbach, bei Oberwei-
lersbach und bei Hilpoltstein.[26] Dabei waren sowohl Jungwälder für Brennholz, als
auch mittelaltes Holz für verschiedene Zwecke und Bauholz.

Anschließend werden insgesamt 37 Tagwerk Wiesen und 90 Tagwerk Äcker aufgelistet.[27] Der größte Anteil dieser Flächen befand sich an den westlich des Schlosses
und des Troppbachlaufs gelegenen Hängen, in denen die Flurnamen sowohl eine direkte alte Pertinenz zum Schloß anzeigen als auch auf hoch- oder spätmittelalterliche
Rodungstätigkeit hinweisen: Poppenlohe, Schloßleite, Schloßstangen.[28] Dies deutet
klar darauf hin, daß bei der Etablierung der Schloßherrschaft im 14. Jahrhundert vor
allem durch Neurodung an den Westhängen Kunreuths der bisherige Wald der Kunreuther Ortsflur gerodet wurde und die dabei entstandenen Wiesen und Äcker der
Schloßökonomie zugeschlagen wurden. Dabei entstanden große Blockfluren, die bis
in das 17. Jahrhundert bei der Schloßökonomie blieben. An Sonderkulturen sind im
Urbar von 1556 innerhalb der Schloßökonomie 12 Tagwerk Baumgarten (vermutlich
Apfelbäume) und 10 Tagwerk Weingarten genannt.[29] Den späteren Rechnungsbüchern, wie dem von 1588/1589 ist zu entnehmen, daß der Weinberg als herrschaft-
licher Weinberg („Hernweingartenn") in Lohnarbeit von den Kunreuther Taglöhnern
und Taglöhnern aus Nachbarorten wie Weingarts und Pinzberg bearbeitet wurde.[30]
Auch die Fischzucht war durch den Schloßgraben, vier Weiher sowie den durch Kreb-
se und Grüntel belebten Troppbach in der Schloßökonomie von Bedeutung. Jährlich

---

[23] Kunstmann, Burgen (wie Anm. 1), S. 186 f.
[24] SchloßA Kunreuth, B 20, fol. 7–15.
[25] Katharina Sitzmann, Stadt Forchheim (Denkmäler in Bayern IV. 53/1), München/Zürich 1989, S. 148.
[26] SchloßA Kunreuth, B 20, fol. 8–9.
[27] Ebd., fol. 10–12.
[28] Ich danke Frau Dr. Dorothea Fastnacht für Hinweise und Erklärungen der Kunreuther Flurnamen.
[29] SchloßA Kunreuth, B 20, fol. 13.
[30] SchloßA Kunreuth, Rechnungsbuch des Kastenamts Kunreuth 1588/1589 (unfoliiert).

konnten „in gemainen Jarn" 1200 Setzlinge großgezogen werden.[31] Dabei wird allerdings nicht genannt, um welche Fischart es sich handelte.

Die Bewirtschaftung und Organisation der Schloßökonomie beruhte 1556 auf zwei Säulen: Erstens war die Schloßökonomie an den „Hofman", also den herrschaftlichen Gutspächter ausgegeben. Dieser hatte daneben auch noch seinen eigenen ganzen Hof („des Hofmans Hoff"). Die Nutzflächen der Schloßökonomie waren an ihn im Halbbau verliehen, also im Ursprung gegen die Abgabe des halben Ertrags.[32] Freilich war dieser Halbbau 1556 bereits in festgelegte Abgaben umgewandelt: Mit 40 Simra Korn, 10 Simra Dinkel und Hafer und 10 Simra Gerste wird die Leistung des Hofmanns beziffert. Dieser agrarische Großunternehmer war auch für die Vermarktung der Erträge der Schloßökonomie verantwortlich: „und ist solcher Halbpawer schuldig alles Getrayde so der Herrschaft ist gen Marckt zwverfurn uff der Herrschaft Costen".[33] Ob diese Organisationsform der Schloßökonomie noch eine Folge der Aufbausituation nach der großen Zerstörung Kunreuths von 1553 ist, kann aber nur vermutet werden.

Die zweite Säule der Bewirtschaftung der Schloßökonomie waren die Frondienste des Hofmanns,[34] aber auch der anderen Bauern und Gütler. Fast jeder im Urbar genannte Inhaber eines Anwesens war zur Leistung „farender und gehender" Fron in den Grundstücken der Schloßökonomie verpflichtet. Ausnahmen waren der Pfarrer, Bader, Mesner, Müller und zwei Gütler.[35]

Errichtung des Egloffstein'schen Kastenamtes Kunreuth

1557 starb Claus V. von Egloffstein kinderlos. In seinem Testament begründete er eine Familienstiftung, die später bis 1918 als Familien-Fideikommiss erhalten blieb. Schloß Kunreuth wurde als Ganerbenschloß vorgesehen, was jedoch auf den Widerstand des bambergischen Lehensherren stieß, der in einem Vertrag von 1559 festsetzte, daß das Schloß nur ein *Gemeinhaus* des Geschlechtes der Herren von Egloffstein sein dürfe.[36] Die Erben richteten im Schloß Kunreuth nun ein Kastenamt des Gemeingeschlechts von Egloffstein ein, das die zum gemeinsamen Besitz gehörenden Güter verwaltete und bis 1848 Bestand hatte. Durch das bereits erwähnte Privileg wider die Landsässerei von 1559 war die eigenständige Herrschaftsentwicklung der Reichsritterschaft enorm gestärkt worden.[37] Für Kunreuth hatte dies die Folge, daß der Ort sich zum herrschaftlichen Zentrum dieses kleinen reichsunmittelbaren Ritterterritoriums entwickelte und schon dadurch eine gewisse Zentralität erreichen konnte.

---

[31] SchloßA Kunreuth, B 20, fol. 14 f.

[32] Ebd., fol. 30 f.

[33] Ebd.

[34] „unnd front zum Schloß in yelicher Art im Veld drey halb Tag und furt 4 Klafter Holz inns Schloß. Zw Hilff der andern Schloßfron[Lücke]. Auch fuert er alles wißmatt ein so man in den Halbpaw nicht verlast" (Ebd., fol. 30 f.)

[35] SchloßA Kunreuth, B 20, fol. 29–40.

[36] Egloffstein, Chronik (wie Anm. 4), S. 208.

[37] Rupprecht, Herrschaftsintensivierung (wie Anm. 12), S. 116.

Veränderungen der Anwesensstruktur im späten 16. Jahrhundert

32 Jahre nach dem Urbar des Claus von Egloffstein, im Rechnungsjahr 1588/1589, erlaubt das älteste erhaltene Rechnungsbuch des Egloffstein'schen Kastenamts Kunreuth uns erneut einen detaillierten Einblick in die Struktur der Siedlung.[38] Es wurde von Kastner Hans Kuefler angelegt. Die Zahl der Anwesen war seit 1556 konstant bei 22 geblieben, doch innerhalb dieser Zahl gab es Veränderungen. Betrachten wir zunächst die Anwesen mit besonderen Funktionen: Weiter bestanden Schenkstatt, Mühle, Badstube und die große Schäferei, wobei erstmals der Name des Schafmeisters Hans Kern genannt ist. Daneben ist nun erstmals auch eine Schmiede in der Hand von Hans Zeisler genannt.

Eine deutliche Veränderung ergibt der Blick auf die Höfe: Statt vier (1556) sind im Rechnungsbuch nur noch drei feststellbar. Offensichtlich war der Hof des Hofmann nicht mehr als Einheit vorhanden, auch der Hofmann selbst wird nicht mehr genannt. Aufgrund der Überlieferungslücke von 32 Jahren ist jedoch keine genaue Rekonstruktion der Veränderungen und ihrer Ursachen mehr möglich. Aller Wahrscheinlichkeit nach wurden die Flächen des Hofes des Hofmanns wieder in die Schloßökonomie integriert.[39]

Bis in das 18. Jahrhundert hinein blieben nun drei Höfe als größere Bauernanwesen in Kunreuth bestehen.[40]

Die Schloßökonomie war 1588 vollständig neu organisiert und beruhte weiterhin auf Frondiensten, doch der Hofmann ist verschwunden. An seine Stelle traten zwei Lohnarbeiter namens Stromaier und Schmidter, die bei den Ausgaben als Tagelöhner erscheinen und für Erntearbeit entlohnt wurden.[41]

Anstelle der 1556 genannten 13 Güter sind 1588 noch elf Güter feststellbar, erstmals erscheinen nun aber zwei als „Häuslein" bezeichnete Kleinstanwesen. Eines besaß Claus Kettdenlein, der auch einen der drei Höfe bewirtschaftete, das zweite, als neuerbautes Häuslein bezeichnet, hatte der Krämer Petter Soeckler inne.[42] Erstmals erfassen wir damit die Kleinstanwesen, in denen wir den Typus des Tropfhauses, oder eines Hauses mit kleinem Gartengrundstück vermuten können. Damit begann in Kunreuth die Schaffung von nichtbäuerlichen Anwesen für Handwerker und Tagelöhner.

---

[38] SchloßA Kunreuth, Rechnungsbuch des Kastenamts Kunreuth 1588/1589 [Kastner Hans Kuefler] (unfoliiert).

[39] Als am 4. März 1660 ein neuer Halbhof aus den Flächen der Schloßökonomie herausgenommen wird, wird ein großer, fast zusammenhängender Block (vgl. Karte: Flur Kunreuth um 1700) dazu verwendet, in dem man den größten Teil der Flur des 1556 genannten Hofes des Hofmanns vermuten kann (SchloßA Kunreuth, Rechnungsbuch des Kastenamts Kunreuth 1660/1661 [Kastner Johann Krafft], fol. 80). Thomas Seidl unternahm für Kunreuth eine Flurrückschreibung anhand der Katasterkarte von 1821 und des Urkatasters von 1848. Dabei wurden sämtliche Besitzveränderungen innerhalb der Flur, die nur in Urbaren und Rechnungsbüchern zu finden sind, nicht untersucht, wodurch der erst 1660 durch Ausgliederung von Parzellen aus der Blockflur der Schloßökonomie entstandene Halbhof zu einem fraglichen „Urhof" Kunreuths wird; vgl. Seidl, Siedlungs- und Flurgeschichte (wie Anm. 2), S. 403–426.

[40] SchloßA Kunreuth, Rechnungsbuch des Kastenamts Kunreuth 1588/1589 [Kastner Hans Kuefler] (unfoliiert). Bei den drei Höfen folgte auf Georg Beheim Hans Behaimb, auf Hans Leickam Claus Kettdenlein, auf Simon Pfister Christoff Pfister.

[41] Ebd.

[42] Ebd.

Bei zwei Abgabeleistenden ist unklar, ob sie in Kunreuth ansässig waren, da keine spezielle Nennung eines Anwesentyps erfolgt.

Bis 1595 gab es bis auf Namensveränderungen bei den schon 1556 bestehenden Anwesen keine erkennbaren Veränderungen: Neben Schenkstatt, Schmiede, Badstube, Mühle und Schäferei erscheinen wieder die drei Höfe und elf Güter. Zusätzlich zu den bereits bestehenden zwei Häusern entstand ein weiteres Kleinstanwesen.[43] Vom Bauern über die Gütler bis hin zu den Häuslern erscheinen fast alle Kunreuther in den Ausgabelisten für Tagelöhne in unterschiedlicher Intensität und tragen damit – neben den Frondiensten - zur Bewirtschaftung der Schloßökonomie bei.[44] So erhält der Hofinhaber Simon Pfister für 59,5 Tage 4 R., 6 lb., 2 dn oder der Gütler Erhard Hebendanz für 45 Tage 3 R., 4 lb., 24 dn.[45]

Bis 1606 vermehrte sich die Anzahl der Güter um drei auf nun 14. Die Zahl der Häuser blieb gleich, ebenso die der Höfe und der anderen Anwesen. Insgesamt verfügte der Ort nun neben dem Schloß und seiner Ökonomie über 25 Anwesen.[46]

Kunreuth im Dreißigjährigen Krieg

Ein Jahr nach Ausbruch des Dreißigjährigen Krieges, 1619, können wir erneut eine starke Zunahme der Güter feststellen: Ihre Anzahl ist nun um rund ein Drittel auf insgesamt 19 angewachsen. Durch ein weiteres einzelnes Haus ohne Fluranteil hat sich die Summe aller Anwesen auf 31 erhöht.[47] Dabei ist zu beobachten, daß manche Kunreuther über zwei oder mehr Anwesen verfügten: Der Hofbesitzer Hans Hoffmann besaß zusätzlich zwei Gütlein, der Wirt der Schenkstatt, Hans Metzner, besaß zusätzlich ein Gut, ebenso der Schafmeister (Inhaber der Schäferei). Der Pfarrer Wilhelm Alberti hatte neben seinem Pfarrwidum ein weiteres Gut zugepachtet.[48] In den Rechnungsbüchern von 1624 und 1630 sind noch keine bedeutenden Auswirkungen des Dreißigjährigen Krieges in Kunreuth abzulesen.[49] Zwischen 1624 und 1630 wurde die Zahl der Güter jedoch um vier reduziert, die der Häuser um drei erhöht. Damit verdoppelte sich die Anzahl der Kleinstanwesen. Insgesamt nahm die Zahl der Anwesen bis 1630 aber um eines auf 31 ab, der Siedlungsausbau durch die Schloßherrschaft konnte in Kriegszeiten offenbar nicht fortgesetzt werden. Hellmut Kunstmann hat bei seiner

---

[43] SchloßA Kunreuth, Rechnungsbuch des Kastenamts Kunreuth 1595/1596 [Kastner Johann Knab] (unfoliiert).

[44] Ebd.

[45] Ebd.

[46] Ebd.

[47] SchloßA Kunreuth, Rechnungsbuch des Kastenamts Kunreuth 1619/1620 [Kastner Johann Gunderman] (unfoliiert).

[48] Ebd.

[49] SchloßA Kunreuth, Rechnungsbuch des Kastenamts Kunreuth 1619/1620 [Kastner Johann Gunderman] (unfoliiert).; SchloßA Kunreuth, Rechnungsbuch des Kastenamts Kunreuth 1630/1631 [Kastner David Hain] (unfoliiert). Zur Situation Frankens im Dreißigjährigen Krieg: Rudolf Endres, Vom Augsburger Religionsfrieden bis zum Dreißigjährigen Krieg, in: Spindler, Max, Handbuch der Bayerischen Geschichte II/1: Geschichte Frankens bis zum Ausgang des 18. Jahrhunderts, hg. v. Andreas Kraus, München ³1997, S. 487–495. (künftig: Spindler, HdBG II/1).

Auswertung der Kunreuther Rechnungsbücher von 1619/1620 bereits Hinweise auf Beschießung durch „Musketen" gefunden, nach der Glaserarbeiten im Schloß nötig waren.[50] 1620 ist auch die Datierung eines Fenstersturzes im Erdgeschoß des großen Westflügels des Schlosses, der nach Kunstmann 1611–1613 erbaut wurde und der das Schloß erheblich vergrößerte.[51]

Franken war in den Jahren vor 1631/32 zwar Durchzugsgebiet von Truppen sowohl der Liga als auch der Union, doch nicht unmittelbarer Kriegsschauplatz. Dies änderte sich schlagartig nach dem Sieg Gustav Adolphs über das kaiserliche Heer unter Tilly bei Breitenfeld im September 1631, als das schwedische Heer nach Franken vorrückte. Würzburgs „unbezwingbare" Festung Marienberg wurde im Oktober gestürmt.[52] Daß angesichts dieser Situation nicht die gesamte fränkische Reichsritterschaft mit den Schweden kooperierte, geht für Kunreuth durch Nachrichten über die mehrfache Einquartierung kaiserlicher Truppen 1630 und 1631 hervor. Jedenfalls lag Kunreuth, seitdem Gustav Adolph im Sommer 1632 sein Heerlager um Nürnberg aufgeschlagen hatte, während Wallenstein links der Rednitz lagerte, sehr nahe am Zentrum des Krieges.[53] Daß dieser Krieg auch Kunreuth stark betroffen hat, wird aus den Rechnungsbüchern bis 1650 sehr deutlich. Die ständigen Einquartierungen von Soldaten hatten zumindest das Schloß in Mitleidenschaft gezogen. Ein konkreter Angriff ist jedoch ebenso wie ein Brand nicht nachzuweisen.[54]

Dafür zeigt sich im Rechnungsbuch von 1635, wie sehr die Kriegszeiten dem Dorf und seiner Bevölkerung Schaden zugefügt haben: Kein einziges der Kunreuther Anwesen wird aufgeführt.[55] Der Kastner berichtet in einem den Rechnungen vorangestellten *Notandum* ausführlich über die desolate Situation: „Um die bisher und seit 1632 vorbliebenen Rechnungen wieder zw continuiren und die Servitien in Gang zu bringen, so hatt doch ein solches diese anderthalbe Jahre zwmahl die Unsicherheit noch fast teglich gewehrt, der ohne daß ganz zu Gründt ruinierte Unterthan sich nichts erholt und als vermög der Abrechnungen dez wenigste, ja an den maisten abgebrandten und unbewohnten Ortten, der Schuldigkeit noch gar nichts zue geben in Vermögen gehabt, sondern alle solche Ausständt dahero zu den Güttern, was sich die fünff Jahre her eraigent und immer zuhinder gewesen, annulirt werden müssen […]".[56] Auch die weitere Lektüre des Rechnungsbuches läßt ein Bild der Verwüstung erahnen. 1638 hatte ein neuer Kastner die Aufgabe des Wiederaufbaus Kunreuths und des gesamten Kastenamts übernommen: Dominicus Petit, offenbar ein Franzose.[57] Zwar sind weder Schenkstatt, noch Schmiede, Schäferei und Badstube im Rechnungsbuch aufgeführt, doch von den drei Höfen zinste bereits wieder einer, nämlich der des Hans Zeißler.[58]

[50] Kunstmann, Burgen (wie Anm. 1), S. 182.

[51] Ebd., S. 185.

[52] Endres, Vom Augsburger Religionsfrieden in: Spindler, HdBG II/2 (wie Anm. 49), S. 489.

[53] Ebd., S. 490.

[54] Kunstmann, Burgen (wie Anm. 1), S. 182.

[55] SchloßA Kunreuth, Rechnungsbuch des Kastenamts Kunreuth 1635/1637 [Kastner Johann Grieneysen] (unfoliiert).

[56] Ebd., auf der Rückseite des Titelblattes.

[57] SchloßA Kunreuth, Rechnungsbuch des Kastenamts Kunreuth 1638/1639 [Kastner Dominicus Petit] (unfoliiert).

[58] Hans Zeisler d. J. ist seit 1606 als Hofinhaber faßbar.

Nur neun der 1630 noch 16 Güter waren bereits wieder bewirtschaftet, dazu drei Häuser. Von den Inhabern der neun erwähnten Güter waren vier neu in Kunreuth: Eberhard Seuboth kaufte sein Gut und ein Haus 1638 vom Kastenamt. Auch Hans Heckmann, die Witwe des Martin Büllmann, Andreas Bewibler und Rochus Haiden kauften sich hier neu ein. Dagegen sind die Familien des Conradt Zaißler und der Witwe des Caspar Lasner bereits seit 1619 auf ihren Gütern nachweisbar. Letztere hatten vor 1630 ein weiteres Gut erworben, welches sie nun wieder besaßen. Fritz Ruprecht, bisher nur Inhaber eines Hauses hatte nun ein Gut und ein Häuslein.[59] Da nur etwa die Hälfte der Güter und Häuser und nur ein Hof Abgaben leisteten, die Dienstleistungsbetriebe und die Schäferei nicht besetzt waren, muß von einem stark reduzierten Wirtschaftsleben in Kunreuth ausgegangen werden.

Beginn eines jüdischen Bevölkerungsanteils

Wir erkennen deutlich den Versuch der Schloßherrschaft bzw. ihres Kastners, die Bevölkerung des Ortes wieder anzusiedeln und neue Siedler anzuziehen. In dieser Wiederbesiedlungspolitik spielte seit 1638 auch die jüdische Bevölkerung eine Rolle.

Die Ansiedlung von Juden auf Besitzungen der Reichsritterschaft wurde durch die Übertragung des Judenregals in der Reichspoliceyordnung von 1548 sehr gefördert.[60] Es bot den Rittern die Möglichkeit „Juden aufzunehmen und von ihnen Steuern und andere Abgaben zu erheben, die bald einen beträchtlichen Anteil an den Einnahmen der Reichsritter ausmachten".[61] Diese Einnahmemöglichkeiten führten auch dazu, daß es in vielen reichsritterschaftlichen Siedlungen zu einer „Peuplierungspolitik" kam, die Hartmut Heller für den Steigerwald eingehend untersucht und dargestellt hat.[62] Diese Politik führte im 17./18. Jahrhundert zum Teil zu Überbevölkerung, nicht nur durch jüdische Siedler. Ob dieses Phänomen der Peuplisierung in den Jahrzehnten nach dem Dreißigjährigen Krieg auch in Kunreuth auftrat, wird noch zu überprüfen sein. Nachdem bereits 1448 und 1415 ein „Lemblein Jude von Kunreuth" in den Protokollextrakten des kaiserlichen Landgerichts Bamberg feststellbar ist,[63] sind die ersten Spuren kontinuierlicher jüdischer Ansiedlung auf Besitz des Egloffstein'schen Kastenamtes Kunreuth 1595/96 in Gosberg und Kirchehrenbach zu finden[64], 1624

---

[59] SchloßA Kunreuth, Rechnungsbuch des Kastenamts Kunreuth 1638/1639 [Kastner Dominicus Petit] (unfoliiert).

[60] Dazu: Rudolf Endres, Die Juden in Wirtschaft und Handel, in: Spindler, Max, Handbuch der Bayerischen Geschichte II/1: Geschichte Frankens bis zum Ausgang des 18. Jahrhunderts, hg. v. Andreas Kraus, München ³1997, S. 957–959.

[61] Ebd., S. 957; vgl. dazu auch: Gerhard Philipp Wolf/Walter Tausendpfund, Obrigkeit und jüdische Untertanen in der fränkischen Schweiz, in: Jüdisches Leben in der fränkischen Schweiz (Die fränkische Schweiz – Landschaft und Kultur 11), Erlangen 1997, S. 79–149, bes. S. 95 ff.

[62] Heller, Peuplierungspolitik (wie Anm. 9).

[63] Reinhold Glas, Exkurs: Gerichtsfälle von Juden vor dem Kaiserlichen Landgericht Bamberg im 15. Jahrhundert, in: Jüdisches Leben in der fränkischen Schweiz (Die fränkische Schweiz – Landschaft und Kultur 11), Erlangen 1997, S. 165.

[64] Kopp Jüd und Sädtel Jüd besitzen jeweils ein Gut in Gosberg, Joseps Jüding und Lazarus Jüd ein Gut in Kirchehrenbach (SchloßA Kunreuth, Rechnungsbuch des Kastenamts Kunreuth 1595/96, unfoliiert.

wird in den Rechnungsbüchern erstmals die Rubrik des Judenschutzgeldes aufgeführt. Allerdings waren zwischen 1624 und 1637 keine Juden in Kunreuth selbst ansässig, sondern schon länger in den benachbarten Orten Gosberg und Weingarts.[65] 1638 sind nun sieben in Kunreuth lebende Juden in der Liste der Schutzgeldeinnahmen enthalten. Der erstgenannte Michael, der zusammen mit seinem Schwiegersohn Jacob eine Wohnmöglichkeit im herrschaftlichen „Viechhaus" gefunden hat, war 1624 schon in Gosberg ansässig.[66] Es ist anzunehmen, daß die Umsiedlung nah an das ritterschaftliche Herrschaftszentrum im Schloß durchaus der persönlichen Sicherheit der Juden galt.[67] Neben ihnen sind noch Samuel, Hirsch, Wolff, Leiv und Schwarz Michel in der Liste enthalten. Bei den genannten Personen dürfte es sich um Familienväter handeln.

Kastner Dominicus Petit – ein Spekulant und Kriegsgewinnler?

1645 befand sich Kunreuth noch immer in der Phase des Wiederaufbaus. 29 Anwesen sind bezeugt. Die Schenkstatt, die Mühle und die Badstube hatten neue Besitzer (Wolff Dainhardt, Hanns Erlwein und Ulrich Sailers Erben), die Schmiede und die Schäferei wurden von den selben Personen wie 1630 bewirtschaftet (Hanns Fuchs und Joachim Stadelman).[68] Alle drei Höfe waren wieder in Bewirtschaftung, einen der Höfe hatte allerdings der Kastner Dominicus Petit persönlich von der Schloßherrschaft gekauft. Den zweiten Hof hatte nach wie vor Hans Zeißler, den dritten Hanns Müller, der neu nach Kunreuth gekommen war.[69]

Die Zahl der Güter hatte sich im Vergleich zu 1638 von neun auf 15 erhöht , wobei auch hier zwei davon von Dominicus Petit übernommen worden waren. Fast alle (elf) dieser Güter hatten nun Inhaber, deren Familien 1638 oder 1645 erstmals in Kunreuth nachweisbar sind. Die handwerkliche Ausrichtung der Gütler wird bei einigen von ihnen durch ihre Berufsbezeichnungen sichtbar: Unter ihnen fanden sich ein Büttner, ein Lederer und ein Zimmermann.

Von den fünf aufgeführten Häusern hatte nur eines seinen Besitzer von 1638 behalten: Fritz Rupprecht, der auch ein Gut innehatte. Erstmals können wir nun mit Männlein Judt einen jüdischen Hausbesitzer benennen. Ein weiteres Haus besaß Michael Weeber, ein Bäcker aus Lauf. Der Kastner hatte auch in dieser Kategorie der kleinsten Anwesen zugegriffen und zwei Häuser übernommen.[70] Fünf Jahre später war Dominicus Petit nicht mehr als Kastner in Kunreuth tätig und besaß hier kein Anwesen mehr.

---

[65] SchloßA Kunreuth, Rechnungsbuch des Kastenamts Kunreuth 1625/1626 [Kastner Johann Gundermann] (unfoliiert); vgl. zum Beginn und zur Geschichte jüdischer Besiedlung in Kunreuth: Gerhard Philipp Wolf, Kunreuth, in: Jüdisches Leben in der fränkischen Schweiz (Die fränkische Schweiz – Landschaft und Kultur 11), Erlangen 1997, S. 297–342.

[66] SchloßA Kunreuth, Rechnungsbuch des Kastenamts Kunreuth 1625/1626 [Kastner Johann Gundermann] (unfoliiert); Rechnungsbuch des Kastenamts Kunreuth 1638/1639 [Kastner Dominicus Petit] (unfoliiert).

[67] Zur Situation der Juden im Raum der fränkischen Schweiz während und nach dem Dreißigjährigen Krieg: Wolf/ Tausendpfund (wie Anm. 61), S. 93–98.

[68] SchloßA Kunreuth, Rechnungsbuch des Kastenamts Kunreuth 1645/1646 [Kastner Dominicus Petit] (unfoliiert).

[69] Ebd.

[70] SchloßA Kunreuth, Rechnungsbuch des Kastenamts Kunreuth 1645/1646.

Daher stellt sich die Frage, ob man in ihm einen Spekulanten sehen muß, der die günstige Möglichkeit zum Ankauf leerstehender, zerstörter oder heruntergekommener Anwesen nutzte und diese später gewinnbringend wieder verkaufte, wie es in Parallelfällen bekannt ist.[71] Seine kurze Anwesenheit spricht dafür. In dieser Zeit hatte er in Kunreuth zeitweilig einen Hof, zwei Güter und zwei Häuser inne, daneben drei Äcker, eine Wiese und einen Wald bei Weingarts[72]. Diesen Besitz verkaufte er zwischen 1645 und 1648, mit welchen Gewinnspannen müßte erst in einer eingehenden, jeden Rechnungsjahrgang erfassenden Untersuchung festgestellt werden.

Auch wenn 1645 in Kunreuth erst ein Haus im Besitz eines Juden war, so hatte Dominicus Petit durch seine Ansiedlungspolitik die Einnahmen durch Judenschutzgeld von 16 Rheinischen Gulden und 6 lb im Jahr 1638 auf 28 Rheinische Gulden und 6 lb erhöht.[73] Von den elf genannten Juden wohnten Michael und sein Sohn Männlein nach wie vor im herrschaftlichen Viechhaus, die Wohnungen der anderen sind nicht feststellbar.

1650 übernahm mit Johann Krafft ein neuer Kastner die Verwaltung des Kastenamtes. Es wurden zwei neue Güter und drei neue Häuser geschaffen.[74] So gab es in Kunreuth nun drei kleine Anwesen mehr als 1630 vor den Kriegsereignissen, insgesamt 34 Anwesen. Damit wurde die Phase der Wiederbesiedlung in Kunreuth schon recht früh erreicht, in der nach Heller spätestens bis 1700 das „Bemühen erkennbar [ist], in den vom Dreißigjährigen Krieg verwüsteten und entvölkerten Dörfern die alten Hofeinheiten wieder aufzubauen und mit zinsenden Untertanen zu erfüllen".[75] Dominicus Castner hatte seinen Hof 1648 an Veit Dörr aus Egloffsteinerhüll verkauft, von dem die heutigen Anwesen Unter- und Oberdürrnveit ihren Hausnamen haben. Die Dörr hatten in Egloffsteinerhüll spätestens seit 1589 einen Hof, den Veit Dörr und später seine Witwe auch weiterhin behielten.[76] Somit können wir eine Übernahme des verödeten Kunreuther Hofes durch ebenfalls der Egloffstein'schen Grundherrschaft angehörige Bauern feststellen. Auch dies zeigt Analogien zu den Fällen, die Heller im Steigerwald untersucht hat: „Die Fern-Immigranten stellen nur eine Minderheit dar gegenüber der Masse der Neusiedler, die in einer kleinräumigen *innerfränkischen Binnenwanderung* in das ritterschaftliche Dorf zugezogen sind".[77] Unter den Inhabern der 17 Güter können wir keine Berufsbezeichnungen finden, dafür aber bereits vier jüdische Gütler[78], unter den Inhabern der acht Häuser hatten gegenüber drei Hand-

[71] Wolfgang Wüst, Burg- und Pflegamt Nesselwang im Hochstift Augsburg, in: Wilhelm Liebhart (Hg.), Nesselwang. Ein historischer Markt im Allgäu, Sigmaringen 1989, S. 51–70.

[72] SchloßA Kunreuth, Rechnungsbuch des Kastenamts Kunreuth 1645/1646 [Kastner Dominicus Petit] (unfoliiert).

[73] Ebd.

[74] SchloßA Kunreuth, Rechnungsbuch des Kastenamts Kunreuth 1650/1651 [Kastner Johann Krafft], fol. 20–24.

[75] Heller, Peuplierungspolitik (wie Anm. 9), S. 178.

[76] SchloßA Kunreuth, Rechnungsbuch des Kastenamts Kunreuth 1589/90; Rechnungsbuch des Kastenamts Kunreuth 1680/81, fol. 43'.

[77] Heller, Peuplierungspolitik (wie Anm. 9), S. 173.

[78] Diese sind: Samuel d. Ä.(gemeinsam mit Samuel d. J.), Jacob Juedt, Michael Juedt, Köpplein Juedt; vgl. SchloßA Kunreuth, Rechnungsbuch des Kastenamts Kunreuth 1650/1651 [Kastner Johann Krafft], fol. 20–24.

werkern (zwei Schuster, ein Bäcker – allerdings zu Lauf) die jüdischen Anwohner 1650 bereits die Mehrheit. Insgesamt zahlten nun in Kunreuth elf Juden das Schutzgeld.[79] Damit war die Zahl von zehn erwachsenen Männern bereits überschritten, die eine eigene jüdische Kultusgemeinde bilden konnten.[80]

Zehn Jahre später, 1660, hat sich die Anwesenzahl Kunreuths um zwei auf 36 erhöht, davon 16 Güter und 10 Häuser. In diesem Jahr wurde erstmals seit 1556 ein größeres landwirtschaftliches Anwesen neu geschaffen: Am 4. März 1660 wurde ein neuer sogenannter „Halbhof" aus den Flächen der Schloßökonomie verkauft.[81] Es handelte sich dabei um die heutigen Anwesen „Schwarzenbauer" und „Biberle". Da in diesem Jahr ein Gut weniger als vorher bestand, kann angenommen werden, daß dieses als Grundstock für die Hofgebäude benutzt wurde. Als landwirtschaftliche Nutzfläche wurde ein großer zusammenhängender Flurblock in der Sandgrube und im Röthfeld zwischen der Straße nach Weingarts und dem Laschbachweg und eine große Feldfläche westlich des Laschbaches in der Winterleithe verwendet, zwischen denen ausschließlich Fluren der Schloßökonomie lagen (vgl. Karte: Flur Kunreuth um 1700). Vermutlich ist diese Fläche der größte Teil der Flur des nur 1556 nachweisbaren Hofes des Hofmanns. Ein „Urhof", wie Thomas Seidl ihn darin vermutete, ist dieser neu entstandene Halbhof mithin nicht.[82] Der neue Halbhof wurde von einer „Aufsteigerin", der Witwe des Hofbesitzers in Kunreuth und Egloffsteinerhüll Veit Dörr zusätzlich zu ihren zwei Höfen zusammen mit Eberhard Seuboth gekauft. Die „Dörrin" hatte 1648 dem Kastner Dominicus Petit auch ein Waldgrundstück bei Weingarts abgekauft.[83] Ein weiterer Aufsteiger ist Wolf Dainhardt, der Kunreuther Wirt und Brauer, der neuerdings auch Inhaber der bedeutenden Schäferei ist und 1649 ein neu erbautes Häuslein vor dem Schloß von der Schloßherrschaft kaufte.[84]

Doch nicht nur Vergrößerung und Zukauf sind 1660 in Kunreuth erkennbar: Die Kinder des verstorbenen Hanns Zeisler hatten ihren Hof (1556: Hans Leickam) an ihren Schwager Hanns Hain verkauft, welcher bereits 1652 eine Hälfte an Hanns Fränkel weiterverkauft hatte.[85] Damit wurde der erste ganze Hof Kunreuths aufgeteilt, den anderen stand dies im 18. Jahrhundert noch bevor.[86] Hanns Fränkel, der seit 1645 als Besitzer eines Gutes in Kunreuth nachgewiesen ist, gelang damit der Aufstieg zum Halbbauern.

---

[79] Ebd., fol. 64': „Michael Juedt im Viechhaus, Männlein Juedt sein Sohn, Bläsell Judt sein Sohn, Jacob Juedt sein Aydam, Samuel Juedt, Aaron Juedt, Samuel der J. (so das Hirschwittib erheirat), Lew, Männlein, Gromann, Köpplein, Mosch".

[80] Christoph Daxelmüller, Jüdische Kultur in Franken (Land und Leute. Veröffentlichungen zu Volkskunde, hg. v. Wolfgang Brückner), Würzburg 1988, S. 92.

[81] SchloßA Kunreuth, Rechnungsbuch des Kastenamts Kunreuth 1660/1661 [Kastner Johann Krafft], fol. 80.

[82] Vgl. Seidl, Siedlungs- und Flurgeschichte (wie Anm. 2), S. 409.

[83] Erwähnt in: SchloßA Kunreuth, Rechnungsbuch des Kastenamts Kunreuth 1660/1661 [Kastner Johann Krafft], fol. 50.

[84] Ebd., fol. 62.

[85] Ebd., fol. 28'.

[86] Heller, Peuplierungspolitik (wie Anm. 9), S. 176 bezeichnet diese Entwicklung als „Dismembrierung", bei der die „Hofstellen entweder geteilt, geviertelt, geachtelt oder dergestalt umgebildet, daß der größere Teil des Feldbesitzes bei einem Haus blieb und die anderen, oft auf derselben Hofrait zusätzlich errichteten Wohnstätten nur je einen Bruchteil Land bekamen."

Ein weiteres neues Anwesen in Kunreuth war die nun erstmals genannte Synagoge (Schul), die zeigt, daß sich eine jüdische Gemeinde in Kunreuth etabliert hatte, die für ihre Zusammenkünfte ein eigenes Gebäude hatte und nicht nur ein Zimmer in einem Privathaus.[87] Die Synagoge stand bis um 1900 mitten im Dorf an der Brücke über den Troppbach. In der Liste der Judenschutzgeldeinnnahmen sind 1660 zehn Personen genannt.[88] Zwei der 16 Güter und vier der zehn Häuser hatten jüdische Besitzer. Neben ihnen sind einige Handwerker in den Kleinanwesen feststellbar: zwei Schuster, jeweils ein Schreiner, Maurer, Wagner und Schneider.[89] Dies zeigt, daß die starke Ansiedlung von Handwerkern in ritterschaftlichen Dörfern schon deutlich vor dem kaiserlichen Privileg von 1688 anzutreffen ist, in welchem der Ritterschaft das Recht zugesichert wurde, Handwerker anzunehmen und Zünfte zu gründen.[90]

Bis 1680 ergaben sich im Bereich der größeren Anwesen und der Anwesen mit besonderen dörflichen Funktionen (Schenkstatt, Schmiede usw.) keine Veränderungen. Wir erkennen jedoch eine zunehmende Schaffung von Kleinstanwesen, wohl bereits in Form von Tropfhäusern: Vier neue Häuser entstanden, der Ort wuchs auf 41 Anwesen. Die Kleinstanwesen wiesen zugleich eine hohe Besitzerfluktuation auf. Häufig folgten christliche Besitzer jüdischen und umgekehrt. Es gab demnach keine „Judenhäuser", auf die, wie andernorts überliefert, die jüdische Bevölkerung beschränkt war.[91] Dagegen ist bei den Gütern, deren Zahl gleichblieb, eine gewisse Besitzerkonstanz auch über Generationen festzustellen.[92] Der Anteil der Juden an den 16 Gütern bleibt mit zwei gleich, ebenso der Anteil von vier an den nun 14 Häusern.[93] Dennoch nimmt die Judenschaft Kunreuths zu: In der Liste der Judenschutzgeldeinnahmen sind 1680 14 Personen genannt. In ihrer Bevölkerungsgruppe dürfen wir also eine weiterhin steigende Verdichtung der ohnehin wohl recht engen Wohnsituation annehmen. Viele jüdische, aber auch christliche Einwohner ritterschaftlicher Orte waren eben völlig ohne Haus- und Grundbesitz und wohnten als Inwohner in den verschiedensten Anwesen.[94]

Daß die ständige Steigerung der Kleinanwesen aber keine klare Konstante ist und auch nicht immer von Dauer ist, zeigt sich im Rechnungsjahr 1700/1701, in dem je ein Gut und ein Haus weniger verzeichnet sind.[95] Dafür stieg bei den Häusern deut-

---

[87] Vgl. dazu: Daxelmüller, Jüdische Kultur (wie Anm. 80), S. 92.

[88] SchloßA Kunreuth, Rechnungsbuch des Kastenamts Kunreuth 1660/1661 [Kastner Johann Krafft], fol. 88‛: Jacob, Männlein, Köpplein, Möschlein, Löw der Älter, Aaron, Jäckel der Größer, Löw der Jünger, Lämblein, die Witwe des zu Forchheim verstorbenen Aaron.

[89] Ebd., fol. 28–32.

[90] Vgl. dazu: Hanns Hubert Hofmann, Adelige Herrschaft und souveräner Staat. Studien über Staat und Gesellschaft in Franken und Bayern im 18. und 19. Jahrhundert (Studien zur bayerischen Verfassungs- und Sozialgeschichte 2), München 1962, S. 100.

[91] Z. B. in Ottensoos. Vgl. Ernst Schubert, Arme Leute, Bettler und Gauner im Franken des 18. Jahrhunderts (Veröffentlichungen der Gesellschaft für Fränkische Geschichte, Reihe IX: Darstellungen aus der Fränkischen Geschichte 26), Neustadt a. d. Aisch 1990, S. 155.

[92] SchloßA Kunreuth, Rechnungsbuch des Kastenamts Kunreuth 1680/1681 [Kastner Andreas Held], fol. 27–34.

[93] Ebd., fol. 28–34.

[94] Zu den Wohnsituationen in Tropfhäusern im Steigerwald siehe Heller, Peuplierungspolitik (wie Anm. 9), S. 187f. Vgl. auch Schubert, Arme Leute (wie Anm.91), S. 155.

[95] SchloßA Kunreuth, Rechnungsbuch des Kastenamts Kunreuth 1700/1701 [Kastner Andreas Held], fol. 23–28.

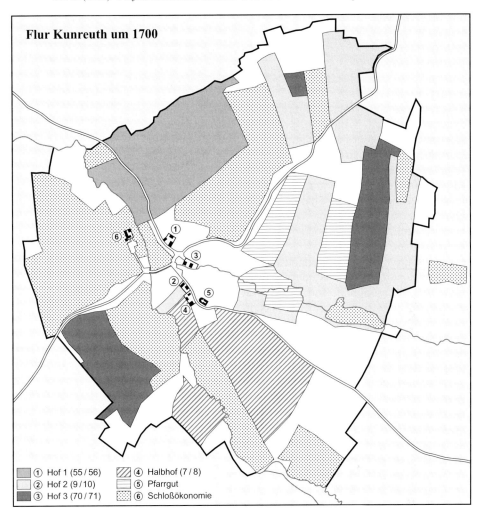

Flur Kunreuth um 1700

① Hof 1 (55 / 56)   ④ Halbhof (7 / 8)
② Hof 2 (9 / 10)   ⑤ Pfarrgut
③ Hof 3 (70 / 71)   ⑥ Schloßökonomie

lich der Anteil der jüdischen Bewohner: Von 13 Häusern wurden nun sieben von Juden bewohnt. Während der jüdische Hausbesitz zunahm, nahm die Zahl ihrer Familien bis 1700 jedoch ab: Es sind nur noch zehn Personen in der Liste der Schutzjuden
aufgeführt.[96] Aus der Gruppe der Gütler sind die Juden gänzlich verschwunden.

Eine Folge des bereits erwähnten kaiserlichen Handwerks- und Zunftprivilegs von
1688 ist offensichtlich die Gründung von Handwerkszünften für Schuhmacher und
Schneider in Kunreuth und Egloffstein im Jahr 1699. Weitere Zünfte folgten bis 1724

---

[96]   Ebd., fol. 67.

für die Metzger, Leineweber, Zimmerleute, Maurer, Schreiner, Bäcker, Müller, Schmiede und Wagner.[97]

Kunreuth als Sitz der Kanzlei des Ritterkantons Gebürg

Zur Untersuchung der Strukturen des 18. Jahrhunderts wird im folgenden in erster Linie auf das Saal- Grundt- und Lagerbuch des Rittergutes Kunreuth von 1728 zurückgegriffen, welches auf Initiative des Ritterhauptmanns Carl Maximilian von und zu Egloffstein angelegt wurde.[98] Dieses enthält neben Kopien sämtlicher Rechtsgrundlagen, Verträge und Gemeindeordnungen eine Aufstellung der einzelnen Anwesen und eine exakte kartographische Darstellung aller ihrer Flächen, die durch den Geometer Johann Paulus Thalbitzer vermessen und gezeichnet wurden. Es erlaubt eine exakte Rückschreibung sämtlicher Hof- und Flurparzellen Kunreuths bis 1728, da es bis nach 1830 weiterbenutzt wurde und sämtliche Besitzveränderungen und Teilungen enthält.

Unter Carl Maximilian von und zu Egloffstein wurde Kunreuth zeitweise ein wichtiger Ort der fränkischen Reichsritterschaft. 1719 fand im Schloß ein Kreiskonvent des Ritterkantons Gebürg statt, 1721 ein Rittertag, auf dem Carl Maximilian zum Ritterhauptmann gewählt wurde.[99] Dies führte auch zur Verlegung der Kanzlei des Kantons Gebürg nach Kunreuth und zum Bau von Häusern für die Kantonsbeamten in der sogenannten Herrenstraße zwischen Schloß und Dorf.[100] Damit änderte sich die Gestalt des Dorfes bis heute sehr deutlich. Der bisher abseits vom Straßendorf Kunreuth liegende Schloßbereich wurde durch die neue Straße und die damit zusammenhängende Bebauung mit dem alten Dorfbereich verbunden. Das bis heute prägendste Gebäude dieser Neugestaltung ist das an der Stelle des Badhauses errichtete Kanzleigebäude, das später der Gemeinde als Rathaus diente und durch jüngste Renovierungen wieder sein herrschaftliches Aussehen erhielt. Dieses Gebäude ist gleichzeitig eines der wenigen erhaltenen Beispiele für gemeinschaftliche Bauprojekte von Ritterschaftskantonen[101] und verdeutlicht den erheblichen Bedeutungsgewinn, den Kunreuth als Sitz der Kantonsregierung zeitweise erhielt. Die dazu nach Kunreuth verlegte Kantonsverwaltung umfaßte das Amt des Truhenmeisters (Finanzen), dann die Kanzlei mit Ortssekretär, Ortsregistrator, Kanzlist und Kanzleiaccessist. Angestellte waren Ritterbote und Ortstrompeter, die die Kommunikation mit dem Kantonsvorstand und den Mitgliedern des Kantons ermöglichten.[102] Ob auch die Berater und di-

---

[97] SchloßA Kunreuth, B 21[a], S. 112.

[98] SchloßA Kunreuth, B 21[a].

[99] Egloffstein, Chronik (wie Anm. 4), S. 246.

[100] Ebd., S. 247.

[101] Albrecht Graf von und zu Egloffstein, Ritterschaftliche Schlösser des 18. Jahrhunderts in Franken. Ein Beitrag zur Bau- und Ausstattungskultur des Barock, Rokoko und Frühklassizismus, Diss. München 1994, S. 259. Ein weiteres, wesentlich größeres Beispiel ist das 1720 erbaute Kanzleigebäude des Kantons Altmühl in Wilhermsdorf (ebd.).

[102] Egloffstein, Ritterschaftliche Schlösser, S. 24; vgl. auch Erwin Riedenauer, Die fränkische Reichsritterschaft, in: Ders., Fränkische Landesgeschichte und Historische Landeskunde. Grundsätzliches – Methodisches – Exemplarisches, hg. v. Alfred Wendehorst (Schriftenreihe zur Bayerischen Landesgeschichte 134), München 2001, S. 135–140, hier: S. 136.

plomatischen Vertreter des Kantons, Ortskonsulent, Ortsadvokat, Ortssyndikus, in Kunreuth ansässig wurden, ist nicht sicher. Da aber gerade der Ortskonsulent für die Regierungstätigkeit des Ritterhauptmanns von entscheidender Bedeutung war,[103] ist mit seiner Anwesenheit, vermutlich mit Wohnsitz im Schloß zu rechnen.

Besonders signifikant für diese Zeit ist die Schaffung einer neuen Straßensiedlung am Badanger, der die Verbindung in das Nachbardorf Gaiganz und in die markgräfliche Residenz Erlangen darstellt, wo Carl Maximilian ein großes Stadtpalais erbaute.[104] Im Bereich dieses steil den Hang hinaufführenden Angers wurde durch die Schaffung von 13 Hausgrundstücken eine Verdopplung der Kleinstanwesen in Kunreuth erreicht.[105] Einige dieser Häuser waren reine Tropfhäuser, die meisten hatten jedoch zumindest eine kleine „Hofraith" oder ein Gärtlein dabei. Damit folgt die Dorfentwicklung in Kunreuth auch der von Heller beschriebenen zweiten Phase der Peuplierung zwischen 1700 und 1750. Ein Parallelfall ist das ebenfalls in der Hand der von Egloffstein befindliche Mühlhausen im Steigerwald, wo in dieser Phase zwölf neue Häuser entstanden.[106] Insgesamt wuchs Kunreuth durch diese Neuschaffung von Anwesen und durch die Aufteilung der größeren Hofeinheiten auf 58 Anwesen. Damit stellt sich Kunreuth 1728 als ein „teilpeuplierter" Ort im Sinne Hellers dar, der bereits im 16. Jahrhundert stattlich war und durch die Peuplierungen nur vergrößert wurde.[107] Dabei muß aber betont werden, daß im Fall von Kunreuth nicht von einer überzogenen Peuplierung gesprochen werden kann, bei der so viel wie möglich Handwerker und Juden angezogen werden sollten, ohne auf ihre wirtschaftlichen Möglichkeiten zu achten. Vielmehr kann durch den Bedeutungsüberschuß Kunreuths als „Hauptstadt" des Kantons Gebürg durchaus auch von einem erhöhten Bedarf an Waren und Dienstleistungen ausgegangen werden. Auch das wirtschaftliche Geschick des Carl Maximilian von und zu Egloffstein hatte für diese Etappe der Geschichte Kunreuths sicherlich einen positiven Einfluß auf die Erwerbsmöglichkeiten der Untertanen in Kunreuth.[108]

---

[103] Egloffstein, Ritterschaftliche Schlösser, S. 24f.

[104] Andreas Jacob, Art. Egloffsteinsches Palais, in: Erlanger Stadtlexikon, Erlangen 2002, 217 f.

[105] SchloßA Kunreuth, B 21[a], S. 479–151.

[106] Heller, Peuplierungspolitik (wie Anm. 9), S. 179.

[107] Ebd., S. 180.

[108] Carl Maximilian von und zu Egloffstein galt als ausgezeichneter Ökonom, der sein ererbtes Vermögen vervierfacht hatte und auch als Kapitalgeber tätig war. Vgl. Egloffstein, Chronik (wie Anm. 4), S. 247–249.

Überblick über das Siedlungsbild von Kunreuth im Jahr 1728

Betrachten wir das Kartenbild, so erkennen wir die Zweiteilung des Ortes. Im Osten die Straßensiedlung, die sich vom Kirchberg herunter nach Norden bis zum Ortsende in der heutigen Forchheimerstraße hinzieht. Es handelt sich dabei vielleicht um die alte Fernstraße Regensburg-Forchheim. Am oberen Ende liegen zwei der wohl

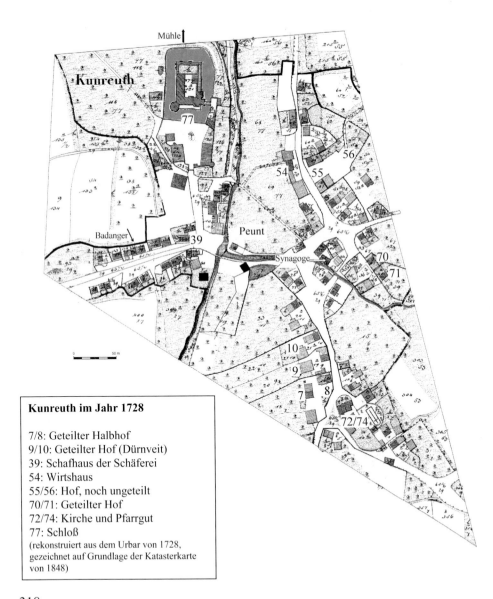

Kunreuth im Jahr 1728

7/8: Geteilter Halbhof
9/10: Geteilter Hof (Dürnveit)
39: Schafhaus der Schäferei
54: Wirtshaus
55/56: Hof, noch ungeteilt
70/71: Geteilter Hof
72/74: Kirche und Pfarrgut
77: Schloß
(rekonstruiert aus dem Urbar von 1728, gezeichnet auf Grundlage der Katasterkarte von 1848)

älteren Güter, dann der Bereich der Kirche, des Pfarrgutes und des Schulhauses. Den Kirchberg hinunter liegen westlich der Halbhof, dann der inzwischen aufgeteilte, 1556 bereits faßbare ganze Hof (Dürrnveit, Hs. Nr. 9/10). Benachbart wieder Güter, aus deren Flächen die Hausgrundstücke der kleinen Häuser am Kirchweg genommen wurden. Im Tal liegt direkt am Troppbach umgeben von weiteren Kleinstanwesen die Synagoge der Judengemeinde. Östlich daneben folgt der zweite der großen Höfe des Ortes (Hs. Nr. 70/71) und ein Gut. Überquert man die Kreuzung mit dem Weg nach Mittelehrenbach erreicht man wieder die Linie der alten Fernstraße, an der westlich auf die Schmiede das alte Wirtshaus (Hs.Nr. 54) folgt, zu dem ein Pferdestall, eine sehr große Scheune und ein großer Felsenkeller am Badanger gehören. Diese Kombination deutet auf die Wichtigkeit der Verkehrsverbindung hin. Auch der Versorgung dient die an das Wirtshaus anschließende Bäckerei, die ihren Standort bis heute bewahrt hat. Auf der anderen Straßenseite finden wir den dritten der großen Höfe (55), umgeben von Gütern und Kleinstanwesen. Von der Wegkreuzung nach Westen betritt man den Schloßbereich des Dorfes. Dieser ist durch die große Peunt und die Linie Laschbach-Troppbach deutlich vom Straßendorf abgetrennt. Die Peunt ist gleichzeitig Standort des herrschaftlichen Schafpferchs. Eine weitere optische Trennung ergibt der Badweiher mit dem danebenliegenden Badhaus, an dessen Stelle wenige Jahre später das repräsentative Kanzleigebäude entsteht. Westlich anschließend dann der steil den Hang hinaufführende Badanger mit den neu geschaffenen Kleinstanwesen. Der Herrenstraße (heute Schloßstraße) folgend weitere Güter und Häuser zur rechten, links dann ein Stadel, der 1744 in ein zweites Wirtshaus umgewandelt wird.[109] Er gehört wie das gegenüberliegende Jägerhaus bereits zum Schloßareal. Die eigentliche Schloßanlage wird durch einen äußeren Graben gesichert. Eine mit einem Tor versehende Brücke darüber bietet den Eingang in die Vorburg, die Standort wichtiger Wirtschaftsgebäude wie Kellerhaus, Milchgewölbe, Stadel und Pferdestall ist. Durch einen Wassergraben ist dann die eigentliche Wasserburg geschützt. Sie erreicht man durch ein Torhaus mit Fronfeste, welches Zugang in den mittelalterlichen Zwinger bietet. Östlich neben der Maueranlage von Zwinger und äußerem Graben verlaufen nebeneinander Mühlbach und Troppbach. Der Mühlbach mündet in den nördlich des Schlosses gelegenen Mühlweiher, an den wiederum die etwas vom Dorf separierte Mühlsiedlung mit Mühlgut, dem Gut in der Poppenlohe und der Mühle anschließt (außerhalb des Kartenausschnittes).

Betrachten wir nun die Besitzstrukturen Kunreuths 1728, so fällt auf, daß die Tendenz zur Hofteilung, die wir bereits 1652 erstmals feststellen konnten, nun fortgesetzt wurde. Bereits zwei der drei ganzen Höfe sind geteilt worden, der erst 1660 neu geschaffene Halbhof ist ebenfalls geteilt. Zusätzlich wurde von diesem bereits einige Jahre vor 1728 ein Viertel zugunsten von kleineren Anwesen zerschlagen. Die Hofteilungen und Schaffung von Kleinanwesen wird aber durch eine weitere Komponente ergänzt: 1714 wurde der größte Teil der zur Schloßökonomie gehörenden Äcker und Wiesen daraus ausgegliedert und an Untertanen meist zu Erbrecht ausgegeben. Dies betraf 25 Äcker und 15 Wiesen. Dabei wurden sowohl die Fluranteile der geteilten Höfe ergänzt, wie die der Güter, aber auch einzelne Handwerkeranwesen erhielten da-

---

[109] SchloßA Kunreuth, B 21[a], S. 246.

durch landwirtschaftliche Nutzflächen. Lediglich der jüdische Bevölkerungsanteil blieb ausgenommen. Der zunehmenden Bevölkerungszahl stand also nun auch eine vergrößerte landwirtschaftliche Nutzfläche zur Verfügung, da zahlreiche Fluren aus der Schloßökonomie herausgelöst worden waren. Auch diese Methode der Veränderung der Besitzstrukturen hat Heller bei seinen Untersuchungen im Steigerwald festgestellt.[110] Auch hier verhält sich die Siedlungsentwicklungspolitik der Egloffstein'-schen Schloßherrschaft in Kunreuth analog zur allgemeinen Entwicklung.[111] Bemerkenswert ist aber, daß auch der Besitz ausmärkischer Bauern oder Gutsinhaber in der Gemarkung von Kunreuth gestärkt wurde: Von den 22 neu ausgegebenen Ackerflächen innerhalb der Kunreuther Gemarkung gingen nur elf an Kunreuther, die anderen an Personen aus den Nachbardörfern Ermreus, Gaiganz und Mittelehrenbach, von den sieben Wiesen nur vier an Kunreuther.[112]

Betrachten wir kurz die 14 Güter Kunreuths im Jahr 1728: Zunächst fällt auf, daß es zwei Personen gab, die zwei beziehungsweise drei Güter besaßen (drei Güter: Hanns Rackelmann), woran der Versuch erkennbar ist, größere, den geteilten Höfen ähnliche Anwesen zu schaffen. Zwei der Güter gehörten Handwerkern, einem Schuster und einem Schneider. Die restlichen verteilten sich über verschiedene Familien, die zum Teil auch andere Anwesen innehatten. Daneben bestanden weiterhin Wirtschaft, Mühle, Schafhaus, Schmiede und Badhaus. Von den als Häusern aufgeführten 28 Kleinstanwesen waren sechs in der Hand von Handwerkern (zwei Schuster, je ein Bäcker, Seiler, Schneider und Zimmermann), neun von Juden, sechs von Familien, die noch andere Anwesen in Kunreuth besaßen, wie der Wirt Georg Deinhard, der zwei Häuser besaß.[113] In den neun von Juden bewohnten Häusern dürfen wir sehr enge und ärmliche Wohnverhältnisse annehmen, da in der Liste der Schutzgeldeinnahmen 1728/29 21 Juden genannt sind.[114] Damit können wir eine Verdopplung des jüdischen Bevölkerungsanteils erkennen, der möglicherweise auch mit den 1699 und 1727 erfolgten Plünderungen jüdischer Haushalte im Hochstift Bamberg zusammenhängt, in deren Folge Juden verstärkt Schutz in ritterschaftlichen Orten suchten.[115] In Kunreuth waren die Juden nicht nur Hausbesitzer, sondern ein Großteil von ihnen hatte auch Anteil an der Allmendenutzung: 13 der 21 genannten Juden waren in Besitz eines der insgesamt 56 Gemeinderechte des Ortes.[116] Daß auch unter den Handwerkern nicht jeder ein eigenes Haus innehatte, sondern als Inwohner lebte, geht ebenfalls aus der Liste der Gemeinderechte hervor: Nur drei der vier Schuster, zwei der

---

[110] Heller, Peuplierungspolitik (wie Anm. 9), S. 179.

[111] SchloßA Kunreuth, B 21[a], S. 261–311.

[112] Ebd.

[113] Ebd., S. 479–528.

[114] SchloßA Kunreuth, Rechnungsbuch des Kastenamts Kunreuth 1728/1729 [Kastner Johann Ludwig Hoffmann], S. 144. Die ärmliche Situation wird durch diese Einträge in der Liste deutlich: „Salomon Judens W[ittib] und ihr Bruder sind als blutarme Betteljuden überm Schnorrn in der Fremdfarer gestorben." Und: „Löweleins Schutzgeld ist anheuer uff mehrmaliges unterthäniges supliciren […] um äußerster Armut Willen von genädiger Herrschaft erlassen worden".

[115] 1699 kam es zu einem „antijüdischen Bauernaufstand" mit Plünderungen um Bamberg, im Wiesenttal und im Aischgrund, der von Bamberger Truppen bei Wolfsberg niedergeschlagen wurde. Vgl. Schubert, Arme Leute (wie Anm.91), S. 158 u. Rudolf Endres, Ein antijüdischer Bauernaufstand im Hochstift Bamberg im Jahre 1699, in: BHVB 117, 1981, S. 67–81.

[116] SchloßA Kunreuth, B 21[a], S. 163ff.

vier Schneider, einer der drei Bäcker besaßen ein Haus.[117] Personen ohne Besitz konnten gegen Vorweisung einer gerichtlichen Bestätigung ihres Wohlverhaltens und eine jährliche Schutzgeldzahlung in das Untertanenverhältnis in Kunreuth eintreten.[118] Hier ist das Bemühen der Schloßherrschaft zu erkennen „nicht nur leichtfertiges Gesindel" anzusiedeln, „sondern auch viele Menschen, denen anderswo Heimrecht versagt wurde".[119]

Die Entwicklung bis 1806

Betrachten wir nun die weitere Entwicklung im 18. Jahrhundert, in dem die Veränderungen vor allem in Siedlungsverdichtung und weiterer Aufteilung größerer und kleinerer Anwesen zu sehen sind. Es werden aber keine neuen Siedlungsareale – wie der Badanger – erschlossen, dafür wird in den bereits bestehenden Kleinstanwesen weiter verdichtet. Bereits 1728 erschienen drei der Häuser am Badanger als geteilt und blieben es bis in das 19. Jahrhundert.[120] 1732 wurden am Aufstieg des Kirchenwegs zwei neue Tropfhäuser an Juden verkauft.[121] Eines davon erwarb 1753 der Jude Abraham Marx, der Vorfahre der später nach Baiersdorf und Fürth ausgewanderten Familie Kunreuther, die im März 2002 erstmals nach ihrer Emigration nach Amerika, England und Israel ein Familientreffen in Fürth und Kunreuth veranstaltete.[122] Ebenfalls eine Siedlungsverdichtung erfolgte im Bereich der Straßenkreuzung direkt am Bach durch einen Neubau eines Hauses im Jahr 1737. Es wurde aus der Hofflur eines geteilten Hofes herausgeschnitten und an einen Juden verkauft.[123]

Im gleichen Jahr wurde auch ein neues Brau- und Kellerhaus errichtet. Während bislang in einem herrschaftseigenen Brauhaus im Schloßhof gebraut wurde, wurde nun westlich davon jenseits des Schloßgrabens ein Neubau auf dem bestehenden Kellerhaus aufgeführt. Dieses wurde zusammen mit einem außerhalb des äußeren Schloßtores gelegenen Herrschaftsstadel und mit der Braugerechtsame an den Kunreuther Wirt und Brauer Georg Deinhard zu Erbrecht verkauft.[124] 1744 wurde das Brau- und Kellerhaus geteilt und der Stadel an Lorenz Brey verkauft, der diesen in ein zweigädiges Wirtshaus umwandelte.[125] Dieses neue Wirtshaus ist das einzige bis heute bestehende in Kunreuth (Hs.Nr. 44). Damit hat nun auch der erst zu Beginn des 18. Jahrhunderts neuentstandene Ortsteil zwischen Schloß, Badanger und Straßenkreuzung ein eigenes Wirtshaus.

Seit 1740 kam es zu einem nochmals verstärkten Zuzug von Juden nach Kunreuth.[126] Dies spiegelt sich auch im Bau zweier neuer Häuser im Umfeld der Synago-

[117] SchloßA Kunreuth, B 21[a], S. 163ff.

[118] Ebd., S. 115: „Christen Beständner Schutz".

[119] Schubert, Arme Leute (wie Anm. 91), S. 312.

[120] SchloßA Kunreuth, B 21[a], S. 489 u. 493.

[121] Ebd., S. 505f.

[122] Vgl. Fränkischer Tag, Ausgabe Forchheim vom 22. März 2003, S. 13.

[123] SchloßA Kunreuth, B 21[a], S. 515.

[124] SchloßA Kunreuth, Tit. IX, Nr. 6958.

[125] SchloßA Kunreuth, B 21[a], S. 246.

[126] Wolf, Kunreuth (wie Anm. 65), S. 300.

ge (Hs.Nr. 14) wider, von denen 1742 eines geteilt wurde.[127] Die Schloßherrschaft versuchte hier „regulierend" einzugreifen. Zum einen sollte beim Tod eines jüdischen Familienvaters kein anderer nachrücken dürfen, zum anderen wurde das „Rezeptionsgeld auf 14 fl. 24 kr. erhöht, um eine weitere Vermehrung zu verhindern."[128] Das Beispiel des oben erwähnten Abraham Marx, der 1753 „pro receptione in den herrschaftlichen Schutz" genau diese Summe zahlte, um von Forth nach Kunreuth zu ziehen und hier das Haus seines Schwiegervaters zu übernehmen, zeigt aber an, daß diese Erhöhung nur begrenzt Wirkung zeigte. 1753 sind 28 Juden in Kunreuth in der Liste der Schutzgeldzahlungen enthalten.[129] „Im Jahre 1767 wurde dem Amtskastner Müller sogar eine Strafe von 50 fl. angedroht, wenn die Zahl von 28 jüdischen Haushalten überschritten werden sollte".[130] Die 1660 erstmals faßbare Synagoge wurde 1764 durch einen Neubau ersetzt.[131] Bis 1787 wurden keine weiteren neuen Häuser gebaut. Ein Gut am Kirchberg, welches 1728 noch geteilt war, wurde 1770 sogar wieder in einer Hand zusammengeführt und blieb bis 1848 erhalten.[132] Lediglich im Bereich der Schäferei ist 1774 eine weitere Aufsplittung von zwci Anteilhabern auf vier erkennbar.[133] Daß Zuzug von außen nicht nur durch Juden erfolgte, zeigt das Beispiel des Franzosen Andreas Strean, der 1786 die Mühle erwarb.[134] 1787 wurde der letzte bis dahin bestehende ganze Hof in zwei Hälften geteilt.[135] Es handelt sich dabei um den in der Forchheimerstraße gelegenen Hof (heute: Sippel/Maler, Hs. Nr. 55/56) mit seiner nahezu in einem einzigen großen Block bestehenden Flur entlang des Steingrabens. Die durch die Aufteilung entstandene Streifenflur ist bis heute in der Flur gut erkennbar, könnte jedoch durch geplante Flurbereinigungsmaßnahmen verwischt werden. Weitere Verdichtungen der Wohnungssituation sind durch Hausaufteilungen 1789 am Weg nach Mittelehrenbach, 1792 am Badanger (Hs. Nr.24) und der Straßenkreuzung (Hs. Nr. 65), 1799 am nördlichen Ortsende (Hs. Nr. 51) und 1813 am Kirchweg (Hs. Nr. 18) feststellbar.[136]

1806, am Ende der reichsritterschaftlichen Herrschaftsphase, stellte sich Kunreuth demnach in dieser Anwesensstruktur dar: Insgesamt verfügte der Ort über 73 Anwesen (inklusive Pfarrgut, Synagoge, Schule und Schloß). Alle bis in das 18. Jahrhundert existierenden ganzen Höfe waren geteilt, es gab demnach sechs Halbhöfe. Der Rest des 1660 entstandenen Halbhofes war in zwei Hälften geteilt. 14 Güter stellten die Zwischenschicht zwischen den Bauern und den Kleinstanwesen der Handwerker, Dienstleister und Handeltreibenden dar. Die Gruppe der Kleinstanwesen war mit 38 Häusern vertreten. Die Anwesen mit besonderen Funktionen blieben bis auf die seit 1744 zwei Wirtshäuser unverändert: Mühle, Schmiede, Schäferei, Badstube.

---

[127] SchloßA Kunreuth, B 21[a], S. 514.
[128] Wolf, Kunreuth (wie Anm. 65), S. 300.
[129] SchloßA Kunreuth, Rechnungsbuch des Kastenamts Kunreuth 1753/1754 [Kastner Johann Bernhard Müller], S. 165f.
[130] Wolf, Kunreuth (wie Anm. 65), S. 300f.
[131] SchloßA Kunreuth, B 21[a], S. 512.
[132] Ebd., S. 411.
[133] Ebd., S. 490.
[134] Ebd., S. 475.
[135] Ebd., S. 345.
[136] Ebd., S. 482, 501, 511, 481, 397.

Kunreuth war am Ende des Alten Reiches ein adeliger Herrschaftssitz mit einer Schloßökonomie und einer zahlenmäßig geringen Bauernschicht. Dominiert wurde die Ortsstruktur von den zahlreichen Handwerkern und Handeltreibenden, unter denen ein bedeutender Anteil jüdisch war. Damit stellte sich Kunreuth als ein typischer Vertreter der ritterschaftlichen Dörfer dar, deren Andersartigkeit bis heute von Heller für das Gebiet des Steigerwaldes eingehend beschrieben wurde.[137] Auch Kunreuth unterscheidet sich noch heute sehr deutlich von den umliegenden Dörfern im weiten Umkreis. Dies hat seinen Hauptgrund in der im 17./18. Jahrhundert geschaffenen Bevölkerungsverdichtung und der Ansiedlung einer außerordentlich vielfältigen Infrastruktur nichtbäuerlicher Gewerbetreibender. Kunreuth war im 18. Jahrhundert ein kleines Zentrum (Subzentrum) und ist dies zum Teil noch heute. Damit ist Kunreuth ein deutliches Beispiel dafür, daß die Erklärung heutiger Sozial- und Wirtschaftsstrukturen sowie heutiger Siedlungszustände in einer 350–600 Jahre zurückliegenden Entwicklungsphase liegt, in der durch die Umformung der bäuerlichen Ansiedlung zum ritterschaftlichen Schloßort die Grundsteine dafür gelegt wurden.

Ausblick

Ende 1805 fiel Kunreuth an das junge Königreich Bayern, am 20. Januar 1806 gab das Generaldirektorium der Reichsritterschaft in Ehingen die Auflösung der Reichsritterschaft bekannt.[138] Die Egloffstein'sche Schloßherrschaft verlor dadurch alle gebietsherrlichen und politischen Rechte mit Ausnahme der Patrimonialgerichtsbarkeit und der Policey, sowie die gutsherrlichen Rechte mit Ausnahme des Jagdrechts.[139] Die grundherrlichen Abgaben und die Patrimonialgerichtsbarkeit blieben und sorgten dafür, daß die Beziehungen zwischen Herrschaft und Untertanen nicht brachen. Dies endete erst 1848, als die Gerichtsherrschaft endgültig aufgehoben wurde und die Bauernbefreiung den Verkauf der verbliebenen grundherrlichen Rechte an die Bauern erzwang. Damit endete auch weitgehend der herrschaftliche Einfluß auf die weitere Dorfentwicklung Kunreuths, der über 500 Jahre lang wirksam gewesen war und die Sonderrolle des Ortes geschaffen hatte. Die dadurch geschaffenen Strukturen wirken bis heute nach: Noch immer besitzt Kunreuth eine überdurchschnittliche Infrastruktur an Dienstleistungen und Gewerbe: Kunreuth ist ein Ort, in dem Einwohner aus den Nachbardörfern für den täglichen Bedarf (Lebensmittelgeschäft, Metzgerei, Bäckerei) und für den besonderen Bedarf (Apotheke) einkaufen und medizinische Versorgung erfahren. Auch die relativ hohe Häuserdichte im Ortskern ist geblieben und zeugt von der Siedlungsentwicklungspolitik nach dem 30-jährigen Krieg. Wenn auch starker Bevölkerungszuzug nach 1945 die konfessionelle Zusammensetzung Kunreuths stark verändert hat, so ist dennoch die Enklavensituation der evangelischen Gemeinde noch heute spürbar. Dies sind die bis heute prägenden und weiterhin wirksamen Spuren der Geschichte in der Gegenwart des Dorfes Kunreuth.

---

[137] Heller, Peuplierungspolitik (wie Anm. 9), S. 247 ff.
[138] Endres, Reichsritterschaft in: Spindler, HdBG II/2, (wie Anm. 11), S. 748.
[139] Egloffstein, Chronik (wie Anm. 4), S. 269.

Hermann U l m

Kunreuth in der Mitte des 19. Jahrhunderts und heute: Wandel der landwirtschaftlichen Betriebe und ihrer sozioökonomischen Bedeutung für den Ort

1. Zur Vorgehensweise

Der Wandel der landwirtschaftlichen Betriebe Kunreuths und ihrer Bedeutung für die wirtschaftlichen und sozialen Verhältnisse des Dorfes seit der Mitte des 19. Jahrhunderts soll im Folgenden auf vergleichende Weise analysiert werden – mit Hilfe eines Vergleichs der Situation um 1850 mit den Verhältnissen, wie sie uns gegenwärtig in Kunreuth begegnen. Zur Klärung der historisch-geographischen Fragestellung nach den sozialen und ökonomischen Verhältnissen um 1850 bediente ich mich vor allem der Methode der Katasteranalyse. Der Grundsteuerkataster Kunreuth von 1848 bietet Informationen über sämtliche Grundbesitzer der damaligen Steuergemeinde Kunreuth.[1] Für die einzelnen Besitzer (geordnet nach Haus- beziehungsweise Besitznummern) ist jeglicher Grundbesitzstand innerhalb der Steuergemeinde aufgelistet. Zu den Grundstücken, welche eindeutig durch eine Flurnummer und in der Regel einen Flurnamen bezeichnet sind, finden sich Angaben über den Flächeninhalt (nur bei steuerbaren Grundstücken), die Nutzungsart (bei innerörtlichen Parzellen auch über den Gebäudebestand), die Bonitätsklasse sowie über Rechts-, Steuer- und Belastungsverhältnisse. Interessant sind oft auch Anmerkungen über die Herkunft der Grundstücke (Kauf, Erbschaft et cetera). In aller Regel werden im Grundsteuerkataster von 1848 die einzelnen Grundbesitzer neben ihrem Namen noch mit einem Hausnamen (vor allem bei größeren Bauernhöfen) oder, was häufiger der Fall ist, mit ihrem Beruf (vor allem Handwerker und Händler) bezeichnet. Diese Informationen sind wichtig, um die damalige Berufsstruktur der Bevölkerung von Kunreuth zu rekonstruieren. Bei Grundbesitzern, deren Beruf im Kataster nicht vermerkt ist, halfen mir die Daten aus den Einzeichnungsbögen für Heimatberechtigte der Gemeinde Kunreuth weiter, die für die Mitte des 19. Jahrhunderts im Gemeindearchiv erhalten sind und die Personalien der damaligen Bevölkerung weitgehend vollständig enthalten. Ergänzend zum Grundsteuerkataster bietet das „Repertorium der Plan- und Hausnummern dann Flächenregister der Steuergemeinde Kunreuth", ebenfalls von 1848, eine nach Flurnummern geordnete Aufstellung aller Grundstücke der Gemarkung; hier finden sich unter anderem auch Flächenangaben für unsteuerbare Parzellen wie Wege, Bachläufe und so weiter. Auch eine Gesamtflächenstatistik der Steuergemeinde ist enthalten. Die zum Grundsteuerkataster gehörige Katasterkarte ist im Vermessungsamt Forchheim einzusehen. Auf ihr sind jeweils die Flurnummern der einzelnen Parzellen vermerkt sowie die jeweiligen Haus- bzw. Besitzernummern der Grundbesitzer. Für die Betrachtung der landwirtschaftlichen Betriebe Kunreuths sowie der Sozialstruktur des Dorfes um 1850 kann also eine Analyse der damaligen Grundbesitzverhältnisse, wie

---

[1] StA Bamberg, Repertorium K 216, Nr. 229 I und II.

sie mit Hilfe des Grundsteuerkatasters der Steuergemeinde Kunreuth durchführbar ist, wertvolle Hinweise bieten. Allerdings verteilt sich der Grundbesitz der Kunreuther Bevölkerung bei weitem nicht nur über die eigene Gemarkung: wir werden sehen, dass etliche Betriebe weit mehr ausmärkischen Besitz haben als Flächen innerhalb der – vergleichsweise kleinen – Gemarkung Kunreuth. Teilweise wird im Grundsteuerkataster von Kunreuth auf diesen ausmärkischen Besitz hingewiesen, allerdings ohne Flächenangaben. Um zu aussagekräftigen Ergebnissen zu kommen und auch den umfangreichen ausmärkischen Grundbesitz der Kunreuther Betriebe zu erfassen, war daher auch eine Analyse der Katasterwerke der umliegenden Ortschaften notwendig. Für die Untersuchung der heutigen Situation der landwirtschaftlichen Betriebe Kunreuths wäre – ähnlich der Katasteranalyse für die Mitte des 19. Jahrhunderts – der Liegenschaftskataster, welcher im Vermessungsamt Forchheim vorliegt, eine ideale Datengrundlage. Leider ist dieses Katasterwerk aus datenschutzrechtlichen Gründen nicht allgemein zugänglich, so dass eine direkte Befragung der Grundeigentümer selbst notwendig war.[2] Bei dieser Befragung wurden sowohl die Eigentums- als auch die Pachtverhältnisse erfasst – eine Notwendigkeit, die sich aus der jüngeren Entwicklung der Landwirtschaft ergibt. Angesichts des in der heutigen Landwirtschaft überaus hohen Pachtflächenanteils würde eine Beschränkung der Analyse auf die Eigentumsverhältnisse ein völlig falsches Bild wiedergeben. Ebenfalls erfasst wurde wiederum sämtliches ausmärkisches Grundeigentum. Da sich die Themenstellung auf die Situation der landwirtschaftlichen Betriebe konzentriert, konnte ich den Kreis der Befragten auf all diejenigen Grundeigentümer beschränken, welche im Außenbereich der Gemarkung Kunreuth, also im überwiegend landwirtschaftlich genutzten Bereich außerhalb des durchgehend bebauten Ortsinnenbereichs Parzellen besitzen, jedoch einschließlich der auswärtigen Grundeigentümer. Nicht einbezogen wurde folglich jegliche grundbesitzlose Bevölkerung Kunreuths (diese wäre auch mittels Kataster nicht erfassbar) oder Eigentümer nur von Grundstücken innerhalb des Ortes (zum Beispiel „Neubürger" lediglich mit Haus und Garten). Ebenfalls nicht erfasst werden konnten Kunreuther, die in der Gemarkung Kunreuth kein, eventuell aber in einer anderen Gemarkung die eine oder andere (landwirtschaftliche) Parzelle besitzen. Für eine systematische Erfassung dieser Gruppe von Grundeigentümern wäre letztlich die gesamte Bevölkerung Kunreuths nach etwaigem Grundeigentum außerhalb der Gemarkung zu befragen. Über die Untersuchung der Eigentumsverhältnisse hinaus kam es im Rahmen meiner Befragung natürlich zu einer Vielzahl von persönlichen Gesprächen über die aktuellen Probleme der Betriebe. Diese geben freilich, wenn auch unsystematisch, weit mehr den Blick frei für die heutige soziale und wirtschaftliche Situation der Landwirtschaft in Kunreuth, als dies mittels einer Katasteranalyse möglich ist.

2. Die Situation in der Mitte des 19. Jahrhunderts

Mitte des 19. Jahrhunderts ist Kunreuth ein Dorf mit etwa 450 Einwohnern. Der Grundsteuerkataster von 1848 nennt im Ganzen 77 Privatanwesen, dazu kommen noch das Schloss der Egloffsteinschen Gutsherrschaft (Fidei-Comiss-Condominat der

---

[2] Der Zeitraum der Befragung erstreckte sich von Mitte Mai bis Ende Juni 2001.

Grafen und Freiherren von Egloffstein) mit seinen Zugehörungen, die Gebäude der Gemeinde (z. B. die Schule), der Judengemeinde (Synagoge, Judenschule) sowie der evangelischen Pfarrei St. Lukas. Ferner wird das sogenannte Schafhaus erwähnt, welches sich in gemeinschaftlichem Besitz mehrerer Schafhalter befindet (vgl. Karte 1). In der Flur von Kunreuth, also im fast durchgängig landwirtschaftlich genutzten Außenbereich der Gemarkung außerhalb des Ortsbereichs, sind laut Grundsteuerkataster von 1848 genau 55 Grundbesitzer vertreten. Hiervon stammt der überwiegende Teil aus Kunreuth selbst,[3] auswärtige Grundbesitzer gibt es nur elf.

2.1. Die Grundbesitzverhältnisse

Beim Blick auf die Besitzverhältnisse der Kunreuther Anwesen, wie sie dem Grundsteuerkataster von 1848 zu entnehmen sind (vgl. Tab. 1), wird deutlich, daß eine klare Abgrenzung landwirtschaftlicher und nichtlandwirtschaftlicher Betriebe kaum möglich ist. Vielmehr sind Strukturen festzustellen, die heute üblicherweise in der Aufgliederung in Vollerwerbs-, Zuerwerbs- und Nebenerwerbslandwirtschaft ihren Ausdruck finden. Die Bandbreite reicht von Vollbauern mit einem Grundbesitz bis um die 20 ha bis hin zu Klein- und Kleinstbesitzern, die ihren Lebensunterhalt hauptsächlich oder gänzlich im dörflichen Handwerk, Handel oder anderen Dienstleistungen verdienen, aber zusätzlich die eine oder andere Parzelle als Acker, Wiese oder Obstgarten bewirtschaften. Ein nicht geringer Anteil der im Kataster genannten Anwesen hat außer ihren Haus- und Hofparzellen keinen weiteren Grundbesitz (u. a. der größte Teil der jüdischen Bevölkerung). Betrachtet man nun die Besitzverhältnisse der einzelnen Grundbesitzer, so fallen zunächst vier vergleichsweise große Anwesen auf, die mit einigem Abstand zu den anderen Betrieben um die 20 ha Land ihr Eigen nennen können. Dies sind zum einen die beiden Vollbauernhöfe „Oberer und Unterer Dürrnveit" (Will und Ulm, Haus-Nr. 9 und 10) mit 21,84 bzw. 19,37 ha. Die beiden Höfe fallen vor allem durch ihren umfangreichen Grundbesitz innerhalb der Gemarkung Kunreuth auf (20,91 bzw. 17,36 ha), der in etwa das Doppelte der nächstgrößeren Betriebe umfaßt. Der „Obere Dürrnveit" Will hat zudem noch vier Achtel Anteil am Schafhaus (Haus-Nr. 39) mit seinen zugehörigen Weideflächen. Zum Hof des „Schwarzbauern" (Schmidt, Haus-Nr. 7) gehört mit 17,99 ha eine ähnlich große Landausstattung, was die Gesamtfläche betrifft. Allerdings hat dieses Anwesen einen wesentlich höheren Anteil an ausmärkischen Flächen, wohingegen der Grundbesitz innerhalb der Gemarkung Kunreuth nur 10,80 ha umfasst. Den größten Grundbesitz aller Kunreuther Anwesen (mit Ausnahme der Egloffsteinschen Gutsherrschaft) hat die Brauerei und Gaststätte Erlwein (Haus-Nr. 44). Sie steht mit 22,84 ha Gesamtfläche sogar vor den größten Bauern. Allerdings liegt der bei weitem größte Teil der Flächen in der Nachbargemarkung Gaiganz – laut Grundsteuerkataster Gaiganz Ausbrüche aus drei dortigen Höfen, die im Jahre 1837 zugekauft wurden. Mit einigem Abstand zu den genannten Anwesen folgt eine Reihe von Grundbesitzern, die mit Flächen zwischen 9 und 14 ha noch fast durchwegs als Vollbauern anzusprechen sind. Der Bauernhof des „Biberla" (Brütting, Haus-Nr. 8) umfaßt im Ganzen

---

[3] Einschließlich Gutsherrschaft, Gemeinde, Pfarrei sowie Grundbesitzer ohne eigenes Haus im Ort (vgl. Tab. 1).

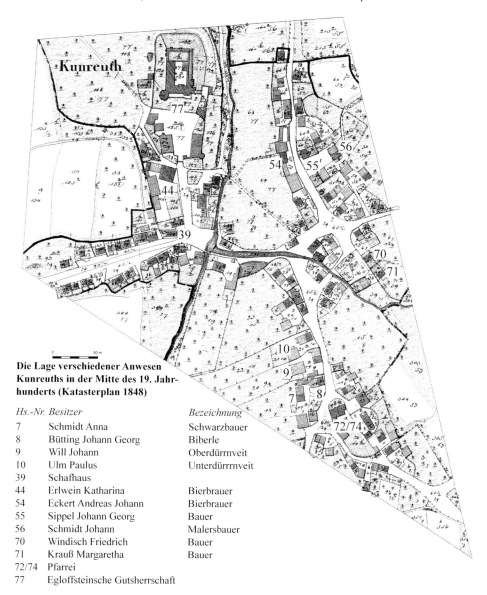

Die Lage verschiedener Anwesen Kunreuths in der Mitte des 19. Jahrhunderts (Katasterplan 1848)

Hs.-Nr.	Besitzer	Bezeichnung
7	Schmidt Anna	Schwarzbauer
8	Bütting Johann Georg	Biberle
9	Will Johann	Oberdürrnveit
10	Ulm Paulus	Unterdürrrnveit
39	Schafhaus	
44	Erlwein Katharina	Bierbrauer
54	Eckert Andreas Johann	Bierbrauer
55	Sippel Johann Georg	Bauer
56	Schmidt Johann	Malersbauer
70	Windisch Friedrich	Bauer
71	Krauß Margaretha	Bauer
72/74	Pfarrei	
77	Egloffsteinsche Gutsherrschaft	

13,74 ha, davon befinden sich 7,50 ha in der eigenen Gemarkung. Weitere Vollbauernhöfe stellen die Anwesen Windisch (Haus-Nr. 70) mit 12,83 ha, Krauß (Haus-Nr. 71) mit 10,61 ha, Sippel (Haus-Nr. 55) mit 10,04 ha und der „Malersbauer" Schmidt (Haus-Nr. 56) mit 9,61 ha dar.[4]

---

[4] Die bisher genannten großen Bauernhöfe sind im übrigen allesamt Anwesen, welche Seidl als Teile ehemals noch größerer Hofeinheiten erkennt. Die Doppelhöfe Haus-Nr. 7/8, 9/10, 55/56 und 70/71 entstanden je-

Tab. 1: Besitzverhältnisse von Kunreuth in der Mitte des 19. Jahrhunderts

Name, Haus-/Besitznummer		Bezeichnung/ Beruf	Fläche in Gem. Kunreuth (ha)	Ausmärkische Fläche (ha)	Gesamtfläche (ha)
Erlwein Katharina	44	Bierbrauer, Gastwirt	6,12	16,72	**22,84**
Will Johann	9	Oberdürrnveit, Bauer	20,91	0,93	**21,84**
Ulm Paulus	10	Unterdürrnveit, Bauer	17,36	2,01	**19,37**
Schmidt Anna	7	Schwarzbauer	10,80	7,19	**17,99**
Brütting Johann Georg	8	Biberla, Bauer	7,50	6,24	**13,74**
Windisch Friedrich	70	Bauer	8,98	3,85	**12,83**
Eckert Andreas Johann	54	Bierbrauer, Gastwirt	8,25	3,41	**11,66**
Krauß Margaretha	71	Bauer	9,85	0,76	**10,61**
Sippel Johann Georg	55	Bauer	9,60	0,44	**10,04**
Schmidt Johann	56	Malersbauer	9,61	0,00	**9,61**
Meister Johann Friedrich	2	Andresenhans, Bauer	4,39	1,49	**5,88**
Friedrich Fritz	4	Friedelsfritz	0,13	5,74	**5,87**
Wolf Christoph	42	Metzger	3,42	2,08	**5,50**
Raum Kunigunda	19	Raumerhannes, Schweinehändler	2,95	2,49	**5,44**
Schmidt Martha	27	Karlesmartha, Weber	3,12	1,38	**4,50**
Bening Johann Georg	17	Schneidershans, Köbler	4,11	0,00	**4,11**
Kobmann Johann	38	Ökonom	3,84	0,10	**3,95**
Arzberger Johann Adam	59	Wagner	3,88	0,05	**3,93**
Meister Johann	1	Kleinbauer	2,57	0,99	**3,56**
Will Johann Georg und Johann	67	Bauer	3,11	0,44	**3,56**
Sebald Johann	11	Gütler, Köbler	1,09	2,17	**3,26**
Häfner Johann	5	Schneidershans, Köbler	2,28	0,88	**3,16**
Kraus Barthel	50	Ökonom	2,66	0,37	**3,03**
Strian Christoph	48	Müller	1,90	0,97	**2,87**
Loos Margaretha	62	Bauer	2,71	0,00	**2,71**
Will Johann Georg	6	Schuhmacher	2,33	0,37	**2,71**
Lösel Johann Adam	58	Ökonom	2,03	0,63	**2,66**
Krauß Johann	53	Schneider	2,46	0,04	**2,50**
Rackelmann Georg	51	Beckengörg, Bäcker	0,05	2,41	**2,46**
Wagner Georg Andreas Relikte	20	(u. a. Sattler, Schneider)	2,18	0,00	**2,18**
Beyer Friedrich	47	Ökonom	1,45	0,36	**1,81**
Huber Conrad	46	Ökonom	1,74	0,00	**1,74**
Kraus Johann	57	Schmied	0,96	0,77	**1,72**
Hofmann Johann Konrad	25	Zimmermeister	0,04	1,34	**1,39**
Hack Friedrich	37	Bäcker	0,02	1,13	**1,15**
Rackelmann Georg	61	Schustersgörg, Schuhmacher	0,42	0,62	**1,04**
Kraus Sebastian	66	Tagelöhner	0,03	0,70	**0,73**
Döres Konrad	16	Büttner	0,61	0,05	**0,66**
Friedrich Peter	43	Schuhmacher	0,01	0,61	**0,62**
Krauß Friedrich	83	Schneider	0,56	0,00	**0,56**
Hertlen Franz	52	Wundarzt	0,34	0,10	**0,44**
Huber Friedrich	32	Maurer	0,35	0,00	**0,35**
Hetzner Georg	14	Seiler	0,03	0,28	**0,31**
Wolf Sebastian	3	Leinweber	0,01	0,21	**0,22**
Buchstein Abraham	65	Spezereihändler	0,02	0,12	**0,14**
Rackelmann Johann Georg	45a	Schuhmacher	0,03	0,07	**0,10**
Hafner Johann	15	Kleinhans, Tagelöhner	0,02	0,06	**0,08**
Adelmann Michael	30	Rothenmichel, Webermeister	0,02	0,06	**0,08**
Rosenbaum Hirsch	69	Fuhrmann	0,01	0,06	**0,07**
Braun Rose	18	Handelsjüdin	0,06	0,00	*** 0,06**
Fleischmann Aron	64	Metzger	0,01	0,05	**0,06**
Lassner Johann Georg	22	Tagelöhner	0,01	0,05	**0,06**
Daumenlang Karl	45b	Schneider	0,02	0,04	**0,05**
Rosenbaum Jacob	68a	Viehhändler	0,01	0,05	**0,05**
Lehmaier Friedrich	49a	Schreiner	0,02	0,03	**0,05**
Schneider Sara	68b	Stickerin	0,003	0,04	**0,04**
Schütz Georg	49b	Polstergörg	0,02	0,02	**0,04**
Kaul Lorenz	60	Schneider	0,03	0,00	*** 0,03**
Friedrich Georg	80	Büttner	0,03	0,00	*** 0,03**
Weidenberger Männlein	23	Männl, Viehhändler	0,03	0,00	*** 0,03**
Heumann Hirsch	63	Seifensieder	0,02	0,00	*** 0,02**
Maier Johann	26	Leinweber	0,02	0,00	*** 0,02**
Sulzberger Mayer	13	Tuchweber	0,02	0,00	*** 0,02**
Ehrenbacher Jacob	79	Spezereihändler	0,02	0,00	*** 0,02**

Name, Haus-/Besitznummer		Bezeichnung/Beruf	Fläche in Gem. Kunreuth (ha)	Ausmärkische Fläche (ha)	Gesamtfläche (ha)
Ehrenbacher Levi Machul	24	Krämer	0,02	0,00	* 0,02
Hertlen Johann Georg	82	Bader	0,02	0,00	* 0,02
Lippold Friedrich	36	Tagelöhner	0,02	0,00	* 0,02
Baireuther Levi Hirsch	33	Bayerslevi, Metzgermeister	0,02	0,00	* 0,02
Braun Philipp	34	Handelsmann	0,02	0,00	* 0,02
Ehrenbacher Berlein	40a	Judenschneider	0,02	0,00	* 0,02
Ehrenbacher Hanni	40b		0,02	0,00	* 0,02
Hirscheidter Gottel	21	Gottel, Viehhändler	0,02	0,00	* 0,02
Rothenberger Levi	28	Zennslevi	0,02	0,00	* 0,02
Weismaier Johann Relikte	81	Maurer	0,02	0,00	* 0,02
Schmidt Johann Georg	41	Weber	0,01	0,00	* 0,01
Buchstein Hirsch	12	Spezereihändler	0,01	0,00	* 0,01
Schütz Johann	35	Tagelöhner	0,01	0,00	* 0,01
Summe			**167,41**	**70,96**	**238,37**
Egloffsteinsche Gutsherrschaft	75, 76, 77		8,24	(nicht bearbeitet)	(nicht bearbeitet)
Gemeinde	29,73		13,57	1,15	** 14,73
Schafhaus	39	(zu Hs.-Nr. 9, 42, 54)	0,01	11,63	11,64
Pfarrei/Pfarrkirche	72,74		10,69	0,00	10,69
Judengemeinde	31,78		0,01	0,00	* 0,01
Summe			**32,53**	**12,78**	**22,33**
Grundbesitzer ohne eigene Häuser					
Will Joh. (älter) u. Will Joh. (j.)	1/2	Ökonom	2,04	1,19	**3,23**
Grasser Friedrich	1/5	Schäfer	1,17	0,00	**1,17**
Borisch Johann	1/3	Büttner	0,75	0,00	**0,75**
Will Friedrich	1/6	(minderjährig)	0,48	0,00	**0,48**
Windisch Johann	1/4	Bauer	0,45	0,00	**0,45**
Summe			**4,88**	**1,19**	**6,07**
Auswärtige Grundbesitzer innerhalb der Gemarkung Kunreuth					
Schmidt Georg, Mittelehrenbach 48		Moritzengörg	3,90	(nicht bearbeitet)	(nicht bearbeitet)
Greif Johann, Gaiganz 12		Unterer Reis	1,82	(nicht bearbeitet)	(nicht bearbeitet)
Messingschlager Johann, Dobenreuth 24		Bauer	1,79	(nicht bearbeitet)	(nicht bearbeitet)
Schmidt Paulus, Weingarts 12		Schwarzenpaulus	1,52	(nicht bearbeitet)	(nicht bearbeitet)
Häfner Johann, Raindorf 1 (bei Fürth)			1,35	(nicht bearbeitet)	(nicht bearbeitet)
Kohlmann Barbara, Mittelehrenbach 18			0,97	(nicht bearbeitet)	(nicht bearbeitet)
Kaul Lorenz, Ermreus 16		Wagner	0,64	(nicht bearbeitet)	(nicht bearbeitet)
Müller Johann Georg, Weingarts 21		Wölflesbauer	0,51	(nicht bearbeitet)	(nicht bearbeitet)
Alt Johann, Weingarts 30		Beckenbauer	0,50	(nicht bearbeitet)	(nicht bearbeitet)
Häfner Johann, Ermreus 3		Steinbauer	0,46	(nicht bearbeitet)	(nicht bearbeitet)
Weißel Johann, Gaiganz 9		Mathesenbauer	0,29	(nicht bearbeitet)	(nicht bearbeitet)
Summe			**13,75**		

* keine landwirtschaftlichen Flächen (ausschließlich Haus-/Hofparzellen im Ort)
** größtenteils Verkehrs- und Gewässerflächen

Quellen:

Staatsarchiv Bamberg

- Grundsteuerkataster Dobenreuth (1847), K 216/48
- Grundsteuerkataster Ermreus (1848), K 216/89
- Grundsteuerkataster Gaiganz (1848), K 216/117
- Grundsteuerkataster Hetzles (1848), K 227/231 I-III
- Grundsteuerkataster Kunreuth (1848), K 216/229 I,II
- Grundsteuerkataster Mittelehrenbach (1849), K 227/381 I-III
- Grundsteuerkataster Oberehrenbach (1849), K 227/416 I-IV
- Repertorium der Plan- und Hausnummern dann Flächenregister der Steuergemeinde Kunreuth (1848), K 216/228a

Gemeindearchiv Kunreuth

- Einzeichnungsbögen für Heimatberechtigte der Gemeinde Kunreuth (19. Jahrhundert)

weils durch Aufteilung eines „Urhofs" – erkennbar an der stetigen Nachbarschaftslage der Hof- und der Flurparzellen. Vgl. hierzu Thomas Seidl, Die Siedlungs- und Flurgeschichte der Ortschaften Kunreuth und Ermreus im nördlichen Vorland des Hetzleser Berges, in: Mitteilungen der Fränkischen Geographischen Gesellschaft 33/34, 1986/1987, S. 403–426.

Der Gastwirt und Bierbrauer Eckert (Haus-Nr. 54) hat eine ähnlich große Landaus-
stattung wie die genannten Bauernhöfe (11,66 ha), außerdem hat er drei Achtel Anteil
am Schafhaus (Haus-Nr. 39) mit seinen Weideflächen. Die beiden Gaststätten und
Brauereien Kunreuths Erlwein und Eckert können also neben ihrem gewerblichen
Schwerpunkt durchaus auch als ansehnliche landwirtschaftliche Anwesen gelten.
Innerhalb der Gemarkung Kunreuth besitzen den genannten Betrieben ähnlich große
Ländereien lediglich die evangelische Pfarrei St. Lukas (10,69 ha) sowie die Egloffsteinsche Gutsherrschaft mit ihren 8,24 ha Eigenland. Freilich stellen die Besitzungen
der Grafen und Freiherren von Egloffstein in der Gemarkung Kunreuth nur einen kleinen Bruchteil ihres Gesamtbesitzes dar. Die insgesamt 14,73 ha Grundbesitz der Gemeinde Kunreuth fallen als landwirtschaftliche Flächen kaum ins Gewicht, da es sich
– mit Ausnahme der zur Schulausstattung gehörenden kleineren Ackerflächen – fast
ausschließlich um Verkehrs- und Wasserflächen handelt. Die bisher genannten 13
Grundbesitzer, also die wenigen Vollbauern, die beiden Brauereien und Gaststätten
sowie die Egloffsteinsche Gutsherrschaft, die Pfarrei und die Gemeinde, besitzen
innerhalb der Gemarkung Kunreuth zusammen etwa 141,5 ha, das sind immerhin fast
zwei Drittel der gesamten Gemarkungsfläche (nach Kataster 1848 etwa 218,6 ha).
Diesen relativ wenigen größeren Betrieben bzw. Grundbesitzern steht eine Vielzahl
von Klein- und Kleinstanwesen gegenüber, welche – in deutlichem Abstand zu den
bisher genannten Betrieben – allesamt weniger als 6 ha Land besitzen. Einige dieser
Anwesen sind zumindest gemäß ihrer im Kataster benannten Berufsbezeichnung
(Kleinbauer, Ökonom, Gütler) noch als Betriebe mit landwirtschaftlichem Schwerpunkt anzusprechen, der weitaus größte Teil ist allerdings dem dörflichen Gewerbe
(vor allem Handwerk und Handel) zuzuordnen.

Mehr als die Hälfte der Kunreuther Anwesen verfügt sogar über weniger als 1 ha
Land. Ein Teil dieser Kleinstbesitzer bewirtschaftet zwar die eine oder andere landwirtschaftliche Fläche, wie z. B. die winzigen Obst- oder Wiesenparzellen auf ehemaligem Gemeindeland am Hetzleser Berg. Viele jedoch haben abgesehen von ihren
Haus- und Hofgrundstücken keinerlei weiteren Grundbesitz. Zu den bisher genannten
Kunreuther Anwesen kommen noch einige weitere Grundbesitzer ohne eigenes Haus
im Dorf (zum Beispiel Bauernsöhne oder -geschwister, Angestellte und andere Hausgenossen), die zum Teil innerhalb der Gemarkung, zum Teil aber auch in den Nachbargemarkungen kleinere Flächen besitzen.

Die Zahl der auswärtigen Grundbesitzer in der Gemarkung Kunreuth ist um die
Mitte des 19. Jahrhunderts außerordentlich gering. Nur 13,75 ha, also etwa 6 % der
Gemarkungsfläche gehören den insgesamt elf auswärtigen Besitzern aus den Nach-
bargemeinden Dobenreuth, Ermreus, Gaiganz, Mittelehrenbach und Weingarts sowie
aus Raindorf bei Fürth. Dies ist im Vergleich zu den ausmärkischen Flächen der Kunreuther Betriebe ein sehr geringer Anteil: Deren Besitz in den Nachbargemarkungen
umfasst nämlich zusammengenommen immerhin 84,93 ha! Etwa ein Drittel ihrer Flächen besitzen die Kunreuther Grundbesitzer durchschnittlich außerhalb der eigenen
Gemarkung. Die umfangreichen Ländereien der Egloffsteinschen Gutsherrschaft sind
hier noch nicht mit eingerechnet.

In den bisherigen Ausführungen zur Situation der landwirtschaftlichen Betriebe
Kunreuths um die Mitte des 19. Jahrhunderts, wie sie dem Grundsteuerkataster zu
entnehmen ist, wurde schon eine gewisse Gliederung der Anwesen hinsichtlich des

Besitzes deutlich. Methodisch läßt sich eine Klassifikation der Betriebe relativ leicht durchführen, da sich im Hinblick auf die Besitzgrößen recht deutlich voneinander abgrenzbare Klassen abzeichnen. Innerhalb dieser Klassen findet man einerseits vergleichbare Besitzverhältnisse, andererseits weisen die Betriebe aber auch eine jeweils typische Zusammensetzung hinsichtlich des betriebswirtschaftlichen Schwerpunkts (vgl. Berufsbezeichnungen laut Kataster) auf. So läßt sich hinsichtlich des Grundbesitzes relativ leicht eine Klasse von Betrieben mit mehr als 8 ha Gesamtfläche bilden. Schon die Berufsbezeichnungen und Hausnamen der Anwesen verraten, daß es sich hier hauptsächlich um Vollbauern handelt, dazu kommen die beiden Wirtschaften und Brauereien Eckert und Erlwein. Als weitere (nichtbäuerliche) Grundbesitzer dieser Kategorie sind noch die Gutsherrschaft (ohne die ausmärkischen Besitzungen), die Pfarrei sowie die Gemeinde zu nennen. Auch das Schafhaus mit seinen zugehörigen Weideflächen kann hier eingeordnet werden. Aus dieser Gruppe treten allerdings die vier größten Betriebe des Ortes noch mit deutlichem Abstand hervor, so daß sie zu einer eigenen Klasse mit mehr als 15 ha Gesamtbesitz zusammengefaßt werden können.

Mit einigem Abstand zu den genannten großen Anwesen folgt eine Gruppe von landwirtschaftlichen Kleinanwesen und gewerblich-landwirtschaftlichen Mischbetrieben mit einem Grundbesitz zwischen 1 ha und 8 ha. Neben den Kleinbauern, Köblern usw. finden sich hier vor allem Handwerksbetriebe, die zusätzlich zu ihrer gewerblichen Tätigkeit einige Hektar Land bewirtschaften.

Die letzte – und größte – Klasse von Grundbesitzern faßt schließlich alle Anwesen des Ortes zusammen, die keinen oder nur sehr wenig Besitz an landwirtschaftlichen Flächen haben (bis 1 ha Gesamtbesitz). Diese Gruppe wird durchwegs von Handwerkern, Tagelöhnern und diversen Dienstleistungsbetrieben gebildet. Ihr gehört auch die gesamte jüdische Bevölkerung Kunreuths an. Einen Überblick über die Betriebsgrößen in Kunreuth Mitte des 19. Jahrhunderts mag das folgende Diagramm 1 vermitteln.

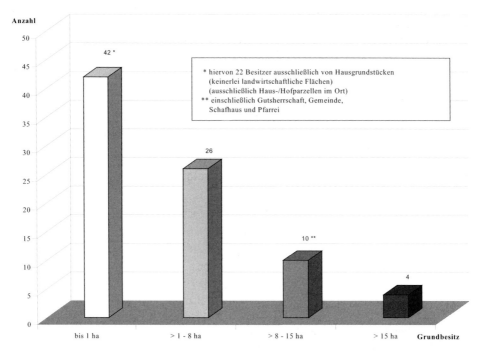

Anzahl

* hiervon 22 Besitzer ausschließlich von Hausgrundstücken
  (keinerlei landwirtschaftliche Flächen)
  (ausschließlich Haus-/Hofparzellen im Ort)
** einschließlich Gutsherrschaft, Gemeinde,
   Schafhaus und Pfarrei

*Diagramm 1: Größenverteilung der landwirtschaftlichen Betriebe und sonstigen An-
wesen Kunreuths (1848) hinsichtlich des zugehörigen Grundbesitzes (Gesamtfläche in
Hektar)*

2.2. Die Sozial- bzw. Berufsstruktur Kunreuths in der Mitte des 19. Jahrhunderts

Mit Hilfe der Angaben des Grundsteuerkatasters von 1848 sowie – ergänzend – der
Einzeichnungsbögen des 19. Jahrhunderts kann auf relativ einfache Weise die Berufsstruktur Kunreuths um 1850 rekonstruiert werden. Da im Kataster allerdings ausschließlich die Grundbesitzer des Ortes erfaßt sind, bleibt der gesamte besitzlose Teil
der Dorfbevölkerung unberücksichtigt. Andererseits dürften aber eben diese besitzlo-
sen Hausgenossen (Familienangehörige, Angestellte und so weiter) größtenteils in den
verschiedenen landwirtschaftlichen oder gewerblichen Betrieben Kunreuths, welche
ja eben im Blick auf ihre wirtschaftliche Ausrichtung erfasst sind, als Arbeitskräfte tätig gewesen sein (zum Beispiel Mitarbeit im Familienbetrieb), so daß sich doch ein einigermaßen repräsentatives Bild ergeben mag. Betrachtet man die Bandbreite an Berufen, die im Grundsteuerkataster genannt werden, so sind eindeutig drei Schwer-
punkte zu erkennen: die Landwirtschaft (Bauern, Kleinbauern, Tagelöhner), das dörfliche Handwerk sowie der Bereich des Handels. Dazu kommen wenige weitere
Dienstleistungen wie der Bader, der Wundarzt oder ein Fuhrmann.

Für die meisten Grundbesitzer von 1848 kann problemlos eine Zuordnung ihrer Erwerbstätigkeit zu einem der genannten Bereiche erfolgen und somit die damalige Be-

rufsstruktur ermittelt werden. Problematisch gestaltet sich jedoch die Zuordnung der Inhaber von Betrieben mit gemischter wirtschaftlicher Ausrichtung. Hierunter fallen zum einen die beiden Bierbrauer, welche über recht umfangreiche landwirtschaftliche Flächen verfügen, aber auch etliche weitere Handwerker mit zusätzlicher Nebenerwerbslandwirtschaft (mindestens 1 ha Grundbesitz).[5] Diese relativ häufigen Fälle möchte ich als eigene Klasse gesondert erfassen und kennzeichnen (Diagramm 2).[6]

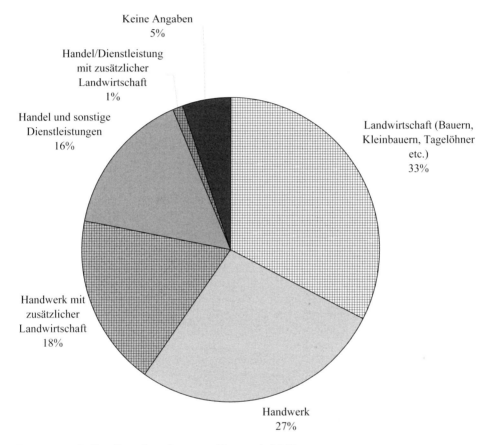

Diagramm 2: Die Berufsstruktur von Kunreuth 1848

Betrachtet man die Berufsstruktur Kunreuths Mitte des 19. Jahrhunderts, wie sie mit Hilfe des Katasters zumindest für die grundbesitzende Bevölkerung rekonstruierbar ist, so wird die vergleichsweise große Bedeutung des dörflichen Handwerks sowie

[5] Vgl. Klassifikation in Kap. 2.1.

[6] Während Handwerker und Händler mit landwirtschaftlicher Nebentätigkeit recht einfach anhand ihres Grundbesitzes identifiziert werden können, bleibt offen, inwieweit nominell landwirtschaftliche Betriebe (Bauern, Kleinbauern, „Ökonomen", Köbler etc.) zusätzlich auch außerlandwirtschaftliche Einkommensquellen hatten. Auf eine gesonderte Klassenbildung wurde daher verzichtet.

des Dienstleistungsbereichs, vor allem des Handels, deutlich. Im Gegensatz zu typischen Bauerndörfern finden in Kunreuth um 1850 etwa zwei Drittel der Bevölkerung im nichtlandwirtschaftlichen Bereich ihr Auskommen. Mit seiner vergleichsweise vielfältigen Infrastruktur ist der frühere Marktort Kunreuth auch noch in der Mitte des 19. Jahrhunderts gekennzeichnet durch eine Vielzahl von Handwerks- und Dienstleistungsbetrieben. Insgesamt 45 % der im Kataster genannten Einwohner sind Handwerker, im Ganzen 17 % sind im Dienstleistungsbereich tätig. Letzterer umfaßt hauptsächlich Handelsleute (vor allem die jüdische Bevölkerung) sowie einige weitere Dienstleistungsbetriebe.

Nur etwa ein Drittel der Bevölkerung (beziehungsweise der Grundbesitzer) ist um 1850 dem Agrarsektor zuzuordnen. Neben den wenigen Vollbauern sind dies etliche Klein- und Kleinstbauern („Ökonomen", Köbler etc.), die zumindest nominell in der Landwirtschaft ihr Auskommen finden, sowie einige Tagelöhner. Dazu kommt jedoch noch die nicht geringe Anzahl von Handwerkern und auch Handeltreibenden, die – mit mehr als einem Hektar Grundbesitz – zu ihrer gewerblichen Tätigkeit noch ein zweites Standbein in der (Nebenerwerbs-)Landwirtschaft haben (zusammen 19 % der Bevölkerung), so dass insgesamt in der Mitte des 19. Jahrhunderts gut die Hälfte der Bevölkerung Kunreuths haupt- oder nebenberuflich Landwirtschaft betreibt beziehungsweise im Agrarbereich ein Haupt- oder Nebeneinkommen findet.

3. Die gegenwärtige Situation im Bereich der Landwirtschaft

Kunreuth ist heute ein Ort mit etwa 650 Einwohner, zusätzlich gehören die benachbarten Ortschaften Ermreus, Regensberg und Weingarts zur Gemeinde Kunreuth, welche insgesamt etwa 1400 Einwohner zählt. Das Wachstum Kunreuths bis zur heutigen Größe verlief keineswegs kontinuierlich. Vielmehr ist bis zum 2. Weltkrieg sogar eine leichte Bevölkerungsabnahme zu beobachten. Nach 1945 erfolgte dann der – zumindest vorübergehende – Zuzug etlicher Kriegsflüchtlinge, die zum Teil ansässig blieben, zum Teil den Ort aber auch wieder verließen. Seit den sechziger Jahren ist schließlich ein recht kontinuierliches, aber maßvolles Wachstum des Ortes zu festzustellen, welches sich rein physiognomisch in der Entstehung einiger weniger Neubaugebiete niedergeschlagen hat.

Das Anwachsen der Bevölkerung Kunreuths bedeutet in erster Linie eine Zunahme der rein landbewohnenden Bevölkerung ohne landwirtschaftlichen Grundbesitz oder agrarische Tätigkeit. Der Anteil der landwirtschaftlichen Bevölkerung ist gleichzeitig im Rahmen des agrarstrukturellen Wandels nicht nur relativ zur Gesamtbevölkerung, sondern auch in absoluten Zahlen drastisch gesunken. Der größte Teil der ehemals landwirtschaftlich tätigen Betriebe muß heute der landverbundenen Bevölkerung zugerechnet werden, die ihre Flächen, wenn überhaupt, nur noch im Nebenerwerb bearbeiten.

3.1. Die aktuellen Grundeigentumsverhältnisse im Vergleich zu 1848

Im Ganzen 59 Grundeigentümer besitzen gegenwärtig Parzellen im Außenbereich der Gemarkung Kunreuth.[7] Es sind dies

- insgesamt 41 Privateigentümer aus Kunreuth (teils landwirtschaftliche Betriebe, teils auch nicht landwirtschaftlich tätige Personen),
- die Egloffsteinsche Erbengemeinschaft,
- die evangelisch-lutherische Pfarrpfründestiftung Kunreuth (Pfarrei St. Lukas),
- die Gemeinde Kunreuth (vor allem Verkehrsflächen),
- der Freistaat Bayern (Verkehrsflächen),
- der Turn- und Sportverein Kunreuth e. V. (Sportgelände),
- insgesamt 13 auswärtige Privateigentümer.

Die Zahl der in der Kunreuther Flur vertretenen Grundeigentümer hat sich also im Vergleich zur Mitte des 19. Jahrhunderts kaum verändert. Betrachtet man die Verteilung der Betriebs- bzw. Eigentumsgrößen, so ergibt sich ebenfalls fast das gleiche Bild wie schon vor 150 Jahren (Diagramm 3):

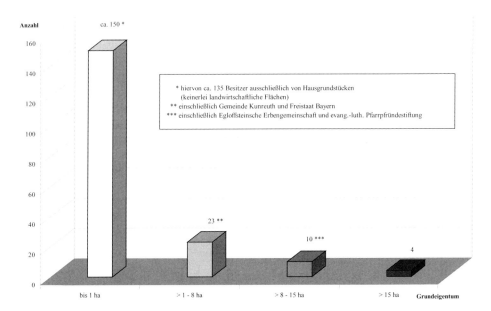

Diagramm 3: Gegenwärtige Größenverteilung der landwirtschaftlichen Betriebe und sonstigen Anwesen Kunreuths hinsichtlich des zugehörigen Grundbesitzes (Gesamtfläche in Hektar)

Ebenso wie 1848 verfügen auch heute im Ganzen vier Anwesen über mehr als 15 ha eigenes Land, zehn Eigentümer haben zwischen 8 und 15 ha. Bei diesen Betrieben

---

[7] Auf eine namentliche Auflistung der Grundeigentümer und ihrer Flächen analog Kap. 2 muss leider aus datenschutzrechtlichen Gründen verzichtet werden. Zum Teil können nur allgemein zusammenfassende Angaben gemacht werden.

handelt es sich größtenteils auch noch um die gleichen Anwesen, die schon um 1850 eine dominierende Stellung innehatten: So stellen die Höfe „Oberer Dürrnveit" (Will), „Unterer Dürrnveit" (Ulm) und „Schwarzbauer" (Schmidt) die mit Abstand größten Anwesen hinsichtlich ihres Grundeigentums dar. Auch andere Höfe, wie etwa die beiden Anwesen „Sippel" (Will) und „Malersbauer" (Schmidt), fallen heute wie vor 150 Jahren durch relativ viel eigenes Land auf. Die Egloffsteinsche Erbengemeinschaft gehört ebenso wie die Evangelisch-lutherische Pfarrpfründestiftung (Pfarrei St. Lukas) nach wie vor zu den größeren Grundeigentümern.

Andere ehemals bedeutende Betriebe, etwa die Gaststätte und Brauerei Erlwein oder das ebenfalls recht große Anwesen „Krauß", existieren heute nicht mehr beziehungsweise wurden durch Verkauf in kleinere Einheiten zerschlagen.

Den wenigen größeren Anwesen steht wiederum eine Vielzahl von Klein- und Kleinsteigentümern gegenüber. Die Klasse der Grundeigentümer mit einer Gesamtfläche von 1–8 ha ist mit heute 23 Betrieben beziehungsweise Personen noch fast gleich stark vertreten wie in der Mitte des 19. Jahrhunderts. Durch den verstärkten Zuzug und das Bevölkerungswachstum der letzten Jahrzehnte, verbunden mit dem Entstehen von Neubaugebieten, ist natürlich der Anteil der rein landbewohnenden Bevölkerung Kunreuths und damit auch die Zahl derjenigen Grundeigentümer, die außer ihrem Hausgrundstück keine weiteren Flächen in der Gemarkung besitzen, stark gestiegen.[8] Insgesamt neun Eigentümer der Kategorie bis 1 ha besitzen auch kleinere landwirtschaftliche Flächen in der Flur von Kunreuth. Dazu kommen einige wenige Fälle mit landwirtschaftlichem Kleinstbesitz ausschließlich außerhalb der Gemarkung Kunreuth.

Der Anteil auswärtiger Grundeigentümer in der Flur von Kunreuth ist – wie schon 1848 – recht gering: Nur 13 Auswärtige, größtenteils landwirtschaftliche Betriebe aus den umliegenden Ortschaften, teilen sich gerade einmal knapp 11 ha. Auf der anderen Seite umfaßt das Eigentum der Kunreuther Grundeigentümer (ausgenommen Gemeinde, Staat, Egloffsteinsche Erbengemeinschaft sowie Eigentümer ohne Flächen in der Kunreuther Flur) in den Nachbargemarkungen (hauptsächlich Dobenreuth, Ermreus, Gaiganz, Mittelehrenbach und Oberehrenbach) gegenwärtig etwa 88 ha. Bei gleichzeitig etwa 166 ha, die dieselben Betriebe beziehungsweise Eigentümer innerhalb der Gemarkung Kunreuth ihr Eigen nennen, fällt sofort ins Auge, daß auch der Anteil ausmärkischen Eigentums der Kunreuther Betriebe mit durchschnittlich gut einem Drittel der Gesamtfläche im Vergleich zu 1848 etwa konstant geblieben ist.

Insgesamt scheinen sich also die Eigentumsverhältnisse der landwirtschaftlichen Betriebe Kunreuths in den vergangenen 150 Jahren nur in recht geringem Maße verändert zu haben. Die Verteilung des Grundeigentums unter den landwirtschaftlichen (und auch nichtlandwirtschaftlichen) Anwesen zeigt gegenwärtig noch ähnliche Strukturen wie in der Mitte des 19. Jahrhunderts. Größere Verschiebungen sind nicht festzustellen.

---

[8] Da auf eine systematische Erfassung eben dieser Bevölkerungsgruppe aus oben erläuterten Gründen (Kap. 1) verzichtet wurde, kann in Diagramm 3 lediglich ein ungefährer Wert angegeben werden.

3.2. Die Pachtverhältnisse als Indikator für den agrarstrukturellen Wandel

Wie gezeigt wurde, hat der Strukturwandel der Landwirtschaft bei den Eigentums-verhältnissen kaum zu erkennbaren Veränderungen geführt. Auch im Falle von Be-triebsaufgaben wurden und werden die zugehörigen landwirtschaftlichen Flächen nur selten verkauft. Viel häufiger werden die Wiesen und Felder an andere, aufstockungs-willige Betriebe verpachtet. Die Pachtverhältnisse können so als guter Indikator für den agrarstrukturellen Wandel dienen.[9] Eine Analyse der Pachtverhältnisse muß einer-seits die Situation der Verpächter, das heißt der Eigentümer der Pachtflächen, in den Blick nehmen, andererseits die der Pächter. Beide Gruppen, Pächter und Verpächter, können in der Regel recht gut voneinander getrennt betrachtet werden, denn es kommt relativ selten vor, daß ein Betrieb gleichzeitig Flächen ver- und gepachtet hat. Der allgemeine Strukturwandel der Landwirtschaft hat dazu geführt, daß es in Kun-reuth mittlerweile nur noch zwei Vollerwerbslandwirte und im Ganzen nur mehr vier Betriebe mit Milchviehhaltung gibt. Die meisten Anwesen – gerade auch etliche der eigentumsmäßig großen Höfe – betreiben keine Landwirtschaft mehr oder bearbeiten nur noch einen geringen Teil ihrer Flächen im Nebenerwerb. Immerhin 33 der insge-samt 46 ortsansässigen Grundeigentümer der Kunreuther Flur (einschließlich Ge-meinde und Freistaat Bayern) haben zumindest einen Teil ihrer Parzellen verpachtet, wobei gerade einige der eigentumsmäßig bedeutenden Höfe, die heute keine Land-wirtschaft mehr betreiben, mit verpachteten Flächen zwischen 10 und 20 ha ins Ge-wicht fallen (Beispiel „Oberer Dürrnveit" mit 19,4 ha). Die Egloffsteinsche Erbenge-meinschaft zählt mit knapp 13 ha verpachteter Fläche allein in der Gemarkung Kun-reuth ebenfalls zu den größten Verpächtern landwirtschaftlicher Flächen, ebenso wie die evangelisch-lutherische Pfarrpfründestiftung mit gut 8 ha. Hinzu kommt eine Viel-zahl von Verpächtern kleinerer Flächen, oftmals ehemalige Kleinstbetriebe, die ihre (Nebenerwerbs-)Landwirtschaft schon seit längerem aufgegeben haben. Nur 13 der 46 ortsansässigen Grundeigentümer verpachten keine ihrer Parzellen. Dies sind zum einen Kleinbesitzer oder Eigentümer von Flächen, die sich nicht zur Verpachtung eignen[10], zum anderen aber auch die letzten vier noch verbliebenen Milch erzeugen-den Betriebe sowie ein Landwirt, der die Milchviehhaltung erst kürzlich aufgegeben hat. Eben diese noch Milch erzeugenden Betriebe stellen auch die einzigen bedeuten-deren ortsansässigen Pächter landwirtschaftlicher Flächen dar. Sie haben zusammen-genommen rund 39 ha landwirtschaftlicher Flächen in der Gemarkung Kunreuth ge-pachtet. Ihr innerbetrieblicher Anteil an gepachtetem Land übersteigt dabei zum Teil erheblich den des Eigenlandes. Die restlichen Kunreuther Pächter sind zum überwie-

---

[9] Der allgemeine strukturelle Wandel der deutschen Landwirtschaft in den letzten Jahrzehnten hat unter an-derem auch zu einem erheblichen Anstieg des Pachtflächenanteils geführt. Nach Henkel betrug dieser 1971 (in Westdeutschland) noch 29 %, 1988 bereits 36 % und 1997 in ganz Deutschland durchschnittlich 62,1 % (frü-heres Bundesgebiet 48,2 %). Vgl. hierzu Gerhard Henkel, Der ländliche Raum, Gegenwart und Wandlungs-prozesse seit dem 19. Jahrhundert in Deutschland, Stuttgart, Leipzig ³1999, S. 109 ff. Angetrieben wird diese Entwicklung durch die stetige Abnahme der Gesamtzahl der Betriebe und die gleichzeitige Zunahme der durchschnittliche Betriebsgröße der verbleibenden Höfe, wobei die durch Betriebsaufgabe freiwerdenden Flä-chen in der Regel nicht verkauft, sondern an aufstockungswillige Betriebe verpachtet werden.

[10] In der Regel werden nur Acker- und v. a. Grünlandflächen verpachtet, Obstgärten und Holzungen hinge-gen meist selbst oder überhaupt nicht genutzt.

genden Teil nicht landwirtschaftlich aktiv und haben nur den einen oder anderen Garten, Obstgarten oder andere Kleinflächen gepachtet. Insgesamt sind derzeit rund 44 ha landwirtschaftlicher Flächen in der Gemarkung Kunreuth an ortsansässige Betriebe bzw. Personen verpachtet. Demgegenüber werden im Ganzen 74 ha landwirtschaftlicher Flächen von auswärtigen Betrieben gepachtet – also fast doppelt so viel wie durch ortsansässige. Es sind überwiegend Vollerwerbsbetriebe aus den umliegenden Ortschaften (Ermreus, Dietzhof, Dobenreuth, Gosberg, Effeltrich, Mittelehrenbach, Gaiganz, Weingarts), die ihre Betriebsflächen durch zugepachtetes Land vergrößern.

Insgesamt sind es also etwa 118 ha Pachtland in der Gemarkung Kunreuth, immerhin rund 54 % der gesamten Gemarkungsfläche. Bezogen auf die landwirtschaftliche Nutzfläche, welche vom Vermessungsamt Forchheim mit 182 ha angegeben wird[11], wäre sogar ein Pachtflächenanteil von knapp 65 % zu errechnen. Dies stellt im bayernweiten Vergleich[12] einen überdurchschnittlich hohen Wert dar. Wie gesagt werden rund 74 der 118 ha Pachtland durch auswärtige Betriebe bewirtschaftet und nur etwa 44 ha durch Kunreuther Pächter. Gleichzeitig haben die untersuchten Kunreuther Betriebe aber nur knapp 16 ha an ausmärkischen Pachtflächen. Diese Zahlen zeigen deutlich, wie sich das bei den Eigentumsstrukturen festgestellte Übergewicht der ortsansässigen Betriebe und die Unterrepräsentation Auswärtiger in jüngerer Zeit im Bereich der Pacht umgedreht haben. Die durch den Rückgang der örtlichen Landwirtschaft freigewordenen Parzellen werden, soweit sie zu verpachten sind – und das sind ja gerade die flächenmäßig bedeutenden Acker- und Grünlandflächen –, zu fast zwei Dritteln von Betrieben aus den Nachbarorten bewirtschaftet. Das Bild der Flur prägen also immer weniger die Kunreuther Grundeigentümer selbst, sondern vielmehr die großteils auswärtigen Pächter der Flächen. Weisen die Eigentumsstrukturen Kunreuths noch ein weitgehend traditionelles Bild auf, das sich im Vergleich zur Mitte des 19. Jahrhunderts kaum verändert hat, so wird also bei der Betrachtung der Pachtverhältnisse der immense Bedeutungsverlust der ortsansässigen Landwirtschaft augenscheinlich – verbunden mit den für den agrarstrukturellen Wandel typischen Konzentrationsprozessen sowie mit einer Verlagerung der Produktion und Bewirtschaftung auf wenige große, vorrangig auswärtige Betriebe.

3.3. Der gegenwärtige Stellenwert und Probleme der Kunreuther Landwirtschaft

Schon bei der Betrachtung der wirtschaftlichen und sozialen Situation Kunreuths in der Mitte des 19. Jahrhunderts war eine vergleichsweise mäßige Dominanz des Primärsektors als Erwerbsquelle der Bevölkerung (nur 33 %) festzustellen, verbunden mit einer Konzentration des landwirtschaftlichen Besitzes auf wenige große Betriebe. Gleichzeitig hatte das dörfliche Handwerk sowie der Bereich Handel und Dienstleistungen recht großes Gewicht. Im Rahmen des Strukturwandels der Landwirtschaft ist die Bedeutung der Kunreuther Landwirtschaft noch drastisch gesunken. Nur noch zwei Betriebe werden heute im Vollerwerb geführt, nur noch vier Landwirte (die bei-

---

[11] Stand vom 4. 5. 2001.
[12] Durchschnittlicher Pachtflächenanteil 37,4 % (Stand 1997). Nach: Gerhard Henkel, Der ländliche Raum, Gegenwart und Wandlungsprozesse seit dem 19. Jahrhundert in Deutschland, Stuttgart, Leipzig ³1999, S. 109 ff.

den Vollerwerbsbauern sowie zwei Nebenerwerbslandwirte) halten überhaupt Milchvieh. Die Mehrzahl der Kunreuther Betriebe wurde in den letzten Jahren aufgegeben oder wird, wenn überhaupt, nur noch im Nebenerwerb geführt. Ein Ende dieser rückläufigen Entwicklung ist keineswegs abzusehen, vielmehr ist von einem weiteren Rückgang im Laufe der nächsten Jahre und Jahrzehnte auszugehen. Besonders augenscheinlich wird dies, wenn man die familiär-soziale Situation etlicher Anwesen betrachtet: Oft fehlen direkte Nachkommen und damit potentielle Hofnachfolger, und gerade einige der relativ großen und traditionsreichen Anwesen sind hiervon betroffen. Gleichzeitig ist ein Großteil der überwiegend ledigen Betriebsinhaber schon über fünfzig, zum Teil über sechzig und siebzig Jahre alt. Schon in den vergangenen Jahren sind einige Anwesen aus diesem Grunde aufgegeben worden, gingen an entfernte Verwandte oder andere Personen über, wurden teilweise vermietet und verpachtet oder auch verkauft und als Hofeinheit zerschlagen. In den kommenden Jahren und Jahrzehnten werden wohl noch weitere Anwesen von einem ähnlichen Schicksal betroffen sein. Hier wird es, soweit sich keine näheren Verwandten finden, die die Höfe übernehmen könnten, zu einem durchgreifenden Austausch gerade der alteingesessenen Bevölkerung kommen, sei es durch Mieter oder durch Käufer der freiwerdenden Anwesen. Da von den bisher verbliebenen Kunreuther Betrieben sicher keine Aufstockungen zu erwarten sind – auch bei den beiden Noch-Vollerwerbshöfen sind die Betriebsinhaber schon über sechzig –, dürfte sich der Anteil der Bewirtschaftung durch auswärtige Betriebe weiter erhöhen.

Doch auch bei Betrieben, die nicht von Überalterung und fehlender Nachkommenschaft betroffen sind, hat der agrarstrukturelle Wandel, verbunden mit einer Vielzahl alternativer Erwerbsmöglichkeiten im nahen Ballungsraum Erlangen-Nürnberg sowie in Forchheim und seinem Umland, zu Betriebsaufgaben und zumindest zu einem verstärkten Rückzug in die Nebenerwerbslandwirtschaft geführt. Schon jetzt haben sämtliche potentiellen Hofnachfolger einen nichtlandwirtschaftlichen Beruf. Zumindest im Bereich der arbeitsintensiven Milchviehhaltung ist langfristig kein Fortbestand zu erwarten, vielmehr ist ein Ende schon innerhalb der nächsten zehn Jahre absehbar. Eventuell kann sich der Ackerbau im Nebenerwerb zumindest bei einigen Betrieben noch längerfristig erhalten.

Zu den beschriebenen sozialen Problemen kommen bei vielen der verbliebenen Kunreuther Betriebe auch noch relativ ungünstige Betriebsstrukturen. So weisen etliche Anwesen, vor allem diejenigen, welche nur noch im Nebenerwerb geführt werden, nach heutigen Maßstäben völlig veraltete Betriebsmittel auf. Derzeit wirtschaften noch etliche Betriebe mit Jahrzehnte alten Maschinen, Fahrzeugen etc. Investitionen sind in der Vergangenheit häufig unterblieben und Neuinvestitionen nicht zu erwarten, so daß ein zukünftiges Wirtschaften erschwert und zunehmend unwahrscheinlicher wird. Die Folge dieser Entwicklung bzw. Nicht-Entwicklung ist wohl wiederum ein weiterer Rückgang der ortsansässigen Landwirtschaft.

Insgesamt ist also schon bis heute die wirtschaftliche und soziale Bedeutung der Landwirtschaft in Kunreuth drastisch zurückgegangen: zwei Vollerwerbsbauern finden noch gänzlich, einige Nebenerwerbslandwirte zum Teil ihr Auskommen im Agrarbereich. Im Laufe der nächsten Jahre dürfte ihre Bedeutung gegen Null gehen. Inwieweit sich die bäuerlichen Anwesen umnutzen, umstrukturieren und sich endogen alternative Erwerbsquellen finden lassen, bleibt abzuwarten.

Werner B ä t z i n g

Der Strukturwandel des Dorfes Kunreuth 1840 bis 2002 und die Frage seiner zukünftigen Entwicklung

Die Erarbeitung des Strukturwandels des Dorfes Kunreuth gründet in erster Linie auf der Auswertung der amtlichen Statistik und wird durch historische Untersuchungen und Feldarbeiten, die im Rahmen des genannten Seminars durchgeführt wurden, ergänzt.

Die Auswertung der amtlichen Statistiken bezieht sich auf drei Bereiche: Erstens die Bevölkerungsentwicklung 1840–1987 im Rahmen der Volkszählungen, deren Daten gebietsstandsbereinigt[1] vorliegen. Ergänzend werden die „Amtlichen Ortsverzeichnisse für Bayern" herangezogen, um Angaben für den Ort Kunreuth zu erhalten. Zweitens die Angaben zur Wirtschaftsstruktur der Volkszählungen 1961, 1970 und 1987. Hier besteht jedoch die Schwierigkeit darin, daß diese Daten nicht gebietsstandsbereinigt vorliegen, was ihre Interpretation erschwert. Drittens auf aktuelle Daten zur demographischen und wirtschaftlichen Entwicklung, die vom Bayerischen Landesamt für Statistik und Datenverarbeitung, von der Bundesanstalt für Arbeit in Nürnberg sowie von der Gemeinde Kunreuth stammen. Die zentrale Schwierigkeit besteht darin, daß in diesen Quellen nicht mehr die Erwerbstätigen (wie bei den Volkszählungen), sondern lediglich die sozialversicherungspflichtig Beschäftigten (also ohne Selbständige, mithelfende Familienangehörige, Beamte) erfasst werden. Die Differenz zwischen „Erwerbstätigen" und „Beschäftigten" beträgt nach Auskunft des Bayerischen Landesamtes für Statistik und Datenverarbeitung bayernweit etwa 80 %, kann aber gerade bei kleineren Gemeinden mit einem höheren Anteil an Selbständigen und mithelfenden Familienangehörigen vor allem im I. und III. Wirtschaftssektor auch größer ausfallen. Und schließlich muß darauf hingewiesen werden, daß die Angaben aus diesen drei Datenquellen leicht voneinander abweichen können.

1. Kunreuth im Zeitraum 1840–1939: Wirtschaftliche Entwertung

Dieser Zeitraum stellt die Phase der Industriegesellschaft dar, innerhalb derer die Industriestädte sehr stark wachsen, während der ländliche Raum nur geringe Wachstumsraten aufweist und 36 % aller Gemeinden in Franken sogar Bevölkerungsrückgänge erleiden.[2] Mit dem Jahr 1840, der ersten modernen Volkszählung in Bayern, wird die Situation am Ende der Agrargesellschaft und kurz vor dem Beginn der Indu-

---

[1] Der Begriff „gebietsstandsbereinigt" bedeutet, daß sich alle Einwohnerzahlen ab 1840 auf das gleiche Gebiet, also auf die gleiche Gemeindefläche beziehen; dies ist die Gemeinde Kunreuth nach der Gebietsreform, zu der neben dem Ort Kunreuth auch die Orte Weingarts, Ermreus und Regensberg gehören.

[2] Siehe den Artikel von Werner Bätzing, Die Bevölkerungsentwicklung in den Regierungsbezirken Ober-, Mittel- und Unterfrankens im Zeitraum 1840–1999, zweiter Teil, Tabelle 3, in diesem Band. Der erste Teil dieses Artikels, der im Jahrbuch für fränkische Landesforschung, Band 61, 2001, S. 183–226, erschien, stellt die allgemeinen Rahmenbedingungen der Bevölkerungsentwicklung auf der Ebene der Landkreise und der kreisfreien Städte dar, der zweite Teil analysiert die Entwicklung auf Gemeindeebene und ermöglicht es, die Entwicklung Kunreuths im fränkischen Kontext genau zu verorten.

striellen Revolution erfasst. Das Jahr 1939 steht für den Beginn von neuen Rahmenbedingungen, die die bisherige Entwicklung unterbrechen.

Die Ergebnisse der historischen Analysen zeigten sehr eindeutig, daß Kunreuth in der frühen Neuzeit, also in den Jahrhunderten vor der Industrialisierung, kein normales Bauerndorf war, sondern auf Grund seiner besonderen grundherrschaftlichen Situation einen stark ausgebildeten II. und III. Wirtschaftssektor (Handwerker und Händler) besaß, bei dem jüdische Einwohner eine wichtige Rolle spielten. Hermann Ulm schätzt, daß 1848 etwa zwei Drittel der Bevölkerung im nichtlandwirtschaftlichen Bereich ihr Auskommen fanden.[3]

Zwischen 1840 und 1939 verliert die Gemeinde Kunreuth (heutiger Gebietsstand) 10 % ihrer Einwohner (siehe Tabelle 1), während der Landkreis Forchheim leicht wächst und Franken, Bayern und das Deutsche Reich sehr hohe Wachstumsraten aufweisen (Ursache: Wachstum der Industriestädte und -gebiete). Damit gehört Kunreuth in dieser Zeit zum strukturschwachen ländlichen Raum, der Einwohner verliert, weil die dörflichen Unterschichten und das Gesinde in die Industriestädte abwandern, die landwirtschaftlichen Kleinbetriebe aufgegeben werden und das traditionelle ländliche Handwerk in die Krise gerät.

Sieht man sich jedoch die Bevölkerungsentwicklung auf der Maßstabsebene der Orte an, aus denen heute die Gemeinde Kunreuth besteht, dann zeigt sich ein etwas anderes Bild: Die Orte Weingarts, Ermreus und Regensberg wachsen zwischen 1840 und 1939 um 12 Personen – die Abwanderungen in die Städte werden durch hohe Geburtenziffern kompensiert –, während der Ort Kunreuth 108 Einwohner verliert. Dies liegt daran, daß die besonders zahlreichen Arbeitsplätze im II. und III. Sektor unter den neuen wirtschaftlichen und politischen Rahmenbedingungen nicht mehr konkurrenzfähig sind und daher aufgegeben werden und daß die jüdischen Einwohner nach 1881 – dem Jahr, in dem sie die vollen bürgerlichen Rechte, also auch das der freien Ortswahl, erhalten – Kunreuth verlassen.

Diese Interpretation wird gestützt, wenn man sich die Ergebnisse der einzelnen Volkszählungen seit 1840 ansieht:[4] Zwischen 1840 und 1871 steigt die Bevölkerung der Gemeinde Kunreuth von 997 auf 1028 Einwohner noch leicht an, fällt dann bis zum Jahr 1900 deutlich auf 941 Einwohner ab und bleibt bis 1925 genau auf diesem Wert. Zwischen 1925 und 1939 setzt dann ein zweiter Rückgang von 941 auf 901 Einwohner ein.

Wir erkennen also zwei Rückgangsphasen, nämlich einmal die wirtschaftlich sehr dynamische Gründerzeit mit ihrer starken Sogwirkung der stark wachsenden Industriestädte, und zum anderen die Zeit zwischen 1925 und 1939, also die Zeit der Weltwirtschaftskrise und der schlechten wirtschaftlichen Rahmenbedingungen.

Durch diese Entwicklung verliert der Ort Kunreuth einen relevanten Teil seiner außergewöhnlichen Wirtschaftsstruktur und wird einem durchschnittlichen Dorf immer ähnlicher. Oder anders ausgedrückt: Durch die erheblichen Verluste an Arbeitsplätzen im II. und III. Sektor verstärkt sich der bäuerliche Charakter Kunreuths.

---

[3] Siehe seinen Artikel in diesem Jahrbuch, der unmittelbar vor diesem Artikel steht.
[4] Quelle siehe Tabelle 1.

Tabelle 1: Die Bevölkerung von Kunreuth 1840–1999 im fränkischen, bayerischen und deutschen Kontext

	1840	1939	in %	1939	1961	in %	1961	1999	in %
Ort Kunreuth	458	350	-23%	350	492	+41%	492	642	+30%
Gemeinde Kunreuth	997	901	-10%	901	1131	+25%	1131	1359	+20%
Landkreis Forchheim			+25%			+44%			+39%
Franken			+71%			+30%			+17%
Bayern			+86%			+34%			+28%
Deutschland*			+111%			+31%			+19%

* Deutschland: 1840–1939 = Deutsches Reich, 1939–1999 = Bundesrepublik Deutschland, alte Bundesländer

Quellen:
Bayerisches Landesamt für Statistik und Datenverarbeitung (Hg.), Die Gemeinden Bayerns nach dem Gebietsstand 25. Mai 1987. Die Einwohnerzahlen der Gemeinden Bayerns und die Änderungen im Besitzstand und Gebiet von 1840–1987 (Beiträge zur Statistik Bayerns 451), München 1991.
Bayerisches Landesamt für Statistik und Datenverarbeitung (Hg.), Gemeinde-Daten. Ausgabe 2001. München 2001
Amtliches Ortsverzeichnis für Bayern, verschiedene Jahrgänge

2. Kunreuth im Zeitraum 1939–1961: Unerwartetes Wachstum

Die Kriegszerstörungen deutscher Städte, dann aber vor allem die staatlich gelenkten Ansiedlungen von Flüchtlingen und Vertriebenen lösen starke Wachstumsimpulse im ländlichen Raum aus, die einen signifikanten Trendbruch zur vorhergehenden Phase bedeuten. Die Wachstumsraten für Franken, Bayern und Deutschland sind mit 30–34 % sehr ähnlich; die Gemeinde Kunreuth liegt mit 25 % deutlich darunter, der Ort Kunreuth mit 41 % deutlich darüber (siehe Tabelle 1). Das bedeutet, daß der Ort Kunreuth besonders viele Flüchtlinge und Vertriebene aufnimmt, was zu erheblichen Wachstumsimpulsen in allen Wirtschaftsbereichen führt.

Bezieht man die Volkszählung 1950 mit ein, dann werden die kriegsbedingten Migrationen besonders deutlich sichtbar: In diesem Jahr leben in der Gemeinde Kunreuth 1395 Personen, also 55 % mehr als 1939; allerdings verlassen viele von ihnen bis 1961 wieder Kunreuth, wodurch die Einwohnerzahl um 264 Personen sinkt. Trotzdem liegt die Einwohnerzahl im Jahr 1961 signifikant über derjenigen von 1939. Damit ist die Phase des Bevölkerungsrückgangs von Ort und Gemeinde Kunreuth beendet, und das Jahr 1939 ist das Jahr mit der niedrigsten Einwohnerzahl im Zeitraum 1840–2002.

Die Integration der zahlreichen Zuzügler in die Gemeinde Kunreuth stellt eine außerordentliche soziale und kulturelle Leistung der Kunreuther Bevölkerung dar. Sie markiert aber zugleich auch das Ende des alten, traditionell-geschlossenen Dorflebens, indem die Dorfgemeinschaft *unmittelbar* mit Menschen anderer Religion und fremder Kultur konfrontiert wird. Damit wird die Selbstverständlichkeit der eigenen Tradition erstmals direkt in Frage gestellt und ein Prozess der kulturellen Öffnung und Modernisierung eingeleitet.

Die säkulare Trendwende, die der Zeitraum 1939–1961 für Demographie, Wirtschaft und Kultur in Kunreuth bedeutet, stellt den Beginn einer neuen Entwicklung dar, die wenig später das Dorf Kunreuth stark verändern wird.

3. Kunreuth im Zeitraum 1961–1987: Suburbanisierung

Zwischen 1961 und 1970 wachsen Ort und Gemeinde Kunreuth nur sehr schwach, aber dann setzt ab 1970 ein deutliches Wachstum ein, das im Ort Kunreuth stärker als in der Gemeinde Kunreuth ausgeprägt ist (siehe Tabelle 1; Wachstum Gemeinde Kunreuth 1961 bis 1987 = +10 %).

Tabelle 2 zeigt die zentralen wirtschaftlichen Strukturdaten für den ablaufenden Wandel: Die Sektoralstruktur der Wirtschaft ist dadurch geprägt, daß der I. Sektor sehr stark zurückgeht (von 42 % im Jahr 1961 auf 9 % im Jahr 1987), während der II. Sektor mit 40 % im Jahr 1961 bereits relativ stark ist und seine Position bis 1987 sogar noch auf 52 % ausbaut und der III. Sektor stark wächst (von 18 % auf 39 %), aber immer noch weit unterhalb des bayerischen Durchschnitts bleibt.

Diese relativen Verschiebungen werden aber durch eine andere Entwicklung stark in den Hintergrund gedrängt: Die Zahl der Erwerbstätigen am Arbeitsort sinkt von 66 % der Erwerbstätigen am Wohnort im Jahr 1961 auf 29 % im Jahr 1987 ab, während gleichzeitig die Zahl der Auspendler von 35 % der Erwerbstätigen am Wohnort

Tabelle 2: Die Wirtschaftsstruktur Kunreuths 1961 – 1970 – 1987

	1961[1]	1970[1]	1970[2]	1970[3]	1987[3]
Bevölkerung	492	499	609	1159	1241
Erwerbstätige am Wohnort	277	257	328	573	584
Erwerbsquote	56%	52%	54%	49%	46%
I. Sektor	116 = 42%	88 = 34%	123 = 38%		52 = 9%
II. Sektor	110 = 40%	101 = 39%	128 = 39%		303 = 52%
III. Sektor	51 = 18%	68 = 27%	77 = 23%		229 = 39%
Auspendler	98 = 35%	119 = 46%	149 = 45%	267 = 47%	426 = 74%
Einpendler	11 = 6%	6 = 4%	6 = 3%	8 = 2,5%	23 = 14%
Erwerbstätige am Arbeitsort	183	144	180	314	167
Anteil Wohnort	66%	56%	55%	55%	29%

[1] Gebietsstand 1961 bzw. 1970: Kunreuth (Heft 231b und 304)
[2] Gebietsstand 1972: Kunreuth und Ermreus (Heft 305)
[3] Gebietsstand 1987: Kunreuth, Ermreus, Weingarts und Regensberg (Heft 442b)

Quellen:
Bayerisches Statistisches Landesamt (Hg.), Bayerische Gemeindestatistik 1960/61. Teil 1: Bevölkerung
     und Erwerbstätigkeit, Ergebnisse der Volks- und Berufszählung am 6. Juni 1961
     (Heft 231b der Beiträge zur Statistik Bayerns), München 1963
Bayerisches Statistisches Landesamt (Hg.), Bayerische Gemeindestatistik 1970. Band 4: Bevölkerung
     und Erwerbstätigkeit, Ergebnisse der Volkszählung am 27. Mai 1970 (Hefte 304 und 305
     der Beiträge zur Statistik Bayerns), München 1972
Bayerisches Landesamt für Statistik und Datenverarbeitung (Hg.), Bayerische Gemeindestatistik 1987.
     Band 1: Bevölkerung und Erwerbstätigkeit, Ergebnisse der Volkszählung am 25. Mai 1987
     (Heft 442b der Beiträge zur Statistik Bayerns), München 1989

auf 74 % anwächst! Das bedeutet, daß im Ort und in der Gemeinde Kunreuth viele Arbeitsplätze verloren gehen (die relativen Verschiebungen bei der Sektoralstruktur der Wirtschaft sind daher nur bedingt aussagefähig) und daß immer mehr Erwerbstätige, die in Kunreuth wohnen, in einer anderen Gemeinde (meist im Verdichtungsraum Nürnberg-Fürth-Erlangen, in Forchheim oder in Bamberg) arbeiten. Kunreuth entwickelt sich daher zu einer Suburbanisationsgemeinde, bei der die Wohnfunktion immer wichtiger wird, während die Funktion als Wirtschaftsstandort (im Sinne einer räumlichen Identität von Wirtschaften und Wohnen, wie sie für den ländlichen Raum typisch war) immer mehr abnimmt. Der Rückgang der Erwerbstätigen am Arbeitsort ist wegen der unterschiedlichen Gebietsstände nicht unmittelbar zu erfassen, aber er beträgt gebietsstandsbereinigt knapp –60 %.[5] Dieser Rückgang ist als ausgesprochen

[5] Unter der Voraussetzung, daß die Zahl der Erwerbstätigen am Arbeitsort im Ort Kunreuth (1970 = 144 Personen) zwischen 1970 und 1987 im gleichen Verhältnis abnimmt wie in der Gemeinde Kunreuth (von 314 auf 167, also um –47 %), ergeben sich für den Ort Kunreuth 1987 76 Erwerbstätige am Arbeitsort, das sind 41 % derjenigen von 1961.

dramatisch zu bezeichnen, vor allem auf dem Hintergrund, daß in dieser Zeit die Bevölkerung Kunreuths deutlich wächst.

Betrachtet man sich die Angaben in Tabelle 2 im Detail, dann stellt man fest, daß bereits im Jahr 1961 bei den Erwerbstätigen am Wohnort der I. Sektor deutlich unter 50 % liegt und die Auspendler mit 35 % ein erstaunlich hohes Niveau erreicht haben. Damit ist der Ort Kunreuth in diesem Jahr etwa zur guten Hälfte durch eine „landverbundene" und zur knappen Hälfte durch eine „landbewohnende Bevölkerung" geprägt.[6] Auch wenn die traditionell starke Position der nicht-bäuerlichen Wirtschaft Kunreuths noch abgeschwächt spürbar ist, so deuten doch die für 1961 hohen Auspendlerzahlen auf eine frühe sozio-ökonomische Öffnung des Ortes Kunreuth hin.

Während der Strukturwandel zwischen 1961 und 1970 eher etwas langsamer verläuft – die Bevölkerung wächst nur schwach, der I. Sektor verliert die Position als stärkster Sektor, die Auspendler wachsen um 50 % an –, ist die Phase zwischen 1970 und 1987 durch eine sehr hohe Dynamik geprägt: Die Bevölkerung wächst deutlich, die Landwirtschaft sinkt fast zur Bedeutungslosigkeit herab, die Erwerbstätigen am Arbeitsort gehen sehr stark zurück, und die Auspendler werden mit 74 % der Erwerbstätigen am Wohnort völlig dominant.

Dieser tiefgreifende Strukturwandel, der aus dem Dorf Kunreuth eine Suburbanisationsgemeinde macht, besitzt zwei Triebkräfte: Einerseits der Zerfall der traditionellen dörflichen Wirtschaft (nicht nur Landwirtschaft, auch Gewerbe und Dienstleistungen), der die Bewohner Kunreuths zum Auspendeln zwingt, und andererseits die Ausweisung einer Reihe von Baugebieten ab 1970, durch die neue Bewohner nach Kunreuth kommen, deren Arbeitsort außerhalb der Gemeinde liegt.

Daß dieser Strukturwandel nicht zum Rückgang der Bevölkerung, sondern im Gegenteil zu ihrem Wachstum führt, liegt an der Nähe Kunreuths zum Verdichtungsraum Nürnberg-Fürth-Erlangen, der in dieser Zeit zahlreiche attraktive Arbeitsplätze anbietet. Vergleicht man allerdings zahlreiche Gemeinden im Raum Erlangen-Forchheim und in der Fränkischen Schweiz mit der Gemeinde Kunreuth, dann stellt man fest, daß die Entwicklung hier eher moderat ausfällt und daß weder das Bevölkerungswachstum noch die Auspendlerquote extreme Werte annehmen.[7]

Die bisherigen Analysen betrafen Ort und Gemeinde Kunreuth in ihrer Gesamtheit, weshalb bei der Sektoralstruktur die Erwerbstätigen am Wohnort als Grundlage herangezogen wurden. Ergänzend sollen jetzt mit Tabelle 3 auch die Erwerbstätigen am Arbeitsort näher betrachtet werden. Bemerkenswert ist, daß der Anteil des I. Sektors zwischen 1961 und 1970 gleich bleibt. Dies bedeutet, daß ihr absoluter Rückgang von 112 auf 87 Personen oder −22 % dem Rückgang im II. und III. Sektor entspricht.

---

[6] Diese Unterscheidung wurde in der traditionellen Geographie oft getroffen, um feststellen zu können, wie weit ländliche Gemeinden noch traditionell-bäuerlich oder wie weit sie bereits modern geprägt seien. „Landverbundene Bevölkerung" umfasst alle Personen, die im Haupt-, Neben- oder Zuerwerb Landwirtschaft betreiben, zur „landbewohnenden Bevölkerung" zählen diejenigen Personen, die kein Land, sondern nur ein Wohngrundstück besitzen. Siehe dazu Gerhard Henkel, Der ländliche Raum, Stuttgart ³1999, S. 64–65.

[7] Zur Bevölkerungsentwicklung siehe Werner Bätzing, Die Bevölkerungsentwicklung in den Regierungsbezirken Ober-, Mittel- und Unterfrankens im Zeitraum 1840–1999, zweiter Teil, in diesem Band. Zu den Auspendlerquoten siehe Werner Bätzing, Die Fränkische Schweiz – eigenständiger Lebensraum oder Pendler- und Ausflugsregion?, in: Bamberger Geographische Schriften, Sonderfolge Nr. 6, Bamberg 2000, S. 127–150, vor allem Karte 5 auf S. 140.

Tabelle 3: Die Wirtschaftsstruktur Kunreuths 1987 und 2002 (Erwerbstätige/
Beschäftigte am Arbeitsort)

	1970	1987	2000
Erwerbstätige/Beschäftigte	144	167	76
I. Sektor	87 = 60%[1]	46 = 27%	6 = 8%
II. Sektor	25 = 17%	51 = 31%	24 = 32%
III. Sektor	32 = 23%	70 = 42%	46 = 60%

[1] 1961 = 61% (Quelle wie Tabelle 2)
1970: Gebietsstand von 1970 (Ort Kunreuth)
1987 und 2000: Gebietsstand von 1987 (Kunreuth, Ermreus, Weingarts und Regensberg)

Quellen:
Für 1970: wie Tabelle 2 (Heft 304)
Für 1987: wie Tabelle 2 (Heft 442b)
Für 2000: Bayerisches Landesamt für Statistik und Datenverarbeitung (Hg.), Gemeinde-Daten.
  Ausgabe 2002. München 2002.

Allerdings fällt der Rückgang der Landwirtschaft im Zeitraum zwischen 1970 und 1987 noch sehr viel deutlicher aus, wobei allerdings die Angaben auf Grund des unterschiedlichen Gebietsstands nicht direkt zu vergleichen sind.

Als zweiter Punkt fällt auf, daß am Arbeitsort der III. Sektor etwa ein Drittel größer ist als der II. Sektor und daß sich dieses Verhältnis zwischen 1970 und 1987 nicht ändert. Im Vergleich mit den Angaben zu den Erwerbstätigen am Wohnort, bei denen der II. Sektor deutlich vor dem III. Sektor lag (siehe Tabelle 2), erlaubt dies den Schluß, daß die größere Mehrheit der Auspendler im II. Sektor arbeitet, während sich die Situation am Arbeitsort umgekehrt darstellt. Die historische zentralörtliche Funktion Kunreuths schlägt sich also noch in dieser Zeit in einem relativ starken Dienstleistungssektor nieder.

4. Kunreuth im Zeitraum 1987–2002: Konsolidierung des erreichten Status

Während die Gemeinde Kunreuth zwischen 1987 und 1999 um 9,5 % von 1241 auf 1359 Einwohner wächst,[8] gibt es jetzt signifikante Unterschiede zwischen den einzelnen Orten: Nach kommunalen Angaben[9] wächst die Gemeinde Kunreuth zwischen 1989 und 2002 um 12,5 % (siehe Tabelle 4), während Kunreuth nur ein Wachstum

---

[8] Dieser Zeitschnitt wurde bewusst gewählt, damit der Leser die Gemeinde Kunreuth schnell im fränkischen Kontext positionieren kann, siehe dazu die Hinweise in Anmerkung 7.
[9] Diese differieren etwas von den Angaben des Bayerischen Landesamtes für Statistik und Datenverarbeitung, weil sich die Zählgrundlagen unterscheiden.

Tabelle 4: Bevölkerungsentwicklung von Ort und Gemeinde Kunreuth 1989–2002

Jahr	Gemeinde Kunreuth Bevölkerung	Ort Kunreuth Bevölkerung	Ort Kunreuth			
			Geburten	Sterbefälle	Zuzüger	Wegzüger
1989	1308	613	11	5	39	41
1990	1314	617	5	4	43	19
1991	1351	642	9	4	35	36
1992	1366	646	6	3	20	24
1993	1376	645	9	6	32	38
1994	1372	642	8	6	29	42
1995	1381	631	8	5	58	46
1996	1408	646	9	8	32	32
1997	1417	647	4	7	23	27
1998	1409	640	3	1	31	42
1999	1426	631	4	3	41	25
2000	1458	648	6	7	39	41
2001	1455	645	5	6	37	37
2002	1471	644				
1989–2002 in %	+12,5%	+5,1%	87	65	459	450
			+22		+9	

1989 = 31.12.1989

Quelle:
Daten der Gemeinde Kunreuth bzw. der Verwaltungsgemeinschaft Gosberg;
diese Daten, die Haupt- und Nebenwohnsitze enthalten, differieren leicht von den amtlichen Daten

von 5,1 % aufweist. Der Ort Weingarts wächst dagegen um 21 %, der Ort Ermreus um 23%, und nur der kleine Ort Regensberg verliert 5,5 % seiner Einwohner.[10]

Sieht man sich die Zahlen von Tabelle 4 näher an, dann stellt man fest, daß der Ort Kunreuth im Jahr 1992 mit 646 Einwohnern sein vorläufiges Maximum erreicht und daß die Einwohnerzahl seitdem zwischen 631 und 648 Personen pendelt. Das Bevölkerungswachstum zwischen 1989 und 1992 beruht in erster Linie auf dem Zuzug (+19 Personen) und in zweiter Linie auf dem natürlichen Wachstum (+12 Personen). In dieser Zeit werden keine neuen Baugebiete mehr ausgewiesen, sondern nur noch offene Baulücken in den bestehenden Neubaugebieten geschlossen, und der signifikante Geburtenüberschuss dürfte darauf beruhen, daß die jungen Familien, die sich in den Neubaugebieten niedergelassen haben, ihr erstes oder zweites Kind bekommen.

Nach 1992 ändert sich dies grundsätzlich: Der Geburtenüberschuß geht zurück, bleibt bis 1996 im positiven Bereich und pendelt sich dann im Nullbereich ein. Die Zuzüge bleiben zwar etwa in der gleichen Höhe bestehen (im Durchschnitt 35 pro Jahr), aber die Wegzüge steigen – diskontinuierlich – an und sorgen dafür, daß der Wanderungssaldo negativ wird.

Die Gemeindepolitik, in Kunreuth keine größeren Baugebiete mehr auszuweisen, führt also dazu, daß das seit 1961 vorhandene Bevölkerungswachstum in den 1990er Jahren zu einem Ende kommt, indem zuerst der Wanderungssaldo negativ wird und dann etwas später auch der Geburtenüberschuss auf Null zurückgeht.

Das bedeutet allerdings nicht, daß keine Zuzüger mehr nach Kunreuth kämen – ihre Zahl bleibt hoch, wie Tabelle 4 eindrücklich zeigt. Neben der nicht niedrigen Zahl von Zuzügern fällt in Tabelle 4 jedoch die extrem hohe Zahl von Zu- *und* Wegzügern besonders auf, die in 13 Jahren 909 Personen beträgt! Der Ort Kunreuth müßte durch diese starke Mobilität eigentlich sehr deutlich sozial und kulturell geprägt werden, aber vor Ort nimmt man dies – wie in anderen ähnlichen Gemeinden – kaum wahr.[11]

Tabelle 5 zeigt, daß sich das lange Wachstum der Gemeinde Kunreuth durch die Ausweisung von Baugebieten und den Zuzug junger Familien deutlich in der Altersstruktur niederschlägt: Kunreuth ist heute eine vergleichsweise junge Gemeinde, wobei sowohl die Altersgruppe bis 18 Jahre deutlich über und die über 64 Jahre deutlich unter dem bayerischen Durchschnitt liegt.

Die wirtschaftlichen Strukturdaten seit 1989 sind mit denen der Volkszählung 1987 nicht direkt zu vergleichen, weil jetzt nicht mehr die Erwerbstätigen, sondern nur noch die Beschäftigten erfasst werden.

Betrug die Zahl der Erwerbstätigen am Wohnort im Jahr 1987 584 Personen (Tabelle 2), so finden sich im Jahr 1994 507 sozialversicherungspflichtig Beschäftigte

---

[10] Die Einwohnerzahlen auf Ortsebene werden dadurch etwas verunklart, daß ein kleiner Teil des Ortes Weingarts (das Gebiet um die abseits gelegene Kirche herum) in den 1990er Jahren von Regensberg nach Weingarts umgewidmet wurde. Dies dürfte den Bevölkerungsrückgang von Regensberg und das starke Wachstum von Weingarts wenigstens teilweise erklären.

[11] Das Phänomen der extrem hohen Zu- und Wegzügerzahlen ist charakteristisch für suburbane Gemeinden, wurde aber bislang nicht wahrgenommen und verblüfft alle Betroffenen, mit denen bislang darüber gesprochen wurde. Es wurde systematisch erhoben und analysiert in der Studie „Der Verflechtungsraum der Stadt Erlangen", Erlangen 2002 (unveröffentlichter Bericht der gleichnamigen Übung am Institut für Geographie der FAU unter der Leitung von Werner Bätzing und Fred Krüger im Auftrag der Stadt Erlangen).

Tabelle 5:   Die Altersstruktur der Gemeinde Kunreuth am
31.12.2000

	bis 18 Jahre	65 Jahre und älter
Kunreuth (Gemeinde)	22.5%	12.5%
Landkreis Forchheim	22.0%	14.6%
Bayern	19.3%	16.1%

Quelle:
Bayerisches Landesamt für Statistik und Datenverarbeitung (Hg.),
Gemeinde-Daten. Ausgabe 2002. München 2002

(= 87 %), was auf einen leichten Anstieg hindeutet, da bayernweit die Beschäftigten 80 % der Erwerbstätigen ausmachen. Die Fluktuationen der Beschäftigten im Zeitraum 1994–2002 (Tabelle 6) dürfen nicht überbewertet werden, da sie mit der Fluktuation der Einwohner und der Zu- und Wegzüger in direkter Verbindung stehen. Auffällig ist dabei, daß die Auspendlerquote in dieser Zeit nahezu identisch bleibt und lediglich zwischen 91,3 und 92,9 % variiert. Hier scheint sich seit 1994 kaum etwas zu verändern.

Anders dagegen die Beschäftigten am Arbeitsort: Im Jahr 1987 gab es noch 167 Erwerbstätige am Arbeitsort (das wären etwa 135 Beschäftigte), im Jahr 2000 dagegen nur noch 76 (Tabelle 3), so daß hier zahlreiche Arbeitsplätze weggefallen sind. Allerdings zeigen die Daten der Tabelle 6, daß die Lage seit 1994 ziemlich unverändert ist; der Rückgang muss also zwischen 1987 und 1994 eingetreten sein. Damit setzt sich auch in dieser Phase der Rückgang der Arbeitsplätze vor Ort weiter fort (auch wenn er sich in den letzten Jahren wenig verändert) – der Charakter Kunreuths als Wohngemeinde verstärkt sich nochmals und die Auspendlerquote steigt weiter an. Auffällig ist weiterhin, daß jetzt auch die Einpendler eine relevante Größenordnung besitzen: Die räumliche Identität von Wohnen und Arbeiten löst sich jetzt auch bei denen auf, die in Kunreuth arbeiten, und es entsteht neben dem dominanten Auspendlerstrom auch ein gewisser Einpendlerstrom – der suburbane Raum ist durch komplexe und wechselseitige Verflechtungen charakterisiert.

Die Sektoralstruktur am Arbeitsort ist bei den Beschäftigten nur bedingt relevant, da besonders im I. und III. Sektor viele Selbständige und mithelfende Familienangehörige tätig sind, die hierbei nicht erfaßt werden. Allerdings zeigt Tabelle 3 trotz dieser Einschränkungen, daß die Arbeitsplätze im II. und III. Sektor weiter zurückgehen, und Analoges gilt für die Landwirtschaft (siehe dazu den Beitrag von Hermann Ulm in diesem Band).

Betrachtet man jedoch das Angebot von privaten Dienstleistungen im Ort Kunreuth im Detail und vergleicht es systematisch mit dem der Nachbarorte – dieser Vergleich wird im Rahmen des „Geländepraktikums" des Instituts für Geographie seit 1996 re-

Tabelle 6: Sozialversicherungspflichtig Beschäftigte in der Gemeinde Kunreuth 1994–2002

Jahr	Beschäftigte am Wohnort	Wohnort = Arbeitsort	Beschäftigte am Arbeitsort	Auspendler	Einpendler
1994	507	39	72	468 = 92,3%	33 = 46%
1995	493	43	81	450 = 91,3%	38 = 47%
1996	490	35	69	455 = 92,9%	34 = 49%
1997	485	36	67	449 = 92,6%	31 = 46%
1998	496	37	66	459 = 92,5%	29 = 44%
1999	497	43	79	454 = 91,3%	36 = 46%
2000	512	39	76	473 = 92,4%	37 = 49%
2001	527	38	71	489 = 92,8%	33 = 46%
2002	514	39	75	475 = 92,4%	36 = 48%

Quelle:
Bundesanstalt für Arbeit (Hg.), Arbeitsmarkt in Zahlen. Nürnberg 1994–2002.

gelmäßig durchgeführt –, dann stellt man fest, daß sich der Ort Kunreuth durch eine erstaunliche Vielfalt dieser Angebote auszeichnet, und daß diese hier signifikant zahlreicher sind als in allen Nachbarorten vergleichbarer Größe. Diese Sondersituation dürfte eindeutig auf die Geschichte Kunreuths zurückzuführen sein.

Zwischen 1987 und 2002 verstärkt sich also die Prägung Kunreuths als Suburbanisationsgemeinde. Allerdings gibt es dabei einen Trendbruch im Jahr 1992, indem der Ort Kunreuth nicht mehr weiter wächst, weil keine neuen größeren Baugebiete ausgewiesen werden. Allerdings behält die zweite Triebkraft der Suburbanisierung – der Rückgang der Arbeitsplätze vor Ort – ihre Dynamik und erhöht so die Zahl der Auspendler.

Eine Analyse des „Verflechtungsraumes der Stadt Erlangen", die im Auftrag der Stadt Erlangen am Institut für Geographie der FAU im Jahr 2002 durchgeführt wurde,[12] kommt daher nicht überraschend zum Ergebnis, daß die Gemeinde Kunreuth so stark mit der Stadt Erlangen funktional verflochten ist, daß sie ein Teil des „Verflechtungsraums Erlangen" geworden ist. Allerdings ist der Grad der Verflechtung schwächer als bei vielen anderen Suburbanisationsgemeinden, vor allem bei solchen, die näher an Erlangen liegen als Kunreuth, das den Rand des Verflechtungsraums Erlangen bildet.

Weil die Dynamik der Suburbanisierung in Kunreuth schwächer ausgeprägt ist als in vielen anderen Suburbanisationsgemeinden im Verflechtungsraum Erlangen, sind auch die damit verbundenen Probleme – in erster Linie Widersprüche zwischen Einheimischen und Zuzügern, in zweiter Linie Gemeinde- und Ortsidentität und Gemein-

---

[12] Siehe dazu Anmerkung 11.

350

deentwicklung (Flächenverbrauch, ungeordnete Bebauung, Entwertung des alten Ortskerns, Verkehrsbelastung) – in Kunreuth durchaus anzutreffen, aber sie treten hier in deutlich abgeschwächter Form auf. Dagegen gibt es einige ziemlich positive Faktoren, die das Gewicht der Suburbanisationsprobleme deutlich abschwächen; es sind dies ein erstaunlich breites und vielfältiges Vereinsleben, das nicht nur Einheimische, sondern auch Zuzügler anspricht, das gute Niveau der privaten Dienstleistungen, das für die Qualität Kunreuths als Wohnstandort von großer Bedeutung ist, sowie eine attraktive Umwelt im Albvorland mit einer historisch bedeutsamen Parzellenstruktur. Und die Politik, in den 1990er Jahren keine neuen größeren Baugebiete mehr auszuweisen, bremst die Dynamik der Suburbanisierung deutlich und ermöglicht es, gezielt an den aufgetretenen Strukturproblemen zu arbeiten. Deshalb kann diese Phase als eine Phase der Konsolidierung bezeichnet werden.

Insgesamt sieht es so aus, als ob der Ort Kunreuth den mit der Suburbanisierung verbundenen Strukturwandel einschließlich seiner Probleme einigermaßen gut bewältigt, wobei die Phase der Konsolidierung einen wichtigen Beitrag leistet.

5. Die Zukunft des Ortes Kunreuth

Auf der Grundlage der Kenntnis des abgelaufenen Strukturwandels und des aktuellen status quo ist es jetzt möglich, Prognosen für die Zukunft zu skizzieren.

Die Gemeinde beabsichtigt derzeit nicht, neue größere Baugebiete auszuweisen – lediglich zwei kleine Baulandausweisungen stehen bevor –, so daß die Bevölkerung in Zukunft weiter stagnieren oder nur ganz leicht wachsen dürfte. In dieser Beziehung sind also keine relevanten Änderungen zu erwarten.

Anders sieht es dagegen mit den Arbeitsplätzen vor Ort aus, die weiter zurückgehen dürften. Nicht zu erwarten ist dagegen die Ansiedlung von neuen Arbeitsplätzen, die in anderen Suburbanisationsgemeinden durchaus eine Rolle spielen kann, weil Kunreuth abseits von Autobahn/Bundesstraße liegt (schlechte Voraussetzungen für ein Gewerbegebiet) und weil es sich als Standort für ein Einkaufszentrum, Freizeitzentrum und ähnliches wegen der Kleinheit und des geringen Einzugsgebietes nicht eignet. Für beide Funktionen sind Standorte im nahen Regnitztal (Entwicklungsachse Nürnberg-Bamberg) so attraktiv, daß Orte wie Kunreuth dafür kaum eine Chance besitzen.

Was die Arbeitsplätze im Ort Kunreuth betrifft, so sind alle drei Wirtschaftssektoren vom Rückgang bedroht:

Die Landwirtschaft wird auf Grund des Alters der derzeitigen Betriebsinhaber, fehlender Hofnachfolger, ungünstiger Betriebsstrukturen und veralteter Ausstattung weiterhin zurückgehen – wahrscheinlich fast auf einen Wert knapp über Null (siehe dazu den Beitrag von Hermann Ulm in diesem Band). Eine gewisse Zukunftsperspektive scheinen derzeit nur zwei alternative Entwicklungen zu bieten: Das ist einmal der Obstbau und die Verwertung seiner Produkte in Form von Schnapsbrennereien, die im Ort Kunreuth eine gewisse Verbreitung erreicht hat. Sofern die Qualität gut ist und bei der Vermarktung auch die zahlreichen Ausflügler aus dem Raum Nürnberg-Erlangen gezielt angesprochen werden, dürfte dies auch in Zukunft ein einträglicher (Neben-) Erwerb bleiben. Da allerdings die Zahl der Brennrechte nicht vergrößert werden kann,

kann dieser Bereich quantitativ nicht ausgebaut werden. Die zweite Möglichkeit besteht in der Pensionspferdehaltung,[13] für die Kunreuth wegen der Nähe zu Erlangen und der attraktiven Umwelt gute Voraussetzungen bietet.[14] Allerdings dürfte dadurch im besten Fall der Rückgang abgemildert werden. Der I. Sektor dürfte daher in Zukunft in Kunreuth Arbeitsplätze verlieren.

Das Gewerbe (II. Sektor) hat bereits zahlreiche Arbeitsplätze verloren, und diese Entwicklung wird sich auch in Zukunft weiter fortsetzen. Weil es aber einige Betriebe gibt, deren Nachfolge gesichert ist, wird der Wandel hier nicht auf den Nullpunkt zulaufen.

Bei den Dienstleistungen stellt sich die wichtige Frage, inwieweit die Vielzahl der Angebote in Zukunft noch aufrecht erhalten werden kann, da ihre wirtschaftliche Situation auf Grund neuer attraktiver Einkaufszentren (zum Beispiel im nahen Forchheim) und geänderten Konsumentenverhaltens immer schwieriger wird. Auch hier ist ein Rückgang sehr wahrscheinlich.

Insgesamt bedeutet das, daß die Funktion Kunreuths als Arbeitsort weiter abnehmen dürfte, was in Hinblick auf die Wohnfunktion und die örtliche Identität eine große Belastung darstellen dürfte.

In der Flur von Kunreuth sind auf Teilflächen sowohl Intensivierungserscheinungen – „ausgeräumte" Flächen mit geringer Artenvielfalt – als auch Extensivierungserscheinungen – Verbrachungen, Verbuschungen, Verwaldungen – festzustellen. Beide Entwicklungen dürften in Zukunft wesentlich stärker werden, was zu Lasten der Qualität der Umwelt und der Vielfalt der Landschaft geht. Allerdings liegt Kunreuth zu weit von Erlangen entfernt, als daß hier *direkte* Maßnahmen der Stadt zur langfristigen Sicherung der Naherholung zu erwarten wären, so wie sie im Höhenzug Marloffstein-Atzelsberg von der Stadt Erlangen realisiert wurden. Das bedeutet, daß die Landschaftsveränderungen in der Flur von Kunreuth nicht von außen her beeinflusst oder bestimmt werden dürften.

Damit verschieben sich die zentralen Aufgaben für eine positive Zukunftsentwicklung von Kunreuth erheblich: Standen in der ersten Phase des Suburbanisierungsprozesses die Probleme der Ortserweiterung und der Integration der Zuzüger im Zentrum, so besteht die zentrale Herausforderung in der zweiten Phase, die ab 1992–94 beginnt, darin, den Zusammenbruch der Arbeitsplätze vor Ort zu verhindern, weil ihr weitgehendes Fehlen die Qualität des Lebens in Kunreuth stark beeinträchtigen würde. Hier sind von allen Betroffenen – Gemeindepolitiker, Einheimische, Zuzüger, Wirtschaftstreibende – große Anstrengungen und neue Ideen erforderlich.

---

[13] Als Pensionspferdehaltung wird die kostenpflichtige Einstellung von fremden Pferden auf einem (ehemaligen) Bauernhof bezeichnet, wobei die Pferdebesitzer in der nahen Großstadt wohnen und die Einsteller oft auch die Fütterung und Pflege der Pferde übernehmen.

[14] So das Ergebnis der Examensarbeit von Claudia Schöner, Pensionspferdehaltung in Großstadtnähe – eine Chance für die Landwirtschaft? Erlangen 2003.

Hermann U l m

Die Siedlungsentwicklung Kunreuths seit 1945

Von der Mitte des 19. Jahrhunderts bis zum zweiten Weltkrieg veränderte sich Kunreuth in seiner Ausdehnung kaum. Das Wachstum während dieser rund einhundert Jahre beschränkte sich auf circa zehn neue Anwesen, teils als Erweiterungen an den Ausfallstraßen im Anschluss an die bestehende Bebauung, teils aber auch in Form nachträglicher Verdichtung im bestehenden Ortsbereich.[1] Seit 1945 ist die Siedlungsentwicklung Kunreuths, verbunden mit einer Zunahme der Bevölkerung auf heute etwa 650 Einwohner, von mäßigem, doch recht kontinuierlichem Wachstum geprägt.[2] Kleinere Erweiterungen gab es wiederum entlang der Ausfallstraßen, zusätzlich entstanden einige Neubaugebiete. Die Entstehung und weitere Entwicklung dieser neu bebauten Bereiche möchte ich im Folgenden kurz erläutern (vgl. umseitige Karte).

Schon direkt nach dem zweiten Weltkrieg begann die Erweiterung der *Egloffsteiner Straße* am nordöstlichen Ortsausgang. Die Bebauung zog sich bis Ende der siebziger Jahre hin und erfolgte größtenteils durch ortsansässige Bauwillige. Neben Ein- und Zweifamilienhäusern entstand hier auch ein größeres Mietshaus. Ebenfalls schon in den Nachkriegsjahren begann die Fortsetzung der Bebauung am *Badanger* – bei vergleichsweise ungünstigen Baubedingungen in starker, nordostexponierter Hanglage. Die Bebauung reicht mittlerweile bis in die oberen, flacheren Hangbereiche, eine zusätzliche Ausweitung im Südwesten ist für die nächsten Jahre geplant. Neben einer Arztpraxis sowie dem Sportheim des Turn- und Sportvereins Kunreuth herrscht reine Wohnbebauung vor. Hier errichteten teils ortsansässige Bauwillige ihre Häuser, teilweise siedelten sich auch Neubürger an.

In den fünfziger Jahren entstand die *Paul-Strian-Straße*. Neben einigen Wohnhäusern entstanden hier zwei größere Mietshäuser des genossenschaftlichen Wohnungsbaus, die zunächst vorwiegend von Flüchtlingen und Heimatvertriebenen bewohnt wurden. Zusätzlich errichtete die Gemeinde Kunreuth das örtliche Feuerwehrhaus.

Der *Sandweg* ist eine kleine Neubausiedlung am südöstlichen Ortsende von Kunreuth. Die Bebauung begann 1959 mit dem Wohn- und Wirtschaftsgebäude eines Elektrizitätsunternehmens, später folgte eine Erweiterung Richtung Süden durch zwei Wohnhäuser (abgeschlossen um 1970). Ende der achtziger Jahre baute die Gemeinde Kunreuth im direkten Anschluss den gemeindlichen Kindergarten.

Ebenfalls 1959 begann die Bebauung des Siedlungsgebietes *Wirtsleite und oberer Weingarten*. Hier entstand in bevorzugter, südwestexponierter Hanglage eine reine Wohnsiedlung vor allem im Stil der sechziger und frühen siebziger Jahre. Die Besiedlung erfolgte größtenteils durch einheimische Bauwillige aus Kunreuth und den um-

---

[1] Demographisch ist dieser Zeitraum sogar von einem deutlichen Bevölkerungsrückgang von etwa 450 (1840) auf etwa 350 Einwohner (1939) geprägt. Vgl. hierzu in diesem Band den Artikel von Werner Bätzing zum Strukturwandel des Dorfes Kunreuth.

[2] In den Nachkriegsjahren lag die Bevölkerungszahl Kunreuths, bedingt durch den starken Zuzug von Kriegsflüchtlingen und Heimatvertriebenen, kurzzeitig sogar um einiges höher als heute. Allerdings blieb nur ein Teil dauerhaft in Kunreuth ansässig und wurde bautätig; viele verließen den Ort wieder. Seit den sechziger Jahren ist schließlich eine erneute, mäßige Bevölkerungszunahme festzustellen. Eine detaillierte Analyse hierzu bietet wiederum der Artikel von Werner Bätzing in diesem Band.

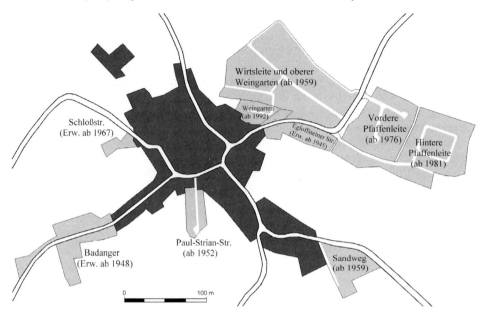

Ortskern in der Ausdehnung vor 1945 (einschließlich nachträglicher Bebauungsverdichtungen)

Neubaugebiete und Erweiterungen seit 1945 (mit Jahr der Erstbebauung[3])

Karte: Siedlungsentwicklung Kunreuths seit 1945   *(Entw.: H. Ulm 2003)*

liegenden Ortschaften, zum Teil aber auch durch ehemalige Kriegsflüchtlinge und Vertriebene sowie andere Neubürger. Die Bebauung von Wirtsleite und oberem Weingarten ist bis heute nicht abgeschlossen, noch immer prägen etliche freie Grundstücke das Bild. Einige wenige Baulücken wurden in den achtziger und neunziger Jahren geschlossen. Für die kommenden Jahre ist eine Erweiterung der Wirtsleite entlang der nordöstlich begrenzenden Straße geplant.

Der steile untere Hangbereich des *Weingartens* wurde Anfang der neunziger Jahre zum Baugebiet, hier entstanden neben einer Zahnarztpraxis einige Wohnhäuser, teils gebaut von Ortsansässigen, teils von Neubürgern.

Die beiden Neubaugebiete *Vordere Pfaffenleite* und *Hintere Pfaffenleite* stellen wiederum reine Wohnsiedlungen dar – ebenfalls in flach geneigter, südwestexponierter Hanglage. Die Vordere Pfaffenleite wurde fast vollständig in den späten siebziger und frühen achtziger Jahren bebaut, wenige verbliebene Baulücken wurden in den letzten Jahren geschlossen. Größtenteils siedelten sich hier einheimische Bauwillige an, dazu einige Neubürger. Die Hintere Pfaffenleite entstand hauptsächlich in den

---

[3] Soweit belegt, wurde jeweils das Datum des ersten Bauantrags (niedergelegt bei der Gemeinde Kunreuth) erfasst. Wo diese Unterlagen nicht mehr vorhanden waren, half eine Befragung der Hauseigentümer weiter.

achtziger Jahren, wenige Grundstücke wurden später bebaut oder sind heute noch frei. Hier siedelten fast durchwegs Neubürger. Auch eine neue Arztpraxis entstand.

Im Bereich des *alten Ortskerns* kam es in den vergangenen Jahrzehnten zu einigen wenigen Nachverdichtungen – meist durch Teilung von Grundstücken und Neubau von Wohnhäusern in früheren Gartenbereichen. Am westlichen Ortsausgang der *Schloßstrasse* erfolgte eine kleine Erweiterung durch zwei neu gebaute Wohnhäuser.

Zusammenfassende Bewertung

Insgesamt läßt sich die Siedlungsentwicklung Kunreuths durch ein zwar kontinuierliches, aber doch meines Erachtens maßvolles Wachstum kennzeichnen. Dabei herrscht reine Wohnbebauung vor, gewerbliche oder landwirtschaftliche Neuansiedlungen spielen keine Rolle. Die Bevölkerung der Neubaugebiete und Erweiterungen lässt sich grob in drei Gruppen typisieren:
- Einheimische aus Kunreuth und den umliegenden Ortschaften,
- ehemalige Heimatvertriebene und Kriegsflüchtlinge, die dauerhaft in Kunreuth ansässig blieben,
- sonstige Neubürger, die sich meist berufsbedingt nahe dem Ballungsraum Erlangen-Nürnberg niedergelassen haben.

Der größte Flächenzuwachs Kunreuths erfolgte in den sechziger, siebziger und achtziger Jahren mit der Entstehung der drei größeren Wohnsiedlungen im Nordwesten des Dorfes (Wirtsleite sowie Vordere und Hintere Pfaffenleite). Die anderen Erweiterungen orientieren sich weitgehend am traditionellen Grundriß des Dorfes entlang der Durchgangsstraßen und sind in ihrer Ausdehnung überschaubar. Das alte Dorf ist so in seiner Erscheinung bis heute erkennbar geblieben.

Abb. 1: Der Ortskern von Kunreuth mit Kirche, Bauernhöfen und Neubaugebieten vor dem Hintergrund der Ehrenbürg. Foto: © Andreas Otto Weber 2004

Abb. 2: Der Kirchberg von Kunreuth mit der ev.-luth. Lukaskirche. Links davon vier der größeren, zum Teil im 18. Jahrhundert geteilten Höfe mit Gartenparzellen. Foto: © Andreas Otto Weber 2004

Abb. 3: Ansicht von Dorf und Schloß Kunreuth um 1720. Ausschnitt
aus dem Titelblatt des Egloffstein'schen Gesangbuches.

Abb. 4: Ansicht von Schloß Kunreuth aus dem ehemaligen äußeren Burggraben, der die Vorburg umfaßte. Links vorne ein spätmittelalterlicher Wehrturm, rechts das Zwingertor, in der Mitte die „vordere Kemenate". Foto: © Andreas Otto Weber 2004

Abb. 5: Ansicht von Schloß Kunreuth von der Vorburg aus. Foto: © Andreas Otto Weber 2004

Abb. 6: Blick von der Vorburg auf den ehemaligen „äußeren Stadel", der 1744 in ein Gasthaus umgewandelt wurde, das bis heute besteht. Foto: © Andreas Otto Weber 2004

Abb. 7: Das unter dem Ritterhauptmann Carl Maximilian von und zu Egloffstein nach 1720 an der Stelle des Badhauses errichtete ritterschaftliche Kanzleigebäude des Kantons Gebürg. Heute Gemeindezentrum. Foto: © Andreas Otto Weber 2004

Abb. 8: In der um 1720 angelegten Straßensiedlung am Badanger wurden 13 neue Kleinstanwesen (z. T. Tropfhäuser) geschaffen. Foto: © Andreas Otto Weber 2004

Abb. 9: Unten ein verdichteter Siedlungsbereich im Tal des Troppbach mit Kleinstanwesen, bei denen auch die Synagoge stand. Oben die in den 1990er Jahren entstandene Neubausiedlung im ehemaligen Weingarten. Foto: © Andreas Otto Weber 2004

Abb. 10: Der Gebäudekomplex des ehemaligen Gasthauses zur Krone mit (v.l.) Scheune, Stall und Wirtshausgebäude. Foto: © Hermann Ulm 2004

Abb. 11: Mietshäuser des genossenschaftlichen Wohnungsbaus der 1950er Jahre (Paul Strian Straße) Foto: © Andreas Otto Weber 2004

Abb. 12: Das in den 1980er Jahren entstandene Neubaugebiet in der „Hinteren Pfaf-
fenleite". Foto: © Andreas Otto Weber 2004

Joachim A n d r a s c h k e

Stellungnahme

Der in meinem Beitrag Anmerkungen zu „Namenkundliche Irrwege in Franken"
im Band 62 des Jahrbuchs für fränkische Landesforschung, S. 367, Anm. 18 formulierte Hinweis auf den mangelnden Nachweis meiner Erkenntnisse im wissenschaftlichen Apparat im Ortsnamenbuch Ebermannstadt von Frau Dr. Dorethea Fastnacht
war unglücklich formuliert. Der Eindruck, sie habe ein Plagiat meiner Magisterarbeit
begangen, war nicht beabsichtigt; leider kommt dies im Kontext nicht deutlich zum
Ausdruck. Die Arbeit von Frau Dr. Fastnacht enthält kein Plagiat. Befremdlich fand
ich aber die ausbleibende Kenntnisnahme meiner Deutungen in ihrer gedruckten Arbeit. Ich empfinde meine Forderung heute als überzogen. Im Hinblick auf die archäo-
logische Zusammenarbeit hätte ich mir gewünscht, daß Frau Dr. Fastnacht in ihrem
Ortsnamenbuch Ebermannstadt die Urheberschaft heraushebt. Bei der Feldbegehung
Hofstätten, Gemeinde Drosendorf, Landkreis Forchheim handelt es sich um ein Projekt meiner Doktorarbeit, bei dem ich mit Herrn Prof. Dr. Björn-Uwe Abels und Herrn
Dr. Jochen Haberstroh mit tatkräftiger Unterstützung von Herrn Armin Thomschke
(ehrenamtlicher Mitarbeiter der Denkmalpflege) zusammenarbeitete und dies auch
noch tue. Die Erkenntnis der Siedlungsstelle sowie deren besiedlungsgeschichtliche
Bedeutung sind Produkt meiner Forschungen. Diesen Punkt wollte ich berücksichtigt
wissen und darauf zielte meine Kritik ab. Es wurde aber nur ein Verweis auf Herrn
Thomschke vorgenommen. Letzterer Sachverhalt hat mit der Arbeit von Frau Dr.
Fastnacht also nichts zu tun und hätte in einem anderen Kontext betrachtet werden
sollen. Dies bedaure ich aufrichtig. In diesem Zusammenhang möchte ich mich auch
für die Schärfe in meinem Artikel entschuldigen, insbesondere im Hinblick auf die
Bewertung ihres Ortsnamenbuchs. Frau Dr. Fastnacht erfaßte den Flurnamen in Ei-
genregie und erkundigte sich bei Herrn Thomschke nach einschlägigem archäologischen Material. Nach ihrer Aussage sei mein Name dabei nicht gefallen. Dann stünde
mein Vorwurf ungerechtfertigt im Raum, wofür ich mich besonders entschuldigen
möchte. Zum Zeitpunkt der Abfassung meiner Stellungnahme lag mir aber eine andere Aussage vor. Abweichende Meinungen im Einzelfall sollten jedenfalls eine mögliche Diskussion anregen.

SCHRIFTEN DES ZENTRALINSTITUTS FÜR REGIONALFORSCHUNG AN DER UNIVERSITÄT ERLANGEN-NÜRNBERG – SEKTION FRANKEN –

1. Ernstberger, Anton: Franken – Böhmen – Europa. Gesammelte Aufsätze. 2 Teilbände 1959. XXIV und 755 Seiten. € 14,00

2. Hofmann, Hanns Hubert: Herzogenaurach. Die Geschichte eines Grenzraumes in Franken. 1950. 217 Seiten und 11 Karten. vergriffen.

3. Heinold-Fichtner, Krista: Die Bamberger Oberämter Kronach und Teuschnitz. Territorialgeschichtliche Untersuchungen. 1951. 197 Seiten und 1 Karte. vergriffen.

4. Bog, Ingomar: Die bäuerliche Wirtschaft im Zeitalter des Dreißigjährigen Krieges. 1952. XIV und 180 Seiten. vergriffen.

5. Adamski, Margarethe: Herrieden. Kloster, Stift und Stadt im Mittelalter. 1954. XVI und 99 Seiten, 1 Karte. vergriffen.

6. Lorenz, Walter: Campus Solis. Geschichte und Besitz der ehemaligen Zisterzienserinnenabtei Sonnefeld bei Coburg. 1955. VIII und 248 Seiten. vergriffen.

7. Dietrich, Klaus Peter: Territoriale Entwicklung, Verfassung und Gerichtswesen im Gebiet um Bayreuth bis 1603. 1958. XVII und 201 Seiten, 1 Karte. vergriffen

8. Schuhmann, Günther: Ansbacher Bibliotheken im Mittelalter bis 1806, 1959. 260 Seiten, 8 Tafeln. € 8,00

9. Ulsamer, Willi: Wolfgang Agricola, Stiftsdekan von Spalt (1536–1601). Ein Beitrag zur Geschichte des Klerus im Bistum Eichstätt. 1960. 2. Aufl. 1986. 168 Seiten. vergriffen.

10. Werner, Otmar: Die Mundarten des Frankenwaldes. Eine lautgeographische Untersuchung, 1961. XXII und 329 Seiten, 20 Karten. € 9,50

11. Endres, Rudolf: Die Nürnberg-Nördlinger Wirtschaftsbeziehungen im Mittelalter bis zur Schlacht von Nördlingen. 1963. 220 Seiten. € 11,50

12. Heldmann, Horst: Moritz August von Thümmel. Sein Leben – sein Werk – seine Zeit. 1.Teil [mehr nicht erschienen]: 1738–1783. 1964. XX und 440 Seiten. € 15,50

13. Steger, Hugo: Sprachraumbildung und Landesgeschichte im östlichen Franken. Das Lautsystem der Mundarten im Ostteil Frankens und seine sprach- und landesgeschichtlichen Grundlagen. 1968. XVI und 635 Seiten, 37 Abbildungen, 66 Karten. € 28,90

14. Diegritz, Theodor: Lautgeographie des westlichen Mittelfrankens. 1971. 383 Seiten, 29 Karten. € 24,90

15. Liermann, Hans: Erlebte Rechtsgeschichte, 1972. VIII und 207 Seiten, 1 Portrait. vergriffen

16. Liermann, Hans: Die Friedrich-Alexander-Universität Erlangen 1910–1920. Mit einem Vorwort von Gerhard Pfeiffer und einem Nachwort von Alfred Wendehorst. 1977. VIII und 101 Seiten, 5 Abbildungen. € 8,50

17. Wehner, Rita: Die mittelalterliche Gottesdienstordnung des Stiftes Haug in Würzburg. 1979. VIII und 536 Seiten, 2 Abbildungen. € 24,60

18. Wendehorst, Alfred, und Schneider, Jürgen [Herausgeber]: Hauptstädte. Entstehung, Struktur und Funktion. Referate des 3. interdisziplinären Colloquiums des Zentralinstituts. 1979. XII und 143 Seiten, 6 Karten. € 12,90

19. Wunschel, Hans-Jürgen: Die Außenpolitik des Bischofs von Bamberg und Würzburg Peter Philipp von Dernbach. 1979. XVI und 193 Seiten. € 18,50

20. Rechter, Gerhard: Das Land zwischen Aisch und Rezat. Die Kommende Virnsberg Deutschen Ordens und die Rittergüter im oberen Zenngrund. 1981. XVI und 912 Seiten, 36 Karten, 25 Skizzen und Abbildungen, 18 Stammtafeln. vergriffen

21. Wendehorst, Alfred, und Schneider, Jürgen [Herausgeber]: Begegnungsräume von Kulturen. Referate des 4. interdisziplinären Colloquiums des Zentralinstituts. 1982. VIII und 147 Seiten. € 14,00

22. Fischer, Wolfdietrich, und Schneider, Jürgen [Herausgeber]: Das Heilige Land im Mittelalter. Begegnungsraum zwischen Orient und Okzident. Referate des 5. interdisziplinären Colloquiums des Zentralinstituts. 1982. X und 162 Seiten, 1 Karte, 4 Abbildungen. € 17,50

23. Die Nürnberger Ratsverlässe I: 1449–1450, herausgegeben von Irene Stahl. 1983. XVI und 444 Seiten. € 28,70

Die Nürnberger Ratsverlässe II: 1452–1471, herausgegeben von Martin Schieber. 1995. XI u. 313 S., brosch. € 28,90

24. Müller, Uwe: Die ständische Vertretung in den fränkischen Markgraftümer in der ersten Hälfte des 16. Jahrhunderts. 1984. XV und 351 Seiten. € 29,90

25. Tichy, Franz, und Schneider, Jürgen [Herausgeber]: Stadtstrukturen an alten Handelswegen im Funktionswandel bis zur Gegenwart. Referate des 6. interdisziplinären Colloquiums des Zentralinstituts. 1984. IX und 105 Seiten, 23 Abbildungen. € 9,50

26. Schützeichel, Rudolf, und Wendehorst, Alfred, [Herausgeber]: Erlanger Familiennamen-Colloquium. Referate des 7. interdisziplinären Colloquiums des Zentralinstituts. 1985. 166 Seiten. € 12,50

27. Besold-Backmund, Marlene: Stiftungen und Stiftungswirklichkeit. Studien zur Sozialgeschichte der beiden oberfränkischen Kleinstädte Forchheim und Weismain. 1986. 566 Seiten. € 27,00

28. Tichy, Franz, und Gömmel Rainer [Herausgeber]: Die Fränkische Alb. Referate des 8. interdisziplinären Colloquiums des Zentralinstituts. IX und 245 Seiten. € 24,60

29. Fischer, Wolfdietrich, und Gömmel, Rainer [Herausgeber]: Friedrich Rückert, Dichter und Sprachgelehrter in Erlangen. Referate des 9. interdisziplinären Colloquiums des Zentralinstituts, 1990. VIII und 224 Seiten. € 24,60

30. Steger, Hanns-Albert [Herausgeber]: Die Auswirkungen der Französischen Revolution außerhalb Frankreichs. Referate des 10. interdisziplinären Colloquiums des Zentralinstituts. 1991. X und 294 Seiten. € 32,90

31. Werzinger, Dieter R.: Die zollerischen Markgrafen von Ansbach. Ihr Staat, ihre Finanzen und ihre Politik zur Zeit des Absolutismus. 1993. XII und 557 Seiten. € 45,00

32. Hütteroth, Wolf-Dieter, und Hopfinger, Hans [Herausgeber]: Frühe Eisenbahnbauten als Pionierleistungen. Referate des 11. interdisziplinären Colloquiums des Zentralinstituts. 1993. IV und 271 Seiten, 4 Karten. € 29,90

33. Steger, Hanns-Albert, und Hopfinger, Hans [Herausgeber]: Die Universität in der Welt – die Welt in der Universität. Referate des 12. interdisziplinären Colloquiums des Zentralinstituts. 1994. V und 72 Seiten. € 12,90

34. Hopfinger, Hans, und Kopp, Horst [Herausgeber]: Wirkungen von Migrationen auf aufnehmende Gesellschaften, Referate des 13. interdisziplinären Colloquiums im Zentralinstitut. 1996. IV und 270 Seiten. € 29,90

35. Wendehorst, Alfred, und Benz, Stefan: Verzeichnis der Säkularkanonikerstifte der Reichskirche, 2. verbesserte Auflage. 1997. VII und 216 Seiten. € 19,50

36. Bahadir, Sefik Alp [Herausgeber]: Kultur und Region im Zeichen der Globalisierung. 1999. 548 Seiten. € 29,90

37. Kurer, Oskar [Herausgeber]: Korruption und Governance aus interdisziplinärer Sicht. 2003. 232 Seiten. € 25,00

Bände 1, 7, 8 und 10: Verlag Michael Laßleben, 93183 Kallmünz.
Bände 2 und 11 ff.; Verlag Degener und Co., 91413 Neustadt a. d. Aisch
Band 9: Heimatverein Spalt, 91174 Spalt.

FRANCONIA 1

Beihefte zum Jahrbuch für frankische Landesforschung –
Herausgegeben vom Zentralinstitut für Regionalforschung
an der Universität Erlangen-Nürnberg, Sektion Franken

Franken – Vorstellung und Wirklichkeit in der Geschichte

Herausgegeben von Werner K. Blessing und Dieter J. Weiß

Alfred *Wendehorst*: Raum und Epochen der fränkischen Geschichte; Tobias *Springer*: Als Franken noch nicht fränkisch war. Zur Besiedelungsentwicklung vom Ende der römischen Kaiserzeit bis zur Merowingerzeit in Nordbayern; Robert *Schuh*: Franken als Ortsnamenlandschaft; Dieter J. *Weiß*: Die Entstehung Frankens im Mittelalter. Von der Besiedlung zum Reichskreis; Peter *Fleischmann*: Nürnberg – und Franken oder das Reich? Klaus *Arnold*: Franken und die Stadt Nürnberg in Bildern, Ansichten und Texten um 1500; Karl *Borchardt*: Die Franken und ihre Herzöge in der humanistischen Historiographie; Wolfgang *Wüst*: Auf der Suche nach dem fränkischen Modellstaat. Territorialisierung – Modernisierung – Identifizierung; Rudolf *Endres*: Der Fränkische Reichskreis als regionales Bindeglied; Gerhard *Rechter*: Der fränkische Reichsadel. Eine ständische Utopie oder eine historische Realität? Helmut *Neuhaus*: Franken und das Reich. Fränkischer Adel im Reichsdienst während der Frühen Neuzeit; Volkmar *Greiselmayer*: Franken als Kunstlandschaft in der Frühen Neuzeit; Werner Wilhelm *Schnabel*: Literatur und Religion. Das frühneuzeitliche Franken als ‚Literaturlandschaft‘? Alois *Schmid*: Fränkische Klosterbibliotheken als Zentren von Bildung und Wissenschaft im 18. Jahrhundert; Wolfgang *Brückner*: Konfessionelle Bewußtseinshorizonte in Franken; Christoph *Daxelmüller*: Juden in Franken – jüdische Franken; Karl B. *Murr*: Die Konstruktion von historischen Identitäten: König Ludwigs I. fränkische Denkmäler; Werner K. *Blessing*: Franken in Bayern des 19. Jahrhunderts. Eine Region zwischen Staatsanspruch und Eigen-Sinn; Clemens *Wachter*: Nürnberg nach dem Zweiten Weltkrieg – Metropole Frankens? Hartmut *Heller*: Organisierte Regionalidentität: Der Frankenbund e.V.

2003. 406 Seiten, Eur 32,90 (ISBN 3-7686-9290-6)

Die Reihe der Beihefte kann – wie die seit mehr als einem halben Jahrhundert erscheinenden und zum großen Teil noch lieferbaren Jahrbücher für fränkische Landesforschung – abonniert werden oder einzeln bestellt werden.

Bezug über den Buchhandel oder direkt über
Kommissionsverlag Degener & Co.,
Nürnberger Str. 27, D-91413 Neustadt/Aisch,
Tel. 09161 886039, Fax 09161 1378,
e-mail: Degener@degener-verlag.de,